中国人の日本観

第1巻

古代から二十一か条要求まで

『中国人の日本観』編集委員会・編
小島晋治・伊東昭雄・大里浩秋・杉山文彦・栗原 純・並木頼寿
大沼正博・谷垣真理子

社会評論社

中国人の日本観　第1巻　古代から二十一か条要求まで＊目次

第1章　同時代中国人の見た幕末・明治期の日本

第2章　日清戦争後の日中関係と日本観　期待とすれ違い

凡例

一、本書は古代から現在まで、日中関係の長い歴史の中で、中国人が日本をどう見てきたかを、資料によって明らかにすることをめざすものである。
二、編集を担当した『中国人の日本観』編集委員会のメンバーは次の八人である。
小島晋治・伊東昭雄・大里浩秋・杉山文彦・栗原純・並木頼寿・大沼正博・谷垣真理子。
三、本書は、日中国交回復後間もない一九七四年に刊行された資料集『中国人の日本人観100年史』（小島晋治・伊東昭雄・光岡玄・板垣望・杉山文彦・黄成武共編、全一巻、自由国民社刊）を、新たな編集メンバーにより、今日の時点で改訂・増補して、全三巻として刊行するものである。自由国民社版の編者のうち、本書の編者と共通しているのは小島・伊東・杉山の三人である。
四、全三巻の構成は次の通りである。
第1巻　古代から二十一か条要求まで
序章　古代からアヘン戦争前まで
第1章　開国期から日清戦争まで
第2章　日清戦争から二十一か条要求まで
第2巻　二十一か条要求から日本敗戦まで
第3章　二十一か条要求から「満州事変」前夜まで
第4章　「満州事変」・日中戦争から日本敗戦まで
第3巻　日本敗戦から現在まで

第5章　日本敗戦直後から中国内戦期
第6章　人民共和国成立から日中平和友好条約締結まで
第7章　改革・開放時代の日中関係と日本観の多様化
第8章　二十一世紀の日本観
第9章　香港の日本観
第10章　台湾の日本観

五、構成の意図および内容の詳細は、各章の解説を参照していただきたい。

六、編集の都合上、第2巻、第1巻、第3巻の順序で刊行する。

七、資料の翻訳については、編者以外に、何人かの協力を得ており、すでに出版されている書籍・雑誌から引用させていただいた場合もある。それらの翻訳者の氏名は訳文の末尾に記してある。ご協力に対し、厚く感謝する。

八、本書では自由国民社版にくらべて、収録資料を大幅に入れ替え、増補した。自由国民社版に収録された資料には、改訳されたものもある。なお、資料中（　）内は原注、〔　〕内は訳注または補訳である。

九、本書の編集作業が大幅に遅延したため、最初の編集会議から出版の運びになるまで約二十年の歳月を要した。そのために各方面に多大なご迷惑をかけたことを深くお詫びしたい。

『中国人の日本観』編集委員会

＊著作権者との交渉にあたり、著作権所有者（継承者）の不明・連絡途絶のものが含まれている。当該文献の関係者もしくはお心当たりの方はご一報いただきたい。

シリーズ『中国人の日本観』序論

伊東昭雄

本書は主として近現代の中国人の日本観を、資料の翻訳と解説によって考察することを意図している。編集メンバーのうち三人（小島・伊東・杉山）はかつて他の協力者と共に『中国人の日本人観100年史』（自由国民社刊、一九七四年、以下『100年史』と略す）を出版しており、本書はそれを藍本として新たに編集・執筆し直したものである。『100年史』では「近代の日中関係は、基本的には、日本の中国に対する侵略とそれに対する中国人の抵抗の歴史であった」として、「日本の侵略とそれをささえる日本の政治・経済・社会・文化等に対する（中国人の）批判・警告」（同書序文、九ページ）を受けとめようとした。『100年史』の出版は、日中国交回復後間もない一九七四年六月のことであり、国交回復によって何が解決し、何が未解決なのか、特に後者の問題に関心を注いでいた。

戦後の日中関係は、一九七二年の日中国交回復や七八年の平和友好条約締結など平和友好関係の前進はあったが、その後日本の内外でこれに逆行する政治動向や事件等も顕著であり、日中関係の将来は今なお不透明である。近・現代の日中関係は日中戦争期を中心に非友好的だったが、それ以前の歴史はどうだったか。日中・日朝関係の悠久の歴史のなかで、「友好の二千年」などといわれたこともあったが、実態はどうだったか。

巨視的に見れば、歴史上の日中・日朝関係は江戸幕末・明治維新を境に大きく変化している。明治維新以後の日本は西洋列強を模範として近代化を追求し、その過程で、これも西洋列強にならってアジア侵略を行なったが、維新以前の日本はほぼ一貫して朝鮮・中国から文化・文物を輸入し、しかも外国文化を輸入するという意識さえしばしば希薄で、外来文化の摂取はむしろ文化そのものを取り入れるという意識が一般的に強かった（もちろん日本文化の独立を求める意志もなかったわけではない）。その意味では、朝鮮・中国との文化交流は、ほとんど一方的に朝鮮・中国から文化的恩恵を受けてきたといっても過言ではない。中国ではかつて、周辺の異民族（＝「夷狄」）に文化的恩恵をほどこすという中華思想が一貫して支配的であり、日本に対しても基本的に例外ではなかった。

このような文化交流にもかかわらず、日中・日朝関係は必ずしも一貫して平和・友好的であったわけではなく、古代には二・三世紀の交に「神功皇后三韓征伐」とよばれる事件や、七世紀には日本＝百済軍と唐＝新羅軍との間の白村江における水軍戦が起こっている。その後は国家間では比較的平穏な関係が続いたが、十三世紀頃からはいわゆる「倭寇」が中国・朝鮮の沿岸地域を荒らし、さらにモンゴル人王朝＝元による二回の日本遠征（＝「元寇」、二回とも失敗）なども行なわれた。しかし東アジアの平和を大きく乱したのは、十六世紀末に豊臣秀吉が命じた二回の朝鮮侵略（文禄・慶長の役）だった。朝鮮および中国明王朝の軍隊と激戦をまじえたこの侵略は、秀吉の死による日本軍の撤退まで前後八年にわたり、朝鮮・中国との友好善隣関係を修復不可能なまでに破壊し、関係改善は容易でなかった。

しかし日朝関係の修復に熱心だった徳川家康は交渉役の対馬藩を通じてねばり強く交渉し、ともかくも通信使（信を通じる、つまり親交を結ぶための使節）の交換を実現した。こうして一六〇七年から一八一一年にかけて十二回にわたり日朝間の交流が行なわれ、日本社会に大きな文化的影響をあたえた。中国の明・清王朝とは直接に国交はなかったものの、民間の交流はほぼ平和裡に行なわれた。日中・日朝関係がもっとも平穏な時代だったといえよう。

しかし幕末に欧米諸国の艦船が日本近海に現われ、寄港や通商を要求するようになると、日本国内でも諸外国勢力の圧迫に刺激されてナショナリズムが台頭し、佐藤信淵『宇内混同秘策』にみられるような近隣諸国に対する強硬論が強まり、それはやがて明治初年の「征韓論」や対清強硬外交へと変化していった。かくして江戸時代に二百余年にわたって続いた日中・日朝間のもっとも平和な時代は終りを告げた。その後欧米列強の侵略をまぬがれた日本は同時にアジア近隣諸国へのあらたな侵略を開始し、やがてアジア・太平洋戦争に突入し「大東亜共栄圏」を呼号して、中国からさらに東南アジアに侵略戦争を拡大した。戦後の日本人は侵略戦争についての反省をアジア諸国から求められている。

『100年史』の出版から四十年ほどの間に、アジアでは、中国国内情勢も、日中関係やアジア諸国間の情勢も大きく変化した。アセアン諸国に中国・韓国・日本を加えた、いわゆる「アセアン10＋3」の経済交流が盛んとなり、さらには東アジア共同体形成をめざす活動が活発になってきている。これは、ヨーロッパでのEUの形成や、南北アメリカにおけるNAFTAの活動の強化に対応する当然の動向として理解できる。

一方、アジア地域内では、中国が戦前とちがって著しく国力を増強し、政治・経済・軍事等において、大きな影響力を持ちつつある。これに対して、日本を含むアジア諸国では、特に中国が海軍戦力を増強して、海洋への影響力を強めつつあることに対し、警戒感や恐怖心をつのらせており、アメリカもこれに乗じて沖縄の軍事基地を維持・拡充してとくに東アジアにおける軍事力の強化に努めつつある。このような背景の下で、特に尖閣列島（釣魚島）をめぐる日中間の対立が近年来激化し、中国ではこの問題をめぐって、各地で反日デモがはげしく起こっている。元来この海域の領有をめぐる日中間の共通した理解は存在しないのだから、日中平和友好条約の締結当時、鄧小平が語ったという、「たしかにこの点（＝尖閣列島領有）については双方にくいちがった見方がある。こういう問題は、一時タナあげしてかまわない。われわれのこの話し合いはまとまらないが、次の世代はわれわれより、もっと知恵があろう」（竹内実編『日中国交基本文献集・下巻』蒼蒼社、一九九三年、二七五ページ）ということばの通り、新しい知恵を出すべきである。

もちろん中国は日本とは政治体制が違うし、少数民族問題や貧富格差の拡大など、さまざまな問題をかかえていることは確かである。日本人と中国人とは、同じ問題についてもしばしば認識の仕方が異なる場合があり、そのことについては本書でも可能な限り明らかにした。今後とも日中双方の認識の違いから生ずる誤解を解消する努力は不可欠である。経済的・軍事的に強国となった中国に対していたずらに恐怖心・警戒心を抱くのは、戦前・戦中に日本が採ってきた対中国侵略政策や蔑視の裏返しにすぎない。もちろん、現代中国の政治・経済・社会がかかえる問題やその解決方法について提起することは、アジアの平和や建設に貢献することになると考えられる。

戦後の日中関係とそれをとりまく世界情勢をふり返ってみると、日本の敗戦から日中国交回復まで二十年余、その間日本は米軍の占領と日米安全保障体制下にあって、中国共産党を敵視していたアメリカの外交政策の影響を受け、日中交流はわずかに民間団体などを通じた友好・交流に限られざるをえなかった。一方、中国ではこの時期、日中戦争中の日本の対中国侵略政策、戦争犯罪や、その根源である軍閥・財閥・天皇制の戦争責任、それらと関連する極東軍事裁判・サンフランシスコ講和会議などの諸問題について、中国共産党・国民党やその他の諸党派・無党派知識人を中心に、活発な議論がおこなわれていた（第3巻第5章参照）。その間日本国内では、日中国交回復を求める声が次第に強まった。

一九七二年二月、アメリカのニクソン大統領の訪中で、アメリカの対中国政策は徐々に変化し始めた。これによって、日中国交回復実現の条件はようやく整い、九月には田中首相訪中が実現し、ついに日中国交回復が行われた。これは日本の戦後史のなかで画期的なことであり、これ以後日中関係は飛躍的に発展した。しかし日中国交回復は、日本にとっては日米安保体制下で行われたのであり、安保体制はその後国際情勢の変化、とくに東西冷戦の終了――全面的ではないが――によって影響を受けながらも、今日なお続いている。そのことと密接に関係があるが、日中間の友好関係がともかくも続いたのは国交回復当初の数年のみであり、その後は決定的対立に至らないまでも、ぎくしゃくした関係が続いている。その原因は、国際関係の変化などもからむが、私たち日本人の問題としては、侵略戦争をめぐる戦争責任・戦争犯罪の問題がきちんと整理されずに残っていることである。このことは一部政治家たちの言動や靖国神社公式参拝などをめぐって顕在化し、アジア諸国民の反発を招いた。このような背景のもとで、中国では二〇〇五年、北京や各都市に反日デモが広がった。この一連のデモの中で示された日本批判は、以前から見られた党・政府指導者たちの公式見解とは必ずしも同じではなく、運動の背景に、より広範な世論が形成されつつあることが推測できる。日本人の間では、侵略戦争に対する謝罪について、一体何度あやまればいいのか、という声がしばしば聞かれるが、いくら謝罪をくりかえしても、その誠意を疑わせるような言動が日本の側でたびたびくりかえされるのでは、諸外国から信頼されないのが当然である。

二十世紀末、東西冷戦の基本的終了後も、アジアでは朝鮮半島をめぐる対立が解消されないこともあって、日米安保体制は依然維持された。そればかりか、とくに二〇〇一年の「同時多発テロ」以降は、アメリカの極東戦略の下で、日米安保体制は「日米同盟」として新たな役割を荷わされつつある。「日米同盟」といっても、もちろん正式の承認手続きを終えて同盟条約が締結されたわけではなく、いわゆる日米「2＋2」、つまり日米の外交・安全保障責任者による政府間交渉を「同盟」と呼んでいるにすぎないが、この「同盟」は日本の外交政策や日中関係にも強い影響を及ぼしている。今後中国をはじめアジア諸国との政治・経済的関係を維持・強化しようとすれば、「日米同盟」をどう変革するかは、日本やアジア諸国の将来を左右する重要な問題となると考えられる。アジアの、更には全世界の平和と安定の基礎として、日中間のゆるぎのない安定が不可欠であることはいうまでもない。そのために、日中間の相互認識がいっそう深まり、不動の関係が構築できるよう、私たちは念願している。そのことこそが、私たちが時間をかけて本書の編集に取り組んできた趣旨である。

本稿を終えるにあたり、私たちは今一度「日中不再戦」の誓いをあらたにしたい。

序章　近代以前の中国人の日本観

王　勇

中国と日本の交渉史は、ある意味で両国の相互認識と相互理解の歴史である。中日の通交は、縄文末期か弥生初期にさかのぼれるとすれば、二千有余年の悠久の歴史をもつ。その間に、中国人の日本観は内外二つの要素に左右されつつ、つねに更新を繰り返している。二つの要素とは、一つは中国側の海外知識の増大であり、もう一つは日本側の対華政策の変化である。唐宋以前の日本像は主として前者、元明以降の日本観は主として後者の影響を大きくうける。

中国における日本観の変遷史を丹念に追跡した先行研究といえば、まず石原道博氏のすぐれた業績が思いだされる。氏は文部省科学研究費による「中国における日本観の展開」の研究成果として、「中国における日本観の端緒的形態――隋代以前の日本観」「中国における隣好的日本観の展開――唐・五代・宋時代の日本観」「中国における畏悪的日本観の形成――元代の日本観」「日明交渉の開始と不征国日本の成立――明代の日本観」などの諸論文を、『茨城大学文理学部紀要（人文科学）』第一号以下に公表している。

石原道博氏は日中交渉史を、（一）隋代以前（二）唐宋時代（三）元明時代（四）清代（五）中華民国時代の五つにわけて、それぞれの時期の日本観の特徴を次のように要約している。やや長文であるが、引用しておく。

（一）隋代以前の日本観はいわばその端緒的形態であって、中国人の使者の見聞ないし存候存問といったようなものが日本観の根柢をなしていた。（二）唐より五代をへて宋になると、平和的な日華交通のさかんになるとともにその日本観も一だんと飛躍し、伝統的な藩属国ないし附庸国としての東夷観より脱却することはできなかったが、頗る同情友好的となりいわば善隣的日本観の展開した時代であった。（三）それが元代になると入元使者・僧らの質的低下のうえに、一方では元寇あり、つぎの明代になると倭寇の患害はいよいよはげしくなり加うるに万暦朝鮮の役あり、その日本観は一転して日本を狡詐残暴として寇賊・仇敵視さえする憎悪と恐怖をふくんだ畏悪戦闘的日本観が展開されるようになった。〔中略〕（四）清代においては日清戦争をさかいとしてその前後の日本観に相違をみとめるが、さきに元寇・倭寇・朝鮮の役などが日本観の悪化に拍車をかけていたのにたいし、日清戦争はこれと反対に戦後は対日悪感情がほとんど払拭され、留日学生は陸続として来朝し、日露戦争後はいわば恋愛的日本観ともいうべき傾向をしめし対日感情の好転はその最高潮にたっした。ただしその背後にはヨーロッパ文明輸入の便宜的・間接的手段とかんがえていたことも否むわけにはゆかない。(五) はじめ孫文らの中国革命をひそかに応援していた日本が、やがて袁世凱以下の反革命運動と気脈をつうずるようになると、中国人の対日感情はふたたび急激に悪化しはじめた。

中国における日本観は、このように時代の潮流に左右されながら、今日にいたっている。そして、辛亥革命(一九一一年)以前の日本観を右のごとく五つの時期にわけることは、その変遷起伏の軌跡を明断にとらえ、まことに要領をえていると思われる。

しかし、中国人の日本観はあくまでも中国人の世界認識の一部分であり、また歴史的に蓄積しつつ形成したものである。王朝年代による時代区分は、日本観だけを対象化し、しかもそれを機械的に切断することによって、世界観全体との関連または各時代間の継承関係をあきらかにできない憾みがある。

そこで、本稿はあえて従来の時代区分を採らず、中国人の世界観を視野に、外的要因に対応する日本観の内的本質の変遷発展に照準を当てることにした。

一、神仙の郷

1 中国人の宇宙図式

中国人の日本観を論ずるにさきだって、古代中国の宇宙図式をまず理解しておく必要があるように思われる。というのは、秦漢より清末にいたるまで、中国人の外部世界への認識は、ほとんど既成の宇宙図式に左右されているからである。

道
↓
陰――陽
↓

［物質］	木	火	土	金	水
［時間］	春	夏	土用	秋	冬
［空間］	東	南	中央	西	北
［民族］	夷	蛮	中華	戎	狄

中国人の宇宙図式とは、どんなものであろうか。かいつまんで紹介すると、次のごとくである。

春秋戦国（前七七〇～前二二一）は周知のとおり、異色の学者がつぎつぎと輩出し、思想学問の論争が活発に行なわれたことによって特徴づけられる。そのなかで、北方の周文化圏に属する五行家たちは、自然万物より木火土金水といった基本元素を抽出して、これらの元素の相生相克の理論をもって、宇宙のメカニズムを説く。北方の経験的・即物的・動的な宇宙観に対して、南方の楚文化圏に属する道家らは従来の陰陽説を吸収し、さらに森羅万象の究極の所に「道」「無」「太一」の概念を設定して、抽象的・瞑想的・静的な宇宙観を築き上げた。

紀元前二二一年、秦の始皇帝は戦国列強の韓・趙・魏・楚・燕・斉をつぎつぎと滅ぼして、中国統一の大業をなしとげ、空前の大帝国を創りあげた。秦王朝では、貨幣・文字・度量衡が統一され、強力な中央集権のイデオロギーは社会の隅々にまで浸透していった。勢いの赴くまま、人間界の原理と法則は自然界、さらに宇宙にも押し付けられるようになった。

『呂氏春秋』などに描かれている宇宙秩序はまさしくその結果である。そこには秦の統一王朝にふさわしい南北論理の融合がみられ、太一（道）は陰陽にわかれ、陰陽から五行を生みだし、森羅万象は五行に対応させられる、といった気宇壮大にして且つ秩序整然とした図式が展開されている。

右の宇宙図式は自然界と人間界のすべてをことごとく包容している。たとえば、物質・時間・空間・民族をそれに即して図示すると、上図のようになる。

秦代に大成をみた陰陽五行を骨子とする宇宙観は、時間的には二千年来の中国人の思考様式を特徴づけ、空間的には東アジア諸国の制度・思想・宗教・風俗・社会の隅々にまで影を落としている。したがって、中国人の世界観および日本観も、この宇宙図式と関連して検討しなければならない。

2 「東」という方角

中国人の日本観を根底から突きとめようとすれば、「東」と「夷」の語意を究明しておかなければならない。なぜなら、中国における日本の原像は、東夷観そのものにほかならないからである。換言すれば、既成の東夷観はそのまま初期の日本観に移入されているわけである。

「東」の語源について、漢・許慎の『説文解字』は「日に从ひて、木の中に在る」と解釈している。日と木の合字をざっとひろってみると、日が木の上に在るのを杲(明らかな様子)、中に在るのを東、下に在るのを杳(暗い様子)という。字根から分析すれば、杲・東・杳はもともと、「昼の太陽」「朝の太陽」「夕の太陽」をそれぞれ意味することばであるらしい。

太陽が拠り所として昇降する神木はふるくから、「扶桑」と呼ばれている。扶桑とは、諸橋轍次氏の『大漢和辞典』(大修館書店)に、「東海中にある神木。両樹同根、生じて相依倚するから扶といふ。日の出る所といわれる」と解釈している。この神木は数多の別名を有しているが、管見にはいったものだけでも、若木・蟠木・榑木・榑桑などがあげられる。

このようにみてくると、「東」という語はたんなる方角を現わすことばではなく、「朝日」と「扶桑」をシンボルとする上古の太陽信仰にもつながっていることがうかがわれるのである。

隋の煬帝によって南北貫通の大運河がほぼ完成されるまでに、中国の動脈ともいうべき大きな河川は、「大江、東に去り」の熟語にも象徴されているように、黄河にせよ、揚子江にせよ、淮河にせよ、すべて西の山より東の海へと流れこんでいく。

人間の想像力は居住空間に大きく制約をうけるとよく言われるが、古代中国の神仙世界はことに江河の両端に発達したという現象も、それに起因しているのであろう。すなわち、江河の源には崑崙山、海洋の果てには三神山があると考えられる。そして男神の東王父は東の三神山に、女神の西王母は西の崑崙山にそれぞれ鎮座して、ともに不死長寿の仙薬をにぎっていると信じられる。したがって、東ということばに、朝日・扶桑に象徴される太陽信仰のみならず、大海・神山・仙薬などのイメージも附随していることが分かる。

現代語としての「東」はただの方角を現わすヒガシと解釈されるが、この語には深い文化の蓄積と多彩な神話伝説が付きまとっていることをあらためて認識すべきである。

3 「夷」という民族

文明発祥地の中華をかこんで、周辺に散らばった東夷・南蛮・西戎・北狄の起源について、『尚書・舜典』は次のような伝説を載せている。つまり、堯帝の時代、讙兜が暴れん坊の共工を堯帝に推薦した責任を問われ、南方の崇山に追放されて南蛮、中華の秩序を荒らした張本人の共工は北方の幽陵に流されて北狄、江淮地方で反乱を繰りかえした三苗は西方の三危山に移されて西戎、黄河の洪水退治に失敗した鯀は東方の羽山に押しこめられて東夷、となったのである。かくして華夷の名分が定められて、一度混乱におちいった天下はようやく平和を取りもどしたという。

『説文解字』に「夷は東方の人である。大に从い弓に从う」とある一文を引用するまでもなく、「夷」は大と弓の字根からなり、東方の僻地に住む異民族のことをさすことばである。しかし、東夷は中華にとって、他の異民族から区別されなければならない特別な存在である。その理由は、夷の字形および起源を分析すれば、分かる。

まずは夷の字形に注目しよう。

清・段玉裁の著わした『説文解字註』によれば、蛮・閩・狄・貉・羌などの諸民族はいずれも虫・犬・豸・羊の字根に基づいているのに、夷だけは人間を意味する大の字根をふくんでいるため、異民族のなかでもっとも優れているという。同書はさらに「大は人の形に象る。而して夷の篆は大に从ふ。則ち、夏と殊らぬ。夏は中国の人なり」と、説明をつづける。分かりやすく言えば、東夷は、動物視される他の周辺民族と異なって、華夏（漢民族）と同じく「人間」として認められるのである。

つぎに、東夷の起源を考えてみよう。

前述のように、堯帝の代に鯀は治水の失敗から東の羽山に幽閉されてしまったが、次の舜帝の代になると、鯀の息子である禹は家業を受けつぎ、黄河を治めるのにやっと成功した。これによって、禹は周囲の部落から尊敬され、やがて部落連盟の国家――夏を創設し、中国の世襲王朝の初代天子となった。ここまで来ると、東夷は南蛮・西戎・北狄より優れていることはいうまでもなく、華夷同祖と言わざるをえない。

右にみてきた東方観と東夷観とがミックスすると、古代中国のユートピアが見事に合成される。段氏の『説文解字註』に「東夷は大に从ふ。大は人なり。夷の俗は仁、仁の者は寿、君子不死の国あり」とあるように、東方のユートピアは「君子不死の国」と名付けられている。

仁義を貴ぶ君子は理想郷に、不死の薬をもつ寿者は神仙郷に住んでいると考えられるから、古代の中国人が遙かなる東方に幻想をはせているユートピアは、このように二重のイメージを持っているわけである。

4　日本の位置

中国では外国の位置を定める場合、その外国に一番ちかい地域を起点として、地理的関係を示すのが通例である。中国自身の民族移動や疆域変遷などによって、日本の位置も時代とともにちがった角度からうつってくる。

数千年という時間は地球にとって束の間、地殻の変動は無視できるほど微少なものである。それにもかかわらず、中国の文献に記載されている日本の位置が北方にあったり南方にあったり東方にあったりするのは、中国人の日本認識の軌道を如実にものがたってくれる。

日本は唐以前の文献に、普通「倭」と書かれている。倭の方角と位置を記録した初期の文献は、関連づけられる中国の地名によって、大きく「燕」と「越」の二系列に分けられる。

まず、「燕」系列の文献をたどってみよう。

撰者不詳とされる『山海経』巻十二海内北経の条に「蓋国在鉅燕南倭北倭属燕」とある。この一文について、従来は「蓋国は鉅燕に在り、南倭・北倭は燕に属す」という読み方もあった（松下見林『異称日本伝』など）が、今は「蓋国は鉅燕の南、倭の北にあり、倭は燕に属す」と解読するのがほぼ定説化している。燕の南と倭の北との間に蓋国が挟まれているから、倭は燕のはるかなる南方にあったことが推定される。

右文にみえる蓋国はどこに比定されてよいか。石原道博氏は「蓋国の蓋は北京音では kai であるが、南方では kan と発音されるから韓のことをさし、韓国は燕の南、倭の北にあり、倭は燕に属しているといういみであろう」と主張する（石原道博「中国における日本観の端緒的な形態」、『茨城大学文理学部紀要（人文科学）』第一号、一九五一年）。この説にしたがえば、『山海経』の「倭」はまぎれもなく日本のことを指す。そして、韓国と日本を視野に入れた燕は、自分の勢力圏を誇示したのが「鉅燕」の意味する所であろう。

燕と倭の結び付きには、僅かながら裏づけがある。班固の撰した『漢書』に「楽浪の海中倭人あり。分かれて百余国となり、歳時をもって来たり献見すと云ふ」とある。この記事は『漢書』巻二十八下・地理志・燕地の条に組みこまれているから、燕地ゆかりの日本観とみてよかろう。

「倭は燕に属す」という日本認識は北方の燕地を起点としている。范曄の『後漢書』によれば、紀元二世紀の後半、鮮卑族の君長檀石槐は食料を求めて烏侯秦水に辿りつき、倭人が魚をとるのが上手と聞いて、「是より東、倭人の国を撃ちて千余家を得る。徙を秦水上に置き、魚を捕らしめて、以て糧食を助く」という。これもまた、北方の遊牧民族と倭人との交渉をつたえる記録である。

ところが、『山海経』と『後漢書』にみえる燕地の日本観は明らかに朝鮮半島（蓋国・楽浪）を介して形成したものである。半島を起点としてみれば、倭は南に位置する。『後漢書』は三韓のことを述べて、「馬韓は西に在り、五十四国あり。その北は楽浪と、南は倭と接す。〔中略〕弁韓は辰韓の南に在り、また十二国あり。其の南はまた倭と接す」としている。

漢の半島進出にともなって、東の諸民族がより正確に知られるようになり、日本の位置についても、北方説から南方説へと定着してきた。

一方、秦の始皇帝が中国を統一して、天下を三十六郡にわけて以来、揚子江流域を中心とする会稽郡は東南の大都会として、大きな発展をなしとげた。会稽を起点とする日本認識は、「越」系列の文献に具現されている。

漢・王充の撰した『論衡』巻八の儒増篇第二十六に「周の時、天下は太平なり。越裳は白雉を献じ、倭人は鬯草を貢ぐ」とあり、また同書の巻五異虚篇・巻十三超奇篇・巻十九恢国篇にも、類似の記事が認められる。「越裳」は越常国・越甞国とも称し、『後漢書』南蛮西南夷伝に、交阯の南に越裳国があるとして、周代での白雉献上のことが述べられているが、会稽を中心にひろく南方の地帯に分布していた越族の一派である。倭人の貢献した「鬯草」は、欝金草（香）・欝鬯・暢草とも称し、中国南方の欝林郡（前漢武帝のころに郡を設置、ほぼ現在の広西省桂平県にあたる）産の香料の一種で、祭酒の原料として珍重される。倭人貢献の時代について、恢国篇にしたがって成王の時と限定すれば、紀元前一〇二〇年ごろのことであり、日本では縄文後期の末から晩期に相当する。

『論衡』の著者王充は紀元二七年、後漢の光武帝の建武三年に会稽郡の上虞県で生まれた。倭の奴国の使者が漢都の洛陽にまで入貢したという事件があった建武中元二年（五七）は、王充がちょうど洛陽の太学（国立大学）に入り、高名な学者班彪に学んだところであった。

『論衡』にみられる倭人の記事は、周朝聖王の徳化が海外にまで及んだことを宣揚しようとしたものだろうが、故郷の会稽で見聞した倭人来航の「歴史的事実」がおそらく下敷になっていたと思われる。

古代にさかのぼるほど、倭人と越人がわれわれの想像以上に密接な関係をもっていたようである。神田秀夫氏は、紀元前四七三年に越王勾践が呉を滅ぼし、紀元前三三三年に楚の威王商が越を滅ぼしたころ、航海に長じた呉越の先民が日本にたどり着いたという仮設を立てている（神田秀夫『日本に於ける中国文化』武蔵野書院、一九八六年）。それとは反対に、はるばると海を越えて江南の地を踏んだ倭人も当然あったと想像される(1)。江南における早期倭人の活動を、北方の燕国を中軸に観察したのが『山海経』と『漢書』の記事であり、南方の会稽を視点に記録したのがほかならぬ『論衡』の資料であろう。

倭国は南方にあると認識されるかぎり、東夷の持つイメージと重なることはありえない。しかし海をわたってきた倭人は、越人の目からみれば、紛れもなく東の人であった。そして、会稽郡の役人が華夷観の色眼鏡をかけてみれば、倭人がおのずと「東夷」にうつったわけである。

番号	書名	撰者	伝・志名
01	後漢書	范　曄	東　夷
02	三国志	陳　寿	東　夷
03	晋　書	房玄齢	東　夷
04	宋　書	沈　約	東　蛮
05	南斉書	蕭子顕	東南夷
06	梁　書	姚思廉	東　夷
07	南　史	李延寿	夷　貊
08	北　史	李延寿	（四夷）
09	隋　書	魏　徴	東　夷
10	旧唐書	劉　昫	東　夷
11	新唐書	宋　祁	東　夷

このような「東夷観」は、『後漢書』以下の中国正史の倭国伝につらぬかれている。中国の官撰史書二十五のうち、日本伝を別項して設けるものは十八あるが、『新唐書』以前の十一書はほとんど日本を東夷の類に位置づけている（上表参照）。

倭を東夷のひとつと認定することは、たんなる倭人の位置認定の問題だけではなく、倭人像そのものに大きな変化をもたらすことになる。つまり、中国人の世界観に沈殿している東夷のイメージは、まるごと倭人像のなかに移入される可能性が出てきたわけである。

『後漢書』は倭国の位置について、「その地、大較《おおむね》会稽の東冶の東にあり、朱崖、儋耳と相近し。故にその法俗多く同じ」と記している。東冶は今の福建省閩侯県付近にあたるが、後漢では会稽郡の管轄内にあった。朱崖と儋耳はともに今の海南島にあった漢郡の名である。

東冶・朱崖・儋耳はいずれも中国の南端にあり、それらと関わりをもった倭国は南方の範疇に入れられるべきであったが、東冶を領有した会稽郡を起点に見れば、倭国は遥かなる東方にあるわけである。日本観と東夷観の混合はここからはじまる。

5　東方のユートピア

儒教の聖典とされる『論語』の公冶長第五のなかに、孔子の言葉として「子曰わく、道行はずば、桴に乗りて海に浮かぶ」という注目の一文がある。自分の理想が中国で実現されなければ、舟にのって海に出ようといった意味であろう。前文に述べたとおり、古代の中国人にとって海とは東の方角であり、夷の住む異郷でもある。

これと関連する内容は、『論語』の子罕第九にもみえる。つまり、「子、九夷に居らんと欲す」という一句である。

春秋の乱世の「中華」よりも、伝説につつまれる「東夷」のほうが理想的な土地であろうと、孔子は考えているようである。

九夷とは一体どこを指すか。『爾雅』の釈地・李巡（漢霊帝のとき、中常侍となった人物）疏に、次のような解釈が行なわれている。すなわち、「夷に九種あり。一に玄菟、二に楽浪、三に高麗、四に満飾、五に鳧更、六に索家、七に東屠、八に倭人、九に天鄙」。

倭人は九夷の八番目に入っている。すると、孔子が海をわたって移住したいと考える理想郷は、海彼の日本と連想されてもおかしくはない。『山海経』の海外東経と大荒東経に出てくる「君子国」は、『論語』のいう「君子これに居る」理想郷と、なんらかの関連があったのであろう。そして、この架空の「君子国」はいつのまにか実在の「倭人国」のイメージに移入されてしまった。

ふたたび『漢書』燕地の倭人条に視線を転じてみよう。「楽浪海中に倭人あり。分かれて百余国となり、歳時を以て来たり献見すると云ふ」――この記事自体はほとんど研究しつくされている観があるが、古田武彦氏はするどい眼でこの史料をよみがえらせ、『漢書』地理志の東夷諸国で歳時貢献の記事のあるのは、倭人の箇所だけであることを発見した（古田武彦著『邪馬壹国の論理』朝日新聞社、一九七五年版）。このことは、九夷のなかでも、倭人がもっとも柔順にして仁義を重んじ、中華の文明に近づき、その感化をうけることを示唆するものと受けとめたい。

『漢書』地理志・燕地の条を細かく読みとおすと、まず朝鮮半島について、おおむね次のごとく説明されている。殷王朝のころ、道徳が衰微したため、箕子が中華の地をさって朝鮮へいき、土着民に礼儀をおしえた。ところが、商売人がくるようになってから、風紀が乱れはじめ、夜には盗人が現れるようになった。それにしても、東夷は生まれながら柔順にして、南蛮・北狄・西戎とは異なる。それ故、孔子は道徳の衰微をなげき、海に出て九夷に住もうと考えたのである――『漢書』は、『論語』のこの一文を引用した直後に「楽浪海中に倭人あり」と、かの有名な倭人記事につながっていく構成になっている。

以上で明らかなように、孔子があこがれる理想郷、ひいては古代の中国人の夢見るユートピアは、箕子伝説に象徴されているように、最初は朝鮮半島であった。それが、秦漢時代の苛政と戦乱を避けて半島に移住する人がおおくなるにつれて、理想郷への憧憬はさらなる東方の倭国に託されるようになった。

古代中国人にとっての東方のユートピアは、「東」と「夷」のイメージを根底にもっている。江戸時代の松下見林は「異邦之所称」の日本国号として、倭国・倭面国・倭人国・邪馬臺・姫氏国・扶桑国・君子国を列挙している（松下見林著『異称日本伝』巻上一）。神仙郷と理想郷は、それぞれ「扶桑国」と「君子国」に象徴されている。

中国の東方伝説は倭国の虚像と重なっているが、倭人の実像とまったく無関係ではない。『後漢書』の「女人は淫せず妒せず。また俗盗窃せず。争訟少なし」や『三国志』の「婦人淫せず、妬忌せず、盗窃せず、諍訟少なし」などの記述は、賢人箕子の教化をうけた朝鮮の「その民、終に相盗まず、門戸の閉なし。婦人、貞信にして淫辟せず」（『漢書』）という君子の理想とする秩序を彷彿とさせる。『魏略』（魚豢）などに見られる「倭人の呉太（泰）伯後裔説」（2）は、さらにそれを肉付けている。

いっぽう、神仙郷と見做される倭国観にも貧弱ながら、それなりのうらづけがある。『後漢書』の「人性酒を嗜む。多くは寿考、百余歳に至る者甚だ衆し」とか、『三国志』の「其の人寿考、或は百年、或は八、九十年」という記載が、すなわちそれにあたる。

長寿と仙薬は、神仙郷の表裏をなすものである。仙薬の伝説は、倭人貢献記事のあった『論衡』によれば、周成王の治世にさかのぼれるかもしれない。倭人の貢献した「鬯草」は当時神事につかわれていたから、いつのまにか蓬萊島にある不死不老の仙薬と信じられるようになったのであろう。時代が下がって秦代になると、「仙薬は東方にあり」という認識はかなり一般化したらしい。かの巨大な徐福渡海の伝承は、この虚実交錯の東夷観がうみだした歴史ドラマにほかならない。

二、宝物の島

1　卑弥呼の貢物

古代の中国人がはるかなる東方へはせるユートピア幻想は、秦漢以前の日本観の基層をかたちづくった。戦乱をさける流民や理想を求める君子が陸続として東方へ移住する背景には、この幻想があったにちがいない。そこから呉泰伯後裔説と秦・徐福渡日説とがうまれてきた。

秦漢以後、中日間の人的交流がおおくなってからも、中国人は従来の先入観をもって日本を観察する。言い換えれば、実像のなかに虚像の片鱗を発見し伝説の真実を証明していく過程に、魏晋から唐宋にかけての日本観が成立し展開していく。

『三国志』の魏志・倭人条に「其の人寿考、或は百年、或は八、九十年」とあって、神仙郷の長寿不死の伝聞をうらづけている。神仙郷のイメージをさらに強めさせたのは、日本の宝物にほかならない。

紀元二二〇年、後漢が滅亡し、中国は魏・蜀・呉の三国に分裂した。二三八年、朝鮮半島に勢力をはった公孫氏が魏の猛攻にやぶれ、「倭・韓」を統属していた帯方郡がここで魏の領有に帰すると、翌年六月に邪馬台国の卑弥呼女王は帯方郡を経由して、使者を洛陽におくった。

　景初二年六月、倭の女王、大夫難升米などを遣はし郡に詣り、天子に詣りて朝献せんことを求む。太守劉夏、吏を遣はし、将いて送りて京都に詣らしむ(3)。

卑弥呼の使者は魏の首都洛陽に到着し、「男生口四人・女生口六人・班布二匹二丈」を献上した。魏の少帝（曹芳）はこれをよろこび、同年十二月に詔書して、卑弥呼を親魏倭王に封冊し、その忠孝をたたえた。この詔書は魏の対日観をしる上で、貴重な史料である。『三国志』より引載しておく。

親魏倭王卑弥呼に制詔す。帯方の太守劉夏、使を遣はし汝の大夫難升米・次使都市牛利を送り、汝献ずる所の男生口四人・女生口六人・班布二匹二丈を奉り以て到る。汝がある所踰かに遠きも、乃ち使を遣はして貢献す。これ汝の忠孝、我れ甚だ汝を哀れむ。今汝を以て親魏倭王となし、金印紫綬を仮し、装封して帯方郡の太守に対し仮授せしむ。汝、それ種人を綏撫し、勉めて孝順をなせ。汝が来使難升米・牛利、遠きを渉り、道路勤労す。今、難升米を以て率善中郎将となし、牛利を率善校尉となし、銀印青綬を仮し、引見労賜し遣はし還す。〔後略〕

魏帝が使者を優遇し倭人の孝順を期待している所は、いうまでもなく「倭人は柔順なり」の先入観を吐露している。翌正始元年（二四〇）、帯方郡太守弓遵は建中校尉梯儁などを倭国に派遣して、さきの詔書・印綬および金帛・錦罽・刀・鏡・采物などの下賜品をもたらした。これによって、倭国は中国王朝の冊封体制に組み込まれたのである。

正始四年（二四三）、卑弥呼はまた大夫伊声耆・掖邪狗など八人を遣わして、「生口・倭錦・絳青縑・緜衣・帛布・丹・木拊・短弓矢」を献上した。卑弥呼の死後、宗女壱与は王位を嗣ぎ、正始八年（二四七）に大夫率善中郎将掖邪狗など二十人を遣わし、魏使張政などを送還して、かさねて魏都洛陽に詣り、「男女の生口三十人を献上し、白珠五千孔・青大句珠二枚・異文雑錦二十匹」を貢した(4)。

三世紀中葉における卑弥呼および壱与の朝貢品について、なおも検討を加える必要がある。「白珠五千孔青大句珠二枚」について、那珂通世博士は白珠五千・孔青大勾珠二枚とし、また白珠五千・孔青珠・大白珠二枚とする説や、白珠五千は五十の誤りとする説もある。難解な一文である。

現在『三国志』の底本として使われている百納本はたしかに「句珠」とあるが、『古今図書集成』の日本部彙考には「勾珠」となっている。「句」と「勾」はもとより相通じる。句呉と高句麗は史書で、しばしば勾呉と高勾麗に置きかえられる。また「珠」はタマと訓み、玉に通じるから、勾珠はすなわち「勾玉（マガタマ）」のことである。

『後漢書』は倭国の出産について「白珠・青玉を出だす」と記している。つまり、白いのは珠であって、青いのは玉でなければならない。それを裏付けるのは、白珠を「孔」で、青玉を「枚」で数えるという助数詞の使い分けである。

勾玉は鏡・剣とともにしばしば古墳から出土する所から、古代豪族の伝家の宝物とされ、それがのちに天皇家の「三種の神器」の一つとなった。「青大句珠」とあるから、巨大な勾玉であろう。古田武彦氏はそれを、通例の「石の勾玉」より大きく且つ貴重な「ガラスの勾玉」に比定している（古田武彦『「風土記」にいた卑弥呼』朝日新聞社、一九八八年）。

壱与が国家の重宝を魏に献上した原因はさまざまに考えられるが、魏の権威をかりて、卑弥呼の死によって動揺しはじめた政局を収束する狙いはあったにちがいない。

邪馬台国の女王は魏への貢献品に、三回とも絹類をくわえている。それをしめすと、次のごとくである。

（a）景初三年（二三九）：班布二匹二丈

（b）正始四年（二四三）：倭錦・絳青縑・緜衣・帛布

（c）泰始二年（二六六）：異文雑錦二十匹

『三国志』は倭国の服飾に関して、「その風俗淫ならず。男子はみな露紒し、木緜を以て頭に招け、その衣は横幅、ただ結束して相連ね、ほぼ縫ふことなし。婦人は被髪屈紒し、衣を作ること単被の如く、その中央を穿ち、頭を貫きてこれを衣る」と書いている。つづいて『三国志』に「禾稲・紵麻を植へ、蚕桑緝績し、細紵・縑緜を出だす」とあって、服飾発達の背景を述べている。

養蚕や紡績の技術はおそらく弥生時代の初期から、半島経由の渡来人によって招来されたのであろう。日本語の訓読によると、渡来人の二大系統の秦と漢人はそれぞれ「ハタ」「アヤ」と読み、いずれも紡績と深いかかわりをもったことがうかがわれる。

応神天皇三十七年（三〇六）、渡来漢人の阿知使主らは呉に派遣されて、兄媛・弟媛・呉織・穴織の四人を日本に連れもどした。このことは、日本の紡績技術が江南系に属したことを想像させる。

邪馬台国の貢品は班布・倭錦・異文雑錦としだいに高級化し、技術の発展をものがたる一方、これらの絹類の貢品が魏から喜ばれていたとみることもできよう。紡績史研究の権威太田英蔵氏は、班布は倭国産の細紵布らしく、縞織か格子織の絞染だろうとし、倭錦と異文雑錦も同じ織技によったものであると推論している。さらに、『魏志』（倭人

伝）の「細紵・縑緜を出だす」について、

細紵とはカラムシを績み紡ぎ織った細布であり、魏国は中国の北部を領しており、紵よりもむしろ常民は大麻の粗い布を衣料としていたから、倭人の精巧な紵布に興味をおぼえ特記したのであろうことは、出土する中国北方の紡輪の大きさから察せられる。

（太田英蔵『倭人伝の倭錦と異文雑錦についての試論』）

と述べている。

しかし「倭錦」とは、一体どんなものであろうか。具体的にいえば、どんな模様をしているか。班布は斑の模様をした布の意か。異文雑錦はおそらく魏人の目から見れば、倭国風の錦であったのだろう。『日本書紀』や『新撰姓氏録』などに徴すれば、天羽槌雄神は倭文氏の先祖で、文布を織ったと伝えられる。文布は倭文布とも倭文とも書き、「シドリ」また「シヅリ」という織物である。

一九八五年に、NHKと川島織物とが中心となって、倭錦の復元試作を企画し、苦心に苦心をかさねて作り上げたのは、奈良時代以前の遺物といわれる「赤地山菱文錦」を基本的デザインとする、入子菱と小形三角形の組みあわせ模様のものである（布目順郎著『絹の東伝』小学館、一九八八年）。

邪馬台国の時代は、考古学での弥生時代後期に相当する。九州での絹製品の出土例は、弥生時代の中期ないし前期の遺跡にみられる。弥生後期になると、絹製品はかなり発達して、大陸へ逆輸出するようになった。半島を経由して魏に流入したのとほぼ同じころ、海路で呉にも輸出したらしいことは、『三国志』の呉書・孫権伝にしるされている。つまり、呉の黄龍二年（二三〇）、孫権は将軍衛温と諸葛直をして、甲士万人を引率し、夷洲と亶洲に遣わした。伝聞によれば、亶洲は徐福のとどまった島で、島民は時に会稽にやってきて布を貨るという。

弥生時代の後期、すなわち邪馬台国の女王は権力のしるしとされた勾玉と当時最高の加工品である倭錦などを、半島や大陸に輸出していたのである。これらのものは隣国の日本観に影響を与えなかったはずはない。たとえば、『隋書』

に「新羅・百済、みな倭を以て大国にして珍物多しとなし、並びにこれを敬仰し、恒に通使して往来す」とあり、倭は珍宝の国として周囲の隣国から尊敬されていたわけである。そして中国人にとって、それがさらに神仙郷や徐福伝説と結びついていく。

2　怪珍異宝

神仙郷とは、日常生活を超越した異空間である。そこに住んでいるのは脱俗の仙人であるとすれば、そこにある物もこの世にない怪珍異宝でなければならない。こうした日本に対する先入観から、さまざまな伝説が生みだされてきた。その中に、事実の拡大・敷衍・変形もあれば、まったく事実無根の空想も交じっている。

卑弥呼以来、「宝物の島」というイメージは、相当強く中国人の脳裏に植え付けられたようである。たとえば『新唐書』の日本伝に、「その東の海嶼の中に、また邪古・波邪・多尼の三小王あり。北は新羅を距て、西北は百済、西南は越州に直る。糸絮と怪珍ありという」とある。ここに糸絮と特記しているのは、珍しい倭国産の絹織物が弥生後期から続々と中国に流入し珍重された事実を如実にものがたっている。

唐代の大詩人杜甫の「厳中丞の西城晩眺十韻に和し奉る」と題する五言律詩に、「花羅蛺蝶を封じ、瑞錦麒麟を送る」という対句がある。『杜子美詩分類集注』はこれに、次のような註釈をくわえている。

> 蛺蝶・麒麟は羅錦の上の文繍なり。漢武の時、西域は蛺蝶羅を献じ、日本国は麒麟錦を貢す。人をして眼目を眩ましむ。

紀元前の漢武帝の治世（前一四一～前八七年）に倭国から麒麟模様の錦を貢献したということはにわかに信じがたいが、遡及的な伝説であろう。それにしても、日本の紡績品が唐代の文人に重宝されていたことに、歴然とした証拠がある。

『李太白詩』巻十六所収の「王屋山人魏萬の王屋に還るを送るの詩」を見ると、「身に日本裘を著け、昂蔵と風塵を出づ」という二句がある。元・楊齊賢はこれについて、「裘則ち朝卿の贈る所の日本布を以てこれを為る」と注している。「昂蔵」とは、風貌堂々として気宇壮大な様子であり、李白の詩「潘侍御の銭少陽を論ずるに贈る」にも、「繍衣柱史何昂蔵、鉄冠白筆横秋霜」と見える。日本裘を着ると、いかにも脱俗して仙人にでもなったような雰囲気を漂わせるという意味である。

『新唐書』の日本伝に、糸絮のほかに「怪珍あり」ともしるしている。怪珍とはどんなものか。『隋書』の倭国伝には、「魚眼睛」と呼ばれる宝珠の話が伝えられている。

阿蘇山あり。その石、故なくして火起り天に接する者、俗以て異となし、因りて祷祭を行ふ。如意宝珠あり。その色青く、大きさは鶏卵の如く、夜は則ち光あり。魚眼睛と云ふ。新羅・百済、みな倭を以て大国にして珍物多しとなし、並びにこれを敬仰し、恒に通使して往来す。

青色の如意宝珠は卵ほど大きく夜に光を放つとあるが、右の文中から「青い・大きい・宝珠」を抜きだして並べてみると、邪馬台国の壱与女王より貢献された「青大句珠二枚」を想起してしまう。それはガラス製の勾玉だとすれば、光を放つのは当然のことである。勾玉はまた曲玉とも書き、Cの字形の一端に孔をあけて緒を通し、古代の装身具として用いられていた。その全形は魚に似て、緒を通す孔も魚の目に見えるから、「魚眼睛」と呼ばれたのではないか。

隋代以前の「白珠青玉」に取ってかわって、唐代に登場した日本の怪珍は琥珀と瑪瑙である。それも神仙郷の投影をうけて、伝説化された形で現われてくる。たとえば、『旧唐書』巻四の高宗紀上に永徽五年（六五四）の出来事として「倭国、琥珀・瑪瑙を献ず。琥珀の大きさは斗の如く、瑪瑙の大きさは五㪷器の如し」と記している。『冊府元亀』巻九百五十九の外臣部・土風に同年の記事がみえ、「その琥珀は海中にありて涌き出づ」とあるから、事実の伝説化がますます進んでいく(5)。

つぎに、宋・張君房の撰した『雲笈七籤』巻百をみると、『軒轅本紀』をひいて騰黄馬身をなし、乗黄・飛黄・古黄・翠黄とも称し、日本国より出でて寿三千にして、一日に万里を行き、乗者をして二千の寿を得させると記す所である。十三世紀ごろ、イタリアの冒険家マルコ・ポーロは中央アジアを経て中国の元にいたり、各地を旅行した。帰国後、『東方見聞録』を口述し、日本を「黄金の島」として世界に紹介した。しかし、日本に関する黄金伝説は、それより七百余年前の梁代にさかのぼることができる。梁・任昉の著わした『述異記』(6)は日本の「金桃伝説」を伝えている。

磅礴山は扶桑を去ること五万里、日の及ばぬ所なり。その地は甚だ寒し。千囲の桃あり、万年に一たび実る。一説に、日本国に金桃あり、その実の重きは一斤あり。

日本伝来の「怪珍」に、「如楸玉局・冷暖玉棋子」も大変中国人の興味をそそったらしい。『冊府元亀』巻九百九十七の外臣部・技術によれば、唐宣宗の大中二年(八四八)、日本の王子が来朝し、唐の顧師言と囲碁を打とうとして、「本国の如楸玉局・冷暖玉棋子」を出してもちいたという。局は碁盤のこと、それは青い玉でつくられ楸玉(ひさぎ)の色をしているから、「如楸玉局」の名があった。棋子は碁石のこと、これも夏涼しく冬暖かい宝玉を材料にしたとつたえる。

唐・蘇鍔の著した『杜陽雑編』にも類似の話がのせられている。すなわち手譚池の条に「日本国に凝露台あり。台の上に手譚池あり。池の上に玉棊子ありて、制度に由らず、黒白文明す」とある。このように、「如楸玉局・冷暖玉棋子」のはなしは従来の青玉伝説の延長線上にあって、それをさらに神秘化したものと思われる。

五代後周の義楚が撰した『釈氏六帖』(義楚六帖とも書く)は徐福の日本移住をつたえ、「また東北千余里に山あて、富士と名ひ、亦蓬莱と名ふ。その山峻しく、三面はこれ海にして、一朶は上に聳へ、頂に火煙あり。日中、上に諸宝ありて流下し、夜即ち上に却る。常に音楽聞ゆ」としるしている。富士山の火山現象と蓬莱伝説との混合によって、「諸宝流下」「常聞音楽」といった幻想が生じてきたのであろう。

以上、日本の「怪珍」として、魚眼睛（勾玉）・琥珀と瑪瑙・騰黄神獣・金桃・如楸玉局と冷暖玉棋子・富士山諸宝を、それぞれ挙げてみた。これらのものは、中国人の目からみれば、この世にありえない怪珍異宝であり、日本にあるということは、そこが不死の薬や世外の宝をもつ仙人のいる神仙郷だからである。

「宝物の島」は、卑弥呼以来の貢献物に基づいた日本の実像でありながら、古来の神仙郷伝説に彩られた日本の虚像でもある。

3　精巧な工芸品

唐宋時代から、日本の工芸美術品が従来の未加工の自然宝物に取ってかわり、中国に流入するようになった。貞観四年（六三〇）に始まった遣唐使は、大陸文化をむさぼるように吸収する反面、島国の文物をも積極的に搬出した。日本文物の輸出は唐代では、主として朝貢貿易の形式で行なわれた。朝貢品の内容は『延喜式』の「賜蕃客例」から、その概略をうかがうことができる（〈　〉内は原文割注）。

大唐皇〈銀大五百両、水織絁・美濃絁各二百疋、細絁・黄絁各三百疋、黄絲五百絇、細屯綿一千屯。別に綵帛二百疋、畳綿二百帖、屯綿二百屯、紵布卅端、望陁布一百端、木綿一百帖、出火水精十顆、瑪瑙十顆、出火鉄十具、海石榴油六斗、甘葛汁六斗、金漆四斗を送る〉

これらの朝貢品は、東野治之氏の指摘したとおり、「原料品や単純な繊維製品が大方を占めている」（東野治之著『遣唐使と正倉院』岩波書店、一九九二年）。その中で、綵帛は卑弥呼時代の班布・倭錦・異文雑錦の伝統をうけつぎ、ますます高度な工芸性をそなえるようになったのであろう。

いっぽう、個人ルートで流入した日本文物は、定例の朝貢品よりはるかに精彩をはなつ。たとえば、延暦二十三年（八〇四）に渡唐した最澄は、水精の念珠十巻・檀龕の水天菩薩一駆（高さ一尺）および中日の仏書を台州国清寺に寄付し、筑紫の筆二管・筑紫の墨四挺・刀子一（斑組二を加ふ）・火鉄二（大石八を加ふ）・蘭木九・水精珠一貫などを台州刺史の陸淳に献上した（拙著『聖徳太子時空超越――歴史を動かした慧思後身説』大修館、一九九四年）。

日本の輸出品は常識的に考えれば、唐から歓迎されるものばかりである。東野治之氏はこの点を機微に察知して、「唐に対して朝貢ないし輸出される品々は唐に無いものか、あるいは唐国内の産出品や製品をしのぐものだったと考えられる。奈良時代にも、わが国が後の螺鈿や扇・日本刀に類する特産品を朝貢・輸出していたとすれば、わが国の美術工芸も分野によっては当然唐に匹敵するだけの水準を擁していたことになろう」と推論している（東野前出）。

正倉院に残された精緻を極めた唐代の舶載品にくらべてみれば、奈良時代前後の日本の美術工芸品は全体として、はるかに立ち後れていることはうたがいなかろう。しかし、どの地域にも独特な風土と民族性を根底に持つ産出品と加工品があるはずである。明清時代に西洋人の招来した機械類の器具は、当時の士大夫から「奇物巧器」と呼ばれるように、唐宋時代の日本文物にも中国人の興味をひく特異なものが少なくはなかった。『杜陽雑編』にのせられている日本人の「彫木」特技は、その端的な例である。

唐の穆宗皇帝に、飛竜衞士として仕えた韓志和という倭国の人がいた。彼は彫刻の技術に長じており、木で鶴・鳥・鵲などを彫ると、それはまるで生き物のように見える。そのつくった鳥類の腹中にゼンマイを仕掛けて、高さ三尺位の空中を二百歩ほど飛ばすことができるし、また猫を彫って自在に雀などを捕えさせることもできるという。

彼の妙技はついに皇帝に聞き及んで、その作品が天覧に供されることになった。そこで、韓志和は精魂をこめて高さ数尺の踏床を刻み、その上に金銀の彩絵をほどこし、「見龍床」と名付けた。その日、穆宗が踏み台に足をのせると、雲霧が忽然と動きだし、その中から龍の鱗・鬣・爪・牙などがありありと現れてくる。これに驚いた穆宗は機嫌をそこねて、「見龍床」を撤去させた。韓志和は、今度、期中から小さい桐箱を取り出し、その中に数百個の「蠅虎子」と呼ぶミニ人形をしのばせている。命令一下、蠅虎子は五列にならび、宮廷楽団の演奏にあわせて、「涼州の舞」を躍りだした。舞踏がおわると、韓志和は蠅虎子をして数百歩はなれた蠅を捕らせてみたところ、あたかも鷂の雀を捕るがごとく、一度も失敗したことはない。

蘇鶚の『杜陽雑編』は、『新唐書』・『郡斎読書志』・『四庫全書』などには小説として著録されている。この視点からみれば、韓志和の物語は史実と異なって、虚構の成分を多くふくんでいるにちがいない。しかし物語の主人公を、陳舜臣氏の述べたように新羅人でもアラビア人でもなく、とくに日本人としたのは、「やはり唐代の中国の日本像のなかに、〔中略〕小さな精巧なものをつくるのが上手であるというのがあったから」である（陳舜臣「中国の中の日本像」国際日本文化研究センター『世界の中の日本』第三号、一九九一年）。

森克己氏も「この一篇の物語は極めて怪奇な、ありそうにもないような話であるが、ともかくも、この怪奇な物語によって日本人には韓志和の如き精妙な技術の所有者があるということを大陸の人々の脳裏に刻み込んだに相違ない」と論じている（森克己著『増補日宋文化交流の諸問題』国書刊行会、一九七五年）。唐代に、日本から器用な職人が渡来し、または高度な工芸品が流入したことは、韓志和の物語より間接的にうかがうことができる。

宋代になると、日本工芸品の流入は著しくなってくる。永観元年（九八三）に入宋し、日本の典籍と中国の佚書を時の太宗に献じて、朝野の士を驚嘆させた東大寺の僧奝然は、寛和二年（九八六）念願の蜀版『大蔵経』を下賜され、宋商の船に便乗して意気揚々と帰途についた。

数年後、奝然は弟子嘉因らを遣わして、美文の謝表とともに数多の宝物を献上した。その献上品の数々は『宋史』の日本伝によれば、次のごとくである。

仏経（青木函に納む）、琥珀・青紅白水晶・紅黒木槵子念珠各一連（並びに螺鈿花形平函に納む）、毛篭一（螺杯二口を納む）、葛篭一（法螺二口を納む）、染皮二十枚、金銀蒔絵筥一合（髪鬘二頭を納める）、又一合（参議正四位上藤佐理の手書二巻及び進奉物数一巻・表状一巻を納む）、又金銀蒔絵硯一筥一合（金硯一・鹿毛筆・松煙墨・金銅水瓶・鉄刀を納む）、又金銀蒔絵扇筥一合（桧扇二十枚・蝙蝠扇二枚を納む）、螺鈿梳函一対（その一に赤木梳二百七十を納む。その一に龍骨十橛・螺鈿書案一・螺鈿書几一を納む）、金銀蒔絵平筥一合（白細布五匹を納む）、鹿皮篭一（貂裘一領を納む）、螺鈿鞍轡一副・銅鉄鐙・紅絲鞦泥障・倭画屏風一双、石流黄七百斤を貢す。

また御堂関白藤原道長が長和四年（一〇一五）七月、入宋僧寂照の弟子念救に託して、宋の天台山に施入しようとした物品は『御堂関白記』に、「木槵子念珠陸連（四連琥珀装束、二連水精装束）、螺鈿蒔絵二、蓋厨壱隻、蒔絵筥貳合、海図蒔絵衣箱壱隻、屏風形軟障陸条、奥州貂裘参領、七尺鬘壱流」とあげている。日本の輸出品は中国人の嗜好に迎合し、賞賛を博するにいたったのである。その端的な例は大和絵をえがいた華麗な日本扇(7)と精鋭犀利にして且つ美飾された日本刀である。煕寧（一〇六八〜七七）の末、宋の都汴京相国寺で、日本の「画扇」が売られているが、手の出ないほど高値をつけられていた。宋・江少虞の編纂した『皇朝類苑』の風俗雑誌・日本扇に、このことが書かれている。

煕寧の末、余相国寺に遊び、日本国の扇を売る者を見かけた。琴漆の柄、鵶青紙を以て餅の如く厚くして、摺して旋風扇と為す。淡粉して平遠山水を画き、五彩を以て薄く傅く。近岸に寒蘆衰蓼を為り、鴎鷺佇みて立つ。景物は八九月の間の如し。小舟を艤し、漁人蓑を披りて、その上に釣す。天の末に隠々と微雲・飛鳥の状あり。意志深遠にして、筆勢精妙なり。中国の善く画く者も或は能はざるなり。索価絶だ高く、余時に苦貧にして、以てこれを置くなし。毎に以て恨と為す。その後、再び都市を訪ひ、復あらず。

日本扇とならんで、日本刀も嘖々たる好評をあびている。宋・欧陽脩の名高い『日本刀歌』は、玉をも切れる「宝刀近く日本国に出づ」るが、江南の商人が「百金」を投じて入手し、「佩服してもって妖凶を禳ふべし」と謳っている。また徐福が「百工五種」をもたらして日本に移住したから、「今に至りて器玩みな精巧なり」とも賞賛している。

日本文物に対する好評は、唐宋時代の日本観の主流をなしている。人間ばなれの「神業」をたたえることは、神仙しか持ちえない「珍宝」をあこがれるよりは日本の実像にいくらか近づいた観がある。しかし、こうした日本観の源流が蓬莱島（神仙郷）にあるべき怪珍異宝への幻想に端を発していることは否定できない。

実像の虚像化はそれをうらづける。「佩服してもって妖凶を禳ふべし」とある日本刀、「見龍床」「蝿虎子」をつくる韓志和などは、いずれも神秘的な力をそなえる存在としてしるされている。螺鈿・蒔絵・屏風・扇面などに付随する大和絵の流入はいつのまにか、『清波雑志』や『蓼花洲間録』『湘山野録』『皇朝類苑』などにのせられる「画牛」伝説に虚像化されてしまう。粗筋は次の如くである。

江南の徐諤が「画牛」の絵をえた。画中の牛は、昼は欄外に出て草を食み、夜は欄内にかえって臥す。いかにも不思議な絵なので、闕下に献上した。太宗は群臣に示したところ、誰一人として知るものはなかった。そこで、『宋高僧伝』を著わした博学な律僧賛寧がでて、次のようにこたえた。

倭人は引き潮の時に海岸から蚌蛤をひろって、その体液を顔料に和して物に描けば、昼は隠れて夜は顕われる。また、沃焦山に火が燃えあがり、石が海岸に落下すると、これをひろって水を滴し色をみがき、溶かして物を染めれば、昼は顕われて夜は隠れるという。

このような怪奇な話が宋代に流行ったことは、この時期に日本の高度な美術工芸が流入した事実に、なおも従来の神仙郷の幻想が色濃く投影していることをものがたる。

三、礼儀の邦

1　君子の国

江戸時代の伊藤松貞が著わした『隣交徴書』初編巻之一に、峨嵋山居士と号する宋・文博の『日本国賛』をのせている。この五言律詩のなかに「孰ぞ彼土此土を分たん、相去る纔かに咫尺」「等閑に目を挙ぐれば便ちに見ゆ、何ぞ足行して至るを待たん」といっているのは、従来の偏遠にして到達しがたいという日本観と趣を異にしている。

宋末元初の馬端臨によって編纂された『文献通考』巻三百二十四・四夷考、倭条をみると、漢魏時代の日本は、「楽浪郡境および帯方郡を去ること、並びに一万二千里」「その地は遼東を去ること甚だ遠し」としているが、唐宋時代になって「多く南道より海に浮びて入貢し及びに互市の類を通じ」「閩浙を去ること甚だ迩し」と記している。

唐宋以来、中日の交通は北路から南路への切りかえ、または季節風の利用および造船技術の発達などによって、地理的距離を大幅に短縮させるのに成功した。しかし、右の『日本国賛』と『文献通考』にみられる距離感は、おそらく心理的要素を多くふくんでいるであろう。その背後には、文明の同質・民族の同種といった日本認識が成り立っていたと思われる。これらについては後文に詳述するとし、ここでは日本を「君子国」とみる源流を概観してみよう。

君子国の幻想が東夷観に源を発したことは、すでに述べたとおりである。『論語』によれば、孔子は自分の理想を実現できるユートピアを海彼の東方に想像している。したがって、『漢書』以下の正史撰者は東夷としての日本を記述するにあたって、君子国発見の願望を意識無意識のうちに胸中にして、それをしばしば文面に吐露している。いくつか実例をあげよう。

『三国志』に「婦人淫せず、妬忌せず、盗窃せず、諍訟少なし」とあるのは、上古の遺風を思わせる。『隋書』に「性質直にして雅風あり」といっているのは、君子の美徳をたたえるものである。

大業四年（六〇八）、文林郎裴世清は遣隋使の小野妹子らとともに、倭国へ赴いた。隋使一行は百済をへて都斯麻国（対馬）に至り、さらに一支国（壱岐）・竹斯国（筑紫）をへて秦王国にたどりついた。秦王国について、松下見林は『異称日本伝』において安芸の厳島とし、本居宣長は『馭戎慨言』において山陽道西端の国名の誤記と主張し、また山田安栄は周防の音訳とみている。

秦王国という表記には、古来の徐福伝説が絡んでいるとみたほうが妥当であるかもしれない。「その人華夏に同じ、以て夷洲と為すも、疑ふらくは、明らかにする能はざるなり」とつづく記述は、その証拠となる。夷洲（亶洲をふくめて）は『後漢書』の倭伝と『三国志・呉書』の孫権伝では、徐福止住の地としてつたえている。また『太平御覧』巻七百八十二の外国記には、「周詳、海に浮かび、紵嶼に落つ。その中に紵多く、三千余家あり。云はく、徐福童男の後なりと。風俗は呉人に似るあり」としるしている。

『隋書』倭国伝の記事は、裴世清の帰国報告から多くの情報をとっていることはうたがいない。「文字なし、ただ木を刻み縄を結ぶのみ。仏法を敬ふ。百済に於て仏経を求得し、始めて文字あり」とあるのは、従来の日本観と一線を画する点である。つまり日本を、仏法を信じ文字を知る開化民族として認めるのは、隋代に始まったことである。

ふたたび秦王国の記事に目をもどすと、従来は呉越と結びつけられてきた徐福を代表とする秦漢移民がここでは「華夏に同じ」と評価されている。それは「性質直にして雅風あり」「仏法を敬ふ」「文字あり」とともに、隋代の新しい日本観を示唆するものである。

隋代の斬新な日本観は、使節の直接見聞によって幻想の君子国をある程度裏付けた所に、最大の特色があったと思われる。次の唐宋時代になると、君子国の虚像と日本国の実像とはすっかり合成して、友好的な日本観を定着させていくのである。

唐の玄宗皇帝が聖武天皇におくった『日本国王に勅するの書』は、張九齢の『曲江文集』巻七におさめられているが、その冒頭に「日本国王主明楽美御徳に勅す。彼は礼義の国にして神霊の扶くる所なり」とあり、「主明楽美御徳」はスメラミコト（天皇の古名）の音訳と思われるが、すべて佳字を選んだのはつぎの「礼義の国」の賞賛と呼応して、唐代の日本観を如実に表わしている。

石原道博氏は「唐から近隣の諸国へおくられた国書には、このように特別の敬意をあらわした文字はみえない」と指摘し、その原因を「大伴古麻呂のような遣唐使・留学生・学問僧たちに俊秀が多く、いずれも国家的自覚のもとに堂々たる外交・研修・求法などに精神をうちこんだ」ことに帰結している（石原道博「中国における隣好的日本観の展開――唐・五代・宋時代の日本観」『茨城大学文理学部紀要（人文科学）』第二号、一九五二年）。しかし「神霊の扶くる所」とある記述によっても明らかなように、唐代の日本観は当代の中日交渉の具現でありながら、従来の神仙郷・君子国の影響を少なからず受けているものでもある。

唐・王維の詩集『王右丞集』をひもとくと、阿倍仲麻呂に贈った『秘書晁監の日本国に還るを送る』と題する五言律詩があり、その詩序に「海東の国、日本を大と為す。聖人の訓に服し、君子の風あり。正朔は夏の時に本づき、衣裳は漢の制に同じなり」と、日本に最大の賛辞をおくっている。中国人にとって、古代にさかのぼるほど、理想的な良風美俗および政治秩序が保たれていると考えがちであるから、夏朝の暦をもちい漢代の服を着ることは、「聖人の訓に服し、君子の風あり」の表われとみとめられる。

唐がほろび五代がおこると、後周の義楚は『釈氏六帖』を著し、徐福の止住した蓬莱を富士山に比定して、「今、人物は一に長安の如し」といっている。『隋書』の「その人華夏に同じ」とあるよりも、日本への評価を一段と高めている。

つづいて、宋代では徽宗の政和六年（一一一六）日本におくった牒状に、日本を「東夷の長」と称し、「人は謙遜の風を崇め、地は珍奇の産に富む」と礼賛している（『善隣国宝記』巻上）。宋・懐敞の『與栄西』という七言律詩にも、「日本即ち南唐なるを疑ふなし」の句がみえる（『隣行徴書』初編巻之二）。

国交関係の悪化した元明時代でも、従来の日本観が少なからず受けつがれていたが、これらについては後文でまとめて検討したい。

2　華夷同源

華と夷の民族的起源が切っても切れない関係にあることは、一の3で明らかにしたつもりである。『隋書』では、倭国の風俗について「その餘の節はほぼ華と同じ」とし、秦王国について「その人華夏に同じ」といっているのは、華夷を同一視する傾向の現れである。華夷同源の意識はとくに唐宋時代になると著しくなり、そこから徐福渡日説や慧思転生説などをうみだしてきた。

戦国の乱世を平定して、空前の大帝国をつくった秦の始皇帝は、のちに長寿延年に心をひかれ、方士徐福をして、童男童女数千人に五穀の種と耕作の農具をそろえて楼船に積み、東海の蓬莱島へ不老不死の仙薬を求めにいかせた。この記事は『史記』の「秦始皇本紀」「淮南衡山列伝」「封禅書」に散見し、また司馬遷とほぼ同時代の東方朔の著わした『海内十洲記』にも類似の記載がみられる所から、いちおう史実とみてよかろう。

『史記』以後の歴代の文献によって、「徐福入海求仙」の史実はしだいに敷衍され、それぞれの時代の解釈にあわせて再創作されつつあった結果、はやくも伝説化してしまった。史実から伝説への変遷に三つの段階があったことは、近藤杢氏が『江戸初期以前に於ける儒書の招来と刊行について』（『斯文』十七ノ四）で明快に論じた所である。

『史記』の徐福入海説から一転して渡日説となり、後周の義楚の『釈氏六帖』に見え、再転して齋書説となり、宋の欧陽脩の『日本刀』の詩に詠ぜられるに至ったもの〔後略〕。

つまり、『史記』の「淮南衡山列伝」は徐福入海の着地を「平原広沢」としか書かなかったのが、五代の『釈氏六帖』ではじめて「日本」に比定されるようになった。

日本国はまた倭国と名ひ、東海の中にあり。秦の時、徐福は五百の童男と五百の童女を将して、この国に止まるなり。今、人物は一に長安の如し。〔略〕また東北千余里に山あり、富士と名ひ、また蓬莱と名ふ。〔略〕徐福ここに止まりて蓬莱と謂ふ。今に至りて、子孫はみな秦氏と曰ふ。

右の記事で、前代とちがった日本観を反映するものとして、徐福のとどまった蓬莱島をはっきりと「日本」に比定したこと、日本の人物を「一に長安の如し」と評価したこと、渡来人集団の秦氏を徐福一行の子孫とみとめたことなどが注目される。徐福の渡日説は、唐末以来の日本見直しの時代風潮に根差したものであり、中日間の、ひいては華夷間の人種的なへだたりをなくす前提条件でもあった。宋に至って、日本の風俗・文物・制度などを中国並みに高く評価する機運は、まさにここにあると言わなければならない。

かかる日本観の時代的な転換は、徐福伝説においては五代の「渡日説」から宋の「齋書説」への変容にも十分に表わされている。すなわち、欧陽脩の『日本刀歌』に

伝聞其国居大島　伝え聞くにその国は大島に居り
土壌沃饒風俗好　土壌は沃饒として風俗も好しと
其先徐福詐秦民　その先に徐福は秦の民を詐く
採薬淹留丱童老　薬採るに淹留して丱童老ひたり

百工五種与之居
至今器玩皆精巧
前朝貢献屡往来
士人往々工詞藻
徐福行時書未焚
逸書百篇今尚存

百工と五種はこれと居る
今に至りて器玩はみな精巧なり
前朝に貢献してしばしば往来す
士人往々にして詞藻に工みなり
徐福が行く時に書は未だ焚かず
逸書百篇は今なお存せり

とあるのがそれである。

徐福の齎書説は、中日文明の落差が大幅に縮小した事実の反映であるとともに、古書の完全保存をふくめて日本文化の急速な発達に対する一種の中国的な解釈とみることもできる。日本観の画期的な転換といえよう。

日本民族の起源は、中国の文献では最初、江南の呉越民とのかかわりで記述されている。徐福伝説はあくまでも秦漢時代の大陸移民を追憶する伝承にすぎず、日本と中国との人種的な交流がそれよりさらに古く且つ深いことは、呉泰伯（太伯とも書く）後裔説からうかがわれる。

『魏書』以前に成立したと推察される魚豢撰の『魏略』逸文に「その俗は、男子みな点して文す。その旧語を聞くに、自ら太伯の后と謂ふ」とあって、倭人自らの祖先談をつたえている。『史記』の呉太伯世家によれば、泰伯は周の太王（古公亶父）の長男だが、父の胸中を推しはかって、王位を三男の季歴にゆずるため、断髪文身して荊蛮の地に落ちのびた。土着民は彼の義をしたって身をよせるもの千余戸におよび、彼を勾呉の開祖に推したという。孔子は『論語』の泰伯篇で、国をゆずった泰伯を「泰伯は其れ至徳と謂ふべきのみ」と激賞した。儒教の世界では、仁義そのものとして尊敬される賢人である。

呉は春秋時代（前七七〇～前四〇三）揚子江下流に生息し、「春秋五覇」の一つにかぞえられる強国である。呉は中原に鹿を逐うなかで、文明度の高い漢民族と関連づけて、自らの正統性を主張する必要があった。その必要から、越は夏の少康の子、斉は周の太公望、晋は周の成王の弟、呉は周の泰伯といったふうに、非漢民族の始祖伝説が生まれてきた。

ここで注意すべきは、倭人がみずから呉民族との同源を主張していることだけでなく、越民族との関連もあったとはやくから中国人に意識されてきたことである。『三国志・魏書』の倭人伝に「夏后少康の子、会稽に封ぜられ、断髪文身し、以て蛟龍の害を避く。今倭の水人、好みて沈没して魚蛤を捕へ、文身しまた以て大魚を厭ふ」とあるのは一例である。

かく見てきたように、三世紀ごろから倭人は中国江南の呉越と共同の起源をもっているとつたえられ、唐宋時代では秦漢移民が日本の住民の一部をなしていると信じられるようになった。倭人の呉泰伯後裔説は三世紀ころに成立した『魏略』のみならず、唐代の文献『梁書』『晋書』『翰苑』などにもみられる。この伝説がひろく引用される背景には、儒教上の理想人物としての泰伯を東方の君子国の始祖におくという解釈の合理性がはたらいているにちがいない。徐福伝説の舞台が唐宋以後から日本にうつった事実をかんがえあわせると、奈良時代よりはじまった日本文化の唐風追随が中国人の日本観を大きく変えさせ、華夷同源にまつわるさまざまな伝説の素地をつくったことが分かる。

日本文化の唐風化、言いかえれば中日文明の落差の縮小は、両国の人種的な相違をなくす形で、中国人の日本観に色濃く投影されている。その影響は前述した太伯後裔説と徐福渡日説のほかに、仏教的な転生伝説にも顕著に見てとれる。

天台宗の遠祖と崇められる南岳慧思（五一五～五七七）は没後まもなく、信者らによって蘇生の伝説を創られてきた。再誕の地は最初の「仏法なき処」から「東方」「東海」などを経て「倭国」へと推移していく。また倭国に生まれ変わった慧思の後身は「倭州の天皇」「倭国の王子」「聖徳太子」と、しだいに具体化しつつあった。『大唐国衡州衡山道場釈思禅師七代記』の逸文に、唐開元六年（七一八）とある貴重な碑文が引かれている。

碑の下に題して云はく、倭州の天皇、彼の聖化する所なり。聖人の遷跡より隋代に至る以下、禅師の調度、金銀書・仏肉舎利・玉典・微言・香炉・経台・水瓶・錫杖・石鉢・縄床・松室・桂殿、未だ傾けず朽ちずして、衡山の道場にみな悉く安置す。今代の道俗、瞻仰し帰敬す。

「開元六年」は元正天皇の養老二年にあたり、この転生伝説流布の下限と見ることができる。鑑真にしたがって渡日した唐僧思託は『大唐伝戒師僧名記大和上鑑真伝』で「その智者禅師、これ南岳慧思禅師の菩薩戒弟子なり。慧思禅師は乃ち日本に降生し、聖徳太子と為る。智者は唐国の分身、思禅師は海東の化物なり」と述べ、さらに『上宮皇太子菩薩伝』に「思禅師、後ちに日本国橘豊日天皇の宮に生まる」と明記している。

南岳慧思の倭国転生説は、唐・明空の『勝鬘経疏義私鈔』、唐・方進の『註梵網経』、宋・道原の『景徳伝燈録』などにも記述されている。この類の伝説がとくに唐宋時代にひろく流布したのは、この時代の新しい日本観と無関係ではなかろう(8)。

3　上古の遺風

中国人は空間的に海彼の島々に幻想の神国を想像し、時間的には遥かなる古代に理想の王国を追憶する。したがって、唐代の大詩人王維が『秘書晁監の日本国に還るを送る』と題する五言律詩の詩序に「正朔は夏の時に本づき、衣裳は漢の制に同じなり」としるしているのは、日本文化への最大の評価であるとみてよい。

中国人にとって、上古の遺風がどれほど受けつがれているかは、国内にあってはその王朝の治世の善悪をみわける基準であり、域外にあってはその民族の文明の高低をはかり知る指標となる。この意味で、中国人の日本観を考察する際、「古代発見」のもつ文明論的意味を看過してはならない。

唐代の中日交流をふり返ってみると、人物往来の隆盛にして多彩な様子はまことに注目に値する。遣唐使をはじめ中国へわたった日本人が相当な数にのぼったことはいうにおよばず、日本へわたった中国人も無視できるほど少数ではなかった(9)。

使者・商人・僧侶・留学生らの往来による直接交流の機会が急増することによって、唐代の中国人は伝説の濃霧から日本の真相を一部うかがいみることができた。そして、日本の実像を「古代発見」として記述した所に、この時代の日本観が明らかに表わされている。

今日の日本人は仏前では合掌、神前では柏手、人間同士では握手というふうに、相手によって作法を自在にかえている。神社を参拝したり、家庭で神を拝むとき、両手を打ちあわせて鳴らすことを、「かしわで」といい、普通「柏手」の字をあてるが、ほかに「八開手」の用字もある。

柏手の礼法は、起源が甚だ古く、中国の文献に徴するかぎり、弥生末期にまでさかのぼることができる。すなわち、『三国志・魏書』の倭人伝に

大人の敬する所を見れば、ただ手を搏ちて、以て跪拝に当つ。

とあり、三世紀ごろ跪拝礼になれていた中国使者の目には、貴人をうやまうに拍手を礼とする倭国の風習は、きっと奇異にうつったのであろう。

柏手の礼法は従来より日本独特のものだと思われてきたが、はたしてそうなのであろうか。言いかえれば、中国にはかつて柏手の礼法は存在しなかったのか。『周礼註疏』巻二十五をひもとくと、「春官宗伯第三」に次のようにみえる。

大祝は九撎に辨つ。一に稽首と曰ふ。二に頓首と曰ふ。三に空首と曰ふ。四に振動と曰ふ。五に吉撎と曰ふ。六に凶撎と曰ふ。七に奇撎と曰ふ。八に褒撎と曰ふ。九に粛撎と曰ふ。以て右の祭祀を享す。

漢の鄭興は『周礼』の上記の文に対して、「動を董と読む。書はまた或は董と為す。振董は両手を相撃つなり」と註記している。唐の陸徳明はさらに次のような釈文をつけている。

拵の音は拝、下に同じ。振動は字の如し。李音は董、杜徒弄の反。今、倭人は拝して以て両手を相撃つ。鄭大夫の説くが如し。蓋し古への遺法なり。

右にみてきたように、周の大祝に用いられる九拵の一つである「振動」とは、紛れもなく両手を撃ち合わせる柏手の礼法であって、漢代にはまだのこっていたらしい。しかし、陸徳明の釈文をみても分かるように、それが唐代にいたると、中国ではすでにうしなわれてしまい、わずかに倭国の柏手の礼法から、この「古への遺法」を偲ばざるをえない状態にあった（楊寒英「柏手の起源について」『式内社のしおり』第五十一号、一九九三年三月）。

紀元九〇七年、約三百年もつづいた唐がついにほろぼされ、中国は五代十国の紛争期におちいった。新しい宋文化をうみだす陣痛として、おおくの伝統文化が唐末以来の喪乱にあとかたなく破壊された。五代から宋にかけて、「古代発見」への関心が突如として強まった原因は、まさにここにあると言わなければならない。

五代後唐の馬縞の撰した『中華古今注』巻中に、日本婦人の結髪のかたちについて「盤桓釵は梁冀が婦の制る所なり。梁冀が妻、翠眉を改めて愁眉と為す。長安の婦人、好みて盤桓髻を為し、今に到りてその法絶へず。墜馬髻は今復た作る者なし。倭の墜髻は一に墜馬の余形なりと云ふ」と述べられている。松下見林は『日本書紀』神代巻にでてくる「髻鬘」の古訓「ミイナダキ」をもって「墜髻」のよみに当てている。また、ミイナは御結長、ダキは墜髻の義とし、今日の散髻加美（さげがみ）にあたると論じている(10)。

五代にはじまった逸書の蒐集もこの時代の日本観を反映している。成尋の入宋日記『参天台五臺山記』巻五に引載された『楊文公談苑』の逸文をみると、呉越王銭弘俶（忠懿王）が大金をなげうって天台教の逸書を日本に求めたことをつたえている。

呉越の銭氏、多く海舶に因りて通信す。天台智者の教五百余巻、録ありて闕多し。賈人言ふ、日本にこれありと。銭俶、書をその国王に致す。黄金五百両を奉じて、その本を写すを求む。ことごとくこれを得る。今に迄りて、天台教は大に江左に布す(11)。

宋・宗鑑の『釈門正統』巻二義寂伝に「あらゆる法蔵、多く海東に流れたり」とあり、宋・志磐の『仏祖統紀』巻八義寂伝にも「呉越王、十人を遣使し、日本に往きて経典を取り求む」とみえる。また、日本外務省記録局で編纂した『外交志稿』巻二によれば、

呉越、又持礼使盛徳言ヲ遣ハシ来朝ス。呉越王銭弘俶、仏ヲ好ミ商舶ノ往来スルニ由テ、天台教ノ我国ニ行ハル、ヲ聞キ、欽慕已マズ。是ニ至テ書ヲ左大臣実頼ニ致シテ、其教書ヲ求ム。

と伝えられる。日本の逸書保存に対する「欽慕」の念は、宋・欧陽脩の『日本刀歌』で強烈に表わされている。すなわち、「先王の大典、夷貊に蔵す。蒼波浩蕩として通津なし。人をして感激し坐して流涕せしむ。鏽渋の短刀、何ぞ云ふに足らん」とみえる。

宋の太平興国八年（九八三）、東大寺の奝然は入宋し、中国佚書の『孝経新義』『孝経鄭氏注』とともに、本国の『職員令』と『年代記』をときの太宗に献上した。奝然の将来した日本の書籍は、『楊文公談苑』に「余は史局にありて、降る所の禁書を閲するに、日本の『年代記』一巻及び奝然『表啓』一巻あり、因りてその国の史伝を修むること、甚だ詳しきを得たり」とあるように、『太宗実録』または『宋史』の編纂に利用されたことが分かる。奝然将来の情報は、結果的にいえば、中国人の日本理解に大きな転機を与えた。

『宋史』の日本伝には、神代より六十四代目の円融天皇に至る天皇の系譜が整然としるされている。太宗は、「その国王は一姓を伝へ継ぎ、臣下はみな世官なるを聞き、因りて嘆息して」、宰相に次のようにいったそうである。

これ島夷のみ。乃ち世祚遐久にして、その臣もまた継襲して絶へず。これ蓋し古への道なり。中国は唐季の乱より宇県分裂し、梁・周の五代、歴を享くること尤も促く、大臣の世冑、能く嗣続すること鮮なし。朕、徳は往聖に慙ずと雖も、常に夙夜寅しみ畏れ、治本を講求し、敢へて暇逸せず。無窮の業を建て、可久の範を垂らし、また以て子孫の計と為し、大臣の後をして禄位を世襲せしむるは、これ朕の心なり。

宋太宗は、王姓一伝・臣位世襲を古代の理想的な政治秩序とし、唐宋以来の制度の紊乱および世風の衰微をいたくなげきながら、「世祚遐久にして、その臣もまた継襲して絶へ」ぬ「島夷」日本の政治制度に、羨望の念を禁じえなかった。これに刺激されてか、太宗は「無窮の業を建て、可久の範を垂ら」すべき世襲制の復興を、みずからの政治理想とした。日本における「古代発見」は、このように中国の未来の建設にも大きくひびくわけである。

4　優れた人物

唐宋時代の日本観は、古来の君子国と現実の礼儀国との二重イメージより合成されているように思われる。いわゆる虚像と実像の交錯した日本像である。このような日本観の形成は、遣唐使および入華僧への観察に由来する所が大きいといわざるをえない。

まず、遣唐使について見てみよう。

舒明天皇二年（六三〇）から寛平六年（八九四）にかけての遣唐使の任命回数は数えかたによって、十八回・十九回・二十回の諸説があるが、本稿では二十回説をとる。初期の遣唐使船は大体二隻からなっていたが、中期以後はほとんど四隻より編成されるようになった。一隻に平均して百二十人ぐらいが乗り込んだから、遣唐使の総人数はおそらく五千人を下らないであろう。そのなかで、中国の文献に名をとどめた人は少数にして、まことに例外というほかない。

大宝二年（七〇二）十月、粟田真人を大使とする八回目の遣唐使は楚州の塩城県あたりに着岸し、地元の唐人と問答を交わした。そのとき、唐人は「亟に聞くに、海東に大倭国あり、これを君子国と謂ひ、人民は豊楽にして、礼儀は敦く行はると。今、使人を看るに、儀容甚だ清く、豈に信ぜざらんや」とはなしたそうである（『続日本紀』巻三）。

粟田真人一行は楚州より長安へおもむき、唐政府に達することができた。『旧唐書』の日本伝は粟田真人を評して、「真人好みて経史を読み、文を属するを解し、容止温雅なり」という。則天武后は彼を麟徳殿に宴し、司膳卿をさずけた(12)。

天平勝宝二年（七五〇）、日本では十二回目の使節を唐へおくることになった。藤原清河は大使の命をうけ、副使には大伴古麻呂と吉備真備があたった。遣唐使一行は揚子江の下流付近に着岸してのち、南北を貫通する大運河を北上して、長安の都にはいって玄宗皇帝に謁見した。唐僧思託の撰した『延暦僧禄』に、謁見の情景がつぎのごとく活写されている。

使、長安に至りて、塵払はずして拝朝す。唐主開元天地大宝聖武応道皇帝曰はく、「かの国、賢き君主あり。その使臣を観て、趨揖に異なり」と。即ち日本に号を加へて、有義礼儀君子之国と為せり。

唐の天宝十二載（七五三）元日に、日本使は賀正の儀に参列したとき、新羅と席次をあらそった。将軍呉懐宝（一に呉実宝に作る）の調停で、新羅使が西班の二位に、日本使が東班の一位に取りかえられて、やっとことが済んだ。唐の詩人王維は、藤原清河らとともに帰国する阿倍仲麻呂（朝衡・晁衡とも書く）を送別して、『秘書晁監の日本国に還るを送る』詩を書いた。その長文の詩序に

海東の国、日本を大と為す。聖人の訓に復し、君子の風あり。正朔は夏の時に本づき、衣装は漢の制に同じなり。歳を歴て方に達せんとして、旧好を行人に継ぐ。天を滔ぎて涯なくも、方物を天子に貢ぐ。司儀は等を加へ、位は王侯の先にあり。掌次は観を改め、蛮夷の邸に居らず。

とのべている。「司儀は等を加へ、位は王侯の先にあり。掌次は観を改め、蛮夷の邸に居らず」云々は席次の変更をいっているが、唐における日本の地位の上昇を反映するものとも解される。

藤原清河らが長安を辞して、南下して南島路をとって帰国する前、玄宗皇帝は『日本使を送る』という詩を使者らにおくった。

日下非殊俗　日下、殊俗に非ず
天中嘉会朝　天中、会朝を嘉す
念余懐義遠　余を念ず、懐く義遠し
矜爾畏途遥　爾を矜む、畏き途遥かなり
漲海寛秋月　漲海、秋月にひろし
帰帆駛夕飆　帰帆、夕飆にはやし
因驚彼君子　因りて驚く彼の君子
王化遠昭昭　王化昭昭として遠し

右にみてきたように、遣唐使の「儀容甚だ清く」「容止温雅なり」「趨揖に異なり」といった実像は、従来の君子国の虚像と合致して、新しい日本観をうみだした。それが佳号の授与、席次の変更、風俗の賛美などに具現されているわけである。

つぎに、入華僧について見てみよう。

唐・釈道世の『法苑珠林』巻三十八敬塔篇・故塔部・感応録をみると、遣隋使にしたがった留学僧について、「隋大業の初め、彼国の官人会丞（会承とも書く）、此に至りて学問す。内外を博知す。〔略〕貞観五年に至りて、方に倭国に還る」としるしている。また、『集神州三宝感通録』上・二十にも、「会承という者あり、隋の時に此に至りて学ぶ。諸子史統及び術芸、閑はぬ事なし」(13)とみえる。

松下見林は『異称日本伝』で、会承を大業四年（六〇八）に留学生として渡隋した倭漢福因に当てているが、もしそれが事実だとすれば、唐の貞観五年に帰国した会承は実に二十年以上も隋唐二朝にとどまったことになる。

推古天皇三十一年（六二三）に、新羅の使節にしたがって帰朝した遣隋の留学生たちは、唐の素晴らしさと「法式備り定れる」状態を報告し、今後も通交をつづけるべきであることをつよく建言した（『日本書紀』推古天皇三十一年の条）。次代の舒明天皇は即位の翌年（六三〇）八月に、一回目の遣唐使を派遣した。遣唐使には、多数の優秀な僧侶が求法の目的で随行していたことはいうまでもない。なかでも、最澄と空海のごときは、中国でもっとも重んじられたのである。

台州の刺史陸淳は最澄への『公験』に、「形は異域と雖も、性は実に同源なり」といい、明州の刺史鄭審則は最澄に『印記』をあたえ、「礼儀の国より来たり」「法門の龍象と謂ふべし」とたたえる。最澄の師である道邃は『付法文』に

古徳相伝へて曰はく、むかし智者大師、隋の開皇十七年仲冬二十四日の早旦に、諸の弟子に告げたまはく、吾が滅後二百余歳、東国に生まれて、仏法を興隆せん。〔略〕而して今聖語に徴ありて、最澄三蔵に遇へり。これ如来の使なくば、豈艱辛に堪へることあらんや。

といって、最澄を天台始祖智顗の生まれ変わり、また如来の使者と讃えている。

最澄の帰国に際して、唐人らはそれぞれ送詩をおくった。たとえば崔謩は「法を問ふ言語は異なれど、経を伝ふる文字は同じなり」といい、行満は「異域の郷音は別なれど、観心の法性は同じなり」といっている。行満も最澄の師にあたるが、彼の最澄への『印信』に「法門の眷族、同一の国土」ともいっている(14)。

最澄とともに入唐した空海に対しても、唐人は最大級の賞賛をおくっている。『性霊集』にのこる馬総の『日本僧空海に贈る離合詩』は空海の非凡の才能をたたえ、胡伯崇の『釈空海に贈る歌』には「天は吾が師にさずくる伎術多し、なかんずく草聖は最も狂逸なり」と書いてある。

『弘法大師正伝』に朱千乗の送詩がのせてある。その詩序に「梵書を能くし、八体に工みなり。倶舎を繕へ、三乗に精す」と空海を評し、詩には「古貌、休公の宛し」「文字、儒宗を冠す」と賛美している。また、鄭壬の送詩に「他年に僧史を続くに、更に一賢人を載す」の句があり、いかに空海を尊敬しているかがうかがわれる。

宋代では、中日の国交が途絶えたにもかかわらず、僧侶の往来は依然としておとろえなかった。宋・羅大経の『鶴林玉露』丙編・巻之四に日本国僧の条があり、安覚という日本僧のことをしるしている。

予、少年の時に、鐘陵に於て日本国の一人の僧と邂逅せり。自ら言ふに、その国を離るること已に十年、尽く一部の蔵経を記へて乃ち帰らんと欲すと。念誦甚だ苦し。昼夜をとはず、遺忘あるごとに、則ち仏前に叩頭して、仏の陰相を祈る。この時、已に蔵経の半分を記へり。夷狄の人、異教の徒、その立志の堅苦にして不退転なるはかくの如きに至る。

著者は右文につづいて、朱文公の「今世学者」の不勉強を嘆いた言葉を引いて、「其れこの僧を視るに、殆ど愧色あり」とのべている。

宋・景徳元年（一〇〇四）、日本天台僧寂照（一に寂昭に作る）は入宋して、真宗より円通大師の号を与えられた。『楊文公談苑』は寂照の事績について、「戒律を持すること精至なり。内外の学に通じ、三呉の道俗以て帰向す」とするし、江南での人気の高さをおもわせる。

入華僧に対する敬慕は伝説の形で表わされることもある。森克己氏は『四朝見聞録』の中から、つぎのような逸話を紹介している。

日常煙火に御せず、芹蓼を食わず、絲綿を着ず、紙衣を常服としていたために紙衣和尚と呼ばれた日本僧転智という者が宋の建隆元年秋（九六〇）高さ五丈の観音像を彫造した。この観音像は相当有名だったと見え、高宗が憲聖を伴いこれに幸して礼拝した。憲聖は帰って後、金縷の衣を製して寄進し、これを観音像に着せかけたところ、その衣は像身の半分を蔽うにも足りなかったので、憲聖は更に使を遣してその像身を測り、改めて衣を再製してこれを寄進したという。

（森克己著『増補日宋文化交流の諸問題』国書刊行会）

以上のように、遣唐使および入華僧らへの観察と評価の積み重ねが唐宋時代を中心として、きわめて友好的な日本観を成り立たせたわけである。

四、海彼の寇

1　屈服せぬ島夷

南宋の景定五年（一二六四）、モンゴルのフビライは首都をカラコルムから大都（今の北京）に移して年号を至元と定め、一二七一年に国号を大元と改め、みずから世祖と称した。一二七九年、さらに江南に落ちのびた南宋の残存勢力をほろぼし、中国全土を統一して元朝の支配を確立した。

元の国号は『易経』の「大なるかな乾元」に基づいたもので、乾元とは天の意味である。秦漢から唐宋に至るまでの王朝は、いずれも封邑や出身の地名から国号を立てているが、大元は天地統一の理想を表わしたものである。そのため、大元帝国は成立するや、中国王朝の継承者として、東アジアに華夷の秩序を回復しようとした。したがって、その日本観は基本的に唐宋以来のそれを受けついだものである。

フビライは遷都して二年のち、すなわち至元三年（一二六六）に、黒的・殷弘らを招諭使として、朝鮮経由で日本に向かわせた。そのとき、フビライが使者にさずけた朝貢勧告の国書は、東大寺尊勝院にその写しが所蔵されている『蒙古国牒状』であり、元初における世祖の日本観をしめしている。

国書の主旨は、モンゴルの天下領有と高麗の臣服をしらせ、高麗と隣接する日本がふるくから中国と通好していたのに、一回も使者を派遣してこなかったのを責め、「通問結好して、以て相親睦」することを要請し、もし通好しなければ、聖人の四海を一家とする理念にそむき、このような場合は武力行使も避けがたいことを警告したものである。中村栄孝氏は、国書の体裁に言及して、次のごとく述べる。

その体裁は、書きだしに、「大蒙古国皇帝、書を日本国王に奉ず」とあり、とりわけ、結びを「不宣」として、臣としないことを明らかにしてあり、モンゴル人から、字句が丁重で、自制の意が書面にあふれていて、中国には前例がないといわれている。フビライは、中国王朝の継承者として、日本が不臣の朝貢国となり、円満に国交を結ぶことを望んでいたものと察せられる。

（中村栄孝「十三・四世紀の東亜情勢とモンゴルの襲来」『岩波講座日本歴史6』所収、一九六三年）

至元六年（一二六九）、秘書監の職にあった趙良弼が使者として日本に派遣された。元使のたずさえた国書は「日本は素より礼を知る国と号する」とあり、改めて「親仁善隣」の国交関係の締結を呼びかけている。

蓋し聞く、王者は外なしと。高麗と朕とは既に一家たり。王の国は実に隣境なり。故にかつて信使を馳せて好を修めしも、疆場の吏のために抑へられて通ぜず。〔略〕しからずんば、日本は素より礼を知るの国と号す。王の君臣、寧んぞ肯へて漫りに思はざるに事をなさんや。〔略〕特に少中大夫秘書監趙良弼に命じて国信使に充て、書を持し以て往かしむ。もし即ち使を発しこれと偕に来らば、親仁善隣、国の美事ならん。

趙良弼一行は「好を日本に通じ、必達を期す」（『元史』）という使命を負うて、まず高麗に行き、至元八年（一二七一）九月にようやく太宰府に到達した。趙良弼は使命を果たせないまま、翌年一旦引きあげたものの、ふたたび日本に遣わされた。二度目に渡日した元使は『元史』日本伝によれば、「十年六月、趙良弼は復た日本に使し、太宰府に至りて還る」とあり、「文永の役」（一二七四）の前年に帰国したことがしられる。

趙良弼は、日本に関する最新情報を元の朝廷にもたらしてきた。『元史』の世祖本紀に、「十年六月戊申、日本に使する趙良弼、太宰府に至りて還る。具さに日本の君臣爵号・州郡名数・風俗土宜を以て、来たりて上る」としるされている。『元史』の趙良弼伝に、帰国報告の内容がさらに詳しくみられる。

臣、日本に居ること歳余、その民俗を視るに、狼勇嗜殺にして、父子の親・上下の礼を知らず。その地は山水多く、耕桑の利なし。その人を得れば、役すべからず。その地を得れば、富を加へず。況や舟師、海を渡るに、海風期なく、禍害を測ること莫かれ。これ謂ふに、有用の民力を以て無窮の巨壑を塡むなりと。臣謂ふに、撃つことなかれ。

ここに、現地調査をした元使の日本像がはっきりと現われている。つまり、悪地劣民の日本は「有用の民力」を用いて征服するに値しない、といった回避的な日本観がすでに台頭しつつあった。しかし、元帝はその忠言に耳を貸さず、その翌年の至元十一年（一二七四）に、大軍を発して日本攻略を決行した。いわゆる「文永の役」である。

思うに、元朝はその無敵の「モンゴル鉄騎」によって、欧亜二州に跨がる大帝国を創りあげ、かかる兵威を背景として、日本を招諭しようとした。前後二度の国書のむすびに、自信過剰の念と日本軽視の意があきらかに流露している。

すなわち、至元三年（一二六六）の国書は「ねがはくは今より以往、通問結好して、以て相親睦せんことを。且つ聖人は四海をもって家となす」と言いながらも、「相通好せざるは、あに一家の理ならんや。以て兵を用ふるに至りては、それ孰れか好む所ならん。王それこれを図れ」とむすんでいる。同じく至元六年（一二六九）の国書にも、前掲文につづいて「それ或は猶予し、以て兵を用ふるに至りては、それ誰れか楽しみてなす所あらんや。王それ審らかにこれを図れ」とある。

以上のごとく、元朝は日本との通好を切に望みながらも、つねに強大な軍事力をたよりに、日本を威喝している。いっぽう、北条氏によってしだいに強化されつつあった鎌倉幕府は、武力行使をにおわしたモンゴルの国書を強硬な態度で拒否した。結局、両者の衝突は戦争という最悪な形で、行なわれてしまった。

文永十一年（一二七四）十月、高麗に結集した総勢二万五千六百人の遠征軍が九百隻の船に分乗して日本におもむき、対馬・壱岐を攻略してのち、博多に上陸し、本作戦を展開した。モンゴル軍の集団戦法と鉄砲《てつはう》などの新兵器に悩まされた幕府軍は大きな痛手をうけたものの、遠征軍は「大風雨」（『東国通鑑』）に遭って、また「矢尽き」た（『元史』）ので、あっけなく撤退した。これが日本史上にいう「文永の役」の経過である(15)。

フビライは、第一次日本遠征の翌年に、また宣諭使杜世忠らを派遣して、日本の動静をうかがわせた。しかし元使が日本につくと、主戦派の執権時宗は鎌倉の龍口でこれを斬り、「私親を絶し、通問をせぬ」決意を示した（『関東評定衆伝』建治元年の条）。その消息が元に伝わると、日本再征論がにわかに高まった。

その間に、元は南宋をほろぼし、中国統一を果したので、東南アジアの秩序再建に目標を転換し、占城・安南・爪哇の遠征と並行して、日本再征の計画を着々と進めていった。

日本の弘安三年（一二八〇）の秋、フビライは六年にわたる再征の懸案に決断をくだし、征東元帥府を征収日本中書省（征日本行省・征東行省・日本行省とも略称する）に拡張して、日本をモンゴルの属領にすることが再征の目的であることを明示している。

弘安四年（一二八一）の正月、モンゴル・高麗・漢人（北方人）・蛮子（南方人）の混成軍が動員され、五月から続々と日本へ向かった。遠征軍の兵力は、第一次に比べて約五倍をこえていたから、惨烈な激戦を予想していたが、閏七月一日の夜から、突如として大風雨が荒れくるって、遠征軍の船団はあっけなく沈没し、あるいは破損をうけて戦闘能力をうしなってしまった。

『元史』日本伝は、「八月、諸将未だ敵を見ざるに、全師を喪ひて以て還る。〔中略〕十万の衆、還るを得たるものは三人のみ」と伝えているが、遠征軍の損失実情について『元史』の相威伝に「士卒喪ふこと十の六、七」とあり、また同阿塔海伝に「師を喪ふこと十の七、八」とあるほうを信ずべきである。

元初の対日観は東アジアの華夷秩序を再建するなかで、島夷の日本を修貢体制に組みこませるのに重点をおいていたが、幕府側の強硬態度によって挫折し、目的達成のため武力行使に走ったのである。征戦失敗後は、和戦両様の姿勢をかまえながらも、僧侶を使節として派遣するなど柔軟な態度で対日交渉をつづけていった。

2　日本観の転換

モンゴルの支配によって、騎馬民族の思想・文化・風俗などが、強制的な面も避けられないが、続々と中原にもたらされてきた。にもかかわらず、中国王朝の正統な継承者と自認するモンゴルにとって、高度な宋文化を模倣し、その政策を継続させるのが最大の課題であるにちがいない。このような視点からみれば、元初の日本観はまったく宋朝のそれを受けついだものである。

たとえば、日本を遠征する前に、フビライが使者に携えさせた国書をみると、「ねがはくは今より以往、通問結好して、以て相親睦せんことを。且つ聖人は四海を以て家となす」（至元三年）とあり、また「日本は素より礼を知る国と号す」「親仁善隣、国の美事ならん」（至元六年）とある。さらに、至元三年に高麗王への国書に、「日本と爾国は近隣と為る。典章政治、嘉するに足る者あり」と賛美している。

フビライの積極的な対日外交は、宋以来の中日貿易の再開に多大な期待を託しているものと思われる。『平家物語』によると、平氏の府中の調度品は「揚州の金・荊州の珠・呉郡の綾・蜀江の錦、七珍万宝は一つとして闕たることなし」とあるごとく、ほとんど宋物が中心となっている。中国にとって、貿易の利は多大なものであろう。中村栄孝氏は宋代の貿易重視政策を受けついだ蒙古の動向について、次のように指摘している。

フビライは、はやくから海上貿易に関心をもったが、一二七六（建治二）年に、南宋の首都臨安を占領すると、さっそく市舶司をたてて貿易商を取り締まり、七八年には、積極的に南海諸国との通交貿易の復活をはかり、翌年、南宋が滅亡すると、外交および財政政策の一環としてその制度を継承した。そうして、八四（弘安七）年からは、貿易を統制して、利潤を政府に集中していった。晩年、九三（永仁元）年には、市舶司を、泉州・上海・澉浦・温州・広東・慶元（寧波）の七ヵ所とし、市舶則法二十二ヵ条を定めて、独占的貿易体制を確立した。この前後に、中国と交通するもの二十二ヵ国に達し、中国船も、海上はるかにインド方面まで進出している。やがて、五年後には、澉浦・上海両市舶司を慶元に合併した。日本の商船が往来していたのは、前の時代と同じように、この慶元港である。

（中村栄孝前出「十三・四世紀の東亜情勢とモンゴルの襲来」）

注意すべきは、「文永の役」と「弘安の役」のさなかにもかかわらず、両国の間に、公然と商船の往来が絶えず、経済の交流が頻繁に行なわれていたことである。『元史』から実例をひろってみると、至元十四年（一二七七）にかけて「日本、商人を遣はし、金を持ちて来りて銅銭を易す。これを許す」とあり、至元十五年（一二七八）にかけて「沿海の官司を詔諭し、日本国人の市舶を通ず」とみえ、至元十六年（一二七九）にかけて「日本商船四艘、篙師二千余人、慶元の港口に至る。哈剌歹、牒してその他の〔目的〕無きを知り、行省に言ひて交易してこれを遣る」とある。

かくして見てくると、元の対日政策は宋の積極貿易とほとんど異なる所はない。この意味で、元の日本遠征も単なる軍事征服ではなく、海外貿易を考慮にいれてのことである。第二次の日本遠征軍の出発に際して、フビライが「人の家国を取るには、百姓・土地を得んことを欲す」（『元史』日本伝）と「漢人の言」を引用して諸将を戒めたことは、遠征の本音を吐いていているとみてよかろう。

元初の日本重視の政策が主として経済的な理由によったものだとすれば、二回の遠征失敗によって、日本への関心もしだいに薄らぎつつあるのは自然のなりゆきといえよう。そこから、いわゆる回避的な日本観が生まれてきたのである。

太宰府に一年あまり滞在して「文永の役」の前年に帰国した趙良弼は「その民俗を視るに、狼勇嗜殺にして、父子の親・上下の礼を知らず。その地は山水多く、耕桑の利なし。その人を得れば、役すべからず。その地を得れば、富を加へず」と報告し、日本遠征の利なきことを主張した。

日本遠征に消極的な態度をしめしたのはひとり趙良弼にとどまらず、他の廷臣諸将のうちにもみられる。たとえば、『元史』巻百六十の王磐伝に「日本小夷、海道険遠なり。これに勝たば、則ち武ならず。勝たなば、則ち威を損ず」とみえ、また同巻百六十八の劉宣伝に、日本三征を聞くと、占城・交趾征討の功過を論じてのち、「況してや日本は海洋万里、疆土濶遠、二国の比すべからず。今次の出師、衆を動かし険を履み、たとへ風に遇はず、彼岸に到れども、倭国は地広く、徒衆猥多し。彼兵は四集し、我が師援なし。万一不利ならば、救兵を発すと欲するも、それ飛渡する能はんや」とある。

『元史』巻十四・世祖本紀の至元二十三年（一二八六）条に、世祖自身が「日本は孤遠の島夷」といったように、遠征の失敗を転機として日本との心理的距離がしだいにひろがりつつあった。つまり、地理の遠隔・渡海の危険・国土の貧乏・人民の卑劣などを理由に、日本から視線を外らそうとする意図が明らかに見られるようになった。

その後、フビライの治世に、ときに日本用兵の建議もあったが、取り上げられなかった。しかし、フビライは日本招諭の宿願をついに諦められず、至元二十一年（一二八四）参政王積翁と補陀禅寺住持の如智を遣わし、従来と違った口吻で、日本の来朝をうながした。元使の携えていった『宣諭日本国詔文』は中国側の文献にはみられないが、日本の『善隣国宝記』巻上に引かれている。

上天眷命皇帝聖旨、日本国王に諭す。むかし、彼は先に遣使して入覲す。朕、また使に命じて相報す。已に定言あり。想ふに、汝の心に置きて忘れざるなり。頃、信使を執りて返さぬに因りて、我れこれ以て舟師進問の役あり。古へは兵交して、使はその間にあり。彼は輒ち一語も交はさずして、固く王師を拒む。彼已に嘗て抗敵するに拠りて、理に於て遣使するに宜しからず。茲に補陀禅寺長老如智らの陳奏あり、若しまた師を興して討を致せば、多く生霊を害す。彼の中にまた仏教文学の化あり、あに大小強弱の理を知らずや。如今、臣など聖旨宣諭を齎奉し、則ち必ずや多く生霊を救はんなり。彼は当に自省し、懇心して皈附すべし。奏に准じて、今長老如智・提挙王君治を遣はし、詔を奉じて彼に往く。それ和好のほか餘に善なく、戦争のほか餘に悪なし。果たしてこれを審して帰順せば、即ち去使とともに来朝するべし。所以に彼者に諭し、朕はその福禍の変、天命これを知る。故に詔示し、想ふに宜しく悉く知るべし。

右の国書には元初以来の日本観と一線を画す点がいくつか見られる。まずは、「興師致討」や「多害生霊」の武力行使の方針をやめて、「和好之外、無餘善焉」「戦争之外、無餘悪焉」といった無条件の修好を表明したこと。次は、日本を「仏教文学の化あり」「大小強弱の理を知」る国と認め、自主的な来朝をうながしたこと。または仏教尊重の日本国情にあわせて、はじめて僧侶を使者に起用したこと。このように、遠征失敗後の日本観の転換は明らかなものである。

世祖のつぎに即位した成宗は、右のような新しい対日政策をさらに継続させ、日本征服の方針を徹底的に放棄した。大徳二年（一二九八）に也速答児が日本用兵を建議したとき、成宗は「今はその時に非ず」と不賛成の態度をはっきりと示した。その翌年に、成宗は如智と同じく補陀禅寺の高僧であった一山一寧を日本に遣わし、詔書には次のようにのべられている。

さきに、世祖皇帝は嘗て補陀禅僧如智および王積翁などを遣はし、ふたたび璽書を奉じて日本に通好す。咸く中途に阻あり、而して還る。爰に朕が臨御以来より、諸国を綏懐し、海内外に薄り、遐遺あらず。日本の好は宜しく復た遣問すべし。今、如智は已に老ゆ。補陀の寧一山、道行素より高く、往かしめて諭すべし。商船に附して以て行き、庶く必ず達すべし。朕、特にその請に従ふ。蓋し先帝の遺意を成さんと欲す。惇好息民の事に至りては、王それ審らかに之を図れ。

成宗が補陀山の禅僧を使者として遣わしたことはいうまでもなく、フビライの故智にならったもので、「惇好息民」の遣使目的も「先帝の遺意」を遂行するためである。石原道博氏は、元初のフビライの日本観と成宗の日本観の相違をするどく洞察し、「成宗の詔と、さきの世祖の詔『蒙古国牒状』とをくらべてみると、蒙古の日本にたいする態度は、内容はもとより文の全体からうける感じからいっても雲泥の相違である」と指摘している（「中国における畏悪的日本観の形成——元代の日本観」『茨城大学理学部紀要（人文科学）』第三号、一九五三年）。

上述のごとく、二回の日本遠征を境目に、元朝の日本観は大きく変わったことがうかがわれる。一方、モンゴル族の支配下にあった漢民族の日本観は別な形で変化しつつあった。これについての考察は、紙幅の制限上、他日に期したい。

3　不征の国

日本遠征の失敗は、元王朝の崩壊のみならず、鎌倉幕府の滅亡をも早めさせた。幕府の弱化と御家人の窮乏によって、地方に勢力をはった有力守護が台頭し、貧困におちいった浪人武士が既存体制から逸して横行した。その中から、九州や瀬戸内海岸の武士・漁民・商人らを主体とした武装貿易商団が生まれ、武力を背景に朝鮮や中国の海岸へ頻繁に出かけた。いわゆる「倭寇」のおこりである。

一方、第二次の日本遠征（「弘安の役」）により、元は宋から接収した海軍力をほとんど失い、その結果として海防の弛緩を招致してしまった。十四世紀の初頭から、広州・泉州・慶元の市舶司の置廃が幾度となくくりかえされたのは、沿海地域の防衛問題が深刻になりつつあった証拠である。注意すべきは、これらの海防策は主として日本の動向に対してのものであるらしいことである。

至元二十九年（一二九二）には、日本の商船が四明（今の寧波）にいたり、貿易を求めたが、「舟中に甲仗みな具」えているから、都元帥府を設置して海防を固めた(16)。大徳七年（一三〇三）には、江南沿岸にしばしば出没する日本船の警備として、千戸所を定海に設けて海防を強化するとともに、市舶司を廃し禁海令を発布した(17)。十四世紀初頭の約二十年間、沿岸商人の密貿易が横行し、日本船の海賊行為もめだってきたため、市舶司の置廃が頻繁にくりかえされた。以下、『元史』巻九十四・食貨志から市舶廃立の記事を抜き出してみる。

［成宗］　大徳元年（一二九七）行泉府司を罷む。
　　　　大徳二年（一二九八）澉浦と上海を併して慶元市舶提挙司に入る。
　　　　大徳七年（一三〇三）商の下海を禁じ、これ（市舶司）を罷む。
［武宗］　至大元年（一三〇八）泉府院を復立し市舶司の事を整治す。
　　　　至大二年（一三〇九）行泉府院を罷む。市舶提挙司を以て行省に隷く。

至大四年（一三一一）またこれ（市舶司）を罷む。

［仁宗］延祐元年（一三一四）市舶提挙司を復立す。なおも人の下番を禁ず。

延祐七年（一三二〇）また提挙司を併してこれを罷む。

［英宗］至治二年（一三二二）泉州・慶元・広東三処の提挙司を復立し、市舶の禁を厳するを申す。


このように、元朝は日本商船の武装化および遠征失敗後の日本の復讐を恐れて、初期の中日貿易奨励方針から、しだいに消極的な閉関主義にかわり、日本との通交を回避する方向をたどった。

日本遠征の惨敗は、これまでの「弱倭」のイメージを一掃し、凶悪残忍な日本人観をうみだした。南宋遺臣の鄭思肖は、「夷狄」のモンゴルをうらみ、日本遠征のことをひそかによろこび、『元賊謀取日本二絶』をうたったが、このような詩にも「倭中の風土、素より蛮頑なり」といっている。鄭思肖はまた『元韃攻日本敗北歌』をつくり、その詩序に元軍の日本襲撃の様子を次のように伝えている。


辛巳（一二八一年。原文に辛卯とあるのは誤り）六月半、元賊は四明より海に下る。大船七千隻、七月半に至りて倭口の白骨山に抵る。土城を築き、駐兵して対塁す。晦日に大風雨おこり、雹大きく拳の如し。船は大浪のために掀播（播は翻の誤字か）し、沈壊す。韃軍は半ば海に没し、船は僅か四百餘隻のみ廻る。二十万人は白骨山の上に在り、渡りて帰る船なく、倭人のために尽く勦さる。山の上に素より居る人なく、ただ巨蛇多し。相伝ふるに、唐の東征軍士はみなこの山に隕命せりと。故に白骨山と曰ふ。また枯髏山と曰ふ(18)。

「唐の東征軍士」云々は何を指したものか、あきらかでないが、六百五十隻あまりの軍艦が海底に沈没し、二十万人の兵士が枯髏山に骨を埋めたことは、恐怖をそそり地獄そのものを想像させる。古代の中国人が東海のかなたに憧憬した「神仙の郷」および「宝物の島」は、いつのまにか恐怖の対象とされる「白骨山」や「枯髏山」に変わってしまった。

つづいて、日本人の性状についての記述をみると、秦漢時代の柔順な東夷像または唐宋時代の礼儀正しい風雅な君子像に取ってかわり、戦闘的且つ凶暴な倭人の男女像がありありと描かれている。

倭人は狠ましく死を懼れず。十人が百人に遇へども、また戦ふ。勝たねばみな死ぬ。戦死せねば、帰りてまた倭王のために殺さる。倭婦甚だ烈しく、犯すべからず。幼き歳に犀角を取りて、小珠をえぐりて額の上に種め、水を善くして溺れず。倭刀極めて利し。地は高嶮にして入り難く、戦守の計を為すべし。

このように、元代の中国人にとって、日本はもはや異質な空間となり、倭人はすでに避けるべき凶敵に化した。元の文人呉莱は『論倭』を著わし、「人は我が嗜欲に同じからず」「地は我が疆土に接せず」といった「小小の倭奴」を撃破してもなんの利益もないことを力説している。こうした回避的な態度は、元朝後期の代表的な日本観といえよう。

一三六八年、庶民から身を起こした朱元璋（明の太祖）は元朝をほろぼし、中国の支配権を約八十年ぶりに漢民族の手に奪還した。太祖が即位するや、東アジアの華夷秩序を回復しようとして、はやくも周辺諸国に使者を派遣し、王朝交替の情報を天下に知らせ、朝貢関係の確認を要請した。

ところが、元帝国の崩壊期に、海防がゆるみ、沿岸地帯に行なわれた密貿易への統制力が著しく弱化してしまった。そのため、方国珍や張士誠らの軍事集団が海上を横行し、ときには倭寇と呼応して山東や江浙の沿岸都市をおそった。こうした反体制勢力の存在および拡大は、東アジアに君臨しようとする明帝国にとって、最大の陰患の一つのみならず、対日政策の争点となるのも避けられないことである。

『明史』の日本伝に「明興り、高皇帝即位す。方国珍・張士誠、相継ぎて誅服す。諸豪亡命は往々にして島人を糾めて、山東浜海の州県を入寇す」とあるが、ここの「島人」とは、おそらく倭寇のことをさすであろう。というのは、洪武二年（一三六九）に明使楊載のもたらした『日本国王に賜はるの璽書』をみると、山東をあらした倭寇の取締りをつよく要求しているからである（『隣交徴書』二巻第一所収）。

上帝生を好み、不仁の者を悪む。さきに、我が中国は趙宋の失馭してより、北夷入りてこれを據む。胡俗を播げて中土を腥羶し、華風競はず。〔中略〕辛卯〔一三五一〕より以来、中原は擾々として、倭来たりて山東を寇す。胡元の衰に乗じたるに過ぎぬ。朕、もと中国の旧家にして、前王の辱を恥じ、師を興し旅を振るひて胡番を掃蕩し、宵衣旰食して二十年垂る。去歳より以来、北夷を殄絶し、以て中国を主る。ただ四夷未だ報ぜず。間者、山東来奏し、倭兵はいくども海辺を寇し、人の妻子を生離し、物命を損傷すと。故に書を修して特に正統の事を報じ、兼ねて倭兵越海の由を諭す。詔書の至る日に、もし臣ならば表を奉じて来庭し、臣ならざらば則ち兵を修して自ら固むべし。永らく境土を安じ、以て天休に応ず。もし必ず寇賊と為さば、朕は当に舟師を命じて諸島に帆を揚げ、その徒を捕絶し、直ちにその国に抵りてその王を縛る。あに天の代わりに不仁の者を伐らざらんや。ただ王これを図れ。

右の詔書で、太祖はまず「北夷」と目される元をほろぼし、漢民族の正統王朝を創立したことをつげる。次に「海辺を寇し、人の妻子を生離し、物命を損傷す」る倭寇の暴行をあげ、「奉表来庭」か「修兵自固」かの二者択一をせまる。最後には海賊を放縦すれば、武力をもって日本を攻めると威喝した。

時あたかも日本の南北朝時代にあたり、南朝の懐良親王は征西将軍と称して九州一帯を配下におさめていた。『修史為徴』によれば、懐良親王は明帝の威喝をいきどおり、使者五人を殺し、正使の楊載ら二人を抑留したという。翌洪武三年（一三七〇）、太祖は莱州府同知の趙秩を正使として日本招諭に遣わした。そのときの国書は『籌海図編』などにみえるが、対日態度をいっそう強硬にさせ、倭寇の跳梁に対して「外夷小邦、故に天道に逆らひ、自ら安分せず、時に来たりて寇擾す。これ必ず神人ともに怒り、天理容れ難し。征討の師、弦を控えて以て待つ」といっている。

懐良親王はついにこの外圧に屈して、翌洪武四年（一三七一）に僧使祖来を遣わし、明帝に朝貢した。『太祖実録』には同年十月条にかけて「日本国良懐、その臣の僧祖来を遣はし、来たりて表箋を進め、馬および方物を貢ぐ。并びに僧九人来朝す。〔中略〕これに至りて、表箋を奉じて臣を称す」としるしている。

日本がようやく臣服して入貢したこと、または倭寇に掠われた明州・台州の男女七十人を送還してきたことは、中国側の望んだ展開となり、明太祖にとっては望外のよろこびにちがいない。

洪武五年（一三七二）、日本使の帰国にともなって、太祖は「その俗は仏を佞るを念ずるに、西方の教を以てこれを誘ふべし」（『明史』日本伝）という対日懐柔策として、嘉興天寧寺の祖闡仲猷・金陵瓦官寺の無逸克勤の二僧を使者として随行させた。禅僧の宗泐は送詩をつくり、太祖も宗泐の詩韻に和して「彼に詣りて仏光を放つ、倭民大ひに欣喜す」とうたって、明日国交の回復に多大な期待をよせている(19)。

中日関係の暗黒期にいよいよ一筋の光を見出そうかと思ったら、これまでにも増していっそう大きな危機が待ちうけていたのである。明使らは洪武五年五月二十日に四明を出帆し、五月の末ごろ博多に上陸すると、ただちに抑留されてしまった。「王臣詔の徠るを聞き、郊迎して欣喜を挙ぐ」（宗泐の送詩）、「彼に詣りて仏光を放つ、倭民大ひに欣喜す」（太祖の送詩）といった明側の期待はみごとに裏切られ、ただの夢想に終わったのである。

この突発事件の背後には、南朝と北朝の勢力消長がふかくかかわっている。すなわち、懐良親王は南朝方の征西将軍として、一時は九州全土を掌中にしたものの、この年の三月から北朝方の九州探題今川了俊より攻撃をかけられ、八月には太宰府以下をうしなって、高良山に敗退した。

明使の上陸した五月に、九州の政治地図はすでに塗りかえられ、博多はもはや北朝の領地になっていた。そのため、懐良親王の派遣した祖来とともに来朝した明使一行は、自然に南朝の味方とうたがわれてしまった。そのいきさつは、宋濂の『無逸勤公の出使還郷省親を送るの序』（『隣交徴書』三篇巻一所収）に次のごとくしるされている。

> 先に、日本王、州を統ぶること六十有六。良懐はその近属を以て、竊にその九を據め、太宰府に都す。是に至りて、その王に逐はれて、大ひに兵争を興す。無逸など至るに及びて、良懐は已に出奔し、新たに守土の官を設く。祖来が中国に師を乞ふを疑ひ、これを拘へて辱めんと欲す。無逸力争して免れるるを得。然るに、終に疑を釈するなし。

日本に到着してから約百日たった九月一日に、克勤らは日本天台宗の延暦寺座主に書を呈して、不当の抑留をうったえて、国王との斡旋を要望した。その書状には両国の使者に対する処置があまりにも違うことをあげ、日本の不義をなじった（克勤「延暦寺座主に致すの書並びに別幅」『隣交徴書』三篇巻一所収）。

親王が一祖来を遣はして中国に入る。尚郎官は醤食を給へ、陸には輿馬を備へ水には船楫を具ふ。京師に至るや、会同に館す。三日に一たび之を宴し、南北進賀の使はみなその下に列坐す。皇帝、親ら朝に臨みて、見てここに徠るを撫す。曾て毫髪の疑問もなし。

明帝は日本使を「待するに心腹をもってす」るのに、明使らは聖福寺に幽閉され、「衣をもって食を貿ふ」といった囚人同然の虐待をもって報いられたのである。まさに「中国の礼をもって、而して日本の慢を取る」結末である。洪武七年（一三七四）五月、祖闡・克勤らは持明天皇の使節とおぼしき宣聞渓・浄業・嘉春などをともなって帰朝した。使者の報告を聞いて、太祖の失望と憤怒は相当なものであったらしい。『太祖実録』巻九十・洪武七年の条に、

さきに国王良懐、表を奉じて来貢す。朕以為らく、日本の正君なりと。所以に遣使して往きてその意を答ふ。あに意らんや、使者彼に至りて、拘留すること二載、今年五月に去りし船纔かに還る。本国の事体を備さに言ふ。人事を以て言はば、彼の君臣の禍、逃るべからざる者あり。何を以てこれを見んや。幼君位に在り、臣は国権を擅にす。傲慢無礼にして、骨肉は呑併し、島民は盗を為し、内には良善を損し、外には無辜を掠すに致らしむ。これ禍を招くの由、天災免れ難し。

とある。明の対日政策の主眼は倭寇の禁制にあったが、「内には良善を損し、外には無辜を掠す」る張本人は「傲慢無礼」な執権者そのものであると分かったから、もはや日本との和解の余地はなくなった。この事件をきっかけに、明の対日態度は一変したのである。

持明天皇の朝貢使は表文をもっていなかったことを理由に、却下された。一方、南朝の懐良親王はそれ以後、洪武

十九年（一三八六）までに計五回も使者を送り続けてきたが、ことごとく断られた。
十四世紀の後期から、世界の情勢はすでに激変の兆候を呈しており、東アジアに在っては、名分を重視する華夷秩序がしだいにくずれ、経済交流を中心とする貿易圏が形成されるにいたった。従来の宗主国としての中国は、平等な商売にならぬ属国との関係に、冷淡な態度を示すようになってきた。そのなかで、倭寇による略奪と密貿易を根絶しようとして、特に日本との絶交を急務とした。
『明史』日本伝をみると、洪武年間の記事の末尾に「後に祖訓を著はし、不征の国十五を列す。日本与す。これより朝貢至らず、而して海上の警また漸く息む」とある。この太祖の訓章は明の対外政策の一班を示し、とくに日本に対してのものではないが、『籌海図編』巻二・倭奴朝貢事略・国朝の条に「洪武十六年（一三八三）、詔して日本の貢を絶す」とみえるのは、日本との絶交をはっきりしめしている。その割注には「祖訓」を引用して、「その往来を絶する」理由をあげている。

日本は海を隔てて一隅に僻在するを以て、その地を得るも供給に足らず、その民を得るも以て使令するに足らず。故に兵を興して伐を致さず。

明では次代の恵帝になると、日本も足利氏によって南北朝が統一され、室町時代に入るが、両国の関係は一時的に回復され、勘合貿易も断続的に行なわれた。しかし、明朝は鎖国体制をいっそう徹底させ、日本もまもなく戦国時代の乱世に突入してしまったので、両国関係を悪化させた倭寇問題はますます深刻化し、唐宋以来の友好関係をついに回復できなかった。

4　獰猛な海寇

鎌倉末期から室町時代にかけて、朝鮮半島や中国大陸の沿岸をしばしば武力で荒らした日本の海賊的集団は、被害者の立場から「倭寇」と呼ばれていた。『高麗史』忠定王二年（一三五〇）の記事に「倭寇の侵す、これに始まる」とあるのを倭寇観形成の指標とする意見もあるが、この言葉じたいが成語として成立したのは、はやくも『高麗史』忠烈王四年（一二七八）条に記録されたフビライと忠烈王との問答にさかのぼれる。

『明州繫年録』に収められる『道園集』によると、武宗の至大二年（一三〇九）正月に、日本の武装商人が明州城内に乱入し、「齎す所の硫黄などの薬を持ちて、城中を火やす。官府・故家・民居」はほとんど焼き払われてしまったという。右の寧波焚焼事件が元の朝野に大きなショックを与えたことは、『元史』巻九十九・兵志・鎮戍の至大四年（一三一一）十月条に江浙省の海防強化要請に対する元朝の対応ぶりをみても分かる。

慶元と日本は相接し、且つ倭商のために焚毀さる。宜しく請ふ所の如くし、その餘の軍馬遷調はこと機務に関わり、別に議して行なふべし。

すなわち、軍隊の配置はやすやすと変えるものではないが、倭商の暴行にそなえて、江南一帯の海防要衝に駐屯軍の調整を至急行なったわけである。元朝の日本商船への警戒心は甚だ深く、『元史』巻百八十四の王克敬伝に、

延祐四年（一三一七）、四明に往きて、倭人の互市を監す。これより先に、往きて監する者は外夷情の測らざるを懼れ、必ず厳兵して自衛し、大敵を待つが如し。

とある。かくして、倭寇の暴虐行為によって、唐宋以来の友好的な日本観はあとかたもなく消え、凶悪的な海賊イメージがそれに取って替わり、展開してくる。

呉萊は『論倭』において、「険を恃みて兵を弄す」る無礼な倭奴を「誅首すべし」と激論した。漢魏時代より中国に通交した倭人は弱くて制しやすく、わずかに用兵の術を知るにすぎず、唐軍と戦った白村江の役では惨敗したが、今の倭寇はそれと異なり、「艨艟数千、戈矛剣戟」を装備した強敵であったと述べている。

今の倭奴は昔の倭奴にあらざるなり。昔は至弱と雖も、なお敢へて中国の兵を拒まんとす。況や今の険を恃むは、まさに此者の十ならんとす。さきに慶元より航海して来たり、艨艟数千、戈矛剣戟、畢く具へざるはなし。〔中略〕その重貨を出し、公然と貿易す。即ち欲する所を満たさなくば、城郭を燔焫し居民を抄掠す。海道の兵、猝かに以て応ずるなし。〔中略〕士気を喪ひ国体を虧するは、此より大きはなし。然るに、その地を取りて、以て国に益すること能はず。その人を掠して、以て兵を強むべからず。

元代の倭寇はいかなるものか。明代の文献ほど豊富な資料が残されていないため、その正体をつかみにくいが、幸いに元・黄鎮成の『島夷行』に倭寇の姿がいきいきと描かれている(20)。

島夷出没如飛隼　島夷出没して、飛隼の如し
右手持刀左持盾　右手に刀を持ち、左に盾を持つ
大船軽艘海上行　大船軽艘、海上を行く
華人未見心先隕　華人未だ見ざるに、心は先に隕つ
千金重寡来殺賊　千金重寡して、来たりて賊を殺す
〔後略〕

「華人未だ見ざるに、心は先に隕つ」とあるのは、両手に刀と盾をひるがえして海島に出没する海賊への恐怖のほどを示している。元・王乙の『海寇』は元軍と倭寇の戦闘ぶりをのべたものである(21)。

日本狂奴乱浙東　日本狂奴、浙東を乱す
将軍聴変気如虹　将軍変を聴きて、気は虹の如し
沙頭列陣烽煙暗　沙頭に陣を列して、烽煙暗く

夜半鏖兵海水紅
篳篥按歌吹落月
髑髏盛酒飲清風
何時截尽南山竹
細写当年殺賊功

夜半に鏖兵して、海水紅し
篳篥歌を按じて、落月に吹き
髑髏酒を盛りて、清風に飲む
何時か南山の竹を截り尽くし
当年、殺賊の功を細く写さん

倭寇に対する憎悪と憤怒は、敵の頭骸骨を器に凱旋の酒をあおるという詩的表現に集約されているように思われる。遠征の失敗から倭寇の来襲にいたるまでの間、唐宋以来の友好的な感情が急速に失われ、日本への畏悪観がしだいに増大し、しかも支配層から市民層へとひろがりつつあった。

明の太祖は建国当初、日本との通交に積極的な姿勢をかまえていたが、倭寇の跳梁と対日交渉の失敗によって、態度を一変し、日本を不征国にいれ、海禁を宣言した「皇明祖訓」を頒布した。御製の『倭扇行』に「国王道なくして民は賊を為す、生霊を擾害して神鬼怨む」と、当人の日本観をあらわしている。

『明史』日本伝を見ていくと、永楽年間（一四〇三〜二四）から倭寇の記事がにわかに増えてきたことが分かる。その神出鬼没の様子について、正統元年（一四三六）の条に「倭の性黠し。時に方物・戎器を載せて海浜に出没す。間を得らば、則ちその戎器を張げて、而して侵掠を肆にす。得なくば、則ちその方物を陳べて、而して朝貢と称する。東南の海浜、これを患ふ」としるしている。

永楽二年（一四〇四）にはじまった中日間の勘合貿易は十五世紀の後半から、しだいに細川氏と大内氏の二大豪族に独占されるようになった。そして、両氏の対抗は日増しに激化し、ついに嘉靖二年（一五二三）の寧波争貢事件にまで発展した。その年の四月、正徳の新勘合符を所持した大内氏の遣明船三隻と、弘治の旧勘合を携帯した細川氏の遣明船一隻は、前後して寧波に到着した。翌月、大内氏の使者宗設と細川氏の使者端佐は互いに自分の正統性を主張して争い、そのあげく武力にうったえてしまった。大内船の者は細川船を焼き、十二人を殺し、また残党を紹興まで追いながら、中国の官民をもかってに殺し、最後は明の指揮官を人質に捕えて海上にさった。

この争貢事件で、民家を焼き無辜を惨殺する張本人は倭寇ではなく、日本の使者であるだけに、中国官民へ与えたショックはことのほか大きかった。つまり、倭寇への憎悪は日本人全体におよんでいった。事件後、御史熊蘭らが「関を閉じて貢を絶す。中国の威を振し、狡寇の計を寝む」(『明史』日本伝)と進言したのは、ほんの一例にすぎない。

唐宋以来の「至弱」「知礼」の日本観は、元では「凶悪」「好戦」にかわり、明では「狡詐」「残忍」に変質しつつあった。明はその後、日本の朝貢船の貢期・船数・人数などの制限を厳守させ、明人と日本人の関係を監視し、沿海地帯に兵備を充実するようにした。

明の海禁が厳しくなるにつれ、商道をうしなった一部の中国人は公然と下海し、倭寇と結託して海賊に化した。嘉靖年間の倭寇は「真倭は十の三、倭に従ふ者は十の七」(『明史』日本伝)といわれているが、かなりの中国人が加わったのは実情であろう。

このように、中国人の内応をえた倭寇はしばしば内陸に深く進入し、略奪・殺傷・放火などをほしいままにした。たとえば、嘉靖三十三年(一五五四)の倭寇は「賊は六、七十人に過ぎず、而して数千里を経行し、殺戮し殺傷する者は四千人に幾し」というありさまで、その「縦横に往来し、無人の境に入るが如」き跳梁ぶりは中国の朝野を落胆させた。

戦国時代の末期、豊臣秀吉は国内の統一をなしとげると、海外拡張の道を歩みはじめた。文禄元年(一五九二)三月、豊臣秀吉は十六万の大軍を朝鮮に差し向け、その最終目的は「大明国に直入し、吾が朝の風俗を以て四百餘州を変へる」(『続善隣国宝記』)ことにあった。

日本軍は二か月足らずして、京城・開城・平壌の三都を陥落させた。明の朝廷はこの急報に接するや、危険を感じ、朝鮮に援兵をおくった。七月に、明の援軍は日本軍と接戦してから、慶長三年(一五九八)に至るまでの七年間に、中国は数十万人を戦死させ、およそ数百万の戦費を費やした。戦争は豊臣秀吉の病死をもって、幕を降ろしたが、中国・日本・朝鮮の「三敗俱傷」の結果となった。

倭寇の跳梁と朝鮮への侵略を通じて、日本人はまったく獰猛な海寇として、中国人の目前に現われてきた。その後長らく、沿海一帯では、隣同士の喧嘩に相手を倭と罵ったり、泣く子に「倭寇が来るぞ」と脅かして止めさせたりするほど、倭寇への憤慨と恐怖は一般の中国人の間にふかく浸透していた(22)。

［注］

（1）安徽省亳《はく》県博物館は、一九七四年に曹操一族の古墳を発掘したところ、元宝坑村一号墓から「建寧三年（一七〇）四月」の年号をもつ文字磚が一六四点出た。その七四号文字磚に「有倭人以時盟不」の銘文があったことが確認されている。

（2）『翰苑』に引かれた『魏略』逸文に、「その旧語を聞くに、自ら太伯の後と謂ふ」とある。『史記』の呉太伯世家によれば、太伯は周太王（古公亶父）の長男だが、王位を三男の季歴に譲り、荊蛮の地に落ちのびて断髪文身し、句呉の国を創りあげた。孔子は『論語』の泰伯篇で、太伯を儒教世界の理想人物として「泰伯、其れ至徳と謂ふべきのみ」と激賞している。

（3）『三国志』魏志・倭人条。景初二年（二三八）は明帝の年号である。『日本書紀』所引の『魏志』および『梁書』は景初三年とする。公孫氏の滅亡した時間を考慮に入れれば、三年説を取るべきである。

（4）『三国志』は壱与の貢献年次を明記していないが、正始八年は『冊府元亀』巻九六八・外臣部・朝貢一によった。

（5）『唐会要』にも、「頗る綵錦を出づ。瑪瑙を出でて、黄白の二色あり。その琥珀の好き者は海中より湧き出づと云ふ」とある。

（6）任昉撰『述異記』は『崇文総目』や『郡斎読書志』に著録されている。偽書とも言われているが、後世の好事家が任昉の佚文をあつめて本にしたものであろう。また、唐・顔萱が入唐僧円載の帰国に際しておくった詩に「禅林に幾度も金桃を結びて重く、梵室に重ねて鉄瓦を修して軽し」とあるのは、『述異記』の金桃伝説に出典している。

（7）日本扇については、拙論「日本扇絵の宋元明への流入」『日本美術史の水脈』ぺりかん社、一九九三年、を参照されたい。

（8）南岳慧思の倭国転生説について、詳しくは拙著『聖徳太子時空超越――歴史を動かした慧思後身説』大修館書店、一九九四年および拙論「聖徳太子と中国文化」『大法輪』一九九四年八月・九月号を参照されたい。なお、慧思後身説に類するものは、宋・志磐の『仏祖統記』巻四十四にもみえる。すなわち、宋人沃承璋が亡くなって日本の国主に生まれ変わったという伝説である。

（9）東大寺教学部編『シルクロード往来人物辞典』（同朋舎、一九八九年）第三部「インド・中国・朝鮮などより日本に渡来した者」の収録人物を集計してみると、日本へ渡った唐人は渤海使を除いても、百人台をうわまわっていることが分かる。唐人の渡日については、前出『聖徳太子時空超越——歴史を動かした慧思後身説』第二章「鑑真渡日の動機」をあわせて参照していただければ幸甚である。
（10）松下見林編『異称日本伝』巻上三。ただし松下は馬縞を誤って馬偏に作っている。馬縞の伝は、『旧五代史』巻七十一および『新五代史』巻五十五に収められている。
（11）宋・江少虞の選んだ『皇朝類苑』（一名に『皇宋事宝類苑』）巻七十八にも類似の記事がおさめられている。
（12）記述に小異はあるが、粟田真人のことは『新唐書』『通典』『唐会要』『玉海』などにも見られる。
（13）閑は嫺に通じ「ならう」と訓む。
（14）陸淳『公験』以下の引用は『天台霞標』による。
（15）遠征軍撤退の原因について、諸説あって定まらないが、『元史』は「官軍整わず、また矢尽き、ただ四境を虜掠して帰る」とあり、『勘仲記』には「俄かに逆風吹き来たり、本国に吹き帰す」と記している。
（16）『元史』巻十七・世祖本紀の至元二十九年十月条に「日本舟、四明に至りて、互市を求む。舟中に甲仗みな具ゆ。異図あらんを恐れ、詔して都元帥府を立つ。哈剌帯をしてこれを将せしめ、以て海道を防ぐ」とある。
（17）『元史』によれば、大徳八年（一三〇四）夏四月丙戌の条に「千戸所を置き、定海を戍り、以て歳至の倭船を防ぐ」とある。
（18）鄭思肖の『元賊謀取日本二絶』と『元韃攻日本敗北歌』は、『隣交徴書』初篇巻二・詩文部に収録されている。
（19）宗泐の『祖闡・克勤二師の日本に使するを送る』および太祖の『宗泐の詩韻に和す』は『隣交徴書』初篇巻二・詩文部にみえる。
（20）『隣交徴書』二篇巻二は『秋声集』よりこの詩を引載している。ただし、原詩にある「飛準」は私意で「飛隼」に直した。
（21）『隣交徴書』二篇巻二は『太平記』よりこの詩を引載している。ただし、原詩の第七行は「何時截南山竹」とあって、文意で「尽」を補った。
（22）『明史』日本伝は「終明の世、通倭の禁は甚だ厳し。閭巷の小民、倭を指して相詈罵し、甚だしきは以て小児女を噤むに至ると云ふ」をもって結ばれている。

［附記］本稿は一九九二年に、東京大学名誉教授小島晋治先生のご依頼により、『中国人の日本観』（全三巻）の序論にあたる「古代から明代の日本観」を、浅学にもかかわらず草したものである。その後、事情あって刊行に至らなかったが、ただいま社会評論社から企画を復活させる吉報に接し、何よりうれしく存じる。

二十余年も前の旧稿にふたたび目を通してみると、みずから恥ずかしく思う次第だが、本格的に書き直すとなると、まったく別のものとなってしまうので、あえて旧を存することにする。

一九九三年、筑波大学に一時勤務し、「アジア史」の講義を受けもち、本稿を増補して教材として用いたことがある。それが二〇〇〇年に『中国史のなかの日本像』にまとめて農山漁村文化協会より刊行された。さらに本稿を出発点として、時おり関連の著述を世に問わせた。したがって、このテーマに関心をお持ちの読者がいれば、以下の拙稿をあわせて参照していただければ幸甚に存じる。

（1）『中国史のなかの日本像』、農山漁村文化協会、二〇〇〇年九月
（2）「中国史の中の日本」、共著『日本にとって中国とは何か』（『全集　中国の歴史』第十二巻）第六章（二一五～二八二頁）、講談社、二〇〇五年十一月
（3）「遣唐使人の容姿」、《アジア遊学》第四号、勉誠出版、一九九九年五月
（4）「中国資料に描かれた日本人像」、《境界と日本文学――画像と言語表現》、国文学研究資料館、二〇〇一年三月
（5）「唐詩に詠まれた空海像」、《国文学解釈と鑑賞》第五号、至文堂、二〇〇一年五月

最後に本稿の執筆を薦められ、貴重なチャンスを与えてくださった小島晋治先生に深甚なる謝意を表する。

（二〇一五年九月四日　王勇）

五、明清時代の日本研究

杉山文彦

1　専門的日本研究書の出現

倭寇の跳梁跋扈のために、かつては「神仙の郷」「礼儀の邦」と言われた日本のイメージは、獰猛な海寇の故郷へと変わってしまい、沿海の住民にとって日本は恐怖の対象となった。しかし、このことは同時に中国における日本認識に新たな段階をもたらすことになった。それは専門的な日本研究書の出現である。それまで中国では、日本は主に「東夷伝」「日本伝」といった正史編纂の一環として論じられるほかは、文人の詩文の中にたまに登場するくらいで、専門に日本を論じた書物はなかった。また正史等に載せられた日本情報は主に伝聞によるもので、中国側からとくに日本情報を収集することは、一般には行なわれなかった。しかし、明代になると倭寇対策の必要から日本情報の収集が行なわれるようになり、日本を対象とした専門書が現われ始める（明代の日本研究については、武安隆・熊達雲『中国人の日本研究史』六興出版、一九八九年七月、張声振・郭洪茂『中日関係史』第一巻、社会科学文献出版社、二〇〇六年八月、参照）。

最初に現れた日本に関する専門書は、薛俊の『日本考略』であるといわれる。明の嘉靖二年（一五二三年、日本・大永三年）に寧波で起こった細川氏と大内氏の遣明船同士による争貢事件は、中国官民に大きな衝撃を与え、日本を知ることの必要が意識された。その結果編集されたのが『日本考略』であった。『日本考略』は全十七篇からなり、歴史・地理・制度・風俗等多方面にわたって日本を紹介している。しかし、その多くは『魏志倭人伝』等歴代の正史にある情報を、時代考証もせずに項目別に並べ替えたに過ぎないものといわれる。ただ、中に「寄語略」という篇があり、これが『日本考略』を意義深いものとしている。ここでいう「寄」とは、『礼記』の「王制」に出てくる官名のことで、東方の言語を翻訳する官職をいう。したがって、ここでの「寄語」は日本語のことであり「寄語略」篇は、日本語の単語三百数十語を漢字の音を使って表記し、それに中国語の訳を付した日中対訳の語彙集になっている。このように多くの日本語の語彙を収録したのは『日本考略』が初めてで、そのあとに続く多くの日本研究書がこのやり方を踏襲するようになった。それは清代の『吾妻鏡補』にまで引き継がれている。

『日本考略』を嚆矢として、明代には多くの日本研究書が編纂されたが、中でも『籌海図編』『日本風土記』(別名『日本考』)『日本一鑑』が代表的とされている。このうち『籌海図編』は、浙江巡按御史として東南沿岸の海防の責任を負っていた胡宗憲のもとで、幕僚として活動した鄭若曽の編纂になる。同書は明確に倭寇対策の目的で編まれたもので、「日本国図」や日中間の海路を示す「日本島夷入寇之図」、さらには中国東南沿海各地の地図が多数収められている。編者の鄭若曽は日本に来たことはなかったが、商人等から多くの取材をしており日本の山河地誌・民情風俗についての記述も格段に豊富かつ正確になっているとされる。『日本風土記』でもこの傾向は強まり、日本のひらがなが紹介され、和歌や小唄が計五十首ほど漢訳付きで採録されている。日本の詩歌が中国に紹介されたのは、恐らくこれが初めてであろうといわれる。

このような中、明代日本研究の最高峰とされるものが鄭舜功の手になる『日本一鑑』である。鄭舜功は日本に六か月滞在したことがあり、それだけに同書の内容はより正確で豊富になっている。同書は中国沿岸から日本までの航路を文と図で説明した「桴海図経」、日本地理書である「隴島新編」、制度、歴史、習俗等日本を多方面から記述した「窮河話海」の三部から成っている。その中でも寄語欄には三千数百もの日本語の語彙が収録されており、戦国時代の日本語を研究するうえで貴重な資料といわれている。

2 清代前半期の日本観

秀吉亡き後、日本の実権を握った徳川家康は朝鮮・明との関係修復をはかり、一六〇七年に朝鮮とは交隣外交を復活させたが、明との国交回復は成らなかった。明政府は倭寇の害があるとして日本との通交を禁じたままであった。しかし、禁を犯して来航する中国船は後を絶たず、また日本船との出会貿易も行なわれた。中国からは生糸、絹織物、砂糖、薬剤、書籍などがもたらされ、日本からは石見銀に代表される銀が中国へもたらされた(明末から清代前半期の日中関係については、前出『中国人の日本研究史』、松浦章『江戸時代唐船による日中文化交流』思文閣出版、二〇〇七年、同『近世東アジア海域の文化交渉』同、二〇一〇年、参照)。

その後、中国は明から清へと変わり、日本は江戸幕府の鎖国体制となった。日中間の通交は、長崎に中国の商船が入るという形のみで維持されることとなった。この結果、明代には強かった日本への関心は、清代に入ると薄らいだとされる。明清の交替期には、明から日本に援軍を求めて、黄宗羲、朱舜水のような高名な学者や禅の高僧隠元が来日した。しかし、江戸幕府は動かず、黄宗羲は帰国、朱舜水と隠元は日本に亡命した。朱舜水は水戸光圀と親交を深め水戸学の形成に大きな影響を与えたといわれる。隠元は京都宇治の万福寺にあって黄檗宗を伝えた。台湾に拠って清朝への抵抗を続けた鄭成功の母が、平戸の日本人女性であったことは、よく知られている。

一六八三年、台湾を制圧した康熙帝は、翌一六八四年、展海令によって海禁を廃し民間の海外貿易を許した。これ以後、中国人の長崎入港が急速に増加した。これに対し江戸幕府は、長崎に入る中国船に対して幾度か入港数に制限を設けるなどしていたが、一七一五年(正徳五年、康熙五十四年)に船舶互市新例(正徳新例)を施行し、規制を強化した。このことが清朝内でちょっとした波紋を引き起こす。

正徳新令では、この年に長崎に入港した中国船に幕府が「信牌」を発給し、それ以後は信牌を持つ船にのみ貿易を許すことになった。多くの船主はこれに従ったが、一部の船主は、信牌を受け取った船主は清朝廷に背き日本に従ったことになるとして、地方官署へ訴え出た。これを清朝の体礼に関わる問題と考えた地方官は、信牌を船主たちから提出させ、ことを中央に上申した。このため事は、時の皇帝康熙帝も加わった議論に発展した。結論までには時間を要したが、信牌は商売上の証書に過ぎず清朝の体礼に関わりなしとする康熙帝の考えにより、信牌は船主に返され長崎貿易は続けられることになった。康熙帝はこれより十数年前に商人を装った密偵を長崎に派遣したことがあった。その報告から、日本はもはや倭寇や秀吉の頃の日本とは違うと康熙帝が思っていたことが、この判断の背景にあるといわれる。さらに、清が日本から鋳銭用の銅を毎年大量に輸入していたことも影響している。明代の銀に替わり、清代前期の日本の主要な対中輸出品は銅であり、一時は中国で使用される銅の大半を日本産銅が占めていたといわれる。

東南沿岸を悩ませた倭寇もおさまり、また日本が鎖国体制をとったことにより、清代には一般に日本に対する関心は低かったとされる。その中で「倭寇の国」という日本のイメージは、歴史的記憶として残り続けたようで、清末に日本が近代的外交関係の樹立を求めてやって来た時の反対論の一つとしても顔をだす。ただ、長崎に来航した人物の中にはその印象を書き残すものもあった。陳倫烱『海国聞見録』の中の「東洋記」、童華『長崎紀聞』、汪鵬『袖海編』は、その代表例である。このうち童華は自身長崎に来てはおらず、地方官として長崎貿易の商人から得た情報をまとめたものであるが、ほかの二人は実際に長崎に来ている。これらに見える日本は、倭寇のイメージとは大きく異なり、日本人は清潔好き、親切で諍いが少なく書物をこのむ、花木を愛し街は綺麗であるなど、日本に対し好意的な記述が目立っている。明治期になり来日した中国人の紀行文には、日本の街の清潔さ、花木の美しさを記したものが多いが、これらはその先駆けとなっている。また、汪鵬は商人であるとともにかなりの知識人であって、中国ではすでに散逸して見られなくなっている古典籍（佚存書）を日本で見つけだし持ち帰ったことで評判となった。この佚存書探しも明治以後、来日した知識人によって盛んに行なわれるようになる。しかし、この当時は日本が鎖国状態にある中、彼らの日本見聞は長崎に限られたものであった。

このような中、清朝も後半期に入る十九世紀初め、翁広平の手によって『吾妻鏡補』が撰述される。『吾妻鏡』は、治承四年（一一八〇年）から文永三年（一二六六年）までを鎌倉側から編年体で記録した史書であるが、これが明末には中国へ伝えられたとされ、清初の著名学者朱彝尊はこれを珍重し跋文を付した。それから百数十年後、翁広平も『吾妻鏡』を高く評価したが、その記述対象となる期間が八十七年間と短く、表現も不正確（『吾妻鏡』は吾妻鏡体ともよばれる変体漢文で書かれている）なところがあるのを補うとして、日中の文献を多数参照して『吾妻鏡補』を撰述した。同書は副題の「日本国志」の方が内容に相応しく、神代の昔から同時代までの日本を「世系表」十巻、「図絵」一巻、「地理志」二巻、「風土志」二巻、「食貨志」「通商上条規」「職官志」各一巻、「芸文志」七巻、「国書（かな）」一巻、「国語解」二巻、「兵事（文禄慶長の役）」一巻、「附庸国志」一巻の計三十巻によって総合的に記述したものとなっている。その内「芸文志」には、多くの日本人の著作が紹介されており、中には伊藤仁斎『論語古義』の「序」や荻生徂徠『論語徴』の「題言」がほぼ完全な形で採録されていて、長崎から中国船が持ち帰った書籍の中には、日本人の著作も多数含まれていたことが窺える。

『吾妻鏡補』は非常に水準の高い日本研究といえるが、同書は刊行され広く知られることはついになかったようで、清末の魏源の『海国図志』や徐継畬の『瀛環志略』でも『吾妻鏡補』が生かされた形跡はない。この辺りに清代中国における日本の位置が現われているといえよう。

第1章　同時代中国人の見た幕末・明治期の日本

［解説］並木頼寿・杉山文彦

はじめに

近世の幕藩体制のもとで、日本は長崎、琉球、対馬など、限られた窓口を通して、対外関係を営んでいた。長崎には、オランダ船、中国船が来航し、きびしい制約のなかで、交易が行われた。琉球は、薩摩藩の支配下にありながら、国王が清朝皇帝の冊封を受け、琉球からは朝貢使節が派遣され、中国からは冊封使が来航した。対馬は朝鮮国王と江戸の将軍の関係を仲介する役割を演じ、そこを窓口として朝鮮から通信使が来日する一方、対馬藩からは役人が釜山の「倭館」に派遣されて駐在した。

長崎のオランダ人は、江戸の将軍に海外情報を提供するとともに、出島にオランダの国旗を掲げ、商館長は国家としてのオランダを代表する役割をはたしていた。これに対して、中国からは商人が来航し、唐人屋敷に永住して交易を営む者もあり、商業交易のネットワークから見れば、中国大陸の沿海地域から東南アジアに至る大きな広がりの一端に位置したが、彼らが清朝を代表する機能を持つことはなかった。

琉球は、清朝と正式に使節を交換しており、朝鮮も清朝に定期的に朝貢使を送っていて、これらのルートから間接的に清朝の情報が日本にもたらされることはあったが、情報の直接の流れはなかった。また、いずれの場合においても、漂流者や密航者は例外として、幕藩体制下の日本人が海外に出ることはなかった。

清朝の対外関係は、幕藩体制下の日本のそれと比較すれば緩やかなものであったが、冊封使が出向き、朝貢使節が到来するのを受け入れる関係であって、しかも朝貢使節を受け入れて歓待し、皇帝の「恩恵」を施す所に意義があり、中国から外に出かけることはあまり重視されなかった。清朝の体制のもとでは、商人が海外に渡航し交易するのは私的な営みであり、彼らが王朝権力を代表したり、王朝の側が彼らを保護したりすることは、清末に至るまで考慮されていなかった。

こうして、近世幕藩体制下の日本と清朝中国の間には、各種の交易ルートは存在していたが、公式の関係はなく、人の往来も非常に限られたものであった。このような関係は、十九世紀の半ばに至って、大きく変化しはじめる。いわゆる「西洋の衝撃」がもたらした「開国」をめぐる東アジアの国際情勢の変化が、日本と中国の関係にも甚大な影響をおよぼすに至ったのである。

このような変動のなかで、幕末・明治期の日本人が中国を直接見聞する機会をもつようになったのと併行して、中国からも従来とは違った経路から日本にやってくる人があらわれるようになった。その結果、日本において、中国情報が急増したのと同様に、中国においても日本からの情報が増え、同時代の日本に起っていた変化をめぐるさまざまな議論が生みだされることとなった。

以下に、十九世紀半ばの、日本の「開国」前後の時期から、十九世紀末、日清戦争に至るまでの、約半世紀の間をとりあげて、その時期の日本を直接に見聞した経験を有する人を中心にして、同時代中国人の日本観を概観したい（こうしたテーマに関するもっとも包括的で且つ詳細な研究として、王暁秋『近代中日文化交流史』中華書局、一九九二年がある）。

一、往来の再開、日清修好条規の締結

1　国際情勢の変化と世界地理への関心

アヘン戦争によって、中国をめぐる国際情勢は急速に変化しはじめ、それに対応して世界地理に対する関心が高まった。魏源の『海国図志』は最も重要な著作であり、同時代の朝鮮・日本の知識人にも争って読まれた。しかし、その巻十二「東南洋　日本島附録」に収められている日本情報は、ほとんど従来の情報を再確認するに止まり、目新しいものはない。また、おなじころに徐継畬が書いた『瀛環志略』のなかの「東洋二国」すなわち日本、琉球に関する情報には、同時代的な新しいデータが若干盛り込まれているが、大部分はやはり旧来の情報の踏襲である。

アヘン戦争後に結ばれた南京条約は、いわゆる不平等条約であり、清朝はこれを機に欧米諸国との間に「条約関係」

を開かざるを得なかった。また、イギリス人やアメリカ人など、欧米諸国から東アジアに来航する商人、官吏、宣教師などが多数あらわれ、国際情勢の変化についての情報をもたらした。ただ、当時の清朝の対外姿勢は、「条約関係」を求める欧米列強との間においてのみ条約の締結を行っており、列強の砲艦外交に屈服したという一面も否定できないにせよ、一種の特権として「条約」の締結を認めるという姿勢を維持していて、対外関係の基本的なあり方を変更する必要を認めたわけではなかった。それ故、東アジアの地域秩序は従来と変わらぬものと観念されており、日本との関係にも何ら変化はなかった。

徐継畬の『瀛環志略』に見られる若干の新情報も、相互の関係が変化したことによって得られたものではなく、道光二十六年末（一八四七年初）から咸豊元年（一八五一年）にかけて福建巡撫であった徐継畬が、福州において主としてアメリカ人宣教師から入手した海外情報に依るものであったと思われる。

同様に、欧米人のもたらした情報によって、同時代の日本についての新しい動きを紹介した例として、太平天国の干王洪仁玕が著した『資政新篇』の記事をあげることができる。洪仁玕は香港での亡命生活ののち、上海をへて一八五八年に南京の太平天国に合流し、天王洪秀全に新政策の提言を行った。そのなかで、欧米諸国やペルシャ、エジプトなどの近況を紹介したあと、中国近隣の諸国について、次のように述べている。

シャム〔タイ〕は最近イギリスと通商を開き、また蒸気船をつくることを倣い知り、大船で各国に貿易に赴き、今や富智の国に変りました。

日本も最近アメリカと通商を開き、各種の技術をとりいれてこれを手本としています。将来きっと成果をあげるでしょう。

マラヤ、ペルー、オーストラリア、シンガポール、インド、前チベット、後チベット〔ネパール？〕、蒙古、満州はみな仏教を信じ、偶像を崇拝しています。だからこれらの諸国は衰弱して振わず、その名も余り知られません。

（小島晋治訳「庶政刷新に寄与するための新提案」、『原典中国近代思想史』第一冊、一九七六年、岩波書店所収）

情報の混乱も見られるが、洪仁玕は日本がアメリカとの間に開国条約を結んだ情報をすでに知っており、そしてそれを評価していたことが分かる。

この日本とアメリカの開国交渉に関連して、幕藩体制のもとにあった日本に、長崎の商人以外の中国からの来訪者が、はじめて登場した。それが、日本に開港を迫るアメリカ・ペリー艦隊に「同文通訳」として同船した広東人の羅森であった。彼は、長崎に来航する中国商人のもたらす情報とは全くことなる経路から一八五〇年代の日本を訪れ、日本で直接に見聞したことがらを記録したのである。

羅森は、香港でアメリカ人宣教師S・M・ウィリアムズ（Samuel Wells Williams, 衛三畏）、イギリス人宣教師で香港最初の華字月刊紙『遐邇貫珍』（Chinese Serial）の編集者であったW・H・メドハースト（Walter Henry Medhurst, 麦都思）、C・B・ヒリアー（Charles Batten Hillier, 奚礼爾）らと交友があり、一八五四年、ウィリアムズの紹介でペリーの対日交渉に通訳（同文対話）として加わった。そして、彼は「日本日記」と題する旅行記を、『遐邇貫珍』の一八五四年十一月、十二月、一八五五年一月号に掲載したのである。

この旅行記は、日本社会を実際に目で見て書いた興味深い記事が多く、その後、明治になってから日本を訪れた中国知識人が抱いた日本の社会生活や風物に関する印象を先取りする内容となっている。そうしたなかで、ペリー艦隊と日本当局との条約交渉の具体的な場面についての記事が意外に少ない一方で、羅森と彼を迎えた日本人との間の文人的な応酬の場面や、アヘン戦争以来太平天国に至る動乱に苦しむ中国の情勢について、質問に答える場面が多いことが印象的である。吉田松陰が太平天国情報をまとめた『清国咸豊乱記』という書物は、彼が間接的に入手した羅森の情報をもとにしたものであった（小島晋治「太平天国と日本」、『アジアからみた近代日本』亜紀書房、一九七八年所収を参照）。

また、羅森を迎えた日本の武士が、国際情勢の大きな変動を意識しながら、それに対処する立場を、中国から渡来した知識人との間で再確認しようとする動きを見せていたことも、興味深い。旅行記には、

平山謙二郎という、木訥で博学の人物が、私の所を訪ねてきて、中国の治乱の原因を質問した。私は平素書き

留めていたことと、『治安策』を彼に見せた。

という一節があり、幕吏平山謙二郎の羅森あての書簡が引用されている。

「子罕に利を言う」〔孔子は利を語らない〕というが、「利」は万悪の根源であり、日本が外国と交際しないのは、西洋人が「利」と「奇術」で日本人の心を惑わし、忠義廉恥を忘れさせ、「無父無君」の事態を招きかねないからである。日本は外国と貿易して利を争おうとは思わず、諸国との交際には義を重んずる。羅森は、合衆国の船で世界をめぐる機会があるのだから、孔子・孟子の教えを西洋にも広めるべきだ。

このようなやりとりの内容、およびそれを記録した羅森の価値判断から、当時の危機感のあり方について、改めて考察を加える価値があると思われる。

いずれにしても、直接の見聞にもとづく記事が長く途絶えたあと、ふたたび人の往来と情報の交換が行われるようになったのであるが、幕末の開国以後、日本人のなかには上海視察を任務とした千歳丸乗員の見聞や、欧米に派遣されて上海・香港を経由した人物の記録、西洋的な印刷技術を使う必要から上海に出向いた岸田吟香の例など、直接の中国情報をもたらす事例が急増したのに対して、中国から日本に渡って日本情報を伝える事件は、羅森の来日から二十年以上を経過した一八七〇年代後半まで、ほとんど見られなかった。

日清修好条規の締結、清朝の対日外交団派遣に至って、ようやく日本情報が本格的に中国に伝えられることとなる。

2　日清修好条規締結をめぐる動き

明治維新後の日本は、国内体制の変革をも視野に入れて、いわゆる「万国公法」の考え方を積極的に導入し、東アジアの伝統的な地域秩序への挑戦を開始した。清朝は、アヘン戦争後、いちはやく「条約体制」の導入を決断したが、しかし条約関係についても、従来の朝貢体制の基本的なあり方を踏襲し、中華の皇帝と周辺の国王・首長との間で個々に取り結ばれる一種の「二国間」関係を前提にして処理しようとした。それ故、西洋諸国との間に個々に条約関係を認める姿勢と、東アジアの地域秩序はこれを変更する必要を認めないという判断とが、長く並存することとなった。

明治維新後の日本に対しても、中国側では条約関係を導入する必要を認めなかったが、これに対して日本は、日中間の正式な国交の回復を条約締結という形で実現しようとした。日本からの執拗な働きかけに応じる形で、清朝は、日本の特殊性を考慮して、日清両国関係の刷新に同意したのである。

明治政府は一八七〇年九月（明治三年八月、同治九年）、外務権大丞柳原前光を清国に派遣し、国交締結と通商のための交渉をもちかけた。これに対して清朝は日本側の申し入れを断り、次のような照会を与えた。

調査したところ同治元年〔一八六二〕、上海道台の報告してきたところに拠れば、貴国の頭目助七郎等八名が商人十三名を引き連れ海産物等の物を携え上海に来て貿易したとあります。三年四月にも貴国の官錫次郎等が貨物数種を携帯し上海に来て貿易したとあります。中国と貴国とは久しく和好を通じ、交際往来は昨日今日に始まったことではないことを示しています。貴国とは近隣の国であれば、益々親交が深まるのが自然であります。貴国はすでに常に上海に来て通商しています。今後もその先例に照らして処理いたします。相互に信頼すれば、ことさら条約を立てることもないと考えます。古《いにしえ》よりいう「大信は約ならず」〔信頼しあえば約束はいらない〕であります。ただ、貴国の貨物が上海に着いた時は、必ず上海道へ通知を行ない、貨物を調べて納税を行なうこと、共にごまかし無きようにし、末永く交易を行うべきです。これを西洋各国の条約による付き合いに比すれば、はるかに簡便であります。ここに中国と貴国との格外の和好親睦の意があります。

（『籌辦夷務始末』同治朝、「同治九年九月丁亥、恭親王等又奏」に付された「給日本国照会」）

ここで清朝側は、上海における日本人の商業行為を取り上げて、実質的な通商はすでに存在しているとし、さらに「大信は約ならず」という『礼記』「学記」のことばを持ち出して、日本を西洋諸国と同等の、条約によって国交を結ぶ相手とはしない、という姿勢を示したのである。このように日本との条約関係を否定する照会を与える一方、日本の姿勢が執拗であることを考慮した総理衙門（外交を統括的に担当する政府機関）の提起により、清朝はこの問題について主な大官の意見を徴することとした。

地方大官からいくつかの意見が出たが、なかでも安徽巡撫英翰の議論は典型的であった。彼は、日本はこれまでずっと臣服朝貢してきた国であって、イギリスやフランスと同列には扱えない、明の倭寇の害が深刻であった前例からも、日本の真意は計りがたい、日本に対して、「英仏各国の通商は条約の許す所であるが、臣服の国である日本との通商はありえない。条約に載っているのであれば、条文に照らして通行するが、臣服の邦はそもそも要求する資格がない。叛くか服するかはそちらの自由であるが、中国は恫喝には動じない」と伝えるべきだ、いま日本の求めに応ずると、臣服の諸国が次々に日本と同様な要求を出してくる恐れがある、という、強硬な議論を展開した（『籌辦夷務始末』同治朝、「同治九年閏十月戊子、安徽巡撫英翰奏」）。

清朝の『会典』などでは、日本は「互市」の国とされていたが、清朝官僚の意識の上では、必ずしもそうではなかったようで、ここでは従来の日清関係を朝貢として理解している。これは単に英翰の認識不足を示すのみならず、明治維新前後の時期の清朝において日本がどのような存在として理解されていたかを示す一例として興味深い。それと同時に、日本が清朝に臣服する朝貢国であるからには、英仏との条約による国交の原則は、当然のこととして、適用されえない事柄だとする考え方があったことに注目しなければならない。

しかし、清朝は結局英翰のような強硬意見をとらず、直隷総督李鴻章や両江総督曾国藩から提起された日本との交渉に応ずるべしとする考え方に沿って（『籌辦夷務始末』同治朝「同治九年十二月癸亥、李鴻章又奏」、同「同治十年正月己酉、大学士両江総督曾国藩奏」、同「同治十年二月丁亥、協辦大学士直隷総督李鴻章奏」）、日本との条約締結交渉に入った。

そして、一八七一年九月（同治十年・明治四年七月）、「日清修好条規」および「通商章程」、「海関税則」に調印することとなったのである。

こうした国家関係の再開をめぐる動きと併行して、「開国」後には、日本においても中国においても開港場を中心に合法、非合法の交易が活発になった。日本の幕府は、海産物などをはじめとする日本商品の市場拡大を求めて、上海などに視察員を派遣したり（数次の幕府派遣船を紹介した宮永孝『高杉晋作の上海報告』新人物往来社、一九九五年などを参照）、また、東アジア各地の開港都市では中国商人の活動が活発になった。国家関係の再開以前からすでに進行していた通商関係の拡大に伴う相互認識の変化を究明することは、今後の重要な研究課題である。

二、台湾・琉球問題と清国公使館開設

1　台湾出兵への反応と「攻倭論」

「日清修好条規」の締結と同時に、日清間には台湾および琉球をめぐって深刻な対立が発生した。「修好条規」には、よく知られているように、第二条に「両国好みを通せし上は必す相関切す、若し他国より不公及び軽藐する事有る時、其知らせを為さば、何れも互に相助け或は中に入り程克く取扱ひ友誼を敦くすべし」という攻守同盟を思わせるような文言があり、また第八条に「両国の開港場には彼此何れも理事官を差置き自国商民の取締をなすべし、凡家財産業公事訴訟に干係せし事件は都て其裁判に帰し、何れも自国の律例を按して糺辦すべし」という、相互に領事裁判権を認め合う規定があった（外務省調査部『大日本外交文書』第四巻昭和十三年）。

こうして対等な関係に基づく国交が開かれたのであるが、日本からは速やかに外交官の派遣が行われたのに対し、清朝は日本への公使・領事の派遣に必ずしも積極的ではなかった。むしろ倭寇の前例のある日本の要求をはねつけた場合に発生するかも知れない紛糾を避けたいというのが、清朝側の本音であったようである。すなわち特殊な事情に対する配慮から「日清修好条規」の締結に踏み切ったのであって、日本と条約関係を開いたからといって、周辺朝貢国に対する従来の関係に原則的な変更が加えられたものではなかったのである。

このことは、このあと台湾出兵を引き起こすことになる、琉球遭難民に対する措置に明確に現われている。

一八七二年四月（同治十一年二月）の福州将軍文煜等の北京への上奏は、次のように述べている。

同治十一年正月十七日（一八七二年二月二十五日）、署福防同知張夢元は、二組の琉球難民を福州の館駅に送って保護した。二組の難民のうちの一組は、「松大著」なる者を頭目とする琉球国八重山の人々で、総勢四十六人。彼らは同治十年十月二十九日、中山王府への貢納を済ませて帰路についたが、途中で台風に遭って漂流し、十一月十二日に台湾沖合いで救助され、鳳山県当局に保護された。もう一組は「島袋」なる者ら十一人で、琉球国の太平山島民であった。同様に王府への貢納を済ませて十年十月二十九日に帰路についたが台風で遭難し、三人が死亡。生存者は台湾に漂着して上陸したが、十一月初七日、誤って「牡丹社生蕃」の村に入り、翌日以降に五十四人が殺されてしまった。殺害を免れた者十一人は「土民」楊友旺に匿われ、ついで二十一日に鳳山県当局に保護された。この二組の遭難琉球人、合計五十七人には福州で毎日の食事と見舞いの金品を与え、琉球の便船を待って帰国させる予定である。

（中国第一歴史档案館編『清代中琉関係档案選編』中華書局、一九九三年、一〇七九―一〇八〇頁、「（同治朝）四十七福州将軍文煜等奏琉球国遭風難民循例撫恤摺　同治十一年二月二十五日（一八七二・四・二）」、草書体の手書き文献で、大意は上述の通り。）

琉球人が台湾沖合いで遭難するのは珍しいことではなく、遭難救護の事例は清朝地方官の報告に多数の例がある。「牡丹社生蕃」による殺害事件があったとはいえ、この種の台湾への漂着・殺害事件は道光年間にも前例があった。それ故、「循例撫恤」の処置がとられ、清朝と琉球との関係においては、さらに別の問題を生ずることはなかったと思われる。殺害事件を起した「牡丹社生蕃」について、文煜らの上奏は、彼らはしばしば人命事件を引き起こすので、あらためて台湾鎮・府・道の当局者が十分に調査し、その「強暴」を戒めるようにさせる、と述べている。上奏は三月十五日（四月二十二日）に北京で皇帝の硃批を受けており、皇帝から与えられた指示は「認真に懐柔せよ」というものであった。

こうして、清朝はこの事件を従来通り琉球遭難者救出の事例として処理し、その後、日清戦争の直前まで遭難者があれば、同様に琉球王国と清朝の宗属関係を前提とする処置が繰り返されたのであるが、少なくともこの事件の時期まで清朝は琉球と日本、直接には薩摩藩、との関係について、必ずしもはっきりした認識がなかったようである。それ故事態は清朝側の予想外の展開をたどるに至る。

琉球人が台湾で遭難した事件を知った日本は、「修好条規」批准交渉のなかでこの問題を提起し、琉球島民の保護を口実として台湾への出兵を強行した。台湾出兵によって、中国では福建の文武の地方官によって「攻倭論」が唱えられ(『籌辦夷務始末』同治朝、「同治十三年四月十六日、閩浙総督兼署福建巡撫李鶴年奏」、同「同治十三年六月十三日、福建陸路提督羅大春奏」)、また、陳其元『日本近事記』や、金安清『東倭考』などは、日本の国内には「文明開化」をめぐって混乱が生じていると観測し、その混乱に乗じて日本を攻め、懲罰を加えるべきだと主張した。『日本近事記』は、明治初年の日本の変化について、

> ミカド(美加多)が国を簒奪し、前王を廃し、各島主の権を削った。島主は統治権を失って疑いを抱き、遺民は旧時を懐かしんで憤りをたくわえ、常に一旦有事の際には間隙をついて蜂起しようと望んでいた。……国中を西洋の服装に改めさせ、西洋の言葉を導入し、焚書と変法を強行した。そのため国中が不便に思い、人々は謀反を起こそうと企てた。

と述べている。

こうして、「修好条規」が批准されてまだ間もない時期に、両国の間には戦争に突入する危機がおとずれ、開戦を恐れた大久保利通が北京に出向いて、総理衙門当局者と交渉を行った。清朝は日本に出兵に関連した「撫恤金」を支払って、かろうじて伝統的な秩序の枠組みを守るとともに、台湾行政の整備に関心がはらわれるようになり、また清朝と琉球との関係についても、あらためてその重要性が認識されるようになった。日本は逆にこれを機に「琉球処分」の既成事実を重ねていくこととなった。

2　清国公使館の開設

日本は一八七一年「日清修好条規」の調印に当って、大蔵卿伊達宗城を条約交渉の欽差全権大使として派遣し、ついで七三年批准書交換に当って、外務卿副島種臣を特命全権大使として派遣し、ついで北京に日本公使館を設置した。他方、清朝が日本への外交使節の派遣を決めたのは、やや遅れて一八七六年から七七年にかけてのことであった。そして、一八七七年十二月下旬（明治十年、光緒三年十一月）、東京に「欽差出使日本国大臣」として何如璋を派遣し、翌年一月二十三日、東京芝の寺院を借りて公使館を開設した。清国公使館開設までの経緯については、参賛として何如璋に随行した黄遵憲の『日本国志』に、関連記事が収録されている。

初代清国公使館メンバーの来日印象、維新以後の日本社会の変化に対する評価などについては、何如璋や黄遵憲の著作をもとに、従来から多様な研究がなされてきた。

何如璋の『使東述略』は、公使として日本に滞在した時期の見聞をまとめたもので、清朝と日本との外交使節の交換の経過、赴任に際して目にした日本の風土や地理について詳細に述べ、また日本の明治維新の要因およびその経過を詳しく記し、日本と連携してロシアに対抗すべきことを主張している。また何如璋には日本滞在中の七言絶句六十五首を集めた『使東雑詠』一巻がある。彼は、総じて日本の明治維新以後の西洋化には批判的であったが、清朝の対外関係に関する考え方としては、日本と提携して中国防衛のための垣根として利用することをも提唱した。

しかし、何如璋のこれらの著作には、日本の風物の紹介や、日本についての全般的な印象、評価の文面は収録されているが、外交官としての何如璋の任務内容にかかわる記述はほとんど含まれていない。それを検討するには、別の材料を捜す必要がある。

3　琉球問題・朝鮮問題と維新日本への批判

日清間の公使館開設が実現した時期には、琉球問題・朝鮮問題などを中心に、両国間に厳しい対立があった。日本の外交姿勢や外交手法に直面した何如璋は、日本に対する危機意識を強めるとともに、清朝の東アジア地域における位置についても、新しい考え方を持つようになった（何如璋の外交活動については、鈴木智夫『洋務運動の研究』汲古書院、一九九二年所収の「中国における国権主義外交論の成立――初代駐日公使何如璋の活動の検討」を参照）。

清国公使館の活動が開始されたばかりの一八七八年（明治十一年、光緒四年）から七九年にかけて、何如璋は琉球が明代以来中国王朝の藩属であることを主張し、日本が進めようとしていた琉球処分の阻止を図った。これに対して、日本は琉球藩の廃藩を急ぎ、琉球王であった尚泰に華族の称号を与えて東京に移住させた。

この間に、何如璋が寺島外務卿に送った照会の文言が外交問題となる事態さえ発生した。一八七八年十月七日、寺島外務卿に送った日本の琉球政策を非難する強硬な照会のなかで何如璋は、

> 琉球は中国海上の小島であり、土地は狭く物産は貧しく、収奪の対象にも併呑の対象にもならない。海上に孤立して、古来一国をなして来た。明朝の洪武五年（一三七二年）より中国に臣服し、冊封を受けて朝貢し、藩属に加えられた。……また琉球は我が咸豊年間に、アメリカ合衆国・フランス・オランダと条約を締結したが、条約文中には我が国の年号を使用している。これは琉球が我が国に服属する国であることの明証であり、欧米各国も承知している。今貴国はにわかに琉球の我が国への進貢を禁止したと聞くが、我が国の政府としては、日本が堂々たる大国であるならば、善隣友好の道に背き、弱国を欺くようなことはするはずがないと考える。
>
> （『日本外交文書』十一巻、「何如璋公使より寺島外務卿への照会」より）

と述べ、日本の琉球政策を「不信、不義、無情、無理」と攻撃したのである。これに対して、寺島外務卿は反駁の照会をして前言の撤回と謝罪を求め、交渉は暗礁に乗り上げ、さらに、何如璋が本国政府（李鴻章）に対日国交の停止、外交団の総引き上げを打診するという事態となった。

このように、新しい国交の開始に伴ってただちに発生した困難な事態は、当時の清朝政府当局、とくに外交分野に

大きな権限をもっていた直隷総督・北洋大臣李鴻章の対外姿勢に、重大な影響をあたえ、それが一八八〇年代の朝鮮半島情勢をめぐる日中間の交渉に影響を及ぼすこととなった（この時期の清朝の対外関係については、茂木敏夫『変容する近代東アジアの国際秩序』山川出版社、一九九七年などを参照）。

これより先、まだ清朝が公使派遣に至らなかった時期に駐清公使として赴任した森有礼は、一八七六年一月（明治九年、光緒元年十二月）、保定府に李鴻章を訪ね、二回にわたって長時間の会談を行った。この会談では、朝鮮王国が中国の藩属であることをめぐって、きびしいやりとりがあったが、それと同時に、明治維新後の日本の変化をどう評価するかをめぐって、伝統を重んじる李鴻章の見方と、それに対抗し、中国文明の現代的な意義について挑発的な議論を展開する森有礼の応酬が興味深い（［資料9］李鴻章・森有礼談話）。とくに、日本の服装についてのやりとりは、それをよく表している。話の中で李鴻章は、日本の明治維新後の改革について触れ、日本の改革のほとんどは賞賛に値するものであるが、服装を西洋風に改めたことだけは賛成できない、服装とは祖先の遺意を追憶する拠り所であり、それを軽々しく欧風に改めることは、祖先を忘れ独立の精神を西欧に委ねることであり恥ずべきことである、それに伝統の服装ならその地の産物で賄えるが、洋服なら輸入に頼らねばならず出費もかさむ、と批判した。これに対し森は、日本や中国の伝統衣裳は無事安逸に暮らす者には適しているが、現代のような多事勤労の世には適さないと、伝統衣裳の欠点、洋服の利点を並べあげ、たとえ多少の出費になっても、それが勤労に便であれば、その方が経済的である。「我国は怠慢にして貧なるを好まず、勤労を以て富ん事を欲す」と応じている。

一八四七年生まれの森と、一八二三年生まれの李鴻章との間には、親子ほどの年の違いがあった。若い森が性急に西洋化の利点を説くのに対して、李鴻章は軽薄な変革を嫌う。森から見れば、中国は頑迷固陋であるが、李鴻章から見れば、日本は危険きわまりない。服装の変化を話題にして、「西洋化」、「近代化」に対する両国の基本的な姿勢の違いが浮かび出た対談といえる。

三、文化交流と明治日本観察

1 日本の社会や文化の紹介

本来の外交的な課題においては、きわめて深刻な対立があったが、初代清国公使館メンバーは、いずれも文人官僚・知識人であり、彼らの来日は日本の知識人たちとの間に、熱心な文化的交流の機会を生み出した。二十年前に羅森を迎えて文人的な詩文の応酬を願った日本人の対応は、この時期にも濃厚に残っていて、多方面の文化的な交流を生みだした。

こうした点については、実藤恵秀の先駆的な業績があり、近年にも新たな研究が生みだされている（たとえば、比較文化的な視点からの張偉雄『文人外交官の明治日本――中国初代駐日公使団の異文化体験』柏書房、一九九九年、などがある）。

また、『日本雑事詩』や『日本国志』の著作で知られる黄遵憲をはじめとして、多くの公使館関係者や、清朝が特に海外に派遣した「游歴大臣」らが、明治維新以後の日本の社会情況の変化や制度・文物を紹介する著作を残した。

この当時の公使館関係者、さらには清朝政府及びその周辺から派遣されて来日した人たちは、その多くが科挙出身の官僚であり、中国の古典に詳しい教養人としての一面を持っていた。彼らは日記体の紀行文や詩文集の形で多くの著作を残している。それらは帰国後に政府に提出する報告書もしくはその材料としての意味合いを持っていた。日本に着いた彼らがまず強く印象付けられたのは、風景の美しさと純朴な民衆の暮らしぶりであった。黄遵憲は平戸の町外れでの体験を、あたかも桃源郷に入ったかのようだ（『日本雑事詩』「風俗」）と表現し、また別の詩文では、貧しい家でも庭に花木を植えており（同「園亭」）人々は礼儀正しいと共感をもってしるしている。江戸の面影を残す日本の原風景とも言うべきものに対する中国知識人たちの印象は、総じて好ましいものであったらしい。ただ、車引きが褌一丁で街中を走る姿は、正視に堪えぬと記されている（李圭『環游地球新録』）。

日本は「文明開化」に邁進している最中であったが、その一方で漢学の素養は知識人として、なお必須の条件であり、中国文化に対する尊崇の念はなお強いものがあった。そこで東京に清国公使館が開設されると、多くの文人墨客が集まり公使館員と漢文による筆談を盛んに行った。その中でも、とりわけ足しげく公使館へ通い筆談をくりかえした人物が、旧高崎藩藩主大河内輝声《てるな》である。大河内輝声と清国公使館関係者との筆談録は、『大河内文書——明治日中文化人の交遊』（平凡社東洋文庫18、さねとう・けいしゅう編訳、一九六四年）として整理・翻訳されており、当時の日中の文人墨客の交遊の有様が手に取るように分かる。その話題は多岐にわたっているが、中には妾にするにはどんな女が良いかという少々キワドイ話題を、互いに古典を引用しながら優雅に進めるといったものもある。そのような中、一八七八年（明治十一年）四月十六日に、大河内輝声の主宰によって行われた向島の花見には、公使何如璋はじめ公使館の主だった関係者の多くが繰り出し、日本の漢学者・漢詩人たちと詩文や音曲で交歓を尽くした。この花見はよほど強い印象を残したようで黄遵憲も「桜花」ほか多くの桜を題材とした詩を残しており、「花より団子」といった言葉まで紹介されている。

日本の風土・風俗は来日した中国知識人に概ね好評であったようであるが、それ以上に彼らが注目したのが、「佚存書」である。「佚存書」とはこの場合、中国ではすでに散逸して見られなくなった書物で日本に残存しているものを言う。明治初期の「文明開化」の風潮下、古書店には漢文の古典籍が多数売りに出されていた。これらの中には、中国ではすでに散逸してしまったものも含まれていたから、たちまち中国知識人の注目する所となった。この時期の来日中国知識人による古書収集については、陳捷著『明治前期日中学術交流の研究』（汲古書院刊、二〇〇三年）に詳しい。それによれば、初代公使何如璋ほか歴代の公使館関係者が古書収集に努めている。中でも足利学校所蔵の『論語義疏』の写本作りは公使館挙げての事業であったかのごとくである。また、この写本作りにも関係した楊守敬は、日本で発見した佚存書をもとに二代公使黎庶昌と共に『古逸叢書』を編んだことで知られているが、書道家・書道研究家としてもすぐれ多くの拓本類を持参したこともあって、明治日本の書道界に大きな影響を与えたといわれる。

このように公使館を舞台に日中知識人の交遊は盛んであった。ただ、後に一八九〇年に黄遵憲が『日本雑事詩』の序文で「あのころ私が交際した人たちには旧学者が多かったから、皮肉や批判、嘆きや溜息が、私の耳に満ちていた」と回想しているように、この交遊から清国公使館員たちが得た日本情報は、多分に保守派の目を通してのものであったと考えられる。

2 「文明開化」への批判

江戸の面影を残す日本の原風景には共感を寄せた中国知識人たちであるが、明治日本の「文明開化」に対しては批判的見方をするものが多かった。当時の中国は一八六〇年代から始まった洋務運動の時代であり、軍需から始まり、やがて民需の面でも西洋から工場設備等を導入した近代化政策が進行していた。その結果、戦艦定遠・鎮遠を擁する北洋艦隊は東洋一と称され、陸軍も一八八四年の清仏戦争では、ベトナムのランソンでフランス軍を大敗させるなど、一定の成果を上げていた。しかし、李鴻章と森有礼の対談に見られるように、洋務運動は西洋から導入するものを科学技術面に限定し、社会制度・生活習慣は伝統を守るという立場（中体西用）であった。当時来日した中国知識人の多くは、この洋務派的観点から明治日本を見ていた。その彼らの目には、大は官制・暦法から小は服装まで、制度・習慣にまで及ぶ日本の「文明開化」は、自己を見失った危険なものと映った。

実際、明治初期には新政反対の一揆や不平氏族の反乱が各地で起こっており、その情報は中国へも伝わっていた。上海の日刊紙『申報』の記事「日本の民衆反乱の原因を論ず」（一八七三年七月八日）は、北九州で起きた「筑前竹槍一揆」を取り上げ、その原因を新暦の強制による生活の混乱に求めている。こうした見方は当時かなり一般的であったようで、すでにみた陳其元も同様の見方をしている。また、『申報』の記事「台湾征番の事」では、日本の台湾出兵は新政への不満を外にそらすためだとしている。

3 「攻倭論」と「清日提携論」

そもそも、近代における日中の外交関係の始まりは、その当初から平穏無事といったものではなかった。これはやや偶発的出来事であるが一八六七年に起きた八戸順叔事件は、日本に対する警戒心を引き起こした。八戸順叔事件とは、当時香港に滞在していた八戸順叔なる人物が、日本は軍備の増強に努め朝鮮出兵を考えている旨の文章を新聞に寄稿したことから始まる。この情報は総理衙門から皇帝に上奏され、礼部を通して朝鮮国王にも伝達され日本に対する警戒を引き起こした。明治維新の前年に当たる一八六七年の日本に、朝鮮出兵の具体的計画があったわけではないが、日本の軍備増強の情報は、中朝両国にあっては明代の倭寇や秀吉の朝鮮出兵の歴史的記憶と結びつきやすいという事情があった。日清修好条規への反対論も、この点に言及したものが多い。

東アジアの伝統的国際秩序である冊封・朝貢の体制を維持しようとする清朝と、近代的国際関係によって東アジアの国家関係を構築しなおそうとする明治日本との間には、外交をめぐって基本的な見解の相違があった。更に、日本が考える国家関係の再構築には、日中両属の関係にあった琉球王国を日本に併合し、清朝と朝鮮王国との冊封・朝貢関係を否定することが含まれていた。したがって、日清戦争に至るまでの清朝と明治日本の外交は、琉球・朝鮮をめぐる対立によって展開するという一面を持っていた。

日本は「文明開化」によって混乱し、財政は逼迫し民心は離反しているとする見方と、外交上の対立から、台湾出兵、琉球処分、朝鮮の壬午事変・甲申政変と両国が関係する問題が発生するごとに、日本を攻めるべしとする「攻倭論」が現れている。例えば壬午事変の後、張佩綸は「日本は改法以来人民其の上を悪み、始は則ち封建に復さんと欲し、次には則ち民政に改めんと欲せり。薩長二藩権を争うて相傾き、国債山積し紙を以て幣と為す」(翰林院侍講張佩綸奏請密定東征之策以靖藩服摺)として、日本は国内が混乱疲弊しているにもかかわらず、身のほど知らずにも琉球を占拠し朝鮮に手を出しているから、義として日本を打つべしと主張している。しかし、この当時の内政外交を主導していた李鴻章は、「琉球問題に関する何如璋と李鴻章との往復書簡」に見るように「攻倭論」には与していない。甲中政変の後、天津で伊藤博文と交渉に当たり日清天津条約をまとめた李鴻章は、「伊藤は治国之才を有す」と総理衙門に報告している。

一方、陳家麟の「東槎聞見録」のように同じく洋務派的な観点から明治日本の「文明開化」には批判的な目を向けながら、欧米列強なかでもロシアからの脅威に対抗するため日本との提携を考える論も、散見される。黄遵憲の「朝鮮策略」も対ロシア関係から日本との提携を主張している。

ただ『日本雑事詩』では、桃源郷のようだと言って日本の庶民に共感を示した黄遵憲であるが、『朝鮮策略』では「日本人は負けず嫌いで他人に譲らず、利を貪って恥知らずであり、視野が狭く大局を見ない」と表現しており、陳家麟も、日本人は「狡猾」と言っている。狡猾で目先の利にさとく、功名心が強く、信用が置けない、といった日本人評は、立場を超えて一般的に見られ、清国公使館における日中文人の交遊と鮮烈な対比をなしている。このような日本人評のよって来る所は、いまひとつ判然としないが、ことによると倭寇の歴史的記憶と明治の「文明開化」の風潮への反発から出てきたものかもしれない。

当時、日本の側からも日清提携を目指す動きはあった。一八八〇年三月に、欧米列強に圧迫されるアジアの振興を目指すとして「興亜会」（後に「亜細亜協会」と改称）が旗揚げし、中国はじめ広くアジアに連帯を呼びかけた。清国公使館の何如璋公使や香港の『循環日報』の王韜などにも働きかけが行われた。しかし当時、日中間には琉球・朝鮮をめぐる対立があり、また興亜会の中心人物である曽根俊虎が海軍の軍人であることも関係して、「興亜会は弊害を防止すべし」にみるように、王韜の反応は極めて懐疑的なものであり、設立大会に招かれた何如璋も代理を送っただけであった（この件については、並木頼寿「明治初期の興亜論と曽根俊虎について」、『近現代の日中関係を問う』研文出版、二〇一二年、所収参照）。

四、日本の近代化への注目

洋務派的観点に立てば、日本の「文明開化」には批判的とならざるを得ないが、その洋務派の立場を超えて明治日本を観察し、日本の近代化に注目した論もみられる。早い所では、嶺南蓮塘生なる人物が『申報』に寄稿した「台湾の凶事を論議しに使臣が行くことを報じた日本の報道について弁ず」がある。日本の台湾出兵に関して「日本は近年、技術も政治も日々向上しており、まさに威徳を養っている所である」として、その日本が出兵するとは考えられないとしており、日本の改革に共感を寄せている。

また、中国初の駐英・駐仏公使として一八七六年末にヨーロッパに赴いた郭嵩燾は、西欧社会を高く評価したことで知られているが、彼の『倫敦與巴黎（ロンドンとパリ）日記』（走向世界叢書、岳麓書社、一九八四年）によれば、日本の改革にも強い関心を示し日本の駐英公使上野景範を通して情報を集めている。彼は日本の改革について論評めいたことはさほど述べていないが、得た情報を詳細に日記に記録しており、強い関心を持っていたことがうかがえる。「君民上下、同心して以って利益を求む、此れ中国の及ぶあたわざる所なり」（光緒三年十月初八日）といって明治日本を評価している。一方、全くの民間人として一八七六年にアメリカのフィラデルフィアの万国博覧会を参観した李圭は紀行文『環游地球新録』の中で日本の展示を自国のそれより高く評価し「およそこのように困難な課題も軽々とこなすのは、有能な人物を登用してその能力を競わせているからであり、従来からの因習に囚われることに甘んじないからである」といっている。

一八八〇年代半ばから九〇年代に入ると、上海の『申報』などジャーナリズムにも日本の近代化に注目する論が散見されるようになる。王韜は論説「西洋人は日本を重んじ中華を軽んず」において、西洋人の口を借りる形で日本の近代化を評価し洋務運動の問題点を指摘している。一八八七年の『申報』の論説「日本人、よくその職に勤しむを論ず」では、日本は小国であって中国の敵ではないが、日本人は勤勉で官民挙げて産業発展に努め成果を上げており、軽視してはならないとしている。一八九三年の論説「日東武備論」は、日本の軍律が清朝よりはるかに厳しいことに触れ、日本は軍備の近代化に成功しているとして、清日提携を主張している。これらの論は、日本との対比で洋務運動の問題点を指摘する点で共通している。また、一八八五年に『申報』に載った山陰述戢子なる人物の「日本の国会開設建議の後に書す」は、日本の国会開設運動を共感をもって論じている。

このようななかで、黄遵憲の『日本国志』と『日本雑事詩』は、日本のあらゆる面に言及したもので、当時の中国人の手になるものでは最高の日本研究といえよう。黄遵憲は明治日本の近代化政策について、特にそれを賞賛するような表現はしていない。しかし、ときには統計表まで用いた詳細且つ多方面にわたる日本研究は、当時の日本社会の動きに対する強い関心とある種の共感なしになし得るものではあるまい。

このように洋務運動の枠を超えた日本観察も決して少なくはなかった。しかし、郭嵩燾は、彼の西洋社会に対する高い評価が保守派の攻撃を招き、帰国後はほとんど政治生命を断たれた。また、一八九〇年ころにはすでに完成していた『日本国志』『日本雑事詩』が、一般に広く知られるようになるのは日清戦争以後のことであった。このことを考えると、これらの日本観察は清朝政府の手によってそれほど生かされることなく、日清戦争に突入したのではあるまいか。

小結

日清戦争は東アジアの国際関係を根底的に変える出来事であった。戦争が始まると日本を指す呼称に「倭」が復活して用いられるようになり、日本に対する敵愾心が高まった。当初は、清朝政府が情報を抑えていたことも手伝って、上海の『申報』の論説などでは、楽観的な見通しが大勢を占め、清朝の属国である朝鮮に日本が干渉することは不当である、日本は小国であり中国の敵ではない、にもかかわらず日本が中国に戦争を挑むのは日本のためにもアジア全体のためにも誤った行為である、といった論調が目に付く。やがて中国側の劣勢が明らかになってくると、軍上層や官僚の無能・腐敗を糾弾する記事が出始める。そのような中、光緒二十年九月二十四日（一八九四年十月二十二日）

の『申報』の論説「中国は変法自強すべきを論ず」は、あえて日本の近代化を高く評価し、中国の洋務運動の問題点を指摘して、中国も根本的な制度改革（変法）を行わねばならないと主張している。

日清戦争の敗北と下関条約（馬関条約）は、大きな衝撃であった。科挙試験の会試受験のため北京に来て下関条約の情報に接した康有為は、台湾割譲は列強の中国分割を誘発するとして、都を内陸に遷して戦争を継続すると共に大胆な制度改革を行うことを主張した（「公車上書」）。湖広総督張之洞は総理衙門へ宛てた書簡の中で、企業設置権と賠償金の問題を指摘し、下関条約の内容は中国の併呑を目指したもので、日本はそれまでの欧米列強とは性格が異なるとして条約破棄を主張している。ここには日清戦争によって東アジアは新しい段階に入ったとする認識が顔をのぞかせている。数年後には康有為も張之洞も、留学生を日本に派遣して近代化を学ばせることを主張するようになる。

第1節　日清修好条規成立以前の日本情報

［資料1］瀛環志略（抄）

徐継畬

［解題］『瀛環志略』十巻は道光二十八年（一八四八）刊行の世界地理書。世界各国の領域、沿革、民族、風俗、物産等を紹介した地理書としては、魏源の『海国図志』と並んで最も早い部類に属する。幕末の日本にも伝えられ『海国図志』と共に当時の日本の海外知識の拡大に影響した。撰者の徐継畬（一七九五〜一八七三）は、山西省五台県の出身、道光六年（一八二六年）の進士、広東・福建地方の布政使、巡撫等を歴任、この間の経験が彼を『瀛環志略』の編纂にむかわせた。

ここに紹介するのは、巻一「亜細亜東洋二国」の部分、ここで言う「東洋」は、現在の日本や中国で一般に使われている東洋の意味、すなわち西洋（オクシデント）に対する東洋（オリエント）とは異なる。ここでの「東洋」は単に中国の東側を指す中国に伝統的な用法、具体的な国としては日本と琉球を指すことになる。訳出にあたっては、台湾商務印書館刊行（一九八六年）のものを底本とした。

東洋は浩渺たる海がそのままアメリカの西海に至り、その数万里の間に大陸はない。中国に近いのは日本・琉球の二国があるだけである。すなわち、神州〔中国本土を指す〕の左翼にあたる（西洋人の海図は日本三島を朝鮮以北に置いているが、これは誤りである。西洋の商船が東洋に来ることは稀であり、そのため伝聞によってこう思い込んだのである。ここに『海国聞見録』〔陳倫烱撰、清・乾隆九年（一七四四）刊〕によって改める）。

日本は古くは倭奴と称された。その国は東海中にあり三つの大島が並んでいる。北を対馬島という。高麗の南と向き合っており一夜にして往くことができる。明の末に関白が乱をなしたのは、これに拠っている。真ん中を長崎という。土地はやや広く浙江沖の普陀山と向き合う。中国本土の商船が互市するのはここである。南は薩摩という。浙江の温州・台州と向き合う。人は強健にして刀は最も鋭利、兼ねて馬を産す。明の嘉靖年間に閩・浙〔閩は台湾の対岸である福建省、浙はその北側の浙江省を指す〕を騒がせた倭寇はこの薩摩である。三島の外に小島が甚だ多い。王は長崎の東北に居り、その地名はミヤコ、訳せば京である。官はみな世襲であり、いまなお漢制で刺史・二千石（1）を称している。文字は中国と同じで読むには倭音を用いる。代々王位を争わず上将軍の位を争う。故に上将軍の邸宅は時に新主を迎えることがあるが、王は易姓することはない。立法は厳しく、闘争は少ない。法を犯したものは山谷に走って自殺する。童僕を呼ぶには掌を叩けばすぐに応ずるから、一日中人の声を聞かない。仏を好み祖先を敬い、香花佳果を得れば必ず仏に供え、或いは祖先の墓へ行って献ずる。風俗は清潔を尚び、街衢は時々掃き清められる。男女共に襟袖のゆったりした服装で、女の着物はいっそう長く裾が地を曳き、花卉を描き染めてある。肌着には帛布を用い、短い足袋を着し草履を履く。男は鬚を剃り、額から頭頂にかけて剃髪し、両鬢の髪をのこして後頭部にまわし、太さ一寸余りにして丁髷《ちょんまげ》を結う。髪が長くなれば切りそろえる。女の多くは髪が美しく、毎日それを洗って香を焚き染める。前後に髷を結い玳瑁《たいまい》の簪をさす。男女ともその眉目肌色は華士を髣髴させ、まことに東方秀気の集う所である。長崎は普陀と東西に向き合い、水程四十更〔六十里を一更とする〕であるが大洋を横切って渡るには、風浪高く危険である。厦門から長崎へ至るには、水程七十二更。台湾の雞籠山の北から米糖洋・香篁洋を渡り、北風であれば五島門より進み、南風であれば天堂門より進む。前の明朝の中葉、大西洋のポルトガルが日本の港に拠点を設けようとし、また洋教をもってその土民を誘った。日本はこれと戦い、オランダも軍艦をもって日本を助けたので、ポルトガルは逃げ去った。このため、この国と通商するのは、中国とオランダのみである。産物は銅、硫黄、海藻の類である（『海国聞見録』より節採）。

顧亭林『天下郡国利病書』（2）に云う。「倭奴は三韓の隣に国を建てた。そのため韓中倭といわれたが後にその名を嫌って、あらためて日本と号した。東南大海中にあって、山島に拠っている。地は方数千里、畿内は五国で、山城、大和、河内、摂津、和泉から成り、全部で五十三郡を統括する。道は七つで、東海道が百十六郡を統括し、南海道が四十八郡を、西海道が九十三郡を、東山道が百二十二郡を、北陸道が三十郡を、山陽道が六十九郡を、山陰道が五十二郡を統括している。島は三つで、壱岐（伊岐）、対馬、（『海国聞見録』によれば「日本は三大島が並列し、その北側に対馬島がある」と称している。しかし、ここで云う対馬島は両郡を統括するに止まる。思うに、対馬とは本来北境の小島の名であったものが、後に北境全体を指すようになったのである。余は嘗て日本人が作った「広対馬島賦」を見たが、『文選』の詩体に倣って極めて優れていた。その自注に、「島は小にして賦するに足らず、故に広くこれを言う」とあったが、これもその一証拠である。）多褻〔?〕であり、各々二郡を統括する。その地はみな海中の島嶼であって、郡の大きなものでも中国の一村落に過ぎない。戸数は七万ばかりで、課丁〔課税対象の男〕は八十万余である。国王は一姓で、初代は天御中主と号し、筑紫宮にいた。その子は天村雲尊と号し、その後はみな尊をもって号とした。世を伝えること三十二世、彦瀲尊の第四子に至って神武天皇と号し、大和州橿原宮に遷る。およそ四十一世伝えて守平天皇の世に、また都を山城国へ遷す。その国の文武の官吏はみな世襲である」。

両漢時代に始めて中国に通じ、魏晋以後、五経・仏教を中土より得てから、沙門の教えが盛んに行われるようになった。唐の貞観年間には使節を送り教え諭した(3)。宋の初め国の僧奝然(4)が海を渉って遣ってきて貢物を献上した。太宗はこれに紫衣を賜い厚く慰撫した。その国を伝えることすでに六十四世になる（『後漢書』によれば、「倭は韓の東南の大海中にあり、山島に依って居をなし、およそ百余国、武帝が朝鮮を滅ぼして以後、漢に通ずるもの三十余国である。大倭王は邪馬台国にいる。男子はみな黥面文身で、男女の別なく飲食には手を用いみな裸足である云々」とある。これによれば日本は漢代にあっては決して一国ではなく、土俗は諸番島と異ならなかった。その文字・官制は両漢時代に中国に通じて後に習得したものである。ここでいう所の六十四世とは、これを溯ればちょうど商・周の世にあたる。その国王の名号はすべて、華文に通じた後になって、飾りとして付け加えられただけのものである）。

また、『元史』(5)では次のようにいっている。世祖至元年間、的黒を高麗経由で送り日本を諭したが、日本は受け入れなかった。また秘書監趙良弼を往かせたところ、日本は初めて使臣弥四郎を遣してきた。しかし、良弼が再び往っても、僅かに大宰府まで行けただけで、未だ王京までは至れなかった。十一年、経略(6)忻都等に命じ、舟三百に兵一万五千人を載せ、日本に遠征した。その国に入りその兵を敗ったが、矢尽きて還った。十八年、范文虎、阿塔海に命じ、兵十万、兵船九百をもって日本に遠征したが、平壺島に至った時、大風が船を壊し、文虎等は堅船に乗って遁げ還り、十万余衆は山下に打ち棄てられ日本兵の殺す所となった。生還した者は三人のみであった。その後、再び征討の議があったが劉宣の進言により止めになった。

また、『明史』(7)では次のようにいっている。洪武四年、日本国王良懐(8)が僧祖朝を遣して来貢した。七年以後、倭寇がしばしば山東、浙江を侵したので沿海はこれに備えた。永楽元年、国王源道義は使いを遣して入貢したので、これに賜うに金印をもってした。しかしなお、倭寇の侵攻はやまなかった。十七年、総兵劉江は倭を望海堝において大いに破り、俘虜二千余人を斬った。これにより倭寇の侵攻はやや収まった。嘉靖の初、国王源義植が幼闇のため、統制が利かなくなり、群臣が競って入貢した。僧宗設と僧瑞佐とが寧波で席次を争って互いに敵対し、遂には殺掠を恣にし、しばしば寧波・台州を侵した(9)。安徽人の汪直は倭船の渠魁となり、奸民徐海、陳東、毛烈等はみな倭を引き入れて仇をなし、沿海は大騒動となった。王忬が師を督して浙江に至り、勇将兪大猷等を抜擢して大いに倭寇を捕えて斬った。やがて王忬が去って後は、張経が軍務を督し、王江涇で倭寇を大いに破ったが、趙文華の讒言によって死刑を宣告された。倭寇は遂に蘇州・松江の諸郡県を侵し至る所を破壊した。胡宗憲が総督となって、計略をもって徐海を誘い出して斬殺し、麻葉・陳東を捕えた。また、汪直を誘って内地に渡らせ捕えて斬った。かくして賊の頭目はほぼ尽きた。しかし、汪直の余党が福建の沿海に現れて殺掠をほしいままにし、しばしば郡邑を破壊した。宗憲は責めを負わされ捕えられて自殺した。戚継光、劉顕、兪大猷に、協力して福建・広東の賊を掃討するよう命じ、しばしば勝ちを収め、賊を捕え斬ってほぼ根絶やしにした。ここに倭寇の患いは始めて止んだ。

万暦二十年、倭の酋平秀吉が朝鮮を侵した。秀吉は薩摩州の人、魚売りを業としていたが、関白信長（関白は日本の官名）が彼を拾い上げた。彼は経略に長けており、たまたま信長がその部下に殺されるに際し、秀吉はその乱を平定して、遂に関白の位に就き、誘惑と脅迫で六十六州を降した。朝鮮の釜山と日本の対馬とは相望む位置にある。時の朝鮮王李昖は酒におぼれていた。秀吉はその国を取ろうと謀り、配下の頭目行長と清正に命じ、彼らは舟師数百艘を率いて釜山鎮に逼った。朝鮮はその勢いを見ただけで崩れ、王は平壌に奔りさらに義州へと奔った。倭は遂に王京へ入り府庫の物資を奪い、八道はほとんど亡びた。王はまた愛州へと逃避し、我が朝廷に使いを遣して急を告げた。朝廷は朝鮮を援けることとした。先遣隊が苦戦し、兵部尚書石星は人を遣って探りを入れることを提案し、嘉興の無頼子沈惟敬が応募して往った。直ちに李松如を東征提督に任じ、平壌を攻めて大勝し、敵の首千二百を取り、他は皆焚溺死させた。行長は龍山に退避した。官軍は勝ちに乗じて軽進し、碧蹄館で敗れた。その後、封貢の議が起り、石星がこれを主導したが、倭の欺く所となり、再び東征の議が起った(10)。刑玠に薊・遼地方を総督させ、楊鎬を天津へ駐屯させた。倭の頭目清正が南原を攻め、守将の楊元は城を棄てて遁れ、官軍は王京に退守した。麻貴は尉山を攻めたが、勝ちを目前にして急に軍を収めてしまった。官軍はたちまち大壊し、万余の死者を出した。時に、劉綎が四川の兵を率いて到り、行長と交歓会を行う約束をした。行長が五十騎を従えて来ると、劉綎は伏兵をもってこれを捕えようとした。行長は馳せさった。その後まもなく平秀吉が死し、倭はそれぞれ兵を引いて帰った。劉らはこれを待ち伏せ攻撃し敵を斬り捕獲した。倭は遂に帆を揚げて去った。諸帥は大勝利と奏聞し、論功行賞が行われた。沈惟敬は倭と通じたとして棄市された云々。

私は嘗て次のように言った。日本は大海の東の涯にあって、その制は周・漢に倣い、文も遠くその源を同じくすのであって、劫掠をもって習俗となす者ではない。中国に通じて以来、朝貢の仕方は不正期ではあったが、西に向けて弓を引いたことは未だかつてなく、これを度外視しても中華の威勢を損なうことはない。然るに、元の世祖は己の猛き心のままに、強いてこれを臣従させようとし、招諭して従わなければ武力をもって威し、思いがけず十万の兵を海外で犠牲にした。すると輪臺の詔(11)よろしくたちまち悔いて、再挙は謀らなかった。倭人はこれより中国を軽んじる心を持つようになった。明代は倭寇の劫掠が頻りに起り、東南の沿岸一帯は無事な所は無いほどに蹂躙された。朝鮮もまた蚕食を蒙った。これらはみな、元人のなした禍から始まっているのである。我が国家は遼瀋の地より勃興し、その声霊はまず東の陽の昇る地に伝えられた。片々たる扶桑は、恐れおののき、そのため長年にわたり東隅でおとなしくしていて、敢て漢土に向かって無礼を働くことはなかった。また、貢船を禁絶し、我が国の商船は往っても、日本からは来ないようにした。二百年間、互に何事もなかったのであるから、辺境政策として実に良策であったのである。

元の王惲の『汎海小録』に云う「対馬島より六百里、一岐島を過ぎてまた四百里行くと、容浦口に入る。さらに二百七十里で三神山へ至る。その山は険しく聳え立ち、峰々が回りめぐっている。海上よりこれを望めば、鬱然として碧の蓮の花のようである。その上には雑木は無く、梅・竹・霊薬・松・檜・沙羅などの樹だけが生えている。住民は徐姓が多く、皆自ら徐福の子孫といっている。海中の島では、ここが最も秀麗である」。『方広十洲記』では「海の東北岸は、扶桑、蓬邱、瀛州であり、周囲は方千里である」といっている。私が思うに、三神山は方士が法螺を吹いて人主を欺いた話が元になっている。もし本当に日本付近の小島がそれであったなら、当時の船が航海中に行き着けぬはずはない。『後漢書』の「倭国伝」に「会稽の海のむこうに、夷洲及び澶洲あり。秦始皇が方士徐福を遣わし、童男女数千人を率いて海に入り蓬莱の神仙を求めさせたが、得られなかった。徐福は誅せられるのを畏れて敢て還らず、遂にこの島に止まった。その後世代を重ねて数万家の子孫があり、時々会稽に来て商売をする」とある。王惲の小録に云う所は、恐らく夷洲・澶洲の類であって、三神山の名に至っては、こじ付けであることは疑いない。泉州の陳資斎〔炯倫〕提軍は、若いとき商船に便乗して日本へ旅したことがあり、その風土には甚だ詳しく「日本人はみな復姓であり、単姓の者は徐福が娶わせた童男女の子孫である。徐福の住んだ地は徐家村と呼ばれ、その墓は熊指山の麓にある」と、いっている。徐家村、熊指山が日本のはどこにあるかは分からない。思うに、華人で倭にいったものは徐福が始めであり、その子孫は長年の間に繁衍し、遂には国中に広まった。倭人が中国の文字に通じているのは、君房〔未詳〕がこれに教えたからである。ただ、海外の遠夷であれば使節の到来は稀で、往来する者はみな商賈の類であるため、その詳細を探る手がかりがないのである。

琉球は薩摩の南にあり、東洋中の小国である。周囲を三十六の島が取り巻いているが、みな海中の拳石のように小さい。その国都の島はやや大きく、南北四百余里、東西百里足らずである。旧は山南、山北、中山の三国に分かれていたが、後に中山に併入して一国となった。そのため中山王と称している。王は尚姓で、史書に登場して以来、一姓相伝して変更はない。国は小さく貧しく、近くの日本から庸役を課されて大いに苦しんだ。琉球は、前の明代から代々朝貢をしてきている。我が国家は天下を慈しみ恵むことに殊に意を注ぎ、琉球の貢船は三年に一度、その折は中土の物資を商うことを許し関税を免除するから、琉球はこれに頼って生きている。王が薨れば世子が使いを遣して命を請う。その場合は、文臣二名に一品の服を賜い節を持たせて、正副使として遣わし海を渡らせて、世子を冊封して中山王に任ず。このため、この国ではこのことは多くの者が知っている。福州の五虎門より外洋に出て東に針路をとって約四十更行くと孤米山に至る。琉球国の大島である。再び東に向かうと琉球国に至る。国は首里、久米、那覇の三路に分かれている。内地より行けば必ず那覇に泊まることになる。そこは商人が集まり大都会となっている。王は首里にいるが、そこは山の脊である。琉球は中国と同文であり、官の最高位は金紫大夫といい、年の俸禄は米百石である。以下、地位によって俸禄は逓減する。守土の官は按司といい、一人の按司の管轄は約六七里である。土地は石ころだらけの瘠せ地で、産米は非常に少なく、地瓜（即ち番薯）を主食とし、官と老人以外は米は食べない。麻や絹はなく、芭蕉を布とするが、それは蒲を織った物に似ている。労働する者は下半身だけを包み、上半身は裸である。海風が非常に強く、常に屋根瓦が飛ばされる。そのため家の構えは大変低く、軒は人の肩と同じ高さである。王の居所と使館とはやや軒を高くし、大縄で柱を縛り地に打ちつけて海風を防いでいる。その士大夫は、黄帛を用いた僧侶の冠に似た冠をかぶり、大襟、広袖の服に帯を締める。

周海山尚書はかつて琉球に使いし『中山志』を著して「琉球は古くは中国に通ぜず。隋の時、海船がこれを遠望して初めてその存在を知った。その島の形が曲がりくねり、龍が動く姿に似ているので、これを流虬《リウキウ》と称した。後に改めて琉球の字をあてた。唐・宋以後、漸く中土に通じはじめた。明の初めに入貢すると、太祖はこれに閩人で操船を善くする者三十六姓を賜うた。琉球の朝貢は甚だ勤勉で貢船は頻りに往来した。後に日本の滅ぼす所となり、王は捕えられ、音信不通が数十年続いたが、また使いがやってきて言うには、王は捕えられても屈せず、倭は送り返して国を旧に復した、と。これよりまた朝貢は常の如く行われている」といっている。

私が思うに、琉球は東洋の小島で、倭から役を課され、貧弱にして自存は不可能。ただ貢船の商いに頼り、そのあがりで何とか糊口をしのいでいる。資本はみな日本にたより、中土で買い付けた物資は、日本に運ばれるものが八九割で、国人は甚だ貧しく買うことができない。この国は南澳、平潭よりはるかに小さく、台湾の半ばに及ばない。正に滄海中の一粟である。しかし、代を重ねて朝貢につとめ、天朝の正朔を受け、東洋の藩臣となって朝鮮、交趾と肩を並べている。国は自立を貴ぶとは、まさに信である。

（杉山文彦訳）

［注］

（1）刺史は漢武帝の時代に設けられた官職の名称、当初は皇帝の詔勅を奉ずる官であったが後世では地方の長官を指すようになる。二千石《にせんせき》は漢代の地方官の呼称、年俸が二千石であったことによる。

（2）顧亭林（一六一三～一六八二） 明末清初の学者、考証学の開祖とされる。名は炎武、亭林は号である。『天下郡国利病書』は、が経書、地方志、明代の実録などから人々の利害に関することを集録してまとめた一種の地理書。日本に関することはその第三十四冊目の「九辺四夷」の最後の部分に出てくる。以下に引かれているのは、日本に関する文の冒頭の部分。

（3）これは六三一年（唐・貞観五年。日本・舒明天皇三年）に、唐の太宗が新州刺史高表仁を日本へ派遣したことをさす。高表仁は翌年日本に到着したが、「日本の王子と礼を争い、朝命を宣べずに還る」（このことは『日本書紀』『旧唐書』等に見える）。序章参照。

（4）奝然（九三八～一〇一六）は東大寺の僧。九八三年に宋に渡り、天台山、五台山等各地をまわり、宋の太宗に謁す。奝然が中国より請来した釈迦瑞像（国宝）は、彼の死後京都嵯峨の清涼寺に納められ、朝野の尊崇を集め、さかんに摸刻が行われた。それらは清涼寺式釈迦像として知られる。なお、奝然のことは、『宋史』「日本伝」に見える。

（5）以下『元史』からの抄録がしばらく続くが、それは主に『元史』「日本伝」「劉宣伝」によっている。

（6）ここでいう経略は官名。あり方は時代により異なるが唐初から見られ、辺境、軍事の官としての性格が強い。

（7）以下『明史』からの抄録がしばらく続くが、それは主に『明史』巻二百五列伝第九十三、巻三百二十「朝鮮伝」、巻三百二十二「日本伝」によっている。

（8）日本国王良懐とは、後醍醐天皇の第十六皇子懐良親王のこと。当時、南朝方の征西大将軍として九州の筑紫にあった。

（9）一五二三年（明・嘉靖二年、日本・大永三年）に西国の大名大内氏が派遣した宗設謙道一行と近畿の大名細川氏が派遣した瑞佐鸞岡一行とが寧波で鉢合わせとなり、互に勘合の正当性を争った。寧波の市舶司（唐代から明代にかけて外国貿易を管轄するために、広州・泉州・寧波などにおかれた役所）は後から着いた瑞佐に優先権を与えたが、それに怒った宗設一党は瑞佐を殺し寧波一帯を荒らしまわり海上に去った（汪向栄編『「明史・日本伝」箋証』、序章参照）。

（10）「封貢の議」と言うのは、明の皇帝が秀吉を日本国王に封じ朝貢を許して懐柔しようというもので、主に遠征軍の部将小西行長と明側の沈惟敬との間で交渉が行われた。しかしこれは、行長の方は彼の独断、また沈惟敬は本国に虚偽の報告をしながら交渉を続けるというもので、一五九六年に明の勅使が、秀吉を日本国王となす旨の国書を帯して大坂に来るが、これに秀吉が激怒し、再び朝鮮への出兵（慶長の役）となる（張玉祥『織豊政権と東アジア』東アジアのなかの日本歴史3）。

（11）輪臺は古代西域の地名。漢の武帝の末年、この地を匈奴に奪われた武帝は「哀痛之詔」を下してこれを悔いた（『漢書』「西域伝賛」）。

〔資料2〕日本日記

羅森

〔解題〕江戸時代における中国側の日本情報は、長崎に来航する商人によるものが主であったが、この羅森の『日本日記』は商人とは違った目で幕末の日本を見たものとして貴重である。

羅森については詳しいことは分からないようであるが、彼は香港でアメリカ人宣教師S・W・ウィリアムズ（Samuel Wells Williams, 衛三畏）、イギリス人宣教師で香港最初の華字月刊誌『遐邇貫珍』（Chinese Serial）の編集者であったW・H・メドハースト（Walter Henry Medhurst, 麦都思）、C・B・ヒリアー（Charles Batten Hillier, 奚礼爾）らと交友があり、ウィリアムズの紹介でペリーの対日交渉の通訳（同文対話、筆談）として加わり、「黒船」に乗って来日した。『日本日記』は、そのときの旅行記を『遐邇貫珍』の一八五四年の十一月十二月と翌年の一月号に掲載したもの。訳出に当たっては、鍾叔河主編『走向世界叢書』（岳麓書社、一九八五年）所収のものを底本とした。

〔『遐邇貫珍』編者前書き〕

『遐邇貫珍』は数号にわたってアメリカ合衆国と日本の修好条約締結についての記事を掲載し、第十号では、両国が合意した条約の概要を紹介した。いま、私に平素親交のある一唐人があり、彼は昨年合衆国の船に乗って日本に赴き、条約締結の手助けをした。その折りに見聞したことを彼は日記に記録して一冊に綴じ、戻ってから私に見せてくれた。それをこの『貫珍』に特に掲載して、読者の見聞を広め、耳目を一新するのに役立てたい。ただ紙幅に限りがあり、全編を載せることはできないので、今月はその三分の一を載せ、その他の部分は次号以下に掲載する。

アメリカ合衆国の金山はカリフォルニアという。近頃かの地に赴いて貿易をする者が多い。その西方の海は甚だ広く、蒸気船を往来させようとすれば、石炭の不足が問題となる。どうしても途中の日本において、石炭を補給しなければ、蒸気船の往来は不便である。そのため、癸丑の年〔一八五三年〕三月、合衆国の蒸気船が日本に行って通商のことを協議したが、すぐには認められなかった。この年十月二十二日〔十一月二十二日〕、ある友人が日本へ同行して条約締結に参画するよう求めてきた。あらかじめ吉凶を占って、十二月十五日〔一八五四年一月十三日〕に香港を出帆した。

十六日〔十四日〕、私は蒸気船に乗って今後の予定について要領を会得した。その後、船上から空の雲の様子を仰ぎ見ると、南方の雲は翼のある獅子が天頂に駆け上るように見え、低くまばらな北方の雲には、殺気がこもっているように見え、その小さないくつかの雲が獅子に向かい合っていた。獅子の鼻からでる気がそのまばらな雲を圧倒し、しばらくすると北方の殺気は消えてしまって、獅子だけがいよいよ勢いを増していった。それで私はある友人に、今日目にしたように、初めはうまくいかなくとも、最後は必ず成功するという徴だ、といった。友人は、なかなか奇抜なことだ、実際にどうなるか試してみよう、といった。

三日を経て、蒸気船はまっすぐ東北に進み、台湾の外海に出ると、何日か天涯を見ない日がつづいた。強い北風が吹き、荒波は天を衝き、蒸気船は風波に翻弄されて、立っていることができなかった。カモメも風に吹かれて波間に飛んでいた。七日間航海をつづけて、ようやく小山が見えだし、琉球に到達した。

琉球の一国は、縦横に百七十五里、その国都は地球図の緯線で赤道の北二十六度十四分、経線では中華の北京の東十一度二十四分にある。明のときから、代々王爵に封じられ、藩属に連なってきた。その地の産物には、蔬菜、さつまいも、菜種油、黒糖などがあるにすぎない。人民は、髻を束ね、ゆったりした袖の衣服を着、草の草履を履いている。男女の装身の様子は、頭髪に簪を一本つけるか二本つけるかの違いしかなく、そのため少年と少女の違いは、一瞥しただけでは分からない。〔男は〕壮年になると、鬚髯をたくわえる。そのため、街中には長い鬚の人が多数見られる。

甲寅の年正月元旦〔一八五四年一月二十九日〕、私は港に上陸して歩き回ったが、街には子供がたくさん見かけられた。銅銭を分け与えると、大変な喜びようであった。人民はまた、非常に慎ましやかでおとなしい。民居には真新しい春聯を門外に貼っているものもあったが、ほかに特別にぎやかな飾り立てなどはなかった。那覇には寺院があり、その寺の庭園は、名家世官の墓地となっていて、墓前に生花や樹木の葉が供えられていた。ほかにも人びとの祖墳があったが、中国の明冢と同じであった。山々には樹木が多い。民家は石垣をめぐらし、そのなかに茅草で家屋を作っている。卓や椅子のような住具はなく、莚にひざを折って座り、煙草盆を前において煙草を吸っていた。民間には中国の言葉や文字に通じた者もあった。店舗を構えた商人はおらず、市場があるだけであった。男は商いに従事せず、女が売り買いをしていたが、物々交換が行われており、外来の金銀などをたっとばない。そして、人々は役人をひどく恐れていた。食事は甚だ質素であり、暮らしは倹約を守って贅沢をせず、人をだますようなことも少ない。板門紙窗の家で、夜間に戸締まりをする必要がない。たまたま、道で拾ったものが元の持ち主に返される光景を見た。役所の中もひっそりとしていて、煩瑣な案件や文書はない。純朴のありさまは、上古の世に近いといえる。私たち外国人が什物を買うときは、役人に頼んで代わりに買ってもらう必要があった。

正月初六日〔二月三日〕、ペリー提督やウィリアムズなどの将官たちは威儀を正して王宮に向かい、私も轎に乗って同道した。総理大臣の尚宏勲〔総理官はペリーとの交渉のための特設の官職で、摩文仁按司が就任した〕が主席を勤め、布政大夫の馬良才〔布政官も特設の官職〕が接客にあたった。宴席は非常に豊かで、料理は中国のものとよく似ていた。宴を終えて、各官はそれぞれ、紙扇、煙包、布帛などの贈り物を受けた。これらは粗末なものであったが、〔琉球王国の〕世子が外国を尊重している現われであり、アメリカ側も礼物を贈ってこれにこたえた。世子の王宮は海岸から三里ほど離れた山頂にあり、守礼と名づけられていた。王宮に至るまで、路傍には樹木が植えられ、石の牌坊があった。宮室は非常に広く優雅で、見事な配置がなされていた。そこには鳳尾草《いのもとそう》やたくさんの樹木が植えられて日差しをさえぎっていた。山麓の田畑には、五穀が植えられており、海辺の砂田では、海水を張らせ、その後で砂を集め煮詰めて塩を作っていた。ちょうど明るい月が円く満ちていくころにあたり、私が山川を一覧すると、それはまるで一幅の風景画を見るようであった。

　二日をおいて、帆を揚げて日本に向かった、四日にわたってまったく陸地を見ず、はるかに海と空の色がまじりあっていた。偶然四丈余りの鯨が船の前方で潮を吹き上げるのを見たが、しばらくして姿を消した。無人洲〔小笠原諸島〕を経過して、二日後に日本に到達した。蒸気船、軍艦あわせて九隻は、横浜に停泊した〔ペリー艦隊七隻は一八五四年二月十三日（嘉永七年正月十六日）江戸小柴沖に投錨した〕。

　ちょうど正月「当春」にあたっていた。私が横浜を望むと、はるか百里のかなたに、高さ八里余りの尖った山が見え、山頂は白雲に隠されていた。この山から発する龍脈が、折り重なる山々の起伏を経て、江戸に結びついているのが分かった。江戸は日本の都である。都の大君〔将軍〕はアメリカの軍艦が到来したのを聞いて、林大学頭、鵜殿民部少輔、伊沢美作守、井戸対馬守に命じて対応にあたらせた。初めは、これまで両国に交際がなかったため、お互いに猜疑しあっていた。数百の日本の官艇が岸から離れて停泊していた。みな帆掛け舟であった。武器、装備をすぐに動かせるよう準備して、不測の事態に備えた。翌日、二三隻の官艇が蒸気船に偵察に来た。艇尾に「御用」という二文字を書いた藍白の旗をたてていた。アメリカ人が〔役人を〕艦上に招き入れ、礼儀正しく接待して、艦上の鉄砲や蒸気機関などを見物させると、彼らは喜んだ。

　その役人たちの装束を見ると、ゆったりした衣服で袖が広く、腰に双刀を帯び、頭髪を束ね、頭頂の一部を剃り、足には草鞋をはき、錦の袴で腰から下を包んでいた。言語は通ぜず、筆談をしたが、彼らは図らずも顔を合わせたことを述べ、中国が文物の邦であるのを敬慕しているといった。私が名を問うと、山本文之助、堀達之助、合原操蔵、名村五八郎と答えた。彼らは日本の役人たちで、それぞれ時候の挨拶を述べた。

翌日、役人は大根を小船一隻分、鶏二十羽、卵五百個、蜜柑数箱、葱数束を送り届けてきた。アメリカ船はこれを受け取り、代わりの物を贈った。そして通商の問題について協議を行った。

役人は大君に報告にもどった。大君は横浜に公館を作り、中をあやぎぬ、縮緬の幕で仕切り、毛氈を敷いて会見の席を設け、林大学頭を欽差に任命した。合衆国欽差大臣(1)駐中華日本天竺等海権官本国師船提督ペリーは威風堂々と上陸して会見に臨んだ。ウィリアムズは、通理国師〔通訳官〕として和親条約を呈示した。役人たちは公館で宴席に着いたが、出されたごちそうは、鮮魚、貝類、鶏卵、大根、黄酒だけであった。その地の人民は牛、羊、豚などを飼育せず、生き物を屠殺して客にふるまうことがない。私は、鶏を数年も飼いつづけて、ずっと殺さない人がいるのを見た。食べ物についていえば、とうてい中国には及ばない。欽差は条約を受け取り、五日後にようやく回答があった。それ以後、毎日役人が船にやってきて、薪水、鶏卵、鮮魚などを支給するようになった。

平山謙二郎(2)という、木訥で博学の人物が、私の所を訪ねてきて、中国の治乱の原因を質問した。私は平素書き留めていたことと、『治安策』を彼に見せた。彼は書簡を送ってきて、「仁大は文章煥発にして、議論正大です。昨日の宴席では、詳しく読み切る暇がありませんでした。冊子を拝借して帰り、後日に横浜の公館にお返しに上がりたい」と言う。私はそこで彼に貸した。読み終えて、返却してきたが、私への書簡がまたあり、こう言っていた。

その後ご無沙汰していますが、日頃の起居、文筆は如何でしょうか。この間、『南京紀事』および『治安策』の二冊を拝見し、くり返し熟読して、はじめて中国の治乱の原因を審らかにしました。且つ羅向喬〔向喬は羅森の別字〕の学術が淳正であり、愛君憂国の志は離散し貧困に陥っても忘れることなく、また、悲嘆のあまり学問を廃してしまうこともないことを知りました。

民情は下に鬱積しているのに、下情が上達されず、官吏は職を失い、賄賂が公然と行われるのは、古くから末運の通弊です。それが何によってもたらされるかといえば、利のためです。

ああ、利は人がともに欲するところ、そして諸悪の生ずる根源です。「子罕《まれ》に利を言う」〔孔子は利を語らない〕というが、それはその根源を塞ごうとしたのです。

我が祖宗が外国との交りを断絶したのは、彼らが利によって愚民を惑わし、「窮理の奇術」〔物理や化学の実験などか〕によって頑民を騙したためです。頑民たちは競い合って、ただ利を求め、奇にはしり、たちまちのうちに忠孝廉恥を忘れ、無父無君の極に達してしまいます。かの天道の運行と万物を生育させる原理を探索すれば、はてしなき堪輿〔天地〕の間にあっては、氷海夜国〔半年日を見ない両極地方のこと〕の人であろうとまた天と地に生み出された子供ではないか。それ故に聖人は一視同仁、彼此を分かたなかったのです。地球全体で、礼譲信義によって相い交われば、大いなる調和がもたらされ、天地の恵みの心が現われるでしょう。もし交易して利を競うような交わりをすれば、争い事や犯罪、訴訟がそこから生じ、むしろ利などない方が良い事態となるでしょう。これが、我が祖宗が深く思慮したことなのです。

このように考えてくると、交際は第一のことです。ただ有無を相い通じさせ、患難を互いに救えば、これは天地自然の道であって、いわゆる太平和好のまことというものです。錐の先のような利を争い、ただ利をのみ追うなら、これは人欲相い争うもとであって、事をなし遂げることはできません。両者の違いはほんの僅かな点から、すなわち他でもなく、義と利との違いから分れるのです。太古より今に至る百千万年の間に、治乱興廃、起戎出好〔戦争を起し、「出好」?〕は、すべてこの点から決まったのです。およそ万国交際の道は、よろしくまずこの義を明らかにすべきです。

次に兵士の訓練と軍隊の整備は、天の心に代って天討〔王師の征伐、天誅のこと〕を行うのでなければなりません。各国の君王は、それ故一日として軍事をおろそかにしてはならない。太平の世がつづいて、これを疎かにするようになると、そこから衰えが始まります。我が国では深くこのことを省みて、近ごろの練兵と講武、砲術演習と艦船建造のさまは、日ごと月ごとに進捗しており、数年のうちには湯武の正兵〔殷の湯王、周の武王の正義の軍隊〕に近い状況になるでしょう。そうした後に、はじめて永遠不朽の太平を保つことができます。そうでなければ、奸臣や巨盗が暴乱劫奪を行っても、これを征伐することができません。地球全体が、強が弱を合わせ、大が小を呑み込むようでは、ほとんど虎狼の交わりと変わりません。思うに、上帝鬼神は父母の心をもって、その子供らの欺き争い合うさまを見て、どうして痛み憐れまないことがありましょうか。

全世界にはそれぞれの国が分布し、賢君英主には乏しくありません。なかでも先んじて天道を行う者は、誰でしょうか。現今の世界の形勢は一変し、各国の君主はまさに天地のために志を立て、生民のために使命を果たす時です。向喬〔羅森〕は合衆国の汽船に乗って大海を周遊する機会を得て、このことを自分の目で見ているでしょう。もしそうでなければ、どうか足跡の到るところ、かならずこの道について各国の君主の遊説してください。これは孔孟の志を千万年後に受け継ぎ、世界中に普及させることです。

今、二冊をお返しするに当り、私の気持ちを述べて、羅向喬にお伝えしたく、併せて崇安を祈ります。

（『遐邇貫珍』一八五四年十一月）

三月初旬、提督はふたたび林大学頭と公館で会談した。その時期、公館の側には茶花〔ツバキのこと〕が数株あって鮮やかな紅の花をつけ、天候は非常に寒かった。林大学頭は贈り物として粟米を数百包とどけてきた。毎包約二百余斤〔一斤は約〇・五キロ〕の重さである。巨漢九十余名が派遣され、いずれも裸体で、一人で二、三包を担ぎあげ、いっときもたたぬ間に数百包の粟米をすべて浜辺に運びおえた。そのあとさらに、巨漢たちに身体を清めさせて、公館の庭で相撲を取らせ、勝者には大きなさかずきに三杯の酒を賞与した。私は公館からしばらく見物したが、日本に勇力の者が多数いることを知った。

合原操蔵は、浦賀府の役人である。私がその国の人材登用の方法を尋ねると、文・武・藝・身・言のいずれからも選抜するが、詩作で登用することはないという答えだった。読まれる書物は、孔孟の書で、諸子百家は少ないという。読書して士となったという者も、みな双剣を帯びており、ほとんど尚文と尚武を兼ねているといえよう。

日本人は、ポルトガルが騒動を起して以来、法を立ててこれを拒み、現在までの二百余年間、未だ外国の人に会うことがなかったため、中国の文字や詩文を偏愛してきた。私が公館に出向くと、いつも多くの人が扇面への揮毫を求める。一か月間、その求めに応じていると、五百余枚を下らない。

三月二十五日〔四月二十二日〕、林大学頭は条約協議の事業を成し遂げ、箱館、下田の二港を亜国〔アメリカ〕の薪水、食料、石炭補給の場所として開くこととし、これによって両国は修好して、それぞれ猜疑を解いた。過日、提督は林大学頭を汽船に招いて宴会を開いた。船上では盛んに音楽を演奏し、日本の官員数十人が乗船して大いに宴は盛り上がった。詩を一首その証として掲げる。

両国横浜会
驩虞一類同
解冠称礼義
佩剣羨英雄
楽奏巴人調
肴陳太古風
幾番和悦意
立約告成功

両国横浜に会し、
驩虞〔喜び楽しむさま〕は類を一にして同じ。
冠を解いて礼義を称え、
剣を佩して英雄を羨やむ。
楽は巴人の調べを奏し、
肴は太古の風を陳ぶ。
幾番か和悦の意、
立約成功を告ぐ。

宴会のあと、船で歌舞を催し、日暮にようやく終った。翌日、亜国は火輪車〔汽車〕、浮浪艇〔フランシス式救助船〕、電理機〔電信機〕、日影像〔銀版写真装置〕、農耕器具などを日本の大君に贈った。横浜の郊外に円環の線路を敷設して、汽車の実演をした。ぐるぐると快速で運行し、人々はその奇跡をたたえた。電話機は銅銭を遠い所に通じさせて、この地の音をたちどころにかの地に伝えることができ、まるで共鳴する如くである。写真装置は鏡面を太陽に向けると画像が現われるもので、筆で描く必要がなく、画像は永く変化しない。救助船は、内部に風箱を備え、風波で船が壊れても、これによって生命を救助することができる。農耕機具は、亜国の新奇な工夫を加えた農具で、労力を省いて収穫を得ることができる。大君はこれらの物を収め、漆器や磁器、絹織物などを返礼として贈った。

官士の叨篤は、「元旦試筆」と題する詩を書いて私に見せた。

斗転年還改　斗《たちま》ち転年還改し、
書生世事厭　書生世事を厭う。
空懐宗慤志　空しく宗慤〔誠を貴ぶこと〕の志を懐き、
終乏武侯才　終に武侯の才に乏し。
詩就聊揮筆　詩は聊に就いて筆を揮い、
憂多復挙杯　憂い多く復た杯を挙ぐ。
依依門外柳　依依たり門外の柳、
青眼為誰開　青眼誰の為めに開く。

玉斧僧居中は、「新陰咏」という作を私に示した。曰く、

昨夜惜華窗下咏　昨夜は華を惜しむ窗下の咏、
今朝愛緑苑中吟　今朝は緑を愛じむ苑中の吟。
人間何識天心意　人間何んぞ識らん天心の意、
已変紅林作碧林　已に紅林を変じて碧林と作す。

私も詩を詠んで返した。

遙見春色偶為吟　遙かに春色を見て偶ま吟を為し、
日本山川雪尽侵　日本の山川雪尽く侵す。
古徑茶花紅満簇　古徑の茶花は紅《くれない》満ち簇《むらが》り、
群岡松樹翠為陰　群岡の松樹は翠《みどり》陰を為す。
沙鴎冒雨浮波面　沙鴎雨を冒して波面に浮かび、
海鳥随風逐浪心　海鳥風に随いて浪心を逐う。
岸側軍営烟漠漠　岸側の軍営に烟漠漠たり、
湾中戦艦霧沈沈　湾中の戦艦に霧沈沈たり。
横浜築館応非遠　横浜に館を築きて応に遠からず、
江戸楼台望転深　江戸の楼台望みて転た深し。
未識人家何処是　未だ識らず人家何処にか是あらん、
泛舟揺漾到前林　泛舟揺漾として前林に到る。

この日、私は横浜に遊び、郊外に龍神の古い廟があるのを見た。木造で、内部に鏡像を掛け、雲を興し雨を呼ぶ願いを表示しているようだった。瓦を焼く工房があったが、その瓦は堅牢で厚く、灰色をしていて、中国のものとは違っていた。さらに二三里〔一里は〇・五キロ〕行くと、人家があり、瓦や草で屋根を葺き、外は紙を門上に貼り付けていた。女は外

国の人と会うのを恐れていて、私は横浜でただ一人の婦人に会っただけだった。

数日を越えて、事は終り、汽船は横浜から一日かけて下田に着いた。下田の港は、地球図の緯線では、赤道の北三十四度三十九分、経線では中華北京の東二十二度二十九分にある。その地は山水があって滙漑し、沢の近くは土地が肥えていて、それ故下田という。下田の港のまん中に小島があり、これが港への入り口となっている。船が港内にはいると山と海に囲まれ、岸壁は緻密に作られていて、台風に遭っても甚だ安全である。汽船は島の付近に停泊したが、周囲の山々を一望すると、巨岩が山脚を固めていて、波浪にもくずされない。山上には樹木が鬱蒼と茂り、雉鶏、雁、鷹、鴉、水鴨、猓狸〔猿の一種〕の類がいる。

次の日〔三月二十二日、四月十九日〕、提督は上陸し、公館を法順山了仙寺に置いた。寺には僧がいて、日浄といい、ほかに坊主が二人いた。境内には仏殿があり、その側に墓地があって、各家の信士信女の墓が並ぶ。墓は石で塔を作り、僧侶がいつも掃除をして、花を供えている。境内には石亭や魚池があり、果樹、花木が植えてある。この日は寺で「烹茶」〔茶を飲むことか〕があって、多数の男女が寺に来て見物をしていた。女も恥ずかしがったりはせず、着衣は地に接するほど長く、腰に裙《はかま》を着け、赤い絹で髪を束ね、顔色はたいへん美しい。年少には赤い唇に白い歯であるが、子供を産み育てるようになると、五倍粉〔お歯黒に使うヌルデの木の若葉に付く「ふしのこ」（五倍子粉）〕でその歯を黒く染める。

その次の日、街を歩いた。店屋は茅葺きや瓦葺きの屋根で、軒を並べており、内部はつながっている。そのため、ある店で応対した人に、別の店に行ってまた出会うこともあった。女も店や街を歩いていて、男女の別なく、途中で声をかけられれば、そこへ立ち寄る。雑踏のなかで、男は下半身を露わにした雇い人である。婦人の多くは裸に近いなりを恥じず、女は春画を見ても平然としている。さらには、洗身屋〔風呂屋〕があって、男女が同じ部屋で入浴し、いやがる者がいない。外国人を見かけると、男女とも駆け寄って行って、競って見ている。二本差しの人間が来ると、通りの両側に身を避ける。

街には、大工町、伊勢町、店之町、池之町、新町など、十条余りの通りがある。海浜をめぐると、橋を渡って一里ほどで柿崎という所があり、そこに玉泉寺がある。寺の外は松が木陰をつくり、寺門は石島に向いていて、外洋の大きなうねりを防いでいる。この寺の側の一角に、亜国の墓地が許可されている。

この地の人民は篤く仏教を信じている。山や海の側にも、石に刻んだ仏像が置いてある。墳墓は石碑で、南無妙法蓮華経の字を刻んだものが多い。私は大安寺へ行った時、仏を拝む人々を見たが、線香は捧げず、拝んだあとで数文の銭を箱に投げ入れ、放生銭と呼んでいた。寺には僧侶が二人いて、紙を出して私に書を求めた。私は山の景色を見て、〝峰回水

繞〃の四字を書いた。また、某〔私〕は詩を作って、曰く、

一丈方庵玉座同
寸余硯石白雲通
黄金畢竟塵中物
不省明朝炊米空

一丈の方庵は玉座に同じ、
寸余の硯石に白雲通う。
黄金は畢竟塵中の物、
明朝の炊米空なるを省みず。

座って話をしている間に、婦人が仏を拝みに来た。その様子は、

朱唇皓歯逞嬌姿
雲髻斜釵淡掃眉
半面新妝却絶妙
恰如明月挂梅枝

朱き唇皓き歯嬌姿を逞くし、
雲髻斜釵淡く眉を掃く。
半面の新妝却って絶妙たり、
恰かも明月の梅枝に挂かる如し。

この日、天気はたいへん暖かく、寺で茶を頂戴した〔原文「烹茶」〕。そこの茶の味は甘みを帯びていて、西樵茶〔西樵は広東省南海県、唐の詩人曹松が顧渚茶を移植しその地の産業となった〕の味と似ていた。寺門を出てすぐ近くに、山渓があり、石の間から泉が湧いて、水は澄み切り、まさに纓を濯するに堪える〔濯纓は世俗を超越した清らかさの譬え。『孟子』〕。池之町に廟があり、なかに弓矢を身につけた偶像を置いている。廟の壁面には船を描いた鏡が掛けてあって、それは海に出かける人々が、安全を祈る気持ちを表したものだ。また、頭髪が数十束壁に掛けてあり、それもまた祈願のしるしである。これは日本にふつうに見られる風俗のようだ。

ここの山にはサツキが咲き誇っていて、それ以外の花もまた少なくない。ウィリアムズは、見事な花を数百種も採集して、押し花を作って資料としていた。鳥獣草木、何でもその名を知っていると言われるわけだ。

そもそも、ある所には、その地なりの善政というものがある。日本は中華よりも小さいが、しかし搶奪暴劫の弊は、従来見られなかった。家屋を閉めておかず、門戸は紙を糊で貼ったようなものに過ぎないが、こそ泥などの被害はない。ここからその治まり方の概略を見るに、それぞれ能くする所があるのだ。

この日、山に遊んだが、道筋を知らないので、たまたま遭遇した僧侶に案内してもらった。五里ほど行くと人が住んでいて、洲崎という村だった。たまたま菊地森之助という人に会い、談話した。亜国では何教を尊ぶのかと聞くので、私は、「彼らが崇拝しているのは唯一神で、神は造化の主宰者とされている。昭らかに上帝に事え、聿《の》べて多福を懐《おも》う〔詩経の大雅にあることば〕」というが、これはその明徴である」と答えた。歩きながらであったため、詳しく述べ尽すことはできず、ついに松の木陰で分れた。

海辺まで歩くと、鮑がたくさん見られた。これは下田の特産である。町の店にもどって買い物をした。漆器や磁器がな

かなか良い。選んだ物品は、物に名前を書き付け、値段を記して、そのあと店の者が御用所に送り届け、代金を官に納める。官とは、海関の役人で、近藤良次という人が責任者だ。御用所とは、その地の海関のことで、役人数名が配置され、物品売買を管理している。洋銀一ドルを銭千六百文に換算する。日本には当百の大銭があり、また、純金一分、純金大判、一分銀、二朱金などがある。二朱は表が金、裏が銀で、世間では当百の大銭八枚の価値で通用している。一分銀は当百十六枚に両替できる。四分銀は小判一枚に当る。黄金の大判は一分銀百個余りであるが、時価によって兌換している。

下田を七里にわたって歩いても、羊や豚を一匹も見ない。馬は多く運搬に使用されており、牛は農耕に使われているのを見る。婦人の機織りは中国と同じだ。鍛冶屋や大工の仕事も、中国とだいたい同じようだ。しかし顧繍〔上海の顧会海の妾だった蘭玉が刺繍に巧みなのをたたえて言う〕のような女工には出会わなかった。男女とも、扇子を大切にする。私は下田にいた一月の間に、千面を下らぬ扇子に揮毫した。

黒川嘉兵衛は下田の事務を主管する役人で、堀達之助、森山栄之助、中台信太郎などは実務を担当する役人であるが、ともに扇面への揮毫を求めてきた。詩が一首ついていた。

避乱夷船亦一奇　乱を避くる夷船も亦た一奇、
呉中鼙鼓不聞知　呉中の鼙鼓〔いくさのつづみ〕を聞知せず。
翻将万里東来色　翻りて将に万里東来の色、
快睹芙蓉絶世姿　快《たちま》ち睹る芙蓉絶世の姿。

関研次の詩に言う、

横浜相遇豈無因　横浜に相遇す豈に因無からん、
和議皆安仰頼君　和議皆安じて君に仰頼す。
遠方鴃舌今朝会　遠方の鴃舌今朝に会し、
幸観同文対語人　幸い観る同文対語の人。

合原猪三郎は、分れに際して私に墨壷と詩を一首贈ってくれた、曰く、

樹外雨収鶯語流　樹外に雨収りて鶯語流れ、
声声啼送旅人舟　声声啼きて旅人の舟を送る。
不知黄帽金衣客　知らず黄帽金衣の客、
得解転蓬漂泊愁　転蓬〔風に吹かれ流浪すること〕漂泊の愁いを解き得たるや。

（『遐邇貫珍』一八五四年十二月）

四月十六日〔一八五四年五月十二日〕、汽船は出航した。五日かけて箱館に着いた。地球図の緯線では、赤道の北四十一度四十九分、経線では中華北京の東二十四度十九分にある。天候の寒暖は、盛京〔瀋陽〕と同様である。ただここ

は僻遠の地で、砂地が多く、生物は少ない。そのため民の生活物資は、別の所からの供給に頼っている。北港は船舶が貨物を積んで往来する場所なので、その名を箱館という。その港は岸壁の作りが大きく、海は広々して山が迫っている。時は五月になろうとして、なお山頂には白雪がある。房屋は下田よりも壮麗で、人々の身なりも下田より豊かなようだ。婦女は外国人に会うのを恥ずかしがって、家の奥にひそみ、街頭に出てこない。風俗は正しいことをたっとび、人民は淫らな言葉を口にしない。

そこには護国山という山があり、山には寺があって、棟や梁は彩色の絵が描かれている。寺の調度はきれいなもので、壁には僧侶の肖像画を掛けている。寺の側はやはり墓地である。提督は寺に人をやって日影像〔銀版写真〕を撮り、役人たちに贈り物とした。

松前大夫勘解由〔藩主松前徳広を補佐した有力藩士、戊辰戦争で自刃した〕の公館は幽雅清浄な館で海べりにあった。高殿に登って眺望し、望遠鏡で眺めると、遙か視界の果てに村々がたくさん見えた。遠くの山水は、絵にかいたようだった。私は、辨地〔不明〕、ウィリアムズらと中に入って〔松前勘解由と〕面会したが、応対は恭しく、純朴で品のある人物であった。

参議の遠藤又左衛門、町奉行の石塚官蔵、県令の工藤茂五郎、近書の関蛯子次郎、司事の代島剛平と藤原主馬、これらの人々と開港地の行動範囲を協議した。彼らはみな、江戸の主君の命を待って、議定できると言った。

町を歩いてみた。百姓は身を縮めて、官長を恐れていた。人民は従順に、路傍に跪いている。

婦人を一人も見かけなかった。店は大半が閉まっていた。それは、初めて亜国の船がこの地にやって来て、人民は事態が分からず、多くの者が前もって遠くに避難したためである。思うに、懇ろな言葉で百姓を安心させれば、また港にもどって商いをするだろう。街路に数百頭のロバがおり、食料を多量に積んで遠地に運ぶ所だった。この地の店も、紙を糊で貼った家が多く、野屋とか亀屋とか称して、下田と同じようだった。この地の店には、絹織物がたくさん見られたが、中土の物には及ばない。ただ、金の図柄の漆器は非常に良い物で、これに心引かれる者が多かった。三日の間に、店にある上等な漆器は売り切れてしまった。この地の特産には、鹿皮、鮑、昆布、白糖、茶葉などがあり、食物は下田よりも豊富だった。

数日後、平山謙二郎と安間純之進らが江戸からやって来て、下田にもどったら、林大学之頭とともに、箱館の行動範囲の規則を定める、と約束した。別れに臨んで、謙二郎は唐詩を扇面に書き写して私に贈った。曰く、

渭城朝雨浥軽塵　　渭城の朝雨軽塵を浥し、
客舎青青柳色新　　客舎青青柳色新たなり。
勧君更盡一杯酒　　君に勧む更らに盡くせ一杯の酒、

西出陽関無故人　　西のかた陽関を出でなば故人無からん。〔王維「送元二使安西」〕

私は、その詩に答えて曰く、

火船飛出粤之東　　火船飛びて粤之東に出で、
此日揚帆碧海中　　此日帆を揚ぐ碧海の中。（一本は「碧海」を「碧鏡」とする）
歴覧螺峰情不盡　　歴《めぐ》りて螺峰を覧て情は尽きず
遙瞻蛟室興無窮　　遙かに蛟室〔不明〕を瞻て興窮まり無し。
双輪撥浪如奔馬　　双輪浪を撥くこと奔馬の如く、
一舵分流若耿虹　　一舵流を分けて耿虹の若し。
漫道騎鯨冲巨浪　　漫道鯨に騎《の》りて巨浪を冲き、
休夸跨鶴振長風　　休夸鶴に跨《またが》りて長風を振る。
琉球乍到雲方散　　琉球乍《たちま》ち到りて雲方《ま》さに散らんとし、
日本初臨雪正融　　日本初めて臨んで雪まさに融けんとす。
暫寄一身天地外　　暫く一身を天地の外に寄せ、
知音聊与訴離衷　　知音聊さか与《とも》に離衷を訴う。

この日、遠藤は私に画を二幅贈ってくれたが、描かれた内容は中国と違わないものだ。大夫は数巻の書物を贈ってくれたが、書物の版の出来は中土に勝る。私は、それぞれ香珠を贈って返礼とした。五月初九日〔六月四日〕、出帆した。その地の官員たちは小舟で山外〔港の外〕まで見送ってくれた。

汽船は五日航海して下田にもどった。翌日、将官たちは一列に並び、威儀を正して上陸し、林大学之頭と了仙寺で宴会を催した。午後、亜国の官兵は隊列を組んで町々を行進したが、男女の人民は垣根のように並んでこれを見物した。

伊沢氏の小姓桂正敏は、年少ではあるが身に双剣を帯び、意気軒昂で、受け答えがはきはきしている。また、公堂において上手に亜国の各官の肖像を描いたり、たいへん賢くて皆に人気があった。

大医の文荃〔高川文荃?、高川は絵師〕は、私に中国の人材登用法を質問した。私は、「中国では孔孟の書を読み、孔孟の理を明らかにした者を採る。文字は八段落に分けて、これを文章の試験とする。文章のほかに、詩を作る試験がある。小試も会試も、同じように行われる」と答えた。
明くる日、一官吏が船に来て、私に詩を贈って、曰く、

君産広東我沽津　　君広東に産し我津に沽《くら》す、
相逢萍水亦天縁　　萍水に相逢するも亦た天縁なり。
火船直劈鯨涛至　　火船直ちに鯨涛を劈きて至り、
看破五湖無限辺　　五湖無限の辺を看破す。

また、明篤に会って筆談した。「あなたは中国の士でありながら、どうして鴃舌〔言葉の分からぬ異人〕の門戸に帰しているのか？　孟子のいわゆる喬木を下って、幽谷に入る者ではないのか(3)？　私は七言律詩を一首作り、示して曰く、

日本遨游話旧因　　日本に遨游〔あそぶこと〕して旧因を話し、
不通言語倍傷神　　言語通ぜずして傷神を倍にす。
雕題未識雲中鳳　　題を雕して未だ雲中の鳳を識らず、
鑿歯焉知世上鱗　　歯を鑿ちて焉んぞ世上の鱗を知らん。
璧号連城須遇主　　璧は連城を号して須らく主に遇うべく、
珠称照乗必依人　　珠は照乗を称して必ず人に依る。
〔連城璧は趙の恵文王の有した宝玉、照乗珠は魏の恵王の宝珠、照車ともいう。〕
東夷習礼終無侶　　東夷は礼を習いて終いに侶無く、
南国多才自有真　　南国の才多くして自から真有り。
従古英雄猶佩剣　　従古の英雄猶お剣を佩し
当今豪傑亦埋輪　　当今の豪傑亦た輪に埋む。
乗風破浪平生願　　風に乗り浪を破るは平生の願い、
万里遥遥若比隣　　万里遥遥として比隣の若し。

夏五月二十二日〔六月十七日〕、林大学頭、都筑駿河守らは、付録条約十三か条について協議し、互いに永久に順守することを決めた〔調印日は五月二十五日（六月二十日）〕。また、箱館の遊歩範囲を五里(4)とし、翌年から貿易を行うことを決めた。提督はこの日各官を汽船での宴会に招き、汽船の戦闘演習を行ってみせたが、雨が降ったため船はもどった。

私は、下田雲松斎が口筆に巧みだと聞き、書と画と十余枚を依頼したが、その字はくずしすぎているものの、龍が飛び鳳が舞うような勢いがある。人には余り知られていない。

季夏の朔日〔六月初一日（六月二十五日）〕、亜国の汽船は香港へと出帆し、官員たちは小舟に乗って見送った。

六日の後、琉球にもどった。役人が食料をもたらし、亜国の船はこれを受け取った。望後一日〔六月十六日（七月十日）〕、総理大臣の尚宏勲、布政大夫の馬良才が、提督および各官を那覇の公館での宴会に招待し、盛大なもてなしを行い、修好条約を協議して、永遠に順守することを約束した〔琉米条約調印は六月十七日（七月十一日）〕。総理大臣は字を書いた軸一幅を私に贈ったが、それは先賢程明道〔北宋の学者程顥〕の詩であった。

六月二十五日〔七月十九日〕、私が那覇の海浜に行くと、小高い山の背に医者の家があり、英国の伯徳令〔ベッテルハイム(5)〕が住んでいた。私はその家に入ってみたが、広く優雅な造りである。盛夏であったが、海からの風が吹いて、

たいへん爽快であった。この日、提督は琉球の官吏に、什器雑貨類を公館に陳列して、アメリカ人に購買させるよう伝えた。並べられたのは、タバコ入れ、タバコ、花柄の布、芭蕉布、上等でない漆器、焼き物などにすぎない。銀一ドルを銭千四百文に換算した。外国の洋船が採買する薪水は、千斤ごとに価格を協議して決めると条約に定められ、今後もそれを守るとされた。

三日を経て、それぞれの船は港に帰った。提督は〝ミシシッピ〟に乗船して、先に香港にもどった。私とウィリアムズは、〝ポーハタン〟に乗船して、浙江の寧波に寄った。船は虎靖山の外に停泊した。私は鎮海に上陸して県城に入り、四工銭を使って絹糸を買い入れた。値段は広東よりもやや安い。その時、寧波の土地の者たちが西洋人と争いを起したが、亜国が仲介して争いを治め、騒ぎを免れた。

七月初二日〔七月二十六日〕、汽船は福州に着いた。そこは水深が浅く、船舶は外洋に停泊したが、この晩は暴風に遭った。翌々日、小舟で百八十里ほど入っていくと、府城があった。

七夕〔七月三十一日〕、汽船は厦門に達した。この時、厦門では土匪が清軍に平定されて、その地の人民はこぞって商いに勤しんでいた。七月十四日〔八月七日〕、汽船は香港にもどった。はじめて広東各地の争乱を知った。『治安冊』二十一款を内々にしておれば、後に諸氏にお示ししたいと願う。

（『遐邇貫珍』一八五五年一月）

（並木頼寿訳）

〔注〕

（1）欽差大臣とは清朝の言いかたで皇帝から信任状を渡され、全権を委任されて派遣される官僚をいう。

（2）平山謙二郎（一八一五〜九〇）平山省斎。「幕末・維新期の幕臣。明治時代前期の宗教家。……父は陸奥国三春藩士黒岡活円斎。幕臣平山家を継ぐ。名は敬忠。通称謙二郎。省斎は号。嘉永四年（一八五一）徒目付に進む。安政元年（一八五四）ペリー再来の際下田応接の一員となる。同四年の日蘭・日露追加条約調印に目付岩瀬忠震に同行して長崎に赴き、書物奉行に進んだが、翌年将軍継嗣問題が起った際に一橋党とみなされて、九月免職・差控を命じられた。慶応元年（一八六五）二丸留守居より目付に転じ、翌年の第二次征長戦争で小倉に出張、同年八月外国奉行となる。このころから徳川慶喜側近として幕政改革や仏公使ロッシュとの交渉にあたった。同三年四月若年寄並兼外国総奉行に進む。大政奉還から鳥羽・伏見の戦にかけて将軍慶喜と行動をともにし、敗戦後静岡移住にまで随った。明治以後は宗教の道に入り、敬神愛国を唱え神道大成教を創立した。……墓は東京都台東区の谷中墓地にある。平山成信は長男である」という。（佐々木克執筆、『国史大辞典』十一巻、吉川弘文館、一九九〇年、一〇七八ページ）

（3）『孟子』「滕文公上」、学徳の向上の順をいう。本来は、幽谷から喬木に移る。『詩経』「小雅」に「出自幽谷、遷于喬木」

の句がある。
（4）ここでの里は華里ではなく、日本里で一里は約四キロ。なお日米修好通商条約で遊歩の範囲は十里とされた。
（5）ベッテルハイムは、一八四六年に渡来した宣教師。種痘を伝えたという。ペリー艦隊とともに琉球を去った。

［資料3］八戸順叔事件

［解題］この文は、いわゆる八戸順叔事件に関し、総理各国事務衙門から皇帝に出された上奏文の本文（正摺）と、それに付された片文。『清季中日韓関係資料』巻二（中央研究院近代史研究所編、一九七二年）所収のものを底本に訳出した。

八戸順叔事件とは、一八六七年一月に香港滞在中の八戸順叔なる人物が、日本は軍備の増強に努め朝鮮出兵を考えている旨の文章を『中外新聞』に寄稿したことから始まるやや偶発的事件。明治維新の前年に当たる一八六七年の日本には、そのような計画はなかったが、この情報は倭寇の歴史的記憶を呼び覚まし、総理衙門から皇帝へ、さらには朝鮮王国へも伝えられ、日本に対する警戒心をかき立てたとされる（佐々木揚『清末中国における日本観と西洋観』東京大学出版会、二〇〇〇年）。

同治六年（一八六七）二月十五日
本衙門、正摺もて上奏し称す。
新聞紙の掲載する所を査閲するに、日本、朝鮮を攻めんとすの語あり、因って恭摺密陳し、聖鑑を仰ぐものなり。
密かに照らすに、臣衙門は外国事務を弁理し、当に事の詳細を知り要点を把握するに備う。従前、外国開設の字館を偵探するに、各省及び外洋事件を捜訪して翻刻発売するあり、名づけて新聞紙と曰く。未だ必ずしも尽くは信ずべきに属さずと雖も、然れども此れに因りて推測すれば、また其の大概を得べし。是を以て章程を奏定し、南北洋通商大臣に行令し、並びに各税務司に命じ、月ごとに咨報せしむ。本年正月の間、天津及び上海通商大臣並びに税務司の新聞紙を呈送し来るあるに拠れば、

内に云う、「仏国主、其の提督の朝鮮を攻打(1)するに、甚だしくは喜悦せず、其の兵船隊に令して兵を停めしむ。並びに該国提督の措置粗暴なるを怪しみ、直ちに干戈を挙ぐるに応ぜず」と。

また云う、「仏国、自ら先に朝鮮と講和せんとし、英米の同行を待たず」と。

また云う、「日本国、現に火輪軍艦八十余艘を有し、師を興し往きて朝鮮を討つの志有り」と。

また云う、「春開き和暖する時、ただ仏国の兵を進めるのみならず、日本また兵を進めんとす」等の語あり。

査するに、朝鮮、仏国と衅を搆へ、能く戦局の転換をなすや否や、なお予料し難し。今、新聞紙所載の日本人兵を発し前往せんとすとは、朝鮮平日より日本と往来有りて嘗て嫌隙を結ぶや否やは、中国その詳細を得るに由なし。且つ日本の中国における、既に朝貢するなくまた通商もせざれば、各国の京に在るものと同じからず。事の虚実を探知するに由なく、原より信憑を置くに便ならず。ただ、すでに各所の新聞紙中より翻刻伝播し、事は中外に渉り殊に関係有れば、まさに皇上の旨を請い礼部に命を下すべし。朝鮮国王に密咨して訪査し明確ならしめ、患を未萌に防ぎ、以て妥当に処理するに便ならしむるべきや否や、此れが為に摺を具して密陳し、並びに新聞紙五条を抄録して御覧に恭呈し、伏して皇太后・皇上の聖鑑を乞い訓示により遵行せん。謹んで奏す。

新聞紙の抄録五条。

一、英国よりの新聞紙に云う「英君主、仏国と共に高麗を攻打する意なし」と。また云う「仏国主その出師提督の高麗を攻打するに、甚だしくは喜悦せず。英国の仏国と合わざる所以は、船隻の高麗人の焼燬を被る所のものは、均しく米国旗を揚げるものにして、英国と毫も関わり無きに縁る。今、仏国主その兵船隊に令して兵を停めしめ、並びにその出師提督の措置粗暴なるを怪しむと聞く。高麗、教頭〔宣教師か〕を殺すに過ぎざれば、直ちに干戈を挙ぐるに応ぜず。果して大いに情理に合せざる事あれば、再びともに議論するも未だ晩しと為さず」と。

一、芝罘来信、花旗〔星条旗〕の大兵船名はワチューセット、洋暦正月二十一日、議して芝罘より高麗へ往き、花旗大帆船名はジェネラル・シャーマン、彼の地に在りて打破され、其の水手の高麗人に殺さるる件(2)の査問を為す。また風聞によれば、英米仏三国、春のあいだ各々

砲船を帯して高麗へ往き、迫りて通商和約を取ることを約すと。また風聞によれば、仏国は自ら先ず高麗と講和せんとし、英米二国の同行を待たずと。畢竟、三国同行を多とす（以上両条は、上海通商大臣の送来なり）。

一、日本国客人八戸順叔なるもの有り、新聞原稿を送り来りて云う「近来、日本国の武備頻りに盛んにして、現に火輪軍艦八十余艘を有し、海外に朝鮮を討つの志有り。朝鮮王、五年毎に必ず江戸に至り大君に拝謁し貢を献ず。是即ち古例なり。朝鮮国王、此の例を廃して久し。故に兵を発して其の罪を責む云々」と。

一、茲に西人有り華人に聞きて云う「仏国兵船、高麗より回航す。高麗に打敗せらるるに因り、是を以て兵を帰すとは、非を知らざるなり。北方、天気寒冷なること他省に甲たりて、仏国兵船実に河の凍るに因り以て行動に難し。暫く兵を停め開春和暖を聞くの時、ただ仏国の兵を前へ進るのみならず、日本また兵を興し進めんとす云々」と（以上両条は、三口通商大臣の送来なり）。

一、日本名儒八戸順叔先生の言を聞くに、爾来、其の国の政事・風俗は故を革め新に更え、蒸蒸乎として日々上理に至り、六芸の内弓箭を捨て専ら剣舞を習い、騎乗は則ち是に教うるに坐作進退を以てし、火器は則ち訓練するに施放縦撃を以てし、水師は則ち導くに輪船駕駛を以てし、水火二力の妙を洞悉せしむ。また舵工に教うるに航海の術を以てし、その国をしてすでに火輪兵船八十余艘有らしむ。盛んと謂うべきなり。前日、江戸政府、子弟十有四人を選び、英国倫敦の学校へ遣往し文字を習わしむ。皆英俊之士にして、歳は十二歳より二十二歳に至る。衣冠の制は多く欧羅巴に変え、髪を翦り棍を持して其の装束に倣い、長官左右の袖は則ち五本の金線を以て等差を別にす。皆よく英国の言語文字に通じ、異なる所はただ腰に二刀を繋ぐのみ。また、江戸政府督理船務将軍中浜万次郎有り、ひと月前に特に上海製造の火輪船に至る。その智慧霊敏にして能く中枢関鍵の精微を知悉す。近日すでに回国の途につきたり。国中に二百六十名の諸侯有り、先に大君より詔し、江戸京師に至り会同し政務を議し、武備を整え大いに国威を震わし、以て不逞を征せんとす。現に師を興し往きて朝鮮を討つの志有るは、朝鮮は五年一朝貢なるに、今に至り背きて服さず、この例また廃せらるの故に因るなり（以上一条は、ハート税務司（3）の送来なり）。

二月十五日、

本衙門、片を附して上奏して称す。

再びするに日本は前明に在りては倭寇なり。江浙等の省の濱海地方、蹂躙すること幾遍、並びに延じて朝鮮に及ぶ。且つ常に夜郎自大の心を存し、中国と久しく朝貢なく、数年前、英仏各国と曾て兵を構う。臣等おもえらく、該国の東海に沿いて在り、中国の江浙海口を距つこと遠からず、日本もし敗れば則ち英仏等の国益々強く、日本もし勝てば則ち患い肘腋に在りて更に切近す。これ日本の勝敗、均しく中国に大いに関係有り。是を以て常に隠憂を抱き不時に探聴す。近歳、日本の兵敗れ、英仏各国と講解し、旋即に発奮して雄を為し、兵船を造るを学び、各国に往来し、志は小に在らず。今、外国新聞紙に、其の武備の盛んにして軍艦の多きを称し、並びに朝鮮を挑発するの説有り。臣等、反復思惟し、此の事果して実に属せば、朝鮮は弾丸の如き小国と雖も、英仏各国の之と兵を構えるが如きは、其の志は伝教・通商に在るに過ぎず、両国相互に牽制し、未だ必ずしも俄かにその土地を攘して己が有と為さず。日本に至りては牽致する所なく、その土地を貪らざるを保ち難し。もし朝鮮、日本の拠る所と為れば則ち中国と相隣りし、患更に膚に切なり。伝教・通商は猶其の余事のごとし。現に日本の此の事有るに在りては、或いは別国の慫慂有るやは、未だ定むべからず。これ、朝鮮の日本の兵を被るは、其の患い仏国の兵を被るに較べ尤も甚だし。是を以て臣等奏して、礼部に勅下し酌量して朝鮮国王に密咨して予め防範を為さしめんことを請う。一切の情形は未だ宣露に便ならず。謹んで片を附し密陳し、伏して聖鑑を乞う。謹んで奏す。

（杉山文彦訳）

［注］

（1）一八六六年三月、朝鮮で行われたキリスト教弾圧に際し、潜入中のフランス人宣教師が殺害されたことに抗議するとして、同年十月にフランス艦隊が江華島を攻撃したことをさす。フランスのこの出兵はフランス駐華臨時代理公使の独断で行われたもので、文中の仏国主に関するあいまいな情報には、この点が関係している。

（2）一八六六年九月、アメリカ商船シャーマン号が朝鮮に来航し交易を求めたが、大同江で焼打ちに会った事件を指す。この件とフランス艦隊の攻撃とを総称して丙寅洋擾という。

（3）ロバート・ハート（一八三五～一九一一）　イギリス人。いわゆるお雇い外人の代表的存在、長く中国に滞在し総税務司として清朝の関税業務を掌った。

第2節　日清修好条規と台湾出兵

［資料4］日本との修好条規締結を進言する上奏

曽国藩

［解題］この文は、日本の条約締結要求を拒絶すべしとする安徽巡撫英翰に反論し条約締結を進言した両江総督曽国藩の上奏。このとき李鴻章もほぼ同趣旨の上奏を行っており、これらが日清修好条規締結の背景となった。

　原文は『籌辦夷務始末』巻八十（同治期八、中華所局）に「曽国藩奏遵籌日本通商事宜片」として見える。採録にあたっては王芸生『六十年来中国与日本』の日本語訳（長野勲、波多野乾一編訳『日支外交六十年史』建設社、一九三三年）のものを借用したが、一部表記を改めた。

大学士両江総督曽国藩奏す。

日本との通商の件に関し謹みて九年閏十月二十六日の上諭を拝し、英翰より日本の通商要請は後患を貽すを憂慮するの余り之が拒絶方を奏請せる趣茲に敬承せり。臣竊に思うに道光二十二年西洋各国と条約を締結し賠償を議せるは、皆戦守功無くして隠忍事を息めたるに因るものにして、其後屡次の条約交換も亦多く兵戎擾攘の間に行われたり。即ち左に干戈を執り右に槃敦を陳ぶるものにして、一語を誤れば忽ち決裂せんことを虞れたるを以て、定むる所の条約に間々熟思深審する能わざりしものあり。日本国は二百年来我中国と纖芥の嫌も無く、今泰西各国皆清国と立約通商するを見、例を援いて来り請い関を叩いて辞を陳べ、其理甚だ順にして他意なし。若し我にして激しく之を拒まんか、必ず或は転じて泰西各国を仲介として要請し来り勢終に却け難きに至るべし。且つ其経過を見たる外国をして、我清国との交際の道は逆いて之を脅せば求めて成り易く、順にして之を求むれば好を修め難しと疑うに至らしむべく、聖朝遠方を懐柔する本意と為す能わず。

　同治元年始めて日本の官員商船を以て上海に至りオランダ国人に憑って通関輸入を行い、其後屡次来滬《こ》〔上海の古名〕せるも中国は常に之を拒絶せり。其後貨物の販売、関税の納付を許すに及びても上海に於て貨物を購入廻送するを得ずとし、継いで其の上海一港に於てのみ貿易居住を許したるも長江の他の港に入るを許さず、更に継いで其の来華して学術を伝習するを許したるも、其の船舶通行券による出入は許さざりき。斯くの如く之を拒むこと已に久。今や既に大員を特派し来るを俟ちて条約を妥議せんことを許したるに、豈再び拒絶するを得んや、英翰の拒絶の説は、蓋し未だ衆国を合して統籌し前後を計りて酌覈《しゃくかく》する能はず。章程を明定し相安きを期するに至っては、則ち条約の載する処は体制と税務の両事に外ならざるなり。元の世祖の強を以て十万の師を興して日本を伐ち片帆も返らず、明世の倭患東南を蹂躙し幾んど完土なきに至るも卒未だ之を懲すもの有りしを聞かざるなり。彼国前代の故事を習聞し固より中国を畏懾する心なく、我を隣邦と称し来りは、朝鮮・琉球・越南等臣属せる国の遠く比すべからざる所なり。其自ら隣敵比肩の礼に居り英仏諸国の例に仿わんと欲するは自ら其意中に在り。

聞く、日本は物産豊饒、百貨廉価にして中国各省と水程数日の地に在り、立約の後は彼国の市船絡繹として来り、中国の賈帆も必ずや聯翩東渡すべく、泰西諸国の如く洋商来るも華商往く者無きと趣を異にす。渡往の華人已にして多ければ即ち領事の例に仿い、中国は官員を派し日本に駐劄せしめて内地商人を取締り、又会訊局を設けて華洋争訟事件を処理せしむべきが如く、彼の提出せる条約草案中には伝教を厳禁し鴉片を厳禁する二ヶ条あり、中国人之を犯せば中国の駐洋官員之を懲戒し或は本省に護送して審判し、彼等の譏諷を受け面目失墜するを免れしむ。其税則の軽重は想うに亦必ず泰西諸国の例に照らすべし。日本自ら強大の邦、同文の国を以て誇り居り、若し泰西諸国の例を以て之を遇せざれば、彼将に厚縢薄薛〔縢・薛ともに春秋時代の国名〕なるを謂い、疑を積みては事端を生ずるに至らん。

臣の愚を以て惟うに悉く泰西の例に仿うも可ならんも、条約中に盡く泰西各国の例に照して辦理する等の語を明記すべからず、特に爾後各国に与うることあるべき恩渥利益は一律均霑する旨は記載すべからず。逐条備さに明記し、各国各詳書を作るも何ぞ不可あらん、何ぞ必ずしも箇括含混の辞を為し彼の党を堅くし而して我秩序を紊るを要せんや。要するに中国の外洋に処するは、礼は屢々謙遜を妨げざるも条里は必ず分明を極むべし。練兵して以て自強を図るも初めより威を域外に揚ぐるの志無く、収税は略彼の習に従いて亦大利を籠取するの心無くして、果して其諸制修明し西洋東洋均しく優待し、威を用い徳を用い随時制宜し得て、外国をして聖朝の遠きを馭するに一に大公を秉るを知らしめば、則ち万国皆其誠を諒悉すべく、何ぞ独り日本と永遠に相安きのみならんや。

［資料5］日本通商の事を論ず

『申報』論説

［解題］この文は同治十一年五月二十四日（旧暦）の『申報』に掲載されたもの。一八七一年に調印された日清修好条規に関連して、外国人の内地旅行の件について論じている。

『申報』の創刊は同治十一年三月二十三日（一八七二年四月三十日）であるから、この文はごく初期のものである。同紙はイギリス人貿易商エルネスト・メジャーによって創刊されたいわば外資系の新聞であるが、当初から総編集に中国人を起用し、中国人のニーズに合った経営方針をとった。このため代表的な日刊紙としての地位を確立し一九四九年まで刊行を続けた。

なおこの文で主題となっている外国人の内地旅行については、欧米人に対しては一八五八年の天津条約で自由化されていたが、日清修好条規では日本人の内地旅行の自由を認めていなかった。

ヨーロッパ人が中国人に問うて言う「貴国はすでに日本と通商した。それなのになぜ、中国にやって来る者に自由な往来を許さず、わずかに通商に来た各港の中だけに拘束するのか」と。中国人は答える「然り、これは我が国の昔からの定例である。たとえば、我が国の各官は、すでにある省に分遣されたならば、必ずその省にあって任用を待ち、後日欠員があった場合も、その省内で職に供せられるのであって、特旨を奉ずるのでなければ他の省へ行くことはできない。ましてや、外国の官僚や商人が協定で決った港岸から、任意にまだ協定に入っていない土地に行くことなどできようか」と。ヨーロッパ人の曰く「我が国の場合はそうではない。イギリスとフランスは近隣の国である。ひとたび和好通商ということになれば、イギリス人がフランスへ行った場合、どの地どの方へ行こうとも制限されることはない。フランス人がイギリスへ来た場合も、やはり制限はない。しかし、フランス人がイギリスで法を犯せば、イギリス人がイギリスの判例をもって治める。それは、イギリスの役人のみによって審理されるのであり、フランスの駐英領事と相談する必要はない。イギリス人のフランスにおける場合も、同様である。貴国と日本とは近隣の国であって、イギリス・フランスのように貴国と遠く数万里の海を隔てているわけではない。すでに和好通商下なのであるから、どこへ行くにも制限は設けず、法を犯した場合も英仏間と同様のやり方で処罰すれば、まさに近隣和好の国らしくなる。どうして近隣をあたかも遠隣のように見て、近国を待遇するのに遠国並にすることがあろうか。私にはこの点が合点がいかない。あなたはなぜ、この厳禁をといて英仏間の和好通商と同様にするよう、朝廷に上奏しないのか」と。

中国人が言う「それはできない。我が中国の禁令とは、昔聖人が礼にのっとり義にあわせて考え、それをもとに法を設けて揉め事を防ぐものである。民間のことについて言えば、もっとも仲のよい友人でも、客室に入ることはできても、内庁〔居間〕に入ることはできない。もっとも親しい親族でも、内庁には入れても、寝室には入れない。男女間では直接ものを授受しないし、兄嫁と義弟とは言葉を交わさない。家の内の話は外には出さず、外の話は家内には持ち込まない。これらによって、揉め事が防がれるのである。こうしてはじめて寝室は安息の場として夫婦と子供だけが入れる所となるのである。伯叔父も入れないのであるから、どうして他人がはいれようか。京師とは民間の寝室のようなものである。内地の各省は民間の内庁のようなものである。通商各港は民間の客間のようなものである。日本と中華とは近隣の国ではあるが、民間でいえば友人のようなものにすぎない。どうして親族のようにできようか、どうして伯叔兄弟のようにできようか。彼らが通商各港に居ることを許すのは、客室に招き入れることである。どうして、さらに内庁に入れたり、寝室に入れたりできようか。そんなことはできないことである。さらに、中国は一視同仁である。通商をしている国は、日本のみではない。もし日本人を内地に入れれば、どうして貴国の人が内地に入ることを禁ぜられよう。これは理の当然でしょう。まだ何か疑問がありますか」と。

ヨーロッパ人が言う「あなたは大変論が立つ。しかし、私はやはりそうは思わない。またいつか、他国との和好通商について検討しましょう」と。

（同治十一年（一八七二）五月二十四日）

（杉山文彦訳）

［資料6］台湾の凶事を論議しに使臣が行くことを報じた日本の報道について弁ず　嶺南蓮塘生

［解題］『申報』に載ったこの文は、嶺南蓮塘生すなわち広東・広西地方の蓮池と名乗る人物の投稿という形になっている。嶺南蓮塘生がどのような人物であるのか明らかでないが、文の内容からして海外事情にかなりの関心を持った人物であろう。この時期の日本論としては、日本の改革を高く評価する点でやや特異かもしれない。ただ、表題と相異して、日本の新聞報道のことはほとんど出てこない。

「台湾の凶事」というのは、一八七一年末に琉球人が台湾南部に漂着し台湾先住民に殺された事件を指す。使臣というのは外務卿副島種臣一行のことで日清修好条規の批准書交換のため訪中したが、同時に台湾の事件を提起し交渉を行った。

文中にある台湾先住民のうち「生番」と称される集団は「化外の民」であるとする言い方は、冊封・朝貢体制下の世界認識の持つ一側面をよくものがたっており、日本との交渉に当たった総理衙門の役人も同様の表現を使っている。

二百八十五号の中報を見るに、日本国が中朝と交渉しようとしていることが翻訳転載されていた。この報道により衆論は騒然となったが、その原因については合点がいかない。そもそも台湾一帯は、中華の地ではあるが、台湾府の属域は島の周囲のみであり、生番に至っては島の奥地に住んでいるのであって、一口に台湾といっても、その実、台湾府の管轄下にはない。しかも、生番は蛮類であり、未だ人性を知らず王化に入らぬものであって、わが朝廷の百姓《ひゃくせい》ではないから、中土と何の関わりもない。琉球人が蛮党のために傷つけられたことは痛恨の極みであって、薩摩人が憤って事変を引き起こしそうになったのも不思議ではない。幸い日本の朝廷がすぐ鎮圧に赴き事は未然に防がれた。中外の士民はこれを聞いて感服しないものはなかった。日本国が、深く大義に通じ、鎮圧して流血を防いだのは、甚だ妥当であって、どうして遠くからやって来て論議することなぞあろうか。したがって、昨日の新聞が日本の使臣が上海に来たと記したのは、すでにそれ以前に彼らが和約を議定するため天津へ赴いていたことを知っていてのことである。彼らが来たのはことさらこのような小事を争うためではない。しかも、琉球では去年、漁船が風に流されて中土に至り山東撫軍丁中丞の救恤を受け護送されて無事帰国している。これはまさに人の危難を救う行為であり、中朝の遠人を慈しむ誠意が現われている。いっぽう去年の秋、ペルー国の船マリア・ルス号が香港を出港して風に流され横浜に入り、日本の官憲及び横浜駐在の各国領事により公正に処断された。この事について、拉致された苦力《クーリー》たちは、命を助けてもらったと深い恩義を感じており、中土の士民でこれを称賛しないものはいない。皆、日本と中国との関係は、これより敦睦の隣邦となったという。なんとも麗しいことではないか。そこに突然、日本の使臣が中土と台湾生番の討伐のことを争論しにやって来たと聞いても、私はもとより信じられない。ちなみに、日本は近年、技術も政治も日々向上しており、まさに威徳を養っている所である。どうして軽々しく区々たる生番と戦闘なぞしようか。たとえ百戦百勝したとしても何の得があろう。思うに、日本には政略に長けた臣や学問のある士が頗る多い。彼らは決して区々たる小隅の生番との争いには関わらないはずである。私は、この話は流言に違いないと思う。それに、生番は極めて討伐しにくい相手であり、もし戦艦を海域に停泊させて砲撃したり銃で撃ったりしても、生番は遠くに避けてしまう。部隊を上陸させて攻撃しても、生番は深山に逃げ込んで知らぬふり、追剿は非常に困難である。もし彼らがその凶暴性を逞しくし、戦艦や兵員の不備に乗じ、深山窮谷のやからを集めて一斉に蜂起すれば、これに勝つことは難しい。聞く所によると、昔アメリカの商船が停泊して附近を遊覧していたところ蛮党に害せられ、福州駐在領事を通して閩浙総督へ兵を出して掃討するよう要請したことがあった。総督は、生番が甚だ凶暴であり朝廷の管轄にも入っていないことから、アメリカが軍を動かし討伐するに任せた。アメリカ領事はそこで各港に駐防している軍船を調達したが、形勢がきわめて不利であることを探知し、掃討を中止にした。今回、日本の使臣が来るのも、まさか生番討伐という中国からほとんど何の利も上げられぬことのためではなかろう。

本紙の二百八十三号が述べる所によれば、日本の使臣が中国と交渉しに来るとの事である。しかしそれは日本の新聞記事から訳出してそのまま載せただけのもので、事の実否は、日本の使臣が京師へ到着してその詳細が知れるまで分からない。そもそも一地方都市にすぎぬ上海では、中外の事実の全容を知ることはできない。ただ、管見した所からすると、日本では食人の事から蛮人討つべしの言説があり、そうすると今回の交渉がこの件に及ぶことはあるかもしれない。事実に基いた今後の報道を待ちたい。

（同治十二年（一八七三）三月初九日）

（杉山文彦訳）

［資料7］台湾征番の事を論ず

『申報』論説

［解題］この論説は、日本政府が国内の新政に対する不満を外にそらすためにとった措置として台湾出兵を位置づけている。実際にこの少し前、日本各地で新政反対の一揆がおこっており、また征韓論をめぐる対立、不平士族の動きもあった。一八七四年初めには佐賀の乱も起こっている。

なお、この論説の文には、日本がすでに台湾に出兵し清国軍と対峙しているかのように読める文言があるが、実際に日本が出兵するのは一八七四年五月二日であり、この時点すなわち四月十六日（陰暦三月一日）には、まだ台湾へ向け出発していない。

先日、日本が出兵して台湾の生番に征討を加え報復しようとしているとの記事が載った。中国人はこれを聞いては、すぐにも驚き怒らざるを得ない。しかし、去年日本の前外務大臣が本朝と大局について協議した折には、このような計画は示されなかったと記憶している。あの時は、まず我が国が自ら出兵して代わりに征伐を行うことで合意し、それからこれを辞めにして日本に委ねることにしたのである。思うにこれは、当時の日本は配下の者が蛮人の虐待を蒙ったため、積憤忍ぶべからざる勢いにあったが、冷静になって出兵の費用を考えれば怒りも萎え、出兵は取りやめになるだろうと考えてのことであったのではないか。しかし、このように推測するのは、日本人の本性を理解せず、また日本の現在の国内情勢を知らないからである。日本国内では怨恨が国中に広まっている。それは実際には旧を改め新に就くという一連の苛政から起っているのであるが、それを朝鮮・台湾二国人が辱めたり虐待したことにすりかえているのである。朝廷のねらいは、これによって安定をえることにあった。しかし、こうすることによって怨恨が引き起こした反乱は幸いにもその根を抜くことができたが、日本の朝廷は世論に従わざるを得なくなって、あたかもかつてフランスが民間の反感を外事に転ずるためプロイセンとの戦争を考えたように、怨恨を外にそらし和らげる策を打つことを迫られている。台湾で戦いを仕掛けるのでなければ朝鮮に手を下すといった所であるが、いま朝鮮は免れて台湾の生番が捕らえられようとしているのである。そもそも台湾一島は、生番と熟番とに分かれ、熟番は夙に本朝の版図に帰入し、さらに生番の居住地も我が朝に属している。最近では島の高山地帯でもその西側に華官が駐在しており、東側にも徐々に県が設けられるようになっている。であるから本紙では以前、この件に関し次のように述べた、自ら征伐を行えば出費は免れない、しかし敵国に代行させるよりはましである、と。そもそも、日本が今回出兵するその意図は報復することだけにあるのか、それとも外に何か図る所があるのか、それは知るすべもない。先に我朝は自ら征伐を行うことにしたが、そのおり他にどのような議論があったか、それは下々の者のおしはかれる事ではない。いまや日本と我朝とは共に台湾にあって、その勢いはまさにあい拮抗している。であるならば何か約束があったか否かはともかく、その地に踏み込み報復心を満たした後は、軍を引き上げるべきで駐屯すべきではない。日本の欧字紙では、日本の朝廷が島全土を侵略し略奪するかどうかは、なんとも言えない、と述べている。なんと言うことであろう、わが大清朝が自ら切り拓いた領土を、甘んじて他国に譲るなどということがあってよかろうか。西洋人たちのこの言は、情勢と時勢の判断において誤っていないのではあるまいか。そうであれば日本の台湾駐兵は、その明らかな兆候である。国事に心を尽くそうと望む者は、袖手傍観して憂いを残すようなことをしてはいけない。西洋諸国では、辺境の紛争や隣国と戦争ということになれば、大軍を徴発して国境に配備して情勢を観測し不慮の事態に備えるのが、当然のこととなっている。費用がかかることは聞いているが、今回のことでは日本がすでに兵隊の徴集を計画しているのであれば、我が国はいかにしてこれに対処すべきであろうか。先に伝え聞く所によれば、上海製造局が新たに建造した大型蒸気艦二隻が欧州諸国を遊歴する計画とのことであるが、ここに台湾の情報が入ったからには、この艦船を現下の急状勢に投入すべきではあるまいか。そもそも軍艦は不慮の事態に備える見地から造られたものなのであるから。もっとも、私見が時事を正しく見ているか否かは判らぬが。

（『申報』同治十三年（一八七四）三月初一日）

（杉山文彦訳）

第3節　明治日本への見方

［資料8］旅寓日本華商声明

［解題］この文は『総署清档目録・日本国』にある「旅寓日本華商声明日本被欺情形案」と称されるもので、光緒元年七月初三日（一八七五年・明治八年）に、日本在住の華人商人からアメリカ人に託され、北京のアメリカ代理公使ホルコム（Chester Holcombe 中国名・何天爵）の手を通して総理衙門に提出されたもの。

日清修好条規の批准手続きが終わると日本は直ちに公使を清国に派遣したが、清朝が日本へ公使を派遣してくるのは一八七七年末になる。したがってこの時期は、清朝の在外公館は日本には存在しなかった。日清修好条規では日清が相互に領事裁判権をもちあうことになっていたが、日本在住の華人は清朝の保護を受けられぬ状態にあった。この文はそのような状況下での窮状を訴えている。ここには、当時の中国庶民の法意識や日本観が垣間見えて興味深い。

七月初三日〔一八七五年八月三日〕、日本の各通商港に寄寓する商人らが上呈した文書による。

華人への蔑視と凌辱が甚だしく、項目を列挙して恩恵と庇護を求め、もって国体を明らかにし商旅を保護すべき件。

伏して惟うに、日本国が通商を行うことを求めたため、朝廷はその求めを許して、遠人を懇ろに扱う姿勢を明らかにしました。条約と税則を協議して定め、彼此の商人が相互に往来して通商することを許し、各港の地方長官はそれぞれ保護を与え、寄留する商人の安全を計ること、としてきております。

商等〔私ども〕は、両広〔広東、広西〕・八閩〔福建〕・三江〔江蘇、安徽、江西〕・両浙〔浙江の浙東と浙西〕の海江に沿う地に籍貫を有し、通商のことに習熟しております。東洋〔日本〕がすでに仰せに従って通商を許可したことを知るに及び、みな資本を工面して、該国の長崎・兵庫・大阪・江戸・箱館などの地に赴いて商いを行い、規定を順守して通商、納税しております。あるいは、西洋商人に雇傭されて出向いた者や、職人の手技を元手に渡航した者もおりますが、みな分に安んじて仕事に従っております。もし失業してすることが無くなった場合は、同幇の者がようすを察知して、やむなく悪事をはたらいて中華の体面を汚すことのないように、また、そもそも郷里を同じくする者の誼みから、かならず旅費を助け合って援助し、帰国するように勧めています。もし本分を守らない者があれば、かならず互いに誡め合っています。東官〔日本の官吏〕はみな政務に熟達していないので、かれらが処置するのを願わないのですが、しかし彼らは事を好む性格が強く、事件があると、凌辱を加えたり、無礼に虐待したり、下役人に騒ぎを起させたり、無用の紛糾を作り出します。中国は東洋に駐在する官員を任命していないため、商人は侮辱を被り、憤懣が極に達していますが、無実を訴えるすべがありません。ただ天を仰いで、遠地の民を援助し庇護するように求めるのみであります。

このような事情については、東洋に寄寓している西洋各国の商人も、みな同様に不平を抱いています。アメリカ人魯意師〔ルイスか〕という人は、昔該国の駐上海副領事を務め、多年華人と良好な間柄で、〔華人が〕侮辱されるさまを見ていつも扼腕しています。如何せん職掌が異なり責任ある立場にはありませんが、華人が遠く海外に旅に出ると、天高く海遠いため下情が上達し難いことを熟知しています。今、商等は、まことに怨念極めて穏やかならず、万やむを得ず東官の苛政を分別して詳しく述べて上訴することとし、ルイスに依頼して京師〔北京〕に郵送し、憲天の大人が法を講じて庇護を加えるよう求めるものです。日本国の外務省大臣に照会し、所属の各港の地方官に指示して、今後は非礼な侮辱を加えることなく、公道を明らかにさせ、もって遠地の商人を救助してください。東洋に寄寓する小民、切望に堪えず、真心よりの血書を敢えて上呈して、上官へのご伝達を請願致します。

記

一

すでに条約を締結して通商するからには、各国と一律に行うべきで、差別があってはなりません。然るに日本は強きを恐れて弱きを欺き、その差別のさまは明白であります。およそ貨物を税関に申告するさい、時刻が遅くて検査できないときは、かならずその貨物を税関の倉庫に収納しますが、もし中国と西洋の商人が同時に貨物を申告すると、税関吏は倉庫の番人に貨物を指さして、これは洋商のものだから丁寧に扱え、あれは華商のものだからたいして大事なものではない、と言います。

数年前、神戸の税関で華商が毛織物の通関を申請し、審査の時間が遅れたため、規定に従って税関の倉庫に一時保管しました。その倉庫は周りを鉄柵で囲み、税関吏が門扉を施錠し、外には警備の者が常時巡回していながら、翌日になって税関吏とともに調べてみると、毛織物を入れた箱がこじ開けられていて、六疋〔一疋は四丈に当る〕の毛織物が紛失していることが判明しました。鉄柵を調べてもどこにも壊された所はなく、門扉の鍵もキチンと施錠されており、何らの形跡もありません。税関当局と掛け合いましたが、初めは全く受付けず、その後、捜査を続けることを認めて、地方官に告発したものの、結局はずっとたなざらしにして追及しませんでした。二三疋程度の洋布の価値は大したものではなく、告発しても無益ですので、さらに訴えることはしませんでした。もし、西洋商人が貨物を紛失したのなら、ただちに追及、捜査をするだけでなく、急いで賠償を支払い、紛失物がもどってきた場合も、洋人は傷がついたと主張するでしょう。総じて、華商への待遇はひたすら苛酷であり、〔日本人は〕みだりに尊大で、恤商柔遠〔遠来の商人を慈しみ懐柔すること〕の政治というものがありません。

一

すでに条約により相互に通商することを定めたからには、牌費〔登録証の料金？〕を取り立てる根拠はなく、幸いに憲天より非礼を察知して、廃止するように照会していただきました。然るに日本政府は適切でないことと知りながら、なお利を貪ろうとする心が強く、中国が理事〔領事〕の官員を派遣していないことを依然として口実とし、しぶしぶ減額したのであります。東洋に旅寓する人民のすべてが感動し称賛しておりますように、憲台は万里の彼方を明察して恩を広く海外に及ぼし、該国の是非はすでに明らかにされたのであります。

一

中朝はいまだ東洋に理事の官を任命し派遣してはいませんが、各港の華人は、あるいは一省を幇となし、あるいは数省を幇となして、老成した誠実な人物を推挙して幇内の公事を司らせています。もし中東〔中国と日本〕の商民が互いに訴訟となったときは、東官〔日本の官吏〕がその場所ごとに審理するが、〔各幇の〕司事は審理の日に、委嘱されて東官の役所に同行し、審理に立ち会います。〔領事の〕官が駐在するようになっても、同様ではないかと思われます。思うに、司事は号商〔有力な商人〕の公挙に係り、かならず身に栄職〔官位、官職など〕を有し、事の道理に明るくて人を納得させる言葉を話せる者が選ばれます。東官は華人に関連する事件が起こると、かならず司事を呼び出し、審理に出頭する華人も、かならず司事に問い合わせます。東官からの手当はまったくありませんが、呼び出しに応じないと、たちまち詰問されます。〔日本の役所の〕公事にはまったく道理というものがなく、彼〔東官〕に諭しても聞く耳を持たず、人をいらだち憤らせます。もし〔東官の〕自理に任せれば、官に法がない上に、通事〔通訳〕はもっとも道理に暗く、ほとんど〔審理の〕体をなしません。華人には華人の交渉法があり、幇内には自ずから公論があって、曲直を処置しています。もし事案が重大であれば、かならず原告、被告ともに故国にもどって控訴します。

数年前、寧波籍の者四人があり、神戸に寄寓して洋服の仕立てを業としていましたが、酒を飲んで歓談しているうちに口喧嘩となり、互いに訴えるつもりはなかったのに、巡査に逮捕され、東官に引き渡されてしまいました。訊問を受けるに及んで、それぞれ訴訟にはしたくないと申し出、釈放してもらって仕事にもどりたいと懇願し、司事からも中国の処理法を上申しました。ところが、東官は執拗に許可せず、何日も拘禁しつづけ、結局、曲直を分かたず、鞭打ちの刑罰を加えて処分を終えました。こうした口喧嘩程度の小事は、本来その場で処分して、釈放すべきであり、すでに原告、被告ともに再三取り下げを申し出ていた上、事件には東民〔日本人〕の関わりがないのに、強いて拘禁して鞭打ちの刑を行い、結局曲直が公明でないとは、何とも良いこととはいえません。ひたすら華人を遊び道具にして笑いものにしています。思うに、これまで聖賢の書を読んだことがないため、民は訴訟がないのを貴ぶということを知らないのです。日本は従来漢字を用いてきましたが、杜撰に字義を理解しているために、漢文を全用することができず、いつも有音無義の倭文〔かな文字〕を文中に交えます。東人の通事で文墨に通暁している者は、通商港に極めて少なく、そのため上申のことばには常に誤訳が多く、勝手に錯誤したり、供述を誤り伝えたりしています。もし華人が日本方言〔日本語〕で供述しようものなら、たちまちひどく恨まれ、是非の転倒した処置を受けます。これらの官吏は、商等のだれもがその交代を願っている者であります。

一

洋薬〔アヘン〕は、元来通商の貨物ではなく、ただ華人は嗜んで中毒になっており、たいていはみな病気を口実にした薬材としていて、商品として売ることはありません。調べてみますと、西洋諸国と日本との条約には、アヘンの輸入禁止が記載されていますが、しかし一人当たり三斤〔一斤は約〇・五キロ〕までは携帯して持ち込み、薬材として用いることを認める条項があります〔日米修好通商条約第四条に「阿片の輸入厳禁たり、もし亜墨利加商船三斤以上を持渡らば、その過量の品は、日本役人是を取上べし」とある〕。しかし、中東条約〔日清修好条規〕にはこの条項はないものの、実際には薬材として存在しており、いわんやアヘン中毒者は入国できないという条項はありません。また、華民はかの国〔日本のこと〕の刑罰規定に従わねばならぬという明文はなく、いわんや中毒になっている華人も骨にとどくできものと見なして、深く痛恨しているのです。如何せん体に病気がしみつき、〔薬材としての服用を〕止めるわけにはいかず、まことに遠く離れた所に旅寓して、父母は病気をもっとも心配しているものの、どうにも手だてがないのであります。華人は持参したものを自ら用いており、かの国には実際何らの害はありません。また、東民〔日本人〕の禁令が極めて厳しいことをはっきり知っており、誰も敢えて自分の銭を使って他人を罪に陥れたりする者はいません。自ら損をして、人を害するなどという道理が、天下にあるものでしょうか。

今、東官はまことに事を好んで厳しく追及し、これを口実に凌辱を加えています。邏卒〔巡査〕が三更半夜〔深夜、真夜中のこと〕にまで門を押し開けて室内に入り、箱や行李をひっくり返して、すみずみまで探し回り、洋薬の吸飲用具を捜索するに任せています。華人は通商の遠客でありながら、ついに重罪人のように見なされ、我が華人を貴賤の別なく拘引して、監獄に押し込め、一年半の苦しい懲役を科するのです。ああ、少しも人を害したり法を犯したりしていないのに、どうしてこれほどの重罪となるのでしょうか。そのうえ、華人の中には、旅寓の商人とはいえ、軍功によって顕職〔官職、称号、前出の「栄職」と同じ〕を授けられた者や、捐納の規定に従って成均に列する者〔「成均」は古代の学校、捐納で生員などの資格を得ること〕が多数おります。東官は我が国の名士を尊重することなく、無辜の者を盗賊と同一視し、ひとたび拘束すると留めて監禁し、草刈りや泥さらいなどの懲役を科し、かの国の囚人と同列に扱って、名士も無用な弁髦のように扱われ、華人は雑草のごとく軽視されております。煩わされ辱められるとともに、礼も法もないがしろにされています。思うに、法はかならず理に合致し情をはかってこそ人を納得させることができます。刃物で人を殺したり毒薬で人をあやめたりすれば、法律に問われるのは当然としましても、もし刃物を使い毒薬を服用して自殺した場合にも、さらにその身に罪を加えるということがありましょうか。

もし洋薬が毒物であり、そして東人が華人に毒されているということであるならば、犯罪として処置することは礼にもかなうことです。今、華人は自らの吸飲で自らの身を損なってはいても、いささかも東人に害を及ぼしていないのに、何故に毛を吹いて疵を求めるごとくするのでしょうか。まして、無辜の者に強いて重罪を科するとは、まことに天日なき暗黒の沙汰です。華人の中には、このような屈辱に甘んずることができず、在東〔日本滞在〕をいさぎよしとせず、荷物をまとめて帰国する者がありますが、洋薬の吸飲用具は中国に持ち帰ることが許されるべきなのに、乗船時に税関の調べで発見されると即刻没収され、持ち主も拘束、監禁されてしまいます。これはもっとも道理に合わない処置で、中国のアヘン吸飲をどうして別の国でさらに管轄されるのでしょうか。もっとも悲惨というべきは、監獄に拘禁されている者で、もともと病気があってアヘンを薬がわりにしていたのに、この暴虐な取り扱いに遭遇して、気分は鬱屈、煩悶してしまい、アヘンには禁断症状が出て病気は悪化し、しかも、中国の医者が治療することは許されず、東洋〔日本〕のヤブ医者が妄りに西洋の猛薬を投与し、そのために病気はいっそう篤くなってしまうことです。去年、二人が危篤となったため、釈放されて出獄しましたが、数日にして死亡してしまいました。

最近も、牢内で死んだ者があります。万里の遠地の商いに出て、罪もないのに死地に至るのです。死者は死んでも死にきれず、生きている者も無念の歯ぎしりをしない者はありません。いささかでも人の心があれば、このように天良を傷つけて、かの国に少しの利益もないことを、するはずがありませんの〔かの国には〕是非の心、惻隠の心というものが、ないのでしょうか。君子は己のためにせず、甚だしくは人を責めず、とは、実践し難いものです。

そもそも人の嗜好は厳しく禁ずることの難しいもので、ただ自らに害がないことを求めるのみであります。例えば、中国では法律で牛の屠殺を禁じていますが〔清律には軍馬や役牛の屠殺を禁ずる条文がある〕、各省に住む回民で久しく教化に服してきた者、また西洋人で来華して通商に従事している者は、いずれも牛肉を食べることを好むため、彼らには自弁を許しますが、華人はやはり禁令に従っています。思うに、法律は自国の民を治めるためのものであって、外邦からの客民に適用する道理はありません。華人は東洋に寄寓するとかならずまず牌費を徴収され、これは毎年決まって納めなければなりません。通商は〔日本の〕税収を豊かにし、これらの利益は決して小額ではありません。どうして華人の場合には、やむを得ず病気の治療のために持参した洋薬のために、このような非礼な苛政を被らなければならないのでしょうか。日本にとって少しも損害がないだけではない、取締りをすることは日本に益があるよりも、いたずらに苛政の悪名を残すのではないでしょうか。中国には東洋に駐在する官員がありませんが、もし華人が実際に礼を犯す事件を起したら、拘束して帰国させ、中華の官員に引き渡して処罰を行うべきで、〔日本が〕勝手に自ら処罰を決定することはできないはずです。相互に条約を結んで通商を行っているのなら、道理として、理をはかり情をはかり、公平を旨とするべきであり、商人をかならず優遇するなら、税収を豊かにすることもかなうでしょう。目前の情勢を考えますと、東洋の各港の華商のうちに洋薬を吸飲する人がいないようにすることは、とうていできない実状であります。

今、東人〔日本人〕は上海にきて汽船会社を設立し、アメリカの汽船会社と競争し、互いに運賃を下げあって旅客や貨物を運ぶ船舶を一手に引き受けようとし、往来は非常に頻繁ですが、貨物の大半は華商から託されたものです。東民〔日本人〕は海外への渡航に慣れておらず、条約の締結から現在までの数年〔一八七一年から七五年まで〕を合計しても、来華の人数は甚だ少ない。上海は外国商人が集まる所ですが、日本商人は一二家のみで、そのうえ大商人もありません。他の所も同様です。ただ、汽船だけは、便数が多くて路銀も低廉ですから、日本往来の人数は将来増えることはあっても減ることはないでしょう。

伏して憲台大人に求めますに、遠地に旅寓する人民に憐みをかけ、日本の外務省および北京に駐在する東官に照会し、今後、およそ華商の東洋に旅寓して貿易する者には、苛酷な扱いをさせないようにしていただき、並びに、手段を講じて庇護を加え、もって人民を保護し、善後を図っていただきたい。洋薬につきましては、もっとも困惑させられており、冤罪のまま獄死して無実を訴える所もないありさまですから、明確に章程を定めて、以後、およそすでに吸飲が習慣となった華商については、身に持病を有する者として、その必要な携帯と吸飲を許可し、ただ売買は許さないという決まりにしていただきたい。また、日本人のために前項の洋薬および器具を代って購買してやり、発覚して確証のある場合、あるいは告発されて審理がなされた場合は、即刻極刑をもって処断されても、当人が負うべき罪でありますから、法は逃れるべくもありません。たとえ、刃物で故意に人を殺害し、毒薬で殺人を犯す者は死罪とするという律を援用し、さらに等級を加えて凌遅処死〔四肢を切り落としてゆく死刑〕の極刑を科されても、刑が重過ぎるとはいえません。華人に言い訳の口舌があまたあろうと、決して処置に口を挟むことは致しません。このようにすれば、理と法と、ともに明らかとなり、官と商と、ともに懸念を解き、騒擾を避けることができます。

今、遠地に旅寓する小民ですでにアヘン中毒を患っている者は、古くからの禍を絶とうとしております。そうすれば大益を得られるのですから誰がこれを志さないことがありましょう。如何せん、重い持病に苦しめられ、また水や土地の違う所に来て、いささかアヘンの吸飲を減らそうと手を施していますが断ち切るに至らず、しかも持病が再発して、まことに万やむをえない悪癖なのであります。現在拘束されている者は、監獄に拘禁されたり、懲役として賎業を科されたり、身は水火の中にあって、生命も保証しがたい状況です。父母も妻子も、東の方向を望んで泣いております。情としてまことに悲惨で、日々救助を切望しております。幸いに拘禁されていない者も、つねに騒ぎにまきこまれて煩わされ、盗賊と同類にみなされ、仕事に安心して打込むことができず、やはり災厄から解放を待ち望んでおります。

一

賭博は法律により禁ずべきものであり、もし商人や人民に被害を与えたり、これに便乗して暴利を図ったりする者があれば、そうした人はおおむね舵取り、水夫や定職なくぶらぶらしている者で、彼らは多くはたいへん愚かであって、〔華商の〕各幇にそういう者がいないとはいいきれません。しかし、ひとたび〔賭博が〕発覚すれば、かならず同郷の誼みから諄々と誡めの言葉をかけますし、もしついに聞き入れなければ、こちらから東官に告発して処置を依頼します。

節句や吉日および暇ができた日などに、囲碁を打ったり陞官図〔出世双六〕をしたり、あるいはサイコロを振って遊んだり、飛觴〔盃のやり取り〕、舞籌〔投壺〔壺に矢を投げ入れる遊び〕のようなものか〕をすることは、優雅な遊びであり、また旅のうさ晴らしとなります。そもそも元旦や上元などの節日には、まま賭け事に興ずる声が聞こえ、令日吉日〔婚礼の吉日か〕にはそのにぎやかさは普段の賭場での賭け事の際とは比べようもありません。

商等は、外国に旅寓の身ですが、元旦などの節日には、みな交易を休んで、互いに慶賀の宴を催します。今春は恐れ多くも国喪〔同治帝の死去、同治十三年十二月五日・一八七五年一月十二日〕のことを聞き、一同しきたりに従って大典を執り行い、礼儀を示しました。日本は近年西洋の暦に従うようになりました。中国の元旦などの節日を知らないわけではないなく、そもそも互いに条約を結んで永遠に修好すると約束したからには、節句や元旦などには、礼として成例に従って休暇を給い、ともに慶賀の意を表すはずでありましたが、今やこれに反して、節日にあたるたびに、羅役〔巡査〕を華人の所に差し向け、事を暴いて騒ぎを引き起こしています。

調べてみますと、甲戌の年の元旦〔同治十三年元旦・一八七四年二月十七日〕、神戸に居留する浙江人が、元旦の休暇で仕事がなかったので、友人を招いてサイコロを振って遊びました。これは年初めの行楽であり、人情の恒でありますのに、巡役〔巡査〕に拘束され東官に摘発されて、むち打ち八十回の刑を受けました。今年はまた広東人が拘束されました。近ごろ横浜に寄寓する華人は、暇つぶしに陞官図の双六をやって、やはり拘束され監獄に入れられました。このような優雅な遊びを節句の吉日にやることが、その国のいかなる法を犯すというのでしょうか。また、東民といっしょに楽しむわけではなく、実際少しも関わりのないことなのに、どういう狙いで理由もなく侮辱を加えるのでしょうか。

華人が深く恨みとしていることを直視しますと、通商のことは、東国〔日本〕が北京に使いを派遣して再三にわたって請求し、それが許されて商人が出かけていくと、何とこれほどまでに華人を軽視し侮蔑いたします。思うに東官は事理に暗く、また事を好み、地方官は案件が多く事務が繁忙であることを能としています。華人はその性格が多くは懦弱で、侮辱されてもそれを雪ぐのは難しいと思うため、〔日本の官吏は〕草をかき分けて蛇をつつき出すように、わざと凌辱を加え、非法非理の扱いをするのです。もし大清律例に照らして行うよう説けば、そのでたらめな措置はいっそう明瞭となりましょう。ただ、律の文章は精緻且つ微妙ですから、熟読して研鑽を積んだ者でなければ、刑罰の政を行うことはできません。東国では漢文を用いますが、その字義は多分にでたらめに解釈して杜撰であります。初めは仏典を通じてかの地に流伝し、その後に聖人の書や賢人の列伝、経史子集の書物を買い備えましたが、みな僧侶が教えたもので、中華の名儒、博士が教え導いたことはなく、誤った説を伝え来たって千百年来自足しており、〔真実の〕探求に努めてきませんでした。

今東署〔日本の役所〕で通訳や翻訳に従事している者は、自分では中原の官話に通暁し、良く漢文を訳すと称していますが、その実、華商の中等の人材にも及ばない者たちであり、どうして律の文を詳しく解釈できましょうか。使臣〔外交使節〕に随行して北京に来るようなものは抜群の人材ですが、恐らく全国で数名いるに過ぎません。彼らがふだん見ている書物は『今古奇観』の類であって、これを朝鮮や琉球、安南などの諸国の同じく漢字を用いる者と比べてみますと、やはり中華に藩属したことの利益が少なくなかったことが分かるのであります。

一

訴訟案件は、もともと拠り所、証拠が必要でありますが、同時に事案の情状を酌量することが必要です。商等〔私ども〕の貨物が艀《はしけ》から盗まれたため、官署に赴いて告訴すると、証拠がないと言われ、艀の者が盗んだことを指摘できないのなら、捜査は許されないと言われます。盗賊が財物を盗むにあたって、被害者は先んじて盗賊に証拠文書を書かせることができるとでも言うのでしょうか。肩入れした痕跡が露わにならぬ限り、事は明らかにならぬと思っているのでしょうか。そもそも自国の民を庇っているのでしょうか。その実は、二つのことがともにあてはまります。もし現場で犯人を捉えて担当官に告発しても、罰金を一二元徴収するだけで落着としてしまうため、近来窃盗事件は極めて多く、通商以前と比べて天地の隔たりがあります。東官はおおむねこのようなありさまです。

該国が使節を北京に派遣して条約を締結したころ、我が国の憲天はこのような事態をまったく予測しませんでした。あるいは、現在未だ理事〔領事〕の官を派遣しておらず、東国に居留している華人について、自国民と同様に管理するよう依頼しているために、東官はつねにこのことを〔華人を〕厳しく取り扱う理由としているのです。その通商を求めた当初のねらいをおもんぱかりますと、西洋諸国のやり方を模倣したかったにすぎず、元来自国民に遠隔地の貿易の志があるのを配慮したわけではなく、全国の産物を挙げて外来の貨物に対抗しようとする計画があったわけでもなく、まして、富国には税収の増加が必要であり、税収を増やすには商人を保護すればよく、そうすれば〔商人は〕海を渡り山に登りますから、自ずから山に官を置き海に府を設けることとなる〔税収確保のみちが増えること〕、ということにも思い至りませんでした。今いたずらに通商の名を求めるのみで、遠来の者を懐柔し商人を保護するような政治を講究することなく、かえって遠来の商人を侮辱し圧迫しています。まことに何を考えているのでしょうか。

商等〔私ども〕は、異域に旅寓し、侮辱を受けて心より救済と善後を望んでおります。ただ、身は海外につなぎ止められ、上申書の案例もわきまえませんが、謹んで侮辱の状況と不当にも獄死させられたり、怨みと憤懣から病死してしまう事例を詳しく書き記して上告致します。身を監獄につながれて救済を望むこともっとも急な者があるほかは、商等は敢えて過ぎ去った無実をさかのぼって雪ぐことは望みません。よき対策を将来に希求するものであります。ひどい日照りにあたり恵みの雨を渇望する者のように、東旅の小民はみな常に首を伸ばして北を望み恩沢と庇護を求めております。それ故無礼を省みず事情を披瀝します。数千の旅民は憲天大人が手段を講じて保護を加え、それによって遠地の人民を安んじていただくよう、こぞってお求めします。まことに恐縮に堪えませんが、ご決定を待つのみであります。

（並木頼寿訳）

［資料9］李鴻章・森有礼談話

［解題］この文は一八七六年一月に行われた李鴻章と森有礼との会談の記録。大久保利謙編『森有礼全集』第一巻（宣文堂書店、一九七二年三月発行）から採った。収録にあたり、原文かたかなはひらがなに直し、句点を改めた。

一八七五年九月の江華島事件以後、日本は軍事的圧力の下、朝鮮に条約締結を求めていたが、そこで清朝と朝鮮王国の宗属関係が問題となり、森は清国在勤特命全権公使として清政府とこの件で交渉に当たっていた。李鴻章との会談は直隷省（現河北省）保定府にて、一八七六年（明治九）一月二十四日（光緒元年十二月二十八日）と翌二十五日の二回行われた。

なお、この会談記録は比較的簡単に参照できる文献が二つある。一つは『森有礼全集』のそれ、いま一つは『李鴻章全集』訳署函稿巻四の「日本使臣森有礼署使鄭永甯来署晤談節略」である（王芸生『六十年来中国与日本』に採録）。両者を比較すると、大筋は同じといえるが具体的記述はかなり異なっている上、二十五日の会談は後者には記録されていない。また、諸本に引かれる「服装云々」は二十五日の会談であり、従って李全集には見えない。

紀元二千五百三十六年一月廿四日廿五日パオチン府に於て日本国公使森と総督李鴻章と応接の記

○

初回の応接

右両大臣の外に日本国公使館一等書記官鄭氏、翰林院学士ホアンニン氏、此人碩儒の聞あり、并に英語訳官ホアンウェイリン氏席に列す。先づ互に礼詞数言を敍し畢り、次で彼より欧米経歴中実験の事を問ふ。

森　拙者世界を周廻せし事前後二回、初回には西に向て発航して東より帰り、次回には前回に反し、東に向て発航して西より帰れり。而して最も心を楽ましめし者は、渺茫たる大洋航通の際に在り。此間更に陸地を見ざる事数昼夜、唯仰ては天の穹窿たるを視、俯しては水面の団円なるを視るのみ。耳に塵世諠譁の声を聴かず、目に船内雑遝の状を見ず、精神全く静にして旅客互に相親しむ、実に恍然夢裡の思をなせり。

李　其快楽実に知る可きなり。

森　真に然り。而して陸地に到着の事、世上の事物を見聞するに、更に夢境に入るが如し。人は互に心を分ち国は各々趣を異にす。或は抑圧せらるゝ者あり、或は蹂躙せらるゝ者あり。即ち土耳古、印度、并に清国の如きは其最たるもの也。

李　閣下は普く全世界を経歴し、博く事物を研究して大に知識に富り。今に方て是等の数国を扶て抑圧を免かれしめ国力を興し国栄を復するの明智妙謀も定てこれあらん。請う幸に高諭を垂れよ。

森　拙者は現に見給ふ如き年少の徒なり。豈に閣下の望に応ずるの才識ある可んや。只常に期する所は努めて閣下の如き大家に親接して其教を受け、以て知識を弘めんと欲するに在るのみ。幸に今般の機会を得るに至りしも畢竟此素志の致す所なり。

李　乞ふ、謙遜する勿れ。試に亜細亜州開化の度を欧洲に比すれば賢慮如何。

森　敢て鄙見を陳述せん。今公正の論者をして亜細亜の現状を判定せしめば、頗る開化の度に達したりと云はん。例えば開化の最高度を十度と定めんに、亜細亜は三度の上に達し、欧羅巴は七度に下らざる点に在るべし。

李　これ極めて公平の比較なり。我清国を振興するの良図は如何、願くは高論を聞かん。

森　問題重大なり。敢て当る可らず。況や昨今此一大国に来り、未だ国内の形状を熟知せざるに於てをや。但し斯の如き大国を振興せんには、先づ此の大事業に匹敵すべき一大勢力を得ざる可らず。是或は穏当の論なるべし。然れども今更に三十名の李鴻章、貴国に輩出するに非ざれば此の事行はれ難し。

李　（微笑し）其故如何。弊邦には現に百李鴻章あり。

森　或いは然らん。然りと雖ども是れ等の人、未だ適当の地位、即ち十八省の長官乃至総理衙門大臣の如き官庁に在らざるを如何せん。愚察するに現に米国にて教育を受る少年輩は、成長の後、果して目今閣下の有せらるゝ如き権力を握り顕官に昇るの人となるべし。

李　実に貴説の如し。彼の少年等を派出せしは実に拙者の所為に係る故に、将来の望を深く彼輩に期す。閣下は教を欧洲に受く。希くは其学び得たる学術の科目を聞かん。

森　遊学の期長からず、故に何の学術をも修め得ず。これ現に閣下が親視する如く、公務の為に身を役せらるゝ所以なり。

李　敢て貴庚を問う。

森　稍三十に近し。

李　此妙齢にしてこの奇才あり、賤庚は幾んど貴庚に倍し、秋霜既に鬢辺に上れり。

森　貴我両国の間に訂盟せし条約の実効に就ては、賢慮果して如何。知らず、多少双国の裨益を生ぜし者ありや。

李　実に然り。貴国に於て条約中特に双国の内一方より他方の封土属地を侵し、或は之を掠むる等の所業を予防の為に設くる所の条款を信守せらるゝ以上は、長えに斯の如くなる可し。

森　凡そ書冊上に記したる事と雖ども、之が明解なきときは往々紛議を醸成し来る者あり。仮令黒白の相違ある事にても読者の見解に依て幾様にも釈義せらる可し。例えば今承りたる和親条款と雖ども、双方にて全く相反せる見解を下だすを得べき也。

李　其故如何。其類の事恐くは致し難からん。我清国に於ては一旦固結せし条約に背戻する事決してある可らず。該条約は永久双国にて遵守すべき者なり。

森　永久とは何の言ぞや。極て望む可らず、極て喜ぶ可らざる事なり。

李　望む可らず、喜ぶ可らざる事とは知らず。如何なる意ぞや。夫の犯す可らざる条約を意とせず、自家の便利に任せて之を破るも妨なしとの言歟。

森　希有の尋問なるかな。此類の奇問を解得せん日本人は一個もある可らず。夫れ条約は曾て議立の際に当て全く双方の意に適せしものと雖ども、事務の変遷に従い早晩之を改めざる可らず。

李　然りと雖ども貴我両国の間に現存せる条約は良正完全の者なり。況や締結の日より少くも十年の間は双方共に固守せざる可らざる者に於てをや。

森　実に然り。該条約定期の間は双方共に固守すべき者なり。然れども現に貴察する如き良正完全の約にあらざる事は閣下忽ちに之を看出するに至らん。

李　如何なる故ぞや。何に由て然るや。

森　総理衙門大臣等拙者に告て云く、朝鮮は清の属国なり、故に条約に掲げある属地の一なりと。

李　固より然り。朝鮮事件に付て衙門と貴公使館との間に往復せし書翰中の趣は拙者之を詳知せり。衙門大臣等の所説全く鄙見に同じ。即ち朝鮮は清国の属隷にして貴我の条約に基き貴国の為に属国視せらる可き者の一たり。

森　条約中に朝鮮は貴邦の属国たる旨を明示せる条款あるを見ず。之に反して我政府は終始朝鮮を独立不羈の国と看做し、現に独立国を以て彼を待せり。蓋し自余の列国は云う迄もなく、尚貴政府と雖ども亦彼を待する道爰に出ざるべし。貴政府曾て明言して云う、朝鮮には自家の政府ありて随意に内外の事務を整理す。清国は毫も之に干与する事なしと。

李　実に貴説の如く朝鮮は独立の国なり。然りと雖ども其国王は現皇帝の命に依て立つ。是を以て清国の属隷とす。

森　然るが如きは単に貴邦と朝鮮との交誼に関する礼式のみ。此類敬礼上の事豈に朝鮮独立の論に関せんや。

李　朝鮮は実に清の属国なり。是旧来世人の能く知る所なり。

森　此一事は仮令幾回討論するとも到底帰着する所なかるべし。此上之を論ずるも最早無益の事なり。但し爰に閣下の注心を乞うべき一事の在るあり。今之を陳述せん。貴我条約中に一方より他方の封土を侵掠するを禁ずるの一款ありと雖ども、其封土の限界を確定せず。曾て台湾事件を生じ、今将た朝鮮事件を起せしは、畢竟款内にこの限界を明記せざるの致す所なり。此類無用の条款を依然と存し置くときは、後来再び前轍を践の恐れあるべし。是れ現在の条約を永存するを欲せざる由縁にして、其理辨を俟たずして知るべき也。和親の一款よりして斯の如く紛紜を醸成するは独り敝邦の為のみならず、殊に貴邦の為に憂ある所なり。

李　苟も貴邦に於て無事を守らば、何の紛紜か生ず可けんや。貴邦より砲船を出して朝鮮海を測量せずんば、彼如何ぞ之に発砲するの理あらんや。之に由て考うれば、貴邦より苦情を訴ふるの事由もなく、又朝鮮を伐つの口実もある事なし。畢竟彼より砲船に発砲せし一挙は、其実貴邦自ら招く所なり。況や該砲船海岸附近の所、即ち公法上所禁の三英里以内の所に進入し、之に加ふるに城池を陥れ、人を殺し財を掠むる等の事をなせり。然るに今又使節を遣て理非を糺さんと要す。是れ何為の事ぞや。

森　閣下は朝鮮人が我砲船に発砲せし挙動を罪なしするのみならず、現に我国より派遣せる使節を以て悪意を抱く者と見做すに似たり。思ふに朝鮮事件に就ては多少誤聞せられし所あり。請ふ、閣下の為に其実況を縷述せん。

第一、我砲船は専ら海水測量の為のみに朝鮮に赴きたるに非らず。偶々船用の水を求めんがため船を寄せたるなり。但し之を近寄せんには、先ず海水の浅深を実測し以て船の進退を無難にせざる可からず。殊には其桅頭に我国の旗章を標したれば、朝鮮人は固より之を認識せし筈なり。然るに国旗あるを顧みず突然該船に向て発砲せり。閣下も定て知り給はん、抑も我国と朝鮮とは二百余年の間友誼の情を通じ、輓近更に両政府の間に取極をなし以後は互に交信を通じ、愈々双国の友誼を親密にせん事を約せり。後幾くも無して彼約に背き妄りに我国の名誉を汚し、次で我砲船に向て発砲せり。是に於て使を遣て是等暴行の故を問はしむ。其之を問ふの理ある事、辨を費さずして知る可きなり。素より立刻に問罪の師を出して彼を膺懲するは、我に於て容易の事とす。然りと雖ども我国は此挙をなすを欲せず。可成丈は懇親和好の意を旨とし、勉めて彼が頑心を改良し以て我栄誉を全ふするに如ずと思考し、乃ち修好の使を派遣したる也。

第二、閣下は我国の砲船公法上所禁の近海に進入せりと云ふ。請ふ之を思へ、夫れ公法は之を遵守するの国に用ゆべく、朝鮮の如き公法の何たるを知らず、却て之を厭悪するの国に用ゆ可らず。彼れ仁愛の道を守らず、余国の民を入れず、偶々外来の船あれば妄に之に発砲し、剰へ沿海の測量を許さず。之が為に諸国船舶の中殊に朝鮮海上を往来する隣国の船舶、往々沈没の災に罹る者少なからず。故に隣国の一たる我国の船人に対し斯る不仁の事を為さしむるを得ざる也。

李　朝鮮に於ては貴国と交通を開くの意なきにしもあらざる可しと雖ども、彼れ深く其影響を憂慮する也。若し他の各国貴邦の例を追ひ、彼の狡黠なる商業を営まば、朝鮮は忽ちに衰亡せん。是れ彼れの恐るゝ所なり。

森　此事憂ふるに足らざるなり。苟くも朝鮮に於て其海岸に漂着の外国人を懇待する以上は、外国通商の為に国を開くを要せず。只外国人をして航海無難のため朝鮮海測量の自由を得せしめば乃ち可ならん。

李　然りと雖ども外国商人等の欲望は閣下が説く所の事のみに止らざるべし。

森　或は然らん。仮令然るも鄙説の外に出ず。外国人と雖ども強て通商を朝鮮に迫る事能はず、又我国と雖ども斯の如き強迫を朝鮮に加ふるを欲せざる也。

李　閣下之を保し能ふや。

森　固より然り。苟くも朝鮮に於て外交を拒絶するの正理あらば之を行ふも妨げなし。或は日本・清国の如き脣歯の国を容れ、自余の遠邦を拒むも亦然りとす。

李　其事成し得べきや。

森　固よりなり。請ふ、我国の例に就て之を明知せよ。曾て我国に欧洲の若干国を容れて交易を営みし事ありたり。此今を距る大約三百年前にあり。然るに彼れ我内国の事務に干与せしを以て和蘭国を除くの外は悉く之を逐斥して再び日本に来るを禁ぜり。爾来蘭人は良好友愛の情を我に示せし事、猶旧来貴国の我国に於るが如し。故に貴国及び蘭国は数百年の間我国と交通し、其間自余の西洋諸国は一切我国に来たるを拒まれたり。漸く二十年前に至り、外交を開くを是なりとし、遂に各国と交を結びたり。

李　果して斯の如くんば、朝鮮も亦その計画を変ぜざる可らず。

森　拙者は貴政府の協力同心を得ん事を切望し、依て此国に来りしが、今に於て貴政府の意を察するに甚だ我所期に違へる者あり。

李　其然る所以は如何。

森　貴国大臣等云く、朝鮮は清国の隷属なり、故に彼れ清国を尊崇すと。然るに貴国大臣等は朝鮮の為に事務を理するを欲せず。素より我国より使節を朝鮮に遣はせし真主意は貴大臣等の既に了知する所なりと雖ども、之を翼成するに意なく、条約中和親の条款、否な寧ろ招難の条款と云ふべし。此無用の条款の事に付拙者に書を寄する事数回に及びたり。斯の如き接遇を受くるは実に失望の至に堪へず。

李　閣下の失望実に之を察せり。然りと雖ども我政府は何故に朝鮮の事に於て斯る措置を致せしや、請ふ閣下の為に之を辨ぜん。我政府の目する所に拠れば、貴政府は事を行ふに甚だ急劇に過ぐる所あり。況や朝鮮は未だ貴国の望を満足する景況に至らざるをや。然り而して貴国は台湾事件の例に倣ひ、動もすれば其隣邦を攪乱し機に乗じて之を奪領せんと欲する者の如し。

森　我国を貴国に比せば、或は実に躁急快捷の風ある可し。欧人も亦此両国人の性情に大差異あるを見て、概ね皆之を怪めり。欧人の見る所に依れば、我日本人は極て敏捷の質を具え、清国人は極て耐忍の性を備う。是に由て視るに清国人たる閣下の目には我国の朝鮮事件を処するの法頗る短慮の様に見ゆるも亦宜なり。但し貴説中朝鮮は未だ我望を満たしむるの景況に至らずと云ふに至ては、蓋し閣下は我期望如何を辨知せざるに似たり。我より朝鮮政府に要むる所の者は極て容易の一二件に過ぎず。之を許すに将た何の準備を要せんや。

其一、朝鮮より我国威相当の礼を尽さん事を要し、

其二、朝鮮海にて我船人救護のため必須の方法を尽さん事を要す。

我国の彼れに需むる所の者は、此二件の外に出ず。斯の如き至簡至当の請求を拒むは実に天譴を怖れざる所為と云ふべし。又貴説中に日本国は動もすれば隣邦を攪乱し云々と云へり。此語は英明なる閣下の説に似ず。請ふ、我国の位置如何を察せよ。四方環海の国にして即ち一個の島国なり。故に水に依て以て生を営むものと陸に依て生を営むものと、其数幾んど相同じ。是れ即ち我国の人民が専ら海利の事に関せる諸般の業に熱心する由縁にして、我政府も亦之が為に保護の道を設けざるを得ざる所なり。今閣下が云へる征台一件と雖ども、全く前条止を得ざるの事情に出しもの也。将た現に派出せる遣韓公使も、その主意全く爰に基けり。抑も我政府に於て莫大の費用と苦辛とを厭はずしてよく是等の事を為すはこれ政府の政府たる義務を尽さんがためのみ。事情斯の如し。果して知る可し、我国の志向は曾て閣下が臆測せし如き類のものにあらざる事を。苟くも征伐を以て我主意とせば、如何ぞ嚮きに占有せし台湾の一部を棄るの理あらんや。又目下朝鮮事件の如きも、何ぞ箇程迄に心を苦しむ可けんや。前にも述たる如く、我政府の趣意は良善実直なり。貴政府之を悟るの速かならざるは深く遺憾とする所なり。

李　朝鮮の事に就ては拙者急に一書を総理衙門に致さん。嚮きに我政府貴翰に答ふる書中に、条約中和親の条款、即ち双方互に領地を侵す事を禁ずる条款を援引せしは、我政府に於て少しく軽忽の事なりき。

森　其一語を拝聴し、実に怡悦の至に堪へず。切に望むらくは貴政府に於て充分我政府の真意を解得あらん事を。

李　願くは暫く之を忍べ。総理衙門に於て拙簡中の趣旨を熟思せん間は、幸に之に迫る勿れ。

森　誠に幸甚、貴国に到着以来未だ斯の如き愉悦を覚へず。今宵は必ず枕を高して快眠すべし。

◯

第二回応接

此日列席の人員、森日本公使、総督李鴻章、日本公使館附鄭一等書記官、翰林院学士「ハアホニヤン」氏、並英語通辯官「ホンウユイリヤン」氏なり。初応接の時に同じ。二三細事の雑話に凡そ十五分時を移すの後。

李　近来貴国に於て挙行せらるゝ所殆ど皆賞賛すべき事ならざるはなし。然り而して独り然るを得ざるものあるは、貴国旧来の服制を変じて欧風を模せらるゝの一事是なり。

森　其由縁甚だ単なり。啻少しの辨解を要するのみ。抑々我国旧来の服制たるや閣下も見賜ひし事あるべし。寛濶爽快にして無事安逸に世を渡るの人に於ては極めて可なり。然りと雖ども多事勤労を事とするの人に在ては全く適せざる者とす。然るを以て旧時の事態には能く応じたるも既に今日の時勢に至ては甚だ其不便なるを覚ゆ。是故に旧制を改め新式を用ひ、之が為我国に於て裨益を得る尠しとせず。

李　一体衣服制度は人をして祖先の遺意を追憶せしむる所の一にして、其子孫たる者に在ては宜く之を貴重し万世保存すべき事なり。

森　若我国の祖先をして尚今日存せしめば、此の一事に於ては其為す所も亦我等に異ならざるべきは、一点も疑を容ざる所なり。今を去る凡そ一千年前我祖先は貴国の服の我に優る所あるを視て、忽ち之を採用したり。凡そ何事にもせよ他の善を模擬するは、是れ我国の美風と云ふべし。

李　貴国祖先の我国の服を採用ありしは、最も賢き事なり。蓋し我国の服は織るに甚だ便利にして、且悉皆貴国の出産物にて之を製するに足り、現今欧服を模倣せらるゝが如く莫大の冗費を要する事なし。

森　然るべしと雖ども我等を以て之を視れば、一体貴国の衣服は欧服の精良にして且便利なるに比すれば、其半にも及ざるが如し。頭髪長く垂れ鞋は大にして且粗なり。殆ど我国人民に応ぜず。此他尚貴国諸般の事、能く我等に適するものとは思はれず。然るに欧服は然らず。仮令経済の要理を熟知せざるの人は之を徒費に属するが如く察すべしと雖ども、勤労は富栄の基、怠慢は貧枯の原なり。之れ閣下の知る処なり。我旧服は寛快なるも軽便ならず。前にも申せし如く、怠慢に応じて勤労に応ぜず。之を以て我国は怠慢にして貧なるを好まず、勤労を以て富ん事を欲するが故に、旧を捨て新に就き、現今の費す所は将来を追て無限の報あるを期するなり。

李　然りと雖ども閣下は貴国旧来の服制を捨て欧俗に傚ひ、貴国独立の精神を欧州の制配に委ね、聊か耻る所なき乎。

森　毫も耻るなきのみならず、我等は却て此の変革を以て将に誇らんとす。此の変革たる、決して他より強迫せられたるに非ず、全く我国自己の所好に出づ。殊に我国は古より亜細亜・亜米利加、其他何れの国と雖ども、凡て其長ずる所あれば常に之を取て我国に施さん事を欲するなり。

李　我国に在ては決て如斯の変革を行ふ事勿るべし。只軍器・鉄道・電信、其他諸器械の如きは、之れ必須の品にして、彼の最も長ずる所たれば、之を外国に取らざるを得ざるなり。

森　凡そ将来の事に付て誰か予め其所好を確定するを得んや。貴国四百年前に在ては当朝の初めより行はれたる此の服制を好みし人は非ざるべし。

李　是れ只我国のみの変革にして、決して欧俗を用ひしに非ず。

森　然れども変革は則変革なり。殊に貴国の此変革は強迫に出て貴国人民の忌嫌せし所に非ずや。

李　是れ我等勤王の篤志に依り、斯くは致せしなり。偖《さて》、亜細亜と欧羅巴の交際は将来如何の状を見るに至るべき乎。閣下之を如何に明察せらるゝ哉。

森　是れ大なる問題なり。此問題の趣旨は各種の人民各種の宗教互に其の権威を相争ひ、並に世界の二大州互に其の人智富強を相競ふの事に関する者と察せざるを得ず。然れば拙者も亦亜細亜の人なりと雖ども、鄙見に依れば、亜細亜が欧羅巴と犄角するを得べきの日は、未だ迥かに幾百年の後に在りと云ざるを得ざるなり。概面を以て論ずるに、今日亜細亜人民の俗たる、下賎野卑、禽獣を相距る遠きに非らず。

李　何の故を以て然る乎。

森　抑々婦人の貴重すべきは之れ天の定むる所なり。則ち婦人は人間の母なり、一国一家の母なり。然るに亜細亜州中何れの地方にても其婦人を卑視して之を遇するの無道なる、殆ど獣類を遇するに等からんとす。拙者が亜細亜人民を下賎なりと論じたるも其理なきに非ざるは多言を要せず。閣下了解せらるべし。

李　是れ甚だ奇異の論なり。閣下は西教の徒乎。

森　拙者に於ては西教、仏教、或は回教其他と雖ども、一も宗教の名あるものを奉ずる事なし。現に如斯の俗人なり。只平素正道を守り、人を害するなきを以て一身の目的となすのみ。然れども又我心の我心を迷はすありて、甚だ之を行ひ難しとす。

李　閣下の大才、実に驚くべし。大孔夫子と雖ども猶如此の談は謹て之を聞ん事を欲せらるべきなり。閣下の如き大才を以て何ぞ貴国に外征等（征韓を指す）浅慮の軽挙勿らしめられざるや。況んや貴国は方今国乏甚く債を欧洲に負ふ程の時勢なるに於てをや。

森　苟も思慮ある人にして予め計画する所なくして妄りに事業を起す者は在ざるべし。

李　勿論なり。然るに今日の如く莫大の経費を顧みず、益々外債を積むときは、遂に貴国の滅亡を招くに至らん。

森　負債一事は方法さへ其宜きを得れば敢て忌憚すべきものに非ず。現に我国の欧洲に負債する如きは為に甚だ実益を見る所の者あるなり。

李　何を以て然る乎。負債は決して是とすべき者に非らず。

森　我国先きに外債なきの時に在ては、人民理財の方法を知らず、国家の形勢をも察せざりしが、今日に至ては甚だ小額と雖ども外債あるが故に、人民理財の方法を解得し其可否をも論じ深く事に注意し、殊に理財上に付ては一挙措も其宜を失する者と認むるときは、喋々之を論弁するに至れり。又百般の工業を起し其の利潤を以て外債支消に充んと謀り目今大に其実功を見るものあり。既に如此なれば、則ち我国の此負債は我国の財政を善良ならしめし者と云ふべし。

李　貴国に於て負債と服制の変換とは貴国人民をして幸福を得せしむるの源因となるは実に可喜の事なり。然れども負債益々増加すれば貴国の独立は益々束縛せらるべし。依て自今更に欧洲に負債を求めらるゝの事勿らんを貴国の為冀望せざるを得ざるなり。

森　閣下悃情の切なる感謝に堪へず。伏て希望す、閣下日本に来臨するの日あらん事を。若来るあらば閣下の知友及我全国の人民は欣然として将に閣下を歓迎せんと欲するなり。

李　嗚謝、時機の在るあらば必ず来遊すべし。

［資料10］使東述略（抄）

何如璋

［解題］何如璋（一八三八〜一八九一）は広東省東北部の大埔県の大宗族の家に生れ、一八六八年に進士に合格、翰林院庶吉士、ついで編修となる。英・米の商人や宣教師と交わって、外国事情の理解に努め、中国の急務は西洋の科学技術、機械の導入による産業発展と軍備の近代化にあることを認識した。そのため洋務派の大官李鴻章や初代駐英公使郭嵩燾らの知遇を得、李の推挙を得て、一八七七年一月、初代の日本派遣公使（欽差出使日本大臣）に任命され、同年十一月二十六日、参賛（書記官）黄遵憲ら十余名の出使外交官の正使として、他に二十六名の従者をつれて上海を出港して日本に着いた。

彼は当時の清朝の官僚としては開明派・革新派で、近時、中国では康有為らの〝維新派〟に近いという評価もある。しかし李鴻章と同じく、中国の伝統的な〝教〟（倫理とこれに基づく体制）は護持すべきものと考えており、それはこれからここに訳出する『使東述略』にもよくあらわれている。一八八三年、清仏戦争のさなかに福州船政局の船政大臣として、フランス海軍と交戦したが利あらず、一八八四年、敗戦の責めを問われて免職されチャハルに流された。八八年帰郷

後、『管子折疑』の一書を著わしたが、九一年病没した。（参考文献：兪政『何如璋伝』南京大学出版社、一九九一年）
　ここに収めたものは、鍾叔河編「走向世界叢書」所収の『何如璋等：甲午以前日本游記五種』岳麓書社、一九八五年刊の中の王暁秋標点のものによる。

〔光緒三年十一月十二日〕癸亥の日〔一八七七年十二月十六日〕、城ヶ島を離れ、観音崎を経て船は北に進み、東京湾に入り、西に航行して横浜に停泊した。日本の軍艦〝春日〟の海軍少佐磯部包義《かねよし》が会いに来た。ヨーロッパ各国の横浜駐在の武官もやってきて、長崎での儀式と同じように祝砲をあげた。午後大雨が降り、晩にやっと晴れた。神奈川県令野村靖が通訳を派遣してきて、外務省がすでに出張所を設けて使館とし、清掃してお待ちしている、と伝えてきた。

　翌日、小型の汽船を迎えに派遣してきた。私は商人が中華会館は狭くて人を収容しきれないだろう、と言うのを聞いて、行ってみたいと思った。魯生ならびに范理事とともに県の役所に行くと、県令は酒を出してもてなし、辞退したが、固く引きとめた。酒が終わって、出張所に行った。西洋式の建物で、非常に広々としていた。その厚意に感謝し、あわせて食料や衣服、履物などはすべて自分たちで準備し、日を決めてここに移ってくると告げた。晩、船に帰ると、風と浪が荒れ狂い、汽船が近くに停泊しているので、非常に危険だった。船員たちが言う所によると、港内の往来には、小汽船が早くて便利だが、大きな三板《サンパン》の安全には及ばないとのことだ。この道理は航海に習熟している者でなければ判らない。

　〔十二月十四日〕乙丑〔十二月十八日〕、中華会館に行く。神戸と同じように諸商人たちが歓迎にきた。横浜は日本の通商の大港で、交易が栄え、関税収入が年に百万〔円〕以上もある。華商は三千人近くいる。江蘇・浙江出身の商人の多くは金融業を営んでおり、福建・広東の者は米や砂糖、雑貨をあきなっている。それらのうち富裕な者は、多く西洋の商人の支配人〔買辦〕を兼ねている。口やかましいもめ事がしばしば起こり、処理が難しいとのことだ。夜の会館での宴は雨で中止になった。

　翌日、船を下り、三板に乗って各国武官の迎えを待った。その軍艦に乗ったが、訓練が行き届き、軍規は厳正、軍艦は堅固で、大砲は立派、兵士や技術者はそれぞれの仕事を遂行し、常に装備を整備している。無事の時にも大敵に臨むように緊張し、秩序を乱したり、ブラブラ遊んでいる者はおらず、命令によらなければ勝手に上陸したりする者はいない。

　ヨーロッパの大勢を見るに、中国の戦国時代さながらであって、ロシアは秦、オーストリアとドイツは燕と趙、フランスとイタリアは韓と魏のようなもので、イギリスは今の世の斉、楚、トルコ、ペルシア、デンマーク、スウェーデン、オランダ、ベルギーは、まことに宋や衛、滕や薛の如きものにすぎない。近年来、同盟したり、戦い合ったり、ほとんど寧日なきありさまだ。だから各国は防備を重視して戦備を整え、電信を導入して速やかに情報を伝え、汽船、鉄道を造って運輸を便利にし、心をあわせて、争って相手に遅れまいと努めている。その上さらに国の財政がもたなくなることを考え、上下心を一つにして、力を合わせて協力し、鉱山を開き、機械を製造し、通商して工業の発展を図り、遠きをものともせずに大海を渡って利益を追求している。我が国のように広大な土地、多くの人民、豊かな物産、使用できる資金を擁しながら、なさねばならぬ時に際会しても、偏見にとらわれて、安きを貪り、海外の争闘は自分たちとはかかわりないこととして、この期に及んでも自らを強くすることを求めず、人材を養わず、軍備を整えず、吏治を粛清せず、人心を固めることをせず、虚飾をこととして、坐して時機を失してしまうならば、それは天下を安んじ、四方を制するすべではない。孔子は言われた、「食を足らし、兵を足らせれば、民これを信ずるなり」と。また、こうも言われた、「人に遠き慮り無くば、必ず近き憂いあり」と。心にとめておくべきことではないか。

〔十一月十六日〕丁卯の日〔十二月二十日〕、晴れ。黄参賛〔黄遵憲〕は先に東京に赴き、外務卿に会い、あわせて書函を提出して挨拶し、会見を約す。東京は横浜を距ること七十里〔約三十五キロ〕、鉄道があり、往来はことに速い。午後、行李とともに出張所に移り、ここに滞在する。

〔十一月十八日冬至〕己巳〔十二月二十二日〕、宮崎に往き、伊勢山に登り、横浜港を見る。平沼橋を渡り、北に行って高島に遊ぶ。石の階段が屈曲し、古松がその頂を蔽っている。南岸の房総の諸山を望めば、吹きわたる山風、揺れ動く波が、人の襟と袂を襲う。

辛未〔十二月二十四日〕、副使とともに東京に入る。属官は馬車を用意して鉄道の駅に待ち、ついに外務省に赴く。正卿寺島宗則、大輔鮫島尚信に会い、国書の稿を鈔してこれに示す。歳末に至り、新年の礼が迫っているため、一両日内に期を定めて奉聞するという。

〔十一月二十二日〕癸酉〔十二月二十六日〕、外務省の文書が来る。二十四日に国書を呈して日主〔天皇〕に見《まみ》えることと決まる。この日払暁、横浜より東京に往き、宮城前に至って下車し、寺島が先導して小御所に赴く。宮内卿、式部卿がここに待つ。しばらくして宮内卿が入ってまた出てくると、三卿なる者が客を先導して入内し、曲廊を辿って偏殿に達した。日主は洋服を着て冠を被らず、殿中に拱手して立っていた。私は前に進み、副使が後ろから随い、参賛〔黄遵憲〕が国書を持して傍らに立った。使臣の言上が終わると、参賛が国書を捧げ持ち、使臣から日主に奉呈した。日主は冠を脇に挟み、両手を引いて敬んで受け、宮内卿に手渡した。宮内卿は懐中から答詞一紙を取り出して、音吐朗々としてこれを読んだ。出入に際して、皆三たび腰をかがめて謹んで礼をし、王は礼に則って答えた。退室する時は、三卿がまた先導して出で、小御所に至って小憩し、ついで車に乗って辞去した。その礼は簡略で、泰西と同様である。

日本の前代の儀礼は、尊卑隔絶していて、その主は皆宮室の奥深く退いて何事もなさず、宮室から出ることなく、上下隔絶していた。明治の初め、参議大久保市蔵〔利通〕が上奏して、「今よりは、辺幅を飾らず、簡略に事に従うことを請う」と述べた。のちにその議を用いて服色を易え、儀式を改め、簡素化した。王の居所も狭く、言う所の偏殿なるものは、奥行き僅かに二丈〔一丈は約三・三メートル〕、幅一丈余りにすぎない。うちには机が一つあるだけで、他に物はなく、左右に侍者もいなかった。かたわらに小さな庭園があり、ガラス窓から見ると、樹木や石が楚々として趣きがあるが、一目で見尽くしてしまう。初め、日主は京都より遷都した際、旧幕府の城郭を宮殿としたが、これは非常に壮麗なものであったという。近時火災によって破壊され、ついで薩摩の兵乱があって、未だ修復されず、ここは離宮を利用している。

午後、太政官三条実美、岩倉具視および議官大久保利通以下六、七人と面会する。晩、横浜に帰る。

〔十一月二十三日〕甲戌〔十二月二十七日〕、雨。

翌日、各国公使に会いに行く。

〔十一月二十六日〕丁丑〔十二月三十日〕、西暦の元旦にあたり〔光緒三年十一月丁丑は二十六日、西暦一八七七年十二月三十日。一八七八年一月一日は光緒三年十一月二十八日己卯に当たる。日付に錯誤がある〕、各国公使とともに宮殿に慶賀に赴く。イギリス公使の日本駐在が最も長く、代表として祝詞を述べる。まず王に祝詞を述べ、王がこれに答えた。つづいて后にも祝いを述べた、后がこれに答えた。進退ごとに三たび腰をかがめる礼をする。国書を渡す儀式も西洋の例による。つづいて寺島および柳原前光の家に赴いた。柳原はかつて我が国に公使として来たことがある。連日の雨と雪で、道がぬかるみ、進みにくく、馬はことに疲れ果てていた。

十二月初三日癸未〔一月五日〕、晴れ。土地の人が言うに、日本の天気は雨が降ると思えば、たちまちまた晴れたりする。数日間雨が降らず、雨はいつも夜に降る。梅雨の季節でなければ連日陰雨がつづくことは稀なことという。私が日本に来て、連日の雨に遭ったのは、不思議なことだという。

横浜に到着して以来、頻々と人を東京にやり、公使館を選ばせた。あるいは東に偏し、あるいは西に偏し、あるいは広すぎ、あるいは狭すぎ、遠すぎたり、土地が低すぎたり、いずれも基準に合わず、その上要求する価格が高すぎて、にわかには定め難かったため、依然として横浜に滞在していた。この十日間、人の往来はことに繁く、次々に人がやってきた。日本人はやってくると、多くの場合、旧交を修めたいと自ら称した。西洋人は中華の公使派遣を壮挙とし、それぞれ握手して旅について尋ね、風土について所感を聞き、種々心配してくれる。

〔十二月十二日〕壬辰〔一月十四日〕、外務省に照会し、理事〔領事〕を横浜に派遣して分駐させることを伝えた。日本の通商諸港のうち、我が民が流寓しているのは、横浜が多く、長崎がこれに次ぎ、神戸、大阪がまたこれに次ぎ、箱〔函〕館、築地は数十人にとどまり、新潟、夷港〔未詳〕は辺鄙な土地なので、いまだ住む者がいない。理事という官は、今創設したばかりなので、規則、税則は根本的なものを定めたのみで、その他の細則は未だ従うべき規則がない。一時にいっせいに各港を開放したので、くるくると考えが変わり、また、方言が異なり、文義が一様でなく、適当な通訳を得ることが頗る難しい。他港をあとにして横浜を先にせざるを得ないのは、事情のやむを得ざる所であろう。

〔十二月十三日〕癸巳〔一月十五日〕、参議〔参賛〕黄公度〔遵憲〕がまた東京に行き、公館を借りた。外務大書記官宮本小一がやって来て、理事の設置および籍牌〔在留証明書?〕の発行停止のことを議論し、数百言を費やして応酬した。そのため、修好の使命を果たすには、ただ条規に従うことが肝要で、その他のことは使臣が判断しうることではない、と諭した。宮本は反論をせずに帰った。

晩、公度が帰ってきて、公館は芝山にある月界僧院としたことを報告した。僧院の外は松林で森閑としているが、家屋は日本式で、やや狭いとのことだ。しかし、十数軒の家を見てこれより良いものはないため、ここに結論を定めた。明日、寺僧が当地に来て契約書を作ることとする。

〔十二月十七日〕丁酉〔一月十九日〕、外務省の公宴に赴いた。太政官以下、各長官がみな参集した。宴会の料理は西洋式で、奏楽も欧州にならっていた。日本は遠く中国の東隅に位置し、漢、唐の遺風が伝わっているが、一朝にして一挙にこれを廃してしまった。初めアメリカと通商を開きながら、そのあと港を閉ざしてこれを拒否しようとし、のちまたその法のうちの良いものを真似て、下は装飾や温度・角度を示す目盛り、日用品や飲食物に至るまで、西洋のものをそっくり模倣している。風習の赴く所、自主性を守ることができなくなってしまうのではなかろうか。

三日後、〔十二月二十日〕庚子〔一月二十二日〕、招商局の董事〔役員〕の招待で、鎌倉に遊ぶ。鎌倉は大将軍の旧幕府の所在地であった。日本の安徳〔天皇〕の養和元年〔一一八一年〕、源頼朝がここに拠った。時に宋の孝宗の十七年〔正しくは十九年、淳熙八年〕だった。北条氏と足利氏がそのあとをつぎ、関東の要の重鎮であった。徳川氏は江戸に居城を置いた。これがつまり今の東京である。夜が明けると、魯生が私に同行して横浜から平野を西に進み、三十里〔約十五キロ〕を越えてその地に着いた。海に面し、四方を山に囲まれ、地勢は険しいが、雄大な気勢はない。八幡宮という所に参詣し、頼朝の甲冑、秀吉の刀、信元〔信玄のことか?〕の弓矢、家康の竹杖など、古物が雑然と陳列されているのを見た。まだらに光を反射している銅鏡が一つあった。住僧の言によれば、神功皇后の物だという。皇后は三国のころの人で、魏に朝貢使をおくって、文帝から「親魏日本王」〔史実ではない。なお卑弥呼が魏から得た封号は「親魏倭王」であった〕の封号を受けたことがある。今を去る千余年前のことだ。また、漆塗りの箱を開いて故紙を広げて見ると、後鳥羽〔上皇〕が源頼朝に賜った勅書で、筆勢飛ぶが如く、草書体の絶品であったが、惜しいことに文義が顛倒していて内容は判読しがたかった。八幡宮を出て数里行くと、銅の大仏が山麓にむき出しに鎮座していた。高さ数丈、胴体は空洞になっていて、中に十数体の石像を収めている。傍らに小さな門が設けてあり、庶民の参詣する者がひきもきらない。

帰路は駅道〔街道?〕を通ったが、少し遠回りであった。藤沢山を過ぎて、山中に開かれた大寺〔遊行寺か?〕で休んだ。寺僧の接待は頗る慇懃で、茶をすすって別れた。横浜に帰ったのは、晩の二鼓〔午後十時〕近かった。この日、理事設置を承認する外務省の照会を受け取った。

〔十一月二十一日〕辛丑〔一月二十三日〕、東京芝山の月界僧院に移る。院の建物は二つあり、間をつないでいるのが中国と異なる。四旁の窓には木の格子が取り付けられ、庭の入口の戸と家の軒が別れていない。少し手を加えなければ、居住に堪えない。僧院の後ろの小さな園には、緑の樹木がぐるりと植えられており、中を斜めに坂が下り、沼が開かれている。外に芝山から数百武〔武は半歩〕へだてて、古松が道を蔽い、青々とした緑が幾重にも重なり、風波のざわめきが、海潮のどよめき、山寺の鐘の音とあい応じている。都市の中にありながら、山林の幽邃な趣がある。

〔十一月二十三日〕癸卯〔一月二十五日〕、芝山に登り、東京の形勝を眺めた。東南に内海を抱き、西北に沃野が連なり、隅田川がその東を帯のように流れ、平原が広々とつづき、丘陵が所々に起伏している。徳川の旧府だった王宮がその真ん中にある。城壁は三重になっており、石でたたまれ、中が高く外側に低くなっている。城をとりまく各濠には玉川〔多摩川〕の水を引き、水流は深く広い。その中には鴨や雁が群れを成していて、これを捕えたり、殺したりすることは、法律で厳禁されていて、これを敢えて犯す者はいない。門は閉ざされず、橋を架けて内と外とを通じている。市街は広く、水路が縦横に走っている。蘇州や上海の繁華には及ばぬが、景象はこれに似ており、まことに東海の一大都会である。

日本は神武創業以来、代々一姓が王位を継承し、今まで二千余年つづいている。崇神〔天皇〕の時代に、社と邑を別にし、戸役を課し、水路を開いて船を造り、四道に将軍を置いた。漢の武帝の時、使節を派遣して大夫と自称した。その後、魏・晋に至るまで、絶えることなく中国に使節を通じた。百済を経て『論語』を受容し、はじめて聖教〔儒教〕が東土に及んだ。隋・唐以来しばしば人を遣わして中国から学を受けた。平安朝に入ると、外戚の藤原氏が権力を擅ままにし、公族〔君主の家柄の同族〕の源平二氏が起って互いに争い、国勢が衰え始めた。頼朝は鎌倉に拠ると、大将の位につき、大兵力を握って、生殺与奪の権をほしいままにし、国王はほとんど虚位を擁するにすぎなくなった。北条氏がこれを継ぎ、九世にわたって陪臣が国権を掌握した。ついで足利が興って北条が滅び、織田氏、豊臣氏がこもごも起って覇権を争い、諸国に諸将を封じた。徳川氏は関東を支配し、旧業のあとにならって専権の弊を受けつぎ、江戸に拠ってほとんど三百年にわたって子孫に支配を伝えた。公室〔国王＝天皇〕の地位が日ましに低下するにあたり、後醍醐〔天皇〕は将軍の専横を憤って、自らの手でこれを除こうと考えた。楠氏が義兵を起こして国難に赴き、一族を挙げて命を捧げたが、しかし勝てなかった。何と困難な事業だったことか。最近の二十年来、強い外国がつぎつぎに迫ってきて、大いに交易を開いた。時代を憂える士は、政令がかくもそむき離れていては、国の根本を固めて、外国の侮りを防ぐことはできないとして、尊皇攘夷を唱えた。諸国の浪士がつぎつぎに起ってこれに和し、都下に横行した。徳川氏は狼狽して拠り所を失い、将軍の権力は日ましに衰えていった。そして一二の有能な人材が、遂に時に乗じて変革を制し、公室〔皇室〕を強化して私門〔大名の権力〕を抑え、封建を廃して郡県に改め、数百年の積弊をあげて次々に変革し、たなごころを返すように、易々とやりとげた。前者〔徳川幕府〕が拙劣で、後者が巧妙だったのだろうか。それとも時勢の転移によってその機会を得たのだろうか。これは良く知り得ないことだ。

明治になってから、つぎつぎに改革が進められた。かつてその書籍、文献にしたがって、その政治と風俗を調べてみた。その官制は、内に三院九省を設け、外には府・県、開拓使によって統轄している。三院の一つを太政院といい、大臣、議官がいて、王〔天皇〕を補佐して統治し、その政権を諸省に通達せしめている。つぎに、大審院は、国法をつかさどり、内外の裁判所はこれに従属している。さらに、元老院は、国事の議論を主掌し、上下の各議員はこれに属する。九省とは、王宮を管掌する宮内省、外交を管理する外務省、内政を治める内務省、国の財政を管掌する大蔵省、国法を明らかにする司法省、国の教化を管掌する文部省、国の資材を盛んにする工部省、国防を固める陸軍省・海軍省の各省である。各省には卿と輔を置いて、その所属を分け、それぞれ専門の仕事をさせて、太政官が全体を統轄する。史館、式部、電訊、鉄道、図書、農商等の局は、みな分けて諸省の下におかれる。地方には、三府、三十五県を置き、北海道には別に開拓長官を設けている。

その兵制。王宮の近衛軍のほか、六鎮に分れている。東京城は、三師団を統轄し、武蔵に分駐する。大阪城は三師団を統轄し、摂津に分駐する。仙台城は、二師団を統轄し、陸前に分駐する。名古屋城は、二師団を統轄し、尾張に分駐する。広島城は、二師団を統轄し、安芸に分駐する。熊本城は、肥後に分駐する。常備の兵員総数は十三万二千人。以上、陸軍である。

海軍の制。第一提督府が、相模の大津港に駐屯し、第二提督府が薩摩の鹿児〔島〕港に駐屯する。砲船十五隻、常備の兵員数は四千人である。

このほかに警察官、捕役がおり、市街に分布して巡察し、警視庁に属している。新たにドイツの制度にならって、古の兵を農に寓する法を行い、徴兵して訓練し、期限を決めて交代する。真剣にこれを実行していけば、数十年ならずして、全国全て兵となるであろう。

その学校。都内に開設されているものに、師範、開成、理法、測算、海軍、陸軍、鉱山、技芸、農、商、光、化、各国語、女師範などがあり、多くの分野に分れ、科目も非常に多い。全国に大学区が七つあり、中小〔学〕区は万をもって数え、学生数は百数十万人におよぶ。

その財政。歳入は五千余万金〔円〕、うち地租収入が最も大きく、関税がこれに次ぐ。そのほか、所得に税がかかり、車船に税がかかり、牛馬に税がかかり、証紙や物品にも税がかかり、さらに、鉄道や電信の各局、製造所の収入も、百方手をつくして余す所なくまきあげている。歳出の項目としては、官吏の毎月の俸給が八百金から十二金まで、ほかに養兵、雇役、開拓、建築、宮廷や各省・各府県の経費などがあり、つねに財政の不足に苦しんでいる。

その疆域〔以下、本州・四国・九州各地の地名を紹介するが、この部分は省略する〕。

全国がまわりを海に囲まれている。大きな島のほかに、群小の島がその間にいりまじっている。長さ〔南北〕三千余里〔千五百余キロ〕、広さ〔東西〕百里から三百余里である。領域内は山ばかりで、山には火山が多く、そのため常に地震の災害がおこる。国には五金〔金、銀、銅、錫、鉄〕が産出され、材木が豊かである。舟運を通ずる長い河川、大河はない。諸国の中では武総〔武蔵・上総・下総〕の地方だけがやや平坦で肥沃である。それ故日本の形勢を論ずる者は、まず関東について言及するのである。住民の数は三千余万で、漁業を行い山を耕して、ほぼ自給できる。その種族は中国から移り住んだ者だが、長くこの地に暮らして、風気は中国人とははるかに異なってきた。大抵、男は侗〔おろかなこと〕で、女は慧〔さといこと〕である。体型は細く、体質は柔軟である。武勇をもってたたえられる者は、薩摩以外に、石見・長門があり、その他はこれに及ばない。農桑に努め、商売は下手である。手工芸は巧みで、彫刻、漆器、陶器、銅器は、小さなものほどすぐれている。住居の構造は、小ぶりで複雑な構造のものが喜ばれ、宏大で整った趣きに乏しい。これは地勢の然らしめたことであろうか。近ごろは、上は官府から下は学校に至るまで、およそ制度、器物、言語、文字は、みなヨーロッパを模範として、これになびいている。しかし遺老、逸民や志を得ない人士には、なお伝統の習いを敦く守り、漢学を語り、頑固に旧俗を守っている者があり、これは誇るに足るといえる。

その国界。東南は太平洋に面し、北は海を隔ててロシアの庫頁島〔サハリン〕と相対している。西南は高麗〔朝鮮〕に近く、長崎から釜山まで、わずかに二百里〔約百キロ〕で、西は上海まで千余里離れている。南は台湾まで二千余里である。国土は海上に孤立しており、他の陸地とつながっている所はない。停泊できる海港が至る所にある。汽船で行けば、大海という天険も、川の流れを渡るようなものだ。海禁が開かれて、港を巡る兵船が、毎日国の入り口をうかがっている。五大州を眺めてみると、中国だけが領地相接し、唇と歯のように密接な関係をもっている。もし果たしてよく境界をなくして、助け合うことができるようになれば、すなわち南は台湾・澎湖、北は肥前・肥後・薩摩は首尾相応じ、呼吸を通じ合うことができる。そうすれば渤海から広東・福建まで、数千里の門戸の間に、さらに一障壁を加えることになろう。

私は八月五日に北京を出てから、渤海を航行して呉淞に至り、金陵〔南京〕に往復して、上海に一か月余り留まった。十月末、汽船に乗って東渡し、日本の内海、外海を経て、冬至の五日前に横浜に着いた。さらにその一か月後、東京の公館に移った。経過した海路は万里に近く、船で十八日を要した。通ってきた海と陸で耳に聞き目に見た風土・政俗について、これを観察しても明らかならず、尋ねても詳しくは分からなかった所は、図書を参照したが、しかしすべて合致するというわけにはいかなかった。それで、おおよそ知り得たことを、毎日の日記風に記した。たまたま感じたことがあると、これを詩に詠んで、その時々の軌跡を記した〔詩は『使東雑詠』にまとめられている〕。世の栄枯盛衰や治乱興亡は、天時と人事の有為転変に係っており、諸事を照らし合わせ、博く考察し、自らの目で見、実地に体験しなければ、ついには その要領を得ることはできない。歳月を十分にかけて、真剣に探究すれば、その〔日本の〕本末を究明し、虚実を洞察することができ、それらを項目を立てて詳しく記述すれば、参照する者の考察に資することができよう。これは、もとより国の使節として〔私の〕なすべきことと考える。

（小島晋治訳）

［資料8］日本の民衆反乱の原因を論ず

『申報』論説

［解題］この文は上海の『申報』に載った「論東洋民変之故」（同治十二年六月十四日（一八七三年七月八日））という論説文、日本の明治維新以後の改革を批判的に論じている。この時期の中国の日本論では、日本の改革が技術の導入に止まらず服装、暦法、法制にまで及び、このため社会生活が混乱し、改革は民衆の怨嗟の的になっているとする論がよくみられる。『申報』のこの論説もその一例と言える。

文中で語られている筑紫の反乱とは、「筑前竹槍一揆」を指すものと思われる。この一揆は、当時日本の各地で発生していた新政反対一揆の中で最大級のもので、約十万の参加者があったと言われ、福岡県庁を襲い、大庄屋・豪商の家に押し入った。また明治政府が出した「部落解放令」に反対し被差別部落を襲撃したことから、一揆の性格をめぐって様々な議論がある。

日本国内の反乱の事はすでに述べたが、それは電文の伝えることによっていた。いま郵便によってその詳細を知ることができた。持平子曰く『大学』に「民の好む所これを好み、民の悪《にく》む所これを悪む、此れをこれ民の父母と謂う」また、「人の悪む所を好み、人の好む所を悪む、これ人の性に拂《もと》ると謂う。菑《わざわい》必ずその身に逮《およ》ぶ」とある。これを三度復唱すれば、治国の要道を知ることができる。そもそも日本は建国してからすでに久しく、その風俗も各国と少しく異なり、そのため制度も各国と同じではないが、上下共にそれに馴染んで長年やってきた。ところが今、日本の君主は突然詔を下して政教を改め服装を変え、甚だしきに至っては建物も西洋式にし文章も西洋風に変えた。頭を剃ることは禁止され、暦法も改められ、租税は増徴となった。このように民の性に拂《もと》って、いったい何をしようというのか。日本の筑紫という地方では、年頃凶作で民衆には飢饉の恐れがある所に、君主の政策が旧を捨てて新に走るというものであったため、民衆は恨みを懐き乱を引き起こした。反乱に加わったものは十万余り、多くは農民であったが、中には新旧の官吏も多数含まれており、内から乱を扇動した。彼らが手にした武器は粗末なものがほとんどであり、兵法に習熟した者も少なかったから、官兵一小隊がこれと戦い多くの者を殺して勝利を得た。しかし、一時に平定することは不可能で、北方から大兵を徴集するのを待ってようやく平穏化への措置がとられるであろう。

初め叛徒は事を起こすと、まず一通の誓書を君主に送った。その大略に曰く「作物実らず大旱魃重なり、民衆は慣例に照らし地方官へ壇を設けて雨乞いするを乞うも、聴かれず。新制を以ってすれば対応すべからざればなり。また旧来の本国の暦法を用いずして、近く西洋の暦法をもってこれに代え、春夏秋冬の四時をして顛倒不祥ならしむ。且つ国家すでに増税し、又庶民をして西制により蓄髪せしむ等々。願わくば、此れらみな新を禁じ旧に復さんことを。さすれば我ら直ちに武具を捨て良民に復さん云々」と。彼らの行いは反乱ではあるが、その言には採るべきものがある。古来、聖君賢相が改革を行う場合、必ず諸臣と再三にわたり相談し、民に好ければ行い、好くなければ止めにしたものであった。今、日本の君主は事の便不便を論ずることなく、民の望む望まぬに関わりなく、一挙に改革を行って反乱を引き起こした。これはやはり過ちたるを免れぬ。一時の己一人の見解に凝り固まって、民が旧俗に親しんでいることを見落としているのである。君主というものは、民と共に平穏無事であることを尊ぶものである。民の心に逆らったことをすれば民を混乱させ、それでも強行すれば民を害することになる。であるから、君主たるもの改革に当っては急ぐべきではないし、また何もかも一度にやろうとしてはいけない。ゆっくりと民を誘引してゆくほかない。今日一事を提案し明日また一事を提起するという風にし、民が便とすることは行い、望まないことはただちに止める。こうすれば、改革反対を口実に乱を唱えたり、喜んで反逆に従ったりということにはならない。

　日本の君主の西法への姿勢を見るに、その外面だけを取って内面は取らず、技巧を学んでも本質を究めることはしない。そもそも治国の法とは、西洋人が深く研究してきたものである。ところが日本がそれをちょっとまねると、たちまち民の怨みを招き乱を引き起こしたのはなぜであろうか。昔イギリス人がインドへ行ったとき、その宗教・習俗・制度はイギリスと天と地ほどにも隔たっていた。しかしイギリス人は、自分たちの宗教・習俗は尊重したが、それをインドに強制することはしなかったと聞いている。インドに宣教師が入っても、イギリスの役人がそれを援助することはなかった。土人に自ら尊重するものを選択させ、世の中の害にならない習俗なら自由にやらせた。寡婦に迫って夫に殉じて亡骸と共に火の中に身を投じさせる、といった悪俗のみを改めた。その他の良い事は、皆それを取り入れることによって、徐々に民を従うようにしむけた。そのため、民も喜んでしたがったのである。現在の日本の西法採用は、汽車や電線の建設、金鉱の開発、金貨銀貨の新鋳だけが有益で害がない。これは民が好むことなのだから。その他の事に至っては、特に急務でもないのに何故に軽々しく祖宗の成規を棄て、にわかに無益の改変をしようとするのか。これは苛政である。民の憎む所である。民はどうして叛かずにおれよう。

　現在、筑紫の農民はすでに反乱を起こしているが、彼らは旧制に復することだけを求めている。私は、日本の朝廷が我が身をふり返って反省し、その民を撫恤し再び酷い禍を加えることがないよう、深く願う。新政で民に便なるものは新制で行い、民に不便なものは旧制に復す。こうすれば、曽子が謂う所の、民の好むことを好み民の悪《にく》むことを悪むという民の父母としての責任を果たし、人の悪む所を好み人の好む所を悪んで菑《わざわい》必ずその身に逮《およ》ぶということには至らない。これこそ日本の民が深く望むことである。

（杉山文彦訳）

［資料12］日本雑事詩（抄）

黄遵憲

［解題］『日本雑事詩』は、初代駐日公使何如璋に従って来日した参賛（書記官）黄遵憲の作、二百首の詩とそれぞれの詩に付された説明の文からなっている。黄遵憲の駐日公使館在任は一八七七年から一八八二年までであるが、『日本雑事詩』は一八七九年に一度出された。その後改訂と増補が行われ、一八九〇年に自序が付されて定本となったが、それが刊行されたのは一八九八年である。詩に詠まれたものは、歴史、政治、風俗、芸能、工芸等々と日本のあらゆる方面に渉っている。訳出にあたっては、岳麓書社出版の『走向世界叢書』所収のものを底本とした。なお、本書には実藤恵秀・豊田穣による全訳がある（『日本雑事詩』平凡社東洋文庫、一九六八年）。

自序

私は丁丑（一八七七年）の冬、使命を奉じて海を渡った。すでに日本にいること二年、少しばかりこの国の士大夫と付き合い、書物を読み、習慣をならった。そこで『日本国志』をつくろうと思い、古い話を集めたり新政について考察したりした。そしてまず、様々な事象を取り上げ、それに注釈を加え、詩として表現した。これが即ち「雑事詩」である。時は明治維新の初めにあたり、あらゆる制度はできたばかり、まだ全体どのようなものになってゆくか定かではなかった。ある者は、日本は外見は強そうだが内実は干からびており、まるで鄭の駟(1)のように脈が亢進していると言い、またある者は、小さなものが巨大なものを生んで、宋の鵪〔不詳〕のように遂には天下に覇を唱えるだろうと言うなど、諸説紛々であった。あのころ私が交際した人たちには旧学者が多かったから、皮肉や批判、嘆きや溜息が、私の耳に満ちていた。大夫たる者、しばらく居るだけの国のことを批判したりすべきではないのであるが、新旧事象に対する見解の相違が時にこれらの詩のなかに現われている。

その後、閲歴が日々深まり、見聞が拓けて、「窮すれば変じ、変ずれば通ず、通ずれば久し」という理がよく解ってくると、日本が西洋のやり方に倣い、古きを革め新きを採ったことにより、しっかりと自立できたことを、信ずるようになった。このため、『日本国志』に書いた内容と、この詩の意図する所とでは、異なっている所があちこちに見える。その後アメリカへ行き、またヨーロッパ人とも知り合ってみると、彼らの政治・学術は日本人と大差ない。今年日本は、議院を開いた。その進歩の速さは、古今・万国に未曾有である。かの国の高官・碩学と会って話が日本のことに及ぶと、彼らは異口同音に、日本には恐れ入ったと言う。

公使館の仕事は暇が多く、たまたま旧稿に目を通し、作品が少ないのを残念に思った。添削したり補充したり、時には書き改めたりして、数十首を加え、改める必要のないものはそのままにしておいた。

ああ、中国の士大夫は、見聞が狭く外国のことに関心を持たなかった。今では見たり聞いたりしているが、それでもなお昔のことにかこつけて解釈して自己満足する。半信半疑のままに年月を重ね、いろいろ考えた揚句にようやく是非得失・長短取捨の要点を知る。これは恥ずべきことではないか。ましてや、日本は遥かかなたの海上の三神山みたいなもので、遠くに望むことはできても近づくことはできない、などと放談したり、あるいは、そもそも天下を談ずることは怪しからぬことで天地の外に排除せよ、そのようなことは存在していても、それについて議論してはならぬ、などというのは論外である。これでどうして他国を理解できようか。草稿が出来上がったのでこれだけのことを記して、我が過ぎこし方をしるす次第である。

光緒十六年〔一八九〇〕七月、黄遵憲、ロンドン公使館にて自序す。

立国

立国扶桑近日辺　　国を扶桑に立て、日の辺に近し
外称帝国内称天　　外に帝国と称し、内には天皇と称す
縦横八十三州地　　縦横八十三州の地
上下二千五百年　　上下二千五百年

日本国は北緯三十一度から四十五度まで、東経十三度〔北京を零度とした経線か〕から二十九度まで。地勢は細長く、イギリスの里数でこれを計れば十五万六千六百四方里ある。全国、海にのぞみ、四大島、九道、八十三国に分かれる。戸数八百万、人口は男女合せて三千三百万余。一姓相継ぎ、神武の紀元から今年己卯明治十二年に至るまで、二千五百三十九年になる。内には天皇と称し、外には帝国と称している。隋の時代、推古帝が煬帝に上書し、自ら日出る処の天子と名のる。私のこの詩は諸書から採ったもので、皇と曰い帝と曰うのも、みな旧称に従い、『公羊伝』の「名は主人に従う」の例によった。

明治維新

剣光重払鏡新磨
六百年来返太阿
方戴上枝帰一日
紛紛民又唱共和

剣光重ねて払い、鏡新たに磨き
六百年来、太阿（大昔）に返る。
方《まさ》に上枝を戴き、一日に帰すも
紛々として民また共和を唱う。

中古の時代、明君良相は史書に絶えないが、外戚が政治を専らにし覇者が次々興った。源平以降は、周が東遷以後のように虚位を擁するのみであった。明治元年、徳川氏が廃せられて王政が始めて復古した。偉大なるかな中興の功。しかし、近年は西学がおおいに行われ、アメリカ合衆国の民権自由の説を唱えるものがいる。『山海経』「海外東経」に「暘谷の上に扶桑有り、十の日の浴する所、黒歯の北に在りて、水中に居す。大木有り、九つの日は下枝に居り、一つの日は上枝に居る」とある。日本は君を称して日という。大日孁貴、饒速日命の如きは皆これである。

政党

呼天不見群龍首
動地斉聞万馬嘶
甫変世官封建制
競標名字党人碑

天を呼べども、群龍の首を見ず。
地を動かし、斉しく万馬の嘶くを聞く。
甫《はじめ》て世官封建の制を変じ
競いて名字を標す党人の碑。

明治二年三月、初めて府・藩・県合一の制に改め、旧藩主を知事にあてた。そして、薩摩・長州・肥前・土佐は直ちに版図の奉還を上奏した。三年七月、ついに藩を廃して県とし、各藩の士族も秩禄を返還した。その後、議院創設の請願があり、藩士たちは東奔西走し、それぞれに党をたて、自由党、共和党、立憲党、改進党と名乗って紛々と競い起った。

豊臣秀吉

女王制冊封親魏
天使威儀拝大唐

女王制冊されて、親魏に封ぜらる。
天使（天皇の使い）の威儀、大唐を拝

す。

一たび舟を平戸に覆して後、
人あり、詔を裂き冠裳を毀す。

一自覆舟平戸後
有人裂詔毀冠裳

日本の曲章文物は、大半は唐に倣った。当時は中華を瞻仰すること、天上の如くであり、遣唐使が次々にやってきた。唐が乱れて遣唐使は絶えたが、高行雲遊の僧が時々慇懃を通じたので、唐・宋も使いを遣ってこれに答えた。元の世祖〔フビライ〕は雄心を恣にし、鎮撫して属国となそうと、范文虎ひきいる十万の水軍を送ったが、大風にあって船が覆り、帰ったものは三人であった。五十か国を滅ぼした元の雄武も、風濤が起れば大功をたてることはできなかった。これは天命である。しかし、このことがあってから日本人は、我が国を軽んじる心を持つようになった。明の中葉、薩摩の無頼の輩が我が国の沿海を寇した。豊臣秀吉が朝鮮を攻め、八道が瓦解するに及び、明は誤って姦民沈惟敬の言を聴き、講和して封を授けることにした。使者が詔を齎すと、秀吉は初めは大いに喜び、冠を戴き緋衣をまとって待った。詔書が読み上げられて「爾を封じて日本国王と為す」のくだりに至ると、秀吉は突如たちあがり、冠を地にぬぎすて詔書を裂き、怒り罵って「我王たらんとすれば則ち王たり、なんぞ髯虜の封を受けんや。且つ我にして王たれば、王室〔皇室〕をいかにせん」といい、再び高麗の征服を命じた。日本人はいつも、我が国へ朝貢したことを言うのを憚るが、明人は誇大を好んで日本を属国視していた。

私が思うに、「倭奴国王」の印、「親魏倭王」の勅は『三国志』『後漢書』に見える（『北史』に云う、「その後、並びて中国の爵命を受くるは、江左（長江の南）に晋、宋、斉、梁を歴て、朝聘絶えず」と）。その頃は領域が非常に狭く、漢の大を慕って封を受けたのであり、日本もこのことは必ずしも言うを憚らない。隋帝の書に「皇帝、倭皇に好を問う」と曰うに至っては、すでにこれは隣国交際の辞である。唐・宋の頃は好を通じたが、来る者はいても往く者はなかった。一度、詔書を持った使いを遣ったことはあるが、儀礼について折り合いがつかずに去った。日本は、小国として大国につかえたことはあるが、臣下として君主につかえたことはない。明の成祖は、壽安鎮国之山に碑をたて、足利義満を封じて王としたが、彼が将軍であることは知らなかった。義満が臣と称して貢を納めても、王朝が替わったわけではないから、二人の王がいることになる。これは日本からすれば僭称になる。神宗が秀吉を封じたとき、詔書は破り捨てられた。これは何も誇るに足ることではあるまい。

開港之始

鱷吼鯨呿海夜鳴
捧書執耳急聯盟
羣公滾滾攘夷策
独幸尊王藉手成

鱷《わに》吼え鯨呿《あくび》し、海夜鳴る。
書を捧げて執耳し、聯盟を急ぐ。
群公滾々たり、攘夷の策。
独り幸い、尊王、手を藉りて成る。

泰西との通商はオランダより外は、もともとみな禁止であった。徳川氏の初め禁がもっとも厳しく、法では、漂流難民で異国より帰還したものは、終身禁錮であった。孝明天皇の甲辰〔一八四四〕の年、アメリカが通商を求めたが、幕府は拒否した。己酉〔一八四九〕の年、三、四月頃、アメリカ、イギリスの船がまた来た。癸丑〔一八五三〕の年、アメリカ海軍の将官ペリーが四艘の軍艦を率いて現われ、ロシア人も兵を率いて後を追うように遣ってきた。安政年間の甲寅〔一八五四〕、乙卯〔一八五五〕、丙辰〔一八五六〕と、相継いで盟約を強要してきた。初めは停泊した船に食料や水を供給することを許したが、継いで館で客として接待することを認めた。戊午〔一八五八〕の年六月になって、アメリカと通商条約十四か条を結び、七月にはオランダ、イギリス、ロシアとも条約を締結した。これが開港の始まりである。この時、孝明天皇は攘夷を欲したが、政治を司る徳川家定は、それをする力がないことをよく知っていたので、敢て詔を奉じなかった。このため浪士が論議をほしいままにし始め、外夷が横行することは大国辱であり、幕府は弱腰で姑息で話にならぬとして、初めて尊王攘夷の論を唱えた。明治元年に至り、徳川氏はついに廃せられた。これらの事は、『日本国志』の「隣交志下」で詳しく述べる。

鋭意学西法

玉牆旧国紀維新
万法随風倏転輪
杼軸雖空衣服粲
東人贏得似西人

玉牆の旧国、維新を紀し、
万風、風に随いて倏《にわか》に転輪す。
杼軸空しと雖も、衣服粲たり、
東人贏《か》ち得たり西人に似るを。

すでに攘夷の不可能を知り、明治四年に大臣をヨーロッパ・アメリカ諸国に派遣し、その帰国後は鋭意西法を学び、それを法令として布告し、これを維新と称した。立派な政策が矢継ぎ早に打ち出された。通商を始めて以来、税関の統計では輸出が輸入より毎年七八百万多いという。制服を変えたり宮殿を建てたりして、全ては一変した。

風俗

夕陽紅樹散鶏豚
薺麦青青又一村
茅屋数家籬犬臥

夕陽樹を紅にし、鶏豚は散んじ、
薺麦清々、また一村、
茅屋数家、籬に犬臥す。

不知何処有桃源　知らず、何処にか桃源有るを。

初めて平戸に停泊したとき、あぜ道に沿って行くと、夕陽で紅く染まったなかに麦の苗が青々としていた。民家を取り通りかかると馬鈴薯があった。買って代金を払おうとしたが受け取らない。民の純朴なること、桃源に入ったかのようである。また、長崎では嫁と姑が諍う声を聞かず、道で拾ったものは持ち主を探して返すと聞いた。商人が赤の他人を雇用して、それに鍵をあずけて他所へ行って帰っても、何も無くなってないという。なんとすばらしいことか、これが、人礼譲を崇びて民盗淫せず、というものであろうか。聞けば、二三十年前は内地は多くこのようであったが、今は東京、横浜、神戸では民の半ばは狡猾だということである。

富士山

抜地摩天独立高　地を抜き天を摩し、独立して高し。
連峯湧出海東濤　連峯湧出す海東の濤。
二千五百年前雪　二千五百年前の雪、
一白茫茫積未消　一白茫茫として積みて未だ消えず。

直立すること一万三千尺、麓は三州に跨るのが、富士山である。またの名を連峯といい、国中で最高の山である。峰の頂の雪は皓々と白い。太古から融けなかったのではあるまいか。

山水

濯足扶桑海上行　足を濯う扶桑海上の行、
眼中不見大河横　眼中に見ず、大河の横たわるを。
只應拄杖尋雲去　只応に杖を拄《あげ》て雲を尋ねて去《ゆ》き、
手挈盧敖上太清　盧敖(2)と手挈して、太清に上るべし。

富士山と並んで三山と称せられるのは、加賀の白山、越中の立山である。斉の国（中国山東省）であれば、巨峰に値するだろう。川は信濃川を最長とし、湖は琵琶湖を最大とする。国内に高山・大河は少ないが、山水渓谷には美しい所がたくさんある。『使東雑詠』（駐日公使何如璋の詩集）には沿海の光景を記しているが、あたかも酈道元の『水経注』や柳宗元の遊記を読むがごとくである。中でも山水名勝の地は、陸奥の松島、丹後の天橋立、安芸の宮島で、山重なり雲秀で、心に霊異を抱かせるという。残念ながら訪れる機会がなく、まだ見ていない。

議院

議員初選欣登席　議員初めて選ばれ、欣で席に登り、
元老相従偶踦閭　元老相従いて、偶して閭に踦《よ》る。
豈是諸公甘仗馬　豈に是れ諸公、仗馬に甘んぜんや、
朝廷無闕諫無書　朝廷に闕無く、諫むるに書無し。

太政官の権限は最も重かったが、後に元老院を設けて、国に大事があればここで議論した。府県では、明治十一年に初めて議員を選び、地方のことを議論するようになった。これも西法の上下両議院のやり方に倣ったものだ。もとよりこれは、民の求めによって行われたことだが、それが全体としてどうなるかは、まだ固まっていない。昔は弾正台があったが、後に廃された。西法では多くの場合、民が政策を出して君主がそれを実行する。権限は議院が握っているから、諌官はいない。日本は君主の国であるが、それでもやはり諌官はいない。

刑訟

棠陰比事費参稽　　棠陰比事、参稽に費やし、
新律初頒法未斉　　新律初めて頒せられて、法未だ斉わず。
多少判官共吟味　　多少の判官、共に吟味するも、
按情難準佛蘭西　　情を按ずれば、フランスに準じ難し。

府県は民事を治めるに止まり、刑事訴訟は専ら裁判所でつかさどり、司法省に直属している。明治六年、新律の綱領が頒布されたが、それは大明律、泰西律を参考としている。しかし、法の多くはまだ整備されていない。裁判官は上申するたびに、事情を吟味したが判決を出し難い……という。吟味とは公文書中の語で、審理のことを言う。近頃、司法省によって民法、刑法の二書が撰述されたが、専らフランス法を用いている。元老院に回されて議論されているが、まだ頒行には至っていない。その他のことは、『日本国志』の「刑法志」に詳しく述べる予定である。

士官学校

欲争斉楚連横勢　　争わんとす、斉楚連横の勢、
要読孫呉未著書　　読むを要す、孫呉も未著の書。
縮地補天皆有術　　縮地補天、みな術有り、
火輪舟外又飛車　　火輪舟の外、また飛車あり。

海軍・陸軍には士官学校があって、専ら兵を率いる者を教育している。およそ土地の険要、機器の精良、陣の分合、兵の進退、営塁の堅整、手足の熟練には、それぞれまとまったテキストがあり、図に画いて説明が付してある。図と説明では足らぬ所は、木と土でかたどってあるので、一見すれば解かるのであり、ただ米を積んで地形をかたどった〔後漢の馬援の故事〕だけのものではない。また、実地に経験するよう努めているから、平時にあっても、大敵に臨むかのようにそなえている。西洋人は「将をえらぶのは、兵を訓練するより難しい」とよく言う。兵士は数か月で一人前になるが、将校は年を積まねば物にならない、それでこそ強いのである。日本の陸軍はフランスとドイツを手本とし、海軍はイギリスを手

本としている。

佚書

論語皇疏久代薪
海神呵護尚如新
孝経亦有康成註
合付編摩鄭志人

論語皇疏、久しく薪に代わるも、
海神の呵護ありて、なお新の如し。
孝経また康成註あり。
合に鄭志を編摩する人に付すべし。

逸書とはそもそも存在しないものだが、ただ皇侃の『論語義疏』は、日本にいまなお流伝している。乾隆年間に四庫館を開いたおり、すでに商船がこれを買い求め、天禄琳瑯〔清の乾隆年間に善本を集め編まれた書目、さらにはそれを蔵した宮中の建物〕に献上した。『宋史』では、日本僧奝然が鄭玄註の『孝経』を献上したと称しているが、陳振孫の『書録解題』を最後に、この書についての記述はない。日本の天明七年に、岡田挺之がこれを『羣書治要』のなかから見つけた。〔この書は魏徴〔唐代初期の学者・政治家、唐の太宗にたびたび諫言し名臣と称せられる〕の撰で、久しく佚亡していた。天明五年、尾張藩の世子が臣下たちに命じて校刊した。督学細井徳民は、それに次のようにしるしている、「承和、貞観の間、帝への御進講では、しばしばこの書が講ぜられた。正和の頃、北条実時が秘閣に請うて、書写して文庫に収めた。神君家康公に及び金属版を作らせ、秀忠公に至ってこれを朝廷に献上した。これが今の銅活字版である。もと五十巻であったが、現存するのは四十七巻、三巻はなくなった」。これもまた佚書の一つである〕。『治要』に採録された書物を調べてみると、著者を記しておらず、これが鄭玄註であることは殆んど伝承によっている。挺之は、陸徳明の『経典釈文』によって、鄭玄註であると定めている。しかし、鄭註『孝経』は、『鄭志』の目録および趙商〔後漢時代の学者、鄭玄の弟子〕の碑銘には見えない。唐代の人は、十二の証拠をあげて、これが鄭玄の作であることを疑っている。

しかしながら、宋均の『孝経緯註』では鄭玄の『六芸論』を引いて、鄭玄が『孝経』に序を付して「玄また之が註を為す」と、言っているとしている。『大唐新語』もまた鄭玄の『孝経序』を引いている。宋均の『春秋緯』でも註で、鄭玄が『春秋』『孝経』の略説を書いた、としている。これらはみな、註を作ったという証拠である。この註は、『経典釈文』が引いている鄭玄の註と合している。魏徴の書は、日本では珍蔵されており、来源もしっかりしている。且つまた、日本の学者には、古書を偽撰して世を欺いて名を盗むような習はないから、この書は珍重すべきものである。信州の太宰純が刻した『古文孝経』に至っては、山井鼎、荻生徂徠が誤編であるといっているから、述べるに足らない。

園亭
覆院桐陰夏気清　覆院の桐陰、夏気清く、
汲泉烹茗藉桃笙　泉に汲み茗を烹るに桃笙《むしろ》を藉《し》く。
竹門深閉雲深処　竹門深く閉す、雲深き処、
尽日惟聞拍掌声　尽日惟だ聞く、拍掌の声。

日本人は園亭をこのみ、貧しい家でも花木や竹石があり、配置も幽雅である。門はあるが常に閉されており、その庭を行けばひっそりとして人無きが如くである。私は嘗て友人を訪ね半日筆談をしたが、そのあいだ人の声を聞かなかった。童を呼んで茶を入れさせるにも、手を拍くだけ、あたかも人を世間の塵から隔ててくれるかのようである。客が来れば必ず菓子を出すか、あるいは酒にさそう。妻子が出て跪いて酌をするが、その鄭重さには感服する。

桜花
朝曦看至夕陽斜　朝《あさ》曦より看て夕陽の斜なるに到る。
流水游龍闘宝車　流水游龍、宝車を闘わし、
宴罷紅雲歌降雪　宴罷わりて紅雲、降雪に歌う。
東皇第一愛桜花　東皇《はるのかみ》は第一に桜花を愛す。

桜の花は五大州に無いものである。深紅のもの、薄赤いもの、また白いものもある。一重から八重まであって、爛漫の極みである。桜桃の類であるが、花ははるかに勝る。他の木に接木したためか、色に変化がある。三月の花のころは、昔は公卿百官みな休みをとって花をめでた。今も飾り立てた車や馬で、男も女も繰り出し、国を挙げて狂わんばかり、日本人は桜を花の王という。隅田川の左右に数百本あって、花のころは雪か霞か錦か、はたまた薄の穂かとおもう。私は月明かりの晩に、再びその地に遊んだが、まことに蓬莱山中に身を置くが如くであった。

東京の名勝としては、木下川《きねがわ》の松、日暮里の桐、亀戸の藤、小西《しのばず》の湖《いけ》の柳、堀切の菖蒲、蒲田の梅、目黒の牡丹、滝川《たきのかわ》の紅葉が有名である。みな良い季節になると遊山の人が踵を連ねる。

巧匠
雕鏤出手総玲瓏　雕鏤、手に出づ　統べて玲瓏。
頗費三年刻楮功　頗る費やす、三年刻楮の功。
鸞竟能飛虎能舞　鸞竟によく飛び、虎よく舞う。
莫誇鬼斧過神工　誇る莫かれ、鬼斧の神工に過ぐると。

彫刻の技は、小さければ小さいほど巧みになる。旧藩の貴人は、一の器を作らせるのに年月を重ね年を越て、やっと出来上がるということもあって、まことに名人気質の妙である。博覧会の陳列物に、象牙の画扉一対が

あった。縦二尺五寸、横はその半分、一見するに、その妙技はほとんど名状しがたい。細かな刻りがあるいは疎にあるいは密に胡瓜や茸をなして、上を向いたものは蓋を張り、横になったものは根に臥している。辛夷のつぼみがぽつぽつと散りばめられ、魚が六七匹、頭・尾・鱗・髭はみな生きるが如くである。頭を垂れ足を屈して雌雄抱き合っているのは蜥蜴、大きな髭に鋏をもって水面を泳いでいるのは伊勢海老である。花の類もおよそ十種余り、芍薬、藤、小菊、水仙、それらが互いに入り乱れるさまは、意図したようでもあり自然のようでもある。東京のある職人が造ったもので、価格は三百五十金であった。

いったい、日本人が工作を工夫し、よい道具を使って仕上げるさまは、真に神の助けでもあるかのようである。堰師〔周代の伝説上の人形つかい〕の傀儡でも、敵うとは限るまい。『杜陽雑編』〔唐代の代宗から懿宗に至る十朝の事を記した書。唐の蘇鶚の撰〕に「飛龍衛士の倭人韓志和が、木を刻んで鸞、鶴、鴉、鵲を作って雲の向こうまで飛ばし、また虎の子に蝿を取らせて涼州曲を舞わせた」とあるが、間違いではあるまい。

（杉山文彦訳）

［注］

（1）これは『春秋左氏伝』昭公十九年に出てくる、鄭の大夫駟氏の跡継ぎをめぐるお家騒動をさしていると思われる。

（2）盧敖は秦の人。博士となるが、難を避けて盧山に入り、仙去したと伝えられる。『淮南子』に見える。

［資料13］日本近事記

陳其元

［解題］陳其元（一八一一〜一八八一）は浙江省海寧県の出身。何度も科挙試験に失敗したのち、李鴻章の幕僚となり、その後も左宗棠ら有力者の知遇を得て活動した。有力官僚は配下に専門知識を持った人材を幕僚・幕友として持っていたが、陳其元もそのような存在であったと思われる。

「日本近事記」は一八七四年にまとめられたものといわれるが、明治維新以後の日本の改革は民衆の反発を招き政府は孤立していると見るなど、この時期にあった対日強硬論（攻倭論）の典型といえる主張を展開している。翻訳にあたっては『小方壺斎輿地叢鈔』第十帙所収のものを底本とした。

日本は古くから中国に服属しており、元の世祖〔フビライ〕がこれを征伐して敗れてから、ようやく屈強な姿を現わすようになった。しかし、明初に冊封を受けて〔足利義満が明の皇帝・永楽帝から日本国王に任ぜられたことをさす〕以来、中国の支配に服していた。明の嘉靖年間〔一五二一〜一五六六年〕になって、海寇が倭人の助けによって東南諸省におし入り、これらの地方は多くの被害を受けたが、実は我が国の人民がこれを導き入れたのであり、倭人はもとより無能で使われただけである。本朝は明の弊害にかんがみて康熙、雍正〔ともに清の皇帝の年号、康熙帝、在位一六六一〜一七二二年、雍正帝、在位一七二二〜一七三五年〕以来、絶えて交流せず、海境の安らかなこと二百年間続いた。

同治八年己巳〔一八六九年〕、日本は、我が国が西洋と通商していることを聞いて、我が国にやってきて、彼らの祖先が中国に服属していたことはかくして、微々たる小国でありながら上国たる我が国に拮抗しようとした。しかし彼らの先君の神功皇后息長足媛《おきながたらしひめ》が魏の明帝の時に海を渡って入貢したことは、もとより日本の史書に特筆大書していることである。ここでとくに魏の景初二年に皇帝が倭の女王に与えられた詔を引用しておく〔ここで原文は魏志倭人伝を引用しているが省略〕。これによっても、我が国が遠来の人を寛大に遇する度量を見ることができる。

然るに、同治十三年甲戌〔一八七四年〕、台湾の生蕃(1)が琉球人を殺害したことを口実に、兵数千を挙げて台湾に突入し宿営して堡塁を築き、生蕃と交戦した。その意図する所は測り難く、台湾全体はそのために動揺した。事件は皇帝にまで聞こえ、福建船政大臣・前江西巡撫の沈葆楨公に、軍を統率して台湾に臨み、機を見て対処するよう命ぜられた。沈公はその猖獗を怒り、上奏して討伐を請うたが、廷議は久しく決まらず、倭人の勢いはますます盛んとなり、さらに深く侵入しようとした。その議院においては、中国本土二百郡を平定しようという説もあり、聞く者をして怒髪天を突かしめた。謠言が盛んに起こり、沿海地方はみな警戒した。

私は以前上海にいて倭国の情勢に頗るくわしく、倭国には乗ずる隙のあることを知っていたので、李鴻章大臣に上書して、水軍を派遣して、隊を分けて倭国を攻撃し、魏を囲んで趙を救う計(2)を実行するよう提案したところ、大臣も私の提案を非常によいと言われた。倭人は生蕃と戦って苦戦し、且つ疫病に苦しめられたが、英国公使トーマス・ウェードが中に入って調停したところ、朝廷は人民の生命を尊重されて、慰問金を倭人に与えることをお許しになった。倭人は肩の荷を下ろすことができるのを喜んで、軍を解いて帰っていった。しかし、その兵員のうちで死んだ者は少なくなかった。

私は、私のはかりごとが実行されずに、なす所なく袋の鼠を逃してしまったことを大変残念に思っていた。ところが、応宝時方伯〔方伯は地方の省の次官〕が張樹声中丞〔中丞は省の長官である巡撫のこと〕に差し出した文書を見たところ、私の意見と合致し、また、その論は私に較べてさらに行きとどいたものであった。そこで以下にこれを記録して、天下後世をして中国に人無しなぞとはいわせぬようにしようと思う。

方伯のいっていることを要約すると、次のようになる。日本は東海中にあって、中国に近い。日本人は詐りが多く、もともと信義というものはない。近ごろ、一切のことを西洋人にならって、やたらに富国強兵をはかり、ひそかに領土の拡張をねらっている。要するにその志は狡猾で、いつも自分勝手なことを考えているのである。

今、条約にそむいて兵を挙げ、口実を作って戦いを始め、我が国の辺境に侵入し、我が国の蕃民を殺害したのに、中国は旧好を全うしようとし、道理によって争い、すぐには武力にうったえなかった。その上、倭人のために燈台や目印を建ててその商船を守ってやったのは、寛大の極み、礼儀の最たるものというべきである。それなのに、彼らは虚言でもって我々と交渉し、久しく蕃社を占拠し、蕃人を惑わし脅し、また、建築材を運び農具を携えて、家を建て、集落を作って耕作する計画を実行するとは、一体なんたることか。群蕃も凶暴な勢いに迫られればかならず支配されてしまうだろう。そうなれば、台湾は彼我共有となってしまい、後日、倭人が群蕃を駆って先導とし、我々と台湾の地を争うようにならないという保証はなくなるだろう。

そもそも、台湾は小なりとはいえ、我が聖祖皇帝〔康熙帝〕が二十年の辛苦の末に獲得されたものである。台湾にもし事があれば、閩〔福建〕・粤〔広東〕・江〔江蘇〕・浙〔浙江〕の諸省も戒厳せざるを得なくなる。古人の「一日敵を縦てば、数世の患なり」〔『春秋左氏伝』僖公三十三年の条にある〕という言葉は、今日の台湾の謂である。それに、諸国通商以来、国境を守ってあえて侵略しないのは、条約があるからである。今もし日本が条約を守らずにその志を得るならば、中国は日本の笑う所となるだけでなく、西洋人もいっそう中国を蔑視するであろう。

今なすべきことは、日本の条約違反の罪を諸国に布告し、万国公法〔国際法〕によってきびしく倭人をとらえ、台湾駐留の諸軍を険要の地に分拠させ、敵の増援や帰路を絶つことに努めて、軽々しくは交戦せず、密かに蕃人にさとして、隙をうかがって日本軍を狙撃させることである。厦門の一港を拠点に、水軍によって敵の往来を防ぐことができるかどうか明らかではないが、できないとしても、一月もすれば、彼らの兵糧、燃料、弾薬はかならず底をつくにちがいない。また、蕃人は官軍の増援を見てかならず奮闘抗戦するであろう。日本軍は、前は深山に阻まれて速やかに進めず、後ろでは官軍の増援を恐れ、さらに台湾近海は風波が激しいため、その船がいかに性能がよくても、長期間碇泊しつづけることはできない。それ故彼らは孤立しおじけづいて、退却せざるを得なくなるであろう。

ただ、ここで考えねばならぬことは、退却した後になっても、彼らはそのことを根に持って、きっと我が国の沿海諸省に侵入してくるだろう、ということである。防御の備えはつねに心がけておかなければならない。現在、本省〔江蘇省を指す〕の防務は総督・巡撫の尽力によって、この上ないほど整備されているが、防衛の全局を考えると、かならず各省ごとに各自防戦に務めるようにして防衛の責任を明らかにすべきである。また、各省相互に救援するようにして、兵士の志気が互いに連なるようにすべきである。

なぜこんなことを言うかといえば、今の倭寇は明代の倭寇とは異なるからである。明の中葉には、〔日本の〕各島々の奸商が明の綱紀の弛みにつけこんで、無頼の徒を集めて乱をなした。その行動は流賊に等しく、そのため倭寇は蔓延して、被害は広範囲にわたった。今、日本の兵士は二千余人、役夫も二千余人であり、中には西洋人や中国人が雇われて入っているとも聞いている。日本の国王〔天皇〕が軍隊を派遣した意図は領土の拡張にあり、そのために兵力を集めて懸命になっているのである。

しかし、日本の兵力から考えて、我が国の一方面に侵入することはあっても、二方面以上に侵入することはない。ましてや軍を分って各省を混乱させるようなことはできない。それ故、我が国の地勢から考えて、今、直隷〔河北〕は奉天〔遼寧〕・山東と、江蘇は浙江と、広東は福建と力を合わすべく、一方の省に警報があれば他方の省が兵を派遣して救援し、場合によっては、一省に警報あれば四五省がその度合に応じて兵を派遣して救援するようにすべきである。

汽船は迅速だから、朝に出発すれば夕べには到達する。中国は汽船をさらに続々と購入して、福建と上海の造船所で建造した汽船と合わせて配備しなければならない。およそ蒸気船の戦艦は三十隻以上必要であり、さらに銅板で装甲した軍艦四五隻を加え、それらを数艦ずつ分駐させて重要な港を守り、さらに精兵一万余りを配置して、いっしょに訓練すべきである。

　以前水軍を率いた経験豊富な将軍で先の陝甘〔陝西と甘粛〕総督楊岳斌宮保は、知勇兼備、戦功卓越の人で、威名は遠近あまねく及んでいる。皇帝に上奏して、彼のような人を抜擢して軍隊を統率させるよう懇請すべきである。彼のような者にもっぱら水軍を指揮させ、侵入者を追って、敵が南に行けばこちらも南下し、北に行けば北上し、各省の諸軍と挟撃すれば、敵と味方、正義と悪の分が明らかとなり、勝敗はかならず正しきにつくであろう。防衛の要はまさにこのようにすべきである。

　しかしながら、昔から夷狄を制する場合、かならず守りが十分であって始めて安心できる平和が可能であり、また、かならずよく戦って始めて守りも全うできた。およそ戦いは、内地で戦うより外洋で戦うほうがよく、外洋で戦うより相手の国で戦うほうがよい。今の日本を観察してみると、これを討つべき理由を数か条挙げることができる。以下、それについて述べよう。

　古来、日本国王は二千年にわたって姓を改めず、国中は七十二の島に分れ、各島にはそれぞれ島主があって諸侯に列せられていた。美加多《ミカド》〔天皇〕が国を奪って前王〔この王は将軍を指す〕を廃し、また各島主の権限をけずったので、島主は権力を失って政府に疑念をいだき、遺民は昔を思って憤懣やるかたなく、一旦事があれば、隙に乗じて蜂起しようと思っている。にもかかわらず、日本の政府は暗愚でそのことを悟らず、高麗にまで怨みを買うようなことをし、国中の服装を洋装に改め、西洋の言葉をならい、書物を焼き、法を変えている。このため国中が不便をこうむり、人々は反乱を待ち望んでいる。

　今、管子〔春秋の斉の人である管仲の作と伝えられる書物〕の攻瑕の説にならって、中国では内乱〔太平天国期の諸反乱〕が平定されてなお日が浅く、軍功ある将軍が多数おり、精兵がいまだ解散していないという、この好期を利用すべきである。東洋〔東方の海域〕に事が起これば、軍艦や大砲の練習に、また人材を発掘するのに都合がよい。この機を失って、数十年後に、日本の基盤がますます強固になり、中国は平和の日が続いて、人民が戦争を知らぬようになった時、急に不意をつかれる、というようなことになれば、後悔してもはじまらない。以上のように、時期という点から考えると、日本を討つべき理由の一つがある。

　昔は、中国においては、普陀〔浙江省舟山群島にある島〕から長崎に行くのに水程四十更〔更は船の進む単位、一昼夜を十更とする〕かかり、風波が強く危険であった。厦門から長崎までは水程七十二更で、商人が渡航するときは皆このルートを使った。元代の日本遠征は軍を合浦〔広東省の地名か〕に集め、多くは南道から遠征した。今は往来する者が多く、新航路が次々に開けて、上海より長崎に行くのにわずかに水程千四百余里〔一里は約〇・五キロ〕である。汽船なら二昼夜で到達でき、断じて元代のような台風の恐れはない。

また、中国がたびたび外国人におさえつけられたのは、彼らが連合して我が国にあたったためで、我が国はしかたなく恥を忍んで今日まで来たのである。今、幸いに西洋諸国はまだ共謀していないので、全力を東方に注ぐことができる。日本は小国であり、また孤立しているので、まったく西洋諸国とは比較にならない。以上のように、情勢を斟酌すると、日本を討つべき理由の一つがある。

元代に倭国に遠征して兵十万を失ったことを他山の石とすべきだ、という者がしばしばいる。しかし、彼らは次のことを知らない。すなわち、元は日本に朝貢を命じ日本がこれに従わなかったので、急に不当な戦争を起したということ、また宋の降将范文虎を統帥としたので、彼はひとたび台風に遭うと軍を捨てて、ひそかに遁走した、ということを知らないのである。要するに、大義名分がたたず、人を用いることに適正を欠いたため、倭人に今に到るまで中国を軽視する気持をもたせたのである。今こそ日本の驕心をくじき、旧来の偏見を破り、日本をして中国を恐れさせるべきである。

古来、二つの国が兵を交える場合、正義にかない名分が立てば、勝利は十中八九であり、これに反すれば、敗北もまた十中八九である。今、日本は盟約を破って我が国の国境に侵入したのであるから、彼は内心道理に反する行為であることを自ら恥じている。各国もまたかたわらから見ながら、ひそかに論議して、我が国が戦争を起しても、大義名分によって罪を伐つことを目的としており、もとより兵力を海外に輝かす意図はなく、相手を征して降服させるのが目的で、領土拡張の意図はないものと認めている。まさにいわゆる堂々の陣、正々の旗とは、このことにほかならない。以上のように、道理から考えると、日本を討つべき理由の一つがある。

今、中国の沿海の地は、瓊崖〔海南島の地名〕から遼碣〔遼寧の地名か〕に至る二万里に近い円弧をなしており、もしもれなく防備を固めようとすれば、中国はまかないきれない負担を避けられず、それでも処々に不安を残すだろう。まことに、精強な一万人の軍団を選抜して直接に長崎を攻め、倭国の都に迫るならば、彼はたちまち気を奪われ、撤兵して自らを救うことに迫られ、断じて我が国を攻めるような余力は無いであろう。兵法に、「亢《のど》を批《せ》め虚を擣けば、形は格せられ勢は禁ぜられる」〔『史記』孫子呉起列伝〕というがごとく、敵の急所を攻撃するのである。これぞまさしく攻撃こそ防御ということであって、数省の力を合わせて一路に集中すれば、労力と費用を省き、転じて防御に安心を加えることができる。守備を固めて防御するなら、数省の力を挙げて各路に分散させなければならず、労力と費用はかさみ、なお且つ防御に安心感を持てないだろう。このようにその得失は誰にも一目瞭然である。

また、我が軍が内地で戦った場合、もし敗戦すれば全省の驚乱震動は避けられず、もし戦って勝ったとしても、内地の人民は戦災に苦しめられ、敵軍に強制的に従わせられる者も数えきれず出てくる。我が軍が倭人の地で戦うなら、敗戦しても兵士が死傷するのみであり、増援を送ることも困難ではない。もし戦って勝てば、我が方は兵糧を敵から獲得でき、敵側の民を先導として使うことができる。敵に攻撃をしかけることと、敵から攻撃されることを比べたら、とうてい同日の語ではないのである。以上のように、国の財政と人民の苦しみから考えると、もっとも日本を討たざるを得ない理由の一つがある。

およそこれらの数か条から、時機を失うことなく、速やかにあらかじめ方策を講じて、艦船や武器を購入し、訓練を施さなければならない。もし朝廷の政治の大方針が速やかに定まるならば、李伯相〔李鴻章〕に沿海の軍務を統轄させ、さらに天津を警護して首都の周辺を守り固めさせる。楊宮保〔楊岳斌〕には、汽船の戦艦、水軍を統率して、直接に長崎を目指させる。かならず内外協力し、軍威を奮い起こし、高麗にも檄を飛ばして軍を興して対馬を攻めるよう促し、日本の北路を震え驚かし、その兵力の分散を迫る。

高麗はもとより我が藩属であり、かならずやこの機会に乗じて敵の地を攻め取って、旧来の憾みをはらさんと願うであろう。我が軍はよろしく殺人や掠奪を禁止し、〔日本の〕前王の旧将や故臣・遺民に呼びかけて、正義を貫いて復古を願う者があれば、故王の継承者を捜し出してあらためて王とさせ、その国の旧来の制度を全面的に回復させる。各島主で領地をひっさげて正義に投ずる者があれば、それぞれ王号を与えて、各自に自主の国をなさせる。そもそも日本の人々は長らく変化を望んできた。大兵を以て臨めば、その勢はかならず瓦解するであろう。

そのうえ、物事には措置に労せずしてその効果が甚だ広いという場合がある。漢の武帝の時、良家の子弟と罪を犯した国境防衛の兵士を募り、彼らは率先して匈奴を討つべく奮戦した。雍正年間に、各省から武芸に長じた数千人を選抜し、勇健軍と名づけて巴里の故地〔四川の東部地方〕に駐屯させたところ、盗賊の出没することがなくなった。道光年間に回民の地で起こった戦役では、南路・北路から流刑者二千を選抜して決死隊を編成し、しばしば賊軍を撃破した。

今、よろしく遠くは漢の制度にならい、近くは先帝の年代の方法にのっとり、広く沿海の梟徒〔密売人〕・蛋戸〔水上民〕・漁民や閩〔福建〕・粤〔広東〕地方の械闘〔華南地方で繰り返された地縁・血縁にまつわる争い〕の民および哥老会のなかの勇猛な人物を募集して、官軍に身を投じさせ、奮起して日本と戦えば俸給を優待する。およそ三千人を一隊として、特別に抜擢した軍官に号令させ、特別な恩賞を施し、勇猛な将軍に統率させ、蒸気船を用いて輸送し、最前線の部隊として用いる。この連中はみな凶状持ちや前科者で死を恐れない者たちであり、毒を以て毒を攻めるという如く、死んでも中国に損害となることはなく、生還すれば武威を外国に輝かすこととなるであろう。

もし日本が道理に行きづまり情勢が逼迫して、使節を派遣して旧来の約束に従うことを願い出るなら、かならず我が軍の遠征費を償わせ、我が国の東方の藩属であることを承認させて、その後に撤兵するようにしなければならない。このようにし得たならば、日本を畏縮させるだけでなく、加えて西洋諸国の人々をも恐れさせることができ、中国の禍は少しは緩和されることであろう。

これらのことを踏まえて総合的に考えると、今日、蕃地を敵に与えて無理に和約を結ぶならば、武力衝突はしばらく避けられても、後の禍いは計り知れず、また和好も固まらず、策の下であろう。決然と敵軍を駆逐し、その侵攻を予期して、随時これを撃退するのは、策の中である。先んじて非常の挙を敢行し、積弱の勢を奮い起こすことは、得失相半ばするとはいえ、坐して自弱に陥るのに比べてなお勝っており、策の上である。敵をして、あるいは天の怒りの声を察知し、中国とは争うべきでないことを知って、和約を遵守し戦わずして自粛させるようであれば、善のもっとも善なる事態である。

そもそもさらに望むべきことがある。古来より天下の大事は、往々にして、二、三のことで失敗し、また一朝にして成功するものである。むかし、庚子〔一八三九年〕、辛丑〔一八四〇年〕の間に、西洋人が初めて中国に進入した。朝廷は外夷の事情を熟知せず、和戦の局面を決めることがまったくできなかった。方策が一変するごとに、以前の策を提起した者が責任をとらされ、そのため当事者は事案に直面することを避けようとし、局面はますます変化し、情勢はますます不振となった。粤匪〔太平天国の動乱〕を平定するに至って、定見を堅持して動揺せず、ついに有能な人材を輩出し、巨大な反乱を殲滅することができた。これは思うに断行すべきと断行すべからざるを明確にした効用である。

願わくは上奏文を提起して、皇帝陛下に広く群議を取り入れて正しい結論を導き、その後にご聖断を下されるよう求めていただきたい。聖断にて至上の政策をお決めいただき、中外の大臣に忠実に実行させる。人材の登用は慎重の上にも慎重に、計略は精緻の上にも精緻に、局外の無責任な流言をしりぞけ、東洋〔日本〕を過大に評価せず対処すれば、これは勝ちを制する道というものである。

中国が購入すべき艦船、大砲および水雷、榴弾砲、元込銃などの費用を総計すると、その額は千万両を超え、到底一時に工面し得ない。協議して西洋から借款を調達し、各海関の収入で年ごとに返済するしか方法がない。たとえ戦わず守るだけであっても、前述の戦舶、武器はあらかじめ備えるべきである。現在のように諸事多難な時には、ただ内外でつとめて浪費を避け、数年でこの重要な支出を償還したいものだ。そうすれば、国の元気は著しく損なわれることなく、あるいはさらに万一の場合の補いとなるであろう。

（杉山文彦・並木頼寿訳）

〔注〕

（1）清朝は、台湾に古くから居住する人々を生蕃と熟蕃の区別を設け、支配に服さない者を生蕃と呼んだ。
（2）魏も趙も中国の戦国時代の国名。趙の都邯鄲が魏に攻められたとき、斉が魏の都を攻めて趙を救った故事による。ここでは、日本本土を攻めて台湾を救う計略。

〔資料14〕興亜会は弊害を防止すべし

『循環日報』論説

〔解題〕この文は、一八八〇年（明治十三）十一月十五日発行の『興亜会報告』第十二集に転載された『循環日報』の評論である。同報は王韜によって香港で発行されていたから、本文も王韜のものと考えられる。転載にあたって『興亜会報告』は、これは「杞人の憂に過ぎぬ」との評語を付して漢文のまま掲載している。興亜会は一八八〇年初めに、西洋の圧迫下にあるアジアを復興させると呼号して結成されたもので、日本国内のみならずアジア各国に向けても会員を募った。王韜に対しても働きかけを行い、入会者名簿には彼の名も見える。しかし、本文に見るように王韜の興亜会に対する見方は、多分に懐疑的なものであった。

日本人が創立した興亜会は志は大きく、その名も美しいが、情勢に対処するのが困難で、各人の意見もまちまちなので、その主張は空談以上のものではないばかりか、陰謀や奸計に類するものに陥ろうとしている。徳をもって人を感化するのが最高で、恩義と威光をともに施し、信義で信服させるのがその次である。ところが今日日本は理由もなく台湾に戦端を開き、琉球を滅亡させた。だから彼らが実行している隣睦なるものもほぼ知られよう。博引傍証、故事を引いて今日の証しとし、当面の情勢を維持しようとしているが、そんなことをだれが信じようか。そうは言ってもこれは日本の朝廷が行ったことで、もとよりその咎を興亜会の人々に帰すわけにはいかない。それに彼らは策に長け見識は高く、情熱的にして冷静、時局の変化を洞察でき、君恩に思いを致している。彼らが多くの人々を艱難より救う手助けをして大いに功績をあげ、世界の平和を盤石のものとし人々の生活を安らかなものへと引き上げようとするのであれば、何も非難するには当たらない。ただし、水はよく舟を浮かべるが、転覆もさせる、兵はよく人を守るが、殺しもする。天下には立派なことももちろんあるが、それも堕落すれば全く醜悪なものと成り果てることもあるのだ。興亜会が刊行した広東人呉鑑が日本人松村駒太郎(1)と筆談したという書物を読むと、その内容は遠謀深慮、含意深長で、まことに興亜会中の人の及びもつかぬものであり、会員たちの敬服するものでもある。そのメモに曰く、「アジア諸国が互いに交際がなかったのは昔は害がなかったが、近年では弊害が次第に大きくなっている。ヨーロッパ諸国は遠く数万里を隔てているが、船堅砲利を頼んでアジア地域内を傍若無人に横行している。もしアジア諸国が互いに連係して、災患があれば互いに助け合い密接に協力し合えば、たとえ彼らが船を返さずとも、またどうして領土蚕食の謀りごとをかくも逞しくすることができよう。然るについにかの国々の倦くなき謀りごとをまぬがれないのだから、アジアの国々は力を合わせてこれを救済しなければならない。今は興亜会が設立され、志あるものが行動をおこしているようにみえる。だが一つのことをおこせば弊害もかならずそこから生まれるもので、会が結成された後は、言語が互いに通じ合い、患難を互いに助け、大国は小国を併呑しようとせず、小国は大国に反抗する心をもたなければ、これはまことに美挙である。志をもって国の生存を図るのは、時局を認識する俊傑でなければならない。会を設立した後、世の形勢を知り、山河に割拠せんとする志を実行しようと考え、言語が通じるのを利用して隣国の隙をうかがう謀りごとを実行しようとするならば、『孟子』にいう『葬礼にはじめ木偶を用いることが悪例を開いた』(2)ことになるので、戒めとしなければならない。私は愚昧をかえりみず少々申し上げるが、興亜会の諸君子はすでに美挙をなされたのだから、さらに後患を防げば、いっそう大いなる期待を得ることだろう」(3)と。ああ、これらのことばを見れば、見識の人並みをはるかに越えた人と言える。興亜会の同人としては、この考えをつとめて維持して、外国人の疑惑や誹謗がますますひどくなるのを避け、とりわけ国を守り近隣との交わりをあつくし、滅亡に瀕する国々を維持する仁徳をこそ追求すべきである。こうしてこそ他国に攻撃の口実を与えず、四海の人々は彼らのことを聞いて感動するだろう。およそ有益な助言や最高の方針があれば、外国人は万里の道をも遠しとせず、興亜会員たちと互いに議論を楽しむであろう。

（伊東昭雄訳）

［注］
（1）広東人呉鑑は未詳。松村駒太郎は興亜会員（『興亜会報告』第四集、二ページ参照）。
（2）『孟子』「梁恵王・上」にある言葉で、孔子が、葬儀に木偶を用いたことが、後に生きた人間をいけにえに用いるようになったことについて、はじめに木偶を用いたことが生きた人間を用いる悪例を残す結果となったと、述べたことをさす。
（3）この部分は、興亜会の委嘱を受けて清国に渡った松村駒太郎が上海から天津に赴く船中で呉鑑と会い、筆談を交わす中で、呉が便箋に書いて松村に渡したものということである。『興亜会報告』第八集一五～一六ページ参照。

［資料15］東槎雑著

姚文棟

［解題］姚文棟（一八五二～一九二九）は上海の出身、光緒六年（一八八〇）に北京に上り家庭教師をしつつ辺境の地理や中外関係を研究し著作を行う。光緒八年、二代駐日公使黎庶昌に従って来日し、日本の地理、経済、軍事などを研究し『日本地理兵要』十巻等多くの著作を行う。その後ヨーロッパに転勤し、地理、経済、軍事の研究を行うなど、中外関係をめぐる地理・軍事関係の著作を多く残している。また、王宝平著『清代中日学術交流の研究』（汲古書院、二〇〇五年）によれば姚文棟にも「日本国志」なる未刊行の著作があるが、黄遵憲のそれと比べると、やはり地理を中心とした内容となっているとのことである。

「東槎雑著」は、日本を概観する内容となっているが、やはり軍事地理が中心となっている。『小方壺斎輿地叢鈔』第十帙所収のものを底本として翻訳。

日本は幅の狭い四つの島で、大海がこれを取り囲んでいる。その地勢を論ずるならば、陸としてよりむしろ海として論ずべきであろう。元代の遠征では専らその西をせめたので、彼らは防御を一点に集中することができ、こちらを打ち負かすことができた。徳川氏の末期、アメリカ船が浦賀に入りすぐに下田へ回った。ロシア船は大阪に入ったかと思うと樺太へ回った。イギリス船は函館に入ってすぐに長崎へ回った。東へ行ったり西へ行ったり動きが急で定めなければ、対応の仕様がなく、攻められる前に自壊し、国中は騒然となった。かつて頼山陽が、元は幸いなことに一方面から来ただけであった、もし四方から襲来して我が喉元を扼し我が糧道を絶って、我が兵の策を封じたならば、その禍は言うに堪えぬものになったであったろう、と言っている。これは誠に的を射た論であって、軍事や地理をやる者は皆知っておくべきことである。

今、中国と日本の間には、商船往来の航路が二つある。一つは、上海より長崎・神戸を経て横浜に達する。いま一つは、広州・香港よりまっすぐ横浜に達する。長崎より神戸に至るには、必ず瀬戸内海を経なければならないが、その間は島嶼が連なり、そこここに伏兵を置ける。しかも、一旦下関の海峡に入り退路を断たれれば、入ったまま出られなくなり兵法家の忌む所を犯すことになるから、用兵時にはこの道は行くべきではない。香港から横浜までは、彼らがいう所の南洋であり、大海を駛行して遮るものなく、直ちに浦賀をつき進んで品川に迫り、東京・横浜を震動させることができる。これが大手である。西から下関を攻めて敵勢を牽制する。これが搦め手である。東へ西へと変幻自在に出没しようというのであれば、長崎からではなく、下関の北方、朝鮮の釜山浦から南下し、まず対馬・壱岐に拠る。これが一法である。下関から神戸への道を取らず、南洋から直ちに加太等〔鳴門のことか？〕海峡へ入る、あるいは淡路に拠って神戸に逼る。これもまた一法である。長崎の南から北に回り佐賀関を奪い、下関の正面をつく。これもまた一法である。あるいは、琿春・図們江から軍を出し、密かに青森へ渡って函館に拠る。これもまた一法である。函館から南下して横浜を目指す。これもまた一法である。あるいは、兵船を新潟に着け、四五百里陸行して東京の背後に出る。これもまた一法である。あるいは、山陰の沿海を襲い西して長門から下関を目指す。これもまた一法である。あるいは、福建・台湾から軍を出し、まず鹿児島に拠り兵を分かちて東京を攻めるのを助ける。これもまた一法である。鹿児島から長崎へ西上する。これもまた一法である。おおよそ日本の要害は、東では横浜である。なぜならば東京に近いから。そして横浜の要害は湾の入り口に当たる浦賀である。中央では大阪・神戸である。なぜならば、西京に近いからである。

日本人は、我が中国はここ二百年で三つの大きな機会を逃したと言う。康熙帝が台湾を平定した時、ついでに南洋を計略して欧亜両州の枢紐を握るべきであった。これが惜しむべきことの一。康熙帝がロシアの罪を問うた時、兵力の全てをかけて北洋を攻略し、境界碑をウラル山脈に建てたのちにロシアの講和を許すべきであった。これが惜しむべきことの二。乾隆帝がジュンガル部を平定した時、南を目指してインド五州を全て収めてから還るべきであった。これが惜しむべきことの三であると。私もまた甚だ惜しむべきものがあると思う。それは日本の北海道のことである。北海道は我が庫頁〔樺太のこと〕と接しており、日本に属することになったといっても、その当時はまだ官署もなければ軍隊もいなかった。もし我々が庫頁を守ってこの島に通じていたら、日本全国の上部に拠ることになり、ちょうど隴〔甘粛省〕をもって蜀〔四川省〕を制するようなもので、日本は我が掌中から出られなくなったはずである。考えてみれば日本人が北海道を経営し始めるのは明治二年からであり、僅か十余年しかたっていない。

日本は建国以来、およそ七度の変化を経ている。神武の開創時は国造の治であった。千三百五年たって孝徳の世に至り、改めて国司の治とした。国造は世襲で封建と似ているが、国司は流官であり郡県と似ている。また五百三十年たって後鳥羽の世に至り、源頼朝が天下総追補使となり、守護を国郡に置き、地頭を荘園に置いた。これが守護・地頭の治である。また二百三十年たって後醍醐の世に至り、足利尊氏が大いに諸将を封じた。これが世襲守護の治であるが、実権が早くより下に移り、上が下を抑えられない態勢になってしまった。三百四十年たって土御門の世に至り、国内は沸騰し戦国割拠の時代となった。百二十三年たって、豊臣秀吉がその乱世を平定し、郡国の石高を調べて諸侯を封じ、徳川氏が替って興り、更に諸侯の秩序を定めた。これが封建の治である。二百八十年たってことごとく藩封を徹し、郡県の治とした。初めは三府六十県であったが、その後六十県を合併して三十六県とした。しかしながら、政治的には府県制が便利とされるが、山川地勢の分りやすさでは、旧制の九道八十五国のほうが良く、最近の地誌はみな道国をもって基準とし、府県には拠らない。

近ごろ日本では地理学に大変留意しており、官立では内務省地理局、海軍省水路局があり、私立では東京地理学協会がある。意気は盛んであるが、著述はまだ多くはない。海軍の軍人は皆、内務省が頒布した『清国兵要地理志』を読習しており、我が地の情形について日本の軍人は論ずるだけの素養がある。

日本総図は文部省刊行の『日本全図』両幅が最も良しとされる。分図は三種あり、一つは『大日本府県分割図』一冊、内務省地理局刊行、三府三十六県に準拠している。いま一つは酒井彪三撰『大日本一統輿地分国図』四十余幀、八十五国に準拠している。更に海軍省水路局刊行の海図百五十余頁がある。これは沿海の測図であり、分図では最も精細とされる。日本の里数は我が中国とも西洋とも異なり、六尺を一間、六十間を一町、三十六町一里とする。その一里を計るに、我が中国の六里と少し、西洋の二里と少しにあたる。尺度もまた微妙に異なっている。

（杉山文彦訳）

［資料16］**東槎聞見録（抄）**

陳家麟

［解題］陳家麟は、第三代清国駐日公使徐承祖の随員として、一八八四年（光緒十）に来日、一八八七年に「東槎聞見録」四巻を刊行する。ここに訳出したのは、その総論にあたる部分で、この後に三十項目以上にわたる各論が続き、日本を総合的に紹介したものとなっている。総論に見るごとく彼は「中体西用」の洋務派の立場である。日本に対し警戒心を持つとともに、日中提携の必要を説いている。訳にあたっては、『小方壺斎輿地叢鈔』所載のものを底本とした。

日本の西界は中国なり、東はアメリカに対し、北はロシアに連なる。三大国の間に介居すれば、隣国と修睦するの容易ならざるを知る。考するに両漢の時、始めて中国に通じ、魏晋の時、五経・仏教を中土より得る。是に於いて沙門の教え盛行す。唐の貞観の間、嘗て遣使来聘し、宋初に遣僧奝然海に浮かびて方物を貢す。太宗、紫衣を賜いて厚く之を撫す。故に其れ史乗の載せる所なり。官制・文字等々の事は皆中土に倣う。其の中国を瞻仰すること、之を望みて天上に在るが如し。中国また其の殷勤に問を通ずに因り、間々また使いを遣りて之に答う。元の世祖に至り、西征して後航海東征す。十一年、経略忻都等に命じ、舟三百・兵五千人を以て其の国に入り、其の兵を敗り、矢尽きて還る。十八年〔日本弘安四年〕また范文虎・阿塔に命じ、海将兵十万、戦船九百を以て之を征し、平戸島に至る。時に北条時政、兵を壱岐に督し、元兵は五龍山に拠る。北条、武将草野七郎に令し、潜みて范の舟二十艘を夜襲せしむ。元艦悉く鉄鎖を以って繋ぐ、日将河野通有、軽舸を泛べて元将王冠元を殺す。范、偽敗して鷹島に退守し、日兵の不備に乗じ舟師を揮いて排進し、日兵数千人を殲し兵艦六百艘を奪う。閏七月朔、師を大挙して率いるも、風に遇い舟覆り、帰る者三人。元の雄武、国を滅ぼすこと五十を以ってするも、奏功に克せざるは、天之を為すなり。

明の時、薩摩の無頼寇、奸民汪直・徐海等の輩と勾通し、我が沿海各省を擾す。永楽十七年、戚継光に命じ師を督して閩・広の海寇を剿せしむ。屡戦して皆捷ち、斬擒して殆ど尽し、倭の患い始めて息む。

夫れ、おもうに日本、中国に通じてより球を供して時に至る。初め西に弓引き我が辺境を擾がすを聞かず。元の世祖に至り、その雄心を恣にして強いるに臣妾を以ってし、従わざれば迫るに兵を以ってし、また風に遭いて十万舟師を覆し、然る後再挙を謀らず。是より日人始めて中国を軽藐するの心有り。昔、日人頼襄〔頼山陽〕嘗て言う「元は幸い一面より来るのみ。もし各道皆来らば、計将に焉ぞ出でん」と。此れ誠に兵家に熟すの言なり。試みに徳川末造を観るに、露船大阪に入り旋りて樺太に入り、米船浦賀に入り旋りて下田に入り、英船函館に入り旋りて長崎に入り、忽往き忽来たり、ついに所を定む無く、首尾兼顧すあたわざらしめ、困に坐して成るを求めしむるを致す。今、其の時を去ること二十余年なり。

更革する所の若干事、講求する所の若干条、学校を建て、鉱務を整え、鉄道を開き、銀行を設け、及び機器・電線・橋梁・水道・農務・商務の各事は、此れ善政なり。服色を易え、漢学を廃し、刑罰を改め（刑律は近く泰西に倣い　笞杖の名目なし。故に国中盗賊の事、近ごろ屢見ゆ）、紙幣を造り（広く紙幣を造る。故に民間大小の交易、倶に現銀無し）、賦税を加う、及び要人（凡そ曾て外国に赴きし者及び外国語をよくする者は、その賢否を論ずる無く皆これを用う。故に官場中の人品殊に難し）・宮室（大小の官署、近く皆洋房に改造す）・飲食（また洋式に倣う）・跳舞の属は、此れ弊政なり。

初年、薩摩の乱、兵を用うること三載、負債千万、今に至るも未だ償わず。近くは自由各党国中に潜伏し、一たび防がざる有れば即ち蠢動を思う。火器の利、鉄甲の堅、能く自ら信ぜんか。利の能く興るも、弊の未だ去らず、能く自ら恃まんか。また況や四面の浜海においておや。其の我が国に於けるや尤も輔車相依るの形有り。東は則ち香港より一水、七日にして横浜に達す。南は則ち台湾、鹿児島と相接す。西は則ち釜山より直ちに下関に至るべし。北は則ち青森・函館相距つこと亦近し。

広く亜州の大局を覧るに、総じて中日の連絡を以って宜と為す。然れども台湾の役すでに前に現れ、琉球の師たちまち後ろに継ぎ、高麗・長崎の変〔資料19参照〕また故無く起こる。我が国家それに因り民情洶々たりて、乱を思うに急なれど、深き唇歯の間を愛しみ未だ問罪の師を興さず。故に使いを遣りて通商し、なお終に好に帰せんことを冀う。もし能く不和に陥らざれば、力を尽し心を同じくして、むやみに武力に訴えて自ら国本を損なう無く、また横暴に誅求して民心を失う無く、行々は進みて欧米各国に経略し、退くもまた屹然と自立して破れず。是則ち日本の幸いにして、実に亜州全局の幸いなり。

もし日本狡猾にして企み有るとも、我に在りては財豊かにして地広ければ攻守ともに宜しく、固より怖るるいわれ無し。然れども密かに恐るるは、眈々として日本を狙う者、更に別に有ることなり。

（杉山文彦訳）

［資料17］日本新政考自序

顧厚焜

［解題］顧厚焜は江蘇省の出身、光緒九年（一八八三）の進士。刑部主事。光緒十三年（一八八七）に行われた遊歴官試験に合格し、一八八七年から八九年にかけて日本及び南北アメリカを遊歴した。『日本新政考』二巻九部（洋務、財用、陸軍、海軍、考工、治法、紀年、爵禄、輿地）は遊歴の報告書の一つ。「自序」に見えるように、彼は洋務派的発想で日本を見ていたと思われる。

遊歴官とは、一八八〇年代後半に清朝政府が海外事情の視察のため欧米各国及び日本へ向け派遣したもので、三十代から四十代の官僚十二名が選抜され各国を遊歴した。

厚焜時変を澄観し、乃ち昕夕に識る所の者を以て、新政考二巻を編成す。蓋し西法の国俗を転移せしむの何ぞ此の如く速やかなるかを慨い、又是の邦の以て成憲を転棄するの何ぞ此の如く易きかを慨う。

国債積みて国庫匱《とぼ》しく、漢文軽くして洋文重く、旧都廃されて新都興る。志有る者、今を撫し昔を思い、職を謝して田に帰り、往々種瓜藝菜の余に欷歔〔すすり泣く〕して已まず。

而るに軸に当たるもの、且つ善く西法に規とるを以て得計と為し、一若として尽く旧政を棄てざれば万も国を富ますに足らず、兵を強くするに足らずと謂う。

今日に処して必ず西法は屏して用いざる可しと謂うは、豈篤論ならんや。亦当に用いるべき所を用いるのみ。

日人乃ち異を好み奇を衿り、竟に一変して変わらざる無し。是れ誠に何の道なるや。

一旦法度典章を挙げて一一に棄てること弁髦の若し。豈是の邦の福と謂うを得んや。

（並木頼寿訳）

［資料18］ 隣交

薛福成

［解題］ この文は薛福成の『籌洋芻議』のうちの一章である。「隣交」の隣とは、この場合日本を指している。薛福成（一八三八〜一八九四）は江蘇省無錫の人、字は叔耘、号は庸庵。若くして曽国藩の幕下で頭角を現し「曽門四弟子」の一人に数えられる。その後、李鴻章の幕友として洋務運動の推進に当たる。この間多くの外交問題の処理に当たったことから、一八八九年に朝廷から駐イギリス、フランス、イタリア、ベルギー四か国公使に任命されて出国し、西洋文明を四年間実体験するが、一八九四年任を終えて帰国途上に病を得て上海で逝去。

古の豪傑の交隣の論じ方は、二つだけである。諸葛亮は蜀が魏に抗するには、呉と組めば援けになると知っていた。そこで怨みを解いて連和した。伍員は呉のために越への策を謀ったが、同じ土地をめぐる累代の仇敵であれば、滅ぼすよりないと考えた(1)。今、中国と同一州にあって国勢が自立するに足るものは、まずは日本である。外侮が次々に襲いかかり援けを立て守りを固めざるを得ないことを思えば、呉蜀相親の勢を宜とする。しかし、日本人は性桀黠にして中国を蔑視し、遠交近攻の術を以て隣邦に施しておれば、実際には呉越相謀の心がある。其の機は甚だ迫り、其の情は甚だ見やすい。思うに日本は唐宋以前にあっては、未だ嘗て中国に朝貢せぬことはなかった。その後、平氏、源氏、北条氏、足利氏、織田氏、豊臣氏、徳川氏が相次いで兵権を執って東海のうちに屈起し、国主はむなしく神器を擁するのみで、七百年を超えた。中国は、元代に誤って愚将を用い、颶風に遭遇して軍を海外に棄てることとなったが、これは天が日本の存続を望んだのであって、戦勝の功ではない。明の中葉、辺境の備えが日々に弛むと、海浜の奸民が倭人を誘って寇掠をなした。こうして彼らは常に中国を軽んずる心をもつようになった。

十数年前、日本は国内に問題が多く、諸侯が群起して争い、徳川氏は狼狽して処を失い、そのため大将軍を止めにし列藩も廃して尽く郡県に改め、着々と幹を強め枝を弱める歩みを進めた。また、大いに交易を開き、西法を宗として貴んで甚だしきは暦法・服色まで改め、鉄道を敷設し、電線・機器の類は余す所なく、ために国債は二億以上に達した。最近はまた鉄甲船を英国より購入し、西洋人は口々にそれを褒めそやすため、彼らの気炎は益々高まっている。そもそも彼らが出費を惜しまずに、かくも勤勉に働くのは、必ず相応の見返りがあると思うからである。西洋人を敬い従って、かくも密接に交際するのは、必ず助けを求められると思っているからである。しかし、彼らに益があるということは、必ず損をする者がいるということだ。彼らが日々強くなるのであれば、必ず弱者がいるということである。密かに日本に代わってその心中を付度してみるに、その志は朝鮮・琉球にあるのではないことが知れる。なぜか。朝鮮・琉球の領域の広さ、民物の豊かさは、中国の百分の一にも及ばないからである。さらに、日本は海浜にあって多く事を起している。ここ数年では、一に台湾へ侵攻、二に朝鮮に議論をしかけ、三に琉球を廃した。今またその兵船が遊歴して福建へ来ており、暗に武威を示す意図がある。彼らは自ら、富強の術は遠く中国より勝れていると言い、そこで中国の堪え難き所に迫って我々を怒らせ、戦端を開かせようとする。さすれば彼らはその技を試すことができ、幸いにして勝ちを獲れば彼らは要求を通すことができ、万一勝てずとも西洋人の仲裁を恃みにでき、国は少しも傷つかない。その謀たるや実に狡猾である。それ故今回の琉球併合は、その土地も住民も彼らの貪欲を満たすに足らず、中国へこそ食指を伸ばす。中国の力が対抗し得れば当然戦端を開くも、対抗し得ずば益々中国の弱さを知ることとなり、徐々に南より台湾を犯し北より朝鮮を攻め、浸潤して内地に達するはほとんど必至の勢いである。

今試みに日本の近事を中国と長短比較して論じてみるに、日本は西法に倣うにあたり、よく衆議を説き伏せて汽車・汽船・電報及び一切の製造・貿易の法において、やや成果を挙げまた西洋人の助けも得ている。これが彼らが言う中国より勝れている点である。しかし、日本の土地・人民は中国の十分の一にも及ばず、国債は累積して歳入の半分は利払いに消えれば、その軍糧は恃むに足りない。国庫は空であり百用は紙幣に仰ぐも、紙幣は国外では用を成さず。一旦有事には艦船・銃砲みな買う能わざれば、その軍器も恃むに足らない。近年、日本は軍制を改め農民より徴兵するも、陸軍の常額は三万二千人に過ぎず、兵力も恃むに足らない。ただ、彼らの海軍には戦艦十五隻、大砲数十門がある。その全てが新制とはいえねば、貶す者は朽敗して用い難しと言い、誉める者は操練は頗る精と言う。兵の精不精は、必ず戦陣を経て初めて顕れる。日本が西法によって練兵を始めてわずかに十年余り、まだ戦陣を経験せず、その実の所は中国と同等であろう。西洋人がこれを賞賛するのは、要するにお世辞にすぎず、またこれを中国を恐喝する道具としたいからである。さらに、日本は変法よりこのかた、剽悍なる将兵は失職し、廃藩された旧族は怨みを抱き、常に隙あらば蜂起して執政の諸大臣を襲おうとしている。彼らはまた、北はロシア人を恐れ西は中国に備えねばならぬから、もし事あらば支えきれぬかもしれず、西洋人が庇護から窺伺へと立場を変えるかもしれぬ。彼らの政府はこの点をよく心得ており、中国とは直接事を構えず、必ず琉球から試しに手をつけるのは、この事があるからである。然らば、日本は奇怪な相手ではあるが、それでも中国の挙動を見て行動を決めていることは明らかである。今の時勢は、元や明とは大いに異なる。自強の権は中国にあれば、日本を畏れ従わせ得るか否かも、中国にかかっている。

彼らが購入したものは、我々も買い求められる、彼らが学んで得たものは、我らも習得しうる。いわんや中国の才力・物力は日本に十倍するにおいておや。

琉球のような微小なる国の存亡絶続は、もとより中国の軽重と関わりない。しかし、日本の侵略の志は、迫り来る危険であり安閑と日を送るわけにはいかない。中国は自強の術において、空言浮議に振り回されている場合ではない。誠に一日一日を奮闘し成果をきちんと確認していけば、たちまちに効果が現れる。この故に今日のために計れば、ロシア人を御す方法は柔であるというが、柔ではなく、競争の気を化すことである。日本を御す方法は剛であるというが、剛ではなく、振作の機を示すことである。軍志に謂っている「上兵は謀を伐ち、その次は互いに伐ちあう」と。まことに、措置が宜を得れば、敵の狡謀は止められるのであり、ゆくゆくは西洋人の手をも介すべきである。西洋人との交わりも、どうして我らに合わぬことがあろうか。

（杉山文彦訳）

[注]

（1）諸葛亮は三国時代蜀の軍師、『三国志演義』の諸葛孔明。伍員は春秋時代呉の宰相、字は子胥。呉と越とは仲が悪かったことで有名。

[資料19] 伍道廷芳の上申せる長崎事件処理法

[解題] 長崎事件とは、一八八六年八月に清国北洋艦隊の水兵と長崎住民・警察との間で起こった乱闘事件、双方ともに死者数名、負傷者数十名が出た。この時北洋艦隊は黄海での演習の後、船体補修の名目で長崎に寄港していたが、日本に対する示威の目的もあったといわれる。当時、北洋艦隊は東洋一と称されていた。この乱闘事件は一時日清間の外交問題となったが、英・独公使の仲介もあって、事件は誤解による偶発事件として互いに責任は問わないこととすることで収束した。

訳出した文は、『李鴻章全集』「訳署函稿」巻十八、「論刪改俄照会」（光緒十二年九月二十五日）に付された伍廷芳の上申書。伍廷芳（一八四二～一九二二）は、清末から民国初年に活躍した外交官・法律家、本籍は広東省であるが生まれはシンガポール、三歳で広州へ戻る。後イギリスへ自費留学しロンドンで法学博士・弁護士の資格を取る。帰国後、香港で開業、香港立法局の最初の中国人議員となるなど、当時の中国にあっては極めて特異な知識人であった。この時期彼は、李鴻章の幕僚として外交交渉で活躍していた。後に駐米・駐西公使などを歴任し条約改定などで実績を残す。

一、兵船が各港に回航し、水兵が休暇をとり上陸して小さなことからその港の土民や巡査等と互いに揉め事を起こし、乱闘殺害を致すことは、時に起こることであります。この件の事の起こりには、日本の官憲が主導した証拠はありませんから、単なる一地方の乱闘殺害事件と見るべきであり、両国の友誼を損なうべきではありません。調査によれば、我が国の鉄甲兵船数艘が長崎のドックへ修理に入ったことが事の始まりであり、水兵達が休暇を取り上陸し日用品を購入すれば、港の商民にも裨益することでありますのに、この日互いの争から、中国兵船の乗組員に死者八名・負傷者二十四名を出したことは、実に悲惨なことであります。日本人の死者は二名のみ、負傷者は二十七名、主客敵さざるは、勢の必然であります。日本人は近年、すべての事を専ら西法に倣っております。争いが国内で起きたのであれば、誰によって起こされたかに関わりなく、日本政府が直ちに我が国の駐東京大臣に照会すべきであります。辞を低くして慰謝し、死者を哀悼する意を現わせば、まさに礼にかなっており、我が国同胞も懐をよせ、また同じように辞を低くして照復し、双方ともに猜疑せず、直ちに誠実に交渉し、自ずと問題は氷解してゆくでありましょう。聞けば日本朝廷は照会して哀悼の意を表わすでもなく、ただ委員を派遣して調査することを許可したのみであり、これは和誼を交渉するにおいて失当たるを免れぬと言うべきでありましょう。

一、両国すでに委員を派遣して事件の調査をしておれば、会審せる委員の申告を受取しだい、直ちに裁定を下すべきであります。収束の法は幾通りかがあります。

一、両国委員が会審して互いに見解が一致し異存がないものがあれば、その申告に照らして施行せしむべきであります。

一、会審せる委員に間で意見が異なる場合は、日本政府と中国駐東京大臣とにより詳細に交渉して処理し、更に一致しない場合は、総理衙門と日本駐北京公使とが交渉するか、あるいは該公使を天津に赴かせ中堂〔李鴻章〕と交渉させるべきであります。いずれにしても、本件全ての双方の供述を詳細に検討し、平心に論断してこそ、はじめて公正を示すことができるのであります。

一、本件を裁定するにあたっては、供述をもって拠り所とすべきでありますが、兵船員の証言のみによるのではなく、また日本人の狡猾な供述を聴いてもなりません。まず、乱闘の時にあたり誰が先に手を出したか、傍から見ていた者がどのくらいいたか、現に双方で証言をした者はどちらが多かったか、兵船員の証言が符合しているか否か、日本人の証言が一致しているか否かを詳細に調べ、そのうえで双方の傷の部位、形状、刀によるものか棒によるものかを調べます。水兵の死傷が利器によるものであれば、日本人があらかじめ殺害する心算で謀議していたと見ることができます。もし日本人が棒によって傷を受けているのであれば、水兵の行為がやむを得ないものであったことを明らかにしています。また、水兵達が騒擾の端を開いたかどうかを詳細に調べるべきです。

それぞれの情況を明らかにすれば、自ずと裁定の根拠が見えてきます。ただ、日本の委員は謀議が先にあったことを擁護するでしょうが、もとよりその説は信ずるに足りませんし、また、中国の委員は傷心のあまり言い方が過激になる恐れがあります。双方の心情を推し量れば、言うことの全てを信用することは難しいといえましょう。しかも、文書役は兵船が招聘した者であれば、自ずと水兵に理があることを強調し、日本の巡査の非理を暴くことに努めます。一方、日本人が招聘した代言人は、必ず水兵の非理を指摘して日本人に理があると申し出るでしょう。もし我が国がその間のバランスを取り、双方の言い分から嘘や誇張を取り去り、然る後に裁定を下せば、偏向に陥ることはないでしょう。これによって日本人と論議すれば、話は全て理に適っており、彼らも心服せぬわけにはいきません。たとえ彼らが従うことを肯じなかったとしても、これを公論に質せば、我が国が公正無私であることを世界に示すことができます。

一、もし両国の交渉において意見が大きく隔たり、友邦の公正なる大官の調停を請うべき場合は、両国が共に一人に頼むか、或いは双方が一人ずつに頼むかであります。もし双方の調停者の意見がなお一致しない場合は、更にその二人が公に一人の評定者に裁定を請うことになります。本件は人命に関わることであれば、各国の法律を熟知した大官に調停を請うのが妥当であります。査するに、上海駐在のイギリス法官で名を連呢という者は、中国及び日本に在留するイギリス人を審理する責任を負った者であり、もし両国が連呢の調停を受け入れるのであれば、その裁定は必ずや虚心にして偏りなきものとなりましょう。

一、両国が公正なる大官にこの件の裁定を請うのであれば、その権限の大小軽重をあらかじめ規定しておかねばなりません。たとえば是非の裁定の権だけを、すなわち該当者のうち巡査に誤りがあるのか、水兵に誤りがあるのか、巡査・水兵ともにそれぞれ誤りがあるのかを裁定するだけとし、賠償の有無、金額如何については、なお両国で交渉することにするのか。あるいはこの案件の総てを公正なる大官の裁定・処理に委ねる、すなわち件の大官はどちらに理があるかを判定するだけでなく、誤りを認めさせた上で賠償金の金額如何と事件を引き起こした者を処罰するか否かについても、詳細に両国に申し渡して処理させるようにするのかであります。

一、日本朝廷が強弁して理に無視し、公正なる大官に要請することを認めないか、あるいは認めながらもその裁定に従わない場合は（恐らく裁定に従わないことはないでしょう。というのは、西洋諸国の批判が怖いからです）、我が国としては重大事とせぬわけにはいきません。直ちに武力を用いることはないにしても、日本駐在の大臣・理事等の官を召喚し友誼を絶つことになりましょう。中国商人で日本で貿易業を営んでいる者は、他国の駐日領事にしばらくその保護を託すことになります。

（杉山文彦訳）

第4節　琉球をめぐって

〔資料20〕何如璋公使の照会と寺島外務卿の回答

〔解題〕この文は、『日本外交文書』より清国駐日公使何如璋と寺島外務卿との間での琉球帰属問題を巡る応酬の部分を抜き出したもの。琉球の内地化を進める明治政府は、一八七二年琉球王国を琉球藩とし、一八七六年には清国との関係断絶を琉球に命じた。琉球がこれを清国へ訴え出たことから、日清両国の外交問題に発展した。一八七七年暮れに着任した初代駐日公使何如璋は、この問題で寺島外務卿宛に照会（清国と外国との間で、双方の官吏が対等に文書の往復を行うこと）を発し日本の琉球処分を強く批判した。これを非礼であるとして日本側が反発しやや感情的ともいえる非難の応酬となり、一時は外交関係断絶も取りざたされた。

琉球は元来清国の藩属自治の国なるに何故日本は其進貢を差止めたるか質問の件

十月七日　清国公使より寺島外務卿宛

大清欽差大臣何〔如璋〕副使張〔斯桂〕照会の事の為にす。

査するに琉球国は中国洋面の一小島為り。地勢は狭小、物産は澆薄、之を貪りて貪る可き無く、之を併わせて併わす可き無し。海中に孤懸して、古従り今に至る、自ら一国を為し、明朝の洪武五年自り中国に臣服し、王を封じ貢を進め、列して藩属為り。惟だ国中の政令は其の自治に許し、今に至るも改めず。

我が大清は其の弱小を憐れみ、優待して加える有り、琉球は我に事えて尤も恭順、定例に二年に一貢し、従いて間断無し。所有《あらゆる》一切の典礼は載せて『大清会典』、『礼部則例』及び歴届の冊封琉球使の著す所の『中山伝信録』等の書に在り。球人の作る所の『中山史略』、『琉陽志』並びに貴国人の近ごろ刻する『琉球志』に即きても、皆之を明載す。

又た琉球国は我が咸豊年間に於て、曾て合衆国、法蘭国と与に約を立て、約中には皆我が年号、歴朔、文字を用う。是れ琉球の我が朝に服属するの国為るは、欧米各国も之を知らざる無し。

今忽ち聞くに、貴国、琉球の我が国に進貢するを禁止す、と。我が政府、之を聞きて以為らく、日本は堂々たる大国、諒るに隣交を肯んぜず弱国を欺き、此の不信不義無情無理の事を為さんや、と。

本大臣、此に駐して数月、情事を査問し、切に我が両国、修好条規を立てて自り以来、和誼を倍敦するを念ず。

条規中の第一条は即ち言う、両国所属の邦土は亦た各々礼を以て相対し、互に侵越する有る可からず、と。両国自ら応さに遵守して渝らざるべし。此れ貴国の知る所なり。

今若し琉球を欺凌して擅《ほしいまま》に旧章を改めなば、将た何ぞ以て我が国に対し、且つ何ぞ以て琉球と与に約有るの国に対せんや。琉球は小なりと雖も、其の我が朝に服事するの心は上下一の如く、亦た断断として以て屈従し難し。方今宇内の交通は礼こそ先務為り。端無くして条約を廃棄し、小国を圧制するは、則ち之を情事に揆り、之を公法に稽るも、恐らく万国之を聞きて亦た貴国の此の挙動有るを願わざらん。

本大臣、貴邦に奉使す。意は修好に在り。前に両次に此の事を晤談し、諄諄として深慮を相告げるも、言語通ぜず、未だ鄙懐を達せず。故に実に拠る照会を持ちて照会し、務めて望むに、貴国の琉球に待するに礼を以ってし、琉球の国体、政体の一切を率ね旧章に循わしめ、並びに我が貢事を阻むを准さざらんことを。以て友誼を全うし隣交を固め、万国に笑いを貽すを致さざるに足るに庶からん。

貴大臣、外務を辦理し才識周通せり。必ずや能く曲直利害の端を詳察し、一に情理、真義を以て準と為さん。此が為に貴大臣に照会して、即ちに実に拠りて照覆するを希うこと可なり。須らく照会に至るべき者なり。

右　照会す。

大日本国外務卿寺島〔宗則〕

光緒四年九月十二日〔明治十一年、一八七八年十月七日〕

（『日本外交文書』明治第十一巻、二七一ページ、原漢文）

琉球は従前我所属にして現に我内務省管轄たる旨回答並に前件の申出の文書意に愜はざる旨質問の件

十一月二十一日　寺島外務卿より清国公使宛

貴暦光緒四年九月十二日附貴翰を以て琉球島の儀に付御申越の趣、致承知候。

該島の儀は過日来詳細及陳述候通り、数百年来我国所属の一地方にして現に我内務省の管轄たり。然るに今貴翰中貴国政府は我国琉球の貢を貴国に進むるを禁止するを聞き、日本は堂堂たる大国諒るに肯て隣交に背き弱国を欺き此不信不義無情無理の事を為さざると云、或は琉球を欺凌し擅に旧章を改むると云、或は条約を廃棄し小邦を圧制すると云、等の語あり。
貴国政府は我政府の此禁令を発したる所以を未だ熟知せざるの前に方て、忽然我政府に向て如斯仮想の暴言を発す。是豈隣交を重じ友誼を修むるの道ならんや。若し果して貴国政府、閣下に命じ、此等の語を発すべしとならば、貴国政府は已後両国和好を保存するを欲せざるに似たり。此旨貴国政府へ御通知有之度存候。
右回答申進候。拝具。
明治十一年十一月二十一日
外務卿　寺島宗則
大清国
特命全権公使　何如璋
特命全権副使　張斯桂　閣下
（同明治第十一巻、二七二ページ、原漢字片仮名文）

琉球所属問題についての質問並に前年十月七日付書翰の文言について辯明の件

六月十日　清国公使より寺島外務卿宛

大清欽差大臣何〔如璋〕副使張〔斯桂〕照会の事の為にす。

光緒五年四月初七日に接到せる貴暦明治十二年五月二十七日の来文あり。内に称するに、我が琉球藩を廃して改めて沖縄県を置くの一事あり、査するに此は我が内政に係り、便に従って此の挙有り、等の因あり。均しく既に閲悉す。

査するに琉球の一国は我が封貢の国為り、今に於て既に数百年、此れ天下万国の共に知る所の者なり。今来文忽として我が琉球藩、我が内政と称す。知らず、貴国の琉球藩を封ずる事、何年何月に在りや、我と与に約を立てるの前に在りと為す歟、抑も我が立約の後に在り歟。

貴国の列して版図に在る者は自ら内政と称するも可なり。琉球は海中に孤懸し、古え従り今に至る、自ら一国を為す。即ち我に封貢して我が藩属と為るも、其の国中の政教、禁令は、亦た其の自治を聴す。其の名義を論ずれば、則ち我に於て服属の国為り、其の政事を論ずれば、則ち琉球は実に一国を為す。而るに来文は忽として内政と曰う。本大臣、実に解せざる所なり。

貴大臣前次の覆文に、理由有りと称す。請う、即ちに其の理由を言い、願わくは天下万国と与に共に之を聞かん。又た来文に、我が光緒四年九月十二日の来函の言に不当なる有りと称す。

査するに前次の照会に、一は則ち日本堂堂大国、諒不肯為と曰い、二に今若と曰い、三に無端と曰う。皆以為らく日本当に是の事無かるべし、と。正に貴国を厚生待する所以の処なり。漢文の文義に並びに是ならざる無し。而るに貴大臣は、屡々以て言を為す。想うに貴大臣の文義を誤認するに係らん。
琉球の事に至りては、我が国、理として応さに余聞すべし。前次の照会は即ち我が政府の意を奉ず。現在貴国廃球置県を聞き得て、我が政府は本大臣に命じて行文して貴大臣に与え、廃球置県の事を将って停止するを請わしむ。
又た、光緒五年閏三月二十日、我が総理衙門は行文して貴国公使宍戸璣に与え、其の鈔達を命ず。貴大臣諒るに既に接到せん。拠るに宍戸公使は、未だ貴国の此の案を議辦するを奉ぜざるを称す。是れを以て未だ敢えて北京に在りて商辦せず。今本大臣、貴大臣の熟商辦理し、文を賜りて覆せられんことを切望す。是れ祷の至る所なり。須らく照会に至るべき者なり。
右照会す。
大日本外務卿寺島
光緒五年四月二十一日
（同明治第十二巻、一八〇ページ、原漢文）

琉球所属の由来説明並に前年来翰文言の辨明猶意に慊はざる旨回答の件

六月〔発信日付不明〕寺島外務卿より清国公使宛
貴暦光緒五年四月二十一日附貴簡致落手候。其中に被申述候は、来文に我光緒四年九月十二日附貴簡中の言に不当の義有之旨を被申越たるに因て、前度の照会文を査するに、一は則ち諒不肯為と曰ひ、二は今若と曰ひ、三は無端と曰ふ。皆以て日本にては大かた是等の事を成すまじと思ひしなりとの趣を被申越、致閲悉候。

抑我政府現に琉島を処置せし始末は、曾て明治十一年九月三日及二十七日、閣下御来省琉球事件談判の節、拙者より琉人初て中国に通ぜしは薩摩守其嶋人の自ら中国に往き貿易するを許るせしに由る而已。今也日清両国既に条約を立て交相往来するは此等曖昧の跡を改変するを緊要となせば、此事は必らず行ふべき義等明言致置、閣下既に御詳知の事なるに因り、後之を仮想に托すべきものにあらず。

凡て如斯文例は貴国人互相行用して不可無きも、万国交際に於ては殊に礼節を欠くものにして、和好を断絶する日に至るに非れば、決して云ひ出すを得ざる事なり。依て此事に対して相当の御挨拶を要せざるを得ざるは拙者の職掌と存候。

右の段貴大臣査照の為め及照復致候也。

（同前、原漢字片仮名文）


（並木頼寿訳）

［資料21］琉球問題に関する何如璋と李鴻章との往復書簡

［解題］この文は、琉球問題をめぐる駐日公使何如璋と北洋大臣李鴻章との間の報復書簡である。光緒四年四月の日付になっているから一八七八年前半のものである。原文は『李鴻章全集』の「訳署函稿」巻八に見えるが、採録にあたっては、王芸生著『六十年来中国与日本』の邦訳（『日支外交六十年史』）のものから借用した。ただ、訳文に文意の通りにくい所が何か所かあり、改訳を施した。

何如璋は、明治維新後の一連の改革で日本は混乱しているから、中国に対して強硬な態度は取れないと見て、日本が進める琉球処分に対して対抗措置をとることを進言している。これに対する李鴻章の返書は、琉球に同情を示しつつも対抗措置については消極的な態度が目立つ。

何子峩来函

光緒四年四月二十八日到附

朝貢阻止の件は、神戸に在る時琉球官吏来訪し、其詞意を察するに誠に上諭に謂う所の別に事情あるものの如し。因りて其朝貢阻止後日本と往復せる文書全部の写しを提出せしめたり。東京到着後駐日琉球使節毛鳳来等屡々会見を求め来たり各上申書を提出す。如璋反復査閲するに、琉球は万歴三十年の役に於いて薩摩藩に属せしめらる。近く日本は其の国内諸藩を廃せるを以て、遂に其附属者を挙げて之を郡県たらしめんとす。琉球我朝に臣事するに因り、之に迫って我を離れしめて後其志を逞うするを得んと為す、之れ朝貢阻止の由って来る所以なり。

琉球は勢弱くして適する能わず勢累卵の如し、我庇護に依らずしては以て危亡を救う能わず、故に屡々人を遣わし哀求するは之を以てなり。然れども惟だ日本の朝貢阻止を称するのみにして、藩制を廃し年号を改むるの諸事に於いては皆隠忍して敢えて言わざるは是れ琉球の愚なり。琉球始めて東京に附くや、其の王、曽て率ね旧制の通り中日両属を声請す。彼の時副島種臣外務卿たりて、其請を許せり。後に遂に朝貢を阻止し官吏を派し琉球に駐せしめ、其港を鎖さんとす。琉球人危ぶみ拒んで幾ど騒乱に至り以て日本を劫さんとす。日本官吏の其上申書に対する回答を見るに、絶えて情理無く、請う所の各事は以て聴許し難しと一再に謂うに過ぎざるのみ。是日本人未だ嘗て理屈をしらざるなり。四年以来未だ遽かに其国を滅し其祀を絶たざるは、則わち我牽制の故を以て我の争わざるを俟っての後に手を下さんとするのみなり。今、尚徳宏の来たり（中山王、閩藩採問の咨文に拠りて始めて朝貢阻止の事情を咨復し尚徳宏を差《つか》わし齎来せしむ。其の咨復の文書は当に抄して日本人に与えたり。此次之を索閲するに、惟だ諭日復貢等の字は則わち其詞を隠約せり。余は皆同じなり）馬如衡の去るは（光緒二年十月十九日、琉球より福建へ往く。此間新聞紙早経に伝播す）日本人皆之を知る。之に遅るる事久しくして我言わざれば、日本人或は我れ琉球を棄てたりと推量し、我を疑って怯と為さん。日本の琉球を廃して郡県とせし後にては更に議論し難し。此れ情理に準拠するに此時は言わざるを得ざるものなり。

或は此に因りて紛争を生ずるを恐るる者あるも、之れ日本の小にして貧しく自防に暇あらず、到底人を謀るの暇なきを知らざるなり。同国は国債二億を越え、去年の薩摩の乱にて民心不安なるため復々減税を議し、国用益々不足す。近く復々令を下し民債一千二百万を借らんとするも応ずる者寥々たり。頼りて以て敷衍する所のものは紙幣のみなり。然れども苟くも一度師を興さば、軍機銃砲は皆之を外国より購うに現金に非ざれば不可なり。陸軍常備額は三万二千人に止まり、海軍は四千人に止まり、艦船は十五隻に止まり多くは朽敗して用うべからざるものなり。英国造船所より艦船を購入せんことを議せるも、経費不足を以て、始めて来る一隻は名は鉄甲なるも実は鉄皮のみ。近くドイツの制に倣い兵を農に求め徴発練兵し三年を期と為すも、彼蓋し全国海に瀕し時勢艱危なるを知り自守を図るのみ。若し国を傾けて師を労さば、常備軍にては不足し必ずや予備後備をも役せん。廃藩の旧族は其意多く怨望すれば、又内乱の興らんとするを恐る。彼の政を執る岩倉、大久保の如きは皆軽躁喜事の流に非ず、此種の情形は掩飾すべき無し、其敢えて辺境に事を構えざるや必せり。

台湾の役の如きは西郷隆盛実に之を主宰せるものにして、長崎にて発するに臨み之を追うも及ばず、錯を将て錯に就くものなり。大久保をして来たり和を議せしめ、大久保帰るや国人交々慶す。後に西郷また朝鮮を攻めんことを議するも執政痛く之を抑うれば、すなわち官を棄てて乱を称え自ら其身を滅ぼす。今に至るも士大夫皆深く此事を諱みて復一言せず。其情推して知るべきなり。中土に伝わる所の日本消息は多くは誇張に出で、台湾の役を以て証とし益々其強盛なるを疑う。如璋此の度渡日して数月、傍観目撃するに漸く情偽を悉にす。先に提出せる『使東述略』に於て其大概を略陳せり。

窃に思うに日本は今日固より此により事を構うるを敢てせず。若し又日本人を以て無情無理、病狗の狂えるが如く無頼の横なるが如しとすれば、中日の和好は終に恃むべからず。朝貢を阻止して已まず、必ず琉球を滅さん。琉球既に滅べば行きて朝鮮に及ばん。否なれば則わち我の行い難き所を以て日々要求するを事とせん。之を聴かば何ぞ以て国を為さん。之を拒めば一琉球をして辺境の争い終に免がる能わざらしむ。嫌隙を求めんとすればその端無きを患えざるも、日本人苟くも横なれば何ぞ必ずしも此に藉らんや。又況んや琉球は台湾に迫近す、我苟くも之を棄て、日本人改めて郡県と為し民兵を練らば、琉球人は我の拒絶に因り甘心して敵に従わん。彼等は皆労苦に習い風濤に耐ゆるの人なれば、他時日本一度強とならんか、資するに船砲を以てし我辺陲を擾さん。台湾澎湖島の間、将に一夕之安きを求めんとするも得べからず。是れ台湾の為に計るに、今日之を争うの患は猶紓《ま》ぐべくも、今日之を棄つるの患は更に深し。則はち此に因りて不和を生ずと謂うといえども尚争はざるを得ざるなり。況や之を時勢に揆るに決して未だ必ずしも然らざるにおいておや。

如璋は、此時の中国の決して用兵之時に非るを熟知するも、即ち日本人も亦我天恩寛大なるを知り必ず弾丸大の地の為に撻伐之威を張らざるを慮る。口舌相従うも恐らくは了局無らん。然れども何れの結局を為すやを論ぜず、之を今日の隠忍して言わざるに較ぶれば、尚善しと為す。即ち終に了期無きも、日本人顧忌する所有れば、琉球人藉りて以て苟延すれば獲る所亦多なり。之を失って言わずして、日本人既に琉球を滅ぼし之を練りて兵と為し、之を駆って寇と為さば、轉た辺患の已む時無きを恐る。之又時勢を度りて反復躊躇するも以て言わざるを得ずと為す所以なり。福建よりの書簡に、辺境の紛争を恐れ此の事を罷めんと極言するものあるも、如璋は、其見る所に抛り書簡を総署に呈せり。然れども茲に事重大なれば、自ら智識闇昏なるを恐れ惶恐措く所を知らず。伏して中堂の察核して之に訓示せらるるを乞う。

何子峩に覆す

光緒四年四月二十九日附

示を承くるに、日本の朝貢阻止の一件、琉球使臣屡々哀求し、中国の努めて保護を加え藉りて危局を支えんことを冀う。其情殊に憫むべし。琉球は明初より中国に臣服し、五百年来代々封を受けざる無く、期ごとに朝貢せざる無し。旧章具在し班々考すべし。之を万歴年間に薩摩の藩属と為るに較ぶるに、其年代の先後已に自ずから同じならず。一旦強を恃みて弱を凌ぎ、附庸者を挙げて之を郡県とせんとし、朝貢を阻止して已まず忽に年号を改む、年号を改めて止まず、また港を鎖さんとす。無理已極まれり。琉球人喁々として内響し、庇護を中国に託し、我が与うるに厚くして求むるに薄きの利に沐し、兼ねて危傾を扶定するの功を収めんと思う。我中国自ら応に善く護持を為し、東海の片壌をして稍々宗社を延べしむれば則わち小を字《いつくし》むの誼を昭むるに足る。且つ先に副島種臣既に中日両属之請を許せるは、是れ彼未だ嘗て我牽制を畏れざるに非ず。中国若し隠忍緘黙せば、彼は我怯弱なるかと疑い、或は将に琉球より朝鮮に及ばん。早く其萌を遏ちて覬覦する無からしむに如かず。

是れ今日日本の朝貢阻止之挙に対し中国の力争せざる能わざるは、理なり情なり。然れども近年以来曾て未だ真議の及ぶを認めざるは、蓋し亦故有り。琉球は黒子弾丸の地を以て孤り海外に懸かり、中国より遠く日本に近し。昔春秋の時、衛人邢を滅ぼし莒《きょ》人鄫《しょう》を滅ぼすも、斉晋の強大を以てするも過問する能はず。蓋し隣を恤み患を救わんと欲すと雖も、地勢は以て之を阻むに足る。中国は琉球の朝貢を受くるも本より大利無し、若し其貢を受けて其国を保つ能わざれば固より諸国の軽んずる所と為らん。若し専ら筆舌を恃んで之と論争せんか、近今の日本の挙動は誠に来書に謂う所の無頼之横・病狗之狂の如し、恐らくは未だ必ずしも我が範囲に就かざらん。若し再び威力を以て相角争せんか、小国の区々たる貢を争いて虚名のために遠略に勤むるものにして、唯に暇無きのみならず且つ亦謂れ無し。愚按ずるに、中国の之と淡漠に相遭するは、古人の無闇に投薬せざるを以て中等の医師と認むの説に、殆ど等しきなり。之を言いて辺境に事を起さんことを恐ると謂うに至っては、則わち未だ必ずしも然らず。

日本国帑の不足、国債の繁大、旧族廃藩により乱を思うに関しては従前之を聞くこと詳し。西郷隆盛已に其罪に伏し、彼の君臣は自焚の禍熄まざるに鑑み、或は漸く分を守らんことを思わん。購う所の鉄甲船は聞くに其甲四寸有り、鉄皮五六分のものに比すべきに非ず。然れども其軍費を見るに頗る貧弱にして、中国の兵力固より之に応じて余り有り。まことに、彼は決して一言の合わざるに因りて遽かに波瀾を起さざるも、唯だ之を言いて聴かざれば大益無きを恐るのみ。

然れども琉球既に祈懇して已まざれば、或は機を見て適当に開導するも妨げず、なお総署の指示を俟って処置すべし。鴻章前に森有礼に会い朝貢阻止の事を問い質すに、彼は乃わち佯りて知らずと為す。情理に因り内に怯すに似たり。但少しく顧忌する有らしめば、蕞爾たる属邦をして呑噬に遭わざらしめ、獲る所已に多し。将来若し弁論の時有らば、自ずから応に修好条規第一第二の両条を援引して駁難すべし。並に総署に密請して礼部に転報し、琉球数百年の朝貢の記録を以て其の概略を抄記せしめ、以て応答に窮せざらしむべし。往年日本は台湾朝鮮の役に於いて、始め巧言を以て我に甜し、継て虚声を以て我を惑わせり。其堅靭狡猾なる情状は人をして其端を測る莫らしむ。事を執りては沈毅有為にして、事に任ずるに於いて果断なり。日本人と交渉すること稍久しければ、必ず能く彼の情実を窺い與に推移を為す。事に先んじては審慎周詳にし、事に臨んで識力堅定にして難を知り時に随い進退すれば、真に必ず機宜に的中するなり。

［資料22］ 竹添進一郎との筆談覚え書き　李鴻章

［解題］この李鴻章と竹添進一郎との筆談覚え書き二編は、いずれも『李鴻章全集』巻十「訳署函稿」に収録されたものであり、本文に明らかなように、琉球所属問題を中心に、当時の日清間の外交問題について意見を交したものである。一八七〇～一八八〇年当時の李鴻章は曽国藩のあとを継いで、直隷（河北省）総督兼北洋通商事務大臣を務めており、清朝の外交・軍事・經濟に大きな権限をもち、洋務運動に指導的役割をもつ重要な政治家だった。

それに対し、竹添進一郎（一八四一～一九一七）は、明治政府の修史局御用掛となり、ついで法制局に移り、駐清公使森有礼に従って渡清し、中国の文人たちと交わりを結んだ。帰国後『桟雲峡雨日記』、『詩草』を公にし、日本のみならず中国の文人たちの間にも名を知られたということである。したがって、竹添が李鴻章を訪問したのは、李の側では文人としての交わりと理解していたようだが、竹添の側では、本文に明らかなように、外交問題を取り上げて中国側の譲歩を引き出し、成果をあげようという意図があった。だから、竹添が外交官としての信任状を携行していないのに、日本政府から密命を受けたと称して、しきりに日清間の外交問題を話題として李から譲歩を引き出そうと試み、李の側の強い不信感を招いたと推測される。

竹添進一郎は雅号を井々といい、もと肥後藩士で、天草上村の出身。若い時から漢学を学び、一八六五年藩黌居寮生に抜擢され、さらに訓導となり、一八六七年藩命で上海に赴いた。維新にさいしては京都・江戸・仙台などの各地に奔走した。その後東京に出て、修史局・法制局に勤めたのち、前述のように、森有礼公使に従って中国各地に赴きやがて李鴻章に面会して外交官としての役割りを果そうとした。

以後、竹添は外務大書記官に転じ、一八八二年辦理公使として壬午軍乱後の朝鮮に駐在し、一八八四年の甲申事変では親日派（独立党）のクーデタに深く関与し、その失敗後公使を辞任した。

やがて竹添は外交官の職を辞し、東京文化大学の教授となって、研究・著述に従事した。一九一七年に没した。

黒龍会編『東亜先覚志士列伝』の「列伝」の「竹添進一郎」の項に「李傅相に示す」（明治十三年）という漢文が引用されており、その中で竹添は「天下に両婚の婦はなく、両属の邦などあるはずがない。これが琉球が（日本）一国に属すべき理由である」とし、両属のままにしておくと、西洋人の侵略を受けて「三属の婦」になってしまうかもしれない、といって、李に脅しをかけている。その末尾に、自分は琉球事件について前後七回李と会見し、そのうち三回の筆談の紙片はいまなお筐底にある、と述べており、竹添は外交官となるために、この件で成果をあげようと必死だったと思われる。

（一）光緒五年十月二十四日付[1]（一八七九年十二月七日）

竹添〔進一郎〕：前回お目にかかりました折には、閣下の尊厳を侵し、妄言を述べてたいへん閣下に失礼をいたしましたが、閣下は寛大にも私の罪を赦されたばかりか、大作を頂戴し、あわせて私にお教えを賜わりました（七律詩の第七句がそれである）。広大なる人徳と優渥なる恩沢は私にとって感激の極みであります。今帰国せんとするに当り、重要案件についてお教えをいただき、胸中を慰めたいと存じますので、周囲のお人払いをいただき、私が思いの丈を述べつくすことができるようにご配慮いただければ、さらに幸甚に存じます。謹んで本心を披瀝いたします。

李〔鴻章〕：周囲の人は貴意を外に漏らすようなことはありませんから、逐一くわしく述べられてはいかがですか。

竹：今朝私がお願いしたことをまとめましたので、筆談にあたってご覧いただきたく思います。

李：書簡を見ますと、使節として遊説に来られたような感じを受けます。

竹：私は人から命令を受けて参ったのではありません。私は日夜日中両国が不和となることを憂いておりますので、私が知っていることがあれば、沈黙してはおられません。

李：あなたの議論は一つの偏見です。

竹：どうかお教えを賜りたく思います。

李：前回すでに論駁したのを覚えていますが、閣下は政府を離れた無位無官の人であり、おそらくは無責任な議論をする在野の士の類いであろうと考えていました。然らざれば貴国の政府の所見に同調しているのでしょう。その主張の是非はもとより少し語り合っただけではっきり了解しうるものではありません

竹：それぞれが一方の主張をもって論争し、ついに結論が出ないなら、これは二国にとって憂いとなります。お尋ねいたしますが、どのように処理すれば、両国がともに福を得ることができましょうか。

李：貴国がもしただちに高官をわが国に派遣して相談をまとめれば、結論を得る方途を考えるべきです。

竹：お教えをいただきましたが、私にはその理由が理解できません。なぜかと申しますと、わが国が琉球の問題を処理する場合、これを国内問題としていますが、中国では両属の説を主張して、わが国を責めています。しかしわが国はその説に承服していませんから、事前に貴国に使節を派遣してこれを交渉する道理がありません。争端をつくったのは中国です。だから、中国の方から使節を派遣してこれを処理するのであれば、わが国もまたそれには礼をもって答えます。それが適切です。

李：琉球が日本に属するということは、中国の各時代の史書や典故のいずれにも記載がありません。国初より今日に至るまで、時代ごとに冊封使(2)を派遣し、使臣が琉球に赴いた後報告をしていますが、いずれも琉球の日本に属すること

などは承知していません。さきにわが政府が貴国に照会して、琉球は両属の国であると申しました。もともと中日両国は友好的な関係にありましたが、過日日本がにわかに行動に出、しかも事前に全く何の相談もありませんでした。今わが方がこれを詰問すれば、おそらく日本国の面子が立ちますまい。推し量るに、琉球は何よりもまず両属でなければならず、これが融和することばとなって、両者を調停し、友好的な関係に落ち着かせるのです。しかし、実をいえば、両属ということばは古典に用いられているものではないのです。

竹：琉球の舜天王〔十二世紀ころの琉球の伝説的な王。流刑になった源為朝の遺児という伝説がある〕はわが国の帝王家の傍系で、欽定『文献通考』〔元代の馬端臨撰、杜佑の『通典』をさらに広めた類書の一種〕に詳しく記載されております。いわんや、琉球王および三司官〔琉球王府の官職、国王や摂政のもとで実際の政治を統括した〕の誓書十五件は琉球および薩摩の官庫に所蔵されており、琉球のわが国への隷属はしっかりとした証書があります。中国の冊封などのことについては前回すでに議論しており、昔西洋諸国がローマ法王の戴冠礼を受けたようなものであります。そしていわゆる朝貢とは大王が宝玉や絹を異民族に献じたことで、一般に小国が大国に仕えるにはかならず贈り物をする習慣が昔からありました。しかしこのようなことは侃々諤々と争いあう必要はありません。私が心配しますのは日中両国の平和が破れることで、これによって東南沿海の全情勢が崩壊し、収拾ができなくなります。そうなれば、民衆の塗炭の苦しみは果していかばかりでしょうか。仁徳高潔なる閣下は、かならずや日中両国の民衆が幸福を維持する妙案をお持ちでありましょう。これについて、私は伏してお教えを受けたく存じます。

李：琉球が中国に属するのは昔からのことで、そのことは天下のだれでも知っており、一時代、一人だけの個人的見解ではありません。よしんば琉球が日本にも属するにしても、中国では君臣ともにだれ一人そのことを承知してはいません。以前日本がわが国と条約を締結したとき、第一条にいう「所属の〔国〕土」とは中国に所属する朝鮮・琉球を指します。当時伊達〔宗城《むねなり》〕大臣(3)およびその後批准書交換のために本邦を訪れた副島〔種臣〕(4)はいずれもわが方に対し、琉球は日本の属邦であるとは声明していません。今頃になって突然琉球は専ら日本に属し、中国に属さないといわれても、筋の通らぬ横車であり、奇異の感に打たれます。今もし琉球がいずれの国に属するかを論争する必要がなく、ただ両国が友好を倍加すべしとだけいうのならば、日本の意図は中国を侮辱せんとするのであり、われわれが友好を欲したとしても、できません。

竹：閣下はかつて琉球王および三司官の誓書をごらんになりましたか。これを見れば、琉球がわが国の属国であることは、議論の余地が全くありません。

李：今日本の総理衙門への返書を見て、はじめてこの件の記載を知りました。これまでの各書籍には記載されておらず、それを伝えた人もおりません。琉球人のいう所では、無理矢理草稿の通りに書かせたということで、琉球の君臣がいつまでもこれを循守することはありえず、日本もこれをひたかくしにしていました。私が推測するに、事情ははっきりしており、これが日本に属する証拠だ、中国には属さないのだ、というのは、世人をあざむくのも甚だしいものです。

竹：両国がそれぞれ正当を主張して譲らなければ、平和を破るか全うするかは、当局者の意志によります。私の意見は、世間知らずの見解にすぎませんが、各国の情勢を見渡して、中日両国のために深く落胆しております。ドイツにとっては近年琉球と台湾は垂涎の的であり、西洋の新聞をもしばしばこのことを載せています。事の真偽は不明ですが、もしも日中間の平和が敗れるようなことがあれば、その禍いはいかばかりでありましょうか。幸いにしてこの難局を乗り切る良作があれば、わたくし進一郎は不肖ながらその間にあって折衝を行い、二国の民衆の幸いを謀るために粉骨砕身することを惜しみません。しかし如何せん、閣下のお教えがこのようであれば、わたしはついに一片の誠意を達することができません。私はこれから帰国し、明年幸いにして両国に何事もなければ、ふたたび海を渡って拝眉をたまわり、謹んでお教えをいただきます。

李：閣下のお考えはまことに結構で、私も余計なことをするつもりはありません。しかし全国上下がこのような議論をしていますから、国政にあずかり、屈辱に耐えて重責を担っている身としては、事ここに至ればさらに少々の譲歩をすることは考えられます。もしも日本がこのことについて疑わず、悔い改める気持ちがないのならば、その禍いは中国が起こしたことではなく、ましてや私が起こしたことでもありません。閣下は帰国して政府の要人に面会され、新春以降別に有能な高官を中国に派遣し、たがいに互譲の政策を検討すれば、まことに東洋の大局に幸いをもたらし、もし既成の見解に固執して中国の一切をおしつぶせば、中国全体はついに人影が見えなくなることでしょう。

竹：やはりこのように命ぜられますならば、私は感激のきわみで、犬馬の労を尽して閣下の盛徳に報いる覚悟であります。もしわが国が高官を派遣できない情勢にあれば、私はかならず閣下にそのことをご報告いたします。もし高官を派遣できれば、私は先に来航して左右にご報告し、お教えを請います。

李：中国で大会議を主催するものは数人にとどまり、いずれも任務を離れて遠くに出張することができないのです。これは高官が自身の声価を上げるためにそうしているのではありません。日本は多士済々なので、官員を派遣できれば結構なことです。

竹：これらのことは、わが国の公使らは皆知らないので、ひそかに尽力しております。どうか秘密をお洩らしになりませんように。それではこれにておいとまいたします。

［注］

(1) 陽暦では一八七九年十二月七日。なお、琉球処分官松田道之が二個中隊の援護のもとで首里城を接収し、「琉球処分」を強行したのは、この年の三月三十一日に始まる。

(2) 中国王朝の琉球王府に対する冊封使派遣は明朝に始まり、明滅亡後は清朝がひきついだ。冊封使の派遣は明朝が二回、清朝が八回である。一六一〇年薩摩藩の琉球出兵以後は、事実上の二重支配が続いた。

(3) 伊達宗城（一八一八～九二） 幕末の宇和島藩主。明治維新後、外国事務総督・外国知官事・大倉卿などを歴任した。

(4) 副島種臣（一八二八～一九〇五） 幕末の佐賀藩士で、明治維新後政府参議となり、七一～七三年外務卿在任中アリア・ルス号事件解決に当り、渡清して台湾問題の交渉に努力した。明治五年、来日した琉球王尚泰を迎え、日琉関係の不変を伝えた。明治六年政変で下野し、内務卿となった大久保利通は琉球問題を内務省の管轄とした。

(二) 光緒六年二月十六日付〔一八八〇年三月二十六日〕

李：何日に東京を発ちましたか。

竹：正月三十日に発ち、東京より上海に至り、一日滞在の後、天津へ直航しました。覚え書き一紙を呈します。

李：閣下は帰国はいつの予定ですか。

竹：私は閣下の命ぜられるままに進退いたします。

李：貴国はいつ官員を派遣して会談されますか。

竹：閣下がわが大臣の説く所を道理にかなうとしてご採用たまわれば、わが国はかならずしも官員を派遣する必要はありません。何となれば、両国が別に大臣を派遣してこのことを討議すれば、事は頗る重大となり、ヨーロッパ人が注目するようになるので、おそらくは両国の利益になりますまい。そこで私はさきに閣下のお考えをうかがい、もし双方の意志に不一致点がなければ、宍戸〔璣〕公使(1)に任せて処理するだけです。

李：琉球は別の問題であり、解決方法を協議しなければなりません。通商の徴税のことは両国間の通常交渉の問題であり、無理にいっしょにするよう強迫するようなことはすべきではありません。これを中国に求めても認められないでしょう。

竹：総理衙門大臣の第四回文書のなかに琉球事件がありますが、以前討論した各項目については何も述べていません。米国前大統領〔グラント〕(2)の調停に沿って処理してほしい、などといっています。そこでわが国の大臣は両国友好の道を大切にするために、ついにわたくし進一郎に閣下のお教えをたまわるよう命じました。果して閣下のご命令の通りであれば、わが国は友好の意を示すことができず、議論の混乱はついに収拾できなくなります。

李：米国大統領の原書函によれば、両国が官員を派遣して琉球問題を検討することだけ述べられており、通商議定書の各節には言及していません。総理衙門は米国前大統領の書函の趣旨に従い、貴国に文書を送りましたが、貴国からは別に何の提案もありませんでした。然るに今突然修好条規改訂の議題を新たに加えるのは、新たな紛争を惹起するものです。

竹：琉球がわが国に隷属することは、米前大統領も認めています。しかも東洋の体勢について論ずれば、清日両国がたがいに争えば漁夫の利を人に得させることになり、ヨーロッパ人に冷笑されるのを免れません。そこでわが国は困難をみずから引き受け、両国の国交を親密ならしめたいと願っております。然るに内地通商について、中国では各通商国にそれを認めていますが、わが国についてだけはそれを許可していません。辛未〔一八七一年、明治四年〕条規締結の日に、わが国の国民は中国に恨みをいだき、そのことがついに台湾の役〔一八七四年の台湾出兵〕を醸成するに至りました。また琉球を廃する行動〔一八七九年「琉球処分」〕に出ました。おたずねしますが、中国の国土でわが商民の内地通商を許可したら、どれだけ損失があるのでしょうか。おそらく何もないでしょう。今わが国は体面を傷つけるのをかえりみず、琉球諸島を割いて両国の国境とし、末永く戦争を杜絶して、友好の意を表そうとしています。然るに中国は自国に損失のないことを許そうとしません。何で西洋人は厚遇し、東人〔日本人〕は冷遇するのですか。

李：米前大統領の書簡のなかで、琉球が専ら貴国に属することを肯定してはいません。だから妥当する方法を検討し、東洋の大局について論ずれば、中日両国はかならずや友好を倍加できるでしょう。琉球の争いは先に難局の発端を開いたのは貴国で、中国は今日まで隠忍して事をおこしていませんが、それは両国の友好と東洋の大局を維持するためであり、自説を主張する力がないからではではありません。辛未〔一八七一年〕の修好条規締結は、近隣同士の友好のために設けられたものです。その当時日本は外国商人の旅行や内地貿易は許可せず、中国はこれと一律に処理したので、日本だけを冷遇し、西洋諸国だけを厚遇していたのではありません。貴国が遺憾に思うのであれば、当時条規を締結すべきではなく、また批准書を交換すべきでもありませんでした。ところが両国の大臣はみな花押を書いて互いに交換した。と思うと、すぐに台湾の役〔一八七四年、台湾出兵〕を起こし、またほどなく琉球国廃止〔一八七九年〕を実行しました。平気で条規に違反し、恨みをかくして友人面をするというのは、大国の信義に基く行為でしょうか。今琉球に国境を定めることを議論するといっても、是非が明らかになっていません。さらにまた通商協約改定まで持ちだして中国をおびやかそうとしています。中国は損失のないことについては許可しないことはないけれども、他国の脅迫を受けるわけにはいきません。したがって、通商の件については別に議論すべきで、断じて他の事案といっしょにするわけにはいきません。

竹：琉球所属に関する議論は、前回すでにつくしているので、今回はくどくどと申しません。わが国が外国人が内地に入って通商するのを許していないのは、各国みな同じで、何も中国だけにとどまりません。辛未の条約は、わが国ではまことに不満な者がいましたが、しかし当局は深く東洋の大勢を慮ぱかり、切に中国との友好を敦くすることを念願しているので、本意を曲げて条規に従ったのです。もともと琉球がわが国の隷属であることは我が国民がみなそう信じており、外国人も知っています。そして台湾の役に清朝が琉球の死者の遺族に金子《きんす》を贈ったのは、清朝もまた琉球の民をわが国民とみなしているのです。今わが国が国土を割いて中国の所属とし、何も国民を説得する口実がなければ、どうしてわが国の分割反対論者の口をふさぐことができましょうか。ですから、わが国は清朝をおびやかそうとするのではなく、清朝が好意的に両国友愛の心を敦くされるようお願いしているのです。私はさらに議論を進めます。近年中国は西洋諸国と釐金〔国内関税〕問題を議論し、罪人の審理や商品輸出入などの件を論議しておられます。そしてわが国もわが帝国の自主権を回復するために、各国と条約改正を論議しており、わが国は本年中にはかならず交渉を完了したいと思っております。中日両国は一致協力して自主権の回復を求め、且つ貿易の利益を求めるのが、わが国のもっとも切望する所であります。閣下のご賢察を伏してお願いいたします。

李：辛未条約の締結は中日両国民と近隣諸国との間で数千年来なかったことです。中国は自国の意志を曲げて条約を結び、貴国もまた自国の意志を曲げてこれに従ったと称しています。意志を曲げて従ったのですから、それ以後問題が起これば心を合わせて相談し、好意が日に日に強まって双方がほぼ信頼しあうようになれば、諸事は相談がしやすくなります。ほしいままに台湾の役を起こしたり、数千年自立の国である琉球を廃止したりする挙動は、天下の条約をもつ各国にはいまだかつてないことであり、どんなに大勢でわめきたてても、その不正をおおいかくすことはできません。台湾での死者の遺族に救済金を贈ったことは、もともと本大臣が審議にかかわったことではなく、覚え書きにははっきりと琉球人とは指摘していません。清朝に対して琉球民を日本人だと無理強いすることなどができましょうか。清朝が好意をもって国交を親密にしていたのは一日のことではありません。そのことは万国のともに信ずることであり、貴国もまたそのことを推し測るべきです。そして今琉球所属問題の論議を利用して通商章程の増補・改定をしようというのは、脅迫でなくて何でしょうか。もしも過ちは中国にありとして、それについてなおくどくどといわれるのなら、おたずねするが、台湾と琉球の両事件における過ちは一体誰にあるのでしょうか。くどくどと理屈を述べるまでもありません。各自天理〔宋代の理学で、客観的な道徳規範をいう〕と良心によるのみです。貴国の各国との条約改正の項目については、少し時間のある時に詳録を見せてくれませんか。

竹：すでに米国とは約定ができて、すでに公表されています。天津駐在の米国理事官〔領事〕がすべて承知していることと思います。私は写本を持参していませんので、さし上げることはできませんが、各通商国と条約改正を議論したものと大意はみな同様であります。台湾の戦乱はわが国だけが勝手に起こしたのではありません。わが国が官員を派遣して、議事が難民の問題に及んだところ、中国側が、生蕃〔中国周辺の異民族のうち、中国文化の影響を受け容れてないものを生蕃といった〕は清朝の支配の外にあるので、日本は派兵してその罪を責めてもさしつかえない、と回答したので、わが国は軍を派遣してこれを征伐しました。覚え書きにははっきりと琉球人と指示していないのは、お教えの通りです。しかしこれは決着の時点で、中日で相談してこの点を除いて公にしたにすぎません。はじめには江南の沈〔秉成〕巡撫(3)がきて、いずれも琉球の民とはっきり指名していました。閣下は官員を派遣して台湾のわが総帥と文書のやり取りをしたとお聞きになっていませんか。そもそも私が帰国しましたのは、ひたすら両国の友好を増進する事を目的としておりました。幸いにわが国の内閣諸大臣には私の知人が多かったので、流涕して嘆願し、事を決着させるようお願いしました。しかもわが国ではもともと中国との和平を重んずる意向が強かったので、穏当な方法をとるよう婉曲に求めました。ところが閣下のおことばがこのようなので、私は痛哭の極みに耐えません。お考え下さい。領土の割譲は重大事です。中国ではわずかに不毛の地を捨ててロシアにあたえましたが、論者が群がりおこって、閣下に対して失礼なことを申しました。わが国が琉球を割譲して境界を定めた場合、全国の激論を招かずに済みましょうか。今両国の交誼を増進するために、思い切ってこの策を決めましたのに、清朝の意向がこのようであれば、おそらくは外には米前大統領の厚意を傷つけ、内には東洋の全局面を破壊するもので、世の大勢を通観している者のすべきことではありません。

李：台湾の事件は、清朝では、日本が出兵して生番の罪を責めても良いという主張はなかったのです。条約締結の後は、このような大事件にはかならず官員を派遣し、文書をおくって相談することになっており、清朝側のおくった文書にはこのことが書かれており、十分に証拠とすることができます。どうして証拠がないなどという口実とすることができましょうか。この件は沈秉成将軍が相談をまとめたのではなく、総理衙門とトーマス・ウェード(4)や大久保〔利道〕(5)が審議してまとめたもので、貴殿も私もこの会議には出席していませんでした。イリ(6)は琉球とはまた議論が別です。イリは久しくわが属領であり、領土を割譲して和議を結ぶのは適当ではありません。琉球はそれ自体一国を成しており、中国の領土でもなければ、日本の領土でもありません。あなたの議論のように、領土割譲などは行うこともできません。閣下が来られたお志しは鄭重で敬意に値しますが、題目がはっきりしていないので、私がお話することはこれまでで、これ以上多くは述べたくありません。

竹：アメリカの前大統領は中日の友誼を保全し、ヨーロッパ諸国の侮りを防ぐために、口をすっぱくして忠告したので、わが国はこれを善意に基く忠告と認めましたし、清朝も第四次覚え書きを交わしました。故に情勢を収束するように謀り、おだやかに方法を研究すべきです。閣下はいまなお琉球の所属について議論され、議論をまとめようとはされていません。これは琉球の所属を争うという名目で東洋の全局面を維持する謀りごとをされていません。そうであれば、結局前大統領の和解をすすめる意志に沿っていません。このようであれば、私としてはなんの言うべきことがありましょう。これからただちに帰国するのみです。しかし、わが国の諸公に対して面目がなく、兄弟が相い争うのを目撃するに忍びませんので、世俗をのがれて田野で農事にいそしみ、もはや時事に耳目をうばわれないようにいたします。

李：総理衙門と私の考えは前大統領と同じです。もしも両国の友誼を保全するためでなければ、総理衙門はかならずしも文書の往復を続行しません。貴国がもし友誼の保全を本当に望まれるなら、それぞれの議題について論を立て、解決方法をしっかりと議論すべきです。そうすれば、平和の意志がおのずからあらわれます。さらにまた別の問題に波及しても、私はあえてその議論に加わる気はありません。

竹：琉球所属の議論については、わが国の第二次・第三次の答弁書にすでに尽きており、さらに一歩を譲ることはありません。わが国の見解は、清朝が果して東洋の全局面を考慮されるなら、双方はこれを拒否しないはずである、ということです。各通商国以外にもますます貿易をおこし、帝国の国権を確立し、ヨーロッパの侮りを防ぐことを志しとしています。わが国は尺寸の土地を惜しむことなどありましょうか、両国の境界を画定し、内は国境守備官の争いを永遠に無くし、外は各国に対して自国の所属地の名を正しく定め、野心をいだく国が東洋の諸島のすきをうかがうことができぬようにします。わが国の意図はこのことに尽きます。清朝をおびやかすなどということはありえません。もしもわが国に他国をおびやかす意図があれば、中ロの対立に乗じてすきをうかがうくらいのことは平気でやってのけているはずです。もしもそうでなくても、琉球はすでに国を廃せられて県となっており、中国が何と言おうとも、わが国は、中国はなぜわが国の内政に干渉して余計なことをいうのか、というだけで、平然として応じないので、中国は兵をおこすほかに道はないのです。閣下がもし米前大統領と同意見であるならば、どうか私のいうことを絵空事とは考えないでいただきたい。その上でおもむろにお教えをいただければ、私はそれをかならずやすやすとやってのけます。今日私の申しましたことは私個人の発言ではなく、あるすじの者とお考えいただきたく思います。

李：中国と日本とは条約を結んで通商をしており、いまだ通商各国の外に斥けてはいません。十年後の条約改訂の時期になったら、相互に不便なことがあれば、できるだけ詳細に検討して妥結すればよいでしょう。現在琉球の議論が落着していないのに、さらに機会に乗じて通商でも一歩進めたいと考えるのは、それが真に東洋の情勢のために共同で外国の侵略を防ぐ計略となるのか、まったく理解できません。

竹：中国ではわが国の商民が内地に入って通商することを許さず、わが国もまた官吏を除く中国の人民が内地に旅行して歩くのを許可していません。これはお互いに各国と比べて制限があります。十年後になって章程について詳細に妥結することは、章程の中にはっきりといわれていることであり、清朝の好意とは見なせません。そうであれば、琉球の議論も十年後にやりましょう。

李：琉球を廃することもまた条約で決められていることなのかどうか。通商と同様に扱うことができるのか。なんと甚だしい蛮勇なのか。

竹：そういうことであれば、わが国の政府は琉球の件を口実にはできないので、収拾のめどがなくなります。

李：総理衙門からはどのような回答がありましたか？

竹：大意は、以前論争の各節には何も触れず、深く満足している、米国前大統領の仲介の意図に沿って友好を保全することもまた同じく望む所である、云々ということです。昨冬朱様〔原文「朱老爺」、未詳〕を介して黄石斎先生〔明代末期の書家黄道周（一五八五～一六四六）、石斎と号した〕の家書帖に閣下の大跋をいただけるようお願いしましたが、今回もしご恵与たまわれば、まことに幸いに存じます。はじめは北京入りの予定でしたが現在和議が成立しないことがわかりましたので、入京の必要はなくなりました。二三日したら直接帰国します。

李：ゆっくり当地に滞在されてもよいのではありませんか。

竹：私は国家の密命を奉じてこちらにまいりました。今閣下にお会いして、使命が果たせないことがわかりましたので、久しく当地に滞在してもわが国に迷惑をかけるだけです。

李：私は理によってことを論じただけで、閣下の使命の成否については、あえて口出ししません。

竹：私が出国のさい、幸いに閣下の然るべく方法を協議せよとのご命令があれば、入京してひそかに総理衙門大臣にお会いし、もしも閣下のご意向と合えば、わが国の命令を宍戸〔璣〕公使に伝え、方法を協議させるつもりでした。

李：あなたが朝命を奉じているのなら、何で公文書〔割印を捺した信任状〕をお持ちでないのですか。

竹：私が奉じているのは密命なのです。そのわけを申しましょう。もしも欽差大臣から公然と提議して総理衙門大臣と会談を行ない、もし議論の結果、和解できなければ、平和を破ることになります。私は幸いに閣下の知遇をいただいており、且つひそかに参上してご尊意のある所をうかがっておりますので、お教えが私の心と一致すれば、ただちに入京したいと思います。もしもついに一致をみなければ、わが国として他に方法がありませんので、中国がどのような出方をされるかを待つのみです。これが私の密命の趣旨です。今大人の議論が過激なので、私は両国の意志が和解できないとわかりましたので、入京することも無用です。ですからすぐに帰国するつもりです。

李：閣下との文章の交わりは、数日逗留されたのち、またお会いしましょう。

竹：再度引見をたまわることは、なんという幸せでありましょう。ありがたく存じます。数日滞在しましても、もとよりさしつかえはありません。

李：別に〔条約の〕各条について議することは、すべて条約改訂であり、含まれる事項があまりにも多すぎます。条約改訂の時期になったら、どうしても詳細な審議が必要です。しばらくは〔双方で〕詳細に検討し、その上で互いに交換しましょう。

（伊東昭雄訳）

［注］

（1）宍戸璣（一八二九～一九〇一）幕末長州藩士で、明治政府で司法大輔・元老院議官などを勤め、一八七九年駐清特命全権大使となった。

（2）グラント（ULySSES S.Glant 一八二二～八五）アメリカ第十八代大統領で、在職は一八六九～七七年。共和党出身。南北戦争中の北軍の最高司令官。晩年、日清間の和解を斡旋した。

（3）沈秉成（一八二三～一八九五）江蘇省帰安県の人で咸豊六年（一八五六）の進士。光緒十四年（一八八八）から二十年（一八九四）にかけて安徽順撫を勤めた。

（4）サー・トーマス・ウェード（Sir Thomas Francis Wade 一八一八～九五）イギリスの外交官。一八四一年以来中国で活動し、一八七一年から八三年にかけて駐華公使となり、総理衙門に働きかけて、中国の内政・外交に関与した。帰国後、ケンブリッジ大学の初代中国語教授。

（5）大久保利通（一八三〇～一八七八）鹿児島の出身。明治六年（一八七三）政変後内務卿となり、台湾出兵の処理のため、清国に渡って交渉を行なった。

（6）南下をねらっていたロシアは、イスラム教徒の反乱に乗じて一八七一年出兵し、イリを占領した。その後外交交渉が続き、一八八一年二月、ペテルブルク条約が締結され、ロシアは賠償金を取ってこの地から撤退した。

〔資料23〕琉球分割および日清修好条規一部改正に関する李鴻章の上奏

〔解題〕李鴻章のこの上奏文は、一八八〇年に日本公使宍戸璣と総理衙門との間で行われた琉球処分と条約改正とをめぐる交渉に関して出されたもの。交渉自体は、琉球を沖縄本島以北を日本へ、宮古・八重山を清国へと分割し、日本に中国での内地通商権と最恵国待遇を与えることで妥結し、十日後に調印を行うことになっていた。しかし、清朝が調印を行わず、そのため条約成立には至らなかった。その背景は複雑であるが、李鴻章のこの上奏が決定的役割を果たしたことは衆目の一致する所である。この間の事情については、西里喜行『清末中琉日関係史の研究』（京都大学学術出版会）に詳しい。
　原文は『李鴻章全集』奏稿巻三十九「妥議球案摺」。採録にあたっては王芸生『六十年来中国与日本』の日本語訳（『日支外交六十年史』）のものを借用したが、一部表記を改めた。

光緒六年十月初九日

奏して、日本と議決せる琉球事件及び条約改訂は宜しく暫時裁可延期方に関し、聖慮に遵い、熟慮の後恭しく呈文を草して此に聖鑑を仰ぐ事の為にす。

臣竊かに軍機大臣の密寄せられたる十月四日附上諭を拝するに、「曩《さき》に各国事務総理衙門の上奏せる琉球事件解決案一件及び右庶子陳宝箴の琉球は急遽解決す可らず旧約は軽挙改訂すべからずとの上奏の趣は、当に醇親王等の熟議を経、宜しく総理衙門の上奏に照して処理すべく業《すで》に允許を得たる所なり。旋いで左庶子張之洞の奏文に拠れば、日本との通商は許可すべきも、琉球事件は延期すべしとの趣、此又醇親王の議を経、日本及び露国の深交結托並に福建江浙の接近せるの事情に鑑み、既成の局面を動揺せしむるが如きは宜しからず、且各国従いて煽動して終に前説に帰するに至るか、或は二島をも之を棄つるに至らば益々軽侮を招かんことを恐る等の趣なる所、自ら時勢を揆《はか》り邦交聯絡の為の見地よりすれば、惟事件は中外の交渉に関するを以て慎重ならざるべからず、李鴻章は条約原議者にして、素より日本の事情に通暁せる者なれば、該督統をして大局を籌り、右事件を総理衙門の原奏に照して処理するの可否、並に此外万全の策の有無に関し切実迅速に具陳上奏すべし、総理衙門の奏帖文書各一件、陳宝箴、張之洞の帖各一件、均しく抄文閲覧するに供す」との趣一々拝承せり。聖主の遠疆懐撫に審にして虚衷採納せられ精詳を厭われざるを仰見し欽服に勝えず。
　従前中国と英仏両国と立約するや皆兵戎を先にして玉帛を後にし、脅迫矇蔽を受けて規定せし条款なれば、損害莫大、往々にして世界公法の外に有り。其後米独諸国及びオランダ、ベルギー等諸小国も相継いで来華し条約を締立せり。斯時中国は外務に関し深く利害を考察せず、均しく利益均霑の一条を条約中に挿入せり。一国の得る所諸国は安坐して之を享け、一国の求むる所諸国は群起して之を助け、遂に協力我を謀り堅固不抜の勢を形成せり。同治十年日本遣使して来たり立約を求む。曾国藩始めて宜しく均霑の一条削除方を建議せり。臣と該使節伊達宗城往復商締し、両国商民の内地侵入貨物販運禁止を明記するに及びて制限稍厳となれり。嗣後該国は屡次悔を翻さんとせしも均しく反駁し置けり。是よりペルー、ブラジルの条約も亦稍前に異れり。誠に内治と条約規定とは相表裏を為し、苟くも動もすれば各国の牽制する所となれば、則ち清国は永遠に自強の日無からん。近ごろ聞くに各国の駐京公使は事有る度に会商し、日本は独り与るを得ずと。其の尚未だ一気と為らざる所以のものは締約の相異るに因るものなり。

　内地通商に関しては洋人は絹茶を購買するを以て大宗となし、資本も比較的豊富にして稍体面を顧慮する所あるも、日本は東隅に密接し文字言語も略同じく、国人貧窮し貪利にして無恥なり。一度此の例を開かば、勢必ず紛々として来りて吾人と利を争い、或は更に税金に干渉し奸事犯罪を起すべし。明代倭寇の興れるは、即ち失業商民が内地奸商と結托せるものにして、今にして其漸侵を防がざるべからず。此れ旧約改訂は宜しく参酌の余地ある所以なり。

　琉球は本来三十六島、北部九島、中部十一島、南部は十六島ありと雖も周廻三百里に及ばず、北部中の八島は早く日本の占有に帰し、僅かに一島を残すのみ。昨年日本の琉球を廃滅するや、清国の屡次の抗議と、前米大統領グラント氏の居中調停有りて、始めて割島分割の説あり。臣は総理衙門に親書を寄せて商議し、清国若し琉球を分割するも管理に便ならざるを以て、寧ろ琉球人に返還するを可なりとす。即ち日本の立場より計るも此外に解決の法無しと謂えるも、当時は南島の枯瘠を知らざりしなり。

　本年二月の間日本人竹添進一郎来津謁見せし処、彼曰く、日本政府の意は北島、中島を日本に帰し、南島を中国に帰し、同時に条約改訂一件を追加するに在りと。臣は琉球事件と条約とを混合せるの故を以て、明かに迫り求むるものと為し、厳格に之を斥け些の仮借も致さざりき。曾て筆談問答の覚書二件も有り其の抄文は既に総理衙門に保存しあり。

　旋《つ》いで日本公使宍戸璣屡々総理衙門に於て琉球事件の解決方を督促せるを聞く。右は明かに露清の条約未定なるを知り、此の機に乗じて便宜を占めんと図りしものなり。臣愚思えらく琉球初廃の際は中国体統の関する所速かに抗議せざるを得ず、と。今や露国事件方に酣にして中国の力は兼顧するに難し。且日本人は要求する所多く、之を許可せば大損害を受け、之を拒めば即ち一敵を多くす。惟遷延の一法を用ゆるこそ最も適宜の措置と思考す。蓋し此れ彼曲我直の事なれば、中国が暫く之を詰問せずとも、彼は断じて一転して戦端を開く事能わず。而して露国事件の終結するを俟って、再び琉球事件に当れば則ち力を専にして勢自ら強きを得べし。

　頃日総理衙門の日本の議する所を記載せる信書に接したる

が、臣在津琉球吏官尚徳宏の転述を見、始めて中島に物産多く、南島は貧瘠せる僻地にして自立し能わず、而して琉球王及び其世子は日本側が又釈放せざるを知れり。遂に総理衙門に寄書商議し、若し延期すべくんば延期して後悔を免れん事を冀いしなり。此れ琉球事件議決の宜しく参酌すべき所以なり。臣は寄諭を奉じ始めて既成の事実にして、更改に便ならざるを知れり。然れども陳宝箴、張之洞等又各々上奏あり、正に熟議万全の策を講ずべきなり。

適々駐日使節大臣何如璋の来翰及び総理衙門宛抄文二件に接するに、利益均霑及び内地通商の弊を力説し詞語切実なり。又、琉球王を訪問せし際、王は宮古、八重山の如き小島は別に二子を立つ、五家〔王家か〕は之を希望せざるのみならず、全国臣民も亦断然不服なるべし。且南島は地瘠せて産少く、従来中山の政令に従い其士人の自主に由るとの趣なり。故に今挙げて以て琉球に与えんとするも、琉球人は敢て受けざるべく、余の辯法も亦窮れりとの趣記載ありたり。

臣思えらく清国は琉球宗社の保存を以て重きと為すは、本来其の土地を利とするに非ず、今や南島を得て琉球王に封ぜんとするも、琉球人は希望せざるを以て勢い人を派して管理せざるべからず。然らば義に始まって利に終るの嫌あり、日人の非謗を免れず、且有用の兵糧を以て斯る狭小不毛の地を守るは、労費自ら正に窮り無し。而も道遠く、音信は不通にして実に孤島危険を覚ゆべし。若し其労苦を厭い棄てて守らざれば、適々日本の狡謀に陥るべし。且つ西人此処に踞り開墾経営し、我太平洋の咽喉を扼すべく、之亦中国の利に非ざるなり。是即ち若し改約を議せずして、単に我に南島を分譲せんとするも、猶進退両難にして後悔を貽さんことを恐る。彼今、前条約の改訂を議す、若し能く琉球王を釈放し、中南両島を与えて一国を復活せば其の利害は正に相当るを以て、或は忍んで許可するも可なり。若し然らざれば則ち彼は利を享け、我は其の害を受け、且併せて我内地の利を失う、則ち臣は竊に採らざる所なり。

謹んで総理衙門及び王大臣の意を揆るに、元より日本と露国と結托せんことを慮かり、時勢を洞察して国交を聯絡するは、誠に自重の見なり。然れども日本の露国援助説は、多く香港日報及び日人恫喝の語に出でしを、議者察せず、遂に聯日拒露を希望し、或は暫らく許すに商務を以てせんとするも、皆事理に切実ならず。査するに陳宝箴の奏文に指摘せる如く、日本は兵糧共に欠乏し、債務累々、党人権を争い、自ら顧るに暇無し、日人の露国を恐るる事虎の如く、性又貪狡なり、中国若し甘言厚賂を以て彼と結ぶも、一旦露清事有らば彼は必ず盟に背きて利に趨くこと、均しく意料の中に在り。

何如璋屡次の来函中にも亦屢々、日本は外観強けれど中乾き内乱将に起らんとすと。譲るも我を助くる能わず、譲らざるも亦我を苦しむる能わざるを報ず。洵に確論と謂う可し。

蓋し日本最近の情勢は、僅かに長崎停泊中の露国軍艦に、石炭食糧を供給し得るのみ、蓋し彼は、露の利を貪り露の強を恐れつつあり、中国の力を以て之を禁ずる能わざるに似たり。豈惟日本一国のみならんや。即ち英、独の諸邦及びスペイン、ポルトガル各国も亦露人の事あるを伺い、軍艦を派遣して各其商人を保護し、実に機に乗じて漁夫の利を占めんとせざるは無し。夫露国事件の解決可否が実に全局に関する所以なり。露国事件終結せば則ち日本及び各国は皆警戒心を拋棄すべく、露事件終らざれば則ち日本及び各国は各其詭計を弄すべし。若し日本に多くを譲歩するも、而も日本は我を援けて露国の侵入を防ぎ得ざるに於ては、則ち我は之を日本に失い、而して又将に之を露国に失う事となるべし。寧ろ露国に些少の譲歩を為し、以て露国に依って日本を制するに如かざらんや。

夫れ露国と日本との強弱は相去る事百倍、然も理の曲直を以て論ずれば、則ち日本の我を侮ること却て最甚しとなす。而も議者の謀相反するが如きは、此れ臣の未だ喩らざる所なり。江蘇の上海、浙江の寧波、福建の福州・厦門の如きに至りては、均しく各国との貿易港にして、日本は即ち来り擾乱せんと欲するも、既に兵力糧食無く、亦敢て西人に対し罪を買わんとせざるべし。惟台湾は海外に孤立し、地険にして産豊なれば、久しく外人の窺う所と為れり。苟も経営宜しきを得ば亦東南を控蔽するに足らむ。応に廟謨区劃に意を注ぎ漸次成を収めん事を請うものなり。中国自強の計は露国事件急速解決の能不能に論無く、一日も遅怠を許さざるに在り。誠に洋務愈々多くして弁じ難く、外侮重来して窮り無く、正に奮起せざる可からざるの秋なり。

臣先に奏せるが如く南北洋に須らく合計四隻の軍艦を購入すべく、其の数は断然再減すべからず。税金一百万両の捻出支出方を請いしも僅かに戸部四十万両支出の許可を得たるのみ。尚大に不足するを以て全数支出方御飭令に預かり度し。各省の関税閲額を海防経費に充つべき議も、先に厳定処分章程を奏上せるも、猶未だ該額の発給を得ず、若し更に延期せらるれば厳重催促方を請う積なり。出師電報各学校も亦既に陸続設立しつつあり、数年後は船舶機械完備し、出師も訓練成って声勢正に壮んならむ。例え越海遠征の必要なきも而も準備あれば可なり。日本傲慢の気も亦之が為に稍々衰え、各国軽侮の端も之が為亦漸次消滅するに至らん。

又総理衙門は日本の内地貨物運搬を憂慮するも、蓄意已に久しく、間もなく改約の期至らば彼は必ず利益均霑を力請すべく、或は単に改約のみを論じて琉球事件を提議せずとも、恐らく此南島は同時に失うに至るべし。臣愚以為らく南島の得失は利害に関係無きも、両国の改約は須く彼我互商すべきものにして、断じて一国のみ独り能く其の志を行うものに非ずと。日本は必ず均霑の利を得んと欲す、若し彼亦大いに中国に益するものありと相匹儔せば、之を裁可せざる可からず。然れども若し施す有って報うる無く、一意貪求するに於ては、内外協力して堅持し許可す可からず。

臣再三熟考するに、商民管理、税則改訂の両条は未だ議定せず、応に後日熟議を俟つは勿論、其琉球条約及び追加条約も、曾て親筆批准は三か月内に交換すべく声明せしものなれば、臣竊に惟うに右満期の際、准不准の権は猶朝廷に在るを以て、宜しく此時遷延の方法を用い、専ら露国事件の消息を待って緩急を分議すべし。三か月満期後若し露国事件の議未だ成らざるも而も和局予定し得る場合は、彼来って条約交換を催問すとも或は更に延期方商議し、或は再び廷議に諮るべし。

若し露国事件三か月内に既に結了せる場合は、旨を請うて其批准し能わざるの由を明指し、該使節に宣示すべし。即ち微臣の執奏並びに建義者の諌諍通り、彼若し琉球王を釈放し能わずんば、清国の本意と相反する旨、正に堂々宣告すべきなり。臣料るに日人も敢て遽に決裂には至らざるべく、若し即ち決裂するも亦大患無からん。

臣に責むるに全局を統一すべしとの明詔あり、切実に陳奏す。臣は敢て既に朝廷が先に議定せるものを曲げて廻護し、或は強いて過高の論を以て施行を妨げんとするものに非ず。若し以上の辦法に照せば、総理衙門に於ても亦難事とは為さざるべく、是れ日本と議決せる琉球事件及び条約改訂は宜しく暫時許可を延期すべきこと、聖旨に遵いて熟慮せし処、恭んで五百里を隔てて密に陳述す。当否は伏して皇太后、皇上の聖鑒訓示を乞う。謹んで奏す。

第5節　朝鮮をめぐって

［資料24］朝鮮策略

黄遵憲

［解題］黄遵憲（一八四八〜一九〇五）は詩人・外交官で、当時の日本研究の第一人者でもあった。広東省嘉応州（現梅州市）出身で、『人境廬詩草』『日本雑事詩』などの詩集のほか、『日本国志』の編纂によっても有名である。一八七六年、順天郷試に合格すると、初代駐日公使何如璋とともに、駐日公使館参賛（館員）としてとして日本に赴任し、八二年まで日本に滞在し、館員としての任務に従事する一方、日本各地を旅行し、日本の政治家・文人・学者たちと交流した。その間『日本国志』編纂のための資料収集を行った。その後、彼はサンフランシスコ総領事をはじめ、アメリカ・ヨーロッパ各地に公使館員などで駐在した。

一方、朝鮮の穏健改革派の政治家金弘集《キムホンジプ》（一八四二〜一八八六）は修信使として一八八〇年四月から九月にかけて日本に渡り、その間八月から九月末まで、何如璋公使や黄遵憲らと数回にわたり会談した。会談は金が清国公使館を訪ねたり、逆に何・黄らが金の宿舎を訪ねたりしたようである。その会談の内容は「大清欽使筆談」として金弘集の『修信使日記』巻二に記録されており、それによると、「朝鮮策略」は同年九月六日（光緒六年八月二日）の黄の金弘集との最後の会談のさい、直接金に手渡された模様である。この「朝鮮策略」は、金の帰国後、衛正斥邪派から激しい攻撃をうけたということである。

「朝鮮策略」の本文は、①『日本外交文書』明治十三年「事項七　朝鮮国修信使来航の件」所収のもの、②『修信使記録　全』（『韓国史料叢書第九』、大韓民国文教部国史編纂委員会編纂兼発行）所収のもの、③『金弘集遺稿』（高麗大学中央図書館編、同大学出版部発行）所収のもの、④『黄遵憲文集』（鄭海麟・張偉雄編校、（京都）中文出版社刊）所収のもの、⑤『黄遵憲全集』（陳錚編、国家清史編纂委員会・文献叢刊、中華書局刊）所収のものなど、数種類あり、日本の研究者によってしばしば引用されている①は誤字が余りにも多くて使用に耐えず、その他のテキストも多かれ少なかれ誤字・脱字が認められる。そこで、翻訳の底本としては、③・④・⑤を中心に、正確な本文を推定したが、もとより完全は期し難かった。

地球上に最大の国があり、その名をロシアという。その広さは三州にまたがっている(1)。陸軍は兵員百余万を擁し、海軍は巨艦二百余隻を保有している。だが国の位置は北に片寄り、寒さがきびしく、土地もやせている。それ故歴代の君主は国土を広げて国の利益をはかろうと、虎視眈々としている。前代のピョートル王以来、新たに開拓した領土はすでに十倍を超えており、現王になってからは、さらに四海を統括し世界のすみずみまで併呑しようとする意気込みを持っている。中央アジアではウイグル諸部族をほとんど蚕食しつくしている。世人はみな彼らの野望が並々なものでないことを知っており、しばしば協力してこれを阻止している。トルコ一国をロシアは久しく併呑したがっていたが、イギリスとフランスは力を合わせてトルコを支えたので、ロシアはついにその野心を全うできなかった。現在ドイツ・オーストリア・イギリス・イタリア・フランスなどの西洋諸国は断じて寸尺の領土たりとも他人に与えまいと目を光らせているので、ロシアは西方に侵略できず、にわかに方針を変えて、東方への領土拡大をほしいままにしようとしている。十余年来、ロシアは日本から樺太州を取り上げ、黒龍江東岸を中国から獲得してきた。さらにまた豆満江河口に駐兵して、有利な位置を占めている。ロシアがこれらの領土を経営して余力を残さないのは、アジアに志を遂げたいと思うからにほかならない。

　朝鮮とは、まさにアジアの要衝に位置し、その重要さ故に必ず諸国の紛争をひきおこす所なのだ。朝鮮が危うくなれば、日本・中国の情勢も日増しに切迫する。ロシアが領土を獲得しようとすれば、かならず朝鮮から始める。恐るべし、ロシアが虎狼の秦〔戦国時代末期に六国を力ずくで滅ぼし、統一帝国を建てた秦〕となって領土拡張を初めて三百余年にもなり、その始めはヨーロッパで、中央アジアがこれに継ぎ、今日ではさらに東アジアに移り、朝鮮にその矛先が向いている。だから今日の朝鮮策略の急務はロシア防ぐことを措いてほかにない。ロシアを防ぐ策略とは何か。中国と親和し、日本と結合し、アメリカと連合して国力の強化を図ること、これである。

　中国と親和するとはどういうことか。東・西・北三方向でロシアと境界を接するのは、中国だけである。中国は国土も広く物産も豊富で、アジアの要衝にある。だからおよそ天下にロシアを制御できる国といえば、中国を措いてほかにない。そして中国が愛する国としては、朝鮮よりほかにない。朝鮮はわが属国となってすでに数千年を経ており、中国は朝鮮を徳によって安んじ、恩によって安撫しており、いまだかつて土地・人民をわがものにしようとしたことがなく、このことは天下のだれもが等しく信じている。しかも大清国は東土に興隆すると、先に朝鮮を平定し、然る後に明を伐った。それから二百余年、両者は互いに、小を慈しむに徳を以ってし、大に事《つか》えるに礼を以ってしてきた。康熙・乾隆の両朝には、朝鮮は何事によらず上奏しており、内地の郡県と違いがなくなっていた。文字も政教も同じで交情も親密なばかりでなく、地勢も隣接し、神京〔首都北京〕を守る左腕の如く、利害と患難を共にしている。遠く離れたベトナムや辺境の地ビルマに比べれば、天地の隔たりがある。かつては朝鮮有事の際はかならず軍費をついやし、天下の総力をあげてこの地を守った。西洋の通例では、二国間の戦争にさいしては、局外の国は中立を守り、一方のみを援助することはできないが、ただ属国だけはその限りではない。今日朝鮮の中国への臣属は以前よりいっそう強まっているから、天下の人々に朝鮮がわが国と一家と同様の親交をぜひとも知らしめねばならない。大義が明らかになれば、朝鮮への声援は自然に盛り上がる。ロシア人は朝鮮の形勢が孤立していないと知って、手を出すのをはばかるようになる。日本人は対抗できないと判断して、中国や朝鮮と連合するようになる。かくして外患は姿を消し国の基礎は益々固まる。これが中国と親和するということだ。

日本と盟約を結ぶとはどういうことか。中国以外に、朝鮮ともっとも密接な国は日本にほかならない。昔は先王が日本に使節を派遣したことは文書に記録され、その文書は府庫に保存されて代々責任者がこれを守ってきた。近年になって、北方の虎狼が背後に控え、日本が国土を失うことにでもなれば、朝鮮八道〔京畿道、江原道、咸鏡道、平安道、黄海道、忠清道、慶尚道、全羅道の総称〕は自力で守ることができず、朝鮮に災難が起れば、九州や四国も日本の領土ではなくなるだろう。だから日本と朝鮮とは助けあうべき密接な関係にあるのだ。戦国時代に韓・趙・魏が連合したので、秦は東国を征服しようとしなかった。三国時代には呉と蜀が同盟を結んだので、魏は南方を侵そうとしなかった。これらの国々は強力な隣国から圧力を受けていたので、親密な交わりを結ぼうと望んだのである。朝鮮のために謀れば、小異をすてて大同を謀り、旧交を温めて外援を求め、いつの日か両国の汽船や鉄甲艦が日本海を縦横に疾駆するようになれば、外寇はつけいるすきがなくなる。これが日本と盟約を結ぶということである。

米国と連合するとはどういうことか。朝鮮から東に進むとアメリカ州があり、そこは合衆国が国を建てている所である。その国土はもともと英国に属し、百年前にワシントン〔ジョージ・ワシントン、一七八九～九七在職〕が出て、ヨーロッパの苛政のもとに従うことを欲せず、発奮して立ち上がり、一国の独立を達成した。それ以降、先君の遺訓を守り、礼儀によって国を建てた。他国の土地・人民を貪らず、他国の政治に強引に干渉せず、中国と条約を結んで十数年間、わずかの不和もない。日本との交際においては、日本に通商と軍事訓練を勧め、条約改正を助けたことは、とりわけ天下万国がみな知っている。それというのも、アメリカは民主の国で、共和制を採用しているので、人の物を利用したりはしない。そして建国の当初は英国の虐政に苦しみ、発奮して立ち上がった。だから常にアジアに親しみ、ヨーロッパには疎遠だった。だがその国民はヨーロッパと人種が同じく、国力は強大で、しばしばヨーロッパの諸大国と東西両洋に競い合っている。それ故しばしば弱小国を守り正義を守り、ヨーロッパ人が悪行をほしいままにするのを許さない。その国の位置は太平洋に近く、通商も東洋でのみ盛んである。それ故にまた東洋の各国が無事平穏に国を保つことを願う。アメリカが使節を派遣してこなくても、朝鮮を守るためには、はるばる万里の波濤を越えてもアメリカと修好すべきである。しかもたがいに使節を派遣して朝鮮を守る意志をもっているのだから、この国と結んで友邦とすれば、援助をえて禍いを除くことができる。そこで私は米国と連合すべしというのだ。

中国と親和するというのは、朝鮮が信じていることだ。日本と盟約を結ぶというのは朝鮮がなかば信じ、なかば疑おうとしていることだ。アメリカと連合するというのは、朝鮮が強く疑っていることだ。

疑問をもつ者はいう、日本は豊臣秀吉が大義名分のない戦さを始めて以来、わが辺疆を動揺させ、わが城郭を滅ぼし、わが人民を迫害したので、明軍に頼って攻防の末、敵軍を退けた。近年日本は西洋の制度にならって改革し、鵜の目鷹の目で近隣をねらっているので、ますます油断できない。江華島事件(2)では、西郷隆盛が争いを起こそうとしたが、岩倉具視・大久保利通らが必死に阻止したので、沙汰止みになった。しかし西郷の志は固く、片時も目指す郢の地を忘れはしない(3)。条約の締結は、盟約を求められれば従わざるをえないからで、却ってこれと親しくしようというのは、門を開いて盗賊にあいさつするようなものではないか、と。

この疑問に対する答えはこうである。西郷が征韓を議論したのは、二、三の大臣が衆議を排して主張しただけで、固執できなかった。日本は辺境を侵略して富強をはかろうと望まなかったわけではないが、身のほどを知れば不可能で、止めた方がましだと考えた。朝鮮は建国以来数千年の歴史があり、人物も兵力もとぼしくないので、これに攻撃をしかけても、勝てるとは限らない。よしんばひょっとして勝てたとしても、撤兵すればまた反抗が起り、駐兵したままでも役に立たない。いわんや日本が朝鮮で事を起こせば、中国は勢いこれと争うことになる(その時、日本が使節を派遣して李鴻章に面会させれば、李鴻章は、双方はかならず争いになるから、友好関係を損なうだけで、少しも利益がない、と諭すだろうから、日本の謀略は実行されないだろう)。李鴻章は、日本が朝鮮を攻めても、必勝は期し難く、しかも中国が助力し、たがいに協力して両面作戦を行えば、日本はかならず耐えられなくなることは分かっている。だから西郷の主張は結局実行できない。敢えて実行はしないとなると、朝鮮は密接な隣邦でもあるのだから、他民族を威圧して、自国の脅威を増すなどとは考えないだろう。だから日本が汲々として和平と信頼を求めるのは、朝鮮が強固となって西海の障壁となってほしいからである。日本のために推し測れば、どうしてもこのようにせざるをえないのだ。しかも今日の日本は張子の虎で、朝野は乖離し、国庫は無一文だから、自国だけで計略をめぐらすゆとりなどあるはずがない。兵法家のことばに、己れを知り彼を知る、というのがある。だから日本が朝鮮と盟約を結ぼうとする理由を知って疑いの余地がなければ、朝鮮が日本と盟約を結ぶ理由も、疑問の余地がなくなる。

疑問をもつ者はまたいう、地形測量と地図作成によって、わが国の要害の地は知られてしまった。仁川港はわが門戸であるが、日本人の往来を許し、垣根をことごとく取り払ってしまった。他人の国を侵す意図があるのでなければ、どうして沿海の暗礁を測量し、京師の要地を侵すことなどするだろうか、と。

その疑問に対する私の見解はこうである。昔は他国への地図の販売を禁止し、これを犯した者は処刑され、赦されることがなかった。昔は外国からの使者を回り道して往来させ、要害の地を知らせないようにしたが、これは昔のことであって、今日のことではない。今日天下万国は近くは中国・日本、遠くは欧米まで、たがいに往来しており、およそ沿海の暗礁は全て地図、雑誌に編纂して天下にあまねく知らせて、航海の便利をはかっている。遠くは海岸から、近くは首都に至るまで、みな外国の使臣が一年中駐在しているのが通例である。国力が自国を守るのに十分でなければ、ベトナムの辺地がフランスに奪われ、ビルマの政治がイギリスに干渉されたように、外敵を国境で防ごうとしても、自国を防衛することなどできないであろう。国力が自国を守るのに十分ならば、外国人を国内にひきいれても、英国民がペテルブルクに住んでいたり、露国民がロンドンに住んでいるのと同じで、何ら害にならない。自国を強くする方法は実力を養うことにあり、虚飾にあるのではない。日本がとった行動は万国の通例であって、勝手な悪だくみではない。ましてや日本は他国に謀略をめぐらすことなどできないから、われわれの道理を熟知させれば、われわれを救援するのに役立つ。朝鮮はもともと航海の経験がないから、危険な地点を知れば、自ら守るのに役立つ。以前日本は神戸を開港し、使臣の江戸駐在を必死で拒んだが、一戦、再戦の後に翻然と方針を変え、その方針を十数年後の今も行なっている。王公が国を守るにはこうすべきなのだ。

疑問をもつ者はまたこうもいう、朝鮮の気風は外国人に慣れていないから、日本人が服装もことばも欧米にならっているのを群集が見ると、罵詈雑言を浴びせることがある。日本人はそういう場合すぐ恫喝しようとする、取り締まり官に至っては、抜刀して殺害も辞さないことがある。もしも誠意をもっておだやかに接するのであれば、むやみやたらに残忍な振る舞いをするだろうか。

その点については、こう考える。日本人は負けず嫌いで他人に譲らず、利を貪って恥知らずであり、視野が狭く大局を見ない、何をやってもこんな様子だ。ただこのようなことは両国の下層民の猜疑心がなくなっていないためであって、日本の政府の意図ではない。以前は草梁館(4)で日常通商を行なっていたが、朝鮮が何かと難癖をつけて様々な禁圧を加えていた。彼らの憤懣は一朝一夕のものではない。しかも釜山に居留する日本人はおおむね対馬の貧民であり、彼ら無頼の徒は目先の利益を求めるだけで、大局には目が届くはずもない。些細な殴り合いなどはもとより取り締まりが及びにくい。日本政府の抜刀事件〔未詳〕での山之城の更迭を見れば、その意図する所が分かる。朝鮮のためを思えば、ただ条約を遵守し、日本側の行動が道理に適っていれば、しっかりと保護してやることだ。然る後、日本が道理にもとる行動をとる場合には、きびしく処罰すべきである。あらゆる政治に信をもって当れば、両国は猜疑しあうことがなくなる。些細な事柄にこだわって、むざむざと良策を失うことになるのは、賢者のなすべきことではない。

疑問をもつ者はまたいう。日本とわが国とは国土が接していて、人種も同じだから、あなたが日本と盟約を結ぶべきだというのは、わたしはもとより信じている。しかし欧米諸国はわが国から何万里と離れており、飲食や衣服もわが国とはちがう。贈答をしあわず、ことばも通じない。かの人たちがしきりにわが国と盟約を結びたがるのは、金儲け以外に何があるのか。彼らが利益を得れば、われわれは損をする。それでもなおあなたが米国と盟約を結べという意図は、私としては大いに疑わざるをえない。

その疑問に対する私の答えはこうだ。アメリカが建国したとき、国を州に分けて政治を行ない、三十七の州を合わせて合衆国とし、大統領がこれを統括した。だからそれ以上隣邦を国土に加えることはしていない。その南にはハワイという国があり、アメリカへの内属を希望しているが、アメリカはこれを拒絶さえしている。その上この国はなお宏大な未開拓な地があり、国土は金銀など鉱山資源に富み、国民は商工業がたくみで、天下第一の富裕国となっている。だからこの国は新に国土をえてもさらに富裕になることはない。他国の土地や人民を手に入れたいとも思っていない。このことは天下万国の誰もが信じて疑わない。しかもあいついでイギリス、フランス、ドイツ、イタリアの諸国との盟約締結を求めているのは、西洋諸国の勢力均衡の考え方なのである。今日天下万国はたがいに同盟したり格闘したりしており、その状態は戦国時代〔紀元前四五七～二二一年〕より甚だしい。満天の星や盤上の碁石ほどの数がある列国が平穏無事でいたいと思えば、極端な弱国、極端な強国がなくて、たがいに和平を維持することによってはじめて可能となる。もしもある一国が併合を行なって力を増し、国力が増すことによって勢力が強大になれば、他国もまた安心してはいられない。欧州では群雄が割拠しており、あの虎視眈々たるロシアももはや乗ずべき隙がない。そこでロシアは矛先を東に向け、東征はかならず朝鮮から始まることは、天下がみな知っている。ロシアがかりにもし朝鮮をわがものとすれば、アジアの全形勢はロシアに握られ、その意のままになる。そしてロシアがアジアの全勢力を擁して、転じてヨーロッパを攻めれば、ヨーロッパ諸国はほとんどロシアに抵抗できなくなる。西洋の国際法では、他人の国を滅ぼすことはできない。しかし、もしも条約を締結していない国であれば、有事のさいも干渉できないことになっている。これが西洋諸国が朝鮮と盟約を結びたがる理由なのである。朝鮮と盟約を結びたがる国々は、ロシアが朝鮮を独占しようとする情勢をとらえ、天下諸国との勢力均衡のもとで現状を維持しようとしているのだ。朝鮮を守ることは自国を守ることである。これはアメリカだけがそうなのではない。しかしイギリス・フランス・ドイツ・イタリアは、朝鮮の土地がやせているので、かならず武力行使によって攻略できるとし、次々に攻め込んで盟約を勝ち取ろうとしているが、今なおその願望をはたしていない。ただ米国だけはみずから信義を守ることを平素から明らかにしており、盟約〔原文は「玉帛」、交渉成立にあたって贈り物をすること〕により、武力を用いないので、久しく中国や日本に信用されている。そこでアメリカが他国に先んじたのだ。だからアメリカが東洋へ来るのは、ただ単にわれらを害する意図がないばかりでなく、さらにわれらに利益を与えようとさえしている。向こうが利益をもたらそうとしているのに、かえって利益を取ろう、われらを害しようとしていると疑うのは、時勢を知らない者の見方なのだ。

疑問をもつ者はまたいう。朝鮮は国は小さく貧しいのに、大国と盟約を結べば、大国の誅求は際限がなく、国民がそのために疲労困憊してしまうのではないか。風俗が異なるうえに、礼儀も違う国であるから、この国との接し方も従来の慣例とちがうので、疑いを生じて紛争を増すことにならないか。

この疑問に対する私の答えはこうである。古に生贄や贈呈品を国境に陳列して強国をもてなし自国の民を保護した。これは小国が大国に仕える古人の儀礼であるが、今はこのようなことはない。今の小国、たとえばベルギー・スイス・オランダはみな自立しており、大国がこれらの国に督促したり誅求したりするなどということは聞いたことがない。たとえ使節が派遣され、領事が駐在しても、日用の費用はみな自国でまかなう。着任の際は朝廷への参内が一度あるだけで、その後一年たっても朝宴が一度あるだけで、奉仕や贈答などは一切ない。献上することもないのだから、応待に疲れることもない。公文書の些細な書式や接待の細かいしきたりについては、彼らもまた人の情によってやっている。こちらに侮蔑し軽視する心さえなければ、向こうも難癖をつけようが無い。ましてや朝鮮は貧困で、通商しても利益はなく、現在彼らが求めているのは盟約締結だけで、使節派遣や領事任命をしたいとはかならずしも考えていないのだから、さらに何かを疑う必要もない。

疑問をもつ者はまたいう。宣教師が細民を煽動・誘惑し、国政にまで関与するのを、少しでも法律で抑制すると、とかく騒動を惹起し、事変を激発する。条約を締結して布教を許可しても、災難はなくならないのではないか。

私の考えはこうだ。天主教〔ローマ・カトリック教〕の横暴さは天下の人々がみな知っているが、彼らが敢えて横暴な振る舞いをするのは、フランスの助力を頼みとしているのだ。フランスがプロシアに敗れ〔一八七一年の普仏戦争〕、教皇護衛の軍を撤兵してからは、イタリアがにわかに部隊を派遣してローマを取り、教皇を追放したので、教皇は拠り所を失って、にわかに勢力を弱めた。近年になってフランスもまた教会を抑圧したので、国の情勢が変わり、天主教会はますます衰えた。条約締結の際、宣教師は国法を遵守しなければならず、違反があれば民衆と同罪とする、と声明しておけば、宣教師たちは悪行をほしいままにできなくなり、わが民衆も紛議を起こすには至らない。アメリカで普及しているヤソ教〔プロテスタント〕は、天主教と根源は同じだが、党派はそれぞれ異なり、わが国に朱子〔朱熹、南宋の学者〕と陸象山〔陸九淵、朱子と同時代の学者〕の学がそれぞれ違っているようなものである。ヤソ教の宗旨は従来から政治に関与せず、この宗派に属する人物の多くは純良であった。中国は諸外国と通商を始めて以来、宣教師殺害事件がたびたび起こったが、ヤソ教信者が一人も事件に関わっていないことは、この宗派が災いを起こしていない証拠である。ヤソ教の趣旨もまた人に善行を勧めることにある。だがわが中国にある周公・孔子の道学はそれよりはるかに優っている。朝鮮はわが国の教えに敬服し、学んで深く感化されており、たとえ不肖の徒がヤソの教えに従うことがあっても、深く感化されることは決してない。だからヤソ教徒に布教を許可しても、害は何もないはずで、このこともまた疑うまでもない。

疑問をもつ者はまたいう。本当にあなたのいわれる通りなら、天下には欧州と疎遠にしてアジアと親和し、もともと礼儀を称賛している米国があり、この国と連合して交わりを結ぶのは、問題ない。ただしイギリス、フランス、ドイツ、イタリアが真似をして次々とやってくる、これにはどう対処したらよいか。

そのことについて、私はこう考える。もしロシアを防ぎたいと思うなら、イギリス、フランス、ドイツ、イタリアの諸国と盟約を結び、たがいに牽制させるのが有利である。それに、朝鮮がたとえ諸国が来航するのを不利だと考えても、その来航を結局禁止することができるだろうか。現在地球には百をもって数える大国・小国があるが、いずれの国も他国に対し関門を閉じて、来航を許さぬわけにもいかない。朝鮮国が今日鎖国をしても、明日は是が非でも開港せねばならず、明日鎖国しても、明後日は是が非でも開港せねばならず、鎖国をして自国を守ることは絶対にできない。万が一不幸にしてロシア軍が来寇し、これに対抗できなければ、おそらく朝鮮は自国のものではなくなるだろう。イギリス、フランス、ドイツ、イタリアの諸国は朝鮮がロシア人に占有されることを望まないので、決起して争い、国土は四分五裂、ほとんど収拾がつかなくなる。以前ポーランド一国をロシア・ドイツ・オーストリアがその国土を分け合った〔ポーランド分割は第一回が一七七二年、第二回が一七九三年、第三回が一七九五年〕。去年のトルコ戦役〔一八七七年～七八年〕ではロシア軍がまだ撤兵しないうちに、諸国がつぎつぎと立ち上がり、それぞれ辺境の地を分割してオーストリア・イギリス・ドイツと占領地を分けあって戦いが終った。朝鮮がもしもそのあとに続くことになれば、私は到底言うに忍びない。そこで、先王先公の霊の加護と群神群社のもたらす福により、天が恵みをもたらす朝鮮だけは決してこのようなことにはならない、といっておこう。しかしイギリス、フランス、ドイツ、イタリアの各国があいついで軍艦を派遣して盟約を迫るならば、戦わなければそれによる混乱に耐えられないし、戦って勝てなければ、ビルマがイギリスの支配を受け、ベトナムがフランスの支配を受けたような事態はしばしば起こりうる。幸いにこのような事態にならなくても、一旦不平等な条約を結ぶと、ありとあらゆる要求や搾取に耐えねばならず、十余年の富国強兵政策を経なければ、条約改正は実現できず、国を維持する方策が見出せない。ロシアの併合を防ぎ、イギリス、フランス、ドイツ、イタリアの強迫を恐れるからこそ、アメリカとの連盟は急がねばならない。米国の使者の来訪を利用して公正な条約について討議すれば、西洋の友邦の例に従って国際法を援用でき、一国による占領を許さず、また諸国の先導となることができる。このことは朝鮮に幸福をもたらし、それがアジアに幸福をもたらすこととなる。こういうことをせずに、なお何を疑うのか。

群疑が氷解して国是が定まれば、中国との親和についてはは少しく旧約定を改め、日本との盟約についてはすみやかに条規(5)を結び、アメリカとの連合については急遽親密な条約を結び、宮廷に上奏して高官を北京に常駐せしめ、また使節を派遣して東京に駐在させ、またワシントンにも使節を派遣して、音信を通ずる。そしてただちに鳳凰庁〔未詳〕に貿易の拡大を奏請し、日本商人の市場拡大を防ぐために、華商をして乗船して釜山・元山津・仁川港の各港に来て通商を行なわしめる。また国民を貿易に習熟させるために長崎・横浜へ赴かせる。さらに奏請して陸海軍に龍旗〔清国の国旗〕を全国の国旗として用いさせ、また学生を京師同文館に派遣して西洋語を学習させ、直隷〔河北省〕軍・淮軍へ赴いて軍事を習わせ、上海制造局で機器製造を学ばせ、福州船政局へ行って造船を学ばせる(6)。日本の造船所、鉄砲製造工場、兵営には全て留学することができ、西洋人の天文・暦法・化学・鉱物学・地学もすべて学ぶことができる。あるいはまた、釜山などの適地に学校を開き西洋人の教員を招いて広く軍備を習得させることもできる。本当にこのようにすることができれば、それが朝鮮富強の基礎となる。

平和なときに平等な条約を結ぶことは、利益となるだろう。中国や日本が西洋諸国と結んだ条約は万国共通の条約ではない。自国の自主権を侵し、国有の利益を奪うもので、欠陥があまりにも多い。このような事態になったのは、もともと外国の事情に疎かったせいだが、武力や情勢に迫られたからでもある。今朝鮮は平和なときに乗じて外国と条約を締結すれば、諸外国は力でこちらをおびやかすことはできない。つまりこういうことだ。ヨーロッパとアジアとでは、風俗も違えば法律も違うので、外国からくる商人をこちらの地方の管轄に属させることは難しい。だから声明を出して、一時的に領事館の管轄の下におき、その都度こちらで適宜解釈し、さらにまた領事の権限を定めておけば、先方には護り符がないので、余計な手出しは敢えてしない。そうすればその他の麻薬の輸入源を絶ち、宣教師の蔓延を防ぐことなど、すべて十分に相談し、制限を明確にすれば、これが国の富強の基礎となる。

通商に関してもまた利益がある。アジアは天地の正帯（7）にあり、物産は甚だ豊富である。中国は唐宗以来市舶司を設けて外国人と通商し、用いられる金銭はすべて外国から輸入した。その数量は数百年来到底数えきれない。近年になって金銭がいささか流出するようになったのは、アヘン吸飲のせいである。日本が通商の被害を受けたのは、服装を変え外国商品を用いるようになったからである。もしも外国アヘンを吸引せず、外国商品を用いないなら、通商はすべて利益があり、実害は何もない。朝鮮という国は貧困だとはいえ、その国土は金銀を産出し、稲麦を産し、牛皮を産し、物産はもともと豊かでないとはいえない。私は去年日本との通商の量を調べてみると、輸入額が六十二万〔両〕、輸出額が六十八万〔両〕だった。もしもたくみに経営をして徐々に拡大すれば、民衆にも利益があろうし、関税収入は国の費用を若干補うことができ、これもまた富強の基礎となる。

国を豊かにするのにもまた利益がある。イギリス三島は石炭を産出するだけ、フランスは葡萄を産出するだけ、ペルーは金銀を産出するだけだが、いずれの国も豊かなことは天下に有名である。その他、インドの絹と茶、キューバの砂糖、日本の綿は、いずれも今は産出するが昔はなかったもので、人力で新たに創業し、ついに巨利を博した。朝鮮はその上土地が肥沃で、物産も豊富であり、国民は聡明で事業にたくみな者が多い。あの極南のオーストラリアや極北のカムチャツカは人跡未踏の地だったが、それでもなお荒蕪の地を開拓して沃土に変えた。いわんや、正帯についてはいうまでもない。もしも西洋の学問に従事し、財貨獲得に尽力し、農業振興に尽力し、労働者の保護に尽力し、従来からあった産物は増殖し、なかったものは外国から移植すれば、将来は富裕な国となることができる。さらにまた、金銀の産出は人々に知られているから、西洋人の鉱山開発法を学んで、各地に鉱山資源を探し求め、見つけしだい発掘を行えば、国土は埋蔵する資源が十分活用され、世間には無職の閑人がいなくなって、もたらす利益はますます無限である。これもまた富強の基礎となる。

軍隊の訓練にもまた有利である。中国の聖人は武断や奇功を尊ばず、誠の心もって国を治め、文華を修め質朴を守って安静を求め、暴力行動や凶器の力をたのんで民間に争いを起こすようなことは望まない。そして他国に武力を頼みとするようなことはさせず、わが国も旧習を守って変わることがなかった。然るに今は強力な隣邦が相ついで迫り、わが国にさまざまな強要をし、侮辱を加えている。船を動かすにも、昔は帆船だったものが、今では汽船に変わり、車を走らせるにも、昔は騾馬や馬に引かせたものが今では鉄道に変わり、郵便を送るにも、昔は駅伝によっていたが今では電線に変わり、武器といえば昔は弓矢だったが、今では鉄砲に変わった。だからもし彼我が矛先を交えれば、彼にあるものが我になく、彼の精巧さに対して我は遅鈍で、戦闘するまでもなく勝敗、利不利がはっきりわかれる。朝鮮が外交を好めば、風気は日増しに開け、見聞も日増しに広がり、甲冑や刀剣は頼むに足らず、帆柱や櫓櫂も役に立たないとわかれば、軍備を強化し新制度を採用し、辺境地域を固めることができ、これもまた富強の基礎となる。

利益をはかることができれば、さらに富強をはかることもできる。国は小さく国民は少数であっても、人と財貨と軍隊があれば、国は自立することができる。かのスイスやベルギーは、諸大国の間に複雑にはさまれているが、それでも国を保つことができる。いわんや朝鮮は昔から著名な都邑であり、たんに一面の敵に相対するのみの国ではない。朝鮮が強国となれば、将来かならず欧・亜の諸大国はこれと同盟してロシアに抵抗するにちがいない。もしもそうならなければ、ロシア軍が遠征するのを坐視し分割され崩壊するにまかせることになる。その禍害は到底いうに耐えない。こういうことわざがある。二つの利益を比較すれば重い方を取り、二種の害を比較すれば、かならず軽い方をとる、と。いわんや利と害のへだたりが大きいのであれば、早く決断すべきではないか。

ああ、朝鮮国は三方海に臨み、昔から天険の地とたたえられている。ただ西北の国土だけがわが国と接し、数千年来、ただ中国あるを知るのみで、皇帝の声霊を仰戴し、その徳化に傾慕してきた。中国の為政の基本は、内を疲弊させて外に事を構えることは望まぬのであり、およそ属国についても、羈縻(8)が絶えることなく、我が王霊に服すことを求めるだけであって、中国に向かって不遜な態度を採りさえしなければ、ことさら兵を損じ矢を費やして威信を保つなどはしない。このようであるから、朝鮮は朝野上下、みな文教を修め礼儀を守り、中国の衣冠礼楽を累世遵守してあやまりがなかった。老子のいう「舟や車があっても乗る必要がなく、武具があっても戦うことがなく、民は老いて死ぬまで他国と往来しない」〔『老子』下篇〕まさしく天下の楽土といえる。たとえていえば、家に慈父がいて、その子は何もせず暮らしているようなもので、これは朝鮮にとってこの上ない幸せである。ところが不幸にして今日になって、天下最強のロシアが突如現れてこれと隣邦となり、しかも航路は四方に開け、守りとなる要害もない。しかし国土が世界の東隅にかたより、民は貧しく土地はやせているので、インドがイギリスに土地をあたえ、ベトナムがフランスに国土を割譲し、南洋のジャワ・

ルソンの諸国がオランダ・スペインに併合されたような事態は免れてきた。かのロシアも国土が西にかたより、諸大国が牽制するので、東方をかえりみるゆとりがなかった。そのため朝鮮は天与の福を代々受け継ぐようにして、今日に至った。今日に至っては、防露策をたてるため、朝鮮一国の力をつくしてロシアを防ぐ策略を急がねばならなくなった。小国はもとより大国に敵対できず、無勢をもって多勢に抵抗できず、弱国をもって強国に対抗できない。しかし幸いなことに親和できる中国があり、同様にロシアの圧迫に苦しんでいながら、朝鮮を力で制することはできない日本とは同盟を結ぶことができる。アメリカはヨーロッパとは疎遠でアジアに親しみ、他国への侵略をにくむので、平和な関係を結ぶことができる。これは前世の箕氏(9)以来今日に及ぶまで、世宗(10)が建国し、群公在天の霊が庇護の手をさしのべているのであり、千載一遇の好機なのである。この好機に乗ずるなら、それは今をおいてほかにない。今から三十年前、中国はアヘン貿易の禁止のために通商中止を議論して、広東に一戦し、さらに南京に一戦した(11)。今日では通商港は十九か所にのぼり、条約を結んでいる国は十四か国に及んでいる。今から二十年前、日本は条約締結をおしつけられて攘夷を志し、馬関〔下関〕に一戦し、さらに鹿児島でもう一戦した〔一八六三年六月の長州藩の下関における米船砲撃と同年八月の薩英戦争〕。今では国のいたる所に西洋人が居り、国を挙げて西洋の流儀を学んでいる。二三十年前の西洋諸国は、船舶もまだ頑丈でなく、兵器もまだ精密でなかったので、イギリス、フランス、アメリカの諸国が要求したことは通商だけだった。だから戦争に敗れ、敗れて和議を結び、締結した条約が利益を損なうことはたしかに多かったが、それでもなお大損害を蒙ることはなかった。ところが今日ではロシア人が貪欲に手を出しているのは、もっぱら国土を拡大しようとするのであり、軍艦や武器の力は以前よりはるかにまさっている〔ロシアは近々樺太州の軍を琿春に移駐し、また長崎で石炭五十万両を購入し琿春に輸送し、さらにまた大型軍艦二十余隻を購入して、太平洋に派遣している〕。然るに、朝鮮が港湾を封鎖とするという、これでは二三十年前の中国・日本と変わらない。計略を変更することを知らねば、戦うしかなく、戦って敗れ、敗れてから平和を求めても得られぬであろう。

ああ、時勢は逼迫し、危機はますます迫り、乗ずべき機会はますます少なくなる。この機を過ごせば、後はわからない。五大州の諸民族は親疎を問わずみな朝鮮の危ういことに気付いているのに、朝鮮自身は身に迫る災いを知ろうともしない。これでは大廈に安居する燕雀が家のくずれるのも知らずに嬉々としてたわむれるのとどこが違うか。知恵のある者だけが機会に乗ずることができ、君子だけがひそやかな兆しを知り、豪傑だけがよく安危に処することができる。望む所は朝鮮に人が現れて急ぎ立ち上がって危機に対処することのみである。急ぎ立って対処するとは、私の策でいえば、中国と親和し、日本と盟約を結び、アメリカと連合して全力で行うのが、上策である。躊躇して決断せず、隠忍して時を費やし、中国と親和しても古いしきたりを守るだけ、日本と盟約を結んでも、新しい約定を実行するだけ、アメリカと連合しても、嵐に流された船を救い開国を求める文書を受け取るだけで、激変を求めず、争いを起こさないことだけを求めるのは、下策である。互いに騙しあって自ら力を弱め、自分から畏縮して守りを固くし、外国人を野蛮だとしりぞけて相手にせず、事変が起こってから卑屈にことを丸くおさめようとし、あわてふためいて処置を誤るならば、これこそ無策というべきである。

朝鮮は建国以来千数百年になる、どうして利害を心得ている者がなく、無策に甘んずるなどということがあろうか。はかりごとを決するのは国主の仕事であり、はかりごとを補佐するのは枢密院の役割であり、時事を研究して異議のないようにするのが廷臣の任務であり、旧習を打破して浅識なものを教え導くのは士大夫のなすべきことであり、発奮して心を一つにし、力を合わせるのは国民のなすべきことである。国がすべて道に適えば強力となるが、道に適わなければ滅亡する。その変化にどう対応するかに朝鮮の国家の命運がかかっており、アジアの大勢がかかっているのだ。

忠言は耳に逆らうが、行えば有効である。良薬は口に苦いが、病気には効く。ことさらおそろしいことをいって人を恐れさせるようなことなどはしない。私はあなた方のためにこの策略をたてるのは、心に忍びがたいが、しかし時勢に迫られて、このようにせざるをえなかった。厚かましくもあなた方に代って計略を立て、忠告によって怒りを招くことを憚らなかった。もしも私の述べた策略が実行に移され、これを知恵と勇気を出して助け、忠実と信義をもって持続し、時勢の変化に自在に適応し、課題に即応して行えば、下は民衆を信服させ、国内では民政を整えられよう。これはまた海内すべての人々の慶びでもあるが、この策略で全てを尽くすことはできない。

（伊東昭雄訳）

［注］

（1）ロシア帝国の領土は一八六七年、アラスカをアメリカ合衆国に売却するまでは、ヨーロッパ、アジア、北米の三州にまたがっていた。「朝鮮策略」の書かれた一八八〇年はアラスカ売却の後であるから、ロシア帝国の版図は正確には二州である。

（2）一八七五年に日本が江華島事件を起こした時、西郷隆盛はすでに明治六年政変——「征韓論政変」と呼ぶ人もある——によって、すでに明治政府参議をやめ、西郷は鹿児島に帰っており、この事件をひき起こした当事者は大久保利通であった。西郷はこの大久保の採った外交政策を批判している。黄遵憲の理解は事実と違っている。

（3）春秋・戦国時代の楚の国の都で、戦国時代末期、秦がここを攻めて中国統一を実現しようとして、ねらっていた。

（4）江戸時代に日本の対馬藩と朝鮮王朝との外交交渉と貿易を目的に、朝鮮側と対馬藩との協力により、一八六七年（延宝六年・粛宗四年・康煕一七年）に完成した。これは「新倭館」と呼ばれ、それ以前には十五世紀前半に数か所置かれていた「旧倭館」があった。豊臣秀吉の二度にわたる朝鮮出兵（文禄・慶長の役）によって「旧倭館」は一旦閉鎖されたが、戦後朝鮮王朝と対馬藩の間で約定が取り交わされて交流が再開され、貿易も少しずつ始められた。しかし日本人が滞在できるのは釜山のみで、都へ行くことはきびしく禁じられた。一六〇七年（慶長十二年・宣祖四十年・万暦三十五年）、第一回通信使が釜山を経て来日し、日朝両国の講和が成立した。その後対馬藩側の要求により、新たに草梁倭館が設立され、若干の紆余曲折を経ながらも、対馬・朝鮮王朝間の交流・貿易や朝鮮通信使の日本派遣に重要な役割を果たした。鎖国体制化にあって、日本人が海外に滞在、活動することができた稀な例に属する。

（5）ここで「条約」ということばを使っていないのは、欧米諸国との条約と区別しているのかもしれない。

（6）京師同文館は一八六二年、総理衙門の提議により設立された外国語教育の官立学校で、外国語に堪能な外交官・翻訳官などを養成することを目的とした。准軍は李鴻章配下の安徽省の軍隊。上海制造局は、曾国藩と李鴻章が上海に設立した軍事工場。福州船政局は左宗棠が福州に設立した軍艦製造工場である。

（7）不詳。聖人の道が正しく行われている所、という意味か。あるいは温帯の意味か。

（8）中華王朝の他民族居住地域に対する支配の形態で、その地域の王侯を通じて支配する。元来は家畜などをつなぎとめること。

（9）中国・殷の賢者で、周の武王が殷を滅ぼすと箕氏を朝鮮に封じ、箕氏は朝鮮開国の祖となったといわれるが、異説もあり、伝説的人物である。

（10）朝鮮王朝第四代国王で、在位は一四一八～五〇年。名君の誉れが高く、朝鮮王朝の基礎を固めた。一四四六年、「訓民正音」を公布し、ハングルを制定したことで有名である。

（11）アヘン戦争当時、欽差大臣として広州に派遣された林則徐がアヘン貿易根絶のためにイギリス商人のアヘンを没収・廃棄し、アヘン持ち込みを禁止させようとした事件と、アヘン戦争末期の一八四二年イギリス軍艦が長江をさかのぼって南京を攻撃しようとした事件を指す。

〔資料25〕 張佩綸の東征論

〔解題〕 ここに採り上げる資料は「翰林院侍講張佩綸奏請密定東征之策以靖藩服摺」（光緒八年（一八八二）八月十六日、故宮博物院編『清光緒朝中日交渉史料』より）。この上奏文は一八八二年に朝鮮のソウルで起こった壬午事変が、清朝の主導のもとに鎮圧された後、中国国内で盛んとなった東征論＝対日強硬論の一つである。

張佩綸（一八四八〜一九〇三）は河北省豊潤県の出身。一八七一年に進士に合格、翰林院編修から侍講となる。清朝末期の内外の危機に対し度々上奏して対外強硬論を展開し、清流党の領袖と目された。李鴻章と関係が深く、その女婿となったが、対外政策では両者はたびたび衝突した。ちなみに張佩綸のこの上奏に対する見解を求められた李鴻章は、趣旨には賛同を示しながらも、準備不足を理由に遷延策を上奏している。訳出にあたっては、王芸生著『六十年来中国与日本』の日本語訳（『日支外交六十年史』）を借用した。

奏す。密かに東征の策を定め、藩望を靖んじ、国威を張らん事を請い、恭しく摺を具して聖鑑を祈る。

臣惟えらく、道咸以来天下に四大患あり。広東、捻匪、回々教徒、外交是れなり。皇太后両次朝廷に臨んで三患を削平し、目下中国の患は独り外交あるのみ。而も東洋の患は更に西洋より切迫せり。思うに天其毒を厚うして以て其亡を速ならしめんとし、我皇太后、皇上の之を征討して兵を海外に称し、以て高宗十全の列を継がむ事を欲するなり。

日本は改法以来人民其の上を悪み、始は則ち封建に復さんと欲し、次には則ち民政に改めんと欲せり。薩長二藩権を争うて相傾き、国債山積し紙を以て幣と為す。常に労役を興して物価騰貴し衆怨沸騰せり。兵制は西洋に倣うて略々外形を得たりと雖も、外に良将無く内に謀臣無し。其戦艦に至っては則ち扶桑の一艦を長となすも、固より鉄木共に朽ち風濤に堪えず余は皆小砲小艦のみ。朝鮮の役には会社の商船を借りて之を補助せり。蓋し清国の定遠鋼鉄艦、超勇、揚威両快速艦の比に非ざるなり。

其兵数は則ち陸軍四五万人、海軍三四千人にして猶且欠員多し、最近游惰の徒を募集して軍隊に充当せるも、未だ戦陣を経ざれば大半は怯懦となり、清国の淮湘各軍に比し遙に劣れり。

夫れ貧少傾危の国勢斯の如く、到底久しく保ち難し。然も且徳を度らず力を量らず、専意上国を侮慢して我旧封を蚕食し、海路の険を恃んで我れ必ず戦う能わずと謂う。久しく琉球の地に盤踞して還さず、朝鮮の禍は蕭牆に起り殃賓館に及べるも、清国為めに乱党を逮捕措置したれば、既に以て日本を謝絶するに足る。然るに彼は琉球の故智に狃れ、朝鮮は初より我属に非ずと謂い、之を脅迫して条約を締結し、軍費五十万元を要求して台湾の数と相《あい》準《ひとし》からしめ、以て清国を恥しめたり。我は義を以て始り彼は利を以て終る。貪婪厭く無く軍を以て相持す。即ち琉球朝鮮は我藩服に非ずとし、日本は迫りて其の土地を争い猶起って之を図らんとす。

而らば即ち今日の事は二国の為めを以て名と為し、以て東人の疲弊に乗ずるものなれば、豈に後日の再計を待って決せんや。且臣も亦未だ敢て急遽として日本を征伐せよと謂うに非ず。以為えらく、先ず南北洋大臣は水師を選練し、広く戦艦を作って以て勢力を雄厚にすべく、台湾は日本の要衝にして、山東は天津の門戸なれば、両省の地方官吏は宜しく精兵を治め戦艦を蓄え、以て南北洋相提携し、同時に知兵の臣の簡任を請うて其謀を輔くべし。而る後琉球事件を問責して以て帰曲の地と為し、朝鮮条約を駁正して以て激怒の端と為し、軍を分ちて巡海以て之に擬し、関を閉じ貿易を断って之を苦しめ、公使を召還して以て之を窮せしめば、日本は猜懼して必ず防備を増し、必ずや国費を消耗せん。我水師は南北各省を集中して其軍を三分し、朝鮮の精鋭と交番に一隊ずつ派遣し、手薄の処あれば救援することとせば、我には何等弱点無くして、日本は奈何とも為難し。而して其の衰頽するに及んで大撃して之に乗ぜば、一戦して決定すべし。清国は外交の処理に当り常に方針定らず任務専らならざるの患あり。応に朝廷に請い賢臣に垂問して密に大計を定め、同時に大臣を簡任して専ら東征の事を嘱すべし。李鴻章・左宗棠は均れも宿将にして、広東、捻匪、回匪の三役に勲功卓然たり。該大臣等に命令し、彭玉麟及び沿海各督撫と会同し、速に水陸各軍を訓練し、軍艦を増購し、将領を慎選し、以て近く日本を規すの準備をなすべし。日本は西洋の援助を求むるに非れば、清国と相争う能わず。清国の対外締約は先に在りて信義已に宜し、遠交近攻の策を以てせば、泰西各国も亦陰に彼を援助する者無からん。我有力にして彼無援なれば之を破るや必せり。此に先んじて図らずば、日本軍四出して強勢となり、日商は四通して国富となるべし。清国若し優柔不断にして坐視して軍備を修めずむば、数年の中は暫く無事を以て福となさむも、他日我勲旧益々衰へ彼の勢燄益々熾烈となり、蕞爾たる日本も遂に清国の巨患と為らん。何ぞ西洋を論ぜんや。臣日本が必ず朝鮮を危うすべき事と、清国は正に日本を規すべき事とを、今春正月曾て之を極言せり。事機已に切迫す。敢て開陳せざるを得んや。伏して皇太后、皇上の聖鑒施行を祈る。謹んで奏す。

［資料26］駐日公使徐承祖より李鴻章への書簡

［解題］この書簡は、甲申事変に関して駐日公使徐承祖から李鴻章に宛てられたもの。甲申事変とは一八八四年に朝鮮王国で起きた政変。一八八二年の壬午軍乱以来、日本は朝鮮半島で清朝に押され気味であった。このため朝鮮王国の改革を急ぐ急進開化派（独立党）と日本公使館の竹添公使たちは公使館警護の日本軍と民間人によってクーデタを起こし、急進開化派による親日政権の樹立を目指したが、保守派と清朝の反撃によって失敗。日本勢力と急進開化派は半島から一掃された。この後始末のため天津で伊藤博文と李鴻章が会談し、天津条約が結ばれて日清は共に朝鮮半島から撤兵した。

徐承祖は江蘇省六合県の出身。駐米公使陳蘭彬の推薦により一八七七年から八一年までアメリカ駐在を経験、一八八四年から八八年まで駐日公使、その間、甲申事変、長崎事件などの交渉にあたる。また、日本に残る漢籍の蒐集にも意を注いだといわれる。

訳出にあたっては、王芸生編著『六十年来中国与日本』の日本語訳（『日支外交六十年史』）から借用。

拝啓。陳者去臘十一日附曾肅第三号書函、並に附属書類井上馨との問答鈔録、同日附第四号、附木質官印一個、及び咨文二通は已に各御受領の事と拝察致候。

日本に於ては井上馨の朝鮮より帰来して以来、日清衝突に対し紛々たる論争有之、文官多く平和論にして武官は主戦論を唱え居り候。而して該国の当路者は深く竹添の処置不穏当なりとし、自国現在の情況が到底我国との開戦に堪えざることを知れるも、惟々物議沸騰して、正に我国乗ずべきの機なるが如く好機逸すべからずとするもの有之たる処、陽暦二月一日文武の要路、名を清遊に藉って田舎に赴き相会議し、漸く十日に到って始て平和論に決せる模様に有之候。

如何なる議論なりしやは事機密に属して探知し難きも、聞く処に拠れば、中に主戦論を反駁して「清国は乗ずべき危機にありと雖も、若し我国が戦を開かば、清国は仏国と和して専ら日本に向うやも知れず、其時は如何処置する考なりや」と説く者あり、之には主戦論者も一言も無かりし由にて、仍ち平和論者は、既に清国と永久の和好を望むとせば、必ず先ず各未決懸案を解決すべく、而して初めて穏固なるを得べしと云い、茲に伊藤博文の派遣を見る事となれるが、此人は元来深く日清の大局が東洋強弱の関鍵に係る所以を知れる者にして、日本朝廷は能く其主義を知って此重任を彼に授けたるものなるが、一方又武辨の心を圧え難きを恐れて西郷従道を同道せしめたる次第に候。此人は日本の陸軍中将にて、口には機有らば失すべからずと云うも、心中は即ち和平主義者にして、此れ日本朝廷の使節派遣に慎重なりし真相なるが如くに御坐候。

十三日伊藤に答礼会見したる所、彼は懇々として其平素抱懐する所の日清両国平和提携の主義を述べ、今回大命を拝するに当っても決して其初志を失わざる旨を、前以て貴堂に進達して予め疑念を解き、其蒭蕘の言を聴いて日清両国をして一家の如くならしめ、西洋人をして敢て軽視せしめざるに至らば、始めて其素願を達し得べしと説き、又例えば去年京城に於ける彼我兵争の如きは事小なりと雖も、然も若し今後とも彼我仍お駐兵を続くる時は、将来必ずや事端を発し、之が為に両国干戈に訴るが如き事あらば甚だ面白からず、且つは露国に漁夫の利を収めしむるの恐れあるを以て、今次取急ぎ議せんとするものは蓋し此点を防がんとするに在りと述べ、更に又彼は数年前英露両国に於て、曾劼翁と会談数次に及び、彼我胸襟を披瀝して東西各国の情勢を痛論し、琉球問題にも言及して、双方の意見甚だ合致せりと称し、尚彼も未だ両国の成案は無之も、祇だ日清両国連結して一気となり以て、東洋の強盛を致さんことを冀うのみと申居候。

余が此両月間に会晤せる人々の評論に依るも、皆彼が我国との和好主義者なる事を申居候。惟だ昨日、日本の官報を閲するに、日本皇帝は四月福岡県に赴いて広島・熊本両鎮台兵士の調練を校閲せらるる旨の勅諭有之、余其内意を察するに、蓋し今回使節を我国に派して論議せしむるも其成否は本より予測すべからず、然るに現在故無くして兵を動かす時は我国の探知せんことを恐れ、殊更此詔諭に託して両鎮台の兵を集め、若し会議の結果が平和に終る時は即ち単なる検閲に止り、然らざる時は即時出兵に便ならしむる為かと被存候。

尚又探聞する処に依れば陸海両軍及び各処の軍器・造兵廠甚だ繁忙なる由、日本人の性質は甚だ狡猾にして挙動軽躁なれば、我国も亦予め之に備うる事肝要かと被存、以上の各節御報告申上候。敬具。正月十五日。徐承祖

［資料27］天津条約締結を報告する李鴻章の上奏

［解題］李鴻章のこの上奏文は、一八八五年に天津に於いて、李鴻章と伊藤博文との間で結ばれた天津条約の締結を報告したもの。この条約は前年にソウルで日清の軍が衝突した甲申政変の後始末のために結ばれたもので、日清両国は朝鮮から撤兵すること、以後朝鮮半島へ出兵する場合は互いに事前に行文知照することが定められた。これが後の日清戦争の引き金となったとする見方がある。

原文は『李鴻章全集』奏稿巻五十三「日本議立専条摺」。採録に当たっては王芸生『六十年来中国与日本』の日本語訳（『日支外交六十年史』）のものを借用したが、一部表記を改めた。なお、李鴻章と伊藤博文との交渉過程は同書にかなり詳細に紹介されている。

奏して、旨を遵し日本使臣と事務を商議し現に已に専条を訂立して調印を交換し、恭く摺を具して馳陳し聖鑑を仰祈する事の為にす。

竊かに臣は光緒十一年正月二十五日寄諭を欽奉するに、「日本使臣は計るに将に着津せんとす、李鴻章は中外交渉の情形を熟悉し必ず能く妥籌すれば、因応して全権大臣と為し該督辦を命じ日本使節と天津に於て事務を商議せしむ。呉大澂は前に朝鮮派遣の査辦員たるを以て会同商議せしむ。此次朝鮮乱党事件に付き提督呉兆有等の処置は全く正当なり、前に徐承祖の電報に拠れば、日本人は我に我在朝武弁を懲弁せしめんと欲する趣なるも、断じて曲げて其請に徇う能はず、李鴻章等をして法を設けて堅拒せしめ、其余の各節の商議は、該大臣等務めて当に妥《やすらか》に籌劃し機宜を斟酌して之と弁論し随時旨を請ひて遵行すべし」等の趣此に欽承す。聖訓の精詳にして機要を指授するを仰見し感佩名ずる莫し。

日使伊藤博文、着津怱々入京し旋で天津へ来り、二月十八日臣の行館に詣り会議す。呉大澂・續昌を邀同して之と接晤せるに該使臣は三事を要求せり。一、華軍の撤回。二、統将の処罰。三、難民の償卹。二十、二十二、二十五等の日に会晤するも復此三事を以て呶々して休まず。臣畳次理に拠りて力争し往復駁詰せり、所有の連日の問答説略は均しく総理衙門へ鈔送し、転奏して記録にあり。臣は三事を雑ふる中に、唯撤兵の一条は尚酌量允許すべしと為す。我軍は海を隔てて遠く将士を役し苦累異常なれば本より久計に非ず。朝鮮は通商以後各国の官商王城に畢集し口舌滋多なり。又日軍と逼処し、帯兵官の剛柔に操縦するも恐らくは一々は宜に合し難く最も事を生じ易し。本より朝鮮之乱の略定を俟って撤回を奏請せんと擬したり。而して日兵の漢城に駐紮するは、名は使館護衛なるも実は則はち鼾睡臥榻、蟠踞把持して用心殊に測り難し。今其の来請に乗じ正に此機会を捉へて彼をして撤兵せしめ以て其併呑の計を杜《ふさ》ぐべし。但し日本は久しく朝鮮を認めて自主之国と為し中国の干預を欲せず。其注意する所は暫時の撤防に在らずして永遠の廃駐に在り。若し彼此永く派兵駐屯せずとせば、無事の時は固より相安んずべきも、万一日本人が朝鮮を使嗾し中国に叛かしむ、或は朝鮮人の内乱、或は露国境より土地侵奪の事あるも、中国は即ち復過問する能はず。此れ又深思熟慮せざる可らざる処なり。

伊藤は二十七日に自ら五か条を擬し臣の閲看に給せるが、第一条に嗣後両国は均しく朝鮮国内に兵を派し営を設くるを得ずと声明せり。乃ち該使臣著重の項にして其余は大なる関係無し。臣は其第二条内に、若し他国が朝鮮と戦争する如き事有るは或は朝鮮に反乱等の事ある時は、前条の例に在らずと添註せるも、伊使は反乱の一語に於いて堅持して認めず、遂に各々悦ばずして散じたり。旋《つい》で三月初一日電旨を奉ずるに、「撤兵は允す可きも、永く派兵せざるは不可なり、万止むを得ざれば或は第二条内無関係句の下に、両国は朝鮮の重大事変有るに遭へば各々派兵し互相に知照すべし、等の語を添叙せば尚行う可きに属す。兵士教練の一節に至りては、亦須く両国均しく員を派せずと定言するを要と為す」等の趣、此を欽承す。聖謨深遠にして漸を杜ぎ微を防ぐこと、正に臣等の愚慮と吻合せり。臣また旨意に恪遵して伊藤と再四磋磨し始めて前五条を改めて三条と為せり。第一条は両国撤兵の日期を議定し、第二条は中日均しく在朝教練を派員する勿らしめ、第三条は朝鮮に若し変乱等重大事件あり両国或は一国が出兵を要する時は先ず互いに行文知照すべし、となせり。字句を斟酌すること再三再四にして始めて議を定めたり。

夫れ朝廷は東藩を眷念し、日人が軍を潜めて朝鮮を襲うこと疾雷の耳を掩ふに及ばざるを慮り、故に出費労師を惜まず疆を超へて遠戍せり。今や既に先に互いに知照の約あり。若し将来日本が兵を用ふれば我も随時備へを為すを得る。即ち西国朝鮮の土地を侵奪せば、我は亦派兵を会商し互相に援助すべし。此皆中国字小（小邦を慈しむ）之体に碍無く、而も朝鮮の大局に益有るものなり。

統将処罰、難民償卹の二節に至りては、一は情理に非ず、一は証拠無し、本より之を置いて処理せずして可なるも、唯当時日兵は我軍の為に撃破されて傷亡頗る多く、国旗既に辱められ軍威亦損せり。聞くに日本の薩長諸党深く此事を以て恥と為し、群情洶々斉しく公憤を動かし報復を図らんと欲す。伊藤が、この二節の辨法を定めざれば以て君命に復する無く、更に以て衆憤を息むる無しと謂ふも、亦実情に係る。然れども我軍の属藩を保護するは名正しく言順にして、誠に聖諭の如く該提督等の処置は決して不当に非ず、断じて曲げて其情に徇う能はず、且つ明詔煌々として全く処罰の理無し。因て駐朝の慶軍は臣の部曲に係るに念じて姑く臣由り行文戒飭し、以て己の意より出でたるものにして国家と関わり無きを明らかにせり。譬へば子弟の人と争闘し其父兄出でて調停するは固より是れ常情なり。

伊藤所呈の各口供に華兵が日民を殺掠せりと謂うの情実に

至っては、呉大澂等朝鮮に在りし時、毫も見聞する無し。臣も亦未だ他人の言及するを聞かず。彼族が詞に藉りて頼を図るに非ざるを保し難し。但し該国既に口供を取る有れば正に此に就て追査すべし。若し実に某営の某兵街に出で騒擾せること確かに見証あると査明せば、必ず軍法に照して厳弁し以て無私を示すべきも、絶えて賠償の議すべき無き也。以上両節は即ち臣由り伊藤に照会し、局面を転じて解決を得せしめ、伊藤も亦翕服して異詞無し。旋で初三日の電旨を奉ずるに、「所定の三条は即ち照辦せしめ、余は議に依れ」と、此を欽承す。遂に四日申刻彼此斉しく公所に集り、訂立せる専条を逐細校合して公同署名調印し、各々一本を執って拠と為せり。並に別に照会を伊藤に交付して執を収む。該使臣は即ち本月五日に起程回国せり。謹で約本を軍機処に封送し御覧に進呈して批准を恭候す。其照会底稿は已に総理衙門に鈔致して査照転奏せり。

竊に惟うに去冬十月朝鮮の変は、竹添が乱党を陰助せるも、而も朝王も亦開門揖盗の譏を免れ難し。日兵先に難端を発せるも、而も華軍も亦投鼠忌器の義に乖く有り。日本は最も小利を貪る。同治十三年台湾生番の役に卹銀を優給し略寛大を示せり。此次中仏係争の機に乗じ、朝鮮兵争の事を借りて尋隙して来り漁人の利を収むを冀う、其願望未だ嘗て奢らざるなし。駐日使臣徐承祖の函に称す、該国王広島熊本両鎮の兵を調集し戦事に予備せりと。伊藤の来華には水陸将弁多数を随帯し、沿途の虚実を偵察せり。朝鮮の君臣は日使の北来するを聞きて挙国震恐す。臣等方に事機決裂せば重ねて君父の憂を貽すを慮れり。茲に幸ひ仏夷順に効い、日人亦範囲に就く、臣等廟謨を稟承して反復折衝し倖に隕越を免れたり。以後は彼此約に照して撤兵し永く争端を息め、朝鮮をして軍を整え武を経し徐に自固の謀を為さしめ、並に中日両国和好の誼を傷くる無ければ、全局に裨益有るに庶し。

凡そ旨に遵ひ会議し専条を訂立し調印して竣事したる各縁由は、謹で都察院左副都御史臣呉大澂・両淮塩運使臣續昌と会同し恭摺して駅馳に由り奏し、伏して皇太后、皇上の聖鑑訓示を乞う。

更に臣續昌は即日に回京復命するを擬す、合せて声明し、謹で奏す。

[資料28] 伊藤は治国之才を有すを密陳す　李鴻章

[解題] この文は李鴻章が伊藤博文を評価したもので、光緒十一年（一八八五）三月五日に総理衙門へ宛てて出された。文中に伊藤・榎本・西郷の名が見える。李鴻章の上奏によれば、この日伊藤博文は天津での交渉を終え帰国の途についている。このとき伊藤博文は参議兼宮内卿、榎本武揚は当時駐北京公使であった。二人に対する李鴻章の評価は好意的である。李鴻章・伊藤博文の両者は十年後に下関の春帆楼で再び交渉の席に就くことになる。

原文は『李鴻章全集』訳署函稿巻十七「密陳伊藤有治国之才」。採録に当たっては王芸生『六十年来中国与日本』の日本語訳のものを借用したが、一部に改訳をほどこした。最後にある「対仏交渉云々」は、ベトナムでの戦いをめぐる清仏間の交渉で、この時期パリで停戦草案への双方の署名が行われたことをさす。

日使伊藤と専条を議定し初四日会同調印せるは、既に初三日の書簡に於いて陳明し並に先に電報し、更に別摺にて覆奏しおけり。この日調印の後、伊藤、榎本〔武揚〕、西郷〔従道〕及び随員みな集まりて談讌交歓せり。

伊藤謂う、彼此批准を奉ずるの後は、均しく両国駐京公使由り転達せしむべし。該国は一たび准信を得れば直ちに員を朝鮮に派して軍を撤回せしめ一兵をも彼の地に留めず、亦四か月に至るを待たずして決行す、と。

鴻章は、我軍は朝鮮に駐すること較久しく一度も交替を行わず且つ朝鮮兵教練の後任無きの故に、漸を逐うて整理調治し順次に撤回を行うも、断じて四か月の限りを超えず、と告げたり。

該使は久しく欧米各地を歴遊して極力模倣し、実に治国の才有り、専ら意を通商、善隣、富民、強兵の諸政に注ぎ、戦争を軽言し小邦を併呑するを欲せず。大約十年内外にして日本の富強は必ず見る可きもの有らん。此れ中土の遠患にして目前の近憂には非ざるも、願わくば当軸諸公の早急に留意せられんこと是幸なり。

伊藤も亦陰に竹添を以て非と為し、回国後直ちに別に適任者を派して駐朝鮮公使に充てんと謂えり。是已に召還の意を寓す、再び力争の要なかる可し。

榎本は始め頗る梗議せるも、其後の対仏交渉の妥結、鄙論の堅持を見るや、居中調停して速決を図りて野生の故態に復す無し。近く上京晋謁の時は務めて温語慰撫し、今後益々感奮効命せしめられんことを望む。

第6節　日本の改革への注目

［資料22］環游地球新録（抄）

李圭

［解題］李圭（一八四二〜一九〇三）、字は小池、江蘇省江寧（今の南京）の人。南京城から約二十五キロほどの楽豊郷夏荘の古くからの富裕な大族に生まれた。一八五三年太平軍が南京を占領、天京と改めて首都とし、六四年まで占領した。彼は三十二か月にわたって太平軍にとどめられ、その〝写字先生〟とされ、一八六二年七月、やっと杭州から上海に逃れた。その体験を記した『思痛記』は、かつて日本でも訳され、太平軍の暴虐を記したものとして有名だった。しかし清代には公表され得なかったが、これには、真の太平軍将兵は慈悲深く、残酷なのはもとの官軍兵士やゴロツキ、流民で投じた者だと、事実に即して書かれている。事実を尊重する書き手だったことがよく示されている。その後彼は常勝軍内で文献処理の仕事をし、西洋人と知り合い、寧波の海関で文書を担当し、より深く外国事情を理解した。彼は生涯官界と無縁な〝布衣〟（平民）だったが、一八七六年アメリカ独立百周年を記念してフィラデルフィアで開かれた万国博覧会に参加した時の記録、すなわち本書に一部を収めた『環游地球新録』は李鴻章を感心させ、彼はこれに序文を付し、資金を与えて三千部を発行させ、新知識を求めている人々に講読を勧めた。ここにはその「巻一　美会紀略」の「三　各物総院」と、もっぱら日本について日記体で記した「巻四　東行日記」の「二十七　上海より横浜に至る」を訳載した。これらには、李圭の中国と日本の現状についての考え方がよく示されている（詳細は、鍾叔河「李圭的環游地球」、鍾叔河主編『走向世界叢書』岳麓書社、一九八五年、参照）。

なお、ここに収めた文章は、同上書所収の陳尚凰・任光亮・鍾叔河・喩岳衡校点のものを使用した。

一、「巻一　美会紀略」〈三　各物総院〉

（一八七六年、アメリカ独立百周年記念フィラデルフィア万国博覧会の展示について）

各国の物産展示の場所について言うと、まん中を縦横に走る二本の大道が中枢となっている。南門を入ってこの中枢に至る東側はすべてアメリカが占めている。西側はドイツ、オーストリアの二国の場所が最も広く、日本がこれにつづき、スペイン、デンマーク、ポルトガル、エジプト、トルコ、ハワイ、中国、チリ、ペルーがこれにつづく。北門を入ってまん中の道までの東側のはじめの場所はフランスが最も広い土地を占め、スイス、ベルギー、ブラジル、オランダ、メキシコがこれにつづき、残りの約四分の一は、これまたアメリカで、西側はイギリスが最大で、約十分の一を占め、ドイツがこれにつづき、スウェーデン、ノルウェー、イタリアがこれにつづく。

参観者は各国人がみなおり、男女相い半ばし、一日数万人を数える。肩や踵が触れ合うほど混みあっている。その中で服装が非常に他とちがうのは中国人以外ではトルコ人だけで、他はみな同じだ。この中に入ると、まるで五都の市場に入ったようで、あらゆる貴重品がならべられていて、びっくり仰天する。加えてこの中では華人は非常に少数であり、また洋人が見慣れている華人は皆な短いズボンをはいた労働者風の者ばかりであるため、衣冠が整い、動作が上品な者には、これまで会ったことがなかった。それで皆な会いに来て、ひと言でもことばを交わせれば幸いとしている。口々にほめことばを述べ、鄭重に礼を尽くしてくれる。そのためどこに行っても、多くの人に囲まれて抜け出せないありさまだった。この場での経験は、ことばに表わそうとしても、意をつくせない。

元来、西洋人が天下の古今の物を一か所に集めて展示する意図はうるわしく、心は善良だ。思うに格致の学〔科学技術〕を天下に推し広めて、人々にこれに向って努力させようとするものだ。これは、秘密にしておいて利益を独占しようとする者の、とうてい及び難い所である。だからこれを捜し求め、もってくる困難や、訪ねて行って告げる煩わしさを憚らず、孜々として、倦まず飽かず努めて、天下に周知させ、みなに努力させようとする。私には、残るくまなく明らかにすることはできないが、及ぶかぎりのことについて、見識の狭さも憚らず、努めて以下に述べていくこととする。

中国が展示した物は計七百二十箱、価格にして約二十万両である。展示の場所は日本よりも狭く、甚だ不足している。これはこの会が与えた場所が不均等だったからではない。思うに、我が国がもともと僅か八千平方尺と定めてしまったからで、初めはこれほど多くの物が集まるとは思っていなかったのだ。展示場所は建物の西門内にあり、左がチリとペルー、右が日本、エジプト、トルコ、向う側がイタリア、ノルウェー、スウェーデンなどの国である。北側に木製の大きなアーチを建て、上面に〝大清国〟の三字を大書してある。〝物華天宝〟という横額がある。対聯は、〝集十八省大観、天工可奪；慶一百年盛会、友誼斯敦〟という。これは徳君〔総税務司R・ハート〕が私に書くように頼んできたものだ。両側には東西の轅門を建て、上に黄地青龍旗を差し、官庁の建物と同じ様式で、非常に厳粛である。……

〔中略〕

物件はすべて華式〔中国風〕にしたがって、もっぱら手工で製作されたもので、機械の力を借りたものは一つもない。物を陳列する木の枠、開き戸式のテーブル、および椅子のクッション、執務室の施設に至るまで外国様式のものは一つもなく、すべて他国の参観者が見たことのないものばかりだ。その美を賛嘆しない者はいなかった。且つ、華人の知力は鋭敏で、西洋人にまさっていると言う人さえいた。

南門外の平屋には、各省産の生糸、茶、六穀〔稲、モチキビ、キビ、アワ、麦、マコモの実〕、薬材が陳列されており、すべて海関を経て総院〔博覧会の本部〕がここにならべたものだ。薬材は七百種を下らず、生糸、茶も各種みな揃っている。西洋人は、中国は本会の趣旨をよく心得ていると言い、他の物で交易したいと言っていた。思うに、みな有用の品で識見を加え、実得を得ることができ、ただ耳目を悦ばすだけの遊びではないという。

〔中略〕

各国が博覧会を開くのは、友誼を示し、人材を増やそうとするためで、重点はとくに貿易拡大の四字にある。しかし我が華人の多くは、貿易拡大を無益とみなしており、また外国に行く華人も非常に少ないため、博覧会が理に合致していることを知らない。この利益がなければ、知力精密で、知識を使いこなす西洋人が、どうして莫大な有用の資金を使って無益なことをすることなど、あり得ようか。思うに我が華人は、西洋人がこういう会を開く意図がどこにあるのか、よく考えて、すみやかにこれを図り、上は国を裕かにし、下は民を利することをなすべきだ。そうでなければ、今回のこの会への参加は無駄になってしまうだろう。

日本の物産展示の場所は、中国の倍も広く、位置もきちんとしている。物を納めているケースもすべて西洋式にならい、器物もしばしば西洋の方法で製造している。まん中のあいた所に水道管を置き、上に銅の台を起して水を流し、四周には盆栽を配置して、頗る見るべきものがある。梁に金漆の額をかけて〝帝国日本〟の四字を大書し、遍く白地紅心旗〔日の丸〕を挿している。執務室は西端にあり、会務を管理する官吏などはみなヨーロッパ式の服装で、時には家族〔家族も洋服である〕を連れてきている。もし髪が黒く顔色が黄色でなかったら、東洋人か西洋人か区別できない。会務を管理する官は名を塞哥〔saige、サカ?〕といい、職は将軍で、かつて中国に来たことがある。

物では銅器と漆器が最も美しい。瓶と爐みな青黒色で、金と銀で山水、人物、草木を象嵌し、極めて精密である。海神像は高さ二尺余り、価格は三千五百円である。瓶の高さは僅か二尺だが値段は二千円で、すでに西洋人が買い取った。黒漆の木器で金で描き象牙を象嵌した博古架は、高さと幅がそれぞれ三尺余り、常ならず精巧で、値段は五千円。長さ八、九寸、幅二寸のふた付きの小箱は、二百年前の物というが全く傷がなく、ガラスのケースに骨董として並べられ、二百五十円である。また、大きな一対の磁器の瓶があり、高さ約六尺、円筒形で、外側の絵は美しいが、中国製の堅牢・精緻さには及ばず、値段も二千円である。象牙の器の彫刻は余り良くないが、象嵌された金は精巧だ。景泰の七宝をまねた器は質が薄く軽くて、中国製におとる。そのほかに、書画、絹布、藤や竹、木製の器もみな出品されている。一幅の山水画を見たが、画面には気魄がこもり、〝乱峰影落夕陽斜、小板橋欹小石涯、鴨脚才黄烏柏赤、秋光偏属一山家〟という題句が記されていた。東京柳圃寧写という落款があった。

実用品の中では、印刷用の活字板が非常によくできており、みな日本人が西洋のやり方にならって自ら作り出したものだ。また、いくつかの機械のひな形も、極めて精巧であった。思うに西洋のやり方を推し進めて、大いに出藍の面目がある。南側の窓の下はみな五金〔金属類〕、鉱石、石炭類で、数十種、数百塊を下らず、考察をつくしている。陶磁器は肥前地方の産品が最良である。銅、漆、象牙の器の大半は東京で製作されたものだ。聞く所では、この会に来るために、二十七万円を使ったということだが、正確なことは分からない。

見た所、ヨーロッパから取り入れた制度、機械製作は、すべて心を尽してその深奥を探り出している。たとえば、五金の鉱山や炭鉱を採掘して国を富ませ、海軍・陸軍の軍政を改めて兵を強くし、機器局、造幣局、電報局、郵政局、火輪舟車局〔汽船・鉄道〕を設立して、国と民を利している。四民の中で洋務〔外交や外国文明の採用など〕に心を用い、あるいは外国語、外国文ができる者は、余す所なく登用して能力を尽させ、訓練している。今はまた、多くの人をこの会に派遣して、専門家が記録している。伝えられる所では、フランスの万国博覧会が終ったら、そのやり方にならって次にこの会を挙行し、大いにその国名をあげたい、とのことである。およそこのように困難な課題も軽々とこなすのは、有能な人物を登用してその能力を競わせているからであり、従来からの因習に囚われることに甘んじないからである。

二、「巻四　東行日記」〈二十七　上海から横浜に至る〉

光緒二年四月二十日〔一八七六年五月十三日〕、日本国の三菱公司〔洋商が株を集めて営業するのを公司という。招商局の創設も、そのやり方に習ったものだ〕のアメリカ船「宜発達」号を雇う。乗船票二枚を購入し、一枚は上海から日本国の「猶哥哈馬」〔yougehama、横浜のこと〕港まで、一枚は「猶哥哈馬」で船を乗り換えてアメリカの「三藩謝司戈」〔sanfanxiesige、旧金山のこと、サンフランシスコ〕市まで。一人当たりの船賃は半額割引であったが、それでも洋銀百五十ドルを要した〔アメリカの博覧会に赴く官員と商人・職人および展示貨物の運賃は、我が国の会務管理担当官とアメリカ商船の協定により、船賃を半額割引とした〕。この日、亥正〔午後十時〕に乗船した。同行の通訳は広東人の陳熾垣君である。

〔中略〕

二十二日〔十五日〕、亥初〔午後九時〕、船は日本の長崎島に着いた。日本人は「拿格薩格」というが、長崎の二字を用いていて、思うに、文字は中国と同じで読み方が倭音に拠るのである。上海から当地まで、僅かに十九時間半、千七百九十里〔中国の里は約〇・五キロ〕の道のりである。

二十三日〔十六日〕、巳初〔午前九時〕、「八開小洋蚨」〔八開は八分の一、洋蚨は西洋銀貨のこと、十二・五セント銀貨?〕一枚を払って小舟を雇い、上陸して粵友〔広東人〕の〝泗合盛〟雑貨店に赴いた。舟には〝泗合盛〟の店員が持参した蒲包〔果物や菓子を包む蒲で編んだ入れ物〕が二つあったが、関税巡視船に差し押さえられた。税関で申請してから請け戻せという。このような零細な包みは免税であるが、規則としては申請しなければならないということであった。

まもなく、小舟は岸に着いた。店の主人は梁鑑川、周昭亭という。長崎一島には、この地で商工業を営む我が華人が、広東人約三百人、福建人三四百人、江蘇・浙江人百人余りいるという。「広肇会所」と「八閩会所」〔江蘇・浙江人もここに属す〕が設けられている。本土に比べて仕事はしやすいという。そのことばから察すると、日本から制約を受けることが少ないようだ。

午初〔午前十一時〕、梁君の案内で万寿山に遊んだ。人力車〔上海のいわゆる東洋車〕に乗ったが、値段は非常に安かった。通過した町の大小の通りは、いずれも清潔で平坦だった。居民の店舗は軒が低く暗くて、二階以上の建物は少ない。役所の様式は中華に類似しているが、寺廟には西洋式のものもあり、みな近年建てられた。町々には巡捕〔巡査〕が置かれていて、上海と同様であるが、彼らは日本人が西洋の服装をしてその任に就いている。西洋商人の租界〔居留地〕の巡捕もみな日本人で、西洋人は使われていない。三十分ほど行って、山下に着いた。牌楼〔屋根のついた鳥居型の門〕があり、上に「聖福禅寺」の四字が刻んであった。境内に入って石段を五、六十段上ると、また牌楼があり、「万寿山」の三字を大書する。さらに五、六十段上ると、高壮な大殿があって、山上にそびえており、檐《ひさし》に副った横額には「大雄宝殿」とあり、仏像は中華と同様のものだった。かたわらに関帝殿があって、これも極めて宏壮なもので、華商により建てられた。日本人の僧侶数人が挨拶に出てきて、稽首して礼をなした。さらに曲がりくねった石段を四五十段行くと、禅房に着いた。戸外で履き物を脱いで入り、床に座って談話した。遠近の山々を眼下に眺める。樹木の古いものは千年を経ているが、なお滴るような緑に染まっている。老僧がタバコと茶菓をすすめたが、どれも口に合うものだった。出発に際して、香油資として一金をわたして酬いた。

未正〔午後二時〕、酒楼に行って食事をしたが、ここでも履き物を脱いで床に座った。酒肴を運びお酌をするのは、みな年若い婦人ばかりだが、客と馴れ馴れしくして少しも恥ずかしがらない。風俗の然らしむ所だ。

申刻〔午後四時前後〕、税関に行った。建物は西洋式で、額には華・洋の文字でそれぞれ〝税関〟の二字を書く。聞くと、毎月の徴税は二万金にすぎず、茶葉、陶磁器、タバコが主要商品である。公務に当る者は三十余人、上階は税関の官員の執務室、下階は関税を納めさせて領収書を発給する窓口となっていて、銀号〔銀行〕は設置されていない。貨物検査室は税関の右入り口にあり、非常に広い。西洋の商人は洋文で申請し、華商は華文で申請するが、発給される証憑はみな日本文である。毎日巳正〔午前九時〕に税関を開き、正午にしばらく休む。昼食後、未初〔午後一時〕に再開し、申正〔午後四時〕に閉まる。この税関は西洋諸国との通商のために開設されたが、西洋人を雇傭することはなかった。聞くところ、今年初めに、はじめて西洋人を襄辧〔業務補助〕として雇ったが、書記のような人員にすぎないということだ。

店にもどって後、周君から聞く所では、長崎地方には、文官の役所が四か所あり、一つは税関で、これはもっぱら関税を徴収する。少し離れた所に別に関所があるが、そこではもっぱら日本の商税を徴収する。一つは外務局で、もっぱら外国関係の諸事を処理する。一つは裁判所で、もっぱら民間の訴訟を処置するが、長崎県の政務が煩多であるため、五年前に分離して開設した。一つは長崎県で、もっぱら徴税を管轄する、という。税の制度では、戸税と人税の二項がある。民間では、戸ごとに毎月天保銅銭二枚半（一枚が寛永銭八文に相当する）を納め、男女一人につき毎月天保銭八枚を納め、十六歳以内〔未満？〕は徴収しない。日本に居留している華人で、商業を営む者は、男女一名ごとに一年に日本の銀貨二円（近年西洋のやり方にならって日本で鋳造したもの）を納め、商人の使用人は一年に銀貨五十銭を納める。十六歳以内はいずれも半分に減額する。居留している西洋人からは徴収しない。華人の訴訟はすべて日本の官吏が管轄し、西洋人の場合に領事官が管理するのとは異なっている。華人でも、西洋商人の居留地に住む者は、戸税を徴収されない。大小の塾房〔学校〕、郵政局、電報局、開鉱局、汽船会社は、みな西洋のやり方にならい、官員を置いて経営し、国を挙げてその方法を行っている。とくに電報と郵政には意を加えていて、充実ぶりはほとんど西洋のそれに匹敵する。

また、正視に堪えない下品な風俗がある。国中の水夫や車引きや人足たちは、下半身を丸出しにしており、わずかに一条の白布を二寸ほどの幅にたたんで、臍の下から尻の際まで包んでいるにすぎない。まことに筆墨の形容すべき所ではない。聞くところ、士人や商人にも、ズボンを着用せず、ただ布きれで包むだけの者があり、女子にもそのような者がいるという。しかし、みな清潔を好み、毎日かならず沐浴する。男女数十人が同じ浴室でいっしょに入浴することも厭わない。街角にタライや桶を置いて、男女が交代で水を浴びることもある。国家は、外国人に笑われるのを恐れて、厳禁の命令を出した。しかしながら久しくつづいてきた習俗で、いくらか改まったにすぎない。

戊初〔午後七時〕、船にもどり、夜半に出発した。出発前のしばらくの間、船は汽笛を何度も鳴らし、上陸した乗客に、乗り遅れずに船にもどるよう知らせていた。

二十四日〔十七日〕、船は内港〔瀬戸内海を「内港」と表現したものか〕を進んだが、たいへん穏やかであった。両岸の山々は素晴らしい景観で、樹木もうっそうと繁っていた。青い水面は複雑に湾曲し、狭い所では両岸一里にも達しない。デッキの手すりにもたれて眺めていると、山々の青々とした光景が次々と目に入ってきて、まるで絵のなかにいるような気分だった。

二十五日〔十八日〕、午正〔正午〕、神戸に着く。日本人は「苦卑」〔kubei〕とか、「猶哥」〔youge、ヒョウゴに当るか〕という。長崎から当地までを計るに、これまた十九時間半、千五百三十一里の行程である。午正に上陸して遊覧したが、同船の者に誘われて、広東人商人〝裕泰号〟に行き、茶を飲みながら語り合った。司号〔支配人〕の麦鎮南君は、客をもてなすのに周到で感心した。この晩、雨天だったので船にもどらず、麦君の家に泊った。麦君によれば、神戸と大坂の両地には、合わせて約六万の居民がおり、華人は合計七八百人いて、やはり会館を建て、その規模は長崎に匹敵する。貿易の概況と居留地の様子は、長崎よりも盛んだ、という。

二十六日〔十九日〕、午刻《ひるどき》、他箕山〔滝山か〕に遊んだ。曲がりくねった道を、十数軒の茶店〔半里も行くとかならず茶店があり、いずれも山ひだに包まれた所にあって、遊覧する者が休める〕を経て行くと、ようやく山頂に出た。山の中腹には十数丈の滝があり、霧が立ちこめ水滴が飛び散って、水晶の簾〔カーテン〕も見劣りするほどだ。体に故障のある日本人が多数ここに来て、奇跡を求めて滝に打たれる。ここは日本の山水のなかでも最も良い所である。

未正の二刻〔午後二時半〕、汽車に乗って大坂に行った。一時間ほどで着いた。運賃は上等で洋蚨〔西洋銀貨〕一ドル。日本人は「俄薩格」〔esage〕といい、百二十里の距離で、大坂地方も通商港で、人口密集し、商業が繁盛している。役所は西洋式を模倣して、極めて高壮で、町の通りはどこも広く清潔である。河川の水質は澄んでいて、合わせて八百余の橋梁があるという。橋長は、過半が二三十丈〔一丈は約三メートル〕である。この地の華商には広東人の麦旭初君がおり、行って面会して花園に遊んだ。花卉や樹木を千五百余種植えているが、大半名も知らぬものだった。

二十七日〔二十日〕、巳正〔午前十時〕、またみなで博物院に遊んだ。これも西洋にならって開設し、人々の知識を広げるためのものである。一人当り寛永銭五十文を払って木札を受け取り、中に入る。内部には、各国の物品や機械、各種の化石を陳列している。樹木が枯れて化石となったものや、骨格の化石など、いずれも長い時間のうちに変化したものだ。また歴代の君后の衣冠服色や、刀剣什器の類、男女の遺骸骨格、胎児の見本、鳥獣虫魚の剥製などがあり、中華の金石碑帖や書画も陳列されている。宋の徽宗の白鷹図、朱文公〔朱熹〕の墨跡、宋元版の書籍などを見かけたが、いずれも世々尊重されてきたものだ。

遊覧を終えて、ふたたび汽車に乗って神戸にもどった。金銀銅三種の貨幣を鋳造する銭局があり、これも西洋のやり方にならったものと聞いたが、惜しいことに参観する時間の余裕がなかった。この晩、日本の官員品次君に招待されて、ごちそうになった。見事な料理がたくさん出た。夜半にようやく船にもどった。枕につくと、水音が響いたが、船の双輪が動き出したらしい。

二十八日〔二十一日〕。〔以下、海上の様子を記す、省略〕

二十九日〔二十二日〕、巳初〔午前九時〕、船は横浜に着いた。日本人は「猶哥哈馬」という。神戸からここまで十五時間半、千三百四十一里の行程である。上海からの距離は、合計して四千六百六十九里となる。停泊中の汽船が一隻あり、〝宜発達〟に比べて船の大きさは二倍、アメリカ国旗を掲げていた。尋ねると、乗り換えてアメリカに行く船で、船名を〝北京城〟といい、一、二時間前に香港から到着したばかりとのこと。未初〔午後一時〕、船を乗り換えたが、五月初二日〔五月二十四日〕の早朝に出発するという。そこで手荷物を安置してから、小舟に乗って上陸して〝東同泰〟広号に行き、万昌公司〔〝北京城〟はアメリカの万昌公司の船である〕に出向いて乗船切符の交換をするよう頼んだ。

この晩、司号の梁沛霖に招かれて飲んだ。梁君によれば、横浜の商民は約四万人、そのうち華人約千六百人で、通商の状況は長崎や神戸を上回るが、上海の三四割に達しないという。洋行は大小数十家あって、各種貨物を多量に商っている。輸入品は、洋貨が多く、輸出品は銅、漆器、茶葉、骨董品が多い。〝洋薬〟を商う商人、例えば中華の沙遜《サッスーン》洋行〔沙遜はイギリスの大商人で、もっぱら〝洋薬〟を売っている〕のようなものは、見られない。思うに日本ではアヘンの禁止が極めて厳しく、吸飲者は即刻重罪となるので、国民はみな禁令を犯そうとしないのだ。刑罰によって決まりを維持しているとはいえ、法令が徹底していれば民は従うという実例であろう。惜しいことに、我が中華では、いつになったらこの毒焔を止められるか分からない。また、この地にも中華会館があり、董事〔理事〕六人、司事〔事務方〕八人を公選しているという。華人の細かなことがらは会館が処理し、訴訟事になると日本の官員の管轄となる。人税や戸税は、長崎とまったく同様である。地方官としては、横浜総督、税関、裁判所、神奈川県が置かれている。各国は領事を駐扎させている。また、鉄道が通じていて、日本の京城に直結し、百里ほどの距離を汽車が走っている。運賃は神戸・大坂間と同じである。

五月初一日〔五月二十三日〕、天候が悪く、体調もすぐれない。梁君の所で家書〔家族への書簡〕を書き、行程中に見聞したことを記述した。酉初〔午後五時〕、汽車に乗ってはじめて東京に遊んだ。ここが日本の京城で、〝度治〟〔duye、エドを誤記したか〕ともいう。沿線の村舎は清潔で、道路は平坦である。海中に砲台が五か所建てられており、近年西洋式にならい、西洋人を招聘して建築したという。最も要所を押さえており、京城の門戸となっている。酉正〔午後六時〕、汽車を降り、馬車に乗り換えて市内に入った〔馬車賃は一時間当り銀一元五角〔一円五十銭〕であった〕。門を五か所通り、東北の隅からめぐって鉄道にもどり、戌初二刻〔午後七時半〕、また汽車に乗った。滞在時間は僅かに一時間十五分、すでに日が暮れかかり、遊覧はかなわなかった。ただ、見るところ、城壁はすべて石で築かれていて堅固無比である。河川や用水は深く広くて清潔だった。道路も広々していて、絶えず洗っているらしく、経過した所に一つも汚物を見なかった。宮城、官署、軍営、兵制などは半ばを西洋式にならい、官員、兵士、巡査および公務に当る人員は、みな洋服を着ている。聞くところ、その国の君后、命婦〔女官〕もそうらしい。戌正二刻〔午後八時半〕、同泰号にもどった。晩餐をおえて、乗船した。

ひそかに思うに、日本という国は、咸豊初年〔一八五〇年代初〕には大将軍が政権を握っていて、君位はほとんど虚設に近く、国勢は極度に不振であった。近年来、西洋の学問を尊重し、西洋のやり方の有益なものを学び、毅然として多くのことがらを改革している。それ故能く本を強めて幹を弱くし〔原文は「強本弱幹」、本は天皇、幹は将軍のことか〕、東海に雄視しえた。そして、大将軍はついに国政の権を失ったのである。惜しいことに、朔望〔暦〕を改めたり衣冠服色を変更したりしたのは、配慮の不足も甚だしいといわなければならない。

（小島晋治訳）

［資料30］西洋人は日本を重んじ中華を軽んず

王韜

［解題］この文は王韜の『弢園文録外編』に収められている。原載はおそらく『循環日報』と思われ、内容から一八八〇年代に書かれたものと推測される。

王韜（一八二八～一八九七）は中国人ジャーナリストの草分けともいえる人物。蘇州郊外の読書人家庭に生まれた王韜は、若くして上海に出て西洋文化を吸収したが、太平天国に上海攻略を建策したことが発覚し、香港へ亡命する。その後二年間ヨーロッパに滞在、一八七九年には日本に四か月間滞在している。一八七四年から香港で『循環日報』を発行し多くの論説文を書き、内外で注目されるジャーナリスト・評論家となった。晩年は上海に戻り教育界でも重きをなしたとされる。

この文は、結論としては「中体西用」で洋務派の立場を表明し、また日本に対する評価も厳しいものがあるが、西洋人の口を借りて日本の近代化を評価し洋務運動を批判している。

地球は四大州からなるが、アジアはもっとも広大であり、風気が開けたのも独り先んじていた。中国では聖人が次々現れ、常に達人を以って天子に立て、礼楽を制作し文明を開いた。故に三千年前にすでに文明国として名高く、威徳はあまねく遠近に鳴り響いていた。海外の大小の諸国は、わが中華を天上の国のごとく仰ぎ慕った。日本は東海中にあり我が中国とは遥かに海を隔てているが、文字は同じであり風俗も異ならず、制度はみな漢・唐から採っている。ただ、我が中国は遠方の政略に勤めず、関を閉ざして自守し外と通じなかった。歴代の史書の記録する所の海外諸国の代表が皇帝のもとに集う姿は、みな彼らが文化・風気を慕って自ら集まって来たのであって、我が中国のほうから遠方を手懐ける政略をもって招聘したものではなかった。日本は海中に聳え立つ四島からなり、船の往来には便利であるが、その通交した所をみるに、中国以外には高句麗、百済、新羅のみである。我が声威に押されて、これ以外の地域とはつきあっていなかったのである。

明代になると、欧州の諸国は日に日に強力となり、航海に秀で遠きをものとせず大海の波濤に乗り出し、新たな土地を探検し通商の拠点とした。以前は朝廷に朝貢していた東南洋の諸国は、みな領土を削られたり併合されたりして自立を保てなくなったが、我が中国はそれを問題ともしなかった。海禁が解かれ異国の船が集まるようになると、澳門がその拠点とされた。こうして西洋諸国が踵を接して東来するようになり、海疆は日々に多事となった。しかし、その頃の我が中華への眼差しには、敬慕と羨望の思いが強く、粗野なものとして軽視する者は極めて少なかった。通商や条約を言わずに三十年余り過ぎる間に、情景は大いに異なり、昔と今を比べれば天と地ほどに違ってしまった。

日本は二百年前に西洋諸国と絶交して以来、オランダとのみ通じていたが、アメリカが軍艦をもって迫った後、好を通じ盟を結び、港を開いて取引した。維新以来、西学を尊崇し西法をまね、その積習を変じ敢然として一新した。甚だしきに至っては、暦を改め服装を変えてほとんど西洋諸国と同じにした。恐らくこうしなければ西洋と対抗できないと思ったのであろう。しかし、日本はこれにより、財政が益々不足し国庫はいよいよ空となり国債が巨万に膨れ上がって、外見は強そうだが内実は枯れ果てており、とても長くは持たなくなっている。国が民間から取るものは、以前は二割を越えなかったが、今では骨の髄まで吸い尽くさんばかり。重箱の隅までつついて取り上げておきながら、使うとなると湯水のように使う。以前は民が皆で利用していた山林にも河沼にも、今や禁令が出された。昔は、民は租税を納めてしまえば、あとは自給できて生活に心配がなく、海外の桃源にほかならなかったが、今や汗みどろになって力を尽くして国へ供出してもなお足りないのである。国中の現銀はことごとく外へ流出し、国内で用いられるのは紙幣ばかりである。これらのやり方は、年々の負債を先送りすることをいみする。しかし、西洋人は全て自分たちのやりかたに従ってやることこそが自強の証しだとして、日本に親しみを感じて重視し、平時の交渉事では、日本にはおよそ掣肘は加えない。一方、我が中国に対しては事毎に侮蔑軽視の心をもっており、日本に遥かに及ばないと思っているようである。

彼らはかつてこう言った。中国は国は大きいが上と下が互いに相手を知らず、政治は賄賂によって行われている。その言を聴くと正しいことのようだが、行われることを見ると言とは大いに異なる、大変誇り高いが実務能力はない。朝廷が総督・巡撫に詔を下しても督撫は必ずしも奉行しないし、督撫が府県に命令を下しても府県は必ずしも遵守しない、祭式の飾りのようなもので無内容な文とみなされている。因循であり、姑息であり、粉飾であり、固陋であり、一切は必ず前例に従い、新たなことを指示しても部下の手によってひっくり返される。彼らの言う西法を師とするとは、表面だけのことである。日本が西法に倣うという場合、僅かにその一二を習得しただけであっても、軍艦は自ら操縦でき、銃砲も自ら製造できるようになっており、陸軍も海軍も西法で訓練され、西洋人の指揮がなくなったとしても大海の内を縦横に航行し巨濤逆巻く中でも交戦できるから、勝利を期待できるかもしれない。中国はとなると、戦艦を与えても、操縦できる者の有無を問えば、答えは無。大砲を与えても、操作できる者の有無を問えば、答えは無である。平時は口八丁であるが、事に臨んではなかなか動こうとしない。訴訟は法廷に満ちているが判断を下す者がおらず、何年たっても一事もならず、実行もされない。いわゆる大官なる者は、努めて老成を装い慎重を旨とし、事にあたっては曖昧な態度をとる。右顧左眄してはっきり言わぬことをもって思慮周到だとし、状況を推察して迎合することをもって事機審密だとする。官吏登用の方法は専ら無用の作文により、変革ということを少しも知らない。これでは中国の人材を陥穽に落とし暗黒に導くに異ならない。ああ、こんなやり方を変えずに、どうして振興することができようか。中国は大であるのに弱く、日本は小であるのに雄であるが、そのわけは変革ができるとできないとの違いだけである。西洋人の議論は、およそこのようである。

想うに、西洋人の見方とは、なんとも浅薄なものである。我が中国が恃む所は道のみである。天は不変であり、道も不変である。剛道をもって天下を治めれば必ず途中で折れ、柔道をもって天下を治めれば必ず久しく続くのである。日本は軽々しく祖宗の憲章を改め、天地の精華を裁断し、生民を苦しめて外人に媚び、膏血を尽くして外物をおしいただいている。外見は壮麗だが内実は混乱しており、いわゆる病膏盲入るもなお自らは知らず、というやつである。そもそも我々の言う治国とは、始めは徐々に取り掛かり、然る後恒久的にこれを維持する、というものである。徐々にやれば民は驚くことなく、恒久的であれば民は安心して従える。これこそが善変というものである。彼ら西洋人にどうしてこのことが分かろう。

（杉山文彦訳）

［資料31］日本の国会開設建議の後に書す

山陰述戢子

［解題］この論説は一八八五年十二月三日の『申報』に掲載されたもの。日本で「国会開設の詔」が出されるのが一八八一年、明治憲法の発布が一八八九年、第一回帝国議会が開かれるのが一八九〇年であるから、この文を書いた「山陰述戢子」なる人物は、日本の国会開設への動きを関心を持って追っていたことになる。議会制度への関心は、鄭観応のような洋務運動の第一線にいた開港場知識人たちによって、一八七〇年代から示されるようになるが、八〇年代半ばには上海のジャーナリズムに登場していたことが、この記事によって分かる。

議会を「世の上下の情を通ずる」ものと位置づけ、上代の古典を引いて説明するしかたは、この時代の議会論によく見られるものである。

琴瑟の不調が甚だしければ必ず弦を張りなおす。政治がいよいよ治まらなくなれば治め方を改めねばならない。『周易』の「離下兌上」の卦は「革」(1)というが、その彖辞に曰く「天地革まって四時成り、湯武(2)命を革めて、天に順い人に応ず。革のとき、大いなるかな」と。孔子が斉魯の勢を論じて曰く「斉一変せば魯に至り、魯一変せば道に至らん」(3)と。これを見れば、国をなす者はどうして変計を思わずにおれよう。私は以前ビルマのことに触れて、今日小国が自強を図ろうとするならばまずその積習を改めねばならぬことに論及した。しかし、天下は大にして四海は広い、首を挙げて四大洲を見渡してみるに、果たしてどの国が善く変革をしているであろうか。実は口で変革を言うだけで、それが実現することは期待していないのではないか。そもそも善く変革をなしうる者は、一日も安楽を貪らず、必ず万年の利を図り、事に良くない点があれば、たとえそれが伝来の成法であろうと、たとえ天下がそこに安んじていようとも、必ず毅然決然として率先して改め、天下の大任を肩に荷って天下の大患に当たり、命令を出せば疾風が草をなびかせる如く、民を従えること手足が心に応ずるが如くでなければならない。これはまさに明君と良相がたまたま出会ってこその事で、例えば堯が舜を得たり、舜が禹を得たりしてはじめて可能なことである(4)。そうでなければ多くのじゃまが入って、国を挙げて騒然となってしまう。これが四大洲に変革をなす国が無い所以である。

然しながら、為政者が変革をなしえずとも人民が変革を望み、為政者が人民の望みに順応し得て変革をなし、成果を上げて弊害がなければ、これはこれで善く変革をなしたと言わざるを得ない。水準を落として探してみるに、今の日本はどうであろう。日本の政体は屢々変わっている。初めは閉関自守の国で他国と通商しなかった。その後、それが不可能だと知り遂に翻然と計を変じ、西洋の方法を学び、治国・治民・練兵・訓育など全て西洋の方法を採用し、西洋人を招聘して国中の教師とした。学徒で自ら他国の遊歴に往く者には、それぞれ旅費若干を給し、業は精なるが上にも精を期し、事は必ず実事求是を求めた。一変して道に至るの風、大いにありである。故に日本は、西洋と通商したのは最も遅かったにもかかわらず、西洋の方法を学ぶのは最も速かった。これがその変革の一つ目である。

日本の政事は、昔はことごとく大将軍によって主宰されており、天皇は虚名を擁するのみであった。維新以後、発奮して有為たらんとし、遂に大権を独攬し、事の大小と無く、ことごとく命を天皇より受けて行うべしとした。一変して臣下が主の国が君主の国に改まり、民気が一振して国事が一新した。これがその変革の二つ目である。

近日の新聞を見るに、日本は国会を設立しようとしているとある。客民たると国人たるとを問わず、およそ名望ある者はみな公挙によって国会に入り、朝野の政事に参与できるようにする。この会を設けようとする者はみな、後の君主の施策が当を欠き、下情が上聞に達しなくなるのを恐れて、その法を変えて上下を互いに交わらせ民と共治をしようとしているのだ。一日延ばしにしていたが、人民に催促されてやむを得ず請う所に従ったので本意ではないのだ、と言ったとしても、それでも己一人の見解に固執せずに下民の心に順うと言うのは、これこそが治をなす所以の道である。古人の曰く「民は食を以て天と為し、君は民を以て天と為す」(5)と。また曰く「民貴しと為す、社稷之に次ぎ、君軽しと為す」「蓋し民は猶水のごとき也、君は猶舟のごとき也。水無ければ以て舟を載するに足らず、民無ければ以て君を成すに足らず」(6)と。今日四洲の諸国にいわゆる君主の国あり、いわゆる民主の国あり、いわゆる君民共主の国あり。中国・ロシアのごときは君主の国であり、その命はみな君主より出て民はそれに与らない。アメリカ・フランスのごときは民主の国であり、イギリスのごときは君民共主の国である。それらの国はみな上下両議院を設けている。国家に事があればまず上議院で議論し、議決すれば下議院に授けて議論させる。議決が同じであれば、君主や総統に与えて実行する。決議が成らなければ廃案となる。故に民主の国、君民共主の国では、衆議が一致しており、君主が妄動することはない。君主の国であっても輿論に適合した政治を行えば、一令を出せば民はこれに従い、一事を行えば民はこれに效う。これは民が自ら效い従うことを願うからであり、どうして願わない民を強いて自分に效わせ従わせることができようか。大禹は謗木〔政治への批判を人民に書かせるために立てた高札のような物〕を設けて民に国家の欠点を議論させ、子産は郷校を整えて民に君相の失政を批判させた(7)。

今回の日本人のこの行いは、古人の遺意を継ぐものではあるまいか。設ける所の会は、国家のことを議論するためのものであって、君上の悪を攻めるためではない。そして、すべての事が民衆と共に議論されるのであれば、たとえ誤りや失敗があったとしても、事前に皆で決めたのであれば、事後の非難も皆が受けねばならない。君主が独り悪名を受けることにはならず、また自ずから攻めるべき悪もないのである。あるいは日本人のこの挙を非難して「これは祖宗の成法を棄てて小民と事を共にすることだ。郷曲の愚民が国家の大事を熟知することがあろうか」と言う人がいるかもしれない。しかし私が聞くに、日本の議会に入って議事に参加する者は、必ず衆人から公挙される。日本人が全て愚かということがあろうか。当然その賢者を挙げて議事に与らせる。こうすれば上には失政がなく、下には遺賢がなく、私は日本はこれにより必ず強くなると思う。

四洲の諸大国みな善美を尽くした成法の守るべきものがある。故に必ずしも手を加えずとも、自ずと国を富まし民を安んじられぬわけではない。日本はそれでも自ら計を変じて前人の及ばざる所を補い、後世の模範として時と共に遷移して膠柱之鼓(8)とは成らぬようにした。易に曰く「君子豹変す」(9)と。日本を占って遂にこの爻を得た。私はそこで楽しんでこれを書いたのである。

(光緒十一年十月二十七日)

(杉山文彦訳)

[注]

（1）『易経』（『周易』ともいう）六十四卦の内の「革」の卦は、八卦の内の「離」が下に「兌」が上に置かれる卦。彖辞はそれに付けられた説明の文。

（2）湯王と武王、いずれも上代の聖王。湯王は夏王朝を倒して商（殷）王朝を建て、武王は商王朝を倒して周王朝を建てた。

（3）『論語』「雍也」二十四章。斉国が一たび変われば魯国のようになり、魯国が一たび変われば理想の国となる、というほどの意味。斉は春秋時代に今の山東省にあった大国、魯はその西隣にあった。孔子の出身地。

（4）堯、舜、禹は、いずれも上代伝説上の聖王。堯は舜に舜は禹に位を譲った。これを禅譲という。禹は夏王朝の始祖。

（5）これは『史記』「酈食其伝」にある「王者は民人を以て天と為し、民人は食を以て天と為す」の変形であろう。

（6）前者は『孟子』「盡心下」。後者は一般に「君舟民水」といわれるもので、『荀子』『孔子家語』『後漢書』等に出てくるが、それらは一般に、「人民は、水が船を浮かべるように君主を支えるが、覆すこともする」という意味で使われており、ここに引かれているような形が古典にあるか否かは確認できなかった。

（7）子産は春秋時代鄭国の宰相。郷校は古代に郷に設けられたとされる学校。上代の学校は人が集まって議論する場でもあったとされる。

（8）琴柱を膠で固定して弾くこと。融通が利かず頑固なことの喩え。『淮南子』や『史記』に見える。

（9）『易経』「革」上六の爻。現在「君子豹変」は、あまり良い意味では使われないが、「易」の本来の意味は、秋になると豹の毛が生え変わって美しくなるように、変革して良くなるという意味であった。ここではその本来の意味で使われている。

［資料32］日本人よくその職に勤しむを論ず
『申報』論説

［解題］この文は一八八七年十一月十一日の『申報』に載った論説で、明治維新以後の日本の改革がかなりの成果を挙げているとして注目し評価している。一八八〇年代も後半になると、日本の軍備近代化や産業発展に注目する論説が『申報』紙上に散見されるようになる。これは産業面・社会面に注目した一例である。

日本は近年、西学を尊崇し西法を模倣しており、それも政府の役人だけでなく民間もまたその風に倣っている。およそ一切の製造物は、自ら工夫するか、あるいは西法を参用してその要点をおさえたものである。例えば、石印・銅版の精密なることは、ほとんど天の造化の技を盗み取ったかのようで、文字が紙上に現れるさまは墨跡も瑞々しく新たに筆先から出たばかりかと思えて、見る者はこれが刻版より出たものとは気付かない。また、染色も様々な色を鮮やかに出している。その他、磁器・鉄器・銅器・漆器なども精巧な上にも精巧を求めている。最近はさらに泰西の方法を兼用したものがあり、益々注目すべきである。マッチ製造業者はおよそ数家であるが、みな高い利潤をあげている。東京に設立されている新聞社は、みな資産家が出資し文士を招いて主筆としている。彼らはみな恵まれた境遇にあり、清議を守って忌避する所がないし、地方の長官にもこれに掣肘を加えるものはいない。私はかつて東京に旅行したとき、三社の新聞社と知り合いになって時々行き来したが、それは報知・朝野・日新と言った。しかし、中国にはこのようなものはない。ある人が言うには、中国人の物好きが新聞をやろうとしても、恐らく始めはうまくいってもやがて邪魔がはいる、朝には自由に弁論しても夕べには御叱正を蒙るか、さもなくば言論の禍を踏んで不測の事態に至りかねない、以前の匯報・彙報（1）がそのいい例である、と。

日本人の鹿島氏（2）は大富豪である。商人であるが紳士に列せられ、徳川時代に帯刀を許され政府の仕事を任されていた。最近、西洋で機械を購入し紡績に用いている。水力で回転させているが、その速さは比べようも無く、一日あたり綿糸二百ポンド余りを生産している。それにも満足せず、同志二三人を集め土地・建物に約二十万金費やして、水力・火力のみを用いて日に四千ポンド生産する工場を深川に建てた。彼は販路を拡大したいと思い、農商務省局長赤壁二郎、水産物の豪商遠藤と共に我が国の各通商港を遊歴し、上海に十日余り滞在した（3）。その折、わざわざ拙宅を訪れ康駢の劇談をなした（4）。その折、国中から商務に一意専心することまさに人に抜きん出るような人物を捜し求めるに、我が国にそれにあたる者がいるだろうかという話になった。鹿島氏は富豪であるが礼を好むものでもある。北海道に所有する海沿いの地はどこでも昆布を産し、非常に多くの利益を上げている。また、そこは鉄木(5)が多く、もし鉄道を建設することになれば需要があろう。その他の山林の材木もみな広く国の用に供するに足る。

日本の関税の検査は極めて厳しい。輸入にあたっては、アヘンの捜索に最も力を入れており、携帯することは非常に難しい。その条例は頗るよくできており、もし国人にアヘンを吸引する者がいれば、たちどころに法の裁きにかけて処罰し、ごまかすことはしない。税関で税を徴収する者はみな日本人で、決して西洋人の助けは借りない。毎年、僅かな額であっても公に納めており、税関吏が脱税に手を貸すような弊害百出のことは初めから聞かない。なぜ中国は三十余年たってもなお西洋人に頼りきって、それなくしては一日も過ごせないのだろうか。これは局外者の理解できぬことである。楚の人材を晋が用いるというようなことは古からある。また、技芸の習得、軍士の訓練、戦陣法の教授、製法の学習等は、短期間では糸口すらも掴めないから、高給をもって西洋人を招聘しないわけにはいかない。しかし、税務に至ってはただ規定に従って徴収するだけのことで、実に簡単である。三十年もたつのに、なぜまだ替われる者がいないのだろうか。まさか中国には徴税の人材がいないわけでもあるまい。堂々の中国が、日本でさえ持つ権限を持てずでは、これはもう笑いものになってしまうではないか。

日本の関税規定では、輸入品は一度納税してしまえば、たとえ後でその品物を送り返しても税を回収することはできないことになっている。かつて、中国の商人が輸入した皮革の色が気に入らず、送り返して染め直そうとした。そこで税官吏に相談して、この皮革は既に納税したものだ、送り返して染め直そうと思う、後日送られてきた時には以前に納めた税でよいだろう、不信ならば皮革に刻印してもよい、と話した。しかし税官吏はそれを許さず、今日原物を送り出し、その税は既に納められていても、染めた後再び持ち込むのであれば、また納税しなければならない、という。そこで彼は日本人が中国で取引をするときも、このやり方で処理し原物の輸出には証書を発給しなければ良いと考え、このことを公使に知らせようとしたが、徐公〔徐承祖、一八八四〜一八八八年、駐日公使〕は交代の時期に当たっているので、このことに係わる暇がなかろうと想い、まだ実行していない。

日本の法廷は、これまでは臣民が罪を犯すと死を賜い、必ず自ら刀で割腹させていたが、今は西洋のやり方を用いて罪の重い者は銃殺に処している。刑事執行官は法を守って曲げず、罪があれば必ず罰し、その厳格なることは中国以上である。しかし、日本人の自負は甚だ高く、中国人を軽視して恐れるに足らずと思っている。ただ、一二の経世済民を論ずるものに出会うとたちまち傾倒して勝手に同志と思い込む。甚だしく驕り高ぶっており、ややもすると日本はよく自強しているから西は欧州を押さえ東は中国を制するに足ると自ら言いかねない。夜郎自大で少しも恥を知らず、中国の国土が広大で人民が多く物産に富むこと、日本に比べれば瞠目すべき差があることを知らぬのである。中国は外見は良くないが内実には余裕があり、とても日本が張り合えるものではない。たとえ痩牛でも豚の上に倒れれば、豚は恐れおののいて死んでしまうであろう(6)。日本は盛んに自ら誇っているが、西洋の国が公平にこれを見れば、日本が中国に勝てぬことは明らかである。中国人と日本人が共に朝鮮を旅行したが、どうも互いに気がしっくりしなかった。イギリス人が歌を作って嘲っていうには、「日本人は頑固な猫、中国人は病の獅子。猫さん気をお付け、獅子に狎れてはだめ。病気なりゃこそ、あんたに馬鹿にされてるが、一旦奮い立ったなら、とてもあんたは敵やせぬ。あんたは鼠で遊んでな」。これは戯言ではあるが傾聴に値する。日本が中国の敵ではないことは、西洋人も知っていることである。

ただ、小国ではあるが日本人はいつも国家の事を思い勤勉で少しも怠けずに職に任じ、公を大切にし、実事求是で各々適材適所に働き、粉飾や欺瞞に頼ろうとはしない。この点、日本を悪く言ってばかりはいられない。日本は近年、官員の選任に当たっては必ず試験を行い、実地に試してから官僚として任用している。例えば刑を司る者が律令に詳しくなければ、審理は行えない、だから小員の場合でも慎重に行う。これを中国の科挙試験の経典暗記や詩賦によって官吏を選抜するのに較べれば、日本のほうが一段と勝れている。遊歴の一事をとっても、私は二十年前から言っているが、日本が派遣する官員はほとんど各地に遍く行っている。中国へも踵を接するように次々とやって来ており、事実を調べ情勢を探り、困難・危険を憚らず僻遠の地にも必ず足跡を残している。中国は今やっと始めた。すでに遅いとは言えるが、それでもしっかりと任務を果たして、外情を察知し慎重に交誼を固め、事に先んじて交際を深め機に先んじて準備することができれば、当然国家に有益である。日本人の遊歴には二種類あって、官が派遣する者と自ら出る者とがある。例えば曽根俊虎(7)は、政府の命を奉じて来た者である。北条鴎所(8)の方は徴兵を避けるため、かわりに留学に応募して中国へ来た者である。彼らはそれぞれに見聞する所を国へ報告するのである。こうしてみると、日本人が勇躍して公に従うさまは、他より一等地抜きん出ている。得意になって周囲に自己を誇るのも宜なるかなである。然らば我が中国人は、なぜその長所を師として短所を改めることをしないのであろうか。土地が狭く人口が少ないからと言って、決して軽視してはいけない。

(光緒十三年十月十三日)

(杉山文彦訳)

［注］

(1)『匯報』は一八七四年六月に創刊された中国人の手による

最初の民営新聞。アメリカ留学帰りの容閎を中心に資金を集め、民族利益の擁護を経営方針として出発したが、官との対立や内部分裂によって一八七五年末に停刊となった。『彙報』についてはわからないが、『匯報』は途中で名を変更しており、あるいはその変更後の名称かもしれない。

(2) 鹿島万兵衛(一八四九〜一九二八) 幕末から大正にかけての実業家。紡績業、北海道の開拓事業、海産物の取引などを手がけた。

(3) 田沢仲雄編「北海道昆布漁業略年表」(1)の一八八七年九月一日の項に「道庁属赤壁二郎、函館共同商会頭取遠藤吉平、東京府民鹿島万兵衛を本道水産物の販売状況等調査のため清国に派遣する」とある。

(4) この部分の原文は、「枉過潛隠盧作康駢之劇談」である。康駢は晩唐の文人、劇談は彼の著書『劇談録』から来ていると思われる。『劇談録』は唐の天宝年間(八世紀中葉、玄宗皇帝の末期)以来の出来事や鬼神霊験の話等を集めたものであるから「作康駢之劇談」とは、「様々なことを語り合った」というほどの意味か。

(5) 鉄木というのは、タガヤサンという南方産の極めて硬質な木のことであるが、ここでは単に鉄道の枕木用の硬質な木というほどの意味で使われているのであろう。

(6) これは『春秋左氏伝』昭公十三年に出てくる言いまわし。魯の圧迫に苦しめられているとして小国の邾と莒が、大国晋に救援を願い出た。そこで晋の叔向が魯に赴き、遠まわしに魯を威嚇して言った言葉。

(7) 曽根俊虎(一八四七〜一九一〇) 米沢藩士の出。明治のアジア主義者、海軍大尉。海軍の命で中国での諜報活動に従事する。その一方、アジア主義者として日清提携を主張し、アジア主義団体「興亜会」の創立に関わりその中心人物の一人であった。

(8) 北条鴎所(一八六六〜一九〇五) 明治の漢詩人、官吏。江戸出身、本名は直方。漢詩文、中国語を学び清国へ渡る。帰国後は控訴院につとめ大審院書記長となる。著書に『北清見聞録鴻泥』『九梅草堂集』がある。

［資料33］日東武備論

『申報』論説

［解題］この文は一八九三年四月二十四日の『申報』に載った論説。日本の軍備について高く評価する解説をしている。一八九三年と言えば日清戦争の前年であるが、この論説では日本に対する警戒よりも日清提携の可能性を強く打ち出している。八〇年代後半あたりから、日本の近代化に注目する論が散見されるようになり、中体西用の洋務派的な枠を超え変法論に通じるものが、かなり一般的な形で出始めていることがよく分かる。

昨日、本紙に日本海軍の演習のことが載っていたが、読むと軍容の華々しさが彷彿として目の前に迫ってくるようである。ある人が私に訊ねて言うには、「日本は維新以後、軍事は西洋をまねて、部隊編成から兵器・軍艦まですべて旧制を廃して、次々と新機軸を拓き、海外に雄を称え隣国を畏怖させる、と聞いているが、今この記事に記されているのを視るに、魚雷・水雷以外は概ね日本の旧式のもので、西洋人の習いとは隔たりが大きい。これはどうしたことか」と。

そこで答えて言った「日本の訓練は以前からこうだったわけではない。今回の演習は、筋力を働かすことで時間をやりすごすことにある。私は以前、中国の兵士が平時にあっては概ね三々五々仲間で外に出て街中を行き交い、アヘン窟でなければ茶館でふざけちらすのが習慣になっているのを見た。甚だしきに至っては、酒に酔っての乱暴狼藉、女郎買いに賭博と悪行百般なさざるは無しで、将校に訴え出ても軍棍で叩いて痛めつけ挿耳箭(1)で辱めるだけで、その後はまたしたい放題。将校によっては不当に兵士を庇い別人に罪を転嫁するので、敢て訴えることもできない。日本はこのような陋習を踏むことを恐れ、そこで軍隊生活の余暇には、兵士に労苦に慣れさせ暇をもてあまして悪さをすることがないようにさせるのだ。例えば相撲をとるのは力比べ、沢登りは山中での水の確保に慣れさせる。剣術は目と腕を鍛える。鴨駆りは、鵝鳥を駆って軍声を乱した古人の教えにならってのこと。これらは行陣に必需のことではないけれども、これによって兵士の慢心を引き締め、揉め事が起こるのをふせぐことはできる。これはうまいやり方であり、中国兵の放蕩三昧に比べると、天と地ほどの差がある。そもそも、物事の規範を良く学んだものは、良くその規範の真髄を体得しており、むしろ表面的な規範には囚われないのである。

日本の練兵は私も招かれて壇上から見たことがある。また昔、江戸に質素な旅行をしたとき友人と共に四谷の山の士官学校を訪ねたことがある。陸軍少将の野木氏が命令して訓練を始めさせ、自由に見せてくれた。その馬を馳せる訓練たるや、身軽なこと燕のようで、一躍して馬の背に乗り、逆立ちをしたり宙返りをしたり、旋回を四回したがほとんど乱れはなかった。木柵の飛越は柵の高さ二丈ばかり、演者は長い竹竿を持って身を聳やかして柵の上を超えて行くが、その速きことは猿が飛ぶようで目も眩むばかりであった。洋銃連隊に至っては、射撃の音が一斉でほとんどずれがない。歩調も整っていて、まるで空を行く雁の列のようであった。それから学習院へ行ったが、その兵式体操の技は更に立派に思えた。木野氏の話によれば、『日本の兵制では、陸軍の歩兵・騎兵・砲兵各営の士官で、学業に励み陸軍のために力になりたいと願う者を選抜して学校に入れ、各科に配置する。連隊は、各自にその性にあったものを自ら選ばせ、一心に学習することー年半たつと卒業となる。卒業後は原隊に復帰し、更に半年軍機の実習をさせ、一通りの将校試験を経て後、会議を招集してもし皆が可とするなら、提督・師団長に上申し、提督・師団長が可とすれば監軍に上申し、監軍から陸軍大将へ上申して朝廷に奏上し、職に任ずる。海軍の階級もまたこのようにして決められる』とのこと。私は文士で武備は学んだことがないから、日本の軍士が敵を倒して成果を上げ得るか否かは分からない。しかし、その演習がかくも厳しく昇進がかくも慎重に行われるのを見ると、軍の運営は大事であって決して子供の習い事のように見てはならぬことが分かる。故に日本は西法の長所を集めているのであって、西法に囚われてはいない。柱に膠をぬって瑟を弾いたり舟に刻んで剣を求めるようなのとは(2)、同日に語れない。

だから私は、中国は日本との輔車相依の道を見失ってはならないと思う。中国は西洋と通交を始めた時、事々に西洋人に制せられて自分の自由にできなかった。今は徐々に意見も一致し心情も分かり合えるようになり、共に心を合わせて仕事をし、騙すようなことはなくなったが、それでも猜疑心が全くなくなったわけではない。局外者が言うには、一旦行き違いから争いが生ずれば、中国の水陸営五万では西洋人に及ばない、もし両軍が戦い、血肉が飛び交い、兵器が地を覆い、砲火が日を連ねることになれば、勝敗は占うまでもないと。私が思うには、今の西洋を昔の胡越のように恐れる必要はないが、日本は隣人である。隣が弱ければこちらも後ろ盾を失い、隣が強ければ互いに庇い合うことができる。しかし、もし日ごろから気脈を通ぜず、平素より贈り物の遣り取りもしていなければ、困難に遭遇したときに、どうして助けを頼めようか。日本はといえば、つとに親睦を表明し使節が訪れ、詐術は皆止めにしている。我が国の勅使がかの国の都に駐在すれば、彼らは礼をもって優待している。かの国の使臣が我が朝に来れば、やはりより一層、礼をもって遇すべきである。今回の新任駐華公使渡辺氏が以前亜細亜協会福会長であった時、共に話したことがあったが、中日が連携して外人の進攻を防ぐことを強く願っており、その話は懇々諄々と非常に謙虚で、私はこれによって親睦を深め唇歯相依の誼とすることができると思った。他国と戦うことになれば、国際法に違うことはできないが、間に入って仲裁してもらい戦禍が長引くのを免れることはできる。然らば、日本が強いことは中国の幸いであり、ロシアの鉄道敷設が中国の隠れた大憂と成っているのとは全く異なる」と。

ある人が「日本は我が国と隣接している。彼が富国強兵に成功すれば、どうしてこちらを蚕食して来ないと言えよう」と言う。私は「決してそんなことはない。日本の地は我が国より小さく、日本の民は我が国より少ない。そしてその性情・習慣は我々と似ている。日本の軍が日々強力になっていると言っても、外侮を防いで必ず国境の外で勝利を収める保障はない。亜細亜州を連ねて一家としようとするのに、どうして一家の内で互いに食い合ったりしようか。だから私は彼らは絶対そんなことは考えていないと思う。しかしながら、我が中国が富強になれば日本人を心服させられるが、もし虚弱であれば日本人は我々を軽視するであろう。そうであれば、富国強兵はやはり自分で計画し、この兵火が治まった平穏無事な時に、部隊を整頓してゆるがせにせず予め備えをしておくのである。詩人がすでに言っているではないか『当局者たちよ尚備えに徹せよ、日人をして独り先鞭をつけしむ毋《な》かれ』と」〔出典未詳〕と答えよう。

（光緒十九年三月九日）

（杉山文彦訳）

［注］

（1）軍の刑罰の一つ。小さな旗を付けた箭を耳朶に刺し兵営内を歩かせる。

（2）膠柱は琴柱に膠をぬって固定してしまうこと。刻舟は、動く舟から落した剣をさがすのに舟につけたしるしの所からさがすこと。共に融通の利かぬことの喩え。

［資料34］東游日記（抄）

黄慶澄

［解題］黄慶澄は、字は愚初、浙江省平陽県の人で、一八九三年（光緒十九年）五月初めに日本に来て七月初めに帰国した。『東游日記』は翌九四年、日清戦争開戦の年に、浙江出身の大学者孫詒譲の序文を付して刊行された。黄慶澄の日本行きは朝廷の派遣による公的なものではなく、その見識を高く評価していた安徽巡撫沈秉成、前駐日公使汪鳳藻の資金援助を得て行われた。朝鮮、琉球をめぐって対立を深めていた日本の「政俗得失」を調べることを目的とした。短い期間ではあったが、ここに収めた文章が示すように、彼は日本が欧米の文明を学んで思い切った改革を進め、急速に強く豊かになりつつあることを、総体としては積極的に評価し、中国もその「法」を参照すべきことを、やや屈折した表現で主張している。しかし結局のところ、彼のこの観察と提言は清朝の当時の要路の人々には、それほど大きな影響を与えることができなかった。

なお、ここに収めた『東游日記』は、鍾叔河主編『走向世界叢書』所収の「何如璋等：甲午以前日本游記五種」岳麓書社、一九八五年刊の中の王暁秋標点のものによる。

光緒十九年（一八九三）五月二十日

〔前略〕

大きな琴と小さな琴の調子が合わなければ、弦を張りかえるものだ。豪傑が国のために謀る深慮遠謀は、下らぬ通俗書の中身を固守している者とは比較にならない。私が〔日本の〕維新の政治を見るに、下の者が上の者の呼びかけに応じて、狂ったようになっている。まことに笑うべきことだ、上に立つ者が外国の事情を明察し、己を知り彼を知って、甘んじて有り金を差し出して大勝負に出ているのは、悲しむべきことでもあり、また、喜ぶべきことでもある。ああ、古来国家の危急存亡の時に当って、逡巡して態度を決めかねたことから誤りを犯した例は数え切れないほどある。日本人は教訓とすべき所を知っているのだ。

しかしながら、およそ人間が病み、生命力がまさに尽きようとする際には、医者は必ず桂附〔劇薬か〕を投与して、万一の僥倖を願うが、回復すると鎮静剤を与えて病後を善くしようとするものだ。これは古えの聖人が代々伝えてきた方法で、このことを日本人〔原文東人〕の中の善く国を医す者に告げたいと思う。

あるいは言う、君の言う通りなら、日本の維新の政は、まことに所を得たものだ。そうであるなら、我が中国は道光〔一八二一〜一八五〇〕、咸豊〔一八五一〜一八六一〕以来、外国との交渉の道について、中興の諸公〔曾国藩、李鴻章ら洋務派の官僚を指す〕も、懸命にきりもりして処理してきた。これも良しとすべきではないのか、と。〔私〕慶澄に言わせるなら、これはそうではない。君子が人や国を観察するにあたっては、必ずその上下の実際の情勢を洞察し、くり返し調べて、然る後にその利害の所在をきわめるものだ。医者のやり方と同じで、症状に従って処方を定め、その間に方法を改めるに間髪を容れない。これはもとより表面的な議論で対処できることではない、と。

そもそも私が日本を訪問した時間は長くはなかったが、しかし細かくその人情を観察し、風俗を調べてみると、だいたいにおいて中国に比べて素朴であり、動を好んで静を好まず、新を好んで故《ふる》きを好まず、奮い立ってことをなす気象はあるが、忍耐強い気風はないことを知った。日本人の短所はここにあるが、維新の功を奏し得たのもここにある。中国の人は福建、広東および通商各港の人を除くと、紳士諸公は経史を語ることは好きだが、外国のことを聞くことを厭い、民百姓はそれぞれその本業に勤めて故郷から出ようとしない。綜合して論ずれば、中国の士の見識は甚だ狭く、中国の官の力は甚だ手薄である。中国の民気は湖南一帯などとりわけ鉄桶のように頑強で、事にあうとこれを頑固に阻止しようとする。これは嫌うべきことであると同時に、実は取るべきことでもある。現在の中国のために計るに、すべての根本的な原則、方法は改めるべきではないし、また、改めることは不可能である。ただ、要路の人に望みたいのは、ヨーロッパの格致の学〔物理学〕、兵家の学〔軍事技術〕、天文地理の学、理財の学〔経済学〕およびわが国の弊害を正すに足るかの国の政治を取り入れ、早期に毅然として実行することである。力を尽くして拡充し、実現困難であるからといって意気阻喪したり、少々の失敗に挫けて機会を逸したりすることなく、口先だけの言葉を事情に疎い者にかけたり、軽々しく信じて軽薄な者に権限を与えたりしてはならない。事をはじめるにあたっては、過大にわたってはならず、事が成ったら、これを守ることをいささかもゆるがせにしてはならない。このようにして、行うにつれて広げてゆき、彼の長所をもって我の短所を補い、ことごとしく騒ぎたてることなく、天下を泰山の安きに置く。そうすれば外国に笑われている日本人に較べて、大きな違いがある、ということになろう。思うに、天下を治めるには、法と意〔考え方〕がある。このことは、ただ彼の法を師とするだけで、彼の意は師としないということだ。しかし言うだけなら簡単だが、実行は難しい。現在、中国の要路にある人々は、多くの変革を経験してきて、外国の事情に通じ、国勢を熟知している人物は、決して乏しくない。田舎者の私などがこれを言うには及ばないだろう。ここまで記述してきて、私は筆を擱いて、立ち上がった。

汪鳳藻駐日公使から『日本国事集覧』を見せてもらった。このたびの旅行にあたり、私はかの国の政治・風俗を尋ねたいと思ったが、言葉が通じないので、筆談でこれに代えた。しかし僅かにほぼおおよそのことを知り得ただけで、詳細は調査できなかった。そこで汪公使に役所のある翻訳資料を見せてくれるように求めたところ、公使はこの書を見せてくれて、狂喜を禁じ得なかった。この書は全十二巻からなり、劉子貞君が訳したものだ。日本の新政について、非常に詳しく記述している。ただ鉄道章程は、逓信省の所に入れた方が条例に合う(1)。また、司法省の所で日本の法律が欠如しており、まだ不完全である。劉君によれば、今、訳を補っている所で、まだ脱稿していない、とのことだった。

〔略〕

五月二十一日

〔前略〕

汪公使は、日本の外交のやり方は頗る法にかなっているという。慶澄が調べたことによると、日本の首相伊藤氏は、かつて親しく西洋人の下働きをしながら外国を遊歴し、欧米の土台を調べた。彼のほかにも、単身ヨーロッパに行って、帰国してから国政にあずかった者が少なからずいる。だからその外交のやり方がやや法にかなっているのも当然である。日本は近く外国人の内地雑居を許し、日本に居住する外国人は日本の地方官が管理するようにしようとしている。また、西洋人と約して、刑法を改訂し、別に通例を設けて、互いに相違がないようにしようとしている(2)。西洋人はこれを拒絶しようとし、本国の民も多くはこれを不便とみなしている。しかし、日本の政府はなお徐々に外国と協議してこれを実現しようとしている。慶澄が思うに、この挙は日本政府の甚だしい失策であろう。我はこれ我に自《よ》り、物はこれ物に相《したが》うというが、天下に二つの道理はない。強いてこれを合わせようとすれば擾乱を増すだけだ。これを記して今後を見ることとしよう。

〔中略〕

日本人は学問について論ずると、ややもすれば、万国の長所を集めるのだと言う。慶澄が日本の学校を観察した所では、その途径《みち》が広いことは、誠に非難すべきことではない。しかし誇大に過ぎ、往々にしてこれに似て非なる語がある。たとえば、「三代の学は中土では亡んで、欧米に存している」などと言う。欧米の学は、広大な天地を切り拓いて新生面を開いた。慶澄は断じて愚かな儒者の井の中の蛙のような見方に固執するものではない。つまるところ三代は三代に由来し、欧米は欧米に由来する。三代の学を援用して欧米を反駁するのは不可であり、欧米の学を援いて強いて三代に附会することも不可である。その上、三代の学は、周の学だけが六経に十のうち四五が散見するだけだ。しかもひとたび漢代の儒者の手を経て、砕け散ってしまったもの、偽託されたものもある。夏・商の学などは、吉光〔西域から漢の武帝にその毛皮が献上されたという伝説的な神馬〕の毛皮のように、その全体を求めても、渺として調べるすべがない。中国の士大夫は往々周の学をもって夏・商を臆測する。慶澄は、それすら二千年にわたるとりとめのない意見だと思う。ましてや欧米の学をもって三代を臆測するなど、無茶苦茶な話だ。

日本人はこのごろ哲学会を設立し、仲間を集めて研究し、しばしば書物を出版して宣伝している。およそ、儒学、仏学、老荘の学、キリストの学、および各教の中の天・地・人の理に関わりのあるものを見ると、自由自在に研究、討論して、それぞれ新しい意見をはっきりさせている。慶澄が思うに、孔子の正大、如来の神通、老荘の玄妙、キリストの権力は、我々後世の小人にはとても及びもつかない。いたずらにおそれおびえる者に何ができようか。しかしながら、人の十倍も努力するなら、愚かな者でも必ず明らかにすることができるようになる。私はひそかに日本人とともにこれに努めたいと願う。

日本には、近来学会が非常に多い。哲学会、地学協会など、多くのものがある。思うに文をもって友を集めるのは、聖門〔孔子の門弟たち〕から始まったもので、明代の儒者の学問も講学の成果によるものが多い。学会をおこすことは甚だ有益である。中国には有志の士に乏しくないのだから、政治や社会に関心を持つ者が起ってこれを行うことを望みたい。

〔略〕

五月二十六日

〔前略〕

慶澄が、日本では党人がかくも多いが、どの党が最も大きな勢力をもっているのか、と尋ねると、こういう答えがあった。「最大の党は自由党と改進党だ。自由党は某々伯爵〔板垣退助〕を推して総理とし、改進党は某々伯爵〔大隈重信〕を推して総理としている。この二者は斉の桓公、晋の文公のように、それぞれ牛耳を執っている。しかし、いわゆる党とは、政治上それぞれ見解がちがうだけのことで、中国の漢や唐の時代（の朋党）とは比べられない。思うに、これも泰西より伝来した流弊にすぎない」。

党人の主旨はいかなるものか、某々の二氏はどういう人物か、と問うと、こういう答えがあった。「自由党は独立不羈を主張し、改進党は非なるものを改めて善に進むことを主張している。某々の二氏はともに維新の功臣で、かつては内閣にあって要路に立っていた者であるが、今は降って庶民となった。よって各党の人々がこれを推戴した。且つ某々氏はさきに刺客に狙撃されたことがある」。

日本の朝廷はどうして党人の権を禁止しないのか、と問うと、こう答えた。「たんに禁止することができないだけでなく、これを用いないわけにはいかないのだ」。

党人の中に得難い有能な人材がいるのか、と質問すると、こう答えた。「さきごろ某々氏は単身ヨーロッパ諸国を遍く旅し〔一八八二年、板垣の外遊〕、人材を見分けるのに長じている。某大臣が密かにこれを推薦し、日皇〔天皇〕は特旨をもって召見した。某々氏は臆することなく自己の見解を述べ、ついに破格の抜擢を受け、従五位を授けられて、朝鮮への使者に任命された。朝には布衣〔平民〕であった者が、夕べには顕官の地位に昇格したのは、奇遇というべきだろう。

しかしその党内の人の言う所では、某々氏の才をもってすれば、ただに外交の事をよく処理できるだけでなく、国政を総理する任にさえあたることができるということだ」。

党人はその言っていることを実行できるのかどうか、と質ねると、こう答えた。「その言う所を実行できるものは多いと思う。しかしまた、党人の中では党人一派の議論を持ち、政府の中に入れば政府一派の議論をするのは、ことに怪しむべきことだ」。

慶澄はこれに対してこう言った。「それは怪しむに足りない。およそ局外にある者は局内の苦しみが分からぬもので、局内に入って初めて局外にあった時の持論が安易にすぎたことを理解する。これは志ある者が経験せざるを得ないことだ」。

議会を訪ねた。議会とはいわゆる下院のことで、アメリカ合衆国で始められ、創始者はワシントンである。ワシントンは近代に二人といない雄大な人物で、建国に当ってただちに奇想を発して、民主の局面を創造し、議会を興した。当時の状況を考えると、必ずやそうせざるを得ない理由があったのだが、ただ同時代の人は誰もこれに気付かなかっただけだ。ワシントンの考えでは、これこそ禍いを未然に防ぐ所以だった。「国を手に入れてこれを自分の子孫に伝えるのは〝私〟である。民を治める仕事は徳ある者を選んでさせるべきものだ」と彼が言ったのは、思うに人を欺くことばだったろう。これを唐虞の禅譲(3)になぞらえるのはまちがっている。しかしそうだからといってワシントンを軽んずるのも幼稚な考えだ。最高位にのぼりつめた真人が心底の本音を吐くことなど、ほとんどないのだ。且つ、議会設置はすべての方面から聡明な者を集めて、閉塞状態を打破しようとするもので、ワシントンが初めて実行した時は、確かに平和をもたらす効果があった。以来百余年間に、地球上の各国がつぎつぎに実行して、その弊害がこの極にまで至ろうとは、はじめは思いもしなかった。ワシントンに霊あらば、ひそかに心を痛めていることだろう。慶澄はかつて地球に平和をもたらすものは議院であり、地球を乱すものも議院にちがいないと思った。このことをここに記して、千年、百年の後の人々の意見をまつことにする。

〔以下略〕

（小島晋治訳）

〔注〕

（1）逓信省は一八八五年に設置され、工部省の電信・灯台、農商務省の駅逓・管船などの管理事務を引きついだ。

（2）刑法を共通に適用し、治外法権を撤廃することを指している。

（3）唐と虞は、共に古代の聖王、尭と舜のこと。禅譲とは世襲によらず、有徳者に位を譲ること。

［資料35］　日本国志（抄）

黄遵憲

［解題］『日本国志』は、黄遵憲の代表的著作で全四十巻、その内訳は、国統、隣交、天文、地理、職官、食貨（戸口・租税・国用・国債・貨幣・商務）、兵、刑法、学術、礼俗（服飾・飲食・居所・歳時・舞楽・神道・仏教・氏族・社会）、物産、工芸と日本のあらゆる方面にわたり、巻によっては統計表も使用されている。随所に「外史氏曰く」として黄遵憲自身の考察が加えられている。光緒十三年五月の「自叙」が付されているから、一八八七年頃にはほぼ完成していたと思われるが、公刊されたのは一八九八年になってからであった。ここに訳出したのは「国統志」と「隣交志」のそれぞれ一部。

国統志三

孝明天皇〔在位一八四七～六六〕が位を嗣ぎ、家慶〔十二代将軍〕が薨じ、家定が将軍に任じた時であった。米・英・露の諸国が相次いで兵船を以って来たって盟を強要した。幕府は、各港に命じて砲台を築かせ、諸侯に大艦を作ること、火器を持って江戸に入ることを許し、諸藩の兵・設備を徴発したが、その力を計るに諸国に敵すべくもなかった。仕方なく諸国が船を三港〔下田・函館・長崎〕に停泊させることを許し、蕃書調所(1)を設けてこの事を司った。米使ハリスが来て将軍に会見を請えば将軍はこれを許し、また、江戸に公使館を設け十港を開いて商を通ずるを請うに及んで、幕府は人を遣ってこの事を天皇に奏上した。天皇は、初めて外変を聞き憂うこと甚だしく、七廟・七大寺に祈祷し、幕府の奏文を公卿に下して論議させ、通商を許さぬことに決した。しかし、米使はさらにこれをせまった。遂に互市則十四条を定め、ただちにオランダにも与え、英・仏・露とも仮条約を定めた。徳川親藩の慶篤・慶恕・慶喜・慶永等(2)は、条約を廃し勅旨を奉ずることを請うたが聴き入れられなかった。

家定が薨じ、家茂が将軍に任ずると、水戸藩の徳川斉昭は以前より攘夷論を主張し、「米国十不可和之議」を建言して用いられなかったのであるが、ここに及んで天皇は斉昭に攘夷を主催せよとの旨を降し〔「戊午の密勅」を指していると思われる〕、さらに幕府の違旨之罪を数え上げた。幕府の老中井伊直弼は、そこで斉昭を罰しその党人を捕らえて斬り、公卿を幽閉した。また、諸侯の異議を持する者を諭して隠居させた。しかし、諸国の処士で攘夷を主張する者はますます憤激して服さず、遂に尊王を唱え、攘夷の説をもって紛々として競起し、大老を刺殺し、公使館を攻め、朝臣を殺し、有無を言わさず藩に幕府追討の声明を迫るに至った。彼らは輦轂の下〔都のこと。輦轂とは天子の乗る輿〕に縦横し幕府もこれを抑えられず、朝議もこれを患えた。時に長州藩の毛利慶親が幕府に上書し、王室を翼戴し衆心を協和することを請うた。その子長廣(3)は京に留まり、薩摩藩の島津久光、土佐藩の山内豊信もまた先後して入京し、天皇は遂に薩長土三藩に、留まって闕下〔都のこと〕を鎮めるよう詔した。これより列藩では京師に参上することが風潮となり、八十余国が競って参上した。天皇はしばしば勅使を東下させ、家茂に入朝を命じた。家茂は既に天皇の妹を娶っていたが、ここで勅を奉じて慶喜等の罪を解き、松平容保〔会津藩主〕を以って在京守護職となした。天皇もまた容保に京を守ることを命じた。ここにおいて朝廷と幕府との間は、やや和らいだ。家茂が入朝すれば、天皇は礼を厚くして迎え、かさねて攘夷を勅令し、家茂が大阪に留まってまだ帰らぬうちに、詔して攘夷の期日を定め、家茂に命じて列藩に布告させた。しかしこの時、イギリスが生麦での被殺事件の賠償金を返答期限付きで要求し、幕吏はこれを支払った。

アメリカの軍艦が赤間関〔下関〕に停泊しており、それを不意に長州人が砲撃した。天皇は詔してその武断を賞賛し、また幕府の攘夷引き延ばしを叱責し、さらに開戦の詔を諸藩に頒布した。天皇は遂に、詔して大和へ行幸し、親征を論議するまでになった。この頃、幕府と長州の間は対立しており、長州・薩摩・土佐の三藩も勢を恃みに互いに対立していたが、朝廷の意向が突然変わってしまい、長州人は三条実美等公卿七人を連れて長州へと逃走した。廷議は長州人を追放して帰国させた。長州人は挙兵して御所を犯したが、容保等が諸藩の兵を糾合してこれを撃退した。アメリカが英・仏・蘭を誘い四か国の軍が馬関〔下関〕を攻め、長州が潰敗した頃、幕府が諸藩に檄を回して出兵させて西征すると、長州は懼れて罪に伏した。幕府は長州の内訌に乗じて再び西征を企てた。家茂は軍を率いて御所を過ぎる折りに、入朝して外交条約の勅許を願い出た。天皇はこれを許した。家茂が使を遣わして長州藩を譴責したその時、薩摩が突然長州と連合した。薩摩兵に討伐に加わるよう詔があったが、従わなかった。西征軍は功なく終わり、家茂も遠征中に急逝した。これより雄藩は統制に従わなくなり、幕府の勢はますます衰えた。家茂が薨じて慶喜が将軍に任ずると、翌年、彼は遂に政権を奉還した。天皇は疱瘡を患って急に崩御した。在位二十年であった。孝明天皇は即位してより、深く国家の安危を憂いとし在位中は外交問題に終始した。

明治天皇があとを継いだ。現天皇が即位して、慶応三年五月、兵庫港開港、十月、徳川慶喜が上表して政権を奉還した。十二月、七卿及び毛利氏の官爵を復した。摂関・議奏・伝奏・守護職・所司代を廃し、新たに総裁・議定・参与の三職を置き、全国に向けて天皇が万機を親裁することを布告した。慶喜は大阪城に潜入し、〔松平〕容保・定敬〔伊勢桑名藩主、容保の弟〕等がこれに従った。容保・定敬の入京を禁じ慶喜を召喚する詔があったが、慶喜は行かなかった。慶喜は薩摩藩士を朝政から斥けるよう請うたが、聞き入れられなかった。明治元年正月、慶喜は大挙して御所を攻めた。これに対し、朝廷は嘉彰親王を拝して征討総督とし、錦の御旗を下賜して討たせた。慶喜は敗れ、江戸へ遁れた。天皇は詔して慶喜以下の官爵を削除した。次いで有栖川宮熾仁親王を拝して征東大総督となし、錦の御旗と節刀とを授けた。各国の使臣に援軍を送ったり兵器を売り込んだりしないよう命じた。三月、天皇はイギリス・フランス・アメリカ・オランダの各公使を謁見した。二条城をもって太政官代とし、庶政を裁決することとした。天皇自ら公卿・諸侯の会議に臨み、五誓を定めて「曰く、万機公論に決す。曰く、上下心を一にす。曰く、朝幕途を一にす。曰く、旧習を洗い公道に従う。曰く、知識を寰宇に求む」と誓った。蝦夷地開拓の議を策問し、次いで太政官日誌を刊行した。天皇は大阪へ行幸し海軍を観閲し、大総督は東海道を航海して駿府に達した。陸軍が中山道を進んで甲府を取り、海軍が品川へ到ると、慶喜は降服を請うて寛永寺に入り勅命を待った。四月、勅使橋本寛梁、柳原前光が江戸に入りその城を収め、慶喜の死一等を減じて水戸に蟄居させた。徳川の残党が房総の間に横行したが、官軍がこれを平定し、大総督は江戸に入った。閏四月、官軍が総野〔下総と下野〕の賊を撃ち、五月に東台〔上野〕に拠った賊を討伐して、関東はことごとく平らいだ。

関東監察使三条実美が江戸に到り、宣勅して徳成(4)を召し将軍の後を継がせ、駿遠奥羽七十万石を下賜した。討会〔会津討伐〕総督九条道孝・沢為量等が薩長筑の兵を率いて奥羽に赴いた時、仙台、米沢及びその他十余の藩が白石で連盟して官軍を拒んだ。天皇は詔して伊達慶邦等の官爵を削除した。六月、官軍は越後に入った。七月、江戸を改称して東京とした。官軍が若松城を囲んだ。九月、容保は城を出て降服し、仙台、米沢、南部、庄内も皆降服した。

十月、天皇は車駕して東京へ行幸した。これに先んじて榎本武揚が八隻の軍艦を押さえていたが、ここに至って蝦夷へ入って函館を占領した。翌年五月、これを平定した。十二月、陸奥を分かちて五国とし、出羽を二国にした。天皇は車駕して京都へ還幸した。この年、初めて紙幣を発行した。二年正月、天皇の外出に当たり警蹕を罷めて道儀を喝えるようにした。二月、集議院を置き諸藩士を徴して議員とした。諸道の関を撤廃し、磔《はりつけ》・焙《ひあぶり》の二刑を廃止し、新聞紙の発行を許した。三月、待詔院を置いた。天皇は車駕して再び東京へ行幸し遂に都を遷した。五月、東北は悉く平定され、招魂社を建てて戦死者を祀り、丁卯以来の戦功を賞した。電信機を設け、弾正台を置き、徴士の称を廃した。府・藩・県一致の制を立て旧藩主を以って知藩事に充て、歳入の十分の一を賜うこととした。公卿・諸侯の称を廃して一括して華族とし、その臣下を士族とした。七月、官省を改置、官位二十階を設け、勅任・奏任・判任の三等に分けた。東京・京都・大阪の三府の外は、すべて改めて県とし、蝦夷を改めて北海道とし十二国に分けた。九月、詔して復古の功臣三十四人を賞して、等差のある禄を賜うた。十二月、中下大夫・上士等の称号を廃し、ことごとく士族とし、禄制を廃して廩米を給することとした。三年正月、諸の旗章を定めた。九月、すべての民に姓氏を称することを許した。十二月、諸国の寺社の領地を公収した。親王賜姓の制を定め、新律綱領を頒布した。

四年二月、薩長土三藩の兵を徴して親兵とし、全ての華族に東京居住を命じた。蒸気機関を用いて金銀幣を鋳造した。三月、武官の礼式に軍服を用いることを定めた。四月、庶民に乗馬を許した。外務卿伊達宗城(5)を我が大清国に遣わし、条規を定めた。五月、参議副島種臣(6)をロシアに遣わし、樺太の境界について議した。七月、藩を廃して県とし、諸官省を廃して太政官官制に改めた。八月、官制の等級を定め官等を分けて十五等とし、太政大臣、左右大臣、参議の三職を諸省長官の上に置いた。華族平民間の通婚を許し、穢多非人の称を廃した。国民に散髪、脱刀を自由にさせた。十月、勅して右大臣岩倉具視を大使、参議木戸孝允、大蔵卿大久保利通等を副使とし、欧米各国を訪問させることとした。府県の官制を定め、知県事を改めて県令と名づけ、府は知府事とする。十一月、県治条例及び事務章程を頒布した。五年三月、親兵を廃して近衛兵を置き、勅奏官犯罪条例を頒布した。四月、土地を外国人に典売〔質入れ・売り渡し〕することを禁止した。教導職を置き教憲三条を頒布し、僧侶の肉食妻帯を許した。五月、天皇が車駕して西巡した。六月、郵便局を設ける。七月、学制を定め学区を分つ。八月、裁判所を置き、銀行を創設した。六月、鉄道が東京から横浜に至る。十月、人身の売買を禁じ娼妓を解放する。十一月、詔して太陰暦を廃し太陽暦を頒行し、次いで徴兵令を頒布した。

六年一月、改めて鎮台営所を置き、各地に公園を設置した。五節句を廃し、紀元節・天長節をもって祝日とした。二月、父祖被殴律〔仇討ちのことか?〕を改正し、復讐を禁じた。三月、詔して外人との通婚を許した。天皇が断髪し、皇太后・皇后も薙眉・涅歯〔眉剃り・お歯黒〕の旧習を革めた。外務卿副島種臣を我が大清国に遣わす。六月、御真影を府県に頒布す。七月、大使岩倉具視等が帰国し、参議西郷隆盛、副島種臣等が辞めた。十二月、華族・士族の禄に課税し、士族以下に禄賞を奉還することを許す。七年一月、前参議副島種臣等が連署して上表し、民選議院を起すことを請う。二月、肥前の賊が蜂起したが、これを平定する。三月、女子師範学校を設けた。陸軍中将西郷従道、兵を率いて台湾生番を征す。六月、北海道屯田兵制を設ける。七月、百官に避暑暇を賜う。印税規則を頒布した。八月、詔して参議大久保利通を我が大清国に派遣し台湾の事を論議させ、遂に講和し撤兵す。十一月、士族に百石以上の家禄、賞典禄を還納することを許す。八年一月、大久保利通、伊藤博文、木戸孝允、板垣退助、井上馨等が大阪で会議をした。二月、煙草税、車馬税、酒麹税を課す。四月、左右院を廃し元老院、大審院を置き、立憲政体の建立を勅す。六月、始めて地方官会議を開く。讒謗律、新聞条例を頒布した。七月、全国民会公選法を議定す。十月、左大臣島津久光、職を罷む。十一月、樺太全島を割きロシアに与え、千島と換える。九年一月、詔して参議黒田清隆、議官井上馨を朝鮮に使いさせ、修好条規を定めた。四月、官吏懲戒例を定めた。五月、朝鮮修信使が来たる。六月、天皇が車駕して奥羽に行幸した。道路の等級を定め、地方官任期例を頒布した。九月、府県裁判所を改め地方裁判所を置く。十月、熊本・山口の賊が蜂起したが、これを平定した。

　十年一月、詔して地税の六分の一を減じ、諸省の定額金を減じ、諸省府県官等を改正した。天皇が車駕して京都に行幸し、二月、大和に行幸した。三月、西郷隆盛、桐野利秋らが鹿児島で乱を起し、政府は軍を発してこれを征討し、八月に至って平定した。十一年正月、我が大清国欽差出使大臣何如璋等、東京に駐在す。五月、刺客が参議大久保利通を殺す。八月、天皇が車駕して北陸諸国を巡狩し、十一月に還幸した。この後、諸国巡幸の一年おき挙行が通例となる。この年また地方官会議が開かれた。しかし、地方紳民の結党・立会して時政を論じる者が各地に蜂起し、官民間の権利争奪はしばしば訟獄を興した。十一二年の間、各府県で連名して上書し国会開設を請う者は、数万人の多きに至った。

　外史氏曰く、余すでに国統志を編み、皇統絶続之交、覇府興廃之故、国家治乱之由において、その要点を択び詳しく記し、少しく注釈を加えた。ここで、その変化の原因を大きく整理すると四つあるといえる。いま、篇末にそれをまとめてみる。

　第一は、外戚が権勢をほしいままにし、太政が関白に移ったことである。天智天皇の時、内大臣鎌足は王室に功あって藤原氏の姓を賜った。その子が不比等である。文武・聖武の両天皇は共に彼の娘を后に入れ、孝謙天皇は不比等の孫娘にあたる。不比等は初めて太政大臣となり、その後、光仁天皇から崇徳天皇に至るまで二十七世、藤原氏の出でないものは、光仁・桓武・仁明・宇多・後三条の五帝のみである。不比等の四世の孫良房は、娘を文徳天皇に入れて清和天皇が生まれた。文徳天皇は長子の惟喬親王を立てようと望んだが、良房を憚ってあえて立てなかった。清和天皇が即位し、良房は初めて摂政となる。その子基経は陽成天皇を廃して光孝天皇を立て、初めて関白の号を立てた。「万機を先ず之に関《あづか》り白《もう》す」の謂いである。基経の二子は時平と忠平、忠平は朱雀天皇の時に摂政となり、その子の実頼・師輔と三公に並んだ。このために、天慶の乱が起こった(7)。冷泉天皇の二弟は、為平親王と守平親王であるが、村上天皇は為平親王を立てて冷泉天皇の世継としたかったが、藤原氏の出でないからと実頼等がこれを阻み、守平親王を立てた。このために、安和の変が起こった(8)。師輔の三子を伊尹・兼道・兼家という。兼家の三子を道隆・道兼・道長という。兄弟みな、政権を争った。伊尹の娘は花山天皇を産み、兼家の娘は一条天皇を産んだ。そこで兼家は、道兼を使って花山天皇を騙して一条天皇に譲位させた。その後の三天皇は皆道長の娘の生む所であり、道長の二子、頼道・教道は相継いで政権を握った。頼道は師実を産み、師実は忠実を生んだ。忠実はその長子忠通を疎んじて、少子頼長を愛した。このために、保元の乱が起こった。その後は、忠通の子孫が源平の合戦の時節に朝政を執り続けたが、一姓が五派に分かれて摂関を交替するようになり、自然にその勢は衰微し、言うに足らなくなった。

その盛時にあっては、皇后・皇太子は、藤原氏の出にあらずば、たとえ藤原氏の出であっても摂関の娘にあらずば、立つことはできなかった。もし強いて立て、立后之詔を宣し、東宮之官を拝受させようとしても、朝廷の諸臣の中では、誰もあえてそのことにあたろうとはしない有様であった。陽成天皇は廃せられて院に退き、花山天皇は騙されて僧となったが、朝廷中が息をひそめて異議を唱えなかった。そして、傍系から入り大統を継いだ者は、感涙に咽んで「大臣の力が無ければ立つ事を得ず。大小と無く先ず関白に告げん」と言い、たまたま一語でも行き違いがあれば、すぐに退位した。

要するに君主とは、必ず思いやりのこもった詔によって人々を慰撫し、敢然と起って事にあたってこそ君主である。おもうに、歴代の君主は、専ら私的な閨房の快楽に泥み、内から制せられ、外には憚りがあった。藤原氏の妃嬪達は、鏡を操り櫛を執って、遂に大政を奪って外戚家に移した。一二剛明の君主がいて、自分の手に大権を独覧しようと望んでも、積重の勢は挽回できなかった。ことは一朝一夕の故ではなく、永い過程によるからである。藤原氏の専横が極まり、賄賂が朝廷に遍行し、荘園が諸国に遍在して、諸国の吏治は廃弛し盗賊が蜂起し、各地に武人が横行して騒擾をほしいままにした。この時に当たり、源平二氏がしばしば東辺を鎮定したが、そのつど武人を用いて功を奏した。このやり方が長く引き継がれて君臣関係のようになり、諸国の武士の半ばは源平二氏に属した。しかし、藤原の諸氏はなおこれを悟らなかった。相変わらず門閥を張り合い、格式・前例をもって政治を行い、武士を蔑んで歯牙にもかけず、戦功を立てても吝しんで恩賞を出さず、しかし、一朝事あればこれを源平二氏に委ねた。二氏は郎党を率いてこれにあたること、あたかも嚢中に物を探るが如くで、常に立ちどころに平定した。藤原諸氏は彼らを重宝がって、自分たちの爪牙に育て、彼らを使って父子兄弟で互に朝権を争奪するまでになり、一朱器・台盤の奪い合いにまで兵を出させた。保元の乱になると、上皇は源氏に頼り朝廷は平氏に頼って互に争った。平氏が倒れて源氏が興り、大権も武門に移った。

ああ、上は聖武天皇から下は源平に至るまで、藤原氏の朝権を執る者およそ二十余人、その間四百余年、新の王莽、魏の曹操のように帝位を盗む者こそいなかったが、驕縦奢逸して禍を招き乱を醸し、ついにはその千載不抜の基を挙げて、以前は奴隷のように使っていた武人に授けてしまった。かくして藤原氏もまた王家と共に衰頽し、僅かに空名を残すのみとなった。なんとも哀しいことではないか。

第二は、武門が権力を専らにして、郡県を封建に変えた事にある。上古は国郡に造長を置き、地方の職を奉ずる者は百四十四人で、これは封建であった。孝徳天皇の時、国造《くにのみやつこ》を廃して国司を置き、国守《くにのかみ》に任ずる者が六十六人。これは封建を郡県に変えたということである。かくして郡県七道は守介《かみすけ》をもって治めることになった。しかし、在朝の官には食封や功田があり、宰相の家が権力を持つことにより、その封戸は日に日に増え、各国の荘園は土地の八割にまでなり、守介の治める所は一二割のみとなった。このため国司は概して任地へ行かず、その地の豪族・武人を登用して自らの代わりとした。源頼朝は国司と共に守護を置き、荘園に地頭を置いて賦税を督促し寇賊に備えた。武人の職に任ずる者、六十州に遍く、その権力は帥府に統御された。封建の勢の始まりである。北条氏は旧制を踏襲して、守護の任命には功績によって配置換えをしており、古の国司と似ていた。しかし、往々にして子孫に伝えるようになり徐々に封建の勢を成していった。

建武の中興は、新田・足利の諸氏が北条氏を滅ぼすのに功があったことから、土地をもって人心を収めようと思い、概ね一姓に数州を跨いで領有させた。これは名は守護であるが、その実は封建である。足利氏が叛き、諸氏の領地を奪って子弟・功臣にそれを世襲させ、兵士や馬、兵糧や秣をそこから出させ、また、それを巡って争うようにもなり、かくして封建の勢が完成した。足利氏は始め将士に広い領地を与えて手なづけ、その志す所を達成したのであるが、そのため雄藩が時とともに勢力を拡大してゆく趨勢を制御しようがなかった。その衰えるに及べば、内では臣下が事を構え、外では守護同士が合従連衡し併呑を繰り返し、反って自滅するに至った。織田氏は、陪臣より身を起し一時は部将の多くが従ったが、英傑が攻略して得た所は直ちに分配してその志を賞した。おもうに、彼は古い国を滅ぼして取って代わろうと志したのである。豊臣氏が継いで興ると、織田氏の志す所は甚だ難しく成功しがたいのを見て、方針を変えた。兵威を加えた相手も、降服を求めて帰順するのであれば、その元の封土を返し、たとえ八九州に跨って蟠踞する者でもこれを慰撫して少しも削らなかった。このため一時に群雄がみな首を垂れてその命に従った。しかし、身没すれば幾ばくもなくして分裂に陥った。

おもうに、日本の封建の事は、足利氏はその利を享ける前にその弊を受け、織田氏は積世の弊を取り去ろうとして、その利を完成するに至らず、豊臣氏は一時の利を貪ったが、その弊を去ることはできなかった。徳川氏に至って封建の局が完成して不変となった。徳川氏の盛時には、諸侯がおよそ二百六十余国、土地を分封して諸侯を多く建てて個々の力を弱める目的を達したのみならず、広く子弟を封建して強幹弱枝の計略をなした。また、険要に拠って諸侯の喉元を押さえる態勢をとり、諸侯に邸第を築かせ妻子を江戸に人質とし、一年おきに江戸に集めた。かくして諸侯をして室家を恋しがらせ旅に疲れさせ、牽制して敢て謀を逞しうせざらしめた。このために、父老子弟は兵革を見ず、世臣宿将も歌舞をなし、管弦酒宴の歓が街巷に溢れ、娯楽に耽り酒に酔うこと二百余年、まさに繁栄と謂うべきである。そもそも、源氏が種をまき、織田氏・豊臣氏が耕し、徳川氏に至ってその利を収穫したのである。柳宗元が「封建の勢は天なり。人に非らざるなり」といっているが、そうではあるまい。そもそも徳川氏の智勇でなければ、この効を収めることはできまい。しかしながら、島津の薩摩、毛利の長州、鍋島の肥前の如きは、足利・織豊の間に始まり徳川の世を通して、一族は栄え恵まれ強い兵と広い領地を擁した。後に関東の幕府を覆えしたのも、その基はここにあった。これもまた、人事のはかり及ばざる所である。

　第三は、処士が横議して、封建を郡県に変えたことにある。将軍が政権を握ってから六七百年、王室の危うさは風になびく旗指物よりも甚だしく、北条、足利の二世が最も悖逆であったが、それでもついに自ら皇位を僭称して大統を冒す者はなかった。おもうに、すでにその実を占めれば必ずしも名を争う必要はない。しかも、名を立てておけば、それを利用して人を動員することができるが、廃してしまうと、人がそれを利用してこちらに謀をめぐらしてくる。これは奸雄・盗賊の操術に巧みな者のなせる所であったが、しかしこれによって王室は一縷の望みを持ち続けて、今日の中興の業をなし得たといえるかもしれない。

　将軍が政権を握っていた当時は、これを尊んで「幕府」と言い「覇朝」と言い、甚だしきに至っては「国主」「大君」「国王」と称した。将軍以下、大夫は士を臣下とし、士は皁隷〔賎官〕を臣下とし、皁隷は輿台〔召使〕を臣下として、各々采邑を分け与えられて家族を養った。国中の禄を食む者はみな、臣は将軍の臣、民は将軍の民となって久しく、さらに上に王室があることは知らなかった。徳川氏が興ると武道を棄てて学芸を講じ、文治が盛んとなった。親藩の源〔水戸〕光圀は、初めて『大日本史』を編纂し、将軍伝、家臣伝を立て、そこに武門を斥け王室を尊ぶ意を潜ませた。また、伯夷は周の武王を非として殷の王室に忠義であったとし、自ら国を譲ったその人となりを慕って家に伯夷を祀る祠堂を建てた。その後、山県昌貞〔大弐〕、高山正之〔彦九郎〕、蒲生君平等は、あるいは狂人を装って泣き叫び、あるいは何気ない言葉の中に風刺をこめて、尊王の意をもって人心を鼓舞した。さらに、源松苗が『国史略』(9)を書き、頼襄〔山陽〕が『日本政記』『日本外史』を書いて、王道を崇め覇道を斥け、名分論が益々盛んになった。これらの君子達には優れた子孫・門下生・部下がいて引き継いでその説を広め盛んにしていった。幕府の盛時においても、つとに尊王の義が広く人々に浸透していたといえる。

　外国船が来て大騒ぎになると幕府は和睦を議したが、諸国の処士たちはこの機に乗じて起ち上がった。幕府はその権威をかさに彼らを見つけ出しては捕らえた。しかし、人心はますます憤り、士気は益々上がり、首を斬られる者や密網に触れて捕まる者は数え切れぬほどであったが、前者が殺されれば後者が起ち上がり、敢然として攘夷尊王の説を天下に広めようとし、一度起てば後を顧みず死を見ること帰するが如くにまでなるとは、なんとも烈しい事である。幕府が統治すればするほどますます乱れ、その権威が日々に失墜するに到って、薩長土肥の諸藩が群起して混乱の後を受け、諸国の処士たちも密かに結び、公卿も大藩と連合して幕府に揺さぶりをかけた。錦の御旗が東を指すに及んで幕臣は降服を請うた。中興の功臣たちは賞を受け、下士から高官にまで昇った者が、武鑑に名を連ねることになったが、この過程も鮮やかであったといえよう。

このように、幕府の滅亡は、実は処士によって滅亡したのである。徳川氏は文を修めて武を抑えた。そのため列侯の一族は深窓に成長した者のようになってしまい、筋骨緩んで婦女の如く、またその藩士たる者は、身家を顧み俸禄を重んじて、それを失うことばかりをひたすら恐れていた。独り浮浪の処士のみが、書史を渉猟して志気を有していた。しかも翻ってみれば、浪々の身である彼らには惜しむに値する家もない。かくして奮然一決、幕府と敵対し、その中である者は節烈に殉じある者は富貴を求めて活動し、幕府はついに亡びたのである。先に言われた攘夷は、その真意は攘夷ではなく幕府を傾けることにあった。その後に言われた尊王も、真意は尊王にはなく幕府を覆すにあった。そもそも、徳川氏は詩書の恩沢をもって兵戈の気を消したのであるが、その末流はそれに禍されて『春秋』尊王攘夷の説によって亡びたのである。

これはまさに、逢蒙が羿《げい》から弓を習って逆に羿を射殺したのと同じである(10)。しかしながら、北条、足利、織田、豊臣の諸氏はみな、国が亡べば一族も滅亡したが、独り徳川氏は政権を奉還した後も、なお土地を与えられ禄を授かって後の世までも続いた。東照宮、日光の廟へは、いまなお朝廷が歳幣を贈りその祖先を祀っている。これは、諸士の徳川氏への報恩の故である。かの高山・蒲生の諸子は、明治初年に詔が下り褒章されて、首功の烈士の霊は黄泉路で微笑むこととなり、些かの慰めを得た。

最後の一つは、庶人が政治を議論して、国主を共和とすることを主張したことにある。これは尊王の説が下から唱えられ、国会の端緒が上から啓かれて、その勢と実とが互に迫り互に影響しあって成ったのである。なぜか。幕府を滅ぼそうとするものは、人心に順がうことに努めた。すでに幕府を滅ぼした後は、諸藩の中から第二の徳川氏になるものが出るのを恐れ、また民心と結ぶことに努めた。このため天皇は五箇条の御誓文の初めに「万機公論に決す」と言ったのである。これは一時の便宜策にすぎないと言う論者もいるが、かりにも民に議政の柄を授ければ、奪い返すことはできない。数年来、官庁を訪ねて速やかなる国会開設を求める者が先を競う様は、以前の尊王の説より甚だしきものがある。余がその故を考えてみるに、封建の世となって以後、尊卑の分、上下の懸隔は甚だ大きく、平民に列せられた者は、藩士と通婚できず、馬に乗ることも絹を着ることも刀剣を帯びることもできず、しかも賦税の重きことは七公三民、富商豪農には資産を仮に分配する方法もあったが、時として罪を蒙ると、公布された刑律は全く無く、罪の軽重は唯刑吏の意のままであり、小民はその意のままに料理された。冤罪に苦しめられても控訴しようもなく、分を超えて上訴すれば、訴状が上聞に達する前に首切りの刀が振り下ろされた。君門を仰ぎ見ること天の如く神の如く高遠を極めた。そして上から積み重なる威圧は、下において圧制を極めた。

鬱が極まれば必ず伸びようとする力が働くのが時の勢である。維新以来悉く西法に従うようになり、租税を改定すれば西法を用いて民膏を搾り、徴兵令をしけば西法を用いて血税を取った。刑律を編制すれば西法を用いて民非を禁じ、学校を設立すれば西法を用いて民智を啓いた。しかし、泰西で最も重要な国会だけは遅々として未だ開かれていない。そして曰く「国体同じからず」曰く「民智未だ開けず」。これは論としては間違いではないが、民の願う所とは異なる。今日命令が下り、明日にはまた別の命令が下るという中では、もし民に不便があれば時には民口を借りて、「西法、西法」と言う。小民もまた最も自分に都合のよい面をとらえて国会の速やかな開設を求め、「西法、西法」と言う。これらが互に連携して共に進むもまた時の勢である。その上、外国商人による搾取、士民の困窮、失職した顕官の怨嗟、新聞や演説による動揺が加わって、万人が口をそろえて官庁に向かって上訴する勢いは、少しも治まらない。守旧の説をなす者は、日本には二千余年にわたり一姓相承の伝統がある、もし共和を始めでもしたら主上をどこに置けばよいのか、と言う。これも一つの説である。調停の説をなす者は、天が民を生み君主を立てて人々を導かせたのは、君主一人のためではない、もし専ら一人のためであるならば、興る者があれば必ず廃される者があり、得る者がいれば必ず失う者がいる、ただ権力を挙国の臣民と分けて、君主は何もせずに成果を待ってこそ、万世不墜の業をなすことができる、と主張する。これもまた一つの説である。十年来、朝野上下の二説は紛々として相譲らず。国会を開く主張についていえば、漸進説と急進説があって互に争い、イギリス流とドイツ流がこれまた論争していて、侃々諤々止まる所を知らない。朝廷は詔を下して、すでに漸次に立憲政体を建てることとし、これを民論に委ねたが、それが結局どうなるかは、何とも言えない。

〔略〕

隣交志上一

外史氏曰く、余は西人より聞いたが、「欧州の発展は、正に諸国が対峙して譲らず、技術を互いに磨いて向上させ、軍備を相競って強化し、物産は有無相通じて地の利を尽くし他者の技巧を奪い合ったことによる。フランスの十字軍が起こってより、合従連衡の隣交は日々に盛んにして国勢も日々に強くなった。これをローマ一統の時代に比べるとその進歩の速さは比較にならない」と。その言わんとする所は隣交には大きな益があるということである。

そこで余が思うに、中国が瓜分豆剖されて干戈入り乱れたのは、戦国七雄の時代より甚だしきはない。しかし、その時代には、徳行では孟子や荀子が、刑名では申不害や韓非が、従横家には蘇秦や張儀が、道家に荘子や列子が、異端には楊朱や墨翟が、農家には李悝が、工には公輸班が、医には扁鵲が、商には計研や范蠡が、治水には鄭白や韓国が、兵法には司馬穰苴や孫武・呉起が、弁説では鄒衍や公孫龍が、文詞では屈原や宋玉がいて、その人材の優秀さは、みな後の専家の祖となっている事からも明らかである。一統は守成を尊び、列国は進取に努める。守成は自保を尊び、進取は自強に努める。これが列国並立のほうが繁栄する所以であろう。ただ、あの時代は玉帛は少なく兵戈が多く、そのため隣交の益は未だ目に見えなかっただけである。

日本という国は、独り大海の中に在って地上のいずれの国とも境を接していない。閉門自守し、住民は老死に到るまで他国と往来せずにすむのである。しかしながら、国に入ってその風俗を調べて見ると、一つとして外国人から借りていない物はない。中古以来、中華を仰ぎ見て、あたかも迎えの車列がひきもきらぬかのように次々と人を招聘し、上は天文暦法、地理、官制、兵備から典章制度、語言文字、はては飲食行儀、玩好遊戯といった微細なことに至るまで、一つとして大唐を手本とせぬものはなかった。近世以降は欧米と交を結び、公使の館が並び立つようになると、また上は天文暦法、地理、官制、兵備から典章制度、語言文字、はては飲食行儀、玩好遊戯といった微細なことに至るまで、一つとして泰西を手本とせぬものはなくなった。東に向かえば、国中が東に向かい、西に向かえば、また国中が西に向かう。目にした物に心酔し、丁寧な説明を聞けば、争って貯えの金帛を出して遠来の物を買い、自国の持ち物は棄てて顧ようともしない。まことに外追いと言うべきである。目前の弊害について論ずる者は、繁縟に過ぎる欠点すなわち文弱を心配し、今後の弊害について論ずる者もまた、華靡に過ぎる欠点すなわち奢蕩を心配している。

隣交とは果たして大益あるものであろうか。そもそも天下の事は、百の利がある事ならば、弊の十ぐらいは必ず付いてくるものであろう。ところで、余の聞く所によれば、日本は一島国に過ぎぬが、使を隋・唐に通じてより、礼儀・文物はしっかりと備わり、礼儀・君臣の名が存在することにより、近世の賢者・豪傑は志し高く、視野広く、競って外交に努め、急速に開明の域に進み、列強と拮抗するまでになった。もし閉関謝絶したままであれば、今なお洪荒草昧の未開国のままであった。こうしてみると隣交が大益あることは、本当である。

そもそも日本は、将軍が政権を執ってから七百余年、急に伝家の宝刀を相手に渡すかのように政権を天皇に返した。要するに尊王の説は、攘夷の論に基づき、攘夷の論が興ったのは、アメリカの軍艦やロシアの船舶が相継いでやって来て盟を強要したときに始まる。すなわち、内国の盛衰も外交と緊密に繋がっているということである。

〔略〕

隣交志上三

華夏

日本の明正天皇の正保三年丙戌〔一六四六年、ただしこの時の天皇は明正天皇ではなく一代後の後光明天皇〕と言えば、我が世祖章皇帝が燕京に都を定めて既に三年である。我が大清国が東土に勃興してより、その勢威は東方の涯にまで及び恐れ戦かぬ者はなかった。また、徳川氏の執政も文治を以って太平を実現するものであったから、二百余年の間、両国は安和し、東海に波風は立たなかった。この年八月、鄭芝龍(11)が明の唐王聿鍵の意を奉じ書と方物を贈ってきて援兵を乞うた。書は将軍徳川家光に達し、家光は宰執酒井忠勝等を召して論議させ、また徳川三親藩に下問した。頼宣(12)が建議して曰く「援兵を送りて功有るも国に益無し。もし功無ければ、ただに国を辱めるのみならず、怨みを強隣との間に結び後世に患を残す。援兵は送らぬをよしとす」と。議論はここに終わり、日根野吉明を長崎にやり通告させたところ、ちょうど、大清国が福建を平定し鄭芝龍(13)は帰順したとの報が入り、使をやめて書と方物を返した。西北の諸大藩に命じて暗に警戒をさせた。ところが、冬十二月、崔芝がまた使を遣し書を致して兵を請い、その書に略曰く「芝、水師都督に任ぜられ、志あれども力なく、力あれども兵なし。貴国の人皆義勇にして兵皆精悍、刀鎗に慣れ舟楫に熟す。芝、君辱められれば臣死すの誠を尽くさんことを思い、血に泣き戈に枕すの挙を忘れ難く、敢えて七日の哭に効い、三千の兵を借り、我が同澤同袍〔苦楽を共にする兵〕の気を壮にし、永く子々孫々に盟を結ばん」と。また、一書を致して日本に甲冑二百両を乞うた。しかしどちらも入れられなかった。二年後の戊子の年、鄭彩が書を致して兵器を乞うた。鄭成功(13)もまた書を長崎の役人に致し、その書に略いわく「大明興りて三百余年、治平の日久しく、人皆乱を忘れ以って今日に至る。成功、心に報国を誓い、浙江・福建を徘徊するに、憤を感じ喜びて我に従う者頗る有り。然れども孤軍懸絶して四面援無し。成功は貴国に生ず。この艱難にあたり、もし数万の甲兵を恵まれれば、その感激、豈に極まるあらんや」と。しかし、その努力は報いられなかった。己丑の年、馮京第・黄宗羲(14)が明の魯王以海の命によって長崎に来て援軍を請うたが、目的は達せず。また、朱之瑜(15)が来て援軍を請うたが、目的を達することはなかった。明の唐魯二王が亡ぶに及んで遂に訪れるものは絶えた。

しかし、華商で日本に来るものは、日々に多く、入る船は百八十艘、長崎に雑居して和同し貿易して官司の監理を受けなかった。徳川綱吉の世になり始めて官の統制を設け、船を七十艘に限ったが、すぐに十艘増した。徳川家宣はまた五十艘に限り、徳川吉宗はさらに四十艘に限り、その後逓減して二十艘になった。徳川家重はまた十五艘に限ったが、すぐに例額外に二十艘を加えることを許した。徳川家治はまた十三艘に限り、徳川家斉に至って十艘に定め、その後徳川氏の世では増減はなかった。初め輸出貨物の年額を銀八千貫に限り、継いで減らして二千七百貫とした。始め長崎奉行三名を置き、哨台を長崎小瀬戸浦及び横瀬浦に設け来船を監視し私商を巡禁した。また、華商館を長崎に築き去来出入に法を定めた。家宣の時、使いを長崎に特派し貿易法を改正し、初めて信牌を中国船に発給し、代々大村氏に長崎を監護させた。家斉の世に至って、大村純昌が見張所を商館の門外に築き厳しく出入を検査し、遂に華商が憤慨して哨兵と争い見張所を壊したが、すぐにまた築かれた。その後も捕兵がやたらに連行することにより、館を壊すなどの揉め事が起きた。華商が日本へ輸入する物資は綿糖、紬緞、書籍、文具が多く、輸出の物資は銅が大部分であり、その余は昆布、鰒および銅や漆の雑器である。しかし、日本商人の中国へ至る者は絶無で、ただ漂流した難破船を援けて送還するのみであった。

徳川氏が政権を執る間は、専ら鎖国をもって国是となし、長崎通商はただ華商及びオランダにのみ許し、他は禁絶した。三十年前、アメリカ軍艦ロシア船舶が相継いで武力を以って盟を強要するに及んで、国内は紛擾し、遂に幕府を廃し王室を尊んで、泰西諸国と互に条約を結ぶに至った。我が同治九年、現天皇即位後の明治三年に至り、王政維新し広く外交を事とする日本は、我が国とは千余年の旧好があり、また両大国が共にアジアにあれば友好を結び親睦を示さざるを得ぬことを念じ、同年七月、外務権大丞柳原前光(16)を派遣し、外務卿の書を我が総理各国事務衙門に齎して友好の件につき予備交渉させた。前光は天津に行って三口通商大臣(17)成林、直隷総督李鴻章に謁見した。成林は前光に代わって上書し、天津に留まって命を待つよう命じた。総理衙門は請う所を受け入れ、返書して通商を許した。しかしなお、返書に「大信不約」〔本当の信頼関係にあれば互いの約束は不要という意味。『礼記』の「学記」にある言葉〕の語があったため、前光は再三にわたり条約締結を請うた。総理衙門はその誠意に鑑み遂に条約締結を受け入れ、大臣が派遣されて来るのを待って交渉するとした。前光等は感謝して帰った。

明年四月、大蔵卿伊達宗城を欽差大臣〔全権大使〕として我が大清国と盟約を結ぶために特派した。外務大丞柳原前光は副使であった。我が朝は、欽差大臣協弁大学士直隷総督李鴻章を全権大臣として日本との通商の事務を処理させることとし、江蘇按察使応宝時、署直隷津海関道陳欽を補助としてつけた。六月、宗城等は天津に至って交渉を繰り返し、七月に至って修好条規十八条、通商章程三十三款を定め、中国日本海関税則を附則とした。宗城は訂約の後、直ちに北京に行き総理衙門王大臣に謁見し、天皇の大皇帝への献上品を上呈した。朝廷もまたこれに返礼して宗城に持ち帰らせた。

前光が初めて来て条約草案を提示したときは、両国の利益を述べていたが、宗城に従って再び来るに及んでは、専ら泰西諸国との条約に倣って条約交渉をしようとした。大臣は、中日両国は互に往来があれば事ごとに両国の言葉で条文を作って公開すべしと主張し、侃々諤々の末にようやく条文が定まった。その中には泰西の条約と同じでないものも含まれた。宗城の帰国後、日本はなおこれに不満で、そのため宗城はすぐ官を免ぜられた。五年二月、外務大丞柳原前光は少弁務使を兼ねて我が国へ使し、改約を提議したが要領を得ず帰った。

十月、ペルー国の商船マリアルイス号が、マカオで中国人三百余名を誘拐して傭人とし載せてペルーへ向かった。その船が颶風に遇って横浜に泊った折、傭人が船長の虐待を苦に身を海に投じ、救われて神奈川県庁に駆け込み訴え出た。時の副島種臣外務卿は商船の抑留を命じ、傭人を開放して我が国に告げた。我が国は、同知陳福勳を派遣してこれを連れ帰り、日本の隣誼に深謝した。十一月、外務卿副島種臣を特命全権大使に任じ、我が国に派遣し条規の批准を交換することとし、彼等は六年四月天津に至った。我が朝は、北洋大臣李鴻章を換約大臣に任じた。条規の批准交換が終わると、種臣は直ちに北京へはいった。

時に、穆宗毅皇帝〔同治帝〕の親政の形が整い、泰西各国の公使が謁見して慶賀を述べることを願っていた。六月、穆宗毅皇帝は紫光閣において召見したが、種臣は一級の全権大臣という事で、ロシア・アメリカ・イギリス・フランスの諸公使より先に天皇の書を捧げて入った。その国書に曰く、

大日本国大皇帝、大清国大皇帝に敬問す。さきに両国共に泰西各国と交通往来すれど、独り両国においては未だ親睦を修めず。故に去歳、我が臣大蔵卿伊達宗城を遣わし、貴国と条規を議定するを経て、既に批准を許し宜しく使を派遣して互換せんとするに、まさに大皇帝の婚既に成り且つ親政せらるるを聞き、朕深く歓喜す。すなわち、特に外務大臣副島種臣を貴国に遣り条約を交換し、併せて慶賀を伸べん。朕、固より、種臣は喉舌として専ら外務を司るに堪え、朕に代わりて肩承し、ここ言に好に帰さざる無きを知る。翼くは、大皇帝、交誼篤隣を思いて該使臣を好待し仁厚を優加され、彼此両国の慶を蒙ること永久にして渝わるなからんことを。特にここに敬白す。併せて、大皇帝の多福眉壽を祈る。

種臣は、覲礼し鞠躬して粛退した。皇帝は国書を以って応えることを命じ、その書に曰く、

大清国大皇帝、復りて大日本国大皇帝に好を問う。茲に、使臣副島種臣来書を齎到するに接し、披閲の餘、実に深く忻悦す。朕はただ天命を承け、寅《つつしん》で丕基を紹《つ》ぐ。中外は一家にして岐視有るなし。いわんや隣誼に関るにおいておや、尤も推誠を重んずべし。上年立つる所の条規、現に已に宣諭して刊布す。嘉儀孔《はなはだ》多くして厚意を徴するに足る。用答の微物は使に籍りて寄す。将に願わ

くは、我が両国永く和好を敦くし、同に天庥を荷わんこと、朕の厚望を有する所なり。仍ねて、種臣に命じて齎帰せしむ。

中国が外国と締交してから三十余年、此のたび召見にあたり特恩をもって種臣が第一位に置かれたことは、世々誇りて至栄となすべき事であろう。種臣は換約の後、井田譲をもって総理事とし十五港の商務を管理させ、品川忠道を理事として上海に駐在させて寧波・鎮江・九江・漢口の四所を兼管させ、林道三郎を副理事とし広東・瓊州・潮州の三所を管理させて香港に駐在させ、それぞれ赴任させて事に当たらせた。種臣は帰国し、前光を留めて公使とした。

明くる年、台湾生蕃の事件があった。これより先、辛未十一月、琉球船が颶風に遇い台湾に漂着、それを生蕃が五十四人殺すという事があった。癸酉三月、小田県民四名、また漂着し害に遇う。事を喜ぶ者はこれに事かりて、生蕃は豺狼にして膺懲せざるべからずと言った。ただ、生蕃と熟蕃との違いがあることから、まずその境界を我が国に質そうとし、たまたま種臣が北京にあることから種臣に訓令して台湾の事を訊ねさせた。種臣は自ら言い出すのを嫌がり、そこで副使の柳原前光を遣って我が国の総理衙門大臣毛昶熙・董恂に問わせた。昶熙等の答えて曰く「蕃民が琉球民を殺したことは聞いているが、貴国人を害したとは我々は聞いていない。そもそも、二島は共に我が属土である。属土の者の殺し合いは、もとより我が国において裁決するのであり、琉球民の救恤については、我が方が自から措置するのであって、何ら貴国の事には預からないから、御手を煩わすには及ばない」と。そこで前光は琉球が日本の版図であることを大いに争い、また小田県民の被害状況を具に証言し、さらに曰く「貴国は琉球民の救恤については、すでに考えておられながら、台蕃を懲らさぬのは何故か」と。答えて曰く「殺人者は皆生蕃に属す、故になお化外の地に住み、統治しにくい。日本の蝦夷やアメリカの紅蕃〔アメリカ先住民〕は、みな王化に服していないが、これは万国共有のことである」と。前光の曰く「生蕃が人を害しても貴国は捨て置いて治めない。しかし、民は一人の例外もなく全て国の赤子である。赤子が害にあっても不問に付すでは、父母は一体どこに行ってしまったのか。これをもって我が国はまさに台湾島民にその罪を問おうとしている所であるが、友好のことを考慮し、それがしにまず告げさせたのである」と。議論の応酬は日を重ねてもついに結論には至らなかった。

前光が帰国して状況を説明するに及んで、征台の議が遂に決した。甲戌三月、陸軍少将西郷従道を都督とし、陸軍少将谷干城、海軍少将赤松則良を参軍として兵を率いて台湾に赴かせることとした。陸軍少佐福島九成は厦門領事として兼ねて蕃事を管理した。別にアメリカ人リ・ゼンドルを招いて合議に参与させた。英米の船を雇って輸送船とし、参議兼大蔵卿大隈重信に特命して事を総理させた。四月、従道等は陸海軍を率いて品川を発って長崎へ回った。薩摩邸を蕃地事務局とし、重信等もそちらへ移った。時の米国公使某が局外中立の例を執って建言して曰く「貴国が突如軍艦兵卒を率いて華境に入れば、中国は必ず辺境侵略と思う。我が船舶・人民が、もし貴国の雇用する所となれば、彼らは必ず我が国が応援をしたと思うであろう。我が国は華人とも同盟しており、どうして貴国だけを贔屓して友好国に怨みを結ぶことができよう。およそ米国の所有に属するものは一切収還し、滞在中の商民には中立の決りを守ることを布告し、併せて厦門アメリカ領事に命じてリ・ゼンドル等を拘束させる」と。英国公使もまた「中国は必ず異議をもちだす。公法に照らしてみるに、この企てはあり得ない」と言った。ここにおいて内閣は紛糾し権少内史金井之恭を急遽長崎に派遣して内旨を伝え、重信に行軍を中止し帰京するよう命じた。重信は急ぎ従道に告げたが、従道は命を奉ぜずに曰く「近日の朝政は朝令暮改で、人をして危疑せしむ。ましてや精鋭を召集しておいて、統御を一度でも誤れば混乱して収拾がつかなくなり、その禍の計り難きこと、とても佐賀の乱の比ではない。必ず強いてそれがしを留めようとするのであれば、勅書を奉還し、身自らは醜虜の巣窟を撃ち、斃れて後已まん。万一清国異議を生ずれば、朝廷臣等を目して亡命流賊となせば、これに答えるに何かあらん」と。重信が状況を電報すると、朝議は大いに憂い、内務卿大久保利通を長崎にやったが、従道はついに聴かなかった。そこで、たとえ行っても妄りに兵を交えることなく後命を待つようにと戒めて、利通等はリ・ゼンドルを伴って東京へ還った。五月二日、諸艦は相率いて出発。社寮港を捜し当てて上陸を終え、陣を亀山へ移し、竹社・風口・石門の諸蕃にむけ進攻した。継いで、従道が高砂艦に乗って到着すると、道を分けて進攻したが、利あらずして亀山に退守し、橋梁を建て荒蕪を開墾して屯田持久の計をなした。

最初に軍が長崎を発すると、また柳原前光を北京に派遣した。領事九成も厦門へ至り、書を閩浙総督李鶴年に送った。鶴年はその件を上奏した。その時、総理衙門北洋大臣は直ちに朝廷に馳せ参じ、船政大臣沈葆禎に命じて台湾を巡視させ兵を整え警備させた。前光が北京に至り総理衙門に謁したが、互いの言葉は行き違った。かくして二国はまさに兵を構える勢いで、日本は諸国の商人から兵器を調達し鉄甲艦をイギリスから購入した。我が国は砲台を澎湖諸島に築き、海底電線を台湾厦門間に設置し、新式洋銃三万丁をドイツから購入し、淮軍を調えて台湾に来り、鉄甲艦をデンマークから購入することを議した。欧米人で両国に滞在する者が、両国の曲直強弱を日々新聞紙上で論じ機に乗じて煽り立てたため、艦船や兵器の価格が忽ち三倍に跳ね上がった。

日本兵は亀山に久しく駐屯するうちに酷暑のために病疫が多発して棺を連ねるありさまとなり、進退窮まった。しかもこの時、上海で諜報活動をしていた赤松則良が、巡撫王凱泰が兵二万を率いて台湾に向かうと急報してきた。日本は大いに恐れ、八月遂に参議大久保利通を全権大臣として和戦の権を委ね、利通は六日に東京を発ち十九日に上海に着いた。リ・ゼンドルも随行した。九月十四日、利通は我が総理衙門王大臣に謁し、まず蕃地の境界について論じ合ったが、相互に齟齬して二十日間議論しても結論に至らなかった。そこで利通は帰国再挙を宣言したが、裏ではイギリス公使トーマス・ウェードに調停にはいるようたのんだ。初め、利通が軍費三百万円の賠償を求めたのに対し、総理衙門は日本は無理横暴であるとして断固として認めなかった。しかし、日本がすぐ隣にあり、その欲を満たしてやらぬとアジアの今後の和局の妨げとなることを考慮し、ついに戦費の補填金を恵むことを認め、期限を定めて撤兵することとし、両国は元のように和好することとなった。

利通は定約したその日の夕方、直ちにトーマス・ウェードのもとに走り謝意を表し、明くる日北京をたった。横浜に帰り着くと商民が手に手に提灯を持って迎え、講和の成立を祝った。天皇も正殿において謁見を賜い詔して利通の勲労を賞し、直ちに勅使を台湾に派遣して軍を引き揚げるよう詔した。十二月、従道等は部隊を引き揚げて帰国した。八年十月、外務少輔森有礼を特命全権公使として北京に遣わした。

条規が批准された初め頃、華民で日本に滞在する者に対し、日本は領事官がまだ設けられていないことを理由に、居留華民規則を布告して遵守させ、経費を徴収した。丙子の年光緒二年すなわち明治九年になって我が朝は、翰林院侍講何如璋を選定して欽差大臣に任じ候選知府張斯桂を副使とし、さらに理事を分設した。九年十二月、東京に至り天皇に謁し国書を奉呈した。その国書に曰く、

大清国大皇帝、大日本国大皇帝に好を問う。朕は誕《おおい》に天命に膺《あた》り寅で丕基を紹ぐ。友邦と言《ここ》に好に帰するを眷念し、茲に特に二品頂戴升用翰林院侍講何如璋を選びて欽差大臣と為し、三品頂戴即選知府張斯桂を副使と為し、貴国の都城に往駐せしめ、並びに国書を親齎せしめて以って真心和好の拠を表す。朕、何如璋等の和平通達にして事件を弁理交渉するに必ず悉く妥協に臻るを能するを知る。惟翼わくは推誠相信じ以って永く友睦を臻すを得んことを。共に昇平を享くるは朕の厚望を有する所なり。

何如璋は、副使張斯桂、賛参黄遵憲と同に入謁し三鞠躬進退礼を行った。天皇は喜んで書を受け取った。直ちに使館を東京の霞ヶ関に購入し、また横浜に理事官一人を置き築地をも兼管させ、神戸に理事官一人を置き大阪をも兼管させ、さらに長崎に理事官一人を置いた。中国商民は皆その管轄に帰した。

〔以下略〕

（杉山文彦訳）

[注]

（1）江戸幕府が設けた洋学の教育・研究機関兼外交文書翻訳局。一八五五年、洋学所として天文方から独立、翌年に蕃書調所と改称。

（2）徳川慶篤は水戸藩主、徳川斉昭の長男。慶恕は尾張藩主、後に慶勝と名乗る。慶喜（一橋慶喜）は徳川斉昭の七男、一橋家を相続、後に十五代将軍となる。松平慶永は越前福井藩主。

（3）毛利慶親とは、時の長州藩主毛利敬親のこと。将軍徳川家慶の一字を受けて一時期慶親と名乗っていた。長廣とは毛利元徳を指すと思われる。元徳は将軍徳川家定の一字を受けて一時期定廣と名乗っていた。

（4）徳川家達《いえさと》のことを指すものと思われる。家達は田安家の出、幼名亀之助、慶喜蟄居の後、朝命により徳川宗家を相続する。

（5）伊達宗城（一八一八～一八九二）幕末・明治初期の政治家、官僚、外交官。伊予宇和島藩主として藩政改革に尽力し、一時は高野長英を匿い、長州の村田蔵六（大村益次郎）を招くなどした。幕末維新期には公武合体派の中心人物の一人として諸方に画策した。

（6）副島種臣（一八二八～一九〇五）幕末・明治の政治家、官僚、外交官。佐賀藩士の出。漢詩と書をよくした。

（7）十世紀前半天慶年間に藤原氏の傍流藤原純友が瀬戸内の海賊を糾合して起こした反乱、直前の承平年間に関東で平将門が起こした反乱と共に承平・天慶の乱と一般に言われ、摂関政治に対する地方の反乱のさきがけとされる。

（8）安和二年（九六九年）に起きた疑獄事件。謀反の企ての首謀者として時の左大臣源高明が失脚させられ太宰権帥に流されたが、その実、為平親王の妃が高明の娘であったため、これを嫌った藤原氏がことさら作り上げた事件であったといわれる。

（9）『国史略』、岩垣松苗著、文政九年（一八二六）刊行。神代から天正十六年までの編年史。漢文であるが、青少年のため正史を簡略に記したものといわれる。明治以後もしばらく版を重ねた。

（10）「逢蒙と羿」の話は、古代中国の伝説。戦国時代の諸子百家の諸書に見える。夏の逢蒙は弓の名人羿から弓を習い上達すると、羿を殺せば自分が天下一の弓の名手になれると思い師の羿を殺した、という話。

（11）もとは南海・日本との密貿易商人、海賊集団の頭目であったが後に明朝に帰順、官権を利用して南海に一大勢力を築く。明が亡ぶと、一時明の皇族唐王朱聿鍵を擁立して復明運動をやったが、やがて清に降った。しかし、息子の鄭成功の招諭に失敗したため清朝に疑われて一族と共に処刑された。

（12）初代紀州和歌山藩主徳川頼宣、家康の十男。

（13）鄭芝龍の子、母は九州平戸の日本人、明末清初の復明運動の中心人物。父が清に降った後も福建一帯で抵抗を続け、当時オランダが進出してきていた台湾からオランダ勢力を駆逐し、ここを拠点に復明活動を続けたが道半ばで病死した。

（14）明末清初を代表する学者、考証学の祖の一人とされる。復明運動が失敗に終わった後は、清朝に仕えることなく学者として生涯を終えた。その著書『明夷待訪録』は特に有名で、この書の内容から清末民国初期、「中国のルソー」と称されたこともある。共に長崎に来た馮京第は、復明活動の過程で舟山が陥落したときに死亡。

(15) 日本では号の舜水のほうで一般に知られている学者。復明運動に加わり一時は鄭成功の陣営に参加、援軍を求めて何度か来日、やがて日本に亡命する。水戸光圀はじめ水戸学派の学者と交流し影響を与える。

(16) 柳原前光(一八五〇~一八九四) 明治前期の外交官。公家の出身で柳原家は藤原北家の流れを汲む。妹柳原愛子は大正天皇の生母。

(17) 天津条約、北京条約が締結されたことで、北方の三都市(牛荘、天津、登州)が新たに開港場となったことに伴い、一八六一年に新設された官職、天津に駐在し三港の通商事務を担当。成林がこの官にあったのは一八七〇年の数か月のみで、後に北洋通商大臣と改称されて直隷総督李鴻章が兼任した。

[資料36] 中国は変法自強すべきを論ず

『申報』論説

[解題] この論説は一八九四年十月二十四日の『申報』に載ったもの。日清戦争における清朝の敗北がすでに明らかとなった時期のものである。この論説は日中の近代化を比較して、日本の近代化を高く評価し、科挙試験の廃止、官制改革を主張しており、後の戊戌変法を先取りした内容となっている。

ああ、天下の患いは皆意表外に出来する。昔の海防の重点は東南にあったが、今の海防の重点は東北にある。海禁が開けると各国がすぐに貿易を求めて来るようになって、すでに久しくなるが、その間日々に奇巧を出して我々の眼を眩ませ、すぐれた技を誇り、富強の具を振りかざして我々を陵辱し、時にその陰謀秘計をほしいままにして我々を食い物にしてきた。彼らが心中に隠す所は測りがたいが、たびたびの変詐によりその片鱗は見えている。彼らはまず我が国の藩籬を取り払い、それから堂奥を窺うのだ。彼らの貪欲はこのように飽くことを知らない。

今日のような事変の急、時局の困難は、みなここ数十年の間にその端を発している。そもそも開闢以来、天が造り上げ文物の豊かに行きわたる所は、中国をおいてなかった。だから、一旦西洋の強国が四方から迫り来る事態となると、これは有巣、燧人、伏犠、軒轅も予測できぬこと、堯、舜、周公、孔子も防ぎえぬことであった。今すでにこの有様で、将来どこまで至るか予想できない。ただ変化に通じてこそ、はじめて持ちこたえられ、時に応じて宜しきを得るのである。かの古えの盛時にも、時には多難な中で国を保ち、大きな憂いにあたり聖人が現れたこともあった。今は古今未曾有の奇局にあたり、古今未曾有の大計をめぐらすべき時であり、然らば変法自強を緩めてはならない。

今試みに中日両国をもってこの点を論じてみる。日本は海東に偏在し弾丸のごとき小国で、その広さは中国の二三省にも及ばない。土地の広さ、人民の数、財力の豊かさ、物産の多さ、そのどれをとっても中国と拮抗するに足りない。しかし、数十年来、日本は旧習をことごとく棄て去り、専ら西洋の長所を学び、西法を模倣し、西学を貴んで、兵を練り艦を買い、機器製造、財政管理等一切、ただ西洋人の言に従った。西洋人もその変法の極端さを笑うほどだが、彼らは気にしなかった。毅然としてこれを行うこと日進月歩、欧州諸国からの艦船・機器・弾薬の購入額は数知れずである。こうして十年間鋭意経営に努めてきたのは、みな中国の地を狙ってのことだった。

日本は国は小さく民は貧しく、人々はみな蓄えがないことを知っている。近年はさらに、国外から物を買うので出費が殊に多く、ますます貧しくなった。しかし、久しく日本と商いをしている者によれば、西郷隆盛を平定してより統治に精励し、国庫の貯蓄はすでに四千万金に達したという。やはり一旦有事の用に供するため、長らく苦心してきたのである。

しかし中国は、漠然として知ることなく、漫然として備えをしなかった。開戦より今に至るまでに外国の軍艦二十余艘を購入したが、三菱汽船の船が兵を乗せて疾風の如く次々と就航しているのに、まだ一艘も我が国に阻止されていない。我が国は四艘の船を借りて兵を運んだのみで、招商局の船は南で海中に停泊して一度も用いられていない。フランスとの和議〔清仏戦争の和議をさすか？〕の後に、十年間外国から軍火器を購入するを得ずとの詔があった。アメリカ人が爆薬を隠し持っていた事件があって以後、今後は外国の軍火は港に持ち込めない、倉庫に貯蔵するには各省督撫の購入証書があってはじめて搬入できる、ということになった。一旦戦時となり慌てて洋行〔外国商社〕に殺到しても、どこも応ずる物がない。遂には粗悪品を高値で売りつけられても、物がなければ選びようがないことになる。ましてや売り手が間で蚕食して私腹を肥やしていればなおさらである。かくして陣に臨めば機を失い、行軍のたびに混乱するに至る。これは皆、事に先んじてたがを締めなおさず、時に先んじて整頓できていなかったことによる。

日本の諸大臣はみな実事によって是を求め、何事も自身での労苦をいとわない。黒田の各国遊歴、伊藤の西務学習は、どちらも長い年月を経たものである。彼らは軍にあっては、自ら率先して身を風雨にさらし兵士と甘苦を共にした。兵器工場・火薬工場のあらゆる作業は、日夜監督されておりあえて怠ける者はいない。質の良し悪しを弁別し、遠用近用を分けてから、部隊に配布するから、用いられる銃砲弾薬はみな命中し、遠くに及び、決して不発はない。中国はというと、皆尊大に振舞って事々に人に委ねて経営管理も議論せず、文官だけでなく武官までもが、軍服を脱ぎ帯を緩め酒食遊戯にふけって、平時は職務をかえりみない。事の弛緩の程が知れる。一旦事に臨んだとき、どうして頼りになろうか。

日本が近年設けた諸学校は、皆西法に倣って兵法・技術・行軍・営塁を教えるが、全て実用に照らして行い、虚文は貴ばない。これが人材を蓄えて用に備える所以である。中国はそうではない。あらゆる州・郡・府・県の諸学校は、教官を設けてはいるが、無給の間員〔定職のない官〕で重んずるに足らぬと見なされており、軽率に閑で無知な者をあてる。すでに何年もたつのに未だ一人の人材も成したと聞かない。学園では道に雑草が生い茂り、およそ士人の子弟がやって来たとは聞かない。各地の書院〔伝統的な塾〕では、山長〔学長〕を招聘して、毎月八股文、訓詁、詩賦の試験をさせているが、文の形式を教えるのみである。およそ山長なる者は、権勢のある物の盛衰や推挙の多寡によって出処進退を決める輩であり、いたずらに情実によって諂ったり賄賂を取ったりで、子弟にとって足しにならず、人材に裨益する所はない。日ごろ、士の採用は八股文〔科挙試験〕をもってしているが、いざ官吏となって出仕し人民に臨んだとき、それがなんの役に立とう。彼らが身に付けたものは、実地には役立たず、実地に役立つものには、彼らは習熟していない。八股文を廃止しなければ、人材はどこから生まれよう。

故に、中国が変法を行おうとすれば、必ず学校の振興を先にしなければならない。沿海の各省に水師学堂、武備学堂、技術学堂を設け、徐々に内陸でもこれを行い、努めて士人の子弟に、幼い時はこれを学ばせ成長すれば実践させる。学ぶことは必ず実用に帰結させる。このほか、艦船に乗る者は操縦に習熟し、銃砲を用いるものは射撃に習熟し、軍中ことごとく行陣の法を知れば、歩伐・止斉・隊伍は整然とする。これらはみな平時から訓練しておかねばならない。砲台の建設、営塁の造営などに技術の粋を極めて敵に応ずれば、何を憂うことがあろう。

もし、今は平時だからこれら一切は無用と見なし、兵営では訓練を行わず、兵員数が不足すれば老人をもって補充し、或は削減して舵取りと水夫を一人に兼ねさせるようなことをしていれば、一旦戦時になって慌てて兵を募っても、これでは街の者を駆り立てて戦わせるのと異ならない。砲台は崩れるにまかせ、大砲は錆付くにまかせれば、かつて力を集め巨費を費やして建設した物も、後人は人に惑わされて廃止してしまう。兵卒は将校を知らず、将校は兵卒を知らずでは、勝利を求めても無理ではないか。

今、変法をしようとすれば、まず先例を破り積習を棄て、資格によって人を限らず、豪傑の士は序列にかかわらず抜擢して、文書や規則に捉われてはならない。六部〔中央官庁〕の旧例は、すべてこれを一掃し、胥吏が間に介入せぬようにする。因循、粉飾、隠蔽、怠惰、貪婪であってはならない。上下心を一にし内外力を尽くせば、翻然として全てが一変する。初めに一切を胸襟を開いて公にして民と相見え、皇帝一人が上にあって衆心が団結して城を成す、実にこのようであれば、自強の道はすべてここにある。日本を防ぐのに何ほどのことがあろうか。

（光緒二十年九月二十四日）

（杉山文彦訳）

〔資料37〕夢平倭虜記

高太癡

〔解題〕この文は、佐藤三郎著『近代日中交渉史の研究』（吉川弘文館、昭和五十九年）の中で翻訳紹介されているもので、佐藤氏によればこの「夢平倭虜記」は、陳耀卿の編による『時事新編』初集六巻（光緒二十一年八月序）の中に見られるもの。『時事新編』を直接閲覧できなかったので、ここに佐藤氏の紹介したものを借用した。
佐藤氏によれば、陳耀卿は上海の有力紙『滬報』の主筆で、彼が同憂の士と主に日清戦争に関係する論説を集めて編んだものが『時事新編』である。また、高太癡は陳耀卿の友人で、この文は当時多くの新聞に掲載されたものとのことである。

学識・兵略共に異常の才能を懐き、憂国の志に燃え乍ら立身の機会に恵まれず、徒らに不遇を詩酒にまぎらわせつつ身を終えんとする布衣の一書生があった。日清戦争起り、諸将機を失して国事次第に非に赴くを見て、焦心措く能わず、大いに倭賊平定の策を論じたが、世人は之を狂人の弄言として問題としなかったので、遂に痛哭流涕、杯をあげては狂呼し、剣を抜いては地を斬り、狂ほしきまでになっていたが、一日大いに酔って臥した処、忽ちにして観察使が輿馬従者を率いて現れ、至急参内すべき旨を促した。はじめ彼は驚駭なす所を知らなかったが、参内謁見するするに及び、皇帝が不可思議の夢により彼の存在を知って召されたことが分った。

皇帝は、いま日本軍の勢強く容易に討伐の実を挙げ得ず、廷臣中には和を論ずる者もあるので、使を日本に遣し理を以て諭したが、日本の無礼実に甚しき為、祖宗の霊を辱め国民の期待に背くに忍びず、一応征討継続を決意したが、和戦最後の断は汝の一存により決したいから、思う所を隠さず直言せよと仰せられたので、彼は直ちに徹底抗戦を進言した処、皇帝は之を嘉納され、彼を兵部侍郎に擢んで、直隷・山東方面軍司令官に任じ、同時に北洋水師の指揮権を委ねられ、議和のため赴日中の李鴻章は、彼の意見に基づいて召喚解任された。彼はここに勇躍、日頃交を結べる四方の豪傑と会盟した結果、彼の陣営に投ずる有能の士は忽ち数千に達した。かくて光緒二十一年（明治二十八）某月某日師を率いて東征の途に上り、海上幾多不思議な神霊の加護に浴しつつ一路東京湾に迫り、艦砲百二十門の威嚇射撃の後、敵前上陸を敢行、みごとに成功した。

日本人は天兵到来に驚駭奔竄為す術を知らなかったが、彼は将兵に対し、日本国民に対しては勿論一草一木にも危害を加うる者あらば軍法を以て之に臨むべきを令して、軍規を厳にし、宮城を占領し、日本官僚の入見を求めた。はじめ日本の官僚は隠れて容易に姿を現わさなかったが、占領軍は仁義の師で、その敵とする所は清国に不法侵略を企てた日本国王と軍部のみであり、一般民には何ら敵視しない故良民は安心して生業に励むべきこと、但し清国人を詈罵する者には厳刑を以て臨むこと等を随時佈告した結果、一般国民は悦服し、簞食壷漿して清軍を迎えるようになり、日本官吏も漸次姿を現わすに至った。彼らはこれらの官吏にはすべて今迄の地位を認め、ただ平常清国人を不法に罵称していた壮士数百名を梟首し、又博物館の陳列品中より纏足靴・アヘン吸飲具等清国を軽蔑する意のある物を撤去させて、昔日本が中国に朝貢していた証拠である倭奴国王の金印を陳列させるなどの処置をとり、一方別に部将某を派して京都を占領させ、東京でと同様の処置をとった。東京占領の功により彼は兵部尚書に昇進の恩命をうけたが、さらに広島に進軍した。

当時天皇は広島に居り、日本軍連勝の報や清国内に屈辱的和議を主張する者を生じたこと等の報に驕気益々高まり、君臣共に流連荒亡の日を送っていたが、清軍の急砲撃のため行宮が火を発するに及び、先に朝鮮掠奪の計をめぐらした日本大臣大鳥圭介は罪遁れ難しと見て与党と共に天皇・皇太子を縛して投降、伊藤博文・井上馨等も皆投降し、皇后も捕えられた。是よりさき彼は京都占領の功により平倭大将軍の号を賜ったが、今や広島平定の功により毅靖伯に封ぜられた。彼は天皇に対し、生死いずれかをみずから選ぶべきこと、もし前者を欲するならば日本艦隊を率いる伊東祐亨に投降を命ずべきことを迫り、伊東は天皇の命により全艦隊と共に投降し、大陸に進出した日本軍は、帰路を断たれて支離滅裂となり自ら潰え、かくて全失地の回復も成った。やがて彼は凱旋して毅靖侯となり、部下将兵と共にそれぞれ重賞に浴したが、各国公使の調停により、日本との間に次の十条件による講和が成立した。

（一）日本人の琉球・朝鮮立入りの永久禁止、
（二）八百兆元の賠償、但し支払不能の際は長崎・横浜・大阪・神戸四港を担保に提供、
（三）掠奪船舶の返却、
（四）掠奪軍艦操江号の乗組員を特に優遇して本国に送還、
（五）高陞号に関し相当額を英国に賠償、
（六）清国戦没者遺族に対する撫恤、特に陥落の際日本軍に暴行を加えられた旅順市民への損害完全賠償、
（七）条件完全履行後はじめて日本に占領地を返還し俘虜を釈放すること、
（八）日本は前非を悔改めて今後一切の交渉に謙譲たるべく、柔然の如き放縦を許さざること、
（九）戦争犯罪人として逮捕された日本官吏は斬首、特に大鳥圭介は、敢て君主を売り一身の保存をはかった行動実に大逆に当る故、凌遅（一寸刻み）の死刑、但し伊東祐亨は、悔悟の情顕著につき禁錮十年、
（十）日本は、今回の講和が西洋各国との交誼を重んずるためなされたものであり、日本が元来寛大に取扱われるべきためのものではないことを確認すること。

和局成立後、彼らは自ら請うて斬刑監臨官となり、盛んな儀仗のもと刑場に至り、それぞれの処刑を終え、最後に大鳥圭介の凌遅刑を行うことになった時、机を叩いて、「お前も今日の運命に立至ったが、その罪は死んでも消えるものではないぞ」と叫んだが、その時、「先生何を夢みてそんなに囈言を云われるのですか」という言葉に忽然として覚め、ここに以上一切が夢であったことを知った。

［資料38］ 公車上書（抄）

康有為

［解題］ 康有為（一八五六～一九二七）は、広東省南海の人、字は広廈、長素と号した。康家は代々科挙官僚を出した地域の名族であった。若いときに香港に遊んだことから西洋に関心を持ち、また儒教の公羊学と出会ったことにより、独特の儒教解釈による変法論を構築する。彼が科挙の最終試験の会試に応ずるため一八九五年に上京した折、下関条約の内容が伝わる。この時、康有為が起草し、会試のため上京中の挙人数百人が署名して皇帝に提出しようとしたのがこの「公車上書」である。

「公車」とは、もとは会試のため上京する受験生が乗る車（旅費が免除された）をさして言ったもので、転じて受験生を意味して使われた。「公車上書」は全文約一万五千字にもなる長大なもので、ここに訳出したのは冒頭の部分。このあとの部分で康有為は、皇帝が「己を罪する」詔を発して人心を鼓舞し、講和を拒否し、都を内陸に遷して抗戦を続け、人材を登用して、大胆に諸改革を実行することを主張している。康有為は後の戊戌変法時には、日本の改革に習うことを強く打ち出すようになるが、ここでは取り立てて日本の改革に言及した部分は見られない。この上書は、受験生が連名で行ったということで大騒ぎとなったが、上奏の資格のない受験生に代わって代奏を引き受ける者がおらず、上聞には達しなかった。

訳出にあたっては、中国史学会主編中国近代史資料叢刊『戊戌変法』二巻所収のものを定本とした。

安危の大計につき、明詔を下され、大賞罰を行い、都を遷し兵を練り、変じて新法に通じ、以て和款〔講和条約〕を塞ぎ、而して外夷を拒み、疆土を保ちて国命を延ばされんことを乞い、呈して代奏を請う事の為にす。

窃に聞く、日本と和を議すに、奉天沿辺及び台湾一省を割き、兵餉二億両を補うこと、及び蘇・杭に通商し、機器洋貨の内地に流行するを許し、その厘税を免がる等の款有ると。この外なお献俘遷民の説有り。上海の新報を閲するに、天下震動し、挙国廷諍し都人惶駭すを聞く、とあり。また聞く、台湾臣民敢て詔を奉ぜず、本朝を戴くを思うと。人心の固きこと、これ誠に列祖列宗及び皇上の深仁厚澤の涵濡煦覆すること数百年にして得る所なり。然れども下風に伏して数日、換約の期迫るも猶未だ聞かず、明詔の赫然として日夷の求を峻拒し、厳しく議臣の罪を正すを。甘んじて大辱を忍び其の民を委棄し、列聖の艱難締搆して得る所を以て、一旦従容として誤りのままに棄つるは、列祖列宗に如何、天下臣民に如何。

然れども皇上の天下を孝治するの心を推しはかるに、豈に上は宗廟に背き下は其の民を棄つるを忍ばれんや。まことに議臣の言に誤りて、京師は重く辺省は軽く、地を割けば都畿保たれ、割かざれば都畿震動すと思い、故にしばらく権宜に従い、割棄を忍ばんするか。また、群議の紛紜とし、努めて和議を退けて大局を保全せんとするも、終に把握する無きを以て、隠忍して和を求め猶しばらく旦夕を延ばすに若かずとするか。また、和議成るの後は十数年無事なるべきこと庚申〔一八六〇年、北京条約締結の年〕以後の如しとするか。左右貴近の論おおむね斯くの如し。故に盈廷の言、切なりといえども入れられず、議臣の説、辱なりといえども行い易し。割地棄民に甘んじて顧ざる所以なり。

窃におもえらく、台民を棄つる事は小なるも天下の民を散ずる事は大なり、割地の事は小なるも亡国の事は大なり、社稷の安危は此の一挙にあり。我ら挙人、棟折れ榱崩れば共に傾圧を受くれば、斧鉞の誅を避けず冒越の罪を犯し、大局を統籌して我皇上の為に之を陳べんとす。何ぞ以て台民を棄つるは即ち天下を散ずると謂うや。天下おもえらく、我れ朝廷を戴く、然るに朝廷にして台民を棄つ可くんば即ち我をも棄つ可し、と。一旦事有りて次第に割譲すれば、終には大清国の民たるを保し難きなり。民心先に離るれば将に土崩瓦解の患いを見る有らん。『春秋』に梁亡ぶと書すは、梁未だ亡びざるに、自ら其の民を棄つるは、亡ぶに同じことを謂うなり。故に、台民を棄つる事は小なるも天下の民を散ずる事は大なりと謂うなり。日本の台湾に於けるや、未だ一矢をも加えず大言恫喝して、全島すでに割かる。諸夷は中国の欺き易きを以て、フランスは将に滇〔雲南〕桂〔広西〕を問わんとし、イギリスは将に蔵〔チベット〕粤〔広東〕を問わんとし、ロシアは将に新疆を問わんとし、ドイツ、オーストリア、イタリア、日本、ポルトガル、オランダも皆狡猾に食指を伸ばす。若し与えざる国有れば皆日本に習い、都畿は必ず恐慌す。若しみな求める所に応ずれば、自らその肉を啖らうことにして、若し手足腹心応に時に尽きん。僅かに元首を存するも、豈に能く生存せんや。且つ行省すでに尽くれば、何ぞ以て都畿を為さんや。故に、割地の事は小なるも亡国の事は大なりと謂うなり。この理は至浅にして童愚も知るべし。然るに議臣の老成を以て、割地は以て都畿を保つと謂う。此れ敢て皇上を欺き天下を愚にするなり。此れ中国の痛哭する所、日本の陰に喜ぶ所にして、諸夷の窃に笑う所なり。

諸国は、我の専ら都畿を保つを以て事と為すを知れば、皆将に陽に都畿を恐嚇するを為して陰に辺省を窺う。その来たるや必ず速やかなり。日本の為すところ、日々都城を攻むるを揚言するも、卒に一砲の大沽を震がす無きは、蓋し深く我情を得ればなり。恐るらくは、諸国の速やかに日本を以て師と為すことなり。是れ我の割地するを以て、其の来たるを鼓舞するなり。皇上試みに割地を主として和を議するの臣を召し、此れを以て詰すれば、度るに諸臣必ず敢て他国の来たらず都畿の震わざるを保証せざるなり。すなわち今の割地棄民を議するは何の為ぞ。皇上また以て翻然として独断すべし。

或は、庚申の和の後、すなわち甲申の役〔一八八四年、清仏戦争〕まで、二十年間の自強を図るべき時有りき、今割棄すと言えども徐々に補救せん、とするか。此れまた敢て美言を以て、皇上を欺き天下を売るものなり。

　それ天下を治むるは勢なり。静にすべくして動かすべからざること、箭の栝《ゆはず》に在るが如く、馬の埒に在るが如く、堰陂の水を決するが如く、高山の石を運ぶが如く、稍も発動する有れば禁圧す可らず。其の無事に当たりては、相視て敢て難を発する無きも、其の更変に当たれば朽株尽く患いと為るべし。昔、辛巳〔一八八一年〕以前、我が属国恙無きなり。日本の琉球を滅ぼすに我敢て問わざりしより、フランスはベトナムを取り、イギリスはビルマを滅ぼし、朝鮮は通商し、シャムは半ばを削られ、三四年の間にして我属国尽きるなり。甲午〔一八八四年、日清戦争〕以前、我が内地恙無きなり。今東辺及び台湾一たび割かれ、フランスは滇・桂を図り、イギリスは滇・越〔浙江〕及びチベットを図り、ロシアは新疆及び吉林・黒竜江を図りて、必ず踵を接して来たらん。豈に遅々として礼譲を以て国を為すを肯ぜんや。いわんや数十国の後に遂々たるにおいておや。譬えば大病の後、元気既に弱く、外邪侵し易く、変症百作するが如し、豈に同治の時、我が国の勢猶盛んにして外夷の窺伺の情形未だ普からざると比せんや。且つ民心既に解け、散勇帰する無く、外患内訌禍旦夕に在り、而して暫く和款に借りて安を目前に求むるも亡ぶに日無きなり。今乃ち基を始めるのみ。症脈倶に現れ扁鵲〔古代の名医〕を待たず。此れ我ら挙人の日夜憂懼を為す所、僭越を憚らずして謀りて大計に及ぶなり。

　夫れ、戦いを言う者は、民心を固結し大局に力籌し、以て存するを図るべし。和を言う者は、民体を解散し夷心を鼓舞し、更に其の亡ぶを速む。皇上の聖明を以て、反復していずれが利か害か、いずれが得か失かを講弁し、必ず独り聖衷に断じ翻然として計を変ずべし。狂愚を揣らず大計を統籌し、近くは和すべくも戦うべくも必ず割地棄民の策を致さず、遠くは富むべく強くすべくして断じて敵国外患の来る無からしめんとす。伏して皇上に乞うは、詔を下して天下の気を鼓し、遷都して天下の本を定め、練兵して天下の勢を強め、変法して天下の治を成すことのみ。

〔以下略〕　（杉山文彦訳）

〔資料39〕張之洞の総理衙門あて書簡

〔解題〕この文は湖広総督（湖南・湖北地方の長官）の張之洞が総理衙門へ宛てた書簡。『張之洞全集』巻七十八「電奏六」に見える。張之洞（一八三七〜一九〇九）は中国最初の近代化運動である洋務運動の後期を代表する高官で学者としても著名であった。この文で彼は、下関条約の内容は、中国の併呑を目指したもので、日本はそれまでの欧米列強とは性格が異なるとし、ロシアやイギリスの力を借りて、条約を拒否することを主張している。

倭約は万分理無し。地険、商利、財政、兵権一朝にして奪い尽され、神人共に憤るなり。意は中国を呑噬するに在りて、僅かに数地を割占するのみに非ず。台湾・旅順を放棄するの害、威海・劉島駐兵の害、中国と連合備戦等の条項の害は、二十六日の電奏にてすでに詳陳せり。近く通商条目、賠償期限を聞くに、尤も駭異に堪う。各省港岸城邑に商業、工芸、汽船は処々任意に往来し、任意に製造すれば、一網打尽、我が工商の生路は尽きるなり。倭の華に在りて製造せし土貨は、洋貨に照らして納税すれば、各国これに倣うは尤もにして如何ぞ能くこれを拒まん、厘金失わるるなり。賠償金二億両、六年にて清算、また五厘の利息が加われば、英国よりの借款により転済するも、分割返済すれば、毎年また須く元利利合計一千数百万両を返ずべし、各海関の関税は空となるなり。今借款はハート（1）の一手請負にかかり、専ら英国より借款す。将来如何なる算段に及ぶにせよ、清算する能わざれば、英国必ず我地方を牽きて抵当となさん、是また一患を生ずるなり。民の貧極まれば乱を生じ、厘金去れば軍費無く、陸師・海軍永く練る能はざれば、中国は外に自強の望み無く、内に剿匪の力無し。威海・旅順の兵は必ず永遠に撤せざれば、京城また永く安枕の日無きなり。一倭にして斯くの如し、各大国の倭の例を引きて求め来り、ややもすれば京城を窺うを以て威嚇すれば、更に拒む能わず、後患言うに堪うべからず。

然れども兵威を藉るに非ざれば廃約する能わざれば、此時、倭約を廃し、京城を保ち、中国を安んぜんとすれば、ただ援を強国へ乞うの一策あるのみ。ロシアすでにフランス・ドイツを誘いて倭の占地を阻めり。正に機に乗じてこれに懇ずべし。援を乞うは空言にてすべきに非ず、必ず須く予め界務・商務の実利を以てすべし。窃に思うに威海・旅順はすなわち北洋の門戸、台湾はすなわち南洋の咽喉なり。今朝廷、すでに此の両所を割きて倭に与うを肯ず、何ぞ即ち此の倭に賂《まいない》するものを以て、転じてロシア・イギリスへ賂せざるや。失う所その半ばに及ばず、即ち敗を転じて功と為すなり。ただ総署及び出使大臣に勅して急ぎロシアと密約を結ぶ有るのみ。もし我を助けて倭を攻め、倭を脅して尽く全約を廃せしむることを肯ずれば、すなわち新疆の地を画分し、或は南路回疆の数城、或は北路の数城を以てこれに応じ、併せて許すに商務の推広を以てするを酌量すべし。もしイギリスにして我を助くるを肯ずれば、チベットの後チベット一帯の地を画分し、若干を譲与してこれに応じ、併せて許すに商務の推広を以てするを酌量すべし。

外洋は通例、もし両国に連盟密約有れば、戦事有れば即ち相助く可く、局外の例在らず。ロシアは現に兵艦三十余艘有して中国海面に在り。イギリスは兵艦二十余艘有して中国海面に在り。ロシア・イギリス両国の内ただ一国の助けあれば、その兵船すでに倭を制するに足りて余りあり。その船、或は横浜・長崎へ向かい、或は広島へ趨り、或は南北に游行す。洋兵船一たび動くや、倭の焔たちどころに萎えん。倭は極めて西洋を畏る、断じて敢てロシア・イギリスと開戦せず。もしロシア・イギリスの一国の相助くる有れば、兵刃に血塗らずして、倭約自ずから廃し、京城自ずから安んず。もし倭敢て戦わば、我その陸兵を撃ち、イギリス・ロシアその海道を断ちてその国都を攻むれば、倭は必ず滅ぶなり。

同一に地を棄つるなれば、荒遠の西域を捐て、緊要の威海・旅順を保ち膏腴の台湾を全うすべしく、且つ一切の中華に害毒の約を尽く廃すべし、その軽重利害を計れば顕然たり。且つ、遼東・旅順は国家の根本なり、台湾の帰化するは康熙初年なるに、西域の開拓、チベットに軍衛を置くは乾隆中葉に在れば、先後緩急また自ずから同じからず。人に疾病有るに譬うれば、台湾の割棄、威海・旅順の駐兵は咽喉の病なり、内地所々通商、賠償金、借款の返済不能は心腹の患なり、チベットは辺遠にして脾肉の損なり。蓋しロシア・イギリスは本より強し、然れども歴次の条約において、なお中国を併呑するの意無し。すなわち重利を以て之に酬うれば、彼に益有りて、我もなお大損無し。倭は専心中国を害せんと欲するも、正に財力の足らざるに苦しむ。若し此の約の実行を許さば、此れによって強く且つ富む。是、我より助くるに中国を呑噬するの資を以てするなり。

倭約の各条に至りては処々に禍心を包蔵し、字句狡猾にして裏に意図を隠せり。尤も望むらくは、和議の各条を将って王大臣等に発交し細心に閲看せしめ、自ら其の険毒の謀を知らしむことなり。此れ和議すでに割地を許すに由り、故に此の権宜転移の策を為すに擬す。冀くば以て急を救い禍を紓《ゆる》めん。憂憤迫切す、仰ぎて聖裁を俟つ。代奏を乞う。冬。

（光緒二十一年四月初二日辰刻発）

（杉山文彦訳）

[注]

（1）一三三ページ、注（3）参照。

［資料40］中東戦紀本末序

王韜

［解題］この文は『中東戦紀本末』の序文として、光緒二十二年（一八九六）三月八日の『申報』に載せられたもの、文末に王韜の署名が見える。ここで言う「中東」とは中国と日本（東洋）とをさして言っており「中東戦紀」とは即ち「清日戦紀」である。

『中東戦紀本末』は全八巻アメリカ人宣教師Y・J・アレン（林楽知）(1)と蔡爾康とによる編著、光緒二十二年（一八九六）成書、上海図書集成局排印、光緒二十三年（一八九七）上海、図書集成局排印再版。本書は、西洋文明を学ぶことが中国の自強の基本であるという考え方を広めるために、日清戦争に関連する文献を集めて編纂されたもので、巻首に人物像および黄海海戦の戦場図を掲げ、ついで本文に奏疏・詔令・函牘・条約・布告などを収録する。また中外の新聞報道や戦争に関する論評を集めており、欧米の日清戦争に対する見方を紹介している。

ああ、中日の戦いは実に当今アジアの一大変局であった。国の強弱盛衰は皆ここに繋がる。まさにこの巨創深痛に耐えて深く思いを致し、統治に精励し臥薪嘗胆して戦いを忘れず、内は政教を修め外は戎兵を治めて一つでも成功を期すれば、勃然と中興の盛を興すことも決して困難ではない。古えより禍乱の起こるは、天が聖人を出現させるきっかけである。

アジアの国はまず中国、次いで日本である。日本は周囲に睨みをきかし、あちこちに跳梁跋扈することすでに一日に非ず。軍備を西洋化してより、富国強兵が成ったと思い、中国には乗ずべき隙があるとし、ことさら難癖をつけて自らの長所を見せつけようとし、中国を侵すこと屡々であり、兆しは徐々に表れていた。生番討伐を口実に軍を派遣して台湾を侵したが、中国は詰責を加えず反って五十万金を渡した。これがやがて琉球を滅ぼす始まりであった。琉球を改めて沖縄県としたが、諸国は何事もなかったかの如く傍観し、中国もまた問罪の軍を送らなかった。これが今日、朝鮮を占拠し遼東を騒がすことの始まりであった。

日本はアジアにあっては弾丸のような小国にすぎず、中国と唇歯輔車の誼があってこそ、はじめて長らく平穏を保てるのである。しかし、日本はそのようには思わず、中国を凌蔑し、自らの欲する所を逞しうして誇ろうとしているが、思うにその計は誤りであるといえよう。中国と日本が競って立ったとしても、なお欧州の列強には対抗できないのに、いま逆に互いに傷つけ軋轢を起しているのでは話にならない。勝っても日本の喜びとするに足らぬだけでなく、深く後日に憂いを残すことになる。今後の中国をめぐる形勢は、局外者が内情を窺い知ったことで、中国は衆矢の的となるであろう。日本は意気揚々としているが、満ちれば欠けるものであり、小国が大国に勝つことは禍であって福ではないことが解っていない。徐の偃王は一時盛強であったがついには六国の滅ぼす所となった事を知らぬのである(2)。これは往古の大きな教訓である。今日、日本は猜忌の集まる所となっており、不穏な情勢はすでに兆している。この一戦は大局を維持できるものではなく、得る所は何もないのを、日本はなぜ悟らぬのであろう。

よく国勢を視る者は、社会の動きに即して天の心を読むのである。欧州諸国は海を渡って東来し、通商に名を借りて埠頭を設け、船堅砲利を恃みに次々と他国を兼併し、インド全土はイギリスに組み込まれてしまった。嘗て皇帝の下に集い儀式に参列した諸国は、ことごとく欧州諸国の藩属となり、三百年もせぬ内に東南洋には一国もなくなり、中国の藩屏は失われた。中国に属した国は五国、ベトナム、シャム、ミャンマーはみなイギリス・フランスに割譲され、琉球は日本の占拠する所となったが、これらはみな国の軽重に係わるほどのことではない。しかし、今また朝鮮が急を告げた。日本人は二十年も前から計画を練ったうえで一挙に行動に出たのだ。これに対し我が中国は衰退を重ね無防備の状態で、どうして防ぎ得よう。ああ、前車の轍は後車の鑑であり、前事を忘れずに後事の師とすべきである。今からでも中国が努めて変計を図れば、まだ間に合う。堂々絶大の中国が却って日本に苦しめられる、なんとも恥ずべきことではないか。恥じる心が変機を生み勉励発奮して日々向上に努めるならば、この一戦は我々に迫って変化せざるを得なくさせ、いたずらに泰西諸国から侮りの目で見られる事をなくさせるきっかけであったことになる。そして、いつか敗北を転じて勝利となし禍を転じて福となす事が、この一変に基づくとすれば、日本人も我々のために大いに役立ったと言えなくもない。

もし災難はすでに終わり事態はもう治まったといい、相変わらず虚飾と驕りの中に自足自満し漫然として心を動かさず、因循姑息に問題先送りを続けていけば、報復できぬことは無論、振興すらあり得ない。これでは、林楽知〔Y・J・アレン〕氏が本書を編んだ本意に背くことになりはせぬか。林氏がこの書を編んだのは、中国の自強を願ってのことである。この書は、事の一部始終を述べて大筋を掴にとともに奥深い意味をも示している。全篇は戦事を以って本とし、和議を末としており、一巻一篇ごとにまたそれぞれ本末があるが、凡例の叙述が詳しいのでここでは贅言しない。ただ、その意図する所は、実に中国が自強して新法を行い、西学を学んで克己発奮し、日本を鏡として活用することを望んでおり、その期する所は深遠である。

ああ、近地の人が言わぬことを遠方の人が言い、東方の人が言わぬことを西方の人が言う。誠に心より我が中国を愛してのことである。林氏はアメリカの進士〔学位をさすか？〕であり、声望は素より高く、中国に来て四十年になろうとする。李提摩太〔ティモシー・リチャード〕[3]氏と並ぶ広学会[4]の指導者で、その学識は深く博く実用性をも具え、著した書物を積めば、ほとんど身の丈に等しくなる。氏は中国を聡明に向かわせ愚昧を取り去り見識を高めようとしており、我が中国を益すること浅からざるものがある。人にこれを読ませれば、忠君愛国の心が勃然と生じ、日本人の侮る所となることを恥じ、また学芸・人材が泰西諸国に遠く及ばぬことを知ることになり、人々を自ら発奮させる。この書は大いに視野を広げるものであり、李提摩太氏の『西鐸』と名は異なるが意図する所は同じである。中国を思うこと斯くの如ければ、我が国家はこれを宜しく礼すべきであるに、いかんせん視れども見ざるが如しである。誠に深く嘆息すべきのみである。

光緒二十二年三月上旬、南遯叟王韜、滬北淞隠廬に於いて序す。時に年六十有九。

（杉山文彦訳）

[注]

（1）Y・J・アレン（Young John Allen　中国名・林楽知　一八三六～一九〇七）アメリカ合衆国ジョージア州出身のキリスト教宣教師。一八六〇年来華。主に上海で活動し、『万国公法』を発行するなど西洋文化の紹介に努めた。一九〇七年上海で逝去。

（2）徐は周代（西周時代）にあった諸侯国の一つ。周の五代目穆王の頃に一時盛強となり偃王は王を僭称したが後に廃された。

（3）李提摩太（Timoshy Richard　一八四五～一九一九）イギリスはウェールズ出身のキリスト教宣教師。一八七〇年来華、山東、山西など各地で宣教活動を行うと共に、李鴻章、張之洞等の有力者や変法派人士とも交流を持ち、彼らに西洋事情を紹介し、清末の改革に影響を与えた。

（4）広学会。アメリカ・イギリスのキリスト教宣教師が一八八七年に上海で設立した出版機構。西洋の書籍の翻訳出版を行い清末の改革に多くの知識を提供した。『万国公法』『泰西新史攬要』等が、ここから出版された。

第2章　日清戦争後の日中関係と日本観

期待とすれ違い

［解説］杉山文彦

はじめに

この章でとりあげる期間、すなわち日清戦争終了後（一八九五年）から日本による対華二十一か条要求提出（一九一五年）までの二十年間は、長い日中関係の歴史の中で比較的まれな性格を持つ期間であったと言える。二千年にわたる長い日中関係ではあるが、その大半は主従、師弟、侵略と抵抗といったいずれにしても傾斜した関係が基調となっていた。日本の敗戦による第二次世界大戦の終結は、形の上ではこの傾斜した関係に終止符を打ち、以後両国の関係は近代の国際関係の通例にならい、平衡を基調としたものとして形成されてゆくことになる。しかし、長い歴史的経験に規定され、日本人も中国人も未だ互いを対等な他者として見ることになれていない。このような中でこの期間は、短い期間ながら日中が共通の課題を持って相対し、やがてすれ違っていった二十年間であった。その意味でこの二十年間の経験は、今後の日中関係のあるべき姿を考える上で、示唆に富んだ期間であるといえよう。

東アジアの伝統的国際関係であった冊封体制は、一八四二年の南京条約締結に象徴されるウェスタン・インパクトによってほころびを見せ始め、一八六〇年の北京条約によって対欧米列強との関係においては、事実上消滅する。しかし、東アジア諸国間においては、なお冊封体制はその命脈を保っており、清朝政府の対日政策もそれによって強く規定されていた。一八九五年の下関条約（馬関条約）の締結は、その長く続いた冊封体制に終止符を点ずる出来事であった。

日清戦争の結果は、中国の対日観に大きな変更を迫ることになり、これ以後中国では敵国日本への反感よりも、むしろ短期間に国力を高めた日本に対する関心の方が急速に高まった。そして、二十世紀にはいると中国から留学生や視察団が大量に来日するようになる。また、中国の変革を目指す立憲派や革命派も、清朝政府の弾圧を避けるため活動拠点を東京や横浜に求め、来日するものが多くなる。日本側でも嘉納治五郎や宮崎滔天が、これら中国側の動きに対して教育活動や革命運動の支援を行った。このような中で、日中間の人的交流は飛躍的に高まり、一部では同志的結合も見られるに至った。この当時の中国にとって一番の課題は、欧米列強による植民地化の危機を近代化によって乗り切ることであった。清朝政府、立憲派、革命派の間では、近代化の目標とその進行過程をめぐって激しい対立があったが、日本にアジアにおける近代化の具体例を求める点では、三者は共通していた。一方、日本にあっても植民地化の危機はなお存し続けていると思われていたのであり、この危機を日中の連帯によって乗り切ろうとする日中唇歯輔車論が朝野を問わず存在した。このように、この時代の日本と中国とは、共通の国家的課題をもって互に向き合うという経験を持ったのであった。

しかし、この連帯への志向はこの期の日中関係の一側面にすぎなかった。すでに一八八〇年代に福沢諭吉が「脱亜論」を書いているように、中国を近代化の可能性の乏しい国として位置づける見方が、日本にはかなり広く存在した。この時代、漢文の教養は日本の知識人にとってなお必須であり、漢文化への尊敬の念はなお強いものがあったが、それとは別に現実の中国は軽視ないし蔑視の対象とされがちであった。これに対し中国ではこの時代、日本は欧米列強に対抗しうるアジアで唯一の国と見なされ強い関心を引いた。しかし、日露戦争前後より顕著になる日本の大陸政策は、中国の人々に侵略者日本に対する警戒の念を抱かせ、それは対華二十一か条要求の提出によって決定的となる。このようにして、共通の課題をもって向き合った日本と中国はすれ違っていった。

一、日清戦争後の東アジア情勢と戊戌変法、義和団運動

日清戦争とその結果結ばれた下関条約は、東アジアの国際関係に決定的な変化をもたらし、中国側の対日認識にも大きな変更を迫ることとなった。下関条約で朝鮮王国に対する清朝の宗主権が否定され、また長らく日中間の懸案となっていた琉球帰属問題が日本への帰属という形で最終決着を見たことは、東アジア伝統の冊封体制が名実ともに消滅したことを意味した。また、一八六〇年の北京条約以来比較的安定していた欧米列強と清朝との関係もこれを機に流動化しはじめ、下関条約に干渉して遼東半島の返還をさせたロシア、ドイツ、フランス三国は、旅順・大連、膠州湾、広州湾をそれぞれ清朝から租借、イギリスも威海衛、九竜半島の新界を租借するなど列強の圧力は一気に高まり

中国瓜分の危機がささやかれた。このような情況を背景に、清朝よりやや遅れて近代化に着手したにもかかわらず短期間に清朝を凌ぐまでの国力を持つに到った東夷の小国日本に対する関心が高まり、留学生を日本に送ってその近代化を学習すべしとする主張が、張之洞のような洋務派の高官からも聞かれるようになる。

一方、軍需技術、産業技術の導入をもって改革目標とする洋務運動を不十分と考え、制度改革にまで踏み込んだ変革としての「変法」を主張する変法論は、一八七〇年代から一部で出始めていたが、日清戦争以後、康有為、梁啓超たちを中心に一つの社会運動へと発展する。一八九八年、彼らは時の皇帝光緒帝を動かし本格的な変法に着手した。この変法が日本の明治維新をモデルとしたものであることは、変法にあたり康有為が光緒帝に『日本変政考』を上呈している事からも明らかである。しかし、この戊戌変法は一部知識人の掛け声にとどまり、現実には清朝宮廷の実権を握っていた西太后を担いだ保守派のクーデタによっていわゆる「百日維新」に終わってしまった。その結果、康有為、梁啓超たちは日本への亡命を余儀なくされた。

その翌年一八九九年から一九〇〇年にかけて山東省、直隷省（現在の河北省）一帯を義和団による民衆運動が席巻する。義和団運動は「扶清滅洋」をスローガンとして掲げ、教会を焼き討ちし電線を切断するなど排外的、反近代的性格の強いもので、変法運動とは反対の方向性を持つものであった。戊戌変法とほぼ同時期の民衆運動である義和団がこのようなものであったということは、逆に変法運動の社会基盤の弱さを表しているといえよう。義和団運動にあっては、「天津街頭に張り出されたビラ」に見るように、日本は排除すべき対象の一つであった。義和団運動の盛り上がりを見た西太后の清朝政府は、これを利用して欧米列強を追い出すことを考え列強に宣戦するが、逆に日本を含む八か国連合軍によって北京を占領され、屈辱的な北京議定書（辛丑条約）を結ぶことになる。これ以後中国は半植民地状態に陥ったとされる。このような状況下で、清朝がその生き残りをかけて取り組んだ近代化策がいわゆる「光緒新政」である。この新政の具体的内容は皮肉な事に、かつて清朝が自らの手で葬り去った戊戌変法と基本的に同一の性格を持つものであったが、改革を急ぐ清朝にとって焦眉の急は改革を担い得る人材の養成であった。このため清朝は日本留学、日本視察を奨励、公費私費の留学生、視察団が次々と来日するようになる。また、この光緒新政の改革によって千年にわたって行われてきた科挙が一九〇五年に廃止され、読書人の出世の道が大きく変わってしまったことも、日本留学に拍車をかけた。かくして二十世紀初頭は日本留学の最初の高潮期となった。

この留学生の大量来日は、日本側の働きかけの結果という一面もある。日清戦争は朝鮮半島をめぐる日清の角逐から起こったのであり、下関条約によって日本は清朝の影響力を朝鮮半島から一掃する事となった。しかし、下関条約は三国干渉を引き起こし列強の干渉が強まる中、東アジア情勢は緊迫の度を強める。日本はとりわけロシアと朝鮮半島をめぐって厳しく対立することになった。このため日本は、同じくロシアと対立を抱えるイギリスとの関係を深め一九〇二年には日英同盟を結ぶことになるが、同時に中国との関係改善にも意を注がねばならなかった。このような情況の下、日本では朝野を問わず日清提携の必要を説く論が一定の高まりを見せていた。東亜同文会の会長で貴族院議長の近衛篤麿はその代表とも言える存在で、中国各地を歴訪し清朝高官に日中の政治的、文化的提携の必要を説き留学生の派遣を勧めた。また、参謀本部の意を受けた宇都宮太郎、神尾光臣、梶川重太郎の三将校は、一八九八年一月に湖広総督張之洞を訪ね、また湖南変法派の譚嗣同や唐才常とも接触して日清戦争で壊れた関係の修復の必要性を説いた。同じ年の五月、駐清公使矢野文雄（龍渓）は清朝の総理衙門に書簡を送り、二百人を限度として日本政府が留学生を受け入れ、その経費も負担する旨を表明した。このような日本側の働きかけもあって、二十世紀に入ると中国人留学生の大量来日となるのである。もっとも、当時の日本政府にはまだ明確な腰の据わった留学生受け入れ策があったわけではなかった。たとえば矢野公使の提案も、矢野の独断で行われたもののようで、時の外相西徳二郎は多数の留学生受け入れには否定的見解を述べている（阿部洋著『中国の近代教育と明治日本』福村出版、一九九〇年参照）。

二、変法運動と対日認識の変化

一八七〇年代に変法論が言われ始めたころ、主にそれを担ったのは「開港場知識人」と呼ばれる人たちであった。鄭観応、薛福成らの開港場知識人たちは李鴻章、左宗棠などの洋務派の大官の幕下で洋務運動の実務を担った。その過程で彼らは西洋の富強が軍事技術、工業技術の優秀性にのみよるのではなく、その背景として、国民全てが国事に関心を持った挙国一致の体制にあることに気付く。そして、それを実現するものとしての議会制度など西洋の社会のあり方にも関心を向け始める。このようにして「中体西用」の枠を超えた変法論が唱えられはじめる。しかし、鄭観応が欧米企業の代理人として働く「買弁」の出身であったことに象徴されるように、彼ら開港場知識人たちは正統の士大夫とは見なされず、儒教的教養と中華と夷狄という華夷観念の強い官界にあっては、その影響力は限られたものであった。また、郭嵩燾の例に見るように正途出身の大官が「中体西用」を越えて発言をすれば、その政治生命を絶たれる危険すらあった。

しかし、康有為の登場と日清戦争の敗北は、この変法論を一気に社会運動へと押し上げて行くことになる。一八九〇年代に入ると康有為は『新学偽経考』『孔子改制考』を相次いで出版し、伝統的学術の世界に大きな衝撃を与える。康有為の主張は、聖人孔子を古《いにしえ》の理想の祖述者としてではなく、新たな時代に向けた改革者として位置づけるというもので、それまでの伝統的儒教観に根本的な修正を迫ると共に、それによって変法の正当性を主張するものであった。また、同文同種と目され、中国より遅れて開国した東夷の小国日本に敗れたことは、洋務運動の不十分さを証明するとともに、そのぶん変法論に説得力を持たせる結果となった。明治維新以後の日本の改革は、変法の具体例として格好の素材を彼らに提供した。このような背景の下に、光緒帝をかついで康有為たち変法派による百日維新、戊戌変法が行われる。

この変法にあたり康有為は光緒帝に『日本変政考』を上呈しているが、彼はその序文の中で、「近年は万国交通し雄を争い長を競い、強でなければ弱、大でなければ小、生存できねば滅亡で、中立はあり得ません」とし、滅亡から生存に向ったのがタイ、小から大になったのがロシア、弱から強になったのが日本であり、その中でももっとも参考とすべきは日本であるとして、西洋が五百年かけたことを日本は三十年足らずで成し遂げたのであるから、日本を真似れば中国はもっと早く強国となりうると、日本を手本として変法すべきことを強調している。康有為と同じ広東省出身で彼を師と仰いだ徐勤は、マカオで発行された変法派の雑誌『新知報』に「日本が強国となった理由について」という文を載せている。それによれば、日本は古来外国の文明に依存してきた国であり、そのことが変革を容易にしたとして、古代以来の例を挙げて日本が中国から多くのものを導入してきたことを説明している。そして、西洋文明を導入するにあたって中国が導入したのがおおむね枝葉末節であったのに対し、日本は人材育成のための教育制度など文明の根本を導入したとして、そこに日本の富強の原因を見ている。さらに、武士の尚武の精神と民間の志士の働きが新しい時代を切り拓いたことを強調している。

一方、徐勤と同じ資料によって日本情報を得たと思われる湖南省の変法派唐才常は、『湘学報』に「日本寛永以来大事記自序」を載せている。唐才常は徐勤と同じく日本は古来中国を師としてきたとしているが、日本が師としてきたのは同じ中国文明の中でも、中国自身がむしろ軽視してきた「日新」の学であり、それによって「愛力」を発揮して改革を行ったとしている。この「日新」「愛力」は彼の同郷の同志である譚嗣同が彼の主著『仁学』で強調した言葉である。日々新たであろうとする「日新」の気風と、互に心を通じ合わせて困難に立ち向かおうする「愛力」というどちらも人間が本来持っているものが、形骸化した儒教＝礼教によって二千年来阻害されてきたことに中国の不振の原因を見る湖南変法派の譚嗣同や唐才常たちは、「日新」「愛力」の具体例を日本の変革に見出そうとしていた。「中国は日英と同盟すべし」のほうでは唐才常は、中国にとって一番の脅威はロシアであり、日清戦争は泰平を貪る清朝に対し日本が与えた警鐘と考えるべきで、日本へ復讐することを考えるより日本と同盟し、多くの留学生を送って日本のさまざまな実地に役立つ学問を学び取るべしと主張している。この文章には日本の参謀本部が送った宇都宮、神尾、梶川の三将校の名前と彼らが語ったとされる話が引用されている。おそらくこの文章の論調には、参謀本部の三将校の働きかけも相当に反映されていると考えられる。ただ、唐才常は決して日本礼賛者になっているわけではない。彼は、日本との同盟にも弊害がないわけではないが、ロシアに比べればより弊害が少ないから日本をとるのだ、といっている。

日清戦争後の変法運動は、敵国日本に対する反感よりもむしろ変法の先駆者日本に対する関心を高めたといえる。徐勤や唐才常の文を見ても判かるとおり、彼らが目にすることができた日本情報は限られており必ずしも正確なものではなかった。彼らはその中から明治維新の背景に武士道の尚武の精神があったこと、維新後の発展の背後に人材教育の成功があったことなどを読み取っている。こうして、日本に留学生を派遣して人材育成を行うべしとする議論が盛んとなってくる。

三、留学生と視察団の大量来日

中国から日本への最初の留学生派遣は、一八九六年駐日公使裕庚に率いられた十三名の若者が高等師範校長の嘉納治五郎のもとに預けられたことをもってその初めとされている。しかし、この十三人は本来留学生として来日したものではなかった。清朝政府は通訳の不足を解消するため、東京の清国公使館内に「東文学堂」という通訳養成所を設け日本人教習を雇って教育していた。この十三人も本来はその通訳生として派遣されたものであったが、来日後に裕庚の意向により急遽留学生へと身分が変わったのであった。そのためもあってか、この十三人のうち六人は比較的早くに退学帰国し、三か年の過程を終了したものは七名であった。

嘉納治五郎のもとにはその後も中国各地から留学生の委託が続き、その受け入れのため嘉納は、一八九九年十月に「亦楽書院」を設立する。これが後に発展して「弘文学院」となり、後に中国近代文学を代表する作家となる魯迅など多くの留学生が、来日するとまずここで学んだ。そのほかこの当時、中国からの留学生を受け入れていた学校としては、東京帝国大学教授で仏教学の高楠順次郎が開設した「日華学堂」、参謀本部次長の川上操六が校長であった「成城学校」などがあった。成城学校は陸軍士官学校や海軍兵学校への予備教育機関であったから、ここには軍事志望の留学生が集まった。この中に後に袁世凱の帝政に反対する第三革命の口火を切った蔡鍔がいる。後の中華民国総統蔣介石はこの成城学校の分身ともいえる振武学校で学んでいる。一方、日本の開国以来、横浜には中国人のコミュニティーが形成されていたが、彼ら在日華僑の子弟の教育のため、一八九七年に「横浜大同学校」が設立される。この学校はもともと康有為と関係が深く学校の名前も彼によっているが、戊戌変法の失敗により変法派の若者が多数亡命してくると、その教育の必要もあって一八九八年「東京大同学校」が開設された。ここには、日本の女子教育の先駆者下田歌子や政治家犬養毅など日本人も様々に関係している（前出『中国の近代教育と明治日本』参照）。

中国人留学生の大量来日が始まるのは、清朝の光緒新政が動きはじめる一九〇二年からであり、同年五百人であった留学生は年を追って増え、科挙廃止の一九〇五年には八千人を超えたといわれている。この時機に来日した留学生の中には、すでに挙げた魯迅たちのほかに、湖南・湖北地方の革命団体である華興会の指導者宋教仁、雑誌『新青年』を発行して一九一〇年代後半の「新文化運動」を指導し、後に中国共産党の初代書記となる陳独秀、『新青年』にロシア革命、マルクス主義を紹介する論文を載せ中国にマルクス主義を本格的に導入する役割を果した李大釗、中国国民党左派の指導者となって蔣介石と対立し、後に日本の傀儡政権南京国民政府の首班となる汪精衛、中国きっての日本通として知られ孫文の秘書として活躍、孫文なき後は国民党右派のイデオローグとなった戴季陶、魯迅の弟で文学者として、また日本文化の紹介者としても著名な周作人等々、近代中国の各界のいたる所に元日本留学生の名を見ることができる。女性では魯迅と同じ浙江省紹興の出身で、下田歌子の実践女学校に学んだ革命家秋瑾が有名である。

では、日本に大量の留学生を送り出した中国にとって、日本とはどのような存在であり、日本に何を求めて留学生は来日したのであろうか。「山東道監察御史楊深秀、游学日本章程を議するを請うの片」は、先にあげた矢野公使の留学生受け入れ提案に対する対策案として楊深秀によって提出されたものであるが、実際には、官職にないため上奏資格がなかった康有為のために楊深秀が代奏したものと言われている。そこでは、日本はロシアの脅威に対抗するため、日清戦争を反省して中国との友好を深める必要を感じ留学生の派遣を求めてきたとして、

1、日本の改革の有効性は実証済みであり学ぶに最も適す。
2、日本は近く物価が安いから、欧米留学より安上がりである。
3、日本は同文同種であるから学習に便利である。

したがって日本の申し出を受け入れて人材育成のため速やかに留学生の派遣をすべし、と主張している。ここで上げられている三つの理由は、洋務派の大官張之洞が『勧学篇』の「游学」の章で述べた、

1、日本は旅費が安く、その分多くの留学生を派遣できる。
2、日本語は中国語と似ており、学び易い。

3、煩雑な西洋の書物から日本が必要なものを選択的に翻訳しているし、中日は風俗が近いから模倣しやすい。と、ほぼ一致する。洋務派であると変法派であるとを問わず、留学生派遣を論じる者にとって日本は簡便に西欧近代を学ぶことのできる場だったのである。とりわけ日本語の学びやすさは注目されたようで、これは戊戌政変後に日本へ亡命してから書かれたものであるが、梁啓超は「日本文を学ぶ益を論ず」によって速やかに習得できる日本文から多くの情報を得ることを勧めている。この文の中で梁啓超は、中国文に長じていない者は日本文を学んでも上達しないといっており、言語学習における母語の重要性を指摘していて興味深い。楊深秀の上奏により、清朝政府は留学生派遣を本格的に計画し始めるが、戊戌変法の挫折により、中断を余儀なくされる。しかし、地方の特に南方の諸省では独自に留学生の派遣が行われ始めており、また戊戌政変で亡命した康有為、梁啓超の後を追って日本に来る若者もいた。そして、光緒新政が本格的に動き出す一九〇二年から中国人留学生の大量来日を迎えることになる。

この時期、大量に来日したのは留学生だけではない。二十世紀初頭は、中国から様々な視察団が来日した時期でもあった。改革を急ぐ清朝は留学生と同様に多くの視察団を海外に送り出したが、その行き先の中心もやはり同文同種の日本であった。視察目的は教育視察が最も多く、次いで軍事視察、その他では政治、警察・監獄、実業、地方自治といった分野が目立つ。警察・監獄の視察が目立つのは、列強のもつ領事裁判権の撤廃交渉を進める上で警察監獄制度の近代化が必要という外交上の問題も関係していた。次々とやってくる視察団に対して日本は、日中提携のたてまえから、さらには大陸における親日派の育成の思惑もあって、視察にあたって多くの便宜を与えて受け入れた（この時期の日本視察については、王婉『清末中国対日教育視察の研究』汲古書院、一九九八年、熊達雲『近代中国官民の日本視察』成文堂、一九九八年等にくわしい）。

最も多かった教育視察では、一九〇二年六月に桐城派碩学の呉汝綸が京師大学堂総教習就任を前にして清朝中央から日本に派遣されている。呉汝綸は約四か月日本に滞在し、その間各地で学校を訪問し教育関係者と面談するなど精力的に日本の教育事情を視察した。この呉汝綸に対し文部省は教育行政、教授法などについて十九回にわたる特別講義を行っている。また、日本の新聞もこの碩学の教育視察を詳しく報道し論評を加えた。呉汝綸は日本での見聞を

『東遊叢録』としてまとめ、帰国直前に東京の三省堂から刊行している。この書は清朝の学務関係者の間で広く読まれ、教育改革に大きな影響を与えたといわれる。しかし彼自身は、帰国後まもなく世を去った。呉汝綸の来日より半年前の一九〇一年十二月には、新政の推進に積極的であった湖広総督張之洞の命を受けて羅振玉が来日し、約二か月間滞在している。羅振玉は後に清朝の遺臣として、甲骨文の研究に没頭したり満州国の建国に参加したりするようになるが、この頃は農政、教育の改革者として活発に動いていた。彼の「日本教育大旨」は、人材育成を目指し高等教育に傾きがちな中国の教育改革に対し、日本のそれは「国民」形成の目的から初等教育の普及に力を入れているとして、この観点から日本の教育を概観している。二十世紀初頭の十年間、様々な形で多くの教育視察団が来日し、その結果日本の教育行政、教育法規、カリキュラム、教科書などに関する数多くの報告書、翻訳書などが作られ改革の用に供された。

一九〇五年頃から教育視察に加えて、政治視察が重要な意味を持ってくる。光緒新政に踏み切った清朝であったが、当初は本格的な政治改革には必ずしも積極的ではなかった。しかし、内外の情勢に押されて徐々に立憲体制導入に傾き、一九〇五年七月清朝政府は「出使各国考察政治大臣」の海外派遣を行うとの上諭を発し、同年末から翌年はじめにかけて載沢、端方を中心とする政治視察団を日本及び欧米列強へ向けて派遣した。載沢は皇族、端方は満人の高級官僚であることから、清朝政府がこの視察を重視していたことが窺える。さらに一九〇七年には、英・独・日三国に向け憲法視察団が派遣され、日本には達寿、李家駒を中心とする視察団がやってくる。これら使節団がもっとも注目したのは、やはり同じアジアの一国であり天皇制の欽定憲法を持つ日本であった。これに対し日本政府も、伊藤博文はじめ政府首脳が応対し、憲法学者穂積八束、有賀《あるが》長雄が体系的な憲法講義を行うなどして応えた。この時期、日本の憲法はじめ多くの法律関係の書籍が翻訳され、清朝の法体系の整備の用に供された。

四、日本から何を学ぶか

簡便に西欧近代を学ぶことのできる場と目された日本であるが、その日本で具体的に何を学ぶかとなると事は必ずしも簡単ではない。一九〇三年から〇七年まで駐日公使を務めた楊枢は、在任中の一九〇五年に「日本に倣い法政速成科学校の設立を請願する上奏文」を書いている。その中で楊枢は、欧米列強のもつ領事裁判権を撤廃するため条約改正交渉を行わねばならぬが、それにはまず法体系を近代化して列強を説得することから始めねばならないとして、日本のやり方に倣って法政速成科学校を設立することを請願している。そのなかで、彼が日本に倣うべしとした最大の根拠は、日本が西洋文明を導入しながらも「建国の根本として中国の聖人の道を順守しており」「日本が変革したのは法制であって常理ではなく、聖人の教えと全く符合している」という点にあった。このような見方、即ち日本の近代化が東アジアの伝統を基盤としているとする見方は、当時日本を訪れた視察者の報告によく見られたもので、それらの中には「教育勅語」に注目して、これを中国教育の指針とすべしとするものも見られる。これがおそらく留学生を送り出した清朝政府の考えであった。

そして、これは当時日本の中国人留学生教育を代表する立場にあった弘文学院の嘉納治五郎の考えにも通ずるものであった。二十世紀初頭の数年間、多数来日する中国人留学生の中では、師範教育の学習を希望するものが最も多く、また中国各地の学校に招かれて教員として活動した「日本人教習」の中にも師範教育を担当するものが多かった。このため日本が中国の教育を代って興すとする「中国教育代興」論が唱えられたりしていた。そして、その教育代興者の代表とみなされたのが、嘉納治五郎であった。その嘉納が弘文学院の速成師範科卒業生に対して行った講演と、それに続く留学生楊度との問答を記録した「支那教育問題」が、梁啓超が発行していた『新民叢報』に載っている。その中で、中国における教育の基本方針を示せと迫る楊度に対して、嘉納は、

1、今の世界は種族争いの世界であって、黄色人種は団結して白色人種に当らねばならないから、内部で争って

はいけない。漢人は満人による清朝政府の支配を認め、その下で徐々に改革を行うべきである。中国の現状は一気に改革を断行できるような状況にはない。

2、中国は儒教を尊んできたのであるから、儒教精神を根幹に教育を行うべきである。西洋のルソーなどの学説は一つの説にすぎず、精神教育の根幹とするには適さない。

3、自由民権運動のようなことはむしろエネルギーの浪費というべきで、あのようなことがなかったならば、日本はもっと進歩しているはずである。中国は西洋のような「騒動的進歩」ではなく「平和的進歩」を目指すべきである。

といった主旨のことを答えている。嘉納は、この楊度との問答が交わされた一九〇二年に約二か月半にわたって中国を視察旅行しているから、この考えには中国での見聞も影を落としていると思われる。しかし、これは楊度にとっては受け入れ難い意見であった。楊度は次のように反論する。

1、清朝政府には改革の意思はなく、その支配を認めた下で改革をやっても古い体質を強化するだけになってしまい、かえって改革から遠ざかる。

2、保守的な傾向の強い中国社会で儒教精神に基づく教育を行えば、保守性を強めることになり、ますます進歩を束縛する。

3、イギリスもフランスも革命後、急速に発展した。日本の発展も明治維新以後である。今の日本は「国粋保存主義」となっているが、その前には自由民権運動の時代があった。中国に必要なのは現状打破の運動であり、そのためには今日の日本の教育ではなく、自由民権運動の時代の精神で教育を行うことが必要である。

楊度によれば、日本が急速に発展できたのは明治維新の動乱と自由民権運動があったからであるのに対して、嘉納治五郎によれば自由民権運動はむしろエネルギーの浪費であった。

嘉納治五郎が留学生たちに教えたかったのは、儒教精神もふんだんに盛り込まれた「教育勅語」の日本であったのに対して、楊度が学びたかったのは、ルソーやヴォルテールが盛んに引用された自由民権の日本であった。

この楊度と嘉納治五郎とのすれ違いは、中国の変革を目指して来日した留学生や亡命者の多くが体験しなければならなかった違和感であった。清朝支配の現状を前提として論を立てる日本の中国論は、その清朝の現状を打破したい革命派や立憲派にしてみれば、清朝と中国を一緒にするなと言いたくなる所であったろう。梁啓超が来日してまもなく書いた「支那独立の実力と日本の東方政策を論ず」は、その典型である。また、胡漢民の「最近の日清の談判について」は、革命派の機関誌『民報』に載ったものであるが、大隈重信が東邦協会で行った「再び東亜の平和を論ず」に対する反論である。同じく胡漢民の「国民新聞に与えて支那革命党を論ずる書」は、一九〇六年に湖南・江西地方で起きた蜂起に対し徳富蘇峰の『国民新聞』が否定的論評を加えたことに対する反論である。これらは、彼らと日本社会との間のすれ違い、苛立ちを示したものと言えよう。

このように来日する中国人留学生、それを送り出す清朝政府、受け入れる日本の間には、求めるもの与えたいものをめぐって、思惑上かなりのずれがあった。このずれがさまざまな軋轢を生み出すことになる。一九〇二年に起きた成城学校入学事件と一九〇五年の清国留学生取締規則事件はその代表的な例といえよう。成城学校入学事件は、軍事学習を希望する留学生をめぐる事件である。一九〇二年七月、江蘇・浙江地方の私費留学生九名が成城学校入学を希望し、清国公使蔡鈞に身分保証書の発行を求めたが、守旧派官僚の蔡鈞は私費留学生を警戒してこれを拒否した。このため多くの留学生が公使の不当を訴えて公使館に押しかけ説明を求めたが、公使はこれに応ずることなく、日本の警察に頼んで留学生を排除させた。警察は留学生の首謀者として呉敬恒（号は稚暉、一時アナキストグループに属し、後には中国国民党の要人となる）・孫揆均の二人を逮捕した。その後二人は治安を乱したことを理由に強制退去となったがその護送の途中で、呉敬恒が鍛冶橋から抗議の投身自殺を図るという事件が起きている。この事件は、清国公使と留学生の対立に本来は直接関係のない日本政府が絡んで複雑な問題となったが、ちょうど来日中であった呉汝綸や東亜同文会の調停もあって一段落した。この後、清朝は新たに留学生総監督を東京に派遣するようになる。

成城学校入学事件は、主に留学生と保守反動的な清国公使との間の事件であったが、一九〇五年の清国留学生取締規則事件になると対立の主軸は留学生と日本政府になる。大量の日本留学生の間で立憲派や革命派の影響力が増してくることに脅威を感じた清朝政府は、日本政府にその取締りを要請していた。日本政府は当初それには消極的であったが、度重なる要請に押されて一九〇五年十一月に「清国人ヲ入学セシムル公私立学校ニ関スル規定」(文部省令第十九号)を発布した。これは中国人留学生のみを特別の管理の下に置くことを意味し、その存在自体がすでに問題であるが、加えて校外での生活監視(第九条)、他の学校を退学させられた者の入学禁止(第十条)を定めた条文があり、留学生たちの激しい反発を買った。留学生たちは取締規則の撤廃を求めて同盟休校に入り、それが認められないと一斉帰国を始め、約二千人が帰国した。しかし、留学維持派の留学生も相当数いて、彼らは翌年一月半ばから学業に復帰した(両事件については、さねとうけいしゅう著『日中非友好の歴史』朝日新聞社、一九七三年等参照)。

帰国した学生たちは独自に上海で「中国公学」を設立、その運営をめぐって幹事の一人が自殺するというような困難を乗り越えて学校をなんとか軌道に乗せた。その中国公学から、後にアメリカに留学し『新青年』の新文化運動で活躍する胡適(彼はアメリカが義和団事件で中国から取った賠償金をもとに作った留学基金の奨学金を受けて留学した)が出ている。清国留学生取締規則事件を期に、それまでほとんど日本一辺倒であった中国の海外留学は変化し、日本以外に欧米諸国なかんずくアメリカに向かう学生が多くなる。このため当時の日本には事件は欧米の教唆によるものと邪推するものもあった。また、日本留学も何かと批判の多かった短期の速成班中心から長期の留学へと変化する。

清国留学生取締規則に対し同盟休校等による留学生の抗議運動が起ると、当時の日本の新聞はさかんにこれを取り上げて報じた。その中では『読売新聞』が取締規則制定の背後に日清両国政府の取引があったことを指摘し、学問自由の見地からも問題ありとして、留学生に同情的とも取れる記事を載せたが、その他のほとんどは、取締規則は留学生の気風を正し勉学へと善導することを目的とするもので、留学生の抗議は取締規則の文言を過度に狭義に解釈した誤解によるものと論じた。特に十二月七日付の『東京朝日新聞』は、留学生の同盟休校を「該省令を余り狭義に解釈したる結果の不満と清国人の特有性なる放縦卑劣の意思より出で、団結も亦頗る薄弱のものなる由」と評した。この件に関する当時の日本の新聞論調では、中国人留学生は対等な人格ではなく、あくまでも管理し指導すべき対象として位置づけられている。

この『東京朝日新聞』への抗議の投書が、程家檉の「清国留学生取締規定に反対の理由」である。この文において程家檉は、清国留学生のみを対象とした取締規則の存在それ自体が問題なのであって、規則の内容が問題なのではないとし、留学生を日本人学生と対等な人格として遇するよう主張している。いっぽう、湖南省からの留学生で革命派の指導者の一人陳天華は、この『東京朝日新聞』の記事をきっかけに「絶命書」を残して入水自殺している。しかし、彼の自殺は「放縦卑劣」の語に憤って抗議の自殺をしたといった単純なものではない。彼は中国人留学生界には放縦卑劣といわれるに値する面があるとし、それを戒めるために自ら命を絶つとしている。また、感情的な排日も一面的な親日も共に誤りであるとし、日本は日本の利害に沿って行動しているのであるから、中国も独自にアジア保全の責任を果せる実力をつけることが肝要であり、それが日本との対等の関係を築くとしている。

大量に在日する留学生の間では、勢力を伸ばそうとする立憲派、革命派とそれを阻止しようとする清朝との三つ巴の争いがあった。戊戌変法の失敗後、日本に亡命した康有為・梁啓超たちのうち、梁啓超は亡命後すぐに『清議報』を、さらに一九〇二年からは『新民叢報』を発行して欧米や日本の思潮を紹介し、さらに梁啓超自身の「新民説」を連載して立憲体制を担うにふさわしい社会をつくるべく啓蒙に努めた。また、一九〇四年から〇五年の日露戦争における日本の勝利は、立憲派の主張に好都合であったから、『新民叢報』はその論説を多数載せている。『新民叢報』は留学生の間だけでなく、中国本土へも大量に持ち込まれ大きな影響力を持った。孫文、章炳麟、宋教仁など革命派も清朝の弾圧を逃れて来日し、東京を舞台に活動した。革命派の諸団体は一九〇五年、東京で中国同盟会を結成し機関誌『民報』を発行して革命を鼓吹した。かくして一九一一年の辛亥革命には数多くの日本留学経験者が参加することになる。

五、日露戦争をめぐって

日露戦争は日本のみならず東アジア全体の運命を決する戦争であったから、中国側でもこれをめぐって多くの議論がなされた。多くの議論に共通する点は、この戦争を黄色人種と白色人種の戦いと捉え、日本が敗れれば黄種は亡ぶとして、日本の勝利を願っている。また、ロシアの侵略性を列挙した上で、それに抵抗して起ち上がった日本、という位置づけが戦争初期の論には多く見られる。さらに、『東方雑誌』の論説「各国の現在の旅順に対する意見について論ず」や『福建日日新聞』の「日本は東亜全部の覇権を掌握せり」には、日本がアジアの盟主として中国をたすけることを期待する論調が見える。しかし、日本の勝利をヨーロッパに対するアジアの勝利として手放しで礼賛する論は、中国ではほとんど見られない。このころ仙台の医学校に留学中であった魯迅は、後年小説「藤野先生」その他で当時の複雑な心境を回想しているが、中国人にとって日本の勝利は単純に喜べるものではなかった。日露戦争は中国を戦場として行われている。侵略を受けながら清朝は中立を表明している。本来中国が戦うべき所を日本が戦っている。これらのことに対する苛立ちがどの論にも共通して見られる。江蘇省の留学生が東京で発行していた『江蘇』に載った「日露開戦と中国の関係」は、たとえ日本が勝っても利権は何も返って来ないとして、日本と共に参戦せよと主張している。

賞賛されているのは日本の勝利よりも、むしろ軍国日本の体制のほうである。女性革命家秋瑾は、横浜で人々が出征兵士を送り出している風景を見て、

> 一番うらやましかったのは、子供たちが、大きい子も小さい子も、道端に立って手をふったり万歳を叫んだりしていたことです。とても愛すべきではないでしょうか。本当にうらやましいかぎりでした。我が中国にはいつこんな日がおとずれるのでしょうか。
>
> （「我が同胞に警告する」より）

と書いている。このように日本の尚武の精神と挙国一致の体制を賞賛する論は多く見られ、陳独秀が故郷の安徽省で発行していた『安徽俗話報』にも同様の議論が見られる。中でも立憲派の機関誌『新民叢報』は、立憲君主制の日本

が皇帝専制のロシアに勝利したという図式の下に、「日露戦争の将来」や「日露戦争の感」などの論説で、尚武の精神や挙国一致の体制を様々な例を挙げて論じている。

しかし、このように軍国日本を賞賛することは、近代日本の歪み、さらには近代の歪みを自らの中に取り込むことを意味する。秋瑾の見た横浜の風景は、見方を変えれば危険とも異様ともいえる光景であるが、秋瑾の視線はそちらには向かわない。秋瑾の視線が向かう先は、列強の侵略にさらされながらも「良民は兵に当たらず（まともな人間は兵士にならない）」といわれ、挙国一致の体制の取れない中国の現状である。こうして出征兵士を送り出す風景は「とても愛すべき」風景となる。「日露戦争の感」では、日本の尚武の精神を説明して、国のために死ぬことを誇りとし一族に戦死者がいないことを恥とするとか、出征する夫に妻が「敗れて帰るな、死んで帰れ」といって送り出したといった、まるで古代スパルタ伝説のような例を挙げている。（ちなみに、留学中の魯迅が『浙江潮』に「スパルタの魂」を書いたのは、この少し前の一九〇三年である）。このように、軍国日本が賞賛される一方で、中国の尚武精神の欠如、国家意識の欠如が批判の俎上にのせられる。「日露戦争の感」は、日本の『国民新聞』の論説を引用して、そこで展開されている中国人論を、ほぼそのまま自国の国民性批判に援用している。そのほか、この当時の中国でアジアの国際関係を論じた文章では、日本、中国、朝鮮と序列化して論じる表現がよく用いられている。これは、福沢諭吉が『文明論之概略』で行った、文明（欧米列強）、半開（アジア）、未開（アフリカその他）、そして半開から文明に進もうとしている日本と半開のままのアジアという序列化と基本的に同一のもので、この限りでは日本人も中国人も共に、同一の尺度の下で序列化された世界観の中にあったといえる。これは相互の連帯を難しいものにする。

開戦当初は黄種の砦と目された日本であったが、戦争後の日本の動きは日本に対する見方を大きく変えさせる。一九〇五年十月十五日の『時報』に載った論説「我が国と日露両国の交渉とを論ず」は「日清満州に関する条約」の締結交渉のために小村寿太郎が北京に来ることを取り上げ、日本はポーツマス講和会議でロシアから取り損ねたものを中国から取ろうとしているのだから注意せよと言っている。一九〇五年十一月六日に安徽省の「蕪湖で配布された檄文」では、清朝は満州の代わりに福建省を日本に割譲しようとしている、福建省が日本の手に渡れば周囲の各省も危なくなり、欧米列強に中国分割の口実を与えてしまうから、断固反対して立ち上がれと、民衆に呼びかけている。ここでは日本は完全に侵略者としてのみ語られている。この後もなお「中国の衰弱は日本の幸福にあらず」のように日中の連帯を訴える論がないわけではないが、日露戦争後の日本は、侵略国の一つと見なされる傾向が強くなる。

六、日本をめぐる国際関係と韓国併合をめぐって

日本はポーツマス講和会議が始まった直後の一九〇五年八月十二日に、イギリスとの間に「第二次日英同盟」を結ぶ。そして一九〇七年六月にはフランスとの間に「日仏協約」を、同年七月にはロシアとの間に「日露協約」を締結した。これらはいずれも日本と英・仏・露との、それぞれの間で互いにアジアにおける勢力圏を認め合う内容になっていた。黄種の砦、アジアの解放者と期待された日本は、欧米列強とアジアを分け合う側に回ったのである。『神州日報』に掲載された「日本と英・露・仏諸国との協約およびその中国との関係について」は、この列強と日本との一連の協約を取り上げて、それが中国分割への布石であることに警鐘を鳴らしている。ここでも日本は中国分割に加わる侵略者の一員として位置づけられている。当時東京で発行されていたアナキスト系の雑誌『天義』に掲載された劉師培の『亜州現勢論』も、この一連の協約を取り上げている。劉はアジア一帯の情勢を論じて「アジアのすべての地域に、白人の強権が加えられて」おり、またそれに対して独立の動きも起こりつつあるとした上で、日本による朝鮮侵略を厳しく批判し「ただ日本政府だけはアジア共通の敵」であると論断している。日露戦争の初期、『新民叢報』に載った「日露戦争の将来」では、「黄種の公戦」を戦っていると位置づけられた日本であったが、それからわずか三年後には「アジアの公敵」と言われるまでになってしまったのである。

一九〇五年から〇七年にかけて欧米列強とアジアにおける利害関係を調整した日本であったが、その後の日本の動きは列強との間の、特に中国への足がかりを求めるアメリカとの軋轢を強める。一九一一年七月十七日付『民立報』に載った宋教仁の「日英同盟の改定について」は、この年行われた日英同盟の第三次改定を取り上げて東アジアの国

際情勢を論評したものであるがその中で彼は、今後中国をめぐって英米に代表される経済侵略派と日露に代表される武力侵略派が対峙することになるとし、日英の疎遠化、日米の対立激化と日米戦争、全体として日本の外交的孤立を予想している。

このような中で一九一〇年に日本が行った「韓国併合」は、日本の侵略的性格を明白にする大事件であった。しかし、中国での取り上げ方はむしろ意外なほどに冷静である。『国風報』に載った長輿の「日本の朝鮮併合顛末記」は、併合にいたる日本の策略の狡猾さを指摘しながらも、むしろ淡々と併合にいたる過程を追って解説している。戴季陶の「日韓合邦と中国の関係」は韓国併合そのものよりも、それが中国に及ぼす影響、すなわち満州に対する日本の侵略問題の方に力点を置いた論説になっている。長輿の文の中には「未来の朝鮮」という表現があるが、韓国併合に関して「今日の朝鮮は、明日の中国」という言い方がよく使われた。このように見ようによっては冷淡ともいえる反応の背景としては、ひとつには韓国併合以前にすでに韓国は滅亡していたという認識があったことが考えられる。日露戦争直後の一九〇五年の末に書かれた「絶命書」の中で陳天華は、韓国はすでに亡んだと表現している。「日韓協約」以後、韓国は独立状態ではなくなったと見られていた。それから、この当時の中国の文献にもよく見られた、欧米、日本、中国、韓国と国力・近代化を序列化してみる見方、これによれば韓国は改革の失敗例となってしまう。国際関係を序列化してみる見方が、国際連帯を難しくした面もあったと考えられる。

七、孫文と日本

「韓国併合」の翌年一九一一年、中国で辛亥革命が起こり、一九一二年に中華民国が成立する。この革命には多くの日本留学経験者が参加していたが、臨時大総統に選出された孫文（一八六六～一九二五）も日本との関係が深い。一八九五年最初の軍事蜂起に失敗して日本に亡命して以来、生涯に十五回来日、滞在期間は通算約九年にわたる。孫文自身一九一三年に来日した折、ここ二十年間の放浪生活を振り返ると中国にいた期間より日本にいた期間のほうが長い、と語っている。よく用いられる「中山」の号も亡命中に宮崎滔天と泊まった旅館の宿帳に記した日本名「中山樵」によっていると言われる。民権派志士宮崎滔天、大陸浪人頭山満、実業家梅屋庄吉、政治家犬養毅など日本の朝野に広い人脈を持った孫文と日本の関係は切っても切れない深いものであった。

しかし、辛亥革命当時活躍した革命派、立憲派の指導者たちの中においてみると、孫文と日本の関係は、やや特異であることが見えてくる。革命派にせよ立憲派にせよ、その指導者の多くが日本留学、日本亡命の経験者であり、彼らは近代に関する様々な知識を日本から吸収した。これに対し孫文は、十三歳で兄を頼ってハワイへ渡航、そこの教会学校（イオラニ・スクール）で学んだのに始まり、その後も香港の西医書院（アリス医院付属医学校。香港大学医学部の前身）に学んで西洋医となるなど、少年期から欧米の文化に多く接している。また、一八九六年から九七年にかけてのヨーロッパ滞在中に政治、経済、法律、社会、軍事などの書籍を読破したといわれる。革命派、立憲派の指導者たちの近代知識の多くが日本経由であるのに対し、孫文のそれは、西洋直伝であるといえる。このようなことも関係してか、一八九五年からの二十年間、生涯で日本との関係がもっとも深かった時期であるにもかかわらず、この時期の孫文はとりたてて日本観らしき文章を残していない。この章で採録した三篇も日本を論じたというよりは、むしろ政治家、革命家の立場からする呼びかけ、外交辞令といった性格の強いものである。いずれも日本と中国との連帯の必要性を強調し、日本への期待を表明した親日的論調の強いものとなっている。ただし、これは孫文の日本観のあくまでも一面である。この時期の孫文の行動や折に触れての発言をみると、その対日観はなかなかに複雑なものであることが見えてくる。

孫文にとっても日本は、アジアで最初に近代化を成し遂げた国として注目すべき存在であった。一八九四年の「李鴻章への上書」では、明治維新を高く評価している。一八九七年に二度目の来日以降は、宮崎滔天ほか日本朝野の幅広い人士との交友が始まる。しかしその反面、孫文は日本に対し早くから警戒感を抱いてもいた。留日学生の機関誌『江蘇』（六号、一九〇二年）に寄せた「中国の保全と分割を合わせ論ず」で孫文は、日本人の中国論にも欧米列強と同様に中国保全論と中国分割論とが存在することを述べている。孫文にとって日本は、同じアジアの国としてまた多くの同志のいる国として親しい国であったが、欧米列強と同様に中国を侵略する帝国主義国の一つでもあった。その帝国主義国同士の矛盾対立を中国革命に利用することが、孫文の革命戦略の一つであったが、その場合、組む相手は必ずしも日本とは限らず、情勢次第で変わった。一九〇〇年前後から一九〇七年の間は、東京のみならず、フランスに接近し仏領ベトナムにも革命のための拠点を設けている。また、辛亥革命の直前の一九一〇年にはアメリカとの接近を図っている。このように、革命政治家孫文の行動・発言は、そのおかれた状況によって大きく左右される。一九一一年十月十日の武昌起義を狼煙に辛亥革命が勃発したとき、孫文はアメリカはコロラド州デンバーにいた。報に接した孫文は、ヨーロッパ各国を遊説しつつ中国に戻るが、各国政府の反応は冷たかった。帰国した孫文は南京臨時政府の大総統に選出されるが、このころから孫文は日本との関係を深めるようになる。まず、臨時政府に政治顧問として犬養毅を招聘する。これは犬養の固辞によって実現しなかったが、法律顧問や要人の秘書に日本人が招聘された。臨時政府内に元日本留学生が多かったことから、役所の中では日本語で用が足りたとさえ伝えられている。それから孫文は革命遂行の資金を獲得するため、漢冶萍公司、蘇省鉄路公司、招商局を担保に日本から多額の借款を導入することを画策している。これらはいずれも国内の反対運動、イギリスの介入などにより、その大部分は実施に移されぬまま、南北和議の成立によって、清帝退位と引き換えに孫文が臨時大総統の地位を袁世凱に譲ったことにより消滅してしまう。

臨時大総統の地位を譲った孫文は、鉄道建設のため奔走する。それは彼の民族、民権、民生の三民主義のうちの民生主義を実践するため、産業振興の基盤整備として全国に鉄道網を張り巡らせるというものであった。その資金調達を孫文は日本からの借款に期待し、日本訪問を希望した。この孫文の来日をめぐっては、日本の政局、袁世凱政権や欧米列強の警戒などが複雑に絡み延び延びとなったが、一九一三年二月に「全国鉄路全権」の肩書きで来日し朝野の大歓迎を受け、各界の要人と会見した。特に、首相の座を退いたばかりの桂太郎との二度にわたる「密談」では、互いに捲土重来して日中連帯を実現することを語り合ったと伝えられる。「在日中国人留学生団の歓迎会における演説」と「東亜に於ける日支両国の関係を論ず」の二篇は、この来日中の発言であり、日中が同文同種であることを強調し、日本への期待を強くにじませたものとなっている。この来日で孫文は、渋沢栄一ら財界の首脳と協議し、中国への資本投資促進を目的とする「中日興業公司」を設立して日本資本の中国への導入を図った。しかし、この「中日興業公司」は、孫文が意図したようには機能せずに事実上消滅してしまう。それは袁世凱の独裁に抗して蜂起した第二革命（一九一三年）が敗北したことにより、日本の財界が袁世凱政権との関係強化に動いたためである。

第二革命敗北後日本に亡命した孫文は、袁世凱の帝政に対する反対運動（第三革命）が起こる一九一六年まで日本で亡命生活を送る。「大隈重信への書簡」はこの間に書かれたものであるが、孫文はその中で日中間の関税を取り払う自由貿易協定のようなものにまで言及している。孫文のこのような一連の発言は、日本の協力を取り付けるための外交辞令という面も含まれようが、辛亥革命期以来の借款導入などの一連の動きと連ねてみると、孫文が日本と中国の関係を、近代的な国民国家同士の関係とは違った形で見ていたことが見えてくる。二十世紀初頭というまさに国民国家の時代にあって、孫文のこのような世界観は、早過ぎると言うべきか、それとも時代遅れというべきか。しかし、これが世界同胞主義の宮崎滔天やアジア主義の大陸浪人たちを孫文にひきつけたのである。孫文もまた彼らのなかに同様なものを見て、そこに期待をよせた。藩閥政治家の桂太郎と三民主義の孫文という奇妙な組み合わせも、このようなことを背景に成り立ったのかもしれない。しかし、全体として見れば国民国家の優等生であった日本は、国家としては孫文の期待したようには動かず、中国に対する侵略へとはしったことは、その後の歴史の示す所である（この時期の孫文については、兪辛焞『孫文の革命運動と日本』六興出版、一九八九年、同『孫中山与日本関係研究』人民出版社、一九九六年、その他参照）。

八、日本の文化、社会に対する関心

この時代の中国にとっての課題は、迫り来る分割・植民地化の危機にいかに対処するかであった。日清戦争後の日本に対する関心の高まりも、二十世紀初頭の留学生の大量来日も、この課題に対する回答を求めてのことであった。したがって、彼らの日本観察もこの課題に沿った形で行われたのであり、好事家の趣味的観察や日本の古典文化そのものに対する関心は、この時点ではほとんど見られない。このような中で鄭観応の「南洋公学沈叔逵君への書簡」

は、日本の学生の「弁当」を題材にしたものでやや異色である。しかし、これも日本の学生がいつでも冷たい弁当一つで文句も言わず勉学にスポーツに励んでいることを紹介し、中国の学生に奮起を促す内容となっている。この時期に来日した者の中から周作人のように日本の文化・伝統に対して広い関心と深い理解を示す人物も出てくるが、それが形となるのは後のことである。この時代の留学生の日記、例えば黄尊三の『留学日記』（邦訳『清国人日本留学日記』さねとうけいしゅう・佐藤三郎訳、東方書店刊）や宋教仁の『我的歴史』（邦訳『宋教仁の日記』松本英紀訳注、同朋社刊）を見ても、そこには日本人との交友や日本文化に対する観察はあまり出てこない。彼らは日本にある「近代」の学習と中国の改革をめぐる抗争とに忙しかった。

この時期の日本論で目立つのは、中国と日本の近代化を比較することを通し、日本を鑑に中国の現状を批判することである。『福建日日新聞』の論説「中国と日本の欧化速度の比較」はその典型であるが、その比較は表面的なものに止まっている。変法派の蔡鍔は「湖南の紳士への書簡」で、日中を地理的・歴史的に比較し、「文武」のバランスがとれ外国文化の吸収に柔軟な日本に対し、中国は「文」にばかり偏って行き詰まったとし、最後に明治維新の元勲を出した薩摩と自身の出身地である湖南省とを比較し、湖南省を中国の薩摩にすべく奮起を促している。『北洋学報』の論説「国民は政治思想を持たねばならない」は、土佐の立志社の活動から日本の立憲体制が成立し国が発展したことを説明して、中国もこれに倣えと主張している。

一方、日本の文化の中に中国文化の伝統を見出す論も見られる。日本文化の中に失われた古い中国の文化を見出し懐かしむ傾向は、すでに一八七〇年代から、来日した官僚・文人の日記等によく見られたことであるが、日清戦争以後になると、この日本に残存する古い中国文化の中に、日本発展の原因を見出そうとする論が登場する。すでに見たように唐才常は、中国では礼教によって萎縮させられてしまった「愛力」「心力」が、日本では活発に機能しているとしている。蔡鍔の論にも似たような傾向が見出せる。『外交報』の論説「日本は唐人の文化に沿うことを論ず」は、日本の特色と言われている尚武の精神、女性の活発さ、清潔などは皆、唐の文化から日本に入ったもので、これが日本の発展の力となった。しかし、それらはもともと中国にあったものであるから、日本にできたことが中国にできぬはずはない、日本と中国は民族が違うからと言うのは無為の言い訳にすぎない、として中国の奮起を促している。

以上見てきたような日中比較論とは別に、この頃になると日本留学、日本亡命で得た近代知識をもって日本を論ずるものも出てくる。一九〇二年に浙江省の留学生が刊行した機関誌『浙江潮』に載った「日本における最近の政党と政府の衝突について」は、第十七議会の解散を題材としたものであるが、学び取った近代議会制度の知識をもとに、それを日本の帝国議会の現状に当てはめて論じたもので、議会論の習作といった感が強い。しかし、一九一一年に書かれた宋教仁の「日本の内閣更迭についての感想」は、近代的視点からする日本議会制度批判となっている。この中で宋教仁は、日本の立憲体制は、事実上藩閥勢力によって操られてきており政党政治の発展は難しい。また日本は今後帝国主義的性格を強めるから中国も安閑としていられないと論じている。この見通しは、その直後の大正デモクラシーを考えれば誤りであったといえるが、昭和十年代までを視野に入れると考えさせられるものがある。

日露戦争後明確になってくる日本の大陸政策は、中国の側に日本に対する警戒心、日本批判を引き起こす。それらの多くはすでに見たように、日本の対外政策を論じたものの中に見られるが、戴季陶の「日本人の気質」や章炳麟の「インド人の日本観」は、文化の面から日本批判を試みている。いずれも日本文化の核の無さ、雑種性、模倣性と近代日本の侵略性とを結びつけて考えようとしている。

小結

日清戦争から対華二十一か条要求までの二十年間は、日本にとって列強の圧力に脅かされつつ、大急ぎで国民国家を完成させ、新興の帝国主義国として列強の中に割り込んで行こうとした二十年間であった。中国は、日本の国民国家としての成功を見ながら、それを学ぶべく多くの留学生・視察団を派遣するなどして、自国を国民国家にすべく苦闘した。しかし、全く逆の方向を志向した戊戌変法と義和団運動が同時期であったことに象徴されるように、中国の社会は短期間に国民国家を形成するには、その内部があまりにも多様であって、日本とは比較にならぬ困難が待ち受けていた。国民国家的政治家とは必ずしもいえぬ孫文が辛亥革命の指導者であった事が、何よりもそのことを物語っているといえよう。日露戦争の勝利によって国民国家として当時の国際社会に居場所を確保した日本は、帝国主義国としての歩を始め、中国を侵略の対象としはじめる。こうして、初めは国民国家形成という共通の国家的・民族的課題を持っていた日本と中国は、別々の道を歩んでいったのである。

第1節　日本への注目と留学生派遣

［資料1］『勧学篇』外篇「游学第二」　張之洞

［解題］張之洞（一八三七～一九〇九）は、清朝末期の大官で中国最初の近代化運動である洋務運動の後期を代表する人物、学者としても著名。一八八九年から十年余り湖広総督の地位にあり、その間に実業振興、新軍建設、文教整備などの洋務政策を実施し李鴻章と並ぶ有力者となる。日清戦争後は一時康有為たちの変法運動を支援し、梁啓超を武昌に招くなどした。しかし、足元の湖南省が変法運動の一大中心地となり民権論が盛んになると、これを警戒して抑圧した。『勧学篇』は張之洞の代表的著作で一八九八年の出版、内外篇合計二十四篇からなっており、守旧派に対しては改革を、変法派に対しては中国の伝統を主張する「中体西用」の立場を明確に打ち出している。

出洋一年は西書を五年読むに勝る。これ趙営平「百聞は一見に如かず」(1)の説なり。外国学堂に一年入るは、中国学堂の三年に勝る。これ孟子「之を荘岳に置く」(2)の説なり。游学の益、幼童は通人に如かず庶僚は親貴に如かざるは、嘗て古の游歴に見えるものなり。晋の文公は外に在ること十九年、諸侯を遍歴し、国に帰りて覇たり。趙の武霊王は微服して秦に游び、国に帰りて強たり。春秋戦国は最も游学を尚び、賢なること曽子・左丘明の如き、才なること呉起・楽羊子の如きも、皆游学を以って聞ゆ。其の余の策士雑家は悉挙するあたわず。後世の英主名臣、漢の光武が長安に学び、昭烈が鄭康成・陳元方に周旋し、明の孫承宗が未達之先に辺塞を周歴し、袁崇煥が京官たるの日に潜みて遼東に到るが如き、此れ往事の明効なり。請う、近事を論ぜん。日本は小国にすぎざるに、何ぞ興ること暴なるや。伊藤〔博文〕・山県〔有朋〕・榎本〔武揚〕・陸奥〔宗光〕の諸人、皆二十年前の出洋の学生なり。其の国の西洋の脅かす所となるを憤りて、其の徒百余人を率い分かちて独・仏・英の諸国に詣で、或は政治工商を学び、或は水陸兵法を学び、学成りて帰れば用いて将相と為す。政事一変し、東方に雄視す。ただ此れのみにあらざるなり。ロシアの前主ピョートル大帝は、かの国の強からざるを憤りて、自らイギリス・オランダ両国の船廠へ到りて工役すること十余年、尽く其の水師輪機駕駛の法を得、併せて其の各廠の製造を学び、帰国の後、諸事大いに変じ、今日遂に四海第一の大国となる。ただ此れのみにあらざるなり。タイは久しく仏国の涎伺する所たりて、光緒二十年仏に隙を衝かれ、将に併呑されんとするなり。タイ王憤りを感じ、国内毅然として変法し、一切更始し、其の世子を英国へ游ばせて水師を学ばしむ。去年タイ王欧州に游ぶに、火船を駕して紅海に出で来り迎える者は、即ち其の学成りし世子なり。タイ王は亦自ら西文西学に通ず。各国の敬礼加わる有りて、タイ遂に以って亡びず。上はロシアなり、中は日本なり、下はタイなり、中国は独り其の中にも比するあたわざる者か。

游学に到るの国、西洋は東洋〔日本〕に如かず。一、路近くして費を省き、多く派遣するを可能とす。一、華を去ること近く、考察に易し。一、東文〔日文〕は中文に近く、通暁に易し。一、西書は甚だ繁なり、凡そ西学の切要ならざるものは、東人已に之を刪節して酌改す。中東〔中国と日本〕の情勢風俗相近くして倣行に易し。事半ばにして功倍すること、此れに過ぐるは無し。若し自ら精を求め備を求めんとせば、再び西洋に赴くに何の不可や有らん。

或は謂う、「嘗て幼童を米国へ赴かせ学習せしめたり。然るに何ぞ以って効無きや」(3)。答えて曰く「学生あまりに幼なればなり」。又謂う「嘗て学生を英・仏・独へ遣り水陸師各芸を学ばしめたり。然るに何ぞ以って人材の多からざるや」(4)。曰く「使臣の監督に意を措かず、また〔帰国後〕学生を登用するの規定無ければなり」。また謂う「嘗て京員を游歴に派遣したり。然るに何ぞ以って材不材を相兼ぬるや」。答えて曰く「選抜を失すればなり」。然りといえども、余の知る所を以ってすれば、此の中に固より時用に備うるに足る者有るなり。噎ぶに因りて食を廃し、豚蹄〔僅かの物〕を供えて田の穣を望むが如き論は、此れ国家に禍する邪説にて、聴かずして可なり。

嘗て孟子の論ずる所を考するに、聖賢帝王将相の険難を歴し功業を成すとは、其の要は心を動かし性を忍び其の能わざる所を改善するを曰うに過ぎず。憂患に生くるを曰うのみ。夫れ、侮りを受けて恥じとせず、国蹙るも惧れず、是不動なり。冥然として覚えず、悍然として顧みず、人に倣うを以って恥じと為す、是不忍なり。常に故を踏むを習いとし、一唱すれば百和し、改作を憚り、官に一知無く、士に一長無く、工に一技無く、外に遠游せず、内に立学せず、是能わざる所を改善せざるなり。無心無性無能、是将に憂患に死せんとす、何ぞ生の云うに足らんや。

（杉山文彦訳）

[注]

（1）趙営平は前漢の将軍、名は充国。匈奴との戦いに功あり、営平侯に封ぜらる。この語は『漢書』「趙充国伝」に見える。

（2）『孟子』「滕文公下」。荘岳とは春秋時代、斉国の都臨淄の城内にあった街の名。斉の言葉を覚えるには斉に行くのが一番という譬え話。

（3）一八七二年から四度にわたって行われたアメリカへの留学のことを指す。これは容閎（一八二八〜一九一二）が洋務派の大官、曽国藩や李鴻章に働きかけて実現させたもので、百二十名の少年をアメリカへ派遣し科学技術、特に軍事を学ばせた。しかし、少年たちがアメリカ文化に同化することを恐れる保守派の圧力により一八八一年に留学計画は中止となり、学生は一斉帰国させられた。容閎は広東省香山県南屏（現在の珠海市）の農民の家に生まれる。マカオのミッション・スクールで学んだ後、アメリカへ渡って教育を受け一八五四年、イェール大学を卒業、初の中国人卒業生となる。帰国後、商業を営むほか西洋事情に明るい人材として洋務運動で活躍した。著書に『西学東漸記　容閎自伝』（平凡社東洋文庫に邦訳あり）がある。

（4）一八七〇年代に李鴻章、沈葆禎らが陸海軍学生をヨーロッパに送り軍事技術を学ばせたことを指す。これも一八八〇年代に入ると中止になった。このとき留学した学生の中に、後に翻訳家となり『天演論』を著して進化論を中国に紹介することになる厳復がいる。

［資料2］日本が強国となった理由について　徐勤

［解題］本論説は変法派の雑誌『知新報』第二十期（一八九七年五月刊）に掲載された。この雑誌は一八九七年二月にマカオで創刊され、当初は五日刊だったが、第二十期から旬刊となり、一九〇〇年からは半月刊に改められた。総編集は何廷光と康広仁で、執筆者には韓文挙・梁啓超・徐勤などと、数名の翻訳担当者がいた。現存するものでは、一九〇一年一月に刊行された第百三十三冊が最終刊と見られる。

筆者徐勤（一八七三〜一九四五）は広東省三水県出身で、若年から康有為を師と仰ぎ、広州で万木草堂の学長を務めた。一八九八年日本に渡り、横浜大同学校の教員を務めた。戊戌政変後康有為と孫文の合作を図ったが、その後保皇会に参加して革命党に反対した。香港・シンガポール・アメリカが主な活動地で、雑誌の編集のほか、商業に従事した。

およそ国には昔から他の国に依存しているものと、昔から自立しているものとがあり、他に依存しているものは変革がしやすいが、自立しているものは変革が難しい。われわれは中国と日本を見るとこのことが分かる。

日本は神武天皇の立国以来二千余年、漢学の興隆は王仁に基づき、仏教の隆盛は百済からもたらされ、二程〔宋代の学者程明道・伊川兄弟〕・朱子〔朱熹〕・〔王〕陽明の学問は明末の頃から日本で盛んに行われ、春秋の華夷の道理(1)は維新の際大いに提唱された。これが学術において他国に依存している例である。

推古天皇や舒明天皇が始めて隋・唐朝と通交し、「六典」(2)を模倣し、日に日に文化の方向に向かった。孝徳天皇の時代に始めて左右大臣を置き、ついで八省百官(3)を設けて唐の制度を模範とした。これは行政組織を外国の制度に依存した例である。

むかし兵制は兵と農とを結合していたが、孝徳天皇のとき、ことごとく唐制に倣い、兵部省を設置した。崇神天皇の時代から始めて貢納制を採り、孝徳帝の時期に唐の租庸調制度に倣った。これは軍政と財政について他国に依存している例である。

孝徳朝は始めて唐の制度を受け継いで刑部省を設立し、その中を二部に分けた。日本の暦法は始めて夏正(4)を採用し、推古帝以前の暦法は総称して太古暦と呼んだ。これは刑罰・法律・暦法において他国に依存している例である。

中古の時代になると、国史の書物は概ね漢字を用い、婚姻制度は唐の礼法に基づくことが多く、医術も唐制に倣って典医寮を設立し、商業では唐からの物品を輸入するために唐物使を設けて使節を呉の国に派遣して織物類を購入し、隋・唐に使節を送って蜀江錦を学び、茶葉は江南に拠り、綿種は西域から伝わり、甘蔗の苗は琉球に求め、筆墨は高麗からもたらされた。土地が狭隘で人口が少ないので、大きくは政教・風俗、繁雑な道理・制度から細かい日用品に至るまで、昔から他国に依存しており、自国で作り出したものはまれである。

明治の世になると、内憂外患が頻りと起こり、英・露・米・蘭の諸国が相次いで押し寄せてきた。国内では代々続いた雄藩が隙に乗じて立ち上がり、封建制を廃して郡県制とし、攘夷の党が変わって維新を達成し、千年間人民が権力を失っていた状態を改め、前代には塞がれていた国と国との境界を打破し、国中が騒然となった。

中国では同治五〔一八六六〕年に船政局(5)を創立し、同治六年には同文館(6)を設立し、同治十〔一八七一〕年に学芸を学ぶ留学生を募集し、同治十一年には招商局(7)を設けて軍艦を建造し、外国に使節を派遣して政治の改革について調べ、漸次実行に移した。人材採用や行政においてはっきりと改革を行おうとする様子が見え、君徳はあまねく施され、同治中興の治世は当時並ぶものなしといわれた。しかし日本は賢君が現れて強国となったのに、中国は賢君が出て弱国となった。日本は改革をして三十年にして国は興ったが、中国は改革をして三十年で敗れた。これはどういうことか。

それはこういうことである。中国の君主はたしかに賢明だったし、政治も変わった。然るに学術は改まらず、学問は興らず、科挙は変わらずただ外国の軍隊・兵器や言語・文字などの些細な末端を真似ただけで、西洋学術の根本を学んだとはいえようか。千年もの間老朽化してきた国内を奮い起こしただろうか。

日本の改革はこれとは異なる。他の改革は急がず、先に三の重要なことを改めた。国の盛衰というものは人材如何にかかっており、人材が現れるか否かは学術の発達如何にかかっている。だから商工業や機械・武器などは政治にとってもっとも大事なことではない。学術が究められておらず、根本が確立されていなければ、国の根本方針が定まらず、人身の目指す方向が決まらなければ、学んだものは役に立たず、役に立つものは学んだものではないということになる。このような状態で改革を云々してもかえって害になるだけだ。それでは国を強くしたいと思っても、到底容易ではない。

日本は徳川氏が天下を統一して以来七百余年、〔幕府の〕権勢はもっとも盛んで、君〔将軍〕は幕府を守ることが仕事で、悶着が起こると、それを取り繕うために武力を使っていたので、学術はしだいに衰え、君主の血統は今にも消え入りそうな有様だった。その後東山天皇〔在位一六八七〜一七〇九〕(8)が立って孔子廟を営み、儒臣源光国〔徳川光圀〕を用いて『大日本史』を編纂し、「将軍伝」・「家臣伝」を立て、密かに王統を尊び武門を退ける心を示した。仁孝天皇〔在位一八一七〜一八四五〕の時に、在野の士蒲生〔君平、一七六八〜一八一三〕が出て『山陵志』を作って言外に尊王の心を伝え、『不恤緯』を草して攘夷の意志を示した。源松苗(9)は『国史略』を作り、山県昌貞〔大弐、一七二五〜六七〕は『柳子十三篇』〔『柳子新論』のことであろう〕を著して尊王の大義を唱え、頼襄〔山陽、一七八〇〜一八三二〕は『日本政記』・『日本外史』を作った。これ以後は日本の学術は大きく変化して、是非の基準が定まり、『春秋』の尊皇攘夷の大義もますます明らかにされた。維新の新政はこの学術の変化に基づいている。これこそ学術の変革がもたらしたものだ。

学術が変化し、人心が正しい方向に向かえば、学校を設けてこれを養育しなければ、実効がなく、役に立たない。日本は全国を七大学区に分け、明治四〔一八七一〕年からは文部省を設立し、学制を定めて頒布し、各種の学校を設けた。諸学校には外国語学校・小学校・中学校・師範学校があり、東京大学校がある。東京大学校は法学・理学・文学の三学部に分かれ、東京医学校が付属している。この他に工部大学校・陸海軍兵学校・農学校・商業学校・工業学校・女学校があり、それらの学校が設立されると、方針の整ったものとなった。とりわけ恐れたのは、学生たちの見聞が狭く、自国だけに限られることだ。そこで図書館・博物館・新聞社を設けて知識を広め、西洋人を招いて教師とし、留学生を派遣してその道の技能を深めた。全国を挙げて上は壮年男子から下は婦人、幼児に至るまであらゆる人が学術を学び、どんな学術でも学ぶ人がいる。この三十年来文化が繁栄を誇り、ほとんどの西洋諸国に引けを取らないと高らかに語っている。これこそが学校の変革がもたらしたものだ。

学校というのは教育の本体で、科挙はその機能である。働きが十分発揮されなければ、本体はどうして存立できようか。中国は同治以来、同文館・武備学堂・製造局・船政廠や諸学校が辺境の直轄省にもほぼ創立された。しかし科挙の論文試験は改革されず、弓石の技能〔弓術および石弓のわざ、古い武術の一種〕も昔のままで、緊急に改めるべきものとそうでないものとが逆さになり、使い道の誤ったものに習熟している。だから数十年来、いざ鎌倉という時、国のために役立つ才能や技能を持ち合わせた人がいないのだ。

日本では維新以後、人材登用の方法は西洋に基づいたものが多い。〔学校では〕三か月ごとに小試験を実施して教師がこれを吟味し、一年ごとに大試験を行い教務長がこれを臨席監督する。卒業に当たっては、府・県知事が親しく学制に試験をして、学力が十分なものには卒業証書を与える。小学から各種の中学に進み、中学から各種の専門の学校へと進学する。〔大学〕卒業すれば、東京大学校校長が卒業生に試験をして、〔学士の〕称号を授与する。将来任官した時の位階がこれで決まる。これと著しく異なるのは外国留学に派遣された場合で、帰国すると高官に抜擢される。現在の輔弼の臣はみなこのようにして任官したのである。このように、全国の人材はみな学んだことを将来役立てることができ、全国の官吏が現在役に立っているのはみな以前学んだことなのだ。専攻の違いによって人材の用途も違い、それぞれの職場でそれぞれの特技を発揮する。人材が不足する心配はあっても、使い道がないという心配はない。これこそが科挙の変革すべき理由である。

日本は昔封建制度を採用し〔幕府を〕小諸侯がずらりと取り巻き、その数は数百にもなった。各藩の家臣が全国に充満し、彼らは死生を軽んじて任侠を尊び、戦国時代の遺風が濃厚だった。幕府の専制に対しては、尊王の説を唱えて幕府を動揺させ、周辺の強国が驚かそうとすれば、攘夷論を唱えてこれを拒み、鎖国の党を立てて幕府の罪を責め、ついには大老を刺殺し、公使館を攻撃し、朝臣を殺し、屍をさらし血を流し、あるいは幽閉され、あるいは逃亡した者の数は数え切れない。しかしその憤激の志、愛国の誠はそれによって少しも変わらなかった。そのことから分かるように、武士の勢力は支配層もこれを奪うことができないが、民間の志士はこれを除去することができる。〔天皇家の〕神武の伝統は支配層がこれを定めることはできないが、民間の志士はこれを安定させることができる。旧俗を改革して西洋式に変え、国会を開いて自主的な政治の制度を定めることは、支配層ではできないが、これもまた民間の志士のみがこれを提唱できる。ああ、何と国家と志士の関係が密接なことだろう。

私は日本を見ると恐れを感じ、中国を見ると痛ましくなる。そこで私は国民に改革論を呈上し、三変の説を捧げ、さらに国民の士気を論ずるのだ。

（伊東昭雄訳）

［注］

（1）『春秋』は経書の一つで、春秋時代の魯の国の歴史を記述したもの。『春秋』の本文およびその注釈である『左氏伝』・『公羊伝』には、当時の時代的背景を反映して、しばしば華人と夷人の区別が強調されている。

（2）唐の律令制度を記述した書物。唐六典ともいう。玄宗皇帝の命令により編集された。

（3）大宝令により太政大臣におかれた八つの役所とその属僚。

（4）夏の朝廷の暦法といわれるもので、漢の武帝以来採用された。夏時・夏数ともいう。

（5）清末に洋務派官僚によって建設・運営された機械・造船工場で、一八六六年福州に置かれた。

（6）一八六二年北京に設立された外国語・外国事情を教育する学校で、京師同文館ともよばれている。

（7）一八七二年李鴻章により設立された汽船航行・運送のための企業で、上海に総局を置いた。輸船招商局が正式名。

（8）原文は「山東天皇」となっているが、誤りであろう。なお、このあたりの記述は黄遵憲『日本国志』第二「国統志二」によっていると考えられるが、『日本国志』の原文は「東山天皇」である。

（9）二九〇ページ、注（9）参照。

［資料3］日本寛永以来大事記自序

唐才常

［解題］本文の著者唐才常（一八六七〜一九〇〇）は湖南省瀏陽県の出身。清末変法派の活動家。日清戦争後政治改革を志し、一八九七年長沙で『湘学報』を創刊し、時務学堂成立とともに、教習として活動し、同郷の譚嗣同とともに、湖南の変法運動に重要な役割を果した。一八九八年変法運動が失敗し、譚嗣同らが処刑されると、友人の遺志をついで活動を続け、一九〇〇年の自立軍起義を計画して失敗、処刑された。

この文章は一八九七年八月に『湘学報』に掲載された。『湘学報』は同年湖南省で創刊された旬刊の雑誌で、唐才常、譚嗣同ら変法派が多くの文を寄せ、当初は変法派の機関紙の様相を呈したが、後に洋務派の張之洞の圧力により保守化した。

なお、文中に見られる日本についての具体的情報の部分は、その誤りも含めて徐勤の「日本が強国となった理由について」とほぼ完全に一致する。これは両者が同一の書物（黄遵憲『日本国志』か？）によったか、あるいは徐勤の文のほうが二か月ほど早く出ているので、唐才常がそれによったかのどちらかであろう。しかし、両者の論旨は異なった方向を向いている。特に本文中でも強調されている「日新」や「愛力」といった語は、譚嗣同、唐才常の文にはよく見られるもので湖南変法派の特徴といえる。

洴澼子〔唐才常の号。洴澼《へいへき》とは綿花を水中で打ちながら洗うこと〕はこの地球に生れ落ちて、迫られて身の置き所がなく、目を怒らせて言うには、今の世の大病は二つだ、全聾盲と半聾盲である。全聾盲はもっぱら老学者の学説に泥んで、その取るに足りない見聞を金科玉条と尊んでいるし、半聾盲は西洋の政治の枝葉末節を拾って誇張し粉飾して、自分の権力・圧制の助けとしている。何度か試みて失敗すると、全聾盲に向かい益々がなりたてて、変革の効果はどこにあると非難する。ああ、なんと危うく悲しいことだろう。前の説によれば頑種であるし、あとの説によれば謬種になる。頑種はたちまち災いを招き、謬種は不測の禍をはらむ。我が千万の若者は、遂に業障の中に展転とし、苦海に沈淪して、抜け出すこともないのか、と。

ある人がさえぎって言うには、君は西洋の政治を論ずれば、国会、議会、教会などの根本にさかのぼり、『春秋』によって王法を改める(1)などといっているが、ごまめの歯軋りみたいなものだ、しかし、学術も政治も我が中国と違わない日本について言わないのはなぜか、と。

洴澼子がいうには、その通りだ、世に日本を知るものは少ないし、ロシアのピョートルが、タタール人の影響で身についた粗野な習慣を変えたのよりももっと、フランス・ドイツ・イタリア・オーストリアが、権勢を頼みに平民を抑圧していた王朝を変革したのよりももっと、日本の改革は難しかったことを知っている人はまれだ。私はさきに、日本寛永以来大事記をつくり、変革は徹底して百回失敗しても志を変えず行うもので、我が国で西洋の政治の枝葉末節を拾ってきて、自分の権益を図ろうとするのとは、まったく違うことを、世人に知らせようとした。昔、魏源は『海国図志』(2)を編集して五大州を網羅したが、日本については簡略にしか触れていなかった。近人の著した『日本地理兵要』、『日本新政考』、『日本図経』(3)などが立派に備わったが、日本の維新の艱難辛苦の有様は、まるでふれられていなかった。ただ黄遵憲の『日本国志』〔一八九五年末~九六年初刊行〕だけは、他書にくらべて詳細だが、ほとんど流布せず、国内ではこれを目にしたものが少なかったのは遺憾なことだ。私がつくづく残念に思うのは、日本の毅然決然さに比べて、我が国では一二の反対に遭うとすぐに調停の話が進められることである。

日本の儒学者古賀侗庵(4)はこの国が維新を行う以前、攘夷の虚妄、鎖国の過誤、夜郎自大の妄言を厳しく批判し、蘭学にかぶれて意気消沈することの非を説き、その著書に『海防臆測』と題し、当世のおきてに逆らっても顧慮しなかった。我々の同志の歴史学者が、我が中国の鎖国令解除の事情と比較検討してみると、自尊、自縛、意気消沈が図らずして一致していることに唖然となり笑わずにはいられない。しかし、日本人の当時の自尊、自縛、意気消沈は、実は我が中国南宋の余韻に影響されているのだが、日本人が明治維新の新政を樹立できたのも、我が中国から手本とするに足るものを探求して、遂には成功したのである。

日本が中国を手本としたことは誰でも知っている。日本の政策についてみると、孝徳天皇の世に唐代の制度に倣って、左右大臣、八省百官の制度を置いた。これより先、日本では兵と農とは一体であったが、唐代の制度に倣うようになると、兵と農はついに分離した。さらにまた唐代の制度に倣って租庸調の制を定めたので、租税の法が整った。また唐代の制度に倣って刑部省を立てて中を二司に分け、これによって刑法が定まった。その他暦法には夏正(5)を用い、婚姻は唐代の制度を採用し、医官には典医寮を設置し、商業には唐物使を設けた。隋朝に使節を送って蜀江錦を学び、呉に人を派遣して裁縫・機織を習わせた。茶葉は江南から取り寄せ、綿種は西域から伝わった。これらの政策が何を手本としかは、誰でも判かる。学問についていえば、孔子廟は東山天皇によって造営され、漢学は王仁によって提唱され、仏学は百済からもたらされた。程・朱・陽明の学の端緒は明末の頃に興った。孔子、孟子の権利平等の説は、荻生徂徠によって明らかにされた。その他に、徳川光圀は『大日本国史』を編纂して紀伝体を採用し、蒲生君平は『山陵志』や『不恤緯』をつくり、それに尊皇攘夷の志をこと寄せた。源松苗は『国史略』をつくり、山県大弐は『柳子十三篇』をつくって大義名分の明確化を世に唱えた。頼山陽は『日本政紀』や『日本外史』をつくって、幕府の独裁の由来を知らしめた。これらの学問が何を手本としたかは、誰でも判かる。要するに彼らが手本としたのは、「日新」〔『大学』〕の学だったのであり、今日では上も下も和やかに、士人も民衆もともに奮励し、ますます科学や法律学の精髄を窮めていることは昔日と変わらない。『書経』に「能く自ら師を得る者は王たり、人己に若く莫しと謂う者は亡ぶ」〔「仲虺之誥」〕とある。思うに日本は、もともとは手本としていなかった国をも手本とすることが出来たので、蝦夷や土番のように野蛮に留まらずにすんだのである。中国を師としつつも、西洋をも師としたからこそ、改革三十年で開花をとげ、莫大の努力を積み重ねて東亜の雄国となった。その民権を尊び士気を伸ばし、生死を軽んじ然諾を重んじ(6)、疾風怒濤の如く発奮すれば身も省みないありさまは、愛力〔譚嗣同が『仁学』で用いた言葉。親和力を意味する〕の堅く結び合う力を体現している。

論者は次のように言う。日本の士は力ずくで押し通す習慣があって、井伊直弼、安藤信正を殺傷し外国との戦争を招き、上位に逆らって礼を欠き、秩序がでたらめである、とても愛力などと言えたものではない、と。しかし、問題なのは民知が開けていないことなのであって、学問によって民知を開けば、民衆は知識を持ち、知識を持てば士は品位が上がり、品位が上がれば士の権利は平等となる。そして権利はまず国権であり、機関はまず公機関が重要である。であるから上が教化に失敗すれば、大老を刺殺し、朝臣を殺し、公使館を攻撃し、敵船を破壊するような妄挙を行う。上が教え且つ養えば、忍耐強く強固な心で政治と学問を究め、富強のために力をあわせ、外交関係を結び、国会を開き、自由を唱え、速やかに英、露、仏、伊の長所を取り入れ、傲慢不遜な気質を和らげ、助け合って守りを固める心を持つようになる。昔、太史公〔司馬遷〕は庶民の権利を発揚し遊侠の気質を重んじたが、これは日本のために守るべき準則を残したようなもの、なんとも不思議なことだ。孔子は「天下に道あれば、庶人は議せず」〔『論語』「季子」〕といっている。これは議論しないということではなく、濫りな議論はしないということである。そうでなければ、鞀磬を設け、芻蕘に問い、瞽矇の箴誦や工商の芸諫を求めた(7)のは、何のためか。孟子は「諸侯放恣なれば、處士横議す」〔『孟子』「騰文公上」〕と言っているように、濫りな議論はわがままかってから生ずるのだ。然らば日本の諸藩は、濫りに議論する者を助長しただろうか。

日本は徳川氏が統一してから七百余年、国の権力は上は君主に無く下は庶民に無く、君主や庶民はどうでもよいもので、一統は細々と糸のようにつながるだけだった。嘉永・安政の頃になると、外患が次々起こり内憂も日に日に高まり、反乱は勢力を広げ情勢は危機をはらみ明日をも知れぬありさまだった。明治天皇がにわかに立ち上がり、諸侯の反乱を平らげ、幕府の権力を削り、外交の争いを解決し、民間志士の気を靖んじた。二千年にわたり権威によっても脅されず、武力によっても追われず、議論の対象にもならなかったものが、ひとたび内では法制を整え外では外交を結び、二三の仁人侠士の献身と決断によって支持されると、将軍の圧迫も長州・薩摩の横暴も恐れることなく、疾風怒濤のごとく一気に大いなる変革を成し遂げたのである。

洴澼子曰く、日本の士は勇猛果敢、尊皇攘夷の議だけに集中して、ひたすら朝廷に忠勤であるが、これは世界でもあまり類が無い。大将軍徳川家茂は世界情勢を洞察し、一時鎖国の謀を厳しく抑え、身を危うくして民衆を助け、たびたび挫折した。これは中国の魏晋以来の権力を握った奸雄が、媚を売って国家を奪い取ったのとくらべ、何という違いであろう。しまいには政権を朝廷に返して臣下の分を全うしたのは、賞賛すべきである。だから徳川氏の権力を削るのは良いとしても、その功績を無視してはいけない。その諸藩の処士たちとの交流が、明治天皇の新政と新学とを開いたのである。そこで日本の寛永以来の艱難辛苦の諸相を略述し、その故事を整理して教訓とする。変革の時代に立ち向かうのを恐れ、大いになすべき事のある日に、因循にして決断を欠いたままでいるとは何たることか。光緒二十年〔光緒二十三年の誤りと思われる〕、唐才常自ら序す。

（伊東昭雄訳）

［注］

（1）『春秋』は経書の一つで、春秋時代の魯の国の歴史を記述したもの。孔子が編纂ないし筆削したものといわれる。その注釈として『左氏伝』、『公羊伝』、『穀梁伝』の三伝があり、『公羊伝』を重視する公羊学派は『春秋』を、孔子が歴史に託して改制の理想を述べたものと考えた。変法派はこの影響を強く受けている。

(2)アヘン戦争の時期に林則徐が編集した『四州志』を基に、魏源が後に完成したもので、当時の世界地理や国防問題について、新たな知識を取り入れて編纂したもの。当初中国ではあまり注目されなかったが、日本の幕末の国防論に大きな影響を与えた。

(3)『日本地理兵要』姚文棟編。『日本新政考』顧厚焜編。『遊歴日本図経』傅雲龍編。

(4)江戸時代の儒学者。昌平黌儒官古賀精里の子、父の後を継いで昌平黌儒官となる。朱子学者であるが蘭学へも強い関心を示し、幅広い視野から海防論などを論じた。アヘン戦争への言及もある。

(5)三三七ページ、注(4)参照。

(6)司馬遷の「報任安書」の中の言葉。生死を度外視してあくまで任務をやり遂げること。『漢書』「司馬遷伝」に見える。

(7)これらはいずれも、太古の理想とされる時代にあったとされる、庶民の政治に対する本音を聞くための様々な装置をさすものと思われる。

〔資料4〕 中国は日英両国と同盟すべし　唐才常

〔解題〕 変法運動が失敗し、譚嗣同らが処刑されると、唐才常は長江流域に正気会（後に自立会と改称）を組織して蜂起の機会を伺った。この運動は、一方では「勤王」つまり清朝への忠誠を標榜しながら、一方では武装蜂起を目指すという、矛盾を含んだ運動であった。一九〇〇年、河北一帯に義和団運動が広がり、南方で興中会が恵州を中心に蜂起すると、自立会の組織する自立軍も蜂起を企てたが失敗に終わり、唐才常は逮捕され処刑された。

この「中国は日英両国と同盟すべし」は一八九八年『湘報』に掲載されたもの。文中に出てくる「心力」の語は、譚嗣同の主著『仁学』に出てくる重要な言葉。

古の道理に基づいて唐才常の誤りを生真面目に正そうとする人がおり、こういった。斉の襄公は九世の仇を報じた。公羊高〔戦国時代の斉の人、『春秋公羊伝』をつくる〕はそのかくれた意味を表して「上に天子がなく、下に方伯〔諸侯もしくは諸侯の長〕がなければ恩讐にまかせてよい」〔『公羊伝』荘公四年〕といった。『礼記』には「父母の讐はともに天をいただかず、兄弟の讐には武器を身から放さない」〔『曲礼上」とある。だから復讐の法は古の世の公の決まりなのだろうか。そこで、少康が后羿にあだ討ちし(1)、越王句践が呉王夫差に復讐し(2)、伍子胥が楚の平王に仇を報じた(3)ことを、当時の世では正義とみなし、後世はこれに倣った。昔からプロシアとフランスは代々仇敵として対立し、国際法学者も是非を判断し解決するすべがなかった。何という事であろう。復讐して恥を雪ぐのは古今東西を貫く、比類なき天地の定めなのだ。甲午の役〔日清戦争〕では、日本は朝鮮の混乱に乗じて我が艦隊を撃破し、我が陸軍を打倒し、天翔る飢えた鷹のように身構えて、我が膏血を搾り取った。また山奥の飢えた虎のように人を見れば食いついた。中国は国の体をなさず、滅亡を待つばかりとなって今日に至っている。これを直接実行しているのは日本だが、その実、陰で糸を引いているのはイギリスである。君父の大讐を忘れて汚らわしい講和をした上に、今度は英日と同盟して難局を保つというが、わずかばかり時を稼いだくらいで平安が得られるものであろうか。それとも骨まで達した潰瘍が、とうとう破裂して治療不可能となったのか。北からはロシアが入り、南からはフランスが入っても、高尚な方々は何もせずに領土分割に甘んじているのに、なんでまた鼻っ柱の強い英日と同盟しようというのか。

唐才常がこたえる。家を荒らした盗賊に対して報復するというのは当然であることは、あなたは知っている。しかし、大盗賊がやってきて、あなたの家に住み着き、あなたの田畑を耕し、あなたの下僕を使い、あなたの子孫を奪い、あなたの財宝を持ち去っているのに、あなたは対策も立てなければ戦いもしない。こうしてみると、家を荒らした者というのは、無警戒で高鼾のあなたを揺り動かして、近くで大盗賊が出没していることに気づかせようとしたのである。すなわち、家を荒らしたというのは、ちっぽけな事にすぎない。今まさにそれに百倍する悪党が、矢をつがえてこちらの胸に狙いを定めており、命は風前の灯となっているのだ。風前の灯の命でありながら、血気にはやって僅かの恨みに報復しても、良い事は何もないのだ。

今日ロシアのアジアやヨーロッパに対する謀略は、ピョートル大帝の遺言以来、絶叫獅子吼して天下を乱している。トルコ、アフガン、ペルシア湾で志を得なかったので、方向を転じシベリア鉄道の先に不凍港を構えんと、東に向って利権を争い、ついに遼東割譲の戦い〔日清戦争後の三国干渉をさすものか?〕を利用して我が国を甘言で誘って内を腐らせた。かくして、彼らが牙を研ぎ毒を含ませて、やすやすと我が四億の生命財産をその手に握っても、誰も何も言わなくなった。何と悲しいことであろう。家屋、田畑、下僕、子孫を奪い取り、悪辣にも我が支那をのっとろうとしている。いわゆる「司馬昭の心、路人みな知る」(4)である。

あっという間にロシアは東三省の鉄道を握り、大連湾、旅順を奪い取って、世界中を震撼させた。天を仰いで呆然するばかりで、どうして国土が守れよう。ロシアとの同盟策を、誰が何の欲に引かれて立てたのか知らぬが、その結果、亡種亡国の大盗の鼻息を伺い、これを父母とも天帝とも思って誤りを重ね、行き着く所まで行ってしまった。『詩経』に「誰か厲階を生じて、今に至るまで梗を為す」〔いったい誰が災いに元を作って、今日まで人を苦しめるのだ。「大雅　桑柔」〕といい、また「鮮民の生くるは、死することの久しきに如かず」〔寄る辺の無い者は、とうに死んだ方がまだ楽だ。「小雅　蓼莪」〕と歌っている。私は五代晋の桑維翰を生き返らせて、強固な庇護の下でなぜ出帝が恥辱を受けねばならなかったかを責め、その上で処刑できないことが残念である(5)。

私は梁啓超の著作『ポーランド滅亡記』を読んだが、それに曰く「ポーランドが再びロシアに滅ぼされるや、ロシア人は義を唱える党を追い詰め、およそ疑わしき者は皆シベリア・コーカサスに追い立てた。移された者およそ三万人あまり、皆ポーランドの貴族、富豪及び士大夫であった。囚人が詰め込まれた護送車が道路に連なり、土地財産は異族に没収され、妻子は奴婢とされた。一八三〇年五月十七日、大荷車の一隊が無数の児童を満載して辺境の地へ向かった。彼らの父母は馬車の轅によじ登って号泣し、兵士がそれを叩き落し車に轢かせたので道路も車も血肉にまみれ、目も当てられぬ有様であった。児童たちは途中、粗末なパンを与えられるだけで、病気にかかれば路傍に捨てられた。さらにまた、ポーランド人がポーランド語を学びポーランド語を使うことを禁じ、若者が母国語で会話すれば、死罪に処せられた」。ことに細かに記録したのは、中国の愚鈍を治療し、自国がポーランドにならないようにと考えて、その惨状をありのままに示したのだ。

梁氏はまた、災いの根源にさかのぼって「一七六三年、ロシアはカンスリン〔未詳〕を使節としてポーランドに派遣し、金品をばら撒いてポーランド人を買収した。そこでポーランドの廷臣たちは、皆ロシアへの依存心を持つようになった。その後さらにポーランドの金持ちたちを買収し手なずけて離反させ、法令を発して、およそ士大夫で集会を開き政治・学問を論議する者は禁固としたので、民気は遂に衰えた」。ああ、ロシアが直ちに暴力に訴えるのではなく、まず賄賂を以って他国を滅ぼすやり方の、なんと酷なことよ。今朝鮮を亡ぼすやり方も、また同じだ。日本が朝鮮に入り、速やかにその政治を改革し、富国強兵を図ろうとしたとき、ロシア公使ウェーベルが日本に背いて旧のままにするよう裏で画策し、およそ逆臣奸相たちはぐるになって利権をむさぼり、勝手放題で憚る所なくなってしまった。その愚かさ欲深さを大いに増長させ、奴隷にしたり食い物にしたり出来るのであれば、やりたい放題にやり、誰も非を唱えなくなってしまった。守旧の徒は、益々ロシアの意向を窺って、新政を阻み新学を退けた。朝夕に朝廷に列席する富貴にして貪庸な者によって、ロシアの朝鮮における権力は日に日に高まり、鴨緑江を超えて遼寧、河北へと浸透している。

先ごろの膠州の戦い（6）が、領土要求をしやすくするための企みではなかったなどとどうして言えよう。こうしてみると、我が国をポーランドや朝鮮の様にすることは、やすやすとできることは疑うまでもない。ただ、なぜかロシアの術策は百発百中で少しの外れもないのか、不思議である。私はまた、ロシアが他国を滅ぼす場合、人を殺すことが多ければ多いほど、支配も長続きすると聞いたことがある。これは秦の始皇帝、耶律徳光、ジンギスカン、朱元璋のやり方であって、古今の暴君のやり方は期せずして一致している。もしも、甘い餌で彼らの欲を満たすようなことをすれば、我が四億の生命財産はほとんど残らなくなってしまう。なんとも痛ましいことではないか。

今私は全世界を見わたして、その行く末を占ってみよう。イギリスは連戦連勝したがすでに年老いており、日本は新興国だが自信はない。ドイツ、フランスは互いに張り合って戦いに備え、ロシアは勝っても負けても横暴である。それはなぜか。イギリスの領土は五大州に広がり、あらゆる海域に商港がある。何かでしくじれば、手が回らなくなって全局が瓦解しかねない。そのため体制維持がその本心であり、しかも首相のシャフツベリーが保守党党首であれば、戦乱を恐れ、先んじて人を制することはできないのは、言うまでもない。日本は新勝の勢いに乗って、船を買い武器を買っているが、貧乏人が市に入るようなもので、食料は買わず急いで武器を買っている。ただ、ドイツに対しては余裕があってもロシアに対するには不足である。牛瘠せて豚屠られ、唇亡べば歯寒しの諺は、愚人といえども知っている。まして聡明で洞察力のある日本人ならなおさらだ。ドイツ、フランスは競ってロシアと親交を結んで守りとし、これで策略がうまくいったと思っている。しかし、驚天動地、大地も波打つが如き時にあって、狼が虎に随うようなことをして、一体どれだけの利があろう。ロシアは北氷洋を背にした国であり、後顧の憂いはない。勝てばもとより勝利であるが、負けてもまた勝利になる、これがロシアが必ず打って出て勝負を争う第一の理由である。皇帝の支配は激流のようで、君権は歯止めがなく、常に武功を恃みに、その国内を畏服している、これが打って出て勝負を争う第二の理由である。君権が重ければ、民気もますます激しくなるが、ギリシア人が皇帝の周囲に群がり、甘い汁を吸おうとして、党人をおいて民衆の反乱を鎮めている（7）、これが打って出て勝負を争う第三の理由である。旧習を打破したピョートルの野心は、弱者を選んで欺き、豊かなものに食いつき、人命を虫けらの如くに扱って少しも哀れまない、これが打って出て勝負を争う第四の理由である。ロシアの勝算は四つあり、他の国には一つもない。そして中国がこれとあたろうとしている、こんな過酷なことになるとは、天命かそれとも世の成り行きか。

しかし、私はイギリスと日本は決して我が中国が切り刻まれて滅ぶのを座視しないことを知っている。彼らが中国を愛しているのではないが、中国が亡べば小国分立の春秋戦国時代のありさまとなって、身に危険が迫る。また、我が中国をインド、ビルマ、ペルシア、琉球のようにしたくないわけではないが、すでに我が国で商戦をやっているので、中国を郡や県に分け、そこを掃討するのでは、彼らの計画に遅れが出る。今日、中国を治療しようとすれば、その症状は複雑多岐にわたり、百言千言を費やしても言い尽くせないのであるが、それでもしっかりと脈を採り、症状を遍くつぶさに診察すれば、処方が立たぬなどということはない。処方には、対症法と根治法がある。根治法の方はしばらくおくとして、対症法とはすなわち英日と同盟することである。これは要職にある諸侯が唾棄し、忠義者を自任する者が腕ずくで阻もうとすることである。なぜイギリスと同盟するのか。それは日本と同盟するため。なぜ日本と同盟するのか。それは学術と同盟するためである。中国が生存を図ることを望まぬのであればそれまでのことだが、もし望むのであれば、何よりもまず学術である。中国が実学を求めないのであればそれまでのことだが、もし実学を求めるのであれば、日本から求めるのが一番である。

しかも軍事・商業・工業・農業・鉱業・鉄道は、みな学なのだ。学に通じれば資金調達や実業振興にも通暁するし、資金通達に通じれは、軍備整備や侵略防止にも通暁する。軍事に通じれば、禍福存亡の道理にも通じ得る。こうであるから、学に通じれば日本に通じ、日本に通じればイギリスに通じ、中日英の力を合わせ海上に縦横すれば、強者ロシアがいかに狡猾であろうとも、東方領土拡張の野望をほしいままには決してできない。フランス・ドイツはうわべはロシアに付いても、イギリス・日本を敵に回して五州侵略の悪事をどうして為し得ようか。

日本はそのことが判っているので、三人の参謀本部将校を中国に派遣して密議を凝らした。その三人とは神尾光臣・梶川重太郎・宇都宮太郎(8)である。正月末に譚嗣同はその三人と漢口で会い、神尾は「我らはもともと兄弟国で、貴国は我が国を情厚く遇していた。はからずも朝鮮の一役のため、遂に仇敵となってしまった。また、はからずも貴国は一戦に耐えられず、敗北し収拾がつかなくなった。これより以来、各国の欲望に火がつき、中国が風前の灯のようになってしまったことは、返す返す悔やんでも悔やみきれないことだ。

しかしながら、貴国が亡べばその影響は必ず我が国に及ぶのであり、我が国は貴国と同盟せずにどの国と同盟できようか。今、中国の大地に向け軍団や艦隊が続々と集まり、血に飢えて牙を磨き、隙あらばと伺い合っている。このような時に、臥薪嘗胆して軍隊を訓練し学術を起こすのでなく、のんびりと時を過ごすとは一体いかなることか。時は二度とはやってこない。どうか共に我が国へ行き、謀を定めてから行動することを熟考されよ。およそ物事の振興にあたっては、みな助け合うのが道理というもの、目前の国土分割の危機を救うについては、至高の経綸をもって検討を続け最善を図ろう」と語った。さらに「聞く所によると、湖南省は気風が大いに開け、政治・学術を研鑽しているとの事で、まことに敬服にたえない。特に親しく交わりを結び、互いに緊密に助け合いたい。中国を振興しようとすれば、まさに湖南を起点とすべきである。もし同盟が成立すれば、我々はイギリスに仲介の労をとろう。かくして鉄道・国債・軍艦その他あらゆる政治・学術の援助が受けられる。我々はまたイギリスとともに東アジアの石炭をことごとく手中に収め、諸国の汽船の石炭使用を遮断し、近くでは貯炭場を得られず、遠くからは運搬を困難にする。鉄甲艦が多数押しかけてくれば持ちこたえられぬが、少数ならば追跡してたちどころに轟沈する。こうすれば、戦わずして他国の軍隊を屈服させられる。しかも石炭をことごとく手中に収めることにより、太平洋の死命を制することができ、好都合この上ない。あなたはいかがお考えか。あなたがわが国のことを忘れずに、大勢を引き連れて来られれば、賓客としておもてなししよう」とも語った。その言はこのように痛切且つ真剣であった。大厦がまさに崩壊せんとし、草原を焼き尽くす日が迫っているのを予知しているのでなければ、地球上最も軟弱で最も脆く最も疲弊した国に対し、このような迂遠で現実離れした提案をするであろうか。

私はかつて嘆息して言った、中日両国が事を構えるのは、二人の盲人が出会ってどちらも道を譲らなかったり、二人の聾者が怒って互に身振りで喧嘩したりするようなもので、傍らの者が隙を窺って帽子や衣服を盗んでも気づかない。これは愚の骨頂というべきだ。今、日本人は我が国との同盟を望んでおり、しかも中英と密かに連合して敵を挟み撃ちにすることを願い、生命をなげうって助け合おうと望んでいる。これは千載一遇の機会である。何という幸い、何という愉快であろうか。日本によってイギリスと同盟することは、実は弊害がないわけではない。しかし、商戦の災いは兵戦の災いほどではないし、アフガンの受けた脅威はコーカンド(9)の受けた脅威ほどではない、またインドの惨禍はポーランドの惨禍ほどではない。さらにまた、ペルシアやトルコが今日なお独立しているのは、イギリスがこれを維持しているのか、ロシアがこれを維持しているのか。屠殺人に捕らえられて叫びながら殺されるのと、同病者に薬の処方をたずねるのとでは、どちらが肉親でどちらが仇であろう、どちらが親しい隣人でどちらが油断のならぬ敵であろうか。ロシアと同盟すれば、焦眉の急に迫られたり臍を咬んだりしている間に、たちまち征服されてしまう。日本との同盟によってイギリスと同盟すれば、皮膚の疥癬を患うくらいのことはあっても、なお将来に救済を求めうる。そもそも弊害はどちらにもある。両者を比較して、軽いほうを採るのみである。

然らば日本と同盟することの実とはいかなるものか。日本には大学があるから、湖南・湖北の官紳は子弟をそこへ派遣することを提議する、これがその実である。我が南学会(10)が一致団結して経費を負担すれば、榎本や伊藤が次々と海外へ出たように勉学怠りなく励むであろう。さらに、我が同人の学識豊かで財力ある者が、自ら翼を連ね踵を接して日本へ飛び、日本と気誼を通じ、心力を集め、格差を均しくし、両者を一つに合わせることを願う。かくすれば学術が共通となって政治が通じ合い、政治が通じ合えば国どうしが通じ合える。

軍事・商業・工業・農業・鉱業・鉄道・学校・客卿(11)、これらすべてが通じ合う。陽には存亡を共にする目標を立て、陰には同教・同種の絆を深くし、遠くは強国秦が人材を外地に求めた方法に学び、近くは明治のアメリカ・オランダに援けを借りたやり方を手本とする。内には愚鈍で夜郎自大、独りよがりの退廃を一掃し、外には未開野蛮で万国公法の適用外という不名誉を洗い雪ぐのである。萎びた枯れ草でも、養分を与えれば吸収する、たよりない皮袋でも口をしっかりとくくれば膨らむ。まして地大物博にして大海を隔てる中国であれば、支える力を得て、ひたすら改革をなせば、どうして存続できぬことがあろう、どうして強くなれぬことがあろう。その努力をせずに、四億人の生命財産を、あの悪辣・不正・残虐・狡猾、権柄づくで無道なロシアに委ね、余命を一時につなごうとして、虎口に余生を乞うとは。これは三尺の童子も驚きあきれるところ、志士仁人は胸を打ち地団太踏んで悲嘆にくれる。そのどこに利益なぞあろうか。

今、アメリカはワシントン時代の規模を守って、新世界の境域に立てこもっており、最近ハワイ併合の戦いがあったといえども、外交へのかかわりは少ない。しかも我が中国は固陋な上に遠い、彼らから見れば、埒外の余計ものである。同盟しようと思ってもどうしてできよう。今、フランス・ドイツは利に目がくらんで義を忘れ、身を危うくして不正に関わって自らを穢し、ロシアの威を借りて悪事をなしている。こうして、膠州で騒動が起こり、大連湾と旅順がこれに次げば、広東・広西の利権、雲南の鉄道、長江の貯炭場を手に入れようとする。これはちょうどロシアがかつてポーランドをプロシア・オーストリアに食わせたようなもので、今中国をフランス・ドイツに食わせているのである。同盟しようと思ってもどうしてできよう。

孔子曰く「我、周の道を観るに、幽、厲〔幽王、厲王〕之《これ》を傷つく。吾、魯を舎てて何にか適かん」と。されば事が切迫している今日の対応策とは、イギリス・日本を捨てて何処にか行かん、である。また、譚嗣同は私にこう語った。「先頃、姚石荃が日本の使節と共に日本に赴いたとき、私は一行を汽船に見送った。ところが、日本の使節は最上部の船室におり、姚たちはその下の船室であったので、互いに顧みて表情が変わった。けだし、各国の汽船会社のしきたりでは、地球上で完全な自主権を持ち、対等に交渉することのできる国は最上部の船室に乗ることになっているが、中国はそれに与かれないのだ」。私はこれを聞いて茫然自失し、死ぬほど恥ずかしく、袂で顔を覆って言う言葉もなかった。

(伊東昭雄訳)

［注］

（1）少康は夏の王帝相の子、帝相が殺されたため、王位をついで亡父のために復讐した。ただし復讐の相手は正確には后羿ではなく寒浞である。『史記』巻二。

（2）春秋時代、呉の軍と会稽山に戦って敗れた句践はその屈辱を忘れず、実力を養って夫差に対し復讐を遂げた。『史記』巻四十一。

（3）伍子胥は春秋時代の楚の国の大夫、本名は員、父と兄を楚の平王に殺されたので呉に走り呉をたすけて楚を討った。『史記』巻六十六。

（4）この語は『三国志』巻四書四「高貴郷公髦紀」の注に『漢晋春秋』からとして引かれた中にある言葉。曹髦が司馬昭の謀反の心は明白であるとして言った言葉。司馬昭は三国時代の魏の将軍、司馬懿の次男。魏の政治をもっぱらにし長子の炎を帝位（晋の武帝）につけた。

（5）桑維翰は五代晋（後晋）の人、後晋の建国者石敬瑭の下で実権を握り契丹（遼）の後援を得て後晋の体制を確立した。このため後晋は、契丹に対して臣下の礼を執ることになるが、二代皇帝の出帝の時代この臣礼をめぐって契丹と争いとなり後晋は滅亡する。下に出てくる耶律徳光は遼の太宗のことで、このとき後晋が臣礼を執った相手、後晋から燕雲十六州を割譲させ、後に後晋を攻め亡ぼす。文中の「強固な庇護の下」とは契丹に対する臣礼のことを指している。『五代史』巻二十九。

（6）一八九七年十一月、山東省でドイツ人宣教師が殺害されたことを口実に、ドイツが出兵し膠州湾を占領した。翌年ドイツは膠州湾を租借する。

（7）この部分、「ギリシア人」以下やや意味不明であるが、ロシア（ギリシア）正教会の役割についての話を、ギリシア人と誤って取ったことによるものか。

（8）神尾光臣（一八五五〜一九二七）陸軍軍人、日清・日露戦争に参戦、後に陸軍大将となる。陸軍有数の中国通といわれた。

梶川重太郎（?〜一九〇二）陸軍軍人、一九〇二年四月、駐清国公使館附陸軍武官に任命され着任したが、同年七月在任中に死亡した。

宇都宮太郎（一八六一〜一九二二）陸軍軍人、参謀本部で活躍。後に朝鮮軍司令官、陸軍大将となる。戦後の政治家で日中友好に尽力した宇都宮徳馬はその子息。

（9）コーカンドとは中央アジアにあったコーカンド・ハン国のこと。フェルガナ盆地を中心に栄えたが一八七六年にロシア帝国によって併合された。この部分「商戦の災い」以後の文はずっと、イギリス・日本とロシアとの侵略性を比較する文が続く。

（10）湖南省の政治結社。譚嗣同、唐才常ら湖南変法派が指導的役割を果した。『湘学新報』（後に『湘学報』と改称）、『湘報』を発行。

（11）客卿は、もともとは春秋戦国時代に他国から来てその国の政策を実行した人物をさして言われた言葉。諸子百家にはこの類が多かった。ここでは、近代のいわゆる「お雇い外人」をさす。

〔資料5〕山東道監察御史楊深秀、游学日本章程を議するを請うの片(1)

［解題］この文は、一八九八年四月十三日（旧暦）、楊深秀によって上奏されたものであるが、実際にこの文を書いたのは康有為であり、まだ直接皇帝に上書する資格のなかった康有為に代わり、楊深秀が代奏したものとされている。この上奏によって清朝は本格的に日本への留学生派遣を検討することになるが、戊戌変法の挫折によって中断を余儀なくされる。もっともすでに各地方からの留学生派遣は始まっていた。

同じ四月十三日に楊深秀によって、この他に「請訳日本書片」など四篇の上奏が行われているが、これも全て康有為によるものとされている。康有為は後に一九一一年になって戊戌変法時の上奏文を『戊戌奏稿』としてまとめて出版するが、その中では、この文は「請訳日本書片」と一つにされて「請広訳日本書派游学摺」となっている。これを戊戌変法当時のものと比べると、欧米に関する言及が多くなっていて、康有為たち当時の立憲派の対外認識の中での日本の比重が下がってきていることが窺える。

楊深秀（一八四九～一八九八）は山西省聞喜県出身、清末の官僚、変法派の政治家。戊戌変法にあたっては、西太后によるクーデタ後も北京に踏みとどまり、逮捕され処刑された。いわゆる「戊戌六君子」の一人。

再びするに、前刑部右侍郎李端棻、学堂を開き游歴を派するを請うの一摺、旨を奉ずるに准行せらる。伏して皇上の深く事変を観、直ちに変法を欲せらるの意を見る。しかれども、泰西の各学、政治、律令、理財、交渉、武備、農、工、商、鉱より一技一芸に及ぶまで、学有らざる無し。日本変新の始め、貴顕を游歴せしめ聡敏なる学生を出洋学習せしむ。今その相伊藤博文は、すなわち我が同治時の出洋学生と共に学びし者なり。ただ、我は守旧の謬説に格せられ、加うるに経費の不足を以っての故に事中止し、遂に日人をして学成る有らしむ。今、日人は泰西の諸学において燦然として美備し、只模して真に逼るのみならず、亦自ら新解を出だす。故によく小国を以って中土を陵駕するは、まさに因る所有るなり。

我いま変法せんと欲すれども、章程未だ具わらず、諸学に人無し。事を挙げんとすれども由りて理を措くなし。才俊を派遣し出洋游学せしむにあらざれば、以って変政の用に供するに足らず。ただ、泰西は言語文字同じからざれば効果現るるの日遠きのみならず、旅程遥かにして飲食昂貴、虚しき費え殊に多く、故に慎重となりて遅々として未だ事挙がらず。臣おもえらく、日本の変法立学は確かに効あり、中華にして游学の成り易きを欲すれば、必ず日本より始むべし、と。政俗文字同じなれば此れを学ぶに易く、舟車飲食安ければ費え多からず。

近頃、日人はロシア鉄道の逼り来るを患え、重ねて唇歯輔車之依を思いて、頗る割台相煎之急(2)なりしを悔やみ、大いに東方協助之会を開きて、我が人士を知り我が自立を助け、我を游学に招き我に経費を供して以って親好の実を著し、以って夙昔の嫌を止めんことを願い、駐使矢野文雄を経て書面もて訳署に告ぐると聞く。我と日人は一衣帯水を隔つ、若し我自ら強くしてよく復仇しうれば為さざるべからざるも、今我弱くして立つあたわざれば、直ちに日人の悔心に因りてその情意を受くべし。聞くに、日人にいま両党あり、一は独立を主とし、一は我と連なるを主とす。国家はこの区々たる経費を問題とせずといえども、また何ぞ敢えてこれを拒むを以って嫌怨を加増せしめ、彼の独立党人に口実を与え、連我党人をしてその辱めを被るを後悔せしめ、彼らをして中国はただ兵力を持って脅すべし情誼を以って親しむべからずと言わしめんや。羞によりて怒りを成し、積みて争端とならんことを恐る。且つ彼の国の新聞を閲するに、彼更に親好の事を計画し、我朝に信を昭かにせんことを図る、游学の経費を供するはその啓端なり、とあり。もし敢えてこれを拒めば、大勢に関わり無しといえども、また再び献ずることなし。その侮を納めて咎を招くにおいては、その害を為すこと浅からず。因りてこれを受るに如かず。両国情好を連ぬるを得べきのみならず、且つ我が人士をして彼の学に通ぜしめ、また経費を省く、一挙にして三善なり、いずれかこれより便ならん。

伏して、飭《ちょく》〔皇帝の命令、勅〕を総署に下し、速やかに日本游学章程を議せしめ、経費供給を受くるを許されんことを乞う。その游学の士は、請うらくは挙人・貢士・生員・監生より聡敏有才にして年未だ三十を過ぎず、已に中学に通ずる者を選び、京師に在りては各人に応募せしめ、訳署より証書を給し、地方に在りては学政より証書を給せしむれば、人才を成し以って時艱を済うに庶からん。隣好を納め猜嫌を解くは、必ず小補にあらず。謹んで片を附して上陳し、伏して聖鑑を乞う。謹んで奏す。

（杉山文彦訳）

[注]

（1）「片」とは、上奏文に付した付箋のこと、従ってこの文章とは別に上奏文の本文があった。「再びするに」でこの文章が始まっているのはそのため。黄彰健編『康有為戊戌真奏議』（〔台湾〕中央研究院歴史語言研究所史料叢書、民国六十三年刊）によれば、この片が出された同じ日に、やはり楊深秀の代奏によって「請定国是明賞罰以定趨向而振国祚摺」「請正定四書文体以励実学摺」が上奏されているから、このいずれかに付されていたものであろう。

（2）「割台相煎之急」の「割台」は下関条約での台湾割譲のこと。「相煎之急」は、三国時代魏の曹植が兄の文帝（曹丕）に迫られ七歩あるくうちに「煮豆持作羹、漉豉以為汁、萁在釜下燃、豆在釜中泣、本自同根生、相煎何太急」と詠んで難を逃れた故事による。

［資料6］日本変政考序
（付「進呈日本明治変政考序」）

工部主事臣康有為撰

［解題］「日本変政考序」は、戊戌変法さなかの一八九八年旧暦五月下旬から六月下旬にかけて順次光緒帝に上呈された『日本変政考』の序文。後に付した「進呈日本明治変政考序」の方は、一九一一年になって康有為が戊戌変法当時の上奏文をまとめたものと称して出版した『戊戌奏稿』に収められているもの。見てのとおり両者の文面は大幅に異なる。このような書き変えは『戊戌奏稿』全体について言えることで、出版にあたり情勢の変化を考慮して康有為が原本を改変したためである。両者を比較すると康有為の日本観自体は基本的に同じであるが、彼の対外認識における日本の比重が小さくなってきていることが見て取れる。

『日本変政考』は全十二巻、明治元年から明治二十三年までを編年体で月日を追って記述したもので、所どころに康有為の按語が加えられている。内容は政府の施策、法令の記述が主で、社会の動きや民衆運動についてはあまり触れられていない。ただ、国会開設要求の動きや明治憲法については、やや詳しい記述がみられる。しかし、多くの法令が翻訳収録されているにもかかわらず、なぜか明治憲法の条文は収録されていない。康有為が何によって『日本変政考』を編纂したかについては、指原安三の『明治政史』と黄遵憲の『日本国志』が主たる情報源であったことが、これまでの研究によって明らかにされている。

翻訳にあたっては「日本変政考序」（一八九八年刊行）を底本とし、「進呈日本明治変政考序」の方は、湯志鈞編『康有為政論集』（中華書局、一九八一年）所収のものを底本とした。

大より小に、強より弱に、存より亡になるものがあり、その事情を知らねばなりません。小より大に、弱より強に、亡より存になるものがあり、その事情を知らねばなりません。近年は万国交通し雄を争い長を競い、強でなければ弱、大でなければ小、生存できねば滅亡で、中立はあり得ません。大から小になったのはトルコであります。強から弱になったのはペルシャであります。存から亡となったのは、インド、ビルマ、安南、ジャワ〔?、原文は基窪〕、アラビア〔?、原文は阿爾覇〕、マダガスカル、アフリカ全州がこれであります。みな旧を守って変ぜず、君主自尊で民と隔絶した国であります。亡から存となったのはタイであります。小から大となったのはロシアであります。弱から強となったのは日本であります。みな法を変じて新を開き、君主が民と通じた国であります。参考とするに、その効が最も速く、情報が最もそろい、我が国と最も近き国は、日本にほかなりません。

日本は、外に英米の禍あり、内には将軍が政権を握り国中が封建分立で、君主とは名ばかりで僅かに首府を守るにすぎず、国を挙げて変革するは至難の情勢でありました。しかしながら、一朝にして大政を改め群臣に誓って国恥を雪ぎ、万国に訪ねて良法を採り、草茅より俊偉の士を徴抜して政事に参画せしめ、参議局、対策所、元老院を開いて天下国家を論じ、大いに卿士を派遣して泰西に游学せしめ、西人を招いて顧問となし、尽く泰西の書を訳し、広く大小の学を開きました。ここにおいて気風は維新し国を挙げて奮闘躍進しました。しかし、尊卑の間にはなお隔てがあり交通はなお不便で、新政は整うもなお民にまでは及びませんでした。そこで封建諸侯を悉く廃して県令に替えて上意下達とし、道路を開通させ巡捕を立てて患を救い奸を防ぎました。ここにおいて、一国の中、民情の機微も悉く上達することとなったのであります。

　しかしながら、守旧の党なお多く、泰西の情未だ狎れず、阻撓の議もまた甚だしかった。そこで、朝廷の衣服を易え拝跪をやめ、正朔を改めてこれを率しました。しかし、なお衆情未だ一ならず、民情未だ潤わず、社会規則未だ立たざるの患がありました。そこで結社を作って人才を合し、議院を立てて輿論を尽すようにしました。大隈重信、伊藤博文は実に会党の首魁にして、議院の憲法を草定したのであります。憲法すでに定まりて後、統治の制度はことごとく整い、万国と交流を進めました。ここにおいて、独仏の兵制を採り、英国の商務を師とし、米国の工芸に法り、ローマ・英仏の法律を集め、東西の文科理科の学を兼収して、ひたすら模倣に努めたちまちにして真に逼ったのであります。今に至るまで三十年、国を挙げて気風を革め、風俗の変化は弛みなく、万法ことごとく新たとなり、工は新器を出だし、商は流通の学を修め、農は機器を用い、済々たる人士は皆大地の故に通じ、六芸の学を兼修し、任官者は皆通才にして事業は彼らが担い、君主は群臣と議院にて日々討論し孜々として倦まず、かくして新政は成ったのであります。泰西が五百年かけて講求したものを、日本は二十余年で成し遂げた。その治効の速やかなることは、地球上に未だあらざる所であります。

　然る後、北に吏員を派遣して蝦夷地を開き、南に使いを馳せて琉球を滅ぼし、東に軍を出して高麗を撫し、西に兵を揮って台湾を取りました。ここにおいて、日本は遂に盛国となり、欧州の独仏など大国と拮抗する国となりました。しかし、その地を論ずれば区々たる三島に過ぎず、その民を論ずれば三千余万にすぎず、いずれも我が国の十分の一であります。しかしながら遂に、威を亜東に振るい名を大地に記しました。かくなし得た由を追ってみますに、それは旧俗を革めた大政維新の故にほかなりません。惜しむらくは、かつて日本について語った者は、その時と共に進む変革の理をよく知らず、その先後の変化の宜を窺い知ることができなかったことであります。

　乙未の和議〔下関条約〕が成ってより、日本の書籍を大いに集め、臣の娘同薇はほぼ日本語に通じており、それを訳して集成し三年を経て、日本変法の曲折次第を見ることができるようになりました。よってこれを十巻に整理し注を付しました。もし中国が変法するにあたって、これを参考とするのであれば、守旧の政俗は共に同じであり、開新の条理も異なりません。その先後の次第は、あるいは緩やかにあるいは急に、あるいは遍くあるいは偏る場合がありますが、いずれも行えば効果があります。実行して弊害が出れば、我々の実情に合わせて止めにし、途中で変更すべき事があれば直ちにそれを実行すべきであります。要するに、日本人が変えてすでに成功したものは取り入れ、失敗し誤ったものは捨てるのであり、日本が苦労した事を我々はやすやすとやり、日本が創造した事を我々はなぞるのであります。手本を下敷きとすれば、直ちに図はできあがります。まして、我が国は人民、土地、物産いずれも日本に十倍するのであります。決して事半ばにして功二倍には止まりません。詩に曰く「他山の石以って玉を攻むべし」〔『詩経、小雅、鶴鳴』〕善言であります。国に対する見方さえ正しければ、強敵を手本とし参考とすることも問題ありません。道には循うべき道があり、方法には考えるべきものあり、その体は甚だ広く、その条は甚だ詳しいものであります。もし、皇上がその効の見るべきをお信じになれば、皇上の御心が天地と共に動き、それが命令となり実行に移されます。さすれば、我が皇上が一たび掌を反される間に、天下は泰山の如く安定するでありましょう。

進呈日本明治変政考序

臣は、国の大小、民の衆寡にかかわりなく、政治がよく治まっていれば強く、治まらねば弱いと聞いております。この事を近い例をもって申しあげましょう。明は天下を有しており、実に巨大でありました。しかし、聖朝は、東土より興隆して軍旅を整え、たちまち北の方蒙古四十か国を治め、東は朝鮮を平定し、華夏に君主として入り、数か月で全土を掌握しました。また近くは、ロシアは元々ちっぽけな国でありましたが、ピョートル大帝が起って発憤して変法を行ってより北半球の覇者となり、ドイツはフリードリヒ大王が起ってより、小プロイセンからオーストリア・ロシア・フランスに勝ちうるほどに強大となり、ウィルヘルム一世が賢明にもビスマルクに国を治めさせて、今や全欧州の覇者であります。サルディニアは小侯国にすぎませんでしたが、賢相カヴールとその君主イマヌエーレが起って帝国オーストリアに勝ち、遂に十一か国を合わせてイタリアを立てました。かの日本は、領土は我が四川くらい人民はわずかに十分の一に過ぎません。しかし、猛然と変法を行い、遂に我が国の軍を破り、我が遼東・台湾を割譲させ償金二億両を取りました。かのインド・トルコは、古来万里に鳴り響いた大国ではなかったでしょうか。然るに今や、片や平定されて属国となり、片や領土を割譲させられ病夫と称され、欧州に蹂躙されるままであります。そもそも、プロイセン、サルディニア、日本を、インド、トルコと比較すれば土地・人民共に僅かなものであります。しかし、両者の強弱盛亡栄辱は、かくも遠く隔たっており、この事は臣の深く惧とする所であります。まして今や、四海交通し列国互いに競い、欧米の新政・新学・新器は日々次々と出現しております。ヨーロッパ人はその汽船・鉄道を以って大陸を貫通し、世界を覆い尽そうとしており、これに触れるものはくずれ、逆らうものは砕ける勢いでありますす。しかし、これを採用すれば彼らと同様になり自らを保全できるのであります。トルコは至大の国でしたが、守旧的で新政・新学・新器を拒み衰退し、日本は小国ながら革新的でこれを採用したちまち強大となりました。これは、公理正則からは何物も逃れられぬことの、大いなる明証であります。

考えてみれば、日本の変法はその始め極めて困難でありました。欧米とは言語が遠く異なり、書物を訳して欧米の全貌を知ることも困難であり、天皇が都にいても、武門が権力を握り諸藩がそれを支えておれば、孝明天皇は詩を書くにも紙もないありさまで、権力の回収は困難でありました。倒幕維新に及べば四方に革命が起こり、人心を靖んずることは困難でありました。新政を始めるにあたり、支出多く変乱頻発し、武器食料ともに困窮し、国庫は窮乏しました。初めて国家銀行を創るに、資本は僅かに二十九万、全国の歳入はやっと千二百万を超えるばかり、昨年わが国に戦勝した後でも歳入は僅かに八千万、財政も困難であります。しかしながら、二十年間に政法大いに整い、欧米の文学芸術を採って国民と融合させ、年に数十万の兵を養い、その十数の艦と共に、我が大国に勝利しました。区々たる三つの島が、統治が安定し治績が上がってくると、豹変して龍の昇る如く化して覇国となりました。国土人民とも日本に十倍し、皇上が政綱を独攬し、その号令は雷霆のようであり、封建の強侯も大将軍の覇権もなく、一片の勅命も総督・巡撫は必ず行い、四海に虞れなく民に異志なき我が国にあっては、いま歳入が一億を超えておりますが、もし陋規を正せば必ず倍となり、もし土地調査を正確にすれば更に倍となり、銀行を良く活用すれば想像できぬほどになりましょう。もし日本で訳された洋書や、政法の実績を巧みに活用すれば、彼は我と同文であり、その一連の書物を転訳することは、これを欧米の文から訳すに比べ、万倍の効率であります。また、彼は我と同俗であれば、その変政の次第を参考とし、その行事の得失を鑑とし、その弊誤を去り精華を取れば、瞬く間に欧米の新法、日本の良規は、悉く我が神州の大陸に出現するでありましょう。

およそ興作があれば必ず失弊もあるものであり、前車の覆轍により後軌は戒めを得るのであります。今、我が国は、日本をもって先導の卒、測水の竿、探険の隊、嘗薬の神農、識途の老馬となし、ことごとくその利を収め害を去ることができ、この上なく有利であります。これを建築に譬えれば、欧米が図面を書き、日本が大工仕事をし、我々がそれに住むのであり、野良仕事に譬えれば、欧米が種蒔灌漑をし、日本が草取りをして、我々が作物を食べるようなものであります。国勢同じからず民俗も少しく異なれば、ことごとくは用うべからざるものもありますが、さまざまに斟酌し補正を加えれば、何の困難がありましょう。もとより、我が数千年の文明は保全すべきものであり、ことごとくは同化できず、且つことごとくは採るべからざることは、言を待ちません。しかし、その同文に借り、その変迹に因れば、変革の全体像は捉えやすく条理は理解しやすく、これを欧文を訳すことの困難なることあたかも先導者なしに進む盲人の如きに比べれば、その隔たりは万里の道にも譬えられます。

昔、陛下御即位の時節、琉球が亡ぼされた頃、臣と同郷の者で日本と取引をする者がおり、図書目録を持っておりましたので、臣は購入を頼みました。その書を読んで、政変の烈しさとその効果の著しさを知り驚きました。民間にあった臣は、出版を始めてこれを訳そうと呼びかけましたが、人々は信用せず事は成りませんでした。馬江での敗戦〔清仏戦争〕の後、臣は役人に日本書を訳す役所を設けるよう言いましたが、また信用されませんでした。日本との事が起るに及んでも、国の上下を挙げてみな日本の事に暗く、他の星を見るが如くでありました。臣はかつて上書して、日本は変法によってすでに強く、まさに遼東を窺わんとしてまず朝鮮を狙うと申しましたが、大臣は信用しませんでした。臣の身分が卑賤であったことにより、深遠なる九門の内まで到って上聞に達することはありませんでした。日本との事が起るに及んでも、国の上下を挙げてみな日本を小国と軽んじて、むやみに戦を起こし、遂に敗辱を致したのは、全く隣国を知らず、誤って小邦と軽んじた事によるのであります。もし二十年前に臣の訳書が出版されておれば、あるいは十年前に役人が臣の言を聴いて翻訳をしておれば、あるいは六年前に大臣が臣の言を信じて上奏し、皇上が直ちに変法して備えをされておれば、どうでありましたでしょうか。もしその一つでも行われておれば、まずは国民は必ず知識を増やし、その後中国は強く患いなき状態となったでありましょう。ところがそうはできずに遂には戦に破れ国辱められ、地を割き賠償をすることとはなりました。臣の痛恨嘆息せざる能わざる所であります。臣の愚かなる戯言でありますが、何も妄りに過ぎ去ったことを述べ立て咎め立てして、聖明を冒瀆するためではありません。敢えて斧鉞を避けずに上告いたしますは、誠に前事を忘れざるをもって後事の師となすためであります。亡羊補牢と申しますが、まだ遅くはございません。臣は日本のことを考察すること久しく且つ詳しく、前車の覆轍きわめて険しく、その鑑とすべきことを見ております。もしその成功を手本とすれば、自強もきわめて容易となりましょう。おおよそ欧州は三百年を以って体制を造りました。日本は欧米を模倣して三十年をもって体制を造りました。もし土地広く民多き中国が、近き日本を手本とすれば、三年にして大枠成り、五年にして条理整い、八年にして効果挙がり、十年にして野望を実現するでありましょう。皇上の非常の知を背に中国自強の計をなすならば、臣にとりこれ以上のことはありません。もし皇上が臣の言を入れられれば、中国の自強は指折り数えて待つべきであります。臣は昔、日本の書を多数集め訳しました。その中より明治政変の事のみを取り出して編集しており、しばしば聖問を承っておりましたが、いま脱稿に至り、上呈して聖鑑に入れるものであります。臣康有為序言。

（杉山文彦訳）

〔資料7〕

日本文を学ぶ益を論ず

梁啓超

〔解題〕著者の梁啓超（一八七三～一九二九）は広東省の人。康有為の門人であり変法運動の中心的活動家。戊戌変法の失敗後、日本に亡命し横浜で『清議報』を、次いで『新民叢報』を発行して清朝を立憲君主体制に改革することを主張し、主に日本語の文献から当時の近代思潮を中国に翻訳紹介した。平易な文体で多くの読者を集めたが、革命を主張する『民報』とは激しく対立した。辛亥革命後、中国に戻り一時は袁世凱政権に協力したこともあったが、袁世凱の帝政には反対した。晩年は学者として著作に専念した。この「日本文を学ぶ益を論ず」は『清議報』に載せられたもので一八九九年の作、訳出に当たっては『飲冰室文集』所載のものを底本とした。

哀時之客〔梁啓超の号〕は来日してから数か月、日本文をならい日本の書物を読んだが、以前みられなかった書籍を目にすることができ、以前きわめられなかった理論も展開する事ができた。幽室の日を見、かわいたのどに酒を得たごとく、私には大変うれしかった。しかし、これを私有せず、同志に大声で告げたいと思う。すなわち、わが国の人で新学に志すものは日本文を学べ、と。

日本には維新以来三十年、知識を広く世界に求めて、翻訳したり著わしたりした有用な書物が数千種を下らない。なかでも政治学・資生学（つまり理在学、日本では経済学という）・智学（日本の哲学）・群学（日本の社会学）などはみな、民智を開き、国の基を強くするための急務である。わが国では西学をおさめるものが微々たるもので、しかも訳出された書物も、兵学・技術に偏重しており、政治・資生など本源の学はほとんど一書もない。兵学・技術などの専門の学は、百学を棄ててならうのでなければ、名家になることはできないし仮に学が成ったとしても、全国民にはたいした利益をもたらさない。だから、これをならうものが少なく、気風も開け難いのである。政治学などの書物が多く、人がみな読むことができれば、中国人は聡明で才能も能力もあるのだから、その成果ははかりしれない。

いま私は日々休みなく翻訳してわが同志に供しようとしているのだが、訳出されてから読むのでは遅いし数も少ない。また日本文を学んで読む速さと多さにはかなわない。あるいは「日本の学はヨーロッパから来たものにすぎない。ヨーロッパの学の最先端をいくものや、そのエッセンスの多くは日本には入っていないし、且つ重訳を経ればもとの姿を失いがちである日本文を学ぶよりは英文を学んだ方がよい」というかもしれない。

そのことはもとより分かっているが、英文の学習は五六年かかってやっと成果があがるものであり、しかもそれでもなお障害が多く、政治学・資生学・智学・群学等の書物を読むのが容易ではない。然るに日本文の学習は、数日で小成し、さらに数日で大成して、日本の学はことごとく自分のものとなる。天下のことの中で、これほどはやいものがあろうか。

日本は、最先端やエッセンスにおいては欠けるものがないではないが、大体の所はおおむね具わっている。中国人がこれを手に入れれば、その智恵はにわかに増し、人才もにわかに出ることが可能だ。久しく糟糠に倦んだ人が、鶏肉や豚肉にあずかって充分腹を満たすようなものであり、必ずしもまず供え物がそろってから礼を行うという必要はない。且つ遠くにいくには近きより、高きに登るも低きよりであって、まず日本文に通じて日本にある書物を読んでから、さらに英文をならってヨーロッパの書物を読めばよい。こういってもも、私は英文を学ぶ必要がないといっているのではない。ただ、英文を学ぶ前に日本文に通じざるべからずといっているだけである。あるいはまた「あなたは日本文を学ぶのはかくのごとくやさしいといっておられるが。私は数年学んでも成果のあがらない人を知っている。でたらめも甚だしい」というかもしれない。日本語を学ぶ法と日本文を作る法、それから日本文を学ぶ法は各々別々に論じなければならない。日本語を学ぶには一年かかるが、日本文を作るには半年でよい。さらに日本文を学ぶには数日で小成し、数か月で大成する。

私の言っているのは、日本文を学んで日本の書物を読むことである。日本文は漢字が十中七八を占めており、漢字を使わずカナを使うのは専ら接続詞と助詞・助動詞などだけである。文法は常に実字が句首にあり、虚字が句末にある。通例さかさにかえってよむ。接続詞・助詞・助動詞の常用されるものは、しるしをつけてふだんからよくみて暗記すれば、それでもう読むのにさまたげはない。

私は『日文中読法』という本を編んだので、学習者はこれを読めば、少しも頭を使わず、得る所ははかりしれない。これは決して人を欺く言葉ではない。わが同志には経験者がたくさんいる。もっともこれはすでに中国文に通じている人だけで、もしまだ中国文に通じていないのに日本文を学ぶなら、必ず間違いや混乱をきたして蛇蜂取らずになるだろう。先ほどの人のあげた、数年学んでも通じない人というのは、どうやら留学生の中で中国文に通じていないもののことであろう。

また、「それならば日本語は学ばなくてもいいのか」と問うかもしれないが、それにはこうお答えしよう。すなわち、日本とわれわれは唇歯兄弟のような国であって、境をなくしともに手をとりあってこそ、黄種の独立を保全し、ヨーロッパ勢力の東漸を防ぐことができるのである。他日、中日両国合邦という局面をむかえるような時には、言葉の疎通ということが、実に連合にあたっての最重要課題となるだろう。だから、日本の志士は、中国文・中国語を学ぶことを第一義とし、中国の志士もまた日本文・日本語を学ぶことを第一義とせねばならないのである。

（板垣望訳）

〔資料8〕湖南の紳士への書簡

蔡鍔

〔解題〕筆者蔡鍔（一八八二～一九一六）は湖南省宝慶（今の邵陽）出身の軍人・政治家で、一八九八年日本に留学、自立軍蜂起参加のため一時帰国した後、東京成城学校・日本陸軍士官学校に学んだ。一九〇四年帰国し、軍人として活動、一九一一年の武昌蜂起に際しては昆明の新軍を率いて独立し、雲南都督として貴州・四川の独立をも助けた。その後政界や軍隊で活躍する一方、梁啓超の影響を受け、袁世凱政権の独裁化に抵抗し、袁政権に帝制取り消しを要求し、雲南省の独立を宣言して、第三革命の狼煙を上げた。その後病を得て日本で療養中、福岡の病院で死去した。ここに収録する文章は、彼が日本留学中の一九〇二年、同郷の革命家黄興・楊篤生らと雑誌『游学訳編』を刊行した頃に書かれたものと推定される。本文は邵陽蔡公遺集編印委員会編『蔡松坡先生遺集』（一九四二年初版、文星書店影印本）によった。

北風が吹きすさび、かりがねの列が南へはばたき、衡山〔湖南省南部の山岳名。五岳の一つ南岳衡山〕の木々は葉を落とし、洞庭湖の水は波立っている。眼を辺際に巡らせば、瀟・湘・元・資〔瀟水・湘江・元江・資水。いずれも湖南にある河川の名称〕の水は遥かに雲煙の彼方にあって景観を思い浮かべるよすがもない。船を浮かべて東に向かい、三神山〔蓬莱・方丈・瀛洲、いずれも東海中にあるとされる伝説上の三山〕に登り、長橋〔未詳〕の水を飲み、三条〔実美〕・大隈〔重信〕の事跡を訪れ、福沢〔諭吉〕・井上〔馨〕の学風を考察し、薩摩・長州・肥前に志士たちの霊を弔い、甲午〔日清戦争〕・庚子〔義和団事件〕で我が国を破った記念を尋ね歩けば、道路は整い、市街は清潔、郵便・旅行は便利で法秩序も改良され、電信・鉄道は国中をめぐり、警察は巷のすみずみまで目が届き、盗賊の類いは姿も見えず、学校・会社、公徳・商状、農工・実業、軍備は重視されて日進月歩、止めようもない。国民は上下こぞって諸政刷新に邁進し、権謀術数もて隙あらばと伺い、一意専心東海全域を凌がんとしている。帝国干渉の主義の征くところ、恐怖と緊張の情勢は、いつどこで大戦が起きてもおかしくはない。太平洋をめぐって事あらんとするに臨み、憤激は高まり抑鬱は臨界に達している。

然るに、四百余州の土地と五億の人民、世俗の勢利、国の体面、これらをみな他人に委ね、他人が奴隷とし食い物とするに任せておきながら、我が主人の一族はなお日々嬉々と過ごし、水攻め火攻め砲煙弾雨の上に平然とし、真実を少しも悟らず、人々の痛みを見ようとしない。もし我らが終日郷里を守り妻子を抱くばかりで、耳目を塞ぎ頑なとなって、外務を見聞きすまいとするならば、黄帝の末裔の脳髄はどうして解き放たれようか。世に「自分自身で体験するのでなければ、自覚せずにのんびりとしている」というのはこのことである。しかし大いに悟る所があれば、のんびりなどしてはいられない。独善を恥じて共に善くするを楽しみ、異族を妬んで自族を哀れむのは、人情の常である。鳥獣は危難を知ればたがいに知らせ合い、飲食に出会えばたがいに呼び合う、どうして人だけがそうしないことがあろうか。そこで故郷に思いを馳せれば、広大な天地にその思いは伝わらず、翼を持って並んで飛び、郷里にあまねくわが思いを伝えられないのを残念に思う。

蜻蛉が水に尾を浸し、天女が天空を駆け巡る、何と美しい国か、何と誇らしいことか。三十年前には我が国と違わなかったのに、一度変化するとかくも隔たってしまった。いったいどのような道筋によってこうなったのか。以前からそのわけをいろいろ探して熟慮したが、要するに専ら西洋の方法を用いて物事を決め、努力を重ねて国情に適合させたにすぎない。敢えて時間を拝借し、同胞の皆さんに聞いていただこう。各国が鎖国保守する中、日本では尊皇攘夷によって幕府が傾き、士気は高揚し、不穏な情勢が全国に蔓延して、ほとんど収集し難い情勢だった。外からはしばしば干渉を受け、内外ともに多難で、国中すみずみまで不満の声が満ち溢れ、上下こぞって攘夷を求めていた。武士たちも侠客も事態を何も分かっていなかった。暗黒に閉ざされた状態は近年のわが国よりもひどかった。しかし新政権がその窮状の後を受けて、一挙に幕制を廃止し、排外を止めて維新に改め、五か条の誓文で社会をまとめ、朝政の根本を掌握し、暦年や服装を改め、男子のちょん髷や佩刀、婦女の眉落としやお歯黒など、数千年の久しきにわたり牢固として続いてきた陋習は、一朝、天皇・皇后の革新によって難なくきれいさっぱり廃止された。ああ、何とみごとに愚昧、弱体、散漫な状態をすっかり改め、過去の過ちを除去しえたことだろう。識者の言によると、これには幕府の功績も無視できないということである。明治以前に青年を欧米留学に派遣し、維新の志士たちに影響を与えたのは、幕府の力であった。蘭学を研究したのも、幕府が数百年間に養成した人士だった。福沢諭吉が持論を唱えて文明の輸入に努めたのも、幕府の学問奨励策を承けてのことだった。この三つの原因によって、藍革表紙の書籍が次々と日本に輸入され、ラテン語・英語・フランス語・ロシア語やドイツ語の横文字がすべて漢字混りのひらがな・カタカナ文に訳された。かくして、日本の天皇はその尊厳によって事態を覆し復権をなしえたが、復権すると攘夷論を打破し開放策を採り、西洋の方法による旧制・旧俗の改革は、幕府時代よりますます速く本格的となった。

攘夷を排する者は、何ゆえ攘夷を排し得たのであろうか。それにはどんな心情があったのか。それは一つの因子にほかならず、日本の天皇がその見識と力をもって決定に逆らって行ったのではない。因子とは何だったのか。国民本来の反発力が理想として求めたのである。理想はどこに求めたのか。翻訳書の中である。それはどんな書籍か。欧米の政治・科学による文明の書籍である。文明の翻訳書は大陸にあまねく広められたのに、何で日本人を感化するのがとくに早かったのか。欧米の科学の理想は文の道に胚胎し、精神は武の道に胚胎している。武の精神があっても、文の道の理想がしっかりしていなくては、真に武の精神とはいえない。そこで因が果となり果が因となって夥しい誤謬が生ずる。ああ、名人碩学の深奥を究め、大陸三大宗教の微妙を洞察するのでなければ、このことは容易に理解し、語り尽くすことはできない。武の精神によって文の理想を拡大し、文の理想によって武の精神に重みを加えることができれば、事はまことに骨が折れるが、どうにかならないものでもない。欧州最近の三世紀の文明の進歩は大体においてギリシャ・ローマ以来の武の精神と文の理想がその基礎となっている。

ところが日本は大昔の未開の世から、文の理想と武の精神が一体化し、離れ難くなっている。徐福が三千人を引き連れて日本に渡来したのは、たぐいまれな奇特の行為というべきであろう。神道の神秘は、九天にも届く意気に満ち溢れ、熱血を大海の外に噴出させるばかりである。日本人の独特な性質はこれによって定まった。漢・唐・宋・明以来、留学生を派遣して文を同じくし、仏僧を遣わして仏法を修めさせた。古代中国の文物・制度・習俗はすぐ巧みに模倣した。千変万化するなかで、どれも変化を競い合い、和魂漢才を基本として、独特の風気を作り上げた。全国の仏教徒たちは闊達柔軟で、時世の変化を察して人々の願いに応え、天下に横行し独立不羈である。日本では、ローマ帝国が知識を総合してよりの闘争・破壊・変化、日進月歩は、巨細・精粗の別なく咀嚼されている。和魂洋器というのは粗雑な言い方にすぎない。そして文の理想はここに満ち溢れ、武の精神はこれによって雄叫びを上げた。総括すると、本来の精神から採るべきものを選び出して鮮明にし、それに改良を加えたにすぎず、別に新天地を開拓したのではなく、古来のものを鮮明に著わしたにすぎない。それをもたらしたのは文の理想と武の精神にほかならない。

日本は中国・西洋・インドの三方の優れた文化を融和し、それに自前の精神をも加えて新法を編み出し、それを社会の程度に合わせ、境界をつなぎ合わせて、ついに今日のような東洋の歴史上唯一無二の変革と学習に巧みな、ひたすら精進してやまない国となったことは、隠れもない事実である。そして、わが中国は彼らの文物・風土を真っ先に作り出した元祖であることもまた隠れもない美談なのである。ところがわが中国は近年、文雅があって思想を欠くこと甚だしく、思想があって武勇を欠くことはとくに甚だしい。切っても切れない縁で結ばれた、世に称えられる政教学社があるにもかかわらず。然り、わが国には孔子・孟子のような大聖賢、墨子や恵子・鄒衍・老子・荘子・列子のような大学者、三代以下では秦の始皇帝や漢の武帝のような名君、魏の武帝〔曹操〕や諸葛亮〔孔明〕・王猛〔前秦苻堅の丞相〕・李徳裕〔唐の武宗の時の宰相〕・王安石〔宋代の政治改革者〕・張居正〔明代の宰相〕・曽文正・左文襄・李文忠(1)のような賢相がおり、河北・山西・貴州・雲南・湖北・広東の風気があり、戦国時代の田横の率いる五百の侠客、後漢や明末の遺民は武勇の誉れも高く、勇気と決断に富んでいた。その他文武両道の冠絶の例は浜の真砂ほどもあって、とても枚挙の暇がない。然るに何で退歩がはやく、知力も道徳もすっかり衰えて軟弱になり、国家がかくのごとく一敗地に塗れる事態になったのか。そもそも文の道が極度に達しても、なお武の道との隔たりが大きく惰弱に陥らざるをえなかったのだろうか。それとも武道が極度に達しても、なお文の理想との隔たりが大きく粗暴を免れなかったのだろうか。やはりわが社会は、文のみがひとり勝って極端となり、それを補い矯正せざるを得ないのである。昔は学問の先輩、文明の母国でありながら、今はへりくだって教えを俊才豊富な後輩に請うために、海を隔てた新都を歴訪している。国土は州を同じくし、住民は人種を同じくし、学問は文字を同じくし、社会は風俗を同じくし、渡航しやすく、戒めを得やすく、心の底から発奮して裨益を受けることでは日本に如《し》くものはない。

人は老いれば新機軸を出すのが難しく、国は老いれば変革を図りにくい。それでも国土が小さければ改革はやりやすいが、国勢が大きければ事をやり遂げるのは難しい。これは天下の至言である。イギリス・フランス・ロシア・ドイツのような領土の大きな国はみな天下の新邦であり、政教・学術を他国からもらって、それを自国に拡張したのである。エジプト・インド・ユダヤ・トルコ・ギリシャ・ローマなどは天下の旧国であり、滅亡しているか、そうでなければ衰えてしまっている。しかしこれらの旧国は政教・学術を自らの手で創造しているので、自己満足が強く、自信が頗る深かったので、そのために久しい間に衰亡してしまった。それに対して日本はもともと天下の新国であり、政教・学術を他人からもらって、自国を拡張することができた。しかもこの国はまた三島から成る小国で、絶海の孤島であり、あらゆる国から隔絶しているので、存亡の危機を自覚しやすく、民心は団結しやすいから、まさに背水の陣をしいた。彼らは神道の狂信者で、身なりを飾らず、身軽に行動して融通無碍だ。いろはの仮名文は婦人や子供にもわかりやすいが、深遠な精神には欠ける。彼らは古戦場を弔い、賢人の墳墓に参詣し、宋代・明代の哲理を談じ、歴史上の英雄を慕い、感慨に耽った。諸藩が養う武士たちは文武両道で切磋琢磨し、たがいに競いあった。これはみな明治以前のことであり、いずれも文武の道を助け励ますものだった。しかし今日では維新の英雄を数え上げ、志士たちの盛名を総計して見ると、だれもが推すのは三藩の志士である。三藩の志士のなかでは、だれもが薩摩の西郷南洲翁〔隆盛〕一人を推す。

中国はもとより天下の旧国である。政教・学術を自分の手で創始し、広大な領土と衆多な人口をもち、他から押しつけられることがなかった。然るに戊戌変法以来、湖南は薩摩人のような誉れに乏しいことを恥じている。湖南は中国の南方に位置しており、政教・学術はたいていは中原からもらっており、自分が持っていたものではない。湖南という所はローマ帝国におけるイギリス・フランスのような土地であり、新機軸を出し得る所なのである。だが湖南省はイギリス・フランスとはかくも違っている。今湖南を薩摩に例えるのは根拠がないことでもなかろう。しかしながら、人物の壮烈、土地の広大、民衆の意気をもって論ずれば、湖南全体は日本に匹敵し、肥沃と富裕は論ずるまでもない。然らば薩摩は何で湖南に比べることができるのか。志士たちの偉大・壮烈はこれまた何で湖南に比べることができるのか。私は湖南にこの栄誉があることを痛く恥じる。それは愚昧な大人の思い付きを、幼児の智恵と比べて誇るようなものだから。もし湖南省のどこか一県に薩摩人の作風ありとするのなら、それはまあ意味がある。そうでなければ、それは栄誉とするに足りないばかりか、かえって恥の上塗りになる。しかしながら、名目と実質とはなかなか一致しないものである。今はしばらく、湖南の一県が薩摩に匹敵しないかどうかは論じないとしても、私は湖南省全部の人材でも、なお薩摩人士にとても追いつけないのではないかと恐れる。それはなぜか。日本は小国であるから、日本が維新を行ったのは、もともと国内に小薩摩があって、その小薩摩がなんと日本を変革しえたというのが今日の現実なのである。だから地域は小さくても功名は大きく、それ故に栄誉なのである。

今わが中国はもともと大国であるから、中国の改革は、日本になぞらえていえば、大薩摩があって然るべきだが、大薩摩はこれまでの五年間中国を変革しえたということを聞かない。これは名目が実質と一致していないのだ。だから地域は大きくても、実質的には存在しないのと同じで、だからこそ恥とするのである。しかもそれだけでなく、欧米との交通が開けたのは中国の方が日本より先であり、外患に迫られたのは中国は日本と同時である。ところが日本の三藩が改革を成し遂げたのは三十年前のことである。国の大小が違い、社会の趨勢が異なるとはいえ、生存競争と強権の道理に背くのも甚だしい。今は泥棒を見て縄をない、いいわけで気を紛らわしているが、情勢が露わになっても、それを悟っている者はまだ少ない。わが国家が学術を起こして人材を育成し、たがいに練磨して革新を図っている今日、わが国民たる者一人一人が愛国の熱誠を堅持し、たがいに引き立て合い鍛えあってこれにこたえるべきである。

湖南はもともと天下に誉れ高い省で、武の道は湘軍より始まり、中原の特色をもっており、江〔忠源〕・羅〔沢南〕・曽〔国藩〕・胡〔林翼〕・左〔宗棠〕・彭〔玉麟〕など(2)に余沢が及んでいる。文の理想は屈原・濂渓・船山・黙深(3)以後ますます発達・繁茂し、つむじ風を巻き起こして、無限の天界へと突き進んでいた。しかし今や追求する目標がまだ狭すぎるのを自覚している。

現在われわれはこの都〔東京〕に留学し、日夜わが国の危機を憂いている。久しく辛苦を嘗めてきたので、属目するものすべてに震撼し、局外から傍観すると、情勢はとくにはっきりと見えてくる。中央政府の措置や社会の情勢、新聞・雑誌の論説を見ると、風雲急を告げる形勢にひたすらおののくばかりである。その上湖南はつとに保守を主張していたが、近年いくらか開放的になった。壮烈に悲憤慷慨し、危機の根源を探ろうとしており、その学風は西洋古代のストア派に似ている。新進の人士は、その進歩が早く程度の高いこと、東西の政法・科学の経緯に通じ、該博な知識を深め、言語に通じて長く探求につとめており、その見るべきさまは友人に餞するに足る。時難の迫るなか、まさに現るべき人材である。西洋の書に通ずるためには日夜艱難辛苦しなければならないが、速成と便利を求めるなら、日本の翻訳書によるしかない。いま例えて言えば欧米は農民・工業経営者であり、日本は商人である。われわれは主人としてそれぞれから採用すれば、さしあたっての必要を満たすことができる。その後学界が長足の進歩を遂げ、政教が日増しに発達すれば、自らの力で賢者を生み出し、東西双方からわが国に求める所あらしめるだろう。その時になれば、なお鉄道や電信のためにひそかにおそれることなどあろうか。

要するに、わが湖南が一変すれば、中国はこれに従うのだ。国家に報いて万民の求めに応え、他民族の侵入を防いで団結を固める、天下の無形の実用はもともとこれより重大なことはない。これこそが煩雑を顧みず、同胞のために縷説する理由なのである。最近各省は巨資を集めて翻訳局を開設しているが、その目的はそこにあるのだ。わが湖南もこの点では決して他省に譲りはしない。翻訳という仕事は重要であり、全国教育章程をつくり、科学および技術・実業を起こすため、全省の修学中の志士たちの交流をはかるため、民衆に知識を普及し、邪教の災いをなくすため、費用を援助して貧しい学生の留学を援助するため、貿易の競争をし外国人が版権侵害をするのを防ぐため等々、目的はいろいろあるが、すべて愛国に根差しており、他のいかなる謬見も含まれていない。とくに和平に配慮して、努めて漸進を重んじ、大局全体に意を用い、同胞を維持することが大切である。ここにあげたいくつかの事項は、わが全省の高官や有力者、熱血の志士たちが遍く民衆の苦衷を察し、巨資をつのることを提唱するならば、いつの日かあの三藩の武勇の行動や忠君愛国の熱誠がわが湖南にも起り、我が国を振興させせないとも限らない。

要するに、新国が旧学を受け継ぎながら、新学を拡張することができれば、その国はかならず起こる。新国が旧学に侵されて新学を放棄すれば、その国はかならず滅びる。旧国が旧学を拡張し、新学を受け入れることができれば、その国はかならず起こる。旧国が旧学に侵されて新学を放棄すれば、かならず滅びる。ほぼこの四つの場合に概括できる。愛国の君子はこれを肝に銘ずる意志があるか。湖南中の志士たちはこれをしっかりと学ぶ意志があるか。南方の雲行きを望めば、心は震撼する。わが国の友人たち、父母兄弟たちよ、なお何を憂えるのか。「小雅」〔『詩経』中の一章〕を読めば分かるはずだ。些細な同舟の憂いは多くを述べるまでもない。

（伊東昭雄訳）

〔注〕

（1）曽文正（曽国藩、一八一一〜一八九〇）、左文襄（左宗棠、一八一二〜一八八五）、李文忠（李鴻章、一八二三〜一九〇一）は、ともに清末の大官僚。

（2）江忠源（一八一二〜一八五四）湖南省新寧の人、太平天国軍に抵抗して功績があった。
羅沢南（一八〇八〜一八五六）湖南省湘郷の人、曽国藩の編成した湘軍の部将で、長沙などで太平軍を破った。

胡林翼（一八一二〜一八六一）湖南省益陽の人で、太平天国など農民蜂起の弾圧に功績があった。

彭玉麟（一八一六〜一八九〇）湖南省衡陽の人、湘軍の建設を助け、とくに海軍を創建し、軍功が多かった。

（3）濂溪は本名周敦頤、湖南省営道の人、北宋の学者。
船山は本名王夫之、湖南省衡陽の人で、明末の遺民・学者。

黙深は本名魏源、湖南省邵陽の人で、清末の学者。

［資料9］日本における最近の政党と政府の衝突について

『浙江潮』論説

［解題］この文の載った浙江省出身の留学生の雑誌、『浙江潮』は一九〇三年に東京で発刊された。編集者は孫翼中、蔣智由、蔣方震、許寿裳などであり、日本留学時代の魯迅も文を寄せている。論調は全体に革命派支持の傾向が強いとされる。

本文は『浙江潮』第一期の「政法」の欄に載っており、署名はない。本文が取り上げる「最近の政党と政府の衝突」とは一九〇二年十二月六日に招集された第十七議会において政府の提出した地租増徴継続案が否決され解散に至った事を指している。中国人留学生の大量来日が始まった時期に起こったこの政変劇は、留学生や在日政客たちの注目を引いたようで、『新民叢報』二十三号にもこの件を取り上げた文が載っている。

私は今、他国に暮らしている。他国の内政は、我が国事には関係ない。しかし、我が国に無関係の事であっても、他国の政界の風潮を観察し、ふり返って我が国民のありさまを考えてみると、我が国民は、政治思想が普及せず、政治知識が不足なため、痛苦身に迫るも叫ぶを知らず、束縛され死を待つばかりでも逃れようともしないことに気づく。我が国に無関係の他国の政治も、さまざまに我が精神を刺激し、我々を恐れさせ悲しませる力はあり、詳しく我が国民に紹介する必要がある。

我が国民よ、我が国は世界の何等国であろうか。我が国の政体は何等の政体であろうか。私はこれを言うに忍びない。日本について言えば、日本は新たに世界の一等国となった。そしてその政体はいわゆる立憲である。立憲政体には二つあって、一つが君主国体立憲、いま一つが民主国体立憲である。日本はいわゆる君主立憲である。その憲法が頒布されてから、まだ十三年しかたっておらず、議会の招集も十七回にすぎないが、下議院の解散されること既に六回になる。第一回は明治二十四年、時の内閣は松方、第二回は明治二十六年、時の内閣は伊藤、第三回は明治二十七年、時の内閣は伊藤、第四回は明治三十年、時の内閣は松方、第五回は明治三十一年、時の内閣は伊藤である。今また、地租継続問題が、議院全体によって否決されたため、遂に停会となり解散するに至った。かくして、政党と桂内閣の衝突は極点に達した。

そもそも、一国の政治の進化とは、常に在朝党と在野党の決戦の勝敗に現われる。思うに民権消長の比例は、在朝党が勝てば政府の勢力が一歩前進し、民権は一歩後退する。在野党が勝てば政党の勢力が強まり、民権の拡張も一歩進む。故に政府が一事を挙げ一令を発しても、その民が異議を唱え争うことをせぬのであれば、その民には政治思想・知識がないのである。もし、その民に政治思想・知識があれば、政府の挙動が少しでも自分たちに不利であれば、必ずその感情を触発し、力を合わせて戦い、旧弊なる政府を抑えて暴虐な行為をさせぬようにするのである。このように、文明国であればあるほど、在朝党と在野党の衝突はますます多く激しくなり、其の政治もますます向上していくのである。その反対に、在朝党と在野党の関係が安定し調和すればするほど、その政治は疲弊して改善は難しくなる。したがって、一国の政治の進退をみようとすれば、その国の政党の進退を見るべきである。

立憲政体は国民の自由思想発達の機関である。その機関は多数国民の意見を代表する国会によって掌握される。国会は議員より成り、議員は政党より起つ。政党とは、必ずその中心に一定の政治的主義主張を持ったものであり、その方針とは国家全般の利益を計るものに外ならない。故に、政党には政府の人民支配の政策を阻止する義務があるのである。国会が未だ開かれず民権未だ伸長せぬ時には、政党は己の生命財産を犠牲にして国民に献じ、その目的を達成しようとするのである。国会が開設され民権がやや伸長すれば、政党は熱心に企画を練り、人民の幸福を増進させるのである。今、日本の政党を見ようと思うが、その前にまず英米の政党について見てみたい。

〔以下、原文では英米の議会成立史についてのべた部分が続くが、この部分は省略する〕

日本の政党は、明治七年に始まる。小室信夫(1)等が欧州へ行きイギリスの政治が大変整っているのを見て、帰国後、民撰議院設立の主張を大いに提唱して愛国公党を起こした。その誓言に言う「我が国数百年来の人民を奴隷とする余弊、未だことごとくは除かれず。誓いて、同志の士と人民の権利を主張し、もってその天賜を保全せん」と。後に西村茂樹(2)の建言の誤りによって板垣退助が憤然脱党し、自ら一大団体を糾合して愛国社を起こし、自由民権の説を鼓吹した。後に国会開設願望有志会と改称し、さらに国会期成有志公会と改称した。明治十四年に国会開設の詔が下ると、この党は生粋の自由党となった。その盟約書に言う「我が党は自由を拡張し、権利を保全し、幸福を増進し、社会を改良し、美善なる立憲体制の確立に尽力す」と。十五年になると大隈重信が立憲改進党を発起した。その綱領は中央干渉の政略を止め地方自治の基礎を打ち立てるというものである。自由党が民権に偏重しているのに対し、改進党は王権を重んじている点で、まさに反対の立場にあるが、藩閥政府を倒すという目的では、両党とも同じである。同時に、いま一つ一大奇党が発足した。それは、大和人樽井藤吉(3)等が起こしたもので、東洋社会党と称した。その綱領は専ら平等主義を主張し、遊説、演説及び雑誌発刊を活動手段とした。その盟約では、愛国の精神に富む士と協力を深めることに務める、と言っている。しかし、内務卿が結社は治安を害することを理由に禁止を伝達し、党は遂に解散した。同年七月に大阪立憲改進党が、九月には帝政党が、十七年十月には自由党が相継いで解散した。改進の河野、大隈も脱党し別に進歩党を組織した。二十三年、板垣は自由党を再興して終始自由主義を保持した。当時、民権の声は全国に横溢した。やはり、日本の国会開設の実現には、この自由党の愛国丈夫板垣退助の力が大きかったと言うべきであろう。二十七年、日中の事〔日清戦争〕が起こると、これが自由進歩両党合同の一大動機となった。その宣言に曰く「藩閥の余弊なお固結せり、我が党は協力してもって国務の沈滞を振起するに務む」と。三十一年、遂に大隈、板垣が伊藤に代わった。これが日本の政党内閣の始めである。しかし、たちまち分裂した。三十三年、伊藤博文が立憲政友会を建てた。その趣意書に曰く「吾が党は紀律を明かにし、秩序を整え、専誠奉公、以って党派の宿弊を革む」と。当時の論者はこれを読んで要領を得ず、この大政党は無主義の会合だと言った。しかしながら、日本政治の進歩は、全てこれら諸政党が交互に起伏し相互に批判し合い、それぞれに政治主張を鼓吹して国民の支持を求めたことにある。人民もまた、これによって政治思想・知識を発達させ、訓練されて今日の状態まで来たのである。今、自由党の勢力は衰え、国内で気勢が上がっているのは伊藤の政友会である。そして、大隈の進歩党はこれと並立し拮抗する力を持っている。両党はもともと相容れないが、政府の地租継続問題によって連合し提携して、毅然として妥協せずに政府と対抗している。

地租継続とは何か。日本の地租はもともと二分五厘であった。明治三十一年、時の松方内閣は、議員の腐敗に乗じて種々の利益誘導を行ない、地租を三分三厘に増徴する案を、通過させた。しかし、世論の反発を慮って修正を加え、五年間を期限に元に戻すとしていた。今回、三十六年の予算案において、政府は海軍拡張問題のために地租継続のことを持ち出し、国政の難局を作った。世論の容認する所ではなかったからである。

そもそも一国の政党と政府の衝突は、決して一日二日のうちに一人二人がちょっとした事をめぐって引き起こすといったものではない。そこには近因遠因さまざまな要因が伏在していて、長い間にあちこち破綻を来たし、ある日抑えきれなくなって一気に吹き出すのである。かくして政府が長年蓄積してきた腐敗が、ことごとくあふれ出て人々に知られる。政治はこれによって一段階進歩するのである。日本の最近の政局の決裂の原因は、甚だ複雑である。試みにこれをとりあげて、我が国の政界のため参考としよう。

一つは憲政上の問題である。日本の憲法は英米のように、数十万の生命を犠牲にし数十年の歳月を費やして鉄と血を以って購ったものではない。故に、憲政は今なお幼稚段階にあって、発達していない。人民の憲法擁護の力も強くない。ヨーロッパ人はいつも、立憲政体は欧米人の専用物であって、他の人種には適用できないと言う。私はこのことを考えてみて、民智、民徳、民力の足らない者は、民主立憲のみか君主立憲でさえ言う資格がないことを知った。では、民智、民徳、民力が進んだ暁には、二つの政体のうちどちらを選ぶべきであろうか。国内の感情に審らかでない者が、いたずらに他国の君主立憲に憧れて、これならば破壊の六七割を省くことができると言っているが、これは始めに心配のあまり一度の大破壊を避けたばかりに、後に二度三度の大破壊をやってもまだ終わらない事になるのを知らぬ者の言である。治水のため堤防を高くすれば、決壊した時はより甚だしくなる。病を治療するにも病の元を知らなければ、再発して死に至るのであり、禍の元を断つことはできない。立憲が成就しないのは言うまでもない。成就したとて、二十年あるいは数十年、まさに他族に利用され、結局は専制政体に帰し、その害毒を強める。これが必然の勢いである。日本はいわゆる天皇万世一系の国であるが、それでも憲政の危機は時々現われている。彼ら自身、明治二十七年以前は精神的憲政であったが、明治二十七年以後は体制的憲政になってしまい、私権をもって公権を蹂躙し、隠れていた専制の暴戻さが露になったと言っている。故に、政党はその宣言に「今日、政界の風潮を見るに、腐敗を一掃し、もって憲政の改進し、全人民の幸福を求めざるべからず」と言っている。これが衝突の原因の一つである。

二つめは、藩閥の問題である。昔、西欧各国では貴族と平民の階級闘争が熾烈で、およそ数々の風雲惨澹血肉横飛の惨劇の中で、平民と貴族との権力争いという大問題によって演出されぬものはほとんどない。日本は維新以来、藩閥勢力はやや弱まってはいるが、なお余喘を保っており、その影響で今なお時に軋轢が絶えない。今、表向き政局は政党の手にあるが、その実勢はなお藩閥の手の内にある。陸海軍は薩長両藩の者が、その実権を握っており、両省の参謀本部も必ず旧藩閥の将軍に伺いを立てる。また、貴族院の議員も一種頑迷な性癖があって、自分の権力を守ることばかり考えて、政党内閣の成立を嫌う。そこで両者は時には政府と組んだり、時には一緒に狼狽したりしながら、それぞれにその地位を固めている。要するに、維新以来跳梁跋扈して政界の秩序を乱してきたのは、これら閥族なのである。そもそも富貴な者が貧賎な者に対する時、私意を逞しゅうして公徳を破壊するのは必然の勢いである。そして行政の無信用無責任は、閥族政府の慣例である。今日日本の政党が渾身の力を込めて、政府に決戦を挑んでいるのも、藩閥と貴族院の固陋を打破するという一大目的の達成を求めてである。これがもう一つの原因である。

三つ目は国情の問題である。政府の言に曰く「世界の大勢を熟知すれば、国力を充実せざるを得ず。国力を充実するには、海軍を拡張せざるを得ない。海軍の拡張には地租を継続せざるを得ない」と。しかし、これを批判する側にも言い分がある。二十世紀の時代は経済競争の時代である。欧米各国は表面では武力を装備しているが、実際は平和の経営に努力している。だから広漠たるアジア大陸に利益線を延ばそうと努め、本土の富力の補助としようとするのである。要するに世界の大勢は軍備と実力〔実業の力〕の競争ではあるが、最終の勝利は必ず経済にある。軍備の拡張をすれば、経済の発達に有害である。経済が発達しなければ、国力はこれがために消耗してしまう。然らば国家の方針は、急ぎ富力の発達を図るべきか、それとも兵力拡張を急ぐべきか。二者と共に急を要する場合、どちらを先にすべきか。これが彼らの主張の一つである。

イタリアは毎年軍備を拡充し、非常な額を費やしている。ある学者の言を見るに曰く、

「イタリア国会は表面的には租税増加に敵対しているが、実際には経済の縮小に抵抗しているのである」と。今日ではその財政困難は、自力ではほとんど救えない。故に、国力を育てようとすれば、まず生産業に注意しなければならない。イギリスは世界のいたる所に植民地を持って貿易線を広げているから、海軍を拡張して実益を守らざるを得ない。今、日本には台湾・朝鮮の軍備と、人民の安全を守ること以外に、本土の域外で何か守るべきものがあろうか。日本の商船が、満州の大豆類及び朝鮮の米穀、南北支那の綿糸布及びその他の雑貨を運搬するには、二十五万総トンの軍艦があって海や港を遊弋していれば、ほとんど安寧無事である。であるから、海軍拡張の説は、実は外交家の野心なのであって、商船商民の保護とは、全く関係ない。今、試しに商船と兵船のトン数をあげて比較してみれば、そこに日本の国力も見えてくるのである。海軍を拡張したいのであれば、国の実力をまず見なければいけない。これも彼らの主張の一つである。

スペインは政治と戦争とに最も長じており、武士と政治家をうまく組織していた。しかし、遂にオランダの経済的力には勝てなかった。故に歴史家は、スペインは当時、金銭の消費を知るばかりで生産を知らず、これが一大病原であった、と言っている。日本もまた尚武の国である。歴史上、尚武主義者には事欠かない。しかし、致富の策には欠けている。国債を募集し、あらゆる国税を課しても、なお財政の不足を心配している。これは経済界が萎縮し不振に陥っているからである。兵力を強化すればするほど国民は貧しくなり、名誉ばかり与えられても実益は何もない。実業を振興せずに、やたら軍艦ばかり建造するとは、衰弱した国民から取り上げた物を全て外国の工業家に献上するようなものではないか。これもまた彼らの主張の一つである。これらはみな、国情上の問題に起因している。

四つ目は、社会の問題である。社会を区分して上等・中等・下等とするのは、果して何を基準とするのだろうか。要するに貧富貴賤を基準としているのだ。富且つ貴なる者が上等で、貧にして賤なる者が下等となるのだ。世の中は、富貴なる者は常に少数で貧賤なる者が多数を占め、富貴と貧賤の中間の者が中ほどの数を占めている。故に社会を調和させようとすれば、この中等社会の力に頼らざるをえない。調和が実現すれば平均化が起こる。平均化が起これば、尊者はその尊

大さを降し、卑者はその卑しさから脱け出る。階級関係が代わり、勢力が均しくなり、政治が平等となるのである。今日、各国の政治家達は皆、社会問題を最も恐るべき事としている。農業問題、貿易問題、労働問題どれをとっても社会問題から発生しないものはない。

封建時代、農民はほとんど奴隷のようで、最低の生活で最大の負担を負っていた。近世以来、四民平等となり、しだいに生活の安定を重視するようになった。海外の文明諸国で、農業に意を注ぎ保護育成して、その発展を求めない所はない。そして農業上の最大の懸案は地租である。今、地租が世界で最も重い国はオーストリアである。これは封建の余習が抜けず、地租が重いことの苦しみが地主にではなく小作人にかかることを知らぬからである。地租が高ければ、土地の兼併は簡単に行なわれ、大農が利益を独占して小作人が地主の圧迫を受けることは疑いない。また、商工社会の発達は農業の増進によっている。農民社会が困窮していれば、貿易や労働に携わる人もその余波を被らずにはすまない。したがって、中央政府の誅求が余りにひどいと、その弊害は農業を損なうばかりでなく、商工業も打撃を受けるのである。そもそも政府とは、農工商を保護し、その事業を発達せしめるものである。もし全国一般の利益を顧みず、妄りに強硬手段を用うるのであれば、政府の平民への対しかたが無情であり不平等だと言うことであり、これは社会の公敵にあらずしてなんであろう。社会の公敵が去らぬ限り、幸福増進の時はない。これもまた、日本の政党と政府の衝突の原因である。

要するに以上挙げた問題は、みな政府が責任を問われる問題である。

そもそも政府も国民の中の一部なのであって、多数者である国民が少数者である政府に盲従屈服しなければならぬ道理はない。故に国民は、政府をさまざまに監督する権利を持っている。立憲政体では、君主には責任がなく、大臣が責任を負わねばならない。しかし、大臣は行政を円滑にしていれば、それで責任を果したといえるものではない。行政を担当する外に、必ず確固とした政治的公徳の見地がなければならない。公徳とはなんであろうか。それは政府の人民に対する信義である。政府が人民と契約をした場合、当然その契約には範囲と期限がある。そしてその範囲や期限を超えることがあれば、それは政府による政治的公徳への明らかな違反である。一事が万事であって、さまざまな暴虐行為も皆、政府のわがままから始まるのである、このようなとき、長らく専制政体の下に縮こまっていた、無智無識の人民は、ただ弄ばれるだけであるが、人民に少しでも智識があれば、自ら権利を放棄することは認めず、必ず多数の人の力を結集して政府を攻撃する。これは情理の当然である。

日本は立憲国であるが、政府のやり方は今なお時に専制的である。故に、今回の政党の宣言では、第一に「政府は無責任である」、次に「国民への公約に背き、国家の威信を損なった」と言っている。要するに「政府は人民を騙した。彼らには行政を処理する本当の能力はない。我が国の人民は力を尽くして中央政界を清掃しなければならない」と言っているのである。今、議会は解散し、衝突が始まっている。今後、日本で政党の力が強まって閥族が絶滅するかどうか、またそれが社会にどう裨益するかは、予知しにくいが、政府が倒れることだけは確かである。なぜなら、少数者である政府は、多数者である政党と争うことはできない。多数の政治思想・知識を持った国民と争うことは決してできない。故に、国民が権利を欲しなければそれまでであるが、もしも欲して争うのであれば、多数の立場にある者は、少数者である政府に勝てぬことはない。だから、政府も何を好き好んで人民を敵にまわし、自らを集矢の的とするような事をしたりしようか。

こうして見ると、日本の民智・民徳・民力は、欧米よりは数等下であるが、こと財政にかかわる地租継続問題では、政府とここまで争う力がある。そもそも財政は一国の生命に関わるものであって、それを一切口出しせずに政府の混乱に任せきりにすべきなどと、どうして言えよう。そもそも国に政府があるのは、人民に代って全般の利益を図るからである。そして、この直接間接の利益を得るには、まず巨額の資本を投下しなければならない。そこで民から税を取ることになる。しかし租税は、実は社会全体を支配するものである。それでも民は手足にアカギレを作りながら一年間苦労して得たものを割いて、甘んじて政府に納め、これは自分たち一家の安全の代価であるからと言う。そもそも一家の安全の代価であれば、政府の勝手な管理運用に任せておいて、全く監査をしなくてよいものであろうか。政府の勝手な処理に任されている所へ代価を納めて、ただそのままにして何の責任も問わぬなどということがあってよかろうか。ああ、税を集める下役人の声がすると、あたりの空気に緊張が走る。役所で鞭打ちの音がすれば、血が流れ肉がはじける。その横暴さたるや、まるで残虐さが足らぬのを恐れるかのようで、これは国家が必要とするもので人民が当然負担すべきものと言って、搾り取る。しかし、その金の用途については、人民と相談せぬばかりか、それを公開することもしない。人民の方は税を納める以外は、気楽に何もせずに生涯を終え子孫を育てさえすれば、国家の事などは我々小人には関係ないものと思っている。国を持ちながら、その民を愛さない者を賊民〔民を損なう〕と言う。家族を持ちながらその国を愛さない者を自賊と言う。賊民は民を持ちながら民を無にする。自賊は国を持ちながら国を無にする。国を無にし民を無にする者は、一体これを何と言うべきであろうか。

しかしながら、奴隷が主人に服従するとき、縛られ鞭打たれても敢えて争おうとはしないのは、徐々に積み重ねられた威嚇の結果であるにすぎない。一たび、奴隷が主人に対するにも、義務と権利があることを見るに及べば、そして奴隷でしかも無思想・無智識であれば永遠に奴隷のままで自ら抜け出すことはできないことを知れば、奮然として怒り恥じて悲惨な状況からの脱出を謀らない者は少ない。然らば、日本の最近の政局を見れば、国民たるもの立ち上がるべきである。

（『浙江潮』第一期、光緒二十九年正月二十日）

（杉山文彦訳）

［注］

（1）小室信夫（一八三九～一八九八）　明治の政治家、実業家。丹後の豪商の出、幕末の勤皇派。明治七年、板垣退助、副島種臣、後藤象二郎、江藤新平らの「民撰議院設立建白書」に加わり、愛国公党にも参加しているが、筆者がなぜ小室にこの件を代表させているかは不明。

（2）西村茂樹（一八二八～一九〇二）　明治の官僚、道徳教育家、下総国佐倉藩の出。華族女学校校長、貴族院議員などを勤める。板垣たちの「民撰議院設立建白書」提出にあたっては元老院への仲介の労をとったが、「建言の誤り」が何を指すのかは不明。

（3）樽井藤吉（一八五〇～一九二二）　明治の社会運動家。大和の材木商の家に生まれる。彼が一八九三年（明治二十六）に発表した『大東合邦論』は近代日本のアジア主義の重要文献の一つである。

［資料10］

東京雑事詩

太公

［解題］この詩は、『浙江潮』第二期に掲載されたものである。作者太公がだれであるかは不明だが、やはり浙江省出身の、革命運動を志す留学生だと考えられる。この一群の詩は、作者自身も述べているように、黄遵憲（一八八四～一九〇四、字は公度）の『日本雑事詩』の体裁にならって、詩に注釈を付けたもので、「日本聞見録」の欄に掲載された。作者には連作の意図があったようだが、続編が書かれたか否かはわからない。

「東京雑事詩」は何の目的でつくったのか。はるかに憂思を故国のことにめぐらし、国民の心情を一新し、社会の改良を図ろうとこいねがうがためであり、美辞麗句を連ねてことさら呻吟するのではない。思い起こせば、以前黄公度は『日本雑事詩』一巻を著した。その詩は朗誦に適したものだが、今日の日本社会の姿とはまるで違っている。そこでわが国内の熱心な社会改良家のために、七言絶句百首をもって話題を提供しようと思う。

阿誰為国竭孤忠　ああ誰か国の為に孤忠を竭す

銅像魁梧上野通銅像魁偉として上野の通
幾許行人斉脱帽幾許の行人斉しく脱帽し
桜花叢裏識英雄桜花満開にして英雄を識る

東京には最も有名な公園が二か所あり、一つは浅草、一つは上野にある。上野には数千本の桜が植えられ、毎年花の盛りには、詩を詠み酒を酌み、遊覧客が群がり、国をあげて狂喜のごとき様相を呈する。桜の森の満開の中、雲をはるかに凌ぐように、銅像がそびえ立つ。これこそが日本の明治維新の大英雄西郷隆盛だ。ふりさけ見れば、わが祖国は海雲万里のかなた、人は声もなくはいずり回り、すすり泣いている。

紫裙六幅簇成囲
読罷相呼拉伴帰
争説昨宵帰去晩
両街鐙火雨霏霏

紫袴の女子数人集い
授業終わり相呼び伴ない帰る
争いて説くは「昨日の晩帰ってからネ…」
両街灯ともりて雨霏霏としてふる

日本の学校は満天の星のごとくその数を増し、東京の一隅だけをあげても、数百を下らない。このようにしてこそ、全国の人民に等しく教育を受けさせることができるのだろう。しかも一校の学生数は多いものは数千人にもなる。わが国も最近学校創立が行われているのは一筋の光明である。そこで私は取り急ぎ三大主義を教育界に献呈し、責任者諸氏の一考を煩わす。（一）学校の数が多ければ多いほど、人材は益々多く輩出するものだということをしっかりと心得ておく必要がある。各省に大学があり、各府に中学校が、各県に小学校があればそれで十分だと軽々しく自信を持つばかりでなく、大・中・小の他に種々の専門科学の学校が必要であり、また聾学校・盲もなければならないが、それらについては簡単には論じ尽くせない。（二）今日では教育を普及することが必要なのだから、学校では速やかに学生定員を増やすことを検討しなければならない。官立学校一校をつくるには数万の資金がかかり、それでも五六十名か百名しか定員を増やせない。それではどうして教育を云々できようか。しかも近年気風が開けたので、定員を設けて新入生を募集すれば、受験生がどっと押しかけ、多くが入学できずに、すごすごと引き下がることになる。それならば、学校の近くに人を集めて下宿屋を開設することを主とすべきである（つまり宿屋である。日本の学生の大半は下宿屋に住んでいる）。（一）もう一つ女学校がある。日本の女学校は男子の場合とほとんど同じで、午前と午後と二時間ずつ授業がある。街を歩いてみると、肩をすり合って歩いているのは、十人中四人は男子学生、三人は女子学生で、その他の三人は商人か下層社会の人々である。ああ、女子学生のなんと颯爽としていることよ。みな紫色の袴を着け、鞄を脇挟み、三三五五列を成して歩いているので、一目で分かる。閨房のなかで日がな一日化粧と装いにうつつを抜かし、動物園の檻のなかを徘徊して人々の慰み物になるような女たちとはまるで違うのだ。この二億人〔中国の人口は当時四億人といわれ、その半分〕は同じく人類でありながら、今後いつまでもその身は火葬されて地獄に落ち(1)、祭られることもないのだ。ああ、哀しいかな。

飄忽長崎急電催　　飄忽として長崎より急電の催し
準期金曜故人来　　いつも通り金曜に故人来る
新橋買票横浜去　　新橋より票を買い横浜に行けば
相見還応慟一回　　相見還応、慟すること一回

留学は日増しに盛んになり、毎週定期船が着くと、かならずだれかやってくる。留学生たちのなかで兄弟や親戚・友人がやってくると、しばしば長崎から電報で知らせてくる。金曜日は船が横浜に着く日だが、横浜は東京から六十里〔華里〕離れているので、在京の仲間は新橋から汽車に乗って迎えに行く。顔を合わせると、異国の文明について語り、とかく故郷を思いひとしきり涙を流す。

館開博物鬱璘斌　　館開きて博物鬱然と並び
万象森羅此問津　　森羅万象ここに問うべし
一説中原風俗事　　一たび中原風俗の事を説けば
玉関哀怨不成春　　玉関の哀怨(2)、春を成さず

東京博物館は規模広大で建物は美しく、始めて入場した者は珍奇華麗な文物に出会って、心はすっかり幻惑される。そのなかに歴史部があり、各国の風俗を示す文物が所蔵されている。支那〔原文のまま〕風俗と琉球風俗、朝鮮風俗、インド、アフリカ州および台湾土番〔原文のまま〕の風俗もあり、これらが一室に雑然と並んでいる。よく見ると、支那婦人の木製の纏足が万人の観覧に供せられている。奇妙な事だと思っていると、またアヘン吸引の道具や賭博用品など、各種の下層社会の用品が並んでいる。これを目にして心痛み、涙がとめどもなく流れた。これを四億の同胞にいっしょに見てもらえないのが残念だ。

籤軸琳瑯遍要衝　　籤軸琳瑯、要衝に遍く
新聞雑誌破鴻濛　　新聞雑誌、混沌を破る
劇憐母国惇龐慣　　大いに憐れむ、母国の惇き慣習を
野廟孤山読大中　　野廟孤山に大中〔未詳〕を読む

東京の一隅に書店約千余軒がある。書籍を買う者は毎日夕方になると、手を振り口角泡を飛ばして、巷に満ち溢れる。新聞雑誌〔雑誌には月刊と旬刊の区別がある〕に至っては、毎日百か二百種類が刊行されている。ああ、このような状態で国民の教育水準が向上し、国力が強化されないはずはない。

学幕宏開仗衆才　　学幕大いに開き衆才を仗け

文明両字総疑猜　　文明の両字、疑猜を統べる
烏雲灑遍椰羅水　　黒雲遍く椰羅水〔未詳〕を灑ぎ
官羽楼頭泛緑醅　　官羽楼頭、濁酒流る

官羽酒楼はわが国の広東人がひらいたもので、商売は頗る繁盛している。

（伊東昭雄・杉山文彦訳）

〔注〕
（1）当時中国では、死者埋葬は土葬が一般的だったが、江南地方では宋代から火葬の習慣があった。
（2）玉門関は甘粛省西部の地名。西域への旅行者が最後に立ち寄る中国の都市で、ここを通るとき、別離の情はことのほか深かった。ここでは国外にあって纏足やアヘン吸引の道具などが展示されているのを見た留学生のつらい心情が「玉関の哀怨」と表現されている。

〔資料11〕中国と日本の欧化速度の比較
『福建日日新聞』論説

〔解題〕この文は光緒三十年（一九〇四）八月二日の『福建日日新聞』に掲載されたもの、日中の近代化の比較を三方面から行い、いずれの面でも日本を高く評価している。『福建日日新聞』については、このころ福建省福州で刊行されていた日刊紙ということ以外分からない。翻訳にあたっては『東方雑誌』（光緒三十年第十期）に転載されたものを底本として用いた。

広大な大陸、夥しい群民、二千年の眠れる獅子と言われ五大州の獲物となっているのは、今日の中国ではあるまいか。中国の衰退は、アジア人種の知恵が欧州人種に及ばないためなどとどうして言えよう。もしそうであれば日本の勃興は何によるのか。私は中国を哀れみ日本を想う。日本が勃興したから日本を想うのではない。中国の衰退をみて日本の勃興に感心し、日本の日本たる所以を探求するのだ。

ああ、中国の衰退は、領土が狭く兵力弱く財政困難のため欧州につけこまれたからだろうか。そうではない。日本の勃興は、領土が大きく兵力強く財政豊かで欧州から畏れられたからであろうか。これもちがう。思うに、興敗の分れ目は、

既に形で示されたものの中にあったのではなく、未だ形で示せないものの中にあったのである。欧化東漸の一語は、日本では女子供でもほとんど口癖にまでなっているが、これを中国人に質してみると士大夫でもぽかんとする者が多い。日本は欧化を利用し欧化のために苦しむことなく、遂に欧化によって成功した。中国は欧化を憎みややもすれば欧化のために迷わされ、結局欧化によって累を蒙った。中国と日本では欧化の持ち込まれた時期が違うかといえば、開港も同時ならば戦争も同時である。進み方が違うかといえば、日本は留学生を派遣したし中国も派遣した、日本が大鉄艦を建造すれば中国また造るで、そこに大きな差はない。ああ、中国と日本、かく見れば地の大小、兵力の強弱、財政の裕逼は両国の興敗に関係ない。両国の興敗はただ欧化そのものによっている。欧化は日本の功臣にして中国の罪魁である。欧化を知ろうと思えば、欧化の速度を知らねばならない。欧化の速度を知るには欧化の速度を比較できねばならない。

先哲は次のように言っている。日本の開港はアメリカが先鞭をつけたが、それは強硬手段をもってであった。中国の開港はイギリスが先鞭をつけたが、それは柔軟な手段によっている。故に日本は戦争によって兵は死んだが国は強くなった。中国は商戦によって商人は生き残ったが国は振るわなくなってしまった。浦賀の戦い〔下関、鹿児島の誤伝であろう〕も広州の戦い〔アヘン戦争〕もどちらも外交史の開巻第一章の出来事である。しかし西郷・木戸・大久保は赫々として人口に膾炙しているが、林則徐・曽国藩・李鴻章はその間に席を争うことができない。これが始まりにおける速度の違いであって、これが第一。中国は留学生を選抜派遣したが中途で突然止めてしまった。伍廷芳と伊藤博文はもともとアメリカで同じクラスの学生であった(1)。下関条約締結のとき伍は一候補道として随員にあてられたに過ぎなかったが、伊藤は内閣総理大臣でありさらに侯爵と称されていた。丁汝昌が鎮遠・済遠を率いて日本を訪れた時、日本はまだこのような鉄甲艦を持っていなかったが、今やこの二艦は日本の所有となっている。中国の鉄道は倭仁(2)たちの毒にあたり、さらに無識者が詭辞を弄してそれに迎合したため、今日になってやっと実施を見るありさま。鉱山は熱河でのみ成果をあげているが、銀行は創るはしから潰れるで、今ではことごとく外人の手に落ちてしまった。日本はと言えば一つ一つ主権の下に取り組みまた先を競っている。中国の大汽船、電報は招商局のみであるが、日本には郵船、大阪、三菱、三井ほか著名な汽船会社が林立している。電線は織機に張った縦糸のように各市を貫くこと数百条、電話や無線電信等によって国中の情報が霊通する。また文教制度は、本々中国より欧州に伝わったものが今欧州から日本に入り、それが逆に日本から中国に来ているのである。翻訳も報道も同じである。これが過程における速度の違いで、これが二番目。中国は二十一省の土地と四億六千万の人民を有し、大陸を掌握して地勢的に有利である。日本はと言えば区々たる四つ五つの小島で人口も中国の八分の一にもならない。地勢も海に迫られて拠るべき険はない。然るに、庚申〔甲申事変の誤りか〕、甲午〔日清戦争〕、庚子〔義和団事件〕、及び今回の満州等の戦いで何故に中国の上に躍り出たのか。また、日本は万国公会に列し事々に公法をもって争うことができるが、中国は治外法権に縛られてこれができない。これが収果の速度の違いで、これが三番目。この三者で欧化の全てを語ることはできぬが、欧化の速度の差は見えてくる。

そもそも欧化とは、欧州文明の感化である。部族社会から進化主義が一度唱えられると、アジア・ヨーロッパの公理がそれぞれ進化を追求する。所謂欧化はあたかも風潮のようである。われわれアジア人が欧州の感化を受ければそれを欧化というのであり、彼らヨーロッパ人が我がアジアの感化を受ければ亜化という。ところで欧化欧化と言ってもそれが皆頼みとなるわけではない。中国が成し得た欧化とは、その多くがケーキ・コーヒー・シガレットといったものにすぎない。ある者は新名詞をいくつか口にしただけでこれが科学だと得意になり、ある者は数か月外遊するともう自分を偉人と思い込む。西洋人に会えば帽子の取り方を学び、西娼宿に泊れば革命家気取り。結局得る所なく、しかも私心は全て除かれたわけではない。日本はこうではない。欧州の言語文字に重きをおかず、本国の国粋に重きを置いている。そのため全国の学校では読み物は翻訳書が多いが、その書物は必ずまず本国との折衷が図られている。文人学士は軍制を文学の中に寓し、忠義をもって人々の観念を動かし、軍国民の資格を持たせるようにしている。要するに日本で言う欧化とは、自由思想・改革運動・独立精神を取りそれに武士道・大和魂等の国粋を加えてみると、その姿がいよいよ彰かとなる。中国の徒に形式ばかり追求するのとは、同日には語れない。

中国よ中国、今はどんな時代だ。なおも惰眠を貪っていられる時か。欧化のつぎには欧力がやってくる。およそ欧州の宗教・人種・商権などは、ことごとく我が黄帝の子孫の域内に広まっている。黄禍の言は未だ検証されていないが、白禍はもう徴候を表そうとしている。生存競争の兆しはなお伏在しており、版図は徐々に塗り変えられつつある。日本を見るたびに私はますます戒め畏れる。私が日本を言うのは私が進取を求めるからである。欧化は中国が受けざるを得ないものではあるが、その場合国粋が厚くなければだめである。保守的な国粋主義者には欧化に進んでもらいたい。専らの欧化主義者には国粋に進んでもらいたい。このようにして頑張り続ければ、今日の比較では日本は中国より優れているが、いつか中国が日本より優れる日が来ないとどうして言えよう。他でもない、欧化の速度はそのつど比較がなされ、国勢発展の速度はそれに刺激されて日々増すのである。ここに中国の将来がある。

（杉山文彦訳）

［注］

（1）伍廷芳と伊藤博文の二人が留学したのはアメリカではなくイギリス、同期ではなく時期は異なる。伍廷芳（一八四二～一九二二）は広東省新会県籍であるが、生まれはシンガポール。主に香港でイギリス式の教育を受け、清末から民国初年にかけて、法律家、外交官、政治家として活躍。

（2）倭仁（一八〇四～一八七一）烏斉格里氏、蒙古正紅旗人。儒学の大家として名声を得るが、政治的には洋務運動に反対した守旧派を代表する人物。

［資料12］

国民は政治思想を持たねばならない

『北洋学報』論説

［解題］この論説が掲載された『北洋学報』（第四期）は一九〇四年、天津北洋官報総局によって創刊された。同総局は一九〇二年末から『北洋官報』（最初は二日刊、後に日刊）を刊行しており、『学報』は『官報』に付属して発行された。当初は週刊で、『官報』が九〇一期を刊行した際五日刊に改められ、新たに第一期となった。第四期というのは五日刊の第四期と考えられる。五日刊の内容は文学から自然科学・技術にいたるまで広範囲に及び、一九〇六年以降は君主立憲と「振興武学」（軍備と学術を振興する）を宣伝したということである。この論説もその方向にそったもので、筆者は不明。『東方雑誌』（光緒三十二年第四期）に採録されたものを底本としている。

国家は無数の人民を集めて成立するものである。だから国家の盛衰・強弱は国民の〔国家を〕愛する力の深さによって測られる。そして国民の国家を愛する力の深浅は政治思想の有無・多寡によって測られる。その国民に政治思想がないか、あったにしてもごく少数の人にしかない場合は、その国家はかならず衰弱する。わが国は庚子〔一九〇〇年の義和団事件〕以後、お上から庶民に至るまでみな勇ましく奮発し、以前の恥辱を洗い雪ぎ、強力な国家にしようと決意した。昨年はとくに五大臣を任命して外国へ政治視察に派遣し、また首都当局に命じて政治考察館を立て、胸襟を開いて見たり聞いたりできるようにし、全国の人民がだれでも政治的思想を発表させようとしている。まことに千載一遇の好機である。東西の各新聞もこの措置を褒めたたえている。英国の×××××新聞は、中国が大官僚を選んで立憲政治の考察に派遣したのは未曾有の大決断であり、後日帰国した後の報告と中国政府の行う政策は全世界の注目の的となるだろう。中国国内の学界に属する人も準備をして新政の施策を待つべきである、といっている。要するに、今回の使節の視察旅行はかならずや成果があるに違いない。私は一九〇六年の新しい歴史はかならずや黄色人種の新時代の発端となると確信している（一九〇五年の『外交報』第二十五号を見よ）。英国もまた立憲国であり、×××××新聞は特色のある新聞社である。その新聞がこういうのだから、わが国の朝野・上下はいかにして国民を鼓舞し激励して旧来の陋習を洗い落とし、日々進歩して、黄色人種の新時代を鋳造すべきだろうか。かの新聞は、学界に属する人はとりわけ準備をして新政の施策を待つべきであるといっているが、彼がいう準備とは何か。それは国民の政治思想に他ならない。学界のみならず、農業界・商業界・工業界や軍事界も、いやしくも中国の版籍に属し、黄帝の子孫の列につらなるならば、政治思想を欠くわけにはいかない。かの学界と政界に属する人はとりわけ重要な地位にある。

思うに国民の政治思想というのは人体における神経のようなものであろう。わが国は秦帝国が専制によって天下を支配し、焚書坑儒を行って人民を愚弄して以来、漢が秦の弊政の後を受けて、腐儒叔孫通(1)が朝廷の規則を定めて高祖〔劉邦〕に媚びた。そこで君臣の隔たりはますます広がり、君民の気持ちはいよいよ通ぜず、国民の神経は暗黒のなかで混乱し、秩序を失って数千年も惰性が続き、政治とは何かもわからなくなっている。今は列強の渦に迫られて、一二の賢者が始めて目覚めたように人民と国家には重大且つ密接な関係があると悟り、愛国と団結〔原語は「合群」。集団の結合力を強化すること〕の正義を掲げて同胞に呼び掛け、彼らを覚醒させようとしている。しかし彼らは目覚めず、夢見るように天を仰ぎ見るばかりなのが全国の多数を占める。私はここで日本の往年についてその概略を述べ、前途の道標とさせてほしい。

日本の板垣退助が立志社を創立するに際し、まず同志に書簡を送り、社の主旨を布告してほぼ次のようにいっている。世間の進化と人民の奮励とはたがいに促進しあうものだ。われわれは同じく日本帝国の人民として貴賤・尊卑の別なくみな天賦の権利を享受する。ただ自治独立することができないで、活力が緩み、政府に依存する思想を捨てられずにおり、根本が損なわれているのに、どうして自然淘汰・生存競争・優勝劣敗の世界に立つことができようか。良薬は口に苦いものだが、くどくどいうのを憚らなかったために、ついにその目的を達することができた。その後土佐だけでは区域がなおせまいということで、立志社の主旨を推し広げて、別に愛国社を結成した。愛国社成立の当初、日本全国の人民はなお政治思想に乏しく、入会者はわずか四十余人にすぎなかった。たとえば小室信夫(2)・井上高格(3)などはもともと自助社〔彼らが一八七四年に結成した自由民権運動の結社〕の社員だったが、板垣らと結社を統一した。この他参加者は暁の星のように寥々たるもので、歴史上最少数の政党とよばれている。しかしこの後政党の勢力は日増しに隆盛に赴き、民権はついに芽を吹いた。一人一人が己の身を愛することを知って団結を固めれば、団体は強固になり、各々自主の権利を主張し、尽くすべき義務を分担すれば、小にしては家族社会を保全することができ、大にしては天下国家を維持することができ、欧米列強と雄を争い対峙することも決して困難ではない。その後日本憲法の成立を論ずるものは根源に溯って、みな日本の庶民の政治思想はこのとき俄かに生まれたことに感嘆する。けだし板垣と小室・井上の諸氏は草創の功労者で、百世にもわたたって記念される人達である。

当時は日本政府もまた彼等を弾圧しようとした。しかし明からされた公理は私見によって抑圧できるものではない。一人の手は天下の〔人民の〕目を覆うことはできないということだ。高知で〔暴動を企て〕逮捕されたが、板垣らの熱心さは衰えず、翌年また大阪で集会を開き、遊説員を各地に派遣し、新聞は瞬く間に各地に広まった。そして、人民が国家を興したいと思うなら、国会開設に勝るものはないという道理を説いた。さらにまた支社を東京に設立して広くその道理を宣伝し、談論風発して新聞は国内に駆けめぐった。国会開設の思想は国民の頭脳に深く刻まれ、その思想は満ち溢れてもはや抑えられなくなった。新聞条例や立会〔演説〕条例など煩瑣な抑圧の規定があっても、国民は全く意にもおかずに無視した。明治十六年十一月、大隈〔重信〕氏は密かに国会開設を請願する意見書を提出し(4)、天皇は北海道旅行から帰るとその夕べに大臣を招集して協議して、とくに勅諭を下し、国会開設時期を予定した。勅命の下った日、国内に歓声が鳴り響いた。これが日本立憲政体の基礎である。今日日本帝国は東亜に覇を唱え、ロシアに戦勝して全世界の文明諸国に対抗して肩を並べており、黄色人種のために特別な異彩を放っているが、これはみなこの勅諭が蒔いた種子のよき果実なのである。これもまた、板垣らが耕作し除草をしなければ、これだけの成果はえられなかったのである。思うに国を治めるのは耕地を治めるのと、仕事は違っても道理は同じであり、まず国家を強固にするために力を尽くしてこそ、一家繁栄の喜びがえられるのである。わが国が自国の強化を望まないなら仕方がないが、もし強化を希望し、東亜第二の立憲帝国の旗を立てたいと願うなら、日本を模範として尊ばなくてはならない。

立憲政体と共和政体はもともとアジア州の産物ではない。

ヨーロッパ人は無数の代価を費やしてこれを購うことができ、無数の生命を犠牲にしてこれを作った。そして日本は極東の小さな島国でありながら、十九世紀の人民政治の風潮に従い、ついにまた君主政治を改め、立憲国とすることができた。当初欧米人はみなあざ笑い、黄色人種は立憲政体には絶対に合わない、その上日本人は天性軽薄で少しも忍耐力がないから、この事業は絶対に成功しない、といっていた。ところがあにはからんや、日本は発議する以前は党派争いで裁判事件を起こしていたが、後には上下一心、順調に展開した。立憲以後は国勢は隆盛で進歩は格別に速く、欧米各国の予想を越えるほどだった。現在わが国は東の隣国で憲政が出来上がり、これを借りて模範とすることができるようになった。これは前古未曾有のものを創造するのに比べれば、情勢は尽力しやすい。ただ広大且つ老朽した中国のことだから、協力して力を振るおうとしても、一時には功を奏しないかもしれない。

日清戦争の際、遼東の戦役で大きな損害を受け、優れた見識を持った人達は外国の圧迫を警戒して回天の武力を振るおうとするが、朝野上下氷炭あい容れず、協同一致してことにあたることができず、これまでの成果をことごとく駄目にしてしまった。その最初の原因を推測すると、それは国民に政治思想がないために他ならない。今率直に過去の過ちを反省し、各省の大小の官吏が所属の部下を説得して強固な団体を結成させ、明達な知識人広く同志を集め、政治を研究する会を設け、書物を翻訳し新聞を発行し、ともに方針を定めて独立自治の道理を何度も重ねて演説し、われわれは等しく国民なのだから、貴賤・尊卑に関わりなく、万物は等しくなくてもみな天賦の権利を享受できることを説いて聞かせよう。そういう努力を積み重ねれば、人々は覚醒し、愛国の力を鼓舞し、自ら否定していたわが国家を支えるようになるだろう。

聖主〔光緒帝〕は特派大臣を各国に派遣して立憲政治を考察させて、専制を排除し、民権を提唱している。上にある者がこの謙譲の文明の美徳をもって数千年の閉塞を破ろうと決意しているのに、下にある者が依然として安眠を貪り、新政の施策に遭遇しても、冷淡に何の準備もしない。これでは東西各国に嘲笑され、黄色人種を軽視する欧米人はそれ見たことかと優越感を強めるだろう。二十世紀を越え、三十世紀になっても、わが黄色人種の新時代の幕開けの日は来ないだろう。痛ましいことではないか。

（伊東昭雄訳）

［注］

（1）前漢時代の博士。劉邦が皇帝となるや、秦の苛法を廃止し、通の説を採用した。通はその後太子大傅を務めた。

（2）三七二ページ、注（1）参照。

（3）井上高格（一八三一〜九三）　明治時代の政治家。徳島藩の藩士の出身。幕末に尊王攘夷運動に加わり一時徳島県の大参事を務めるが、後自由民権運動に身を投じる。初代徳島市長、第一回帝国議会議員（衆議院）。

（4）明治政府の参議だった大隈が一八八一年（明治十四）に提出した国会開設意見書。一八八三年開設と政党内閣制を主張した。

［資料13］出使各国考察政治大臣載澤等、日本考察の概況並びに赴英の期日を奏する摺

［解題］この文は、一九〇五年に清朝政府が出した「出使各国考察政治大臣海外派遣」の上諭によって一九〇六年初めに来日した載澤を中心とする視察団が、日本を離れイギリスに向かうに当って皇帝宛に出した報告書。文中に「東洋」とあるのは、日本など中国より見て東方のことをさす。この視察団は大臣級の高官数名を含み総勢数十名から成る大型のもので、憲政など近代政治制度の視察を目的とした。載澤の『考察政治日記』によれば、日本滞在は一か月足らずであるが、その間に多方面の視察をすると共に、法学者穂積八束や伊藤博文から憲法についての講義を受けている。日記には伊藤博文との問答が載っているが、それを見ると載澤の関心が憲法によって皇帝の権限がどのような影響を受けるかに集中していることが分かる。

載澤（一八六八～一九二八）は清朝皇族の一員、満州正白旗人。一九〇五年に出使各国考察政治大臣に任命された後、北京駅で革命党員呉樾のテロに遭い負傷し、そのため来日は〇六年初めになった。視察から帰国後に立憲を奏請、一九一一年の所謂「親貴内閣」では度支大臣となる。辛亥革命後は北京に隠棲した。本文の翻訳にあたっては、『清末籌備立憲档案史料』（故宮博物院明清档案部編、中華書局、

一九七九年）所収のものを底本とした。

臣載澤、臣尚其亨、臣李盛鐸跪奏し、在東考察の大略情況並びに東洋より起ちてイギリスへ赴く期日を具陳し、恭摺して仰ぎて聖鑑を祈う事の為にす。

竊に、臣等東洋に到り国書を呈逓せること、すでに専摺陳報して案に在り。査するに、日本は維新以来、一切の政治は法を欧州に取り、また本国の人情風俗の異同を斟酌し、以って措施の本と為すも、章程・法律時に更改有りて、端緒複雑、情況を目睹せざれば、その要領を得るに易からず。連日、随員を伴いて、上下両院、公私の大小学校及び兵営、機械工場、警察、裁判、逓信の諸局へ赴き、詳細なる観覧をなし、以って行政の機関とその管理監督の法とを考察せり。また、彼の政府の各大臣、伊藤博文、大隈重信等の諸元老及び政治学を専門とする博士と、十分なる討論を為し、以って立法の原理とその沿革・改変の宜とを求めたり。おおよそ、日本立国の方は、公議はこれを臣民と共にし、政柄はこれを君上に操る、民には不通の隠無く、君には独尊の権有り。その民俗は聡強勤朴の風あり、その政体は画一整斉の象あり。その富強の效は、力を法律の改良、陸海軍の精練、農工商各業の奨励に得るといえども、その根本は即ち教育の普及にあり。維新の初めより強制教育の制を行い、国中の男女皆学校に入り、人々納税・兵役の義務を知り、人々尚武愛国の精神あり、法律は学問によって精密、教術は学問によって整い、道徳は学問によって進歩し、軍旅は学問によって強く、貨産は学問によって富み、工業は学問によって巧たり。人に倣うを恥とせず、己を捨つるを軽しとせず、故によく欧化・漢学を合し鎔鋳して日本の特色を成せり。その興革の諸政は、未だ必ずしも全く流弊無きにはあらずといえども、三島の地を以って、経営すること二三十年、遂に列強と抗衡するに至るは、実にまた軽んずべからず。その法令・条規に至りては、彼の国の君臣の屡修改し切磋を極め、然る後漸く完密に至る。臣等、現行の条例を取り集め書と成すに於いては、自ずから慎重に選訳を為すべし。而して諸人の論説は随時記録し、各署の施行規則は捜求に工夫し、総じて長所を節取し以って将来の参照に備うべし。これ、在東考察の大略の情況なり。ここに、二十日に横浜より米国企業の汽船に乗り、道を米州に取り、英国に向かうに定む。なお、同道の随員を日本に専駐せしめ、詳細に調査せしむ。

編集の成るを待ちて、別に考査政治館へ咨送するを行うを除くの外、臣等の在東考察の大略情況及び起程赴英の期日は、全てまさに恭摺して具に奏し、伏して皇太后・皇上の聖鑑を乞うべきなり。謹んで奏す。

（杉山文彦訳）

第2節　留学と教育をめぐって

〔資料14〕日本教育大旨

上虞羅振玉撰

〔解題〕「日本教育大旨」は一九〇一年十二月に日本に教育視察に来た羅振玉（羅振玉については次資料『扶桑両月記』の解題参照）の視察報告書の一つ。このとき羅振玉は湖広総督張之洞の命を受けて約二か月間日本に滞在した。この文章は彼が中心となって上海で発行していた旬刊誌『教育世界』に掲載されたもの。二十世紀にはいると中国から多くの留学生や視察者たちが来日するようになるが、その視察の大きな柱の一つが教育視察であった。視察者らは帰国後、視察報告を提出しているが、その多くは日記、旅行記の体裁になっており、なかには訪れた学校の書類を写しただけのようなものも含まれる。このような中で、さすがに羅振玉は近代教育の要点をつかんだ報告をしている。

一、制度

日本は、初めて教育を興すにあたり、全てをアメリカの制度に倣い、明治五年に学制を定めた。これが教育発達の基礎である。しかし、その学制を考察してみると、まず大学・中学・小学の学区を分け、大学区は全部で八か所としたが、今に至るも東京、京都に大学が二つ立っただけである。思うに、当時はまだ義務教育の理念に暗く、普通教育が高等教育よりも一層大切であることを知らなかったからであろう。

教育という事は、全国画一にすべきである。故に、教育制度の公布をもって第一の要務とする。日本は興学の初めにあたり、この事を深く理解していた。故に、最初に公布した学制は完成されたものではなかったが、大筋において誤りなく、後に徐々に改良を加える事ができた。もし、始めから基本が誤っていたら改善は難しい。

今日、日本全国すべての学校は皆、学校令に基づいている。すなわち、法規大全に載っている小学校令、中学校令、高等学校令、師範学校令、大学校令等がそれである。およそ、設備、教科、教員の管理等の事は皆その中に定められており、全国で遵守するのに便である。これは中国が速やかに倣うべきものである。

二、方針

日本が初めて学校を造ったとき、まだ義務教育の理念が十分には分っていなかった。したがって学制の中では、まだその趣旨がはっきりとは出ていない。後に知識が増えて、教育という事は普及をもって要諦とすべき事を悟った。そこで義務教育を定義して尋常小学四年とした。義務教育とは、教育が国家の義務である事をいう。その教育方針は全国人民すべてに普通の知識と国民の資格を持たせることにある。最近、東西〔日本と西洋〕の教育家達は、人民と国民を分けて、国民とは既に義務教育を受けて国家の盛衰と関係ある者の謂であると言っている。教育家はまた、生徒とは第二級の国民であると言っている。つまり、卒業以後に完全な国民となれるのであって卒業以前は国民の候補者ということである。人民と言うものは、まだ義務教育を受けていない者であって、国民の称号を名乗れない。なぜならばこれら人民はまだ進化していないからである。最近、日本の教育家は国の義務教育の教育年限が短すぎることを問題にしているが、財力に限りがあってまだ延長できずにいる。

中国は今日、教育の普及をもって主義とし、予め義務教育の年限を定め、普通教育を先にし、それから高等教育を行うべきである。東西の小学教育の内容を考察するに、道徳教育・国民教育の基礎及び人生必須の知識・技能である。これらは、今日の中国の最も急務とする所である。道徳と国民の基礎があってこそ、尊愛の方を知り、知識と技能があってこそ、資生の具を得ることができる。今日、各省は高等教育に専心している。しかし、たとえ省ごとの学校が百か所千か所と増えても教育が一般人民に普及しなければ、義和拳匪や教案は避けられない。もし教育の普及に力を入れれば、その効果は必ず広くなる。

最近、教育家は、もしある国に義務教育がなければ、その国には法令がない、と言っている。実際に法令がないというのではなく、法令があってもそれを人民に施行する事ができないと言うことである。そもそも、忠孝を教えればこそ不忠孝を罰することができるのであり、業務を指導しておけばこそ業務放棄を懲らしめることができる。そうでなければ、礼儀も教えずに無礼討ちにするようなものである。義務教育の説を世に広めるには、この点が最も重要である。

三、系統

教育には必ず順序がある。日本の制度では、六歳の児童から十四歳までの八年間を学齢と定めているが、さらに、三歳から六歳までを幼稚園に入れ小学教育の予備としている。学齢期内に必ず尋常小学の業を終え、それ以後は尋常小学から高等小学に入る。高等小学から二つに分かれ、ある者は尋常中学に入り、ある者は尋常師範に入る。中学を終えた者は、高等学校及び高等師範学校に入る。尋常師範を終えた者は、小学校の教師にあてる。高等学校を終えた者は、分科大学へ入り、分科大学を終えた者は大学院へ入る。高等師範を終えた者は中学及び尋常師範の教師となる。これが系統の概略である。

以上の学校はみな、文部省によって統御される。一方、陸軍教育は陸軍省に属し、海軍教育は海軍省に属す。警察・監獄学校は内務省に属し、商船学校は農商務省に属す。これが各省が管轄する学校の概略である。

四、経費

教育という事は、国家と人民が互いに負わねばならぬ義務である。故に、日本の教育経費は、あるものはこれを国費でまかなっている。大学校、高等師範、高等工業、海陸軍各学校がこれである。あるものは地方費でまかなっており、尋常・高等小学、中等・師範等の学校がこれである。町村費でまかなうものもあり、各町村の小学校がこれである。また、私立の各種の学校は、私費をもって立てられたものであるが、法令にしたがって国家の認定を受ければ、国立や地方立の学校と同等の権利を享受する（例えば徴兵延期及び資格、任用など）。これが国費、公費、私費の大略である。

学生は入学にあたり、入学金などの費用を必要とする。ただ、尋常小学は国家の義務教育であれば、入学金はとらない。また、高等師範・師範の学生を、国費・公費で援助しているが、これは教育を広めるためである。したがって、学生に学費や賞金を与えることはしない。試験における賞与も、僅かに言葉と席次とをもって激励するだけである。これは、品行の崇さを重視しているので、学生が利に走る心を起こすのを望まぬからである。小学校ではときには賞品もあるが、それも修身の図書の類にすぎない。賞奨の中にも教育の意が寓されているのである。

五、職員

日本は、教育事務に従事する人員には、みな学校卒業の有学・有識者をもってこれに充てている。冗員がないので、職務を怠ってはいられない。例えば文部省では、大臣一人、総務長一人、大臣が大綱を司り総務長は庶務を総覧する。その下に普通・専門・実業の三局があり、局毎に長一人がいて各々一局の事を司る。みな専管体制なので、仕事を押付け合ったり奪い合ったりすることなく、それぞれの職に専念できる。その下に視学官・秘書官・書記官・属官等がいるが、全部でも数十人を超えない。必ず教育の事に熟達した者を選んでこれらの官に充てる。各地方にも視学官がいるが、これも数十人を超えない。みな師範学校を卒業して学校長を何年かやり学術・経歴・才幹共に優れた者をこれに任ず。各種の学校の管理者は、例えば尋常小学校の場合、生徒千人余りに対しおおよそ教員が二十人、そのほかに校長一人、事務員一人、舎監が四五人（教員が兼任し、毎日一人ずつ交代で学校に宿直する）だけである。地方の小学校では校長が教員を兼ねる場合もある。このようであるから、経費は節約され仕事はうまくいく。中国が教育を興そうとすれば、第一にこの点に留意すべきである。

六、教員

教員の養成は、教育を行うにあたって第一に着手すべき所である。日本は、興学以来すでに三十年であるが、それでも教員はなお必要を満たさない。教育が日増しに普及し学生数が増大するのに対し、教員の増加がそれに追いつかないためである。現在、日本では教員養成に三つの方法を用いている。一つは師範本科、二つ目は速成科、三つ目は講習科である。本科の修業年限は三年であり、速成科はそれを二年に縮め、講習科は三四か月から一年に縮めたものであり、三者は並行して行われている。教員の不足を考えれば、ここに日本の教育の進歩の速さを見ることができる。

師範の必修学科は、教育行政、管理法、教授学、教育学、教育史であり、これらは本科、速成科、講習科を問わず全員修得しなければならない。これらの科目を理解してはじめて、師範の資格があるからである。

今日、中国で師範の養成を行うには、やはりこの三つを並挙すべきである。講習科・速成科がなければ速やかに学校を起こすことはできず、師範本科がなければ師範としての学識の完成を望むべくもない。ただし今日の中国では、本科師範の学期は、日本に比べ一年長くすべきである。思うに、まず一年間普通学の補習が必要で、それから三年間やれば本科の課程を修めることができる。

七、教科書

日本の教科用図書は、初めは欧米のものを翻訳して使っていたが、今では改良進歩し、日本の政体・習慣及び国民の程度に応じて、これを編集している。官撰民撰の別なく全て文部省図書鑑定官の鑑定を受けねばならず、鑑定の後にはじめて刊行が許される。また、官撰民撰の別無く数年に一度必ず改訂を加える。国民の知識程度が進めば、教科書の程度も進まねばならぬからである。

今日中国で教科書を編集するには、まず日本のものを翻訳して手本とし、然る後にこれに改訂を加えるべきである。例えば、算数、理科、体操、図画等は直ちに日本の教科書を用いるべきである。本国の歴史・地理は、まず日本のものを訳しその体裁を手本にして自ら編纂すべきである。博物等の科目は改訂が必要である。たとえば、動物、植物、鉱物の三者は必ず本国所産及び児童が見慣れたものに就いて教授せねばならぬから、他国の出来合の物を用いることはできない。また、中国が今日、教科書を編纂するにあたっては、拙速にすべきではないし、あまりに慎重であってもいけない。拙速にすれば根本的な改良が難しくなるし、あまりに慎重であると時間ばかりが空しく過ぎて事を誤ることも多くなる。予め一年間の期限を定め、この事に習熟した人物を選んで次々と中学校・小学校の教科書を編纂印刷すべきである。未完成の部分があれば、後で逐次改良を加えればよい。なぜなら、教科書の良し悪しは理念との関係だけでは断定できぬのであって、必ず実用に照らしてみてはじめてその利弊の所在が明らかとなり、改良が可能となるからである。

八、日本の今日の教育の注目すべき所

日本の普通・高等の各教育は徐々に完成に近づきつつある。しかし、女子教育は未だ大発達とはいえない。そこで最近教育家達は皆、女子教育は国民の母である、教育を講ずるに女子教育から始めないのは、川の流れの恩恵に浴しながらその水源を忘れるようなもの、木の枝を繁らせて幹を弱らせるようなもの、と言っている。日本の今日の女子教育の制度を見るに、小学教育は男児と同校で並行して教育しているが、教室は別である。高等小学を終えた者は、女子高等学校及び師範学校に入る。高等師範学校で程度は止りとなる。女子高等学校の程度は男子尋常中学と同じである。今、教育家は、女子を男子の教育程度と同じにする必要があると言っている。現状では直ちにその域に達することは不可能であるが、将来必ずその趣旨を達成するであろう事は、あらかじめ予測できる。

また、体育を徳育・知育と同等に重視すべき事については、以前より各学堂では皆体操・遊戯をやってはいたが、なお大いに進展しているとは言えなかった。しかし、今では、国をあげてこれに力を入れている。思うにこの競争の世界に立つのに、人民の身体が虚弱であれば国力もまた強くはなれず、事業・学問ともに拠り所がなくなるわけで、その害は小さくない。

中国は、今日なお男子教育すら緒に就いていない、どうして女子教育を論ずる暇があろうか。しかし、仔細に考えてみると、これは実に遅れてはならぬ事業である。ただし、必ず男児とは別の学校にするのがよい（尋常小学校は同校、高等小学校は別校というのでもよい）。体育にもまた速やかに意を注ぐべきである。ただし、必ず遊戯を以って柔軟体操の予備とし、柔軟体操をもって機械及び兵式体操の予備とし、順序に従って進むべきである。これは国民の強弱の根源であり全国に徴兵制を行おうとすれば、これが起点となるのであり、格別の注意を払わねばならぬものである。

以上の八つが、日本教育の大略である。詳しく考察するには、『日本近世教育概覧』『日本現世教育』『教育行政』『各学校校令』を見るべきであるが、ここでは縷述しない。

（杉山文彦訳）

〔資料15〕 扶桑両月記（抄）

羅振玉

〔解題〕この日記は羅振玉（一八六六～一九四〇）が湖北農務局総理・農務学堂監督をしていた一九〇一年秋、湖広総督張之洞・両江総督劉坤一に派遣されて来日し、東京を中心に日本の教育制度の視察を行った際の記録である。視察の記録としては、この他に「日本教育大旨」・「学制私議」があり、羅振玉の編集する雑誌『教育世界』に掲載された。なお、彼は一九〇九年再度来日して教育制度の視察を行い、『扶桑再游記』を書いているとのことだが、『再游記』の方は未刊らしい。

羅振玉は江蘇省淮安の人（先祖は浙江省上虞出身で、自らは「上虞羅振玉」と名のっている）で、秀才出身。若い頃は考証学に専念したが、一八九六年淮安を離れ、上海に出て、友人と農学会を設立し、東文学社を組織した。農学会というのは農業技術の向上や作物品種改良などを目的とする結社であり、機関誌『農学報』を発刊した。内容は日本を始め、欧米諸国の農業関係の論文が多数掲載され、欧米の農業事情も『日本農学報』などからの翻訳が目だっている。これと並行して『農学叢書』も刊行され、農業関係の各種規定や調査報告・各地産物表などが掲載され、農業の改良に大きな役割を果たした。これらの出版に必要だった翻訳者の多くは東文学社によって養成されたと考えられる。

羅振玉は教育視察のため来日する一九〇一年の四月、やはり上海で教育学・教育方法について考察・紹介する雑誌『教育世界』を発刊している。これには王国維ら数人が編集・翻訳などに参加した。これは並行して刊行された『教育叢書』とともに、日本や欧米の教育制度・教育方法を紹介して、教育改革に大きな寄与をしている。

同年年末から翌年の初め（陽暦）にかけて、羅振玉が日本の教育制度の視察を行ったことはすでに述べたが、この調査旅行には湖北自強学堂教員陳毅・胡鈞らが随行した。東京では文部省や高等師範学校・東京帝国大学などいくつかの学校を視察し、嘉納治五郎や伊沢修二など教育関係者に会って話を聞き、教科書を取り寄せて内容を検討するなど、日本の教育制度・教授方法について資料収集を行っているが、そればかりでなく、上野の博物館を訪ねたり、神社仏閣を訪れたりもしている。その他、旅行中足痛に悩まされ、しばしば医者に診察してもらったり、箱根の温泉で保養したりした。

もう一つ、この日記に特徴的なのは、教育制度・教育方法に関する調査や聞き取りの他に、日本が西洋文明をどう取り入れたか、どのようにして強国となりつつあるか、という問題への関心が強いことである。

その後の羅振玉は江蘇師範学堂監督や京師大学堂農科監督などを務める一方、清朝の内閣大庫の档案を整理し、また出土した甲骨文を収集した。

辛亥革命後は日本に亡命して甲骨文の整理に没頭し、その研究に大きな成果を上げている。一九一九年に帰国した。

一九二四年廃帝傅儀に招かれ、王国維と宮中の器物を点検する一方、傅儀の日本大使館への逃亡に力を貸した。傅儀は日本大使館の助力によって天津に逃れ、「満州事変」後に「満州国」建国に参加した。同国建国後の一九三三年、羅振玉は「満州国」監察院院長となり、三七年退職までその職にあった。彼は最後まで「清朝の遺臣」という意識を持ち続けたと考えられる。四〇年旅順で病死した。

底本は『教育考察記——晩清中国人日本考察記集成（上）』（杭州大学出版社）を用いた。

光緒辛丑〔一九〇一年〕、新寧〔劉坤一〕と南皮〔張之洞〕の二人の宮保〔皇太子の補導役〕の命により、日本へ学務視察に赴いた。仲冬に行を発し、年が明けて帰国した。在日の期間はわずかに二か月にすぎない。この二か月間に東京の人達に会って考察し、帰国後に記録した。

今回の調査の主旨は、教育のほか、兼ねて財政を考察することであった。なぜなら、財政は諸政策の根本であり、財政がしっかりしていないと、教育もまた振興できないからである。船や車での移動に時間が足りなくて困った上に、言葉が通じないことが意思疎通の妨げとなった。ここでの叙述は意味が通じやすいよう心がけたが、聞いたそばから記録したので、筋道が立っていない。そのまま印刷に渡したので、粗略なことは私自身承知している。さらに詳細を尽くしたいが、今後の再訪をまつ。壬寅〔一九〇二年〕二月下旬、上虞の羅振玉、〔安徽省〕清渓の傅氏の水閣にて記す。

〔略〕

〔辛丑冬〕十一月十二日

〔略〕日本の文明的機関のなかでもっとも顕著なものが三つある。鉄道・郵政・電信電話がそれである。この三つは交通のもっとも重要な機関で、文明はこれによって開けた。したがって人民を知的に啓蒙するには交通の便が何より重要である。わが国がもし三十年前に鉄道を開通させていたら、今日のような閉塞した状態になることはなかったはずだ。旅館に数日滞在していると、その間毎日郵便車がひっきりなしに走り回って絶え間がない。電話は至る所に設置されており、数十里数百里離れていても、まるで顔を合わせるように話ができる。何と便利ではないか。電報は料金が極めてやすく、これもまた文明が世の中の発展を促す一助となっている。

〔略〕

二十二日、陽暦の元旦である。購入した教育書籍を整理した。昼に近所の日枝神社に行く。この国の人は神を拝む者がたいへん多く、その作法はお辞儀をして柏手を打ち、口の中で祈りの言葉を唱え、賽銭を賽銭箱にいれて立ち去る。宗教の力がこのように人を動かすのは五大州に共通である。

二十三日、この時期はちょうど学校が休みの時にあたるので、見学に行くことができない。退屈なので、午後神田の書店に行き、『青淵先生六十年史』を買って帰った。青淵先生というのは渋沢栄一の号である。渋沢氏は日本の大実業家で、銀行・鉄道・印刷・電車・郵船・電信・電話など、あらゆる実業の発達はすべて先生の啓発により、三十余年の経営によって今日のような国家の隆盛をもたらしたのであり、まことに偉人である。他日抄訳して小冊子とし、わが国の実業家に勧めようと思う。

二十四日、客がいうには、日本では去年商船学校の学生が卒業した。船の操縦法を学んで〔実習をしたが〕遠くまで行かないうちに船が沈没してしまい、数十人の学生はみな行方不明となった。ところがこの芳しからぬ大失敗にもかかわらず、その後この学校を目指す受験生が以前より増えたということである。日本人が勇猛且つ勤勉で失敗にあっても恐れないのは、敬服すべきである。

二十五日、日本の政治〔報告〕書を読んだ。そのなかに鉱山開発の規定を載せており、それによると、およそ未採掘の鉱産物は国家に属し、外国人の採掘を許さない。日本人の採掘者は農商務省に許可願を提出しなければならない。該省は鉱区の面積を調査の上許可するが、一鉱区は石炭の場合一万坪（一坪は六平方尺）以上、その他の鉱産物の場合は三千坪以上で、いずれも六十万坪を越えてはならない、云々ということである。現在わが国の政府は予め鉱山開発規定を定めることができず、外国人が開発を求めて続々とやってくる。しかも彼らがめざす鉱区の広さに至っては、しばしば一省・一府〔省と県の間の行政区域〕を限度とする。ああ、何と驚くべきではないか。当面の政策として、民間に開発・採掘を許可して、外来の勢力を防ぐことをどうしてしないのか。これがわが国の当局者に希望することである。〔略〕

〔十二月〕初六日〔略〕

灯下で日本史を読む。今の天皇の初期のことを載せている。天皇は公卿・諸侯を率い、天地神明に誓っていった。広く会議を興し、万機公論に決すべし。上下心を一にして盛んに経綸を行うべし。文武一途庶民に至るまで、各々其の志を遂げ、人心をして倦まざらしめんことを要す。旧来の陋習を破り、天地の公道に基づくべし。知識を世界に求め大いに皇基を振起すべし。案ずるにこの御誓文は一字一字肯綮に当り、まことに天子の言葉は偉大である。この三十年間、〔日本が〕にわかに隆盛になったのはこの言葉による。私はかつて友人と人禽の境界について議論し、外界の力を用いるのと、己一人の力を用いるとの違いだ、といった。禽獣の力はただ爪牙の鋭利さ、羽翼の豊かさ、蹄脚の敏捷さに頼るだけだ。人は絹や綿で衣服を作り、金属を鋳造して武器を造り、牛馬を飼い馴して駆けめぐり、知識を世界に求めたのである。思うに、己の一身では借りる力に限りがあるが、外界に借りれば、その力は無限である。世の事業を成し、学問をしたいと思う者はみな外界の力を借りなければならない。いわんや天下を治める者はいうまでもない。ここに日本の誓論に感銘し、当世のことに関心をもつ人々にお尋ねする。

初七日、馮氏〔清国公使館の通訳〕とともに伊沢氏〔修二〕(1)を答礼訪問した〔初三日伊沢が馮とともに羅振玉を訪問したのに対する答礼〕。伊沢氏は書籍の翻訳について詳論し、中日力を合わせて教科書を翻訳・出版するとともに、版権に関する法律を定めてほしいという意向を述べた。さらに教科書十余種類を出して贈呈してくれた。それからまたこうもいった、中国で外国語を学習するには日本語が比較的学びやすい。そして日本は近年〔外国の〕主要な書籍をほぼ〔翻訳して〕備えてあるので、選択するのに手っ取り早い。西洋のことばは精通するのに数年はかかる。さらにまた、今日ゆるがせにできないのは道徳教育である。将来中学校以上ではかならず『孝経』・『論語』・『孟子』を講義し、然るのちあらゆる経書を講義すべきだともいった。そのことばはきわめて道理が行き届いている。

初八日、〔略〕日本史を読むと、明治初年に功臣及び大藩の政務担当者に欧米視察を命じている。また嘉彰親王および博経親王をヨーロッパに留学させている。これらの措置は教育の要をきちんとおさえている。最近日本の新聞を見ると、シャムの太子が現在英国のオックスフォード学院に留学しているということである。小国でさえ自ら奮発することを知っている。わが政府はこのことに留意すべきではないか。

（伊東昭雄訳）

〔注〕

（1）伊沢修二（一八五一～一九一七）信濃国高遠藩の下級武士の出身。明治・大正期の教育家、とくに西洋音楽に基礎を置いた和洋音楽の融合を目指す音楽教育の確立に大きな役割を果たす。一八九五年から九七年にかけて台湾総督府民政局学務部長を務めた。一九〇二年三月に「泰東同文局」を設立し清朝新政の需要に応ずべく書籍・教科書の編纂・翻訳、教育器具の委託販売、派遣教員の紹介などを行った。

［資料16］　支那教育問題（続）

楊度・嘉納治五郎

［解題］「支那教育問題」は梁啓超が発行していた『新民叢報』の二十三号と二十四号の「餘録」の部に掲載されもので、前半は主として嘉納治五郎の講演、後半は嘉納治五郎と楊度との問答となっている。ここに訳出したのは、二十四号に掲載されたものの全文である。この問答は一九〇二年十月に行われたもの、文中で一度だけ問いを発している戴展誠は、湖南省から教育研究のため来日した私費留学生、通訳として名が出ている唐宝鍔は、一八九六年に来日した最初の中国官費留学生十三人のうちの一人である。

「支那」の語は、現在では日本人による中国への蔑称であるとして使用が避けられているが、この当時は、蔑称としての意味合いは持たず、むしろ清朝に反発する革命派などが支那・支那人と称していた。

楊度（一八七四～一九三一）は湖南省出身、私費留学生として一九〇二年に最初に来日、この当時は本文中に見る如く革命派に近い立場であったが、翌年二度目に来日をしてから後は、梁啓超らの立憲派に接近、辛亥革命後は袁世凱の帝政復活の提灯を持つなどしたが、晩年は中国共産党員となっていたことが死後四十年以上たって周恩来の遺言によって明らかになるなど、数奇な生涯を送った。

嘉納治五郎（一八六〇～一九三八）は、講道館柔道の創設者であると共に、著名な教育者であり高等師範学校長として日本の教育界を代表する立場にあった。彼はこの一九〇二年七月下旬からおよそ二か月半、清国の視察旅行をしている。またこの年は、嘉納が一八九六年から預かり始めていた清国留学生の教育施設として、弘文学院を開設した年でもあった。その弘文学院の速成師範班生（主に湖南省の官費生）が半年の課程を終えて帰国するにあたり、嘉納は十月二十一日に清国旅行の経験も踏まえて講演を行った。この講演内容は『新民叢報』の二十三号に載っているが、その内容は一般的な教育概論といったものである。ただ、清国の現状に鑑みて、留学生たちに対し急進的な改革を戒め、当局者への恭順を通して当局者を感化し徐々に改革を行うことを勧めたことから、それでは改革は不可能とする楊度との間に長い論争が始まり、日を改めてまた行われることとなった。ここに訳出したのは、日を改めて行われた部分である。

文中に入っている「注」や日記からの引用は、雑誌記者の手によるものか楊度自身によるものか判然としない。

問題は『新民叢報』の記者が、両者の論を、特に通訳を介しての嘉納の論をどの程度正確に記事に反映しているかであるが、この時期に嘉納が雑誌などに発表した清国旅行の所感などに見る限り、ほぼ正確に嘉納の論を反映していると見てよい。なお、この文は日本で出版されている嘉納治五郎の文集には収録されていない。

三十日夜、楊度氏と戴展誠氏は通訳の唐宝鍔氏を伴って嘉納氏宅を訪ねた。時に湖南省の師範生は既に帰国しており、この晩集まったものは浙江省の師範生一人、湖北省から警察の調査研究に派遣された委員二人のみであった。嘉納氏が現れて楊度氏に言うには「今夜は大いに議論しよう。まず君がこの前の論を続けたまえ」。

楊度氏は前回の質問を繰り返した上にさらに言った。

「外部の風潮が急を告げなければ、内部の団結力は生まれぬものであります。弊国の新たな転機も甲午の役〔日清戦争〕より芽生えたことは、言うまでもありません。弊国と貴国の国交について言えば、甲午戦争の後却って日に日に親密を加えているように思えるのは何故でありましょうか。それは、白人の勢力が地球全体に拡がるなかで、我々黄人は互いに提携団結して彼らに対抗し、自立の道を求めざるを得ないからではないでしょうか。弊国の存亡は決して私たちだけの憂いではありません。黄人共通の憂いであります。先生は最近弊国より帰られました。先生の見聞によれば、守旧派と進歩派は遂には衝突を免れぬであろうということでありますが、それならばその後はどうなるのでありましょうか。また、先生の教えの如く守旧派の酔生夢死に任せて、これと衝突することをしなかったならば、その後の事はどうなるのでありましょうか。どうかこの点をお教えください」。

嘉納氏が答えて言う。

「貴国の今日の情況は、決して一二省の反乱で政府を転覆できるようなものではない。内乱が一たび起これば、必ず政府が武力を以ってこれを除こうとするだけでなく、外人が必ずそれに力を貸す。且つ外人が力を貸すだけでなく、国民自身も自ら傷つく。故に貴国は今、これ以上乱れてはいけない。乱れれば必ず外人がこれに乗じ、国が分割される。再生を求めると言っても決して簡単なことではない。

（注、庚子〔一九〇〇年、義和団事件〕以来、各国の我が国に対する政策は、分割主義から門戸開放策・勢力範囲論へと変わった。満州政府を助けて支那民族を抑えさせ、各国はそれぞれに勢力範囲の確保に努めるという法をもって、無形分割の妙計としている。満州政府を取り除き公然と支那四億の民族を分割すれば、次々反乱が起こって靖まる事がない。固有の政府が代わりに鎮圧するのではなく、みな自分で処理せねばならぬという状態は、白人が望む所ではない。）

さらに、君はただ政府のことを考えるだけではいけない。自国の国民の程度如何をこそ見なくてはいけない。程度不十分であれば、たとえ智勇の士を奮い立たせたとしても、一人二人の特別な意識にすぎなければ全国民の公意ではないのであって、それは輿論とは言えず、事態を救うことはできない。もし人々が一つになって国民の思想が一つの中心点を廻るようになれば、これぞまさに輿論というもので、程度ここに到れば政府は完全に孤立し、進歩すまいと思っても進まざるを得ない。もし外人が関与したとしても、此方に国民の支持があれば手出しはできないのであって、このような時にはたとえ騒動が起こっても、内憂外患共に恐るに足らない。しかし、今はまだその時ではない。国民の思想が集中する中心点を作るには、教育に勝るものはない。今日、貴国では各省共に皇帝の意を奉じて教育を起こそうとしている。政府が本気かどうかはどうでもよい、上に皇帝の詔があれば下は当然それを行うべきなのであって、官吏がどうして阻むことができよう。さらに、実心をもって実事にあたり、官吏を誘ることもなければ彼らの害にはならぬのであるから、彼らもまたどうして此方を憎み拒むことがあろう。故に今日の貴国にあっては、教育だけが行える機会を持つのであり、教育が最要の事である。今、君のために正当の方法について言わせてもらおう。

方法には二種ある。一つは年少者を教導する法、いま一つは年長者を開明化する法。

年少者を教導する法に二つある。一つは、今日の官吏を引合いに出して戒めとし、年少者が何時の日か国民のために事を行うとき今の官吏のようにはしないことに期待して、年少者を現実社会の外に出して彼らの真性を保護する。いま一つは、彼らに今日の官吏を助けさせ、誠実によって信用をかちとり、官吏の権力を借りて国民の利益を謀り、年少者を現実社会に入れて社会の過失を正させる。

(楊度氏の日記の中に、日本の大教育家伊沢修二(1)との問答が記されている。その議論は今の議論と相補う所があるので、以下特にそれを摘録する。

問、私は本来教育の目的をもって貴国に遊学しました。しかし、滞在期間短くまた疾病にも罹ったため得る所甚だ少なく、故あって滞在を延ばすこともできず今まさに帰国する所です。先生、どうか一言お教えください。

答、貴国が今日、教育を初めて興すにあたり最も大切なことは、国民を養成することにあって官吏を養成することではありません。必ず道徳教育に意を注ぎ、勉強している間もっぱら将来の出世の事ばかり考えているといったことをなくすことです。そうすれば現今の社会の悪を除くことができます。そうでなければ学校も科挙と同じで、日頃の勉強も試験に有利な材料を手に入れることを目的とするようになってしまいます。これでは学問が科挙より優れていると言っても、国家はどうしてこれに頼ることができましょうか。もしも科挙を廃止しないのであれば、学校は絶対に有効に機能しません。人はみな科挙のほうが気になってしまうので、全国の人心を駆り立てて一つにし抵抗力を強めることができません。また道徳教育の主旨もますます受け入れられず、これでは学校を興すと言っても虚名だけであります。貴国の高官は双方を立てる調停をするばかりで実質を追求しません。これは嘆かわしいことです)。

年長者を開通する法は、彼らに外国の事情をよく知らせ国勢の危急を深知せしめて彼らが共に事に任ずるよう期待すること。もしそれができなければ、抵抗力を削ぐことになる。どうして彼らを国民から除外できよう。

これらを行う手段としては、学校、学会、新聞、翻訳、小説といろいろ挙げられるが、小説の効果が最も速い。各国も日本も、興学の始めには皆これによった。それは、小説は多くの人を深く教化するからである」。

楊度氏が言う。

「先生の論によれば、弊国の現在の政府官吏の賢愚は問わず、ただ彼らの持っている権力を借りて教育を興し、国民の思想が一点に集中するのを待って、然る後に国事を言うべき、ということであります。実に至言といえましょう。しかし教育というものは、ただ形式上の教育のみではありません。精神上の教育がなくてはなりません。弊国の教育論は今始まったばかりで、皆貴国のやり方を手本に議論をしております。一方、貴国も弊国の教育を代興することをもって己が任とし、また先生は実にその事の主催者であります。ということは、弊国の教育に精神があるか否かは、貴国次第、先生次第ということであります。しかしながら私が常に見るところ、貴国の新聞の論調は、日本と支那との交渉は甚だ多方面に関係すると考えており、今また教育の事がそこに加わります。もし教育の精神を全て支那に輸入すれば、満州政府の主義と合致せず、外交の妨げとなりましょう。日本の教育家もこの点に留意せずに漫然と精神を持ち込むわけにはいきません。先生は今、弊国のためにいろいろお考えですが、精神教育をなさるか否かは、私のよく知る所ではありません。ただ先生の教えから推量しますに、あるいは弊国政府の権力を借りて精神を輸入する道とすればよいとお考えかもしれません。もしそうでないとすれば、弊国のために教育を代興しても、それは精神のない形式のみのもの、枝葉末節のみで本体のないものとなってしまいます。これでは数十年間教育しても、結果は以前の洋務運動と何ら変わりません。今日、弊国は精神教育を施せばなお存続し得るが、それがなければまさに亡ぶという瀬戸際にあります。弊国の存亡は、実に亜州の存亡・黄種の存亡であります。全地球が尽く白種の手に帰すれば、貴国のみよくそれを逃れることができましょうか。

貴国の今日の精神が弊国今日の用に適合するか否かは、これはまた大きな問題であります。しかし、新聞の論調を見ますに、格別この点を理解してはおりません。この点、先生の見解はいかがでありましょうか、お教えください」。

嘉納氏が答える。

「弊国の新聞社の主筆で名手といえるのは僅かに三人。現在、彼らがいつも原稿を出しているわけではないし、その他は概して浅識の輩で未だ世界の大勢を知らない。また、このような言論情況は独り新聞社だけの事ではない。幣国の士大夫にもいつも予言をするものがいて、『支那のために教育を興せば将来必ず復讐される。支那が強くなれば日本は弱くなる。むこうは地広く人が多い、どうして対抗できよう。これは自ら敵を教育するようなものだ』と主張する。私はいつもこう答えている。『支那のために教育を興すことは、支那を強くし日本を弱くしようとするのではない。共に世界の一等国に連なるよう互いに助け合って強くなり、白人と競争しようとしてのことである。支那の教育が興った時に、日本の方は進歩がなく今の日本のまま、などという事があり得ようか』。

また、日本がもし領土拡張政策を行うとすれば、南洋群島に入るべき隙間がないわけではない。どうして白人と協力して亜東の大国を滅ぼし、自ら窮地に立つようなことをしようか。

（注、南洋群島は全て白人の勢力範囲の内にあり、日本が踏み込む余地はすでにない。ひとり南洋のみならず欧・米・オセアニア・アフリカの各州及び中・西・南・北アジアのどこにも日本が入り込む場所はない。したがって、全地球的に見ても争えるのは支那という限られた土地のみである。日本は力不足のため、白人に全部取られてしまうのを恐れているのがその実情である。）

故に、およそこのような論をなす者は、未だ世界の大勢を知らぬ者である。私の考えでは、我々両国は今日、互いに寄合って存亡を共にする存在である。どうして教育精神を吝しむことがあろうか。また、日本が吝しんだとしても、貴国の人々は西洋から学ぶ道がないわけではない。貴国の留学者の為を考えれば、日本にあるのは速成法にすぎず、これは入門とすべきものであって、最終的にはさらに西洋に学んで始めて本当に文明の盛んなさまを見ることができる。何の学問かを問わず皆こうなのであって、もし日本留学のみをもって足れりとなせば、得る所は真実とはいえず、東亜の文明はついに欧米の文明とその繁栄を競うことはできないのである。しかし、今はしばらく精神を日本から取るのも悪くはないだろう。湖南師範の諸君の帰国にあたっては、私はもう一か月彼らを此方において、教育の精神について語りたかった。しかし、それもできなかった、これはまさに私が残念に思う所である」。

楊度氏が言う。

「先生のお話を聞きますと、人は同胞への愛をかき立てられます。湖南の師範生が先生の高論を聞かずじまいになってしまったことは、私もまた残念に思います。しかし、私は不肖ではありますが、それでも戴君と共に先生の話を聞き、帰国後に皆に伝えることはできます。ただ、先生のおっしゃる所の精神が、私達が数か月間聞いた講義のそれか、あるいは先生がここ数日間にお話になったものなのか、それともさらに別に精神なるものがあるのか、そこの所が分かりません。今一度その点をご説明ください」。

嘉納氏が答える。

「教育は必ず精神を尊ばねばならない。だから楊君の質問がこの点に及んだことは、私としては歓びに堪えない。湖南の諸君には私の考えを全て伝えることはできなかった。しかし、今夕こうして数人が一室に集まりこのことを論じている、これもまた君達留学者と我々との交流の楽しみの一つである。ここ数か月の講義とここ数日の議論は、どちらも精神教育を論じたとはいえない。今、諸君のためにその方法と段階について語らせてもらおう。

方法には二つある。一つは、心が気に支配されぬようにすること。人が悪徳を生ずる原因は、第一に色欲、その次は飲食衣服を貪ること、さらに利を好むこと、名を好むこと、公衆としての義務を尽くさぬこと、国家への義務を尽くさぬこと。これらを日々に戒め、折に触れて教え導き、人々に恥悪之心を生ぜしめる法。いま一つは、聖賢豪傑之士が己を潔くしたり人を救ったりしたことをもって人々を励まし、聖賢豪傑を慕う心を生ぜしめる法。この二者は共に国民の資格を養成する所以のものである。

段階のほうは判然とは分けられない。それは、道徳教育の理には深浅の別はなく、それぞれの物事にそれぞれ備わっているからである。ただ、人の経験・能力をよく見れば深浅大小の別があるし、幼児から年長者までそれぞれ同じではない。これが段階ということになる。倫理学の教科書は篇や章を編んで進むようになっているが、それを倫理の段階と考えることはできない。故に、道徳教育には本来段階というものは無いといっても過言ではない」。

戴展誠氏が言う。

「今論じられていることは、みな一人の私徳で、まだ公徳には及んでいませんが」。

嘉納氏が答える。

「教育というものは私徳と公徳においては常に両者を混しそこに貫徹するものである。性質は児童の時に形作られる。たとえば小学生の中にも団体の結合が必ずある。これを互いに親しみ助け合うという精神で導けば、一身においてもその行為が慎み深くなる。こうすれば私徳も公徳も共に備わる」。

楊度氏が言う。

「先生のおっしゃる所の精神はまさにその通りでありましょう。私が思いますに、各国の国民の程度が異なれば、精神もどこでも同じでよいというわけにはいきません。私が見ますに貴国の教育の精神もたびたび変わっています。開国以前の時代には国民の保守性は甚だ強かった。それが泰西文化を見るようになると、国を挙げて皆欧化主義に走り、自由民権の説が社会に瀰満したが、その後国粋保存主義に帰りました。この動きは人々の感情のなせる所であり進化の過程で必ず経ねばならぬ段階で、避けることのできぬものであります。今、幣国の教育について言えば、始まったばかりで、まだ中間の過渡転換の段階を残しています。そこに貴国の今日の主義を持って教育を行えば、段階を飛び越す危険を冒すのみならず、頑固な国民に保守的な教育を加えることになり、ますます進歩を束縛することになります。ですから私は、貴国の先日の教育精神をもって幣国の今日に施せば、国民の程度と適合すると思います」。

嘉納氏が答える。

「およそ国であれば進歩を求めなければならない。しかし、平和的進歩主義と騒動的進歩主義がある。欧化主義を主とするのは騒動的進歩主義である。貴国今日の情勢にあって更に騒動を加えるのは、決して国家の幸せではない。私は特にこのことが心配だ」。

楊度氏が言う。

「教育を言わなければ、教育の精神を言わなければそれまでです。しかし、もし教育について語れば、騒動を経ずして平和になり得たものは未だありません。これは逃るべからざる理であり、私とて何も騒動を幸いとして望んでいるわけではありません。そもそも国には国の国粋があります。もし賢人哲士がいて欧化・国粋保存の両主義を斟酌・融合して教育の主旨を定めることが出来れば、これが上策であります。それができぬならば、両派が教育精神を分け持ち、一方は欧化主義を他方は国粋保存主義を保持することになります。貴国にあっては相前後した両主義が、弊国では同時並存しております。相反する理念をもって互いに助け合う法を行えば、或いは騒動の患を軽減するぐらいはできますが、完全に平和主義でいこうとしてもそれはできることではないでしょう」。

(楊度氏の日記の中に、伊沢修二と両主義について論じた所があり参考となるので摘録する。

問、貴国の教育は欧化主義から国粋保存主義へと変化しました。この前後の両主義はただ対立するだけのものでしょうか。

答、それは、教育の時代を区分して、その概況をみて名付けただけです。実際は欧化の時代でも国粋をすべて捨てたわけではないし、国粋保存時代でも欧化を全く拒んだわけではない。教育の方針は、国体・民情によって変遷します。したがって、その名目もそれにつれて変わり、時どきの目立つものをとって何々主義と言っているだけです。)

嘉納氏が問う。

「騒動的進歩主義を免れぬということは、政府に反対するということですか」。

楊度氏が答える。

「そういうわけではありません。これは理屈の上での話です。反対するかしないかは政府がどうするかを見てのことです。民衆とて必ず政府に反対などということはありません。したがって、これからどんな変化が起こるかは予知できません。心理面からいえば、数千年間も静守を旨としてきた所に突然新奇の学説を聞かせて感情を刺激すれば、群集心理として何かやって憂さを晴らすといった事がきっと起こるでしょう。たとえ政府と国民とが対立しなくても、社会改革にあたって、秩序がまだ明確でない状態では騒動は免れぬことは、あらかじめ予想がつきます。私は騒動をもって教育の主義としようとは思いません。しかし、避ける方法がないので、このことを考えざるを得ないのです」。

嘉納氏が言う。

「騒動は免れないかもしれない、あるいは将来両派に分かれて対立しつづけるか、それは予測できない。それは情勢の然らしむる所による。しかしながら分派ということはやはり良いことではない。始めは公義を重んじないわけではないが、両派の軋轢が続くと、権利を争いあう私見のほうが逆に国のため民のための公義より熱くなってしまう。それは弊国の帝国議会の議事録を読めば分かる。だから私は主義を一つにするのが正しいと思う。政府が国民との間に対立をかかえ、世の中に騒動が起こることは決して望まない。

それに一国の進歩というものは紆余曲折して無駄に日時をかけるようなことがあってはいけない。弊国がよく進歩したのは欧化主義騒動の一段階があったからだという者が多いが、私の考えでは、もしこの一段階がなく無駄な時間をかけずにすんだならば、今日の進歩はこんなものではなかったと思う。前車の鑑未だ遠からず。貴国がどうして同じ轍を踏むことがあろうか」。

楊度氏はまだ聞きたいことがあったが、すでに時間も遅かったので次の約束をして辞去した。

十一月五日の夜、楊度氏は通訳の唐寶鍔氏とまた嘉納氏宅を訪ねた。この夜共に行ったものは、江蘇、浙江、広東、湖北の師範生十余人と湖北省から警察の調査研究に派遣された委員一人であった。

嘉納氏が現れ、楊度氏が言う。

「前回、先生の論を聴くに、一国の進歩においては紆余曲折して無駄に日時をかけるべきではないとおっしゃいました。誠に至論であります。ただ、日本に維新以来の騒動の一段階がなければ、今はもっと進歩していただろう、とおっしゃいましたが、そうであるとしても、欧州は数千年のあいだ平和であることによって進歩したという話は聞きません。ここ百余年来、フランス大革命の後ヨーロッパ中で革命が発生するという一大騒動を経て、文明に進んだのです。日本も数千年のあいだ平和であることによって進歩したという話は聞きません。ここ三十年来の倒幕の兵、立憲の党の一大騒動の後、文明に進んだのです。これすなわち、騒動は文明の進歩を促す所以であって、阻む所以ではないということであります。そうでなければ、全国の民気を鼓舞して陋習を破り、人々を奮い立たせ、言論思想の自由をもって一瀉千里の勢いで進むには不十分です。そもそもこのような時に騒動を免れぬのは、理と勢とのなせる所であって、それを今あらかじめ防ごうというのは、過去の失態を正すと同時に将来の弊害をも防ごうというもので、天下にそのような完璧な法はありません。弊国の政事は専ら弊害を防ぐことをもって主としており、これが弱体化の原因であります。今またこれに倣ってただ民気の発揚ばかり心配していては、どうして学術発達の日を迎えられましょうか。ですから私が思いますに、今日国事を謀る者はまさに今なすべき事をなすべきであり、過去の失態を正すことを中心にして数千年来の弊害をすべて洗い流すべきであり、将来の流弊については後の者がこれを正すのであって、今から心配するには及びません。それに、人民の考えることは自分の生命財産を守るだけであり、それさえ得られればいいのです。どうしてむやみに騒動を起こしたりしましょうか。騒動に到ったとしても国民を責めるべきではありません。もし、それによって文明が促されるのであれば、騒動をすべて流弊とは言えぬのであり、むしろ利点と言っても良いくらいです。貴国では人民の騒動によって立憲の詔を得ると、すぐに騒動は止みました。これは過去のよき範例ではないでしょうか」。

嘉納氏が言う。

「人民の騒動が国家の文明を促したというあなたの論は、誠にもっともである。ただ、貴国の現在の境遇は日本と異なる。もし外人がこれに干渉したらどうしますか」。

楊度氏が答える。

「それは進歩するか否かにかかっています。今の情勢ではどうして騒動など起こせようかと言う所ですが、もし進歩できれば国民が形成されます。先生の先日のお話のように、国民がいれば外人が干渉しても妨げにはなりません。国民がいなければ、たとえ内に騒動なく外に干渉なくとも、自ら治めているとはいえません。弊国は数千年来鎖国を国策とし、その間しばし平安の時代がなかったわけではありません。しかし、これぞ文明一たび治まればもう乱れない、といえるほど磐石な時代が果たしてあったでしょうか。故に平和で進歩がないよりも、騒動が起きても進歩があったほうがましなのです。東西の歴史上の改革の時代を見るに、日本の境遇だけが恵まれていて、西洋人の勢力がまだ及ばないうちに自ら改革して振興しました。その他の欧州各国例えばフランス・イタリア・ドイツの諸国は、その革命・独立の際に、外力の干渉なしに自由に行えた国は一国もありません。もっとも、これをそのまま弊国のことに当てはめるわけにはいきません。当時の欧州各国の力は互いに同程度だったのであり、今日のように各国の文明が盛強になってそれが危急存亡の時にある支那に迫ってきているのとは情況が違いますから、往事を引いて例とすべきではありません。しかしまた、そうであればこそ弊国が百亡の内に一存を求める時にあたっては、のるかそるかの大博打以外にないのであって、万全の道は考えられません。今日では政府の官吏は、平和主義によって身の安全と俸禄ばかりを求め、国事は日々崩壊に任せています。ただ干渉するだけでなく、この傀儡を利用して我が国民の権利を奪っています。外人も一日として干渉せぬ日はありません。国がこんなありさまであれば、たとえ騒動が起きずとも、亡ばぬ理はありません。したがって私は、いつの日か国民が進歩して独立し自存するとすれば、それは騒動によってもたらされると思います。かりに事が成らずに、内から崩されるか、あるいは外から潰されるかしても、それは亡ぶだけの事でどうという事もありません。このままで亡ぶよりも、むしろその方がマシであります。ですからこのことが分かっている者は外人の干渉は全く問題にしません」。

嘉納氏が言う。

「君の論は、貴国の前途については確かにその通りだろう。ただ国民の程度が一定の水準にそろってから言うべきです。譬えて言えば、ぼろぼろの家を焼却して建て直す場合、満遍なく油を引いて一挙に全てを燃やしてこそ意味があるので、火が偏って燃え残りが出ては事は解決しない。だから教育が広まらねば、騒動を起こしても得るものはない」。

楊度氏が答える。

「御高論には敬服します。私は先生のお考えに反対する所はありません。ただ、教育に当たっては、あらかじめ平和主義か騒動主義かのどちらかを心に決めておく必要はないのであって、社会の旧弊を救い国民の進歩を保証する事を主旨とすればよいのだと思います。もし平和でやれる時代であれば、騒動を起こしたがる者が色々画策しても無益だし、騒動とならざるを得ない時代なら、無理やり平和にしようとしても無駄であります。ですから私は平和主義か騒動主義かは問題ではない、ただ国民の程度如何によって教育の方針を定めるのみだと思います。にもかかわらずこの点についていろいろ論ずるのは、先生がまさに弊国のために教育を代興する任にあたっておられ、また弊国から教育を学びに来る者も日に日に増えておりますが、彼らも皆先生を頼りにしているからであります。私が思いますに、先生は弊国国民の程度からして如何にすればよく進歩し独立しうるかについて、すでにお考えをお持ちでしょうし、今また新たに弊国よりお帰りになって確信を深められたことと思います。これから師範の諸生に対し、彼らが帰国して精神の教育を行うよう教育なさると思います。これこそ私が国民のために先生にお願いする所のものであります。残念ながら私は長く此方で御高説を拝聴することができません。そこで、まず先生からその概要をうかがい帰国して人々に示したいと思いますが、お教えいただけますでしょうか」。

嘉納氏が言う。

「教育の道は知育だけではありません。最も必要なものは徳育です。一国の工・商・農・鉱業がいくら盛んになっても、国民に道徳教育の基礎がなければ国は立ちゆかない。そのやり方は偉人の学説を取ってこれを研究し教育に用いる。これは教育者に必須の事です」。

楊度氏が言う。

「徳育が学説によることはもとよりです。私は、貴国は明治維新以後始めはアメリカの学風を慕い、人々はルソー、ボルテール、スペンサーの学説を宗とし、このことによって国民は大いにその積極性を奮い立たせました。国の大本が立ったのは、この時であります。その後主旨を改めヘルバルトや孔孟の学説を宗とするようになりました。これは事の段階として参考にすべきものです。弊国国民の今日の程度は、貴国の鎖国攘夷の時代の保守性と変わらず、人心が腐敗し利に走る点では貴国の尚武の気風にかないません。ルソーら哲学者の学説によってこれを揺り動かさねば、その死気を去って生気を蘇らすことはできません。ですから、貴国の以前の教育を採ってこれを弊国の今日に移せば、ちょうど段階に適合します。そうしないと踏むべき段階を飛び越してしまい、効果を望むことはできません。先生は弊国のために教育を行おうとなさる人でありますが、貴国の前後どちらの時期の学説を適用なさるお考えでしょうか」。

嘉納氏が答える。

「私は内外の古今の学説を参照・折衷して貴国の教育を定めようと思う。弊国の以前の教育を移して今日に行うだけでは、不十分です」。

楊度氏が言う。

「洋の東西の学説を参照・折衷して一つに融合できる者は、今の弊国にはおりません。貴国にはこの二つの学術がどちらもそろっています。先生はこれをもって弊国の教育を定めようとなさっています。すでに具体的にお定めでしたら、お聞かせ頂けませんか」。

嘉納氏はしばし黙考した後、答えた。

「これは大変大きな問題で、私にも俄かには答えられない。しかし、貴国今日の教育を論議する場合、極めて大きなことが二つある。それを話させて頂こう。

一つは種族の事。今日の世界は種族競争の世界である。白種が最強で、黄種はこれに対抗できない。したがって我が同種は自ら相提携すべきで、どうして互いに離反していられようか。貴国の国体は支那人種が満州人種の下に臣服して成り立っている。臣服してすでに久しく名分はすでに定まっている。どうしてこれに背く心があり得ようか。私には、これに背こうとする者が、すでに決まっている君主を去って一体誰をこれに変えようとするのか分からない。故に、支那人種の教育は必ず満州人種への服従をもってその要義とする。これよりその同種兼愛の心を推し広めれば、日本、朝鮮、シャムは皆一体とみなされ、相依り相愛し、よって白種と対抗できる。対抗というのは、必ずしも競争攻戦をいうのではない。ただ互いに連絡を取り合って勢力を成すだけで、世界平和の局面を保つことができます。

いま一つは学術上のこと。学術は自国のものから採るのがよく、外来によるのは良くない。貴国はかねてより儒教を尊んでいるから、儒教を宗とすべきである。ルソーなどの学説はひとつの説に過ぎず、教えとするには十分ではありません」。

楊度氏が言う。

「学術上のことはしばらくおき、まず種族上の関係を論じたいと思います。先生の思いは、一致協力して黄種を守ることにあるはずです。しかしこれは威力を有しているものにして始めて言いうることであり、黄種中の朝鮮・シャム等の小国は論外です。日本・満州・支那の三人種のみが議論の対象です。学術の程度は、泰西の文化を吸収したことによって日本が高く、支那がこれにつぎ満州は下です。威力について言えば、日本は白種を意のままにはできぬが、満州と支那に対してはそれをなし得るから、この点でも最強です。満州は白種勢力の下であるだけでなく日本からもまた左右されますが、ただ支那人種に対してだけは賞罰・生殺の権をもって威嚇を加え得るのです。支那に到っては、満州の臣僕であることによって、ほとんど各国の臣僕のまたその臣僕同然であり、満州を主人として奉ずることで、各国を主人の主人とするに同然のありさまです。ですから支那は満州に対して直接の主僕の関係にあり、各国に対しては間接の主僕関係にあります。すなわち支那は三人種の中で学術では二番目、威力では一番下ということです。威力がこうであれば、もし満州人種を外そうとしてもできるものではありません。先生は威力が最も振るわない人種に対して、下に雌伏して上に気に入られるようにさせ、そのことによって共に黄種を保つよう期待しておられますが、そもそも保種のことは威力なき者の言うべきことでしょうか。たとえ支那がこれを望んだとしても満州人種はこれを許さず逆に憎しみを持って殺戮を加えるようなことがあれば、支那人種はどうしようもありません。私が思いますに、先生の所見は満州人のみが喜ぶもの、また任じうるもので、支那はこれを言うに足りません。こうしてみると、本当に三人種を一つにして共に黄種を守ろうとする策は、無理があると思います」。

嘉納氏が言う。

「君がもし人種差別的言を嫌わなければ、イギリス人が種族を評論した言葉を述べたいが、いいだろうか」。

楊度氏が答える。

「うかがいたいと思います」。

嘉納氏が言う。

「イギリス人が次のように言っている。満州・支那二人種優劣の比較は、現状においてこれを言えば、満州人種は高い所から下に臨む気概と一切を篭絡する迫力がある。これに対し支那人種は文徳を尊び守りに優れ、服従を善くする。故に二人種の位置を定めれば、一国の政権を握るものは必ず満州人種でなければならず、支那人種はそれに臣従してその指揮に従うべきであり、これは人種優劣の別である。イギリス人のこの言に従えば、主僕の分もまた、元々の性質からすでに違いがあったものが経験的に事実の上に現れたものと言うことだ。数百年間の既成事実は外的力で成せるものではない。天性の然らしむ所であって、どうして今日それを変える方法などあろうか」。

楊度氏が言う。

「先生はイギリス人がこのように言う意図をご存知でしょうか。先生が日頃教えていることも、イギリス人が喜ぶことです。先生は満州に従うように支那人に教えていらっしゃいますが、今日満州に服従することは、明日はイギリスに従うことになることをお分かりではない。先生はまた満州を愛し並びに日本を愛することを支那人に教えておられますが、今日満州を愛し日本を愛することは、明日は日本を愛しイギリスを愛することになることをお分かりではありません。なぜなら、支那人種が本質的に服従に適すというのであれば、人は誰であれ支那人の主人としてこれを隷属させることができるのですから。それにそもそも先生は、服従に適すという性質を良いものとお考えですか、それとも悪いとお考えですか」。

嘉納氏が答える。

「どうしてこれを良い性質と言えよう。これは必ず直すべきです」。

楊度氏が言う。

「一つ先生に申しあげたいことがありますが、よろしいでしょうか。私が思いますに、日本・満州・支那は皆黄種で同胞であり、必ず相愛し相護り相提携し相連絡してそれぞれが独立し、互いに平等の立場に立って始めて白人と相拮抗しうるのです。一方が他方を押さえつけたり、どこかが他者を隷属させたりしたのでは、自分達を守ることはできません。もしいつの日か、日本が日に日に強盛となって徐々にその勢力を西方に伸ばし、満州は東三省の主権を回復し、支那本部も地方の独立自治の制を獲得して、東亜のオーストリア・ハンガリー連合帝国(1)となって、蒙古・回部・チベットを鎮撫し、種族は勢力充実し国境は堅固で、中日二国が三本の足で立って東方に雄峙することになれば、朝鮮・シャムなどが皆兄弟となるだけでなく、中央アジア及びインドの諸国も皆互いに手を取り合って振興を図り、雄を世界に争わんとするでしょう。それは我が黄種の幸福でありまさに偉大な試みであります。

しかし、もし先生の論で行けば、満州人は自立できないばかりか支那人の自立をも抑圧し、支那人も自立できぬばかりか、満州人に自立するようせきたてることもしません。なぜなら、上で抑圧している者は下の者と手を携えることはできぬし、下で抑圧されている者は上を助けて合併して自立の国を成そうとは思わぬからであります。きっと両者は互いに足を引っ張り合い、共に滅亡に向かってしまいます。その時、日本がなお自立できたとしても、この数億もの夥しい、ただ圧制を知るだけの満州人種とただ服従を知るだけの支那人種とが蜂乱蝟集して、少しも助け合わぬばかりか互いに乱れ争い、そこに白人が侵入して生活を破壊し両種とも滅びてしまうという事態に遇えば、日本ははたして存続の幸運を得られましょうか。故に、支那人種が自立できぬということは、ただ満州人種の存亡だけでなく、日本人種の存亡もこれにかかっており、黄種全体の存亡がかかっているといっても過言ではありません。先生がもし本当に弊国のために教育を興されるのであれば、今日の弊国は両人種合同で立つ国であり、教育もまたそれに並行すべきです。すなわち満州人に対しては、圧制を好む彼らの悪根性を取り去るよう努め、支那人に対しては服従を好む悪根性を去るように努め、平等な同胞の愛を教え、各々が自立して相犯さぬようにさせるべきです。これこそが先輩が後輩を教える道であります。ただ支那に服従を教えるだけならば、それは満州に圧制を教えるのと何が異なりましょう。もとより貴国の目的が決してこのようなものではない事は私も知っております。恐らく支那には服従を満州には謙譲を教えようというのでありましょう。おもうにこれは衝突を調和し現局を維持する計であります。ところで道徳教育とは本来人の悪根性を取り去ろうとするものです。満州が謙譲主義を得、支那が服従主義を得れば、満州の悪根性は取り除かれますが支那の悪根性は除かれません。除かれないばかりか却って深く染み込んでしまい、満州と較べるとその得る所の差は計り知れぬものがあります。しかし、これらは皆予測にすぎません。先生が、二人種の教育に結局何主義を用いるのか、また満州の教育問題についてお考えになったことがあるのかどうか、まだうかがっておりません」。

嘉納氏が答える。

「満州・日本に服従する者は白人にも服従する、支那の存亡は黄種の存亡という所論はどちらも極めて正しい。満州支那両種の教育については、私は当然その圧制・服従の両悪根性を取り除いて相愛の情を結び、満州人に対しては感情に任せて圧政を敷くことをなくさせ、支那人に対しては奴隷根性に甘んずることのないようにさせるつもりです」。

楊度氏が言う。

「そうであるならば、学術上も改革がなければなりません。なぜならば、事には必ず原因と結果があるもので、支那人の服従根性はどこから来たものでしょうか。それは数千年来の学術・教育によるのです。今日の果があればそこには必ず昔日の因があることは、影が形に従い木霊が声に答えるように、少しも容赦せぬものであります。今この悪根性を除こうとするのであれば、これを直すことのできる学説を採用して教育を行うのでなければ、今日布石を打って他日に成果を収めることは絶対にできません。ですから私は、ルソー等の学説でなければ力を持ち得ないと思うのであります。なおも旧説に泥み変化を望まぬのであれば、もとからして結果は知れたこと過去を見れば未来も追って知るべし、名は精神教育でもその実は奴隷根性を尊重するものであり、形式的教育とほとんど違いません」。

嘉納氏が言う。

「私が前に言った国内から取るということは、他国の学説をことごとく避けて入れないというわけではない。ただその長所を採って短所を棄て、我々の必要にあわせるにすぎない。服従の悪性は以前の教育によるのであるから、今日新たな教育を行って後日への布石とすべきというに到っては、その論は実に透徹していて私も異論はない」。

楊度氏が言う。

「短所を棄てて長所を取るやり方は、他国の学説に対してこうしなくてはならぬばかりでなく、自国の学説についても同じです。その長所を保とうとするばかりに短所もそのままに旧説に拘泥するとすれば、それは学界の奴隷根性であります」。

嘉納氏が言う。

「実にその通り。更に君のために一言付け加えよう。およそ教育の要旨は国民の公徳を養成することにある。故に力には服従すべきではないが公理には服従しないわけにはいかない、公理には服従するが力には服従しないとなれば、その教育には、必ず誤りはない。公理というものは、集団の中における利害の所在で皆が公徳をもって挙げるものに求められる。公徳の作用はといえば、集団の幸福が必ず人々が互いに助け合い互いに存立を図ることから来る点にはっきりと見てとれる。一人だけが得をするというのは長続きしないだけでなく危険の徴でもあり、真の得とは言えない。真の得とは集団の皆が共に享受するものであり、自分もその集団の一分子であれば、自分自身は害を蒙っても集団のために利を図るを惜しまぬとなれば、集団の利は確実となり一国の本も立つ。もし人々が己の利益ばかり図って集団の利を図らなければ、必ず公共性は保たれず個人は存在しえなくなる。故に現実面から言えば公衆が互いに助け合って人々が得をすることを目的とし、教育について言えば一人が身を捨てて全体に得をさせることを目的とする、このようなものを公徳と言うのである。

私が貴国を旅したとき、汽車の乗客の一人が自分の荷物で一人分の座席を占領していて、車掌がそのことを注意すると彼が大変怒ったのを見たことがある。そもそも汽車とは旅行者が共に乗るもので、一人で二人分の座席を占領して良いわけがない。これは人を損なって己を利すことが既に習慣となっていることを示している。公徳が欠けることこのようであれば、集団の損害はいかばかりであろうか。それに車掌が注意するのは職務上当然の事である。逆にこれを怒るとは全く理不尽である。そもそも、一国の内で職に就いている者が、公理に基づく当然の職責を果たすことができなくなれば、国はどうして弱体化せずにいられようか。故に公徳無き者は集団に入ることはできないのであり、また人格ある者とは言えぬのである。欧州各国は公徳が最も優れ、これに類する大小の事故は絶えて聞かない。日本はこれに較べ遠く及ばない。しかし、これらの事は下流の人々の間では時たまあるが、やや学問のある人の間ではこうではない。皆が立ったり座ったりしている所へ人が来て空いている席がないような場合でも、互いに譲り合わないことはほとんどない。これは教育の効果であり人々が公徳を知っているからである。自分の事ばかりで他人を顧みない者の場合は、些細な事でもやらない。強制されることがないから。まず教育を行って根性を変え善行を習慣づければ、悪念は生じようがなくなる。そして一群の人が皆公徳を有すれば必ず相親しみ相愛し、自ずから団結する。こうすれば外人と対抗することも難しくない。

私の見るところ、貴国の官吏と商人はほとんど俗物である。官吏は己の利を知るばかりで民事を顧みず、それのみか民を虐待することを政治と思っている者までいる。官が民を保護しなければ、民のために官を設けるという本来の主旨に大いに背き、官吏の存在など何の意味があろう。商人の行為も一己の利を専らとし詐欺瞞着は余す所なく、彼らの内面は官吏と同一である。これは公徳教育なきが故に、このような人格をなさぬような者を作ってしまうのである。故に貴国の教育は公徳の面が最も急がれる」。

楊度氏が言う。

「人を損ない己を利すというのは、我が国今日社会の積習であります。先生のおっしゃる公徳の教育は、実は対症療法であります。しかし、これらの根性はどこから来るのでありましょうか。実はこれもまた奴隷根性の幻像の然らしむる所なのです。奴隷根性が染み込んでいると人に頼って生きようとし、決して自立の道を図らない。自立を知らぬが故に人を立てることを知りません。ここから、人に頼って生きようという心は、一たび変ずれば人を損なって己を利する心となるのは、事の必至、理の当然であります。水源を治さねば流れを清くはできません。私は先生のおっしゃる公徳にはもとより敬服いたします。そして、公理に服従するも力には服従せずのこの一語に最も傾服します。おもうに、実にこの語こそが中国の病根を治療できるので、弊国今日の教育の基本方針たるべきものです。先生が教えを明らかにし誠意を尽くし知恵を絞って我が国の国民の精神を奮い立たせようとなさることに反対するなどということがあり得ましょうか。貴国はまさに支那教育を代興することを自任し、弊国から教育学を求めてやってくるものは後を絶ちません。先生がもしこの公理主義をもってこれを教育されたなら、支那の自立は必ずやってきます。わが四億の同胞のために先生のお教えを戴かぬことがありましょうか。もし言うだけで行わなければ、今日では各国は弊国に対し、満州政府を助けて支那人民を抑圧しそれによって実質上の中国分割政策を行うでしょう。先生の論をもってすれば、今は何も行い得ぬ時で、ただ教育に意を注ぐのみということであります。しかし、教育もまた真正の精神によってそれを独立させることができねば、その勢いを長く保つことはできません。同種相護るの理論をもってすれば、将来の黄種の滅亡は支那人種が自立し得なかったことの罪であるとはいっても、貴国が我が国のために代興した教育がよくなかった事は関係ないとも言い切れぬことになります。先生は、このような言い方についてどのようにお考えですか」。

嘉納氏が言う。

「私の論ずる公徳教育は甚だ広きに渉っている。貴殿がその中から『公理に服従するも力には服従せず』という最も重要な一語を取り出し、貴国教育の最大方針・最大主義としたことは、実に慧眼の極みであり、敬服に堪えない。貴殿帰国の後、これによって自らその国民を教える事は、非常に素晴らしきことである。私が今日貴国のために教育を計るにあたっても、これをおいて何か別の主義を求めたりは決してしない。私は貴殿が国事に実に熱心であるのを観、今まさに別れに臨んで多くのことを論議できぬのを残念に思う。せめて、ここで私の所見を述べてはなむけとしようと思う。私が貴国社会の習慣を観るに、事を行うにあたって三つほど注意すべき事があることを指摘したい。

一つは時を惜しむこと。およそ物事は迅速をよしとし迂遠であってはならない。今まさに世界は競争であり、各国の進歩は一秒間にどれだけの事が行われたか誰にも分からぬほどである。故に日に千里も進むほどである。私が貴国の事を見るに形式主義と引き伸ばしが多く、最も重要な公文でも何日もして始めて発行されるありさまで時機を逸してしまうが、これは決して些細なことではない。これは皆、時を惜しまぬことが原因である。世界の進歩を知らぬため奮起して追いかけようとしないからである。そのことを知ったものが一度これを直せば国力は必ず急速に発展するだろう。

二つ目は労苦に慣れること。人間は常に運動していれば精神は健康、行動は闊達である。私が貴国の紳士と相接するに、みな車によって行き来し徒歩で往来するものは絶無である。同じ町の中にあってもみなこうである。これでは仕事の上で必ず精神散漫、気力減退の弊害が生ずる。教育に体育があるのは、国家の進歩は個人の体力と大いに関係があるからである。国家の任にあたるものが、日に曝されても傘を差さず風雨に曝されても戸を閉ざさなければ、外来の困難は全く進歩の障害とはならない。故に労苦に慣れることは一身においても一国においても其の気力を増すことになるので、決して軽視してはならない。

三つ目は用を節し人を愛しむこと。私が貴国の官吏が官署を出るのを見るに、いつも多くの無頼の徒を連れて前後を護らせている。しかしこれは彼自身にとっても無利益でありまた多くの国民をいたずらに無用の業に就かせることになる。思うに、彼一人で出かけてもあるいは一人二人の従者だけにしても何の不便もないものを結局誰もそうしないのは、習俗というものの嘆かわしい所だ。また、貴人の従僕に対するを見るに、足を伸ばしては靴を履かせ口を歪めては煙管を持ってこさせるといった具合で、従僕に自分の事をさせ、いささかの安逸を享受している。思うに、これらの事はまさに自分ですべき事ではあるまいか。どうして他人を用いる必要があろうか。このようなことは無意識のうちに日々その怠慢を増長させるだけでなく、これに任ずる者たちを、人の顔色を窺って服従する外に殆ど身を養うすべを持たぬようにしてしまう。これでは国家が国民の能力を削いでいることになる。どうして有用の職業に就かせるようにしないのであろうか。用を節せず、人も愛しまない者が大半は要職にある。これでは国事を謀ることも難しい。

この三つのことは事にあたるものなら必ず知るべきことであり、貴国の習俗の最も速やかに改めるべき所である。私は諸賢が他日任地にあって、この習俗を一掃することを願う」。

楊度氏が言う。

「お教え戴いたことは決して忘れません。すぐに帰国しますので親しく高論に接することができぬのを残念に思います。しかし、将来また教えを請う事も多かろうと思いますまたお会いする機会もあると思います」。こうして別れを告げて嘉納氏の家を出た。

楊度氏すでに外に出て嘆じて曰く。

「私と嘉納氏との議論は深いものであった。我が国の愛国者は、私が他国人と深く論じ合ったことを失言として責めるかもしれない。しかし私はどうして言わずにおれよう。我が国の教育論議はまさに今始まったばかりで、皆日本を手本とすればそれが捷径だと思っている。日本もまた中国の教育を代興することを己が任としている。これを外交交渉の材料としているか否かは、私には知る由もない。しかし、今日の我が国で教育を言うものは全国いたる所にいるが、彼らはただ教育教育と言うばかりである。教育には奴隷教育もあることを分かっているものが果たして幾人いようか。今日の我が国から日本に教育を学びに来る者はほとんど全ての省にわたっているが、ただ教育を学ぶ教育を学ぶと言うばかりである。嘉納氏の言に影響され、その奴隷教育を持ち帰って国民を教育することにならぬ者が果たして幾人いようか。私はいま全国の教育を言う者を集め、共に精神教育の方針を協議し全国を一丸としたいと思っている。だから私は我が国の教育を主導する嘉納氏に対してまずこの点を究明せずにはいられない。今、数回の論究を通してようやく「公理主義」の言質を得た。この主義は含む所の意義が甚だ大きく、数千年の得失と数十か国の長短は、皆この公理の二字を基準に判断できる。ただ公理への道筋は我々が自ら見つけ出さねばならない。もし我が国の教育者がこれによって公理主義から出発すれば、嘉納氏の我が国の教育者に対する教育も公理主義から出発せざるを得なくなる。そのような教育には弊害がないことは分かっているから、以前の無定見主義に較べればずっと優れているのではあるまいか。嘉納氏が果たして公理主義によって教育をするかどうかは分からない。しかし、理屈はもとよりこうなのであるから、我々は公理主義の言質をもって質すことができる。今回は外交辞令もあったから、意を尽くして言うことも、非を尽く駁す暇もなかったから、深い議論をしたとはいえない。

もし我が国の教育者が公理は人々のよく知る所であり、また精神教育の主義は必ず我々自ら定めるべきで、何もまず嘉納氏に代わりにやってもらってみて、それからそのことを議論するなどという事ではない、と言うのであれば、それは至精至当の言である。また、教育の主義として公理より更に高いものがきっとあるはずだというのであれば、それは好学深思の論であり我々がなお宜く研究すべき所である。もし人々が皆この二点をもって互いに厳しく論争すれば、これこそ国家思想の発達であり、いつの日か必ず至善の教育をわが国民に施し、独立の精神をわが民族に広めることになろう。我が国の前途は将にこの点にかかっており、これこそ私が追い求めたいと強く願っている所のものである。私一人の失言の咎は論ずるに足らぬし、惜しむに足らぬ。私は自己弁護して罪を免れようとは思わない」。

楊度氏の話はここまでであった。記者はその問答を記録し、不十分な個所には注を加え、教育を論ずる者の参照に備えるものである。

（杉山文彦訳）

［注］

（1）中欧からバルカン半島にかけて広大な領土を支配していたオーストリア帝国は、支配下の民族運動の圧力を軽減するため、支配民族ドイツ人に次ぐ立場にあったマジャール人と連合する形を取り、一八六七年に体制を改組し、オーストリア・ハンガリー連合帝国となった。一九一八年まで存続。

［資料17］日本派遣公使楊枢の、日本に倣い法政速成科学校の設立を請願する上奏文

［解題］楊枢（生没年未詳）は満州正黄旗人で、字は星垣。広東候補道をへて一九〇三年に日本派遣公使に任ぜられ、一〇七年帰国。〇九年ベルギー公使に任ぜられたが、一〇年病気のため免職。ここに収録する上奏文は光緒三十年十二月初四日（一九〇五年一月九日）、日本在任中のものである。テキストには、陳学恂・田正平編『中国近代教育史資料彙編　留学教育』（上海教育出版社　一九九一年）所収のものを用いた。なお、楊枢のこの上奏文は『東方雑誌』にも載っている。

日本国派遣公使兼留学生総監督、臣楊枢、跪いて上奏いたします。とくに法政速成科学校を設立し、留学する官僚・紳士を教育させていただきたい。これにより、急務の遂行を早め実効を期待できます。この件につき謹んで具申し、聖慮を煩わしたく存じます。

臣楊枢は光緒二十六年十二月初十日〔一九〇一年二月二十九日〕の上諭を拝読いたしました。上諭には、世に万古不易の常理なく、固定不変の法制もない。法制はたいてい長い間には廃れ、廃れれば改める。要点は国を強め民を利する

ことにある、とあります。この主旨を順守いたします。わが皇太后・皇帝両陛下には難局に際し改革自強を図らんとする聖慮をお持ちであると拝察いたします。思うに変革の要点は多数の人材を蓄えることと主目標を明確に定めることにあります。確かに人材が豊富なら、どんな事業も実施しやすく、主目標が明確なら、人心が惑うことはありません。

たとえば、日本は明治維新の初めに学生を多数欧米に留学させ、それぞれの科目に分けて学習させました。さらに本国には速成司法学校を設け、官僚・紳士に毎日数時間学校に行かせ、もっぱら欧米の司法・行政の学問を学ばせ、非常事態に備えました。また誓文を宣布し、まず立憲国家とすることを定め、然るのち会議を起こして万機を公論に決し、一切の変革は立憲政体によって行うこととしました。そこで一糸乱れず順次改革を実施することができ、時を経ずして速やかに国家の富強を実現しました。中国は日本と同じアジア州に属し、政体も民情も最も似通っています。ですからもし改革の大綱を議論するのなら、日本を模倣すべきであると思われます。フランス・アメリカなどの国はみな民主共和制をとっていますので、中国としては断じて模倣するわけにはいきませんが、日本は建国の根本として中国の聖人の道を順守しており、列強に迫られて、変革しなければ自存できなくなったので、立憲制採用に専念し、君権を崇め民心を安定したのです。日本の立憲政体について考察しますと、それはイギリス、ドイツなどの国を模倣してはいますが、中国の聖人の道を順守しており、道はいまだ地に落ちてはおりません。それ故国の基礎は揺るがず、改革は有益で無害であります。それは日本が変革したのは法制であって常理ではなく、聖人の教えと全く符合しているからです。そこで中国の世論も、日本の改革は然るべく参酌すべきであり、最も模倣してよいと考えております。

近年は学務大臣および各省の総督・巡撫は選抜した学生を続々と日本留学に派遣しており、総計しますとすでに三千人を越えています。しかしそれらの留学生は普通科は学習する者が多く、法律・政治を専門に学ぶ者はいまだ少ないのが現状であり、それは日本の各学校では本国の言語を用いて専門の講義をしているので、中国の学生がこれらの学問を専攻するためには、まず日本語を学習して、専門の講義を受講できるようになることが必要であり、卒業まで概算して六、七年はかかります。六、七年もの間学ぶのは、志の堅固な者でなければまず成し遂げられません。そのようなわけで、学生たちが困難を恐れて学びたがらないのは大変残念であります。

先年、日本の近衛篤麿公爵(1)、長岡護美子爵(2)はわが朝から宝星勲〔光緒七年に制定された「双龍宝星」勲章のこと。頭等から三等まであり、さらにそれぞれ三級に分かれる〕を授与されたことに感銘し、前総監督汪大燮(3)と会談し、中国の諸外国遊歴官のために速成法政学院を日本の東京に設立したいと述べましたが、学則がようやく出来上がる頃になって、汪大燮が辞職してしまい、近衛篤麿が急逝してしまったので、この件はついに沙汰止みとなりました。私は着任後、なんとかしてこの事業を引き継ぎ完成したいと思っておりましたところ、たまたま東京の法政大学総理梅謙次郎(4)もこのことを提案してきましたので、私は長岡護美からさきに起草した学則の草稿を送ってもらい、梅謙次郎と意見を出し合って改定し、ついに当該大学内に法政速成科学校を特設して、専ら中国の諸外国遊歴官僚・紳士を教育することとし、あらゆる義務は私がすべて極力負うこととし、日本の各省大臣にも認可を得ました。開学の日には、中外の紳士千余人が参観に訪れ、日本の各省大臣もまた祝辞を述べ、式典は頗る盛大でありました。私は一方では各省高官に諮り、官僚・紳士を援助・派遣してもらい、現在は京師学務所および直隷〔河北〕・江蘇・安徽・福建・浙江・湖南・広東の各省の総督・巡撫がみな計画通りに官僚・紳士を選抜・派遣しており、合計しますと三百余人を数えています。六か月を一学期とし、三学期を修了すれば卒業できます。梅教授は学校をおおむね法律・政治・理財〔経済〕・外交の四科に分けています。招聘した教員はいずれも日本の有名な学士・博士であり、毎日の講義は各教員が日本語で行い、通訳に講義内容を口述させます。これらの通訳はみな中国人の優等生で、法政大学を卒業しており、学問の基礎はしっかりしています。私は学生が聴講時に講義内容を逐一理解できないのではないかと恐れましたので、各教員と十分相談して、毎日の講義内容を日本語で一冊にまとめてもらい、それを通訳に中国文に翻訳させ、書籍に編集して各学生に配布し、随時研究できるようにしました。この他にもさらに実地体験の方法を用い、各教員に随時学生を引率してもらって見学に行かせ、学習内容を実地に確かめられるようにしています。昔日本政府が速成司法学校を設立した時にも、外国人を招いて教員を担当させ、本国人を通訳として顕著な効果を上げました。現在枢要な地位を占める者にはこれらの学校の出身者が少なくないようです。ただ外国の法律は条文が複雑で研究し尽くすのが困難なので、法理の根拠や各国の法律の得失を比較して、中国に適用できるものを選んで詳細に教授し、それ以外はとりあえず省略して、多くの時間を費やしてさっぱり効果が上がらないということがないようにしています。

現在中国では鉄道・鉱業・民間銀行などの事業を起こしていますが、これらはすべて外国の法律を参考にして始めて十分に成果が得られます。そこで昨年謹んで詔書を奉じて法律を改定いたしました。陛下の偉大なる御聖断は、内外の等しく崇敬する所であります。調査によりますと、日本の以前の法律は中国と同じく、欧米とは異なっていました。そのため日本と通商する各国は日本に対して治外法権を求めました。日本が憲法を発布してからは、通商各国は条約改正を認めました。法律の改正こそは今日焦眉の緊急課題であることがわかります。いわんや、各省の教案(5)に関しては、それぞれの地域の官僚・紳士が外国の法律に精通していないために、処置が不適当で、外交交渉事件を引き起こしています。中国は法律を改正してこそ、近年の「中英通商条約」(5)第十二条や「中日通商条約」(6)第十一条に含まれている道理を考察し、各国公使とすべての治外法権の回収について、外国人の脅迫を受けずに談判することができます。然らば外国の法律・政治の学問は国民が上下力を合わせて速やかに研究すべきであり、ゆるがせにしてはなりません。

法政速成科を設置いたしましてからは、日本語・日本文を学習しなくても、専門の学校に入って研究することができるようになり、これを他の学校に入って六七年も学んで始めて一学科を学ぶのと比べると、まさしく労半ばにして効果は倍であります。私は随時学生たちを督励し研究に勤しませ、いつの日か人材を育成して国家の役に立てようと予期しております。

法政速成科学校を特設し、諸国遊歴官僚・紳士を教育する理由と道理のすべてをここに謹んで具申し、皇太后、皇帝陛下の御高覧をお願い申し上げます。謹んで上奏いたします。

光緒三十年十二月初四日〔一九〇五年一月九日〕

（伊東昭雄訳）

［注］

（1）近衛篤麿（一八六三〜一九〇四）号は霞山。明治時代の政治家で、文麿・秀麿の父。公家の家に生まれ、貴族院議員として政界で活動した。大アジア主義に基づいて東洋諸国の大団結を提唱し、一八九八年東亜同文会を結成し、活動したが、日露戦争の直前に病死した。

（2）長岡護美（一八五〇〜一九〇六）熊本出身で、幕末から尊皇攘夷論を唱え、明治維新後東北鎮定軍に参加。のちイギリスに留学し、外交官から政界に入る。欧米諸国のアジア侵略に対して、アジア諸国の団結と交流を目指す結社興亜会設立の際会長となり、その後東亜同文会副会長となって中国問題に関わり、中国人留学生の教育に尽力した。

（3）汪大燮（一八五九〜一九二九）清末の官僚・政治家で、一九〇二年留日学生監督となった。この上奏文はこの時期に書かれたものである。〇七年駐イギリス公使となり、一九一〇年には駐日本公使を務めた。民国成立後も政治家として活動した。

（4）梅謙次郎（一八六〇〜一九一〇）法律学者。独・仏に留学後、東大その他で教鞭を執り、また内閣法政局長官、法政大学総理などを歴任。中国人留学生の世話をし、清国政府の要請に協力した。

（5）一八六〇年代以降、華北や揚子江流域で行われたキリスト教会・神父・教民（キリスト教に改宗した中国人）襲撃事件。現代中国では仇教運動と呼んでいる。

（6）一九〇二年に上海で締結された英清通商条約（通称マッケー条約）のことで、第十二条には「清国ハ其ノ司法制度ヲ改善シ以テ泰西諸国ノ同制度ト揆ヲ一ニセンコトヲ熱望スルヲ以テ英国ハ此改善ニ対シテ各般ノ扶掖ヲ与フヘキコトヲ合意シ且清国法典ノ状態、其ノ行政ノ区処及其ノ他ノ情状、治外法権ヲ撤去スルヲ得ヘキ事ヲ保証スルニ至ラハ英国ハ之レカ撤去ヲナスノ準備ヲナスヘシ」とある（東亜同文会編纂『東亜関係特種条約彙纂』付録、四〇ページ）。

（7）一九〇三年に上海で締結された「日清両国間追加通商航海条約」のことで、第十一条には「清国政府ハ其ノ司法制度ヲ改正シテ日本国及西洋各国ノ制度ニ適合セシムルコトヲ熱望スルヲ以テ日本国ハ右改正ニ対シ一切ノ援助ヲ与フヘキコトヲ約シ且清国法律ノ状態其ノ施行ノ設備及其ノ他ノ要件ニシテ日本国カ満足ヲ表スルトキハ其ノ治外法権ヲ撤去スルニ躊躇セサルヘシ」とある（外務省編『日本外交年表竝主要文書・上』二二六ページ）。

［資料18］

清国留学生取締規定に反対の理由

程家檉

［解題］この文は、一九〇五年十二月十日、十一日の二回にわたって『東京朝日新聞』に掲載されたもの。投稿者の程家檉（一八七二～一九一四）は、安徽省休寧の出身、一八九九年に来日、東京帝国大学農科に学んだ。在日中、革命派の秦力山、宋教仁等と活動し、一九〇五年の中国同盟会結成にあたっては、同盟会章程の起草人の一人。帰国後、京師大学堂農科教授などを務めた。辛亥革命後は、安徽軍政府の顧問などとなったが、一九一四年九月、袁世凱暗殺の企てに加わったとして処刑された。

本文は、一九〇五年十二月七日の『東京朝日新聞』の記事に反論する形で清国留学生取締規則を正面から批判したもので、近代主義的見地からの堂々たる正論となっている。なお、当時の新聞は句読点無しであるが、採録にあたって適宜加えた。

今日の新聞紙上清国人同盟休校なる記事あり、曰く「前略、右は去年二日発布の文部省令清国留学生に対する規程に不満の念を懐きたるものにして、該省令は広狭何れにも解釈し得るなり。清国学生は該省令を余り狭義に解釈したる結果の不満と清国人の特有性なる放縦卑劣の意志より出たる団結も亦薄弱のものなる由なるが（中略）両三日中には本問題も無事落着すべし」云々。余は本記事によりて、日本人の吾人に対する甚しき誤謬を知ると同時に、文部省当局が斯る意向を以て本件に臨まば、本件は愈久紛糾を重ね、遂に潰裂収拾すべからざるに至り、近来偶々萌芽を発したる東亜発展の気運も為めに一頓挫を来たし、日清両国の為めに悲しむべき結果を生ぜんことを恐るるなり。

　新聞紙曰く、清国学生が該省令を余り狭義に解釈したる結果の不満云々。然れども是れ最も事情に疎き観察と云ふべし。何となれば吾人の憤る所は、文部省が吾人の頭上に特別の取締を加へんとする事実に在りて、其規程の内容は問ふ所にあらざればなり。吾人は断じて受けざらんと欲す。何ぞ其内容の広狭寛厳を問はんや。夫れ日本には日本の学生に関する規定あり。吾人来りて日本の教育を受く、当事者宜しく其自国の学生を教育する所を以て吾人を教育し、自国の学生を取締る所を以て吾人を取締るべし。斯の如んば吾人は喜んで其教育を受け、喜んで其取締りを受くべし。即ち事簡にして効挙がる。然るに、文部省が特に一種の省令を以て吾人の頭上に加ふるは、之れ吾人と日本学生を別つなり。吾人の日本学校に在るや、日本学生と同一の待遇を受くべきを知る。未だ日本学生以外の規程を以て取締を受くる理由を知らざるなり。之れ吾人の該省令を憤る所にして、其規程の如何に広義なるも、又た如何に寛大なるも、吾人の断じて服従する能はざる所以なり。

　夫れ清国商人は、日本の甚だ軽蔑せし所なり。往年改正条約の実施と共に、日本の列国民に雑居を許すや、独り清国商人を排斥して、曰く、彼等は不潔なり、不品行なり、雑居すべからずと。後ち清商の抗議甚だ熾にして、遂に之を許すや、彼等は日本の国法の下に日本人と同一の待遇を受け、現に築地其他に雑居して自在職業に従事するも、日本政府は彼等の為に未だ特別の取締りを設くるを聞かざるなり。夫れ日本に在留する清国商人は、多くは本国に於て中流以下に在る人なり。而して留学生は本国に於いて悉く中流以上の子弟なり。同じく日本に在留し、中流以下の人は取締を受けず、中流以上の人は却て取締を受けんとす。是れ吾人の到底忍ぶ能はざる処なり。況んや留学生取締規則なるもの、世界何れの処にも其例なくして、単り日本に発布され偶々吾人の頭上に加へんとするに於てをや。吾人は絶対に該省令を拒絶せざる能はざるなり。〔以上十日付〕

　日本の一縉紳曾て曰く、我の清国学生の遇する、宜しく自国の学生同様なるべしと。吾人の親受したる所、吾人の目撃する所を見るに、日本教育家の吾が留学生に対する、実に此言の如きものあり。彼等は自国の子弟を教育する心を以て吾が留学生を教育す。之れ清国留学生の翕然信頼し来る所以にして、又倍々其数を増加し来る所以なり。日本文部省にして清国学生の倍々多く来たらん事を欲し、之を指導誘掖してその新知を開発し以て東亜の発展を実にせんと欲せば、宜しく従来の如く簡易以て臨むべし。決して特種の省令を加ふべからざるなり。

如今清国学生の東京に在るもの弘文学院・同文書院・経緯学堂・法政大学・成城学校・振武学校・早稲田大学を重なるものとし、帝国大学・高等学校其他に散在するもの、其数実に九千人、其平時に於ては温和なるあり、激烈なるあり、剛柔一ならず、宗旨亦た随つて異なれりと雖も、今や文部省の省令に対し、其不法に激し、其無意義を憤り、之を受くるを以て深恥極辱となし、之を日本政府に要求し誓つて之が廃止を期するに於て、九千茲に一体となり、又た一人の異議を唱ふるなし。則ち一昨日を以て九千の学生袂を連ねて休学したる所以なり。但し今回の休学たる、各自胸中の不平期せずして一時に激発したるもの、固より予謀して然るに非ずと雖ども、左れども学生の身にして其学業を抛棄して自家の態面を維持せんと欲す、之れ固より非常の決心あるにあらずんば能はず。故に吾人は休校に先ち、予め学校幹事に対して吾人の胸中を披瀝し、幹事又た吾人の心志を諒とし、而して後ち吾人は同盟休校を為せり。即ち若し吾人の意思にして貫徹せずんば吾人は甘んじて日本を去るのみ。已に能く自ら来る、奚ぞ能く自ら去らざる。天地悠々世界到る所吾人の翺翔に任ず。已に自国の専制を悪み之を摧き除かんと志ざす。又た何の必要ありて鬱々異国の専制を受けんや。

新聞紙曰く、清国人の特有性なる放縦卑劣の意志より出たる、団結も亦頗る薄弱云々と。吾人は今日斯る不謹慎なる言議の寧ろ事を破るを恐る。嗚呼、放縦卑劣は清国人の特有なる乎。仮りに千百歩を譲り、吾が留学生は、悉く是れ放縦卑劣の人とするも、何の関係ありて茲に放縦卑劣を云々する、若し夫れ団結の薄弱を説いて吾人を冷笑するが如きは、之れ吾人を激して反抗の程度を高めしむるなり。事件の落着に於て害毒ありと云ふべし。或は曰くは、清国留学生中往々醜聞を流すものありて、之れ取締の必要ある所以なりと。吾人も亦た吾が学生中に醜漢あるを聞く、然れども茲に良ありて茲に莠《いう》〔できそこない〕あり九千の学生中豈に多少の悪劣書生の側列するなからんや。之れ蓋し日本に徴し欧米に徴して免れざる所、未だ以て省令発布の理由となすに足らざるなり。

之を要するに、該省令たる有つて益なく、無くて差支なき一個無用の長物となり。徒らに事を多くして清国学生の悪情を惹くに過ぎず。吾人は斯る省令の早く廃止されん事を文部当局に熱望すると同時に、世情の識者が事実を講究して適当の解釈を下さん事を切望す。即ち吾人の衷情や斯の如く切なり。然れども吾人聊か辞儀を解す。吾人は断じて疎暴の挙動を為さざるべし。吾人は士君子の態度を以つて本件を終始せんことを揚言す。

付記。余は日本に在る八年、去年農科大学を卒業して、今は学生の仲間に非ず。然れども今回の件たる、事頗る重大なるものあり。即ち留学生にかはり事実の真相を剖明して識者の一粲を博せんとする所以也。（完）〔十一日付〕

（十二月七日午後草稿）

［資料19］絶命書

陳天華

［解題］この文の著者陳天華は、一八七五年生まれ、湖南省出身、湖南・湖北地方の革命派組織である華興会の組織者の一人。白話文と弾唱（民間芸能）の形式をとって『猛回頭』『警世鐘』『獅子吼』を著し革命思想を宣伝した。二度目の日本留学中の一九〇五年、日本政府がいわゆる「清国留学生取締規則」を発布したことが、留学生の間で大問題となり、授業ボイコット、一斉帰国という事態に発展したが、当時の『東京朝日新聞』は「清国人の特性なる放縦卑劣の意思より出で云々」と評した。このような中で、陳天華はこの『絶命書』を残して十二月八日、大森海岸で入水自殺を遂げた。この文は革命派の機関誌『民報』第二号（一九〇六年）に「陳星台先生絶命書」として掲載された。

ああ、我が同胞よ、今日の中国を知っているだろうか。主権は失われ、利権は奪われて、悲観的でないものはなく、楽観すべきことは一つもみあたらない。一縷の希望があるとすれば、それは近来留学生が増加し、風気がようやく開けてきたことである。今後、日々進歩してもやまず、人がみな愛国を心がけ、刻苦して学び、もって祖国を救わんとすれば、十年二十年の後には危きを転じて安きとなす、ということも不可能とはかぎらない。

ところで、我が国の同学諸君をみてみると、有為の士はもとより多いけれども、欠点として指摘すべき所もまた少なくない。日本を出世の近道とする者はその目的が利禄を求める所にあって、自ら責任をになうという所にはない。なかでも最もダメな者は、学問を未だ事とせぬうちに、私徳がまずこわれてしまう。この国の新聞に挙げられるものの数は枚挙にいとまがないほどである。近くはこの国の文部省が清国留学生取締規則を公布した。その我が自由を剥奪し、我が主権を侵犯する点についてはもとより言を待たないが、私は内に団体の実情を顧りみて、あえて軽々しく批難することができなかった。ついで同学諸君がストライキを唱えた。私はこれを聞いて、事態がいよいよ取り返しのつかなくなることを恐れ、不賛成であった。しかしながら、すでにかくのごとくになった上は、宜しく全体一致して最後まで貫徹し、決して足なみをみだしてはならない。それは、日本人に口実を与えるだけだからである。幸いにして、各校は心を一つにし、八千余人が謀らずして合した。これは誠に私の予想外の事であって、且つは驚き、且つはおそれた次第であった。驚いたのは、我が同人がはたしてこの団結を有していたからであり、おそれたのは、持久戦ができるかどうかと思ったからである。ところが、日本の各新聞は烏合の衆とそしり、あるいは嘲し、あるいは諷し、たとえようもないほどである。朝日新聞等のごときは、真向から放縦卑劣とののしり、その我を軽んずることは余地をのこさない。この四字を我に加えて当たる所がなければ、とやかくいうことはないが、もし万一そのような所があったとしたら、それこそ消すことのできない汚点である。

近来一つの問題がおこるたびに、多勢でさわぎたて、これは中国の存亡に関わる問題であるというが、顧みるに、問題自体に存亡の別があるのではない。我が自ら亡びなければ、人が我を亡ぼすことなどどうしてできよう。留学したもの皆が放縦卑劣ならば、中国は真に亡びるのである。たんに国亡びるのみではない。二十世紀以後は放縦卑劣の人種は世に存することができない。私はこのことばに心を痛める。我が同胞よ、常にこのことばを忘るなかれ。つとめてこの四字を除け。この四字を反面として、堅忍服務し力学愛国せよ。同胞に聴かれず、あるいは忘れられることをおそれる故に身をもって東海に投じて、諸君の記念とする。諸君が私を思い起すならば、私が今日言った所を忘れないでほしい。しかし、その意を誤解して、私が取締規則のために死んだのだとして、思いもかけぬ挙動をなすことのないように。私はもともと自ら修めることを重んじるもので、人をとがめることを重んじない。私の死後、取締規則の問題は、終るべきならば終わらせて、決して固執するべきではない。すみやかに善後策を講じて、振作の方法を求め、日本の新聞の言う所を雪ぎ、救国の実を行うべきである。そうであれば、私は死んでもなお生きているのである。

諸君はこのうえ私をいたむことのないように。私は意志薄弱で実行力もなく、大したことはできないので、将来自分のとるべき道は二つしかない。その一つは書籍新聞を作って世の中に警告することであり、二つはもし死ぬべき機会にであったら死ぬことである。空しく救国を語っても聞くのをいやがる人が多いし、私が言っているようなことは誰でも言うことができる。生きて多言するよりは死んで少言する方が有効ではないか。なすべきことがなくなってから、従容として死ぬというのは、私にとってはそれでよいが、物事の足しにはならない。

今、朝鮮には死ぬものがないわけではないが、しかし朝鮮はついに亡びてしまった。中国滅亡までの時は、少なくとも十年はあるだろう。十年後に死ぬよりは今日死んで、諸君に警告し、非行を絶って、共に愛国を重んじるようにした方がよい。さらに臥薪嘗胆、刻苦して学ぶことを求め、徐々に実力を養成して、大いに国家を興せば、中国はあるいは亡びないかもしれない。これが私の今日の希望である。けれども私のような無力無学の者だからよいので、少しでも、私よりすぐれている人は、決して私のまねをするべきではない。私と親しい友人達は、決して私のことを悲しんでとりみだしたりしないように。また決して世論に動かされて初志を変えないように。私は救国を前提として言っているのだから、もし救国の目的を達することができるなら、事を行うにあたって必ずしも私と一致する必要はないわけである。

私は今諸君とお別れしようとしているが、当世の問題について諸君と少し話したい。最近革命を論じる声がごうごうと起り、私もまたその中の一人であるが、革命という中には、民族主義に重きを置く者もあり、政治問題に重きをおく者もある。私はふだんから政治を重んじ民族を軽んじることを主張してきたが、これは私の著書にも明らかである。去年までは満州政府が変法し、民族差別を融和して外敵を防ぐことを渇望していた。しかし、最近になって民族を主張するようになったのは、こう思ったからである。つまり、満漢はついに両立しない、我々は彼らを言葉で排除するが、彼らは我々を実行で排除する。我々が彼らを排除するのは近年に始まったことだが、彼らが我々を排除するのは二百年一日のごとくである。我々が退ぞけば彼らが進む。彼らが嫌疑を解き、甘んじて我々と事を共にするようになることなど、どうして望めよう。

中国を滅亡させたくなければ、一刀両断あるのみ。すなわち満州に代って政権をとり、それを育てることである。彼らがもし天命というものを知るものならば、徳川氏のように遇してもよい。満州民族には同等の国民であることを許す。現代の文明では、決して復讐のために殺すようなことはない。だから私の満州排除は復讐論を唱えているのではなく、やはり政治問題なのである。思うに政治の原則は、優等な多数民族が劣等な少数民族を統治するのが当を得ており、劣等な少数民族が優等な多数民族を統治するのは当を得ていないからである。

私は革命について以上のように考えているが、人と趣きを異にしている所がある。それは、革命というものは必らず非常に迂遠な手段によらねばならず、少しもうまくやろうなどという気持ちがあってはならないということである。思うに革命には功名心から行われるものがあり、責任心から行われるものもある。責任心から出たものは、必らずやむをえざるのちに至って始めて行われるので、そこから利を得ようという所がない。功名心から出たものは、自分の力が足りないと他力をたのむようになる。国内で会党をつかうのでなければ、国外の資本をたのみにする。会党は時には用いてもよいが、本営とたのむことはできない。日露は馬賊をつかって戦うことはできなかったし、光武帝は銅馬・赤眉をつかって天下を平定することはできなかった。まして現在の会党をつかって大事を成すことなどできようか(1)。

外資に至ってはもっとも危険である。フィリピンの例は、よく鑑とするべきである。私はこのように迂遠なので、あるいは実行の時がないかもしれないが、しかし中国はあげて皆漢人である。漢人がすべて革命の必要を認めるようにすれば、スウェーデンとノルウェーの分離のように、一枚の紙の通過によって、血を流さなくてもよいだろう。だから今日においては中等社会に革命主義を知らせ、漸次下等社会に普及させるしかない。その時にあたって、一人が決起すれば、万人が呼応し、少しもむずかしいことはない。多数の人がまだこの主義がわからないのに、すぐ実行しようとすれば、おそらく中国を救うこともできないうちに中国を乱してしまうだろう。これが私の革命問題に対する意見である。

近日盛んに利権回収(2)が叫ばれているが、これは民族の進歩というべきだろう。しかし、利権回収後、何ら手を施さなければ、以前の鎖国主義とどこが違っているだろうか。

以前の鎖国主義者は、考えたことが正しくなかったわけではない。ただいたずらに消極的な方法をとり、積極的な方法がなかったから、国はとうとう鎖国していることができず、以前の大騒ぎはすべて無効になってしまったのだ。現在の利権回収を唱える人はこれとどこが異なるだろうか。もし利権をうまくつかえれば、この数年の間に、国政を改革し、民智を開き、財政を整理し、実業の人材を養成することができる。十年後には管理運営に人を得、主権をとりもどし、外国資本を吸収して中国文明を開発し、今日の日本のように外資を導入してもいいだろう。そうでないと、甲と争ってこれを乙に与えるようなことになったり、あるいは遂行できずに、外国人に口実を設けられて、群をなして強力に圧迫されれば、こわれた堤防から滔々と水が流れるようになって、利権を保つことができなくなるだろう。以上が私の利権回収問題に対する意見である。

最近、ある人は親日を主張し、ある人は排日を主張している。私が思うに、ともにまちがっている。日本に親しむべしという人は朝鮮を見よ。だが、日本人は我々を利さない、これを排除するべきだ、というのも私にはその論理のある所がわからない。日本人の陰謀はいわゆる「司馬昭の心、路ゆく人皆知る」(3)であって、彼らの書籍新聞もまた明言してはばからないし、我々がこれを知ることなぞ気にもとめていない。

では、なぜ私は排除するべからずというのか。「弱は兼ね昧を攻め、乱を取り亡を侮る」〔未詳〕とは我が古の聖人の教えである。我々に亡ぶべき道のあるとき、人が我々を亡ぼすことを怨むことができようか。我々に亡ぶべき道のないとき、彼らは我々を亡ぼすことができようか。朝鮮の亡んだのは、朝鮮が自ら亡んだだけであって、日本がこれを亡ぼすことができたわけではない。彼らが我々を亡ぼさないように禁ずることはできない。彼らもまた、我々の自ら強くなることを禁ずることはできないのだ。我々も彼らのごとく、その国を治められれば、彼らは我々に親しむのにいそがしく、どうしてあえて我々を亡ぼすようなことをするのだろう。そうでなければ、排除するといっても、一体どんな実力があるのか。公平に論じて、日本今度の戦は東アジアにまったく功績がなかったとはいえない。もし日本の一戦がなければ、中国もすでに瓜分されていたかもしれない。日本の一戦のおかげで中国は生きのこれたのだ。堂々たる中国が日本に保護されたといえばいいすぎだが、しかし事実はそうなのだからかくすこともない。これを恥と思うならば、自ら強くなるしかない。

外交を利用し、政体を更新し、十年の間に常備軍五十万をつくり、海軍を二十万トン増強し、鉄道を十万里のばせば、彼らは必らず我々と同盟を結ぶだろう。同盟と保護とは同日に語ることはできない。保護とは、自分に勢力がなく、まったく人のおかげをうけるもので、朝鮮がそうである。同盟とは勢力が等しく、互いにたすけあうもので、英日がそうである。同盟は利害関係が同じであるから結ばれるのであって、同文同種のためではない。イギリスは、ヨーロッパの同文同種の国と同盟せず、同文同種でない日本と同盟した。日本はアジアの同文同種の国と同盟せず、同文同種でないイギリスと同盟した。これは他でもなく、利害が衝突すれば、同文同種といえども仇になり、利害関係が同じであれば、同文同種でなくても同盟するからである。中国は日本との利害関係は同じというべきであるが、勢力がもし等しくなければ、名は同盟でも実は保護である。だから今日にあって、すぐに日本と同盟することを望むのは朝鮮となろうとすることである。今日にあって、すぐに日本と離れようとするのは、東アジアを亡ぼそうとすることである。我々が東アジア保全の義務を分担できさえすれば、彼らは東アジアの権利を独占することができない、と断言できる。以上が私の日本に対する意見である。

およそ一事をなすには、遠く百年先をみなければならない。いたずらに一時の感情にまかせて、一切をかえりみないのはよくない。ワーッと騒ぐ政策は今後中国のためにはよくない。もし問題がおこったら、よく全体の局面を計り、決して軽々しく決起するべきではない。これは私がいう所あって発言するのであるが、大切な言葉でもある。

私は宗教観念はもともとうすい。しかしもし、宗教は無かるべからずということになったら、私はやはり儒教を尊ぶ。風俗に背くことは重いことなので、あわせて仏教を奉じてもよい。キリスト教については、これを好む者が自由に奉ずるのはよいが、これによって国の教えをかえるのはよくない。もともと迷信ではないのだし、これを利用して動かそうと思う者がもしいたなら、その誤りは、私の著わした「最後の方針」で詳しくのべたから、ここではくりかえさないことにする。

近来、青年達は自由を誤解して、規則に服従せず、目上に反抗ばかりしている。愛国をもって自らに課すが、まず一切の私徳を犠牲にしてしまっている。このことの結果は言わなくとも想像できる。

その他、私の言いたいことは多いが今は言わない。私の各著書に散見することができるので、願わくば諸君にとってみて、そのよい所をえらんで従ってもらえば幸いだ。論語にも「君子は人を以て言を廃さず」〔未詳〕あるいは「鳥のまさに死なんとするや、その鳴くや哀し。人のまさに死なんとするや、その言うや善し」〔論語泰伯〕とあるので、私の今日の言葉もあるいはまた取るべきものがないわけではないだろう。

（板垣望訳）

［注］

（1）会党は主に江南地方にあった秘密結社。民衆の相互扶助組織。当初は反清復明をスローガンとしていた。馬賊は東北地区（旧満州）で活動した集団。銅馬は、王莽の新の頃の盗賊の名。赤眉は同じ頃の反乱集団。眉を赤く染めたのでこの名がある。共に後漢の光武帝に破られた。

（2）主に立憲派が行っていた運動。外国の手に渡った鉄道利権等を回収し、民族経済の発展を目指した。

（3）三国魏の司馬昭が君主の曹髦に叛こうとしているのは、道行く人も知っているという、曹髦の言葉。『三国志』「魏書」の注にある。

第3節　「清朝イコール中国ではない」――明治日本の中国観への苛立ち

［資料20］支那独立の実力と日本の東方政策を論ず　梁啓超

［解題］この文章は、戊戌変法に失敗して日本に亡命した梁啓超が、来日直後に横浜で発行した『清議報』に載せたものである。この時代、支那・支那人はまだ蔑称としての意味合いは持たず一般的に使われていた。この文章で梁は、中国の歴史的特徴と現状における潜在力から、列強による中国の分割は困難であると断じる一方、日本の対中政策を分割論と保全論に大別し、その双方を批判している。この時期は梁啓超がやや革命派に接近し、きびしく清朝を批判していた時期に当たる。

中国の変革を目指して日本に来た留学生・亡命政客にとって、中国保全＝清朝保全論となりがちな日本の中国論は、何かと苛立たしいものであったであろうことは、梁のこの文以外にも胡漢民や楊度の文からも窺うことができる。

なお訳出に当っては、後に梁啓超が再編発行した『清議報全編』所収のものを用いた。

この論文は帝国青年会〔名称からして日本の団体と思われるが、未詳〕の委嘱に応じて書き、すでにその会報三号に載せたものである。今ここに転載する。（著者記す）

今日世界の大問題で万国の注目する所は、支那を措いて他にあろうか。支那、欧州人は言う、支那は世界の天府である、世界の天府は、世界が共有すべきであって、一人種が私すべきものではない、と。アジア人は言う、支那はアジアの中心である、アジアの土地はアジアが自ら治めるべきであって、他人種に奪われてはならない、と。全世界の議論多様なりといえども、要するにこの二種である。折衷の論を為すものは、後の説は理において勝り、前の説は勢において勝るが、天下のことでは理は常に勢に適わぬから、恐らくアジアの自治は実際には期待できない、我々アジアの一部に力を有する日本人は、むしろ欧州人と並んで共にアジア全体からの利を享受したほうがよい、と言う。ここにおいて日本人のこの問題に対するさまざまな議論が引き起こされる。一つはアジアの独立を保つ主義、いま一つは欧州との均勢主義である。私はアジア人であり、アジアの支那人である。いま、理を論じるのではなく、もっぱら勢を論じることにより、支那人に独立の実力があるか否かについて、一言述べさせていただきたい。

支那二千年来の歴史を見れば、その人民には統一の思想が強く、紛争割拠のときがあっても、いつも百数十年もせずに統一が復活する。故に、支那人は一政府の下に統治されることに慣れて、複数の政府下に統治されることには慣れていない。また、千年来他民族に統治されることは屢々あったが、決して統治している他種族に同化することはなく、いつも統治者を逆に被統治者のほうが同化してきた。この二つが実に支那人の特質であり、欧州各国と大いに異なる所である。この故に、もし欧州人が一国単独で支那を占有すれば、支那は滅亡する。もし欧州人の支那占有者が、心を降して支那人と同化して統治するのであれば、支那は滅亡するのである。しかし、これはあり得ないことである。かの欧州人が我が支那人に対して行う施策は、我が土地を瓜分し我が習俗を強制的に改めるの二点より他はない。然らば、支那人にこれを拒む力はありや無しや。

およそ、昔から列国が瓜分の禍を施す場合は、必ずその内部に自ら分裂があり、然る後に他者がそれに乗じて分割するのである。自らの分裂とは何か、一つは国内の種族争い、二つ目は国内が小国に分かれての争い、三つ目は国内の宗教争いである。我が支那本部の四億人は、その種族は皆合一し、未だかつてオーストリア・ハンガリー帝国のドイツ人とスラブ人のように抗争することはない。地勢も一体化し、未だかつてインド国内の土侯たちのように互いに相食むようなことはない。宗教も皆合一し、未だ嘗てオスマン・トルコのようにイスラム教とキリスト教がそれぞれに権威に拠って互いに衝突するというようなこともない。種族に漢満の分があるといえども、数百万の満人は支那本部に入れば、甚だ小さなものでしかない。宗教では仏教・キリスト教が持ち込まれたが、仏教は国事と関わらないから重大視するまでもない。キリスト教徒は数が少ない。時に一般人民と齟齬を生じるが、互いに団体を結成して相争ったことはまだない。故に、支那は人種・地勢・宗教どれをとっても統一していると言うべきで、未だかつて内から分裂して人に乗ずる隙を授けたことはない。およそ物は自ら腐り、然る後虫がそこに生ずるのであるが、他人が久しく統一に慣れた人々に瓜分の術を施そうとしても、どうして簡単にできようか。

昔、支那を統治した他種族が常に支那人に同化したのは、彼らはみな遊牧の賤俗で、その文明が遠く支那に及ばなかったことによる。今の支那の頑固守旧派は、このことをもって誇りとし、他日我を亡ぼすものは終には必ず我に亡ぼされると言う。これはもとより夢のたわごとで語るに値しないが、もし我が支那人を一日にして欧州人に同化しようとしても、決して簡単にできることではない。何故か、それはもとより人種・地勢・宗教が合一であるが故にである。数千年の歴史によって積み重ねられた習慣は、浩大にして深遠、無理やり変えようとしても簡単にはできない。そもそも、同化しない民を収めて属国とするのは、不消化の物を胃に入れて、往々にして病を起こすのと同じようなものであり、これは欧州人も知る所である。そこで拡げた疆土に対しては、おおむね二つの方法を用いる。一つは、これを自分たちに同化する。いま一つは、これを自ら滅亡させるようにしてその種類を絶つ。アメリカの紅人やオーストラリアの土人などには、この第二の方法をもって対応したのである。しかし、我が中国は四億、繁殖旺盛な種族である。その勢いはもとより、紅人のように日減月滅させ終には滅亡させられるようなものではない。その同化の困難もすでに見たとおりである。然らばすなわち、西洋人が支那を瓜分するのは、はたして簡単なことであろうか、それとも困難なことであろうか。

今の支那を論ずる場合、表面から見れば、すでに気息奄々で風前の灯である。しかし、裏面から見ると、実はいわゆる潜勢力があって、未だ軽視すべからざるものがある。ここで、その潜勢力には大きく三つがあることを述べよう。

第一は、皇上が英明仁勇で、革新の機が未だ絶えぬこと。皇上は深く中外の故を観察して意を立憲の政に注ぎ、民智を開き民権を伸ばすことを唯一の主義としている。しかしここ十年来、上は西太后に制せられ下は権臣に阻まれて補佐するものがなく、志有っても実践に及ばなかった。去年、初めて実践に着手したが未だその志を行うを得ずに、たちまち幽閉に遭い新政は蹉跌してしまった。しかしながら、今なお皇上は安泰であり生機は絶たれていない。他日、もし何か援けがあれば、再び庶政を整え、無限の君権によって積弊を清め、振い立つ民気を養って変革の中で国の基を強固にすることは、もとより望みうることである。これがいわゆる潜勢力の一である。

第二は、民間社会が団結し外人が干渉しにくいこと。支那は地方自治の発達が最も早く、今は中央政府は混乱を極めているが、地方の団体の実力は依然としている。遠く外国へ行った者は、行った各地で自治の団体を備え、労働社会及び一切の下流社会の団結力は固より甚だ強く、俄かにこれに干渉することは大変難しい。これがいわゆる潜勢力の二つ目である。

第三は、海外在留の人々の気概が盛んで、本国のために働けること。支那人の海外に在留する者はおよそ六七百万人。その人々は皆冒険・独立の性を持ち、長い経験から頗る外事に通じている。商工の能力はもとより欧米人と拮抗する。海外に留学して既に学業を成就したが、帰国しても能力を生かせないので他国に流寓しているという人材は、少なくない。もしかの数百万人が自ら互いに団結して一つの平民政党の団体を作ることができれば、その力量は欧州の一小国にも比肩しうる。この力量を、外では自らを保護するために使い、内では国家への声援とすれば、どうして侮ることができようか。これがいわゆる潜勢力の三つ目である。

形勢と歴史的習慣から言えば、先に述べた如くであり、実際の潜勢力はいま述べたとおりであれば、我が支那に独立の実力がないわけはないことは、断言できる。然らば話を進めて、日本人の対東方政策はどうであるか観てみよう。その一つは、欧州との均勢主義である。すなわち福建不割譲の約〔一八九八年四月に北京駐在公使矢野文雄と総理衙門との間で交換された公文〕を保守し、進んで両浙経営及び鉱山開発・鉄道敷設の権利を取って、閩浙を日本の勢力圏とし、将来の分裂に備えて、欧州人と余利の分割に与かるというもの。いま一つは、アジアの独立を保つ主義である。すなわち満州政府に勧告して改革を実行させて国勢を振興させ、欧州勢力の東漸を防ぐというものである。今私は、この両説を取り上げて論じてみる。

欧州人が心中で我々アジア人を蔑視するようになってから久しい。支那はもとより彼らの懐中の物と看做されており、日本もまた、どうして東方の主人と認められようか。福建については不割譲の約があるが、ドイツ人がこれを狙っており、アメリカ人もこれを窺っている。彼らからすれば、この条約は無きに等しい。一旦、分割の挙があれば、彼ら欧州人は、アジア人にはアジア大陸上の寸土も与えない心算でいることは、先の遼東の干渉を観れば知ることができる。然らば、日本は今日、この不割譲の約によって福建は已の勢力圏だと断然思っているが、試みに支那滅裂の後この地が果たして日本の掌握に帰すかと問えば、日本人といえども恐らく未だ自信はあるまい。さらに、日本は台湾を得てから数年、未だに統治の実を挙げていない。然らば、土地を支那に得たとしても、必ずしも日本の利益とはならないのである。故に、欧州と均勢を保ってアジアの成敗を座視する論は、実にいわゆる自ら藩籬を撤して脣亡歯寒の戚を招くのみである。近視眼的な論といえよう。

保全の論のほうは、その趣旨は誠に正しい。しかし、今の政府へ勧告し尋常の官吏と連絡を図ることから着手するのであれば、私が思うにその保全とは紙上の空言にすぎない。それは、枯れ木に花が咲かず、雄鶏が卵を生まぬようなもので、そもそも素質に欠ける。今の政府は頑固をもって体とし詐欺をもって用とするもので、これと連合して大局を保つのは、錦を糞壌に着せたり、砂を炊いて飯を作ったりするようなもので、彼らが全く革新できないことは論をまたない。もし忠告の言を容れて一つ二つ事を興したとしても、本源が変わらず積弊が改まらねば、新たに何かをしても、新たに弊害を増やすようなもので、終には腐乱に帰すのみである。故に、今の政府を扶助するという日本の方針は、必ずや歳月を無駄にし時機を誤り、数年を経ても効果を見ないことになろう。滅亡の運が遂に旦夕に迫る時になって、その誤りに気付いても後の祭りである。これは、趣旨は正しくとも方法が誤っていると謂うものである。

私は今、支那の独立の実力について述べ、日本の方針の差異について論じた。私は日本の遠志達識の士が、この点を比較検討されんことを深く願う。そうすれば、どこから手を着ければよいか解ることは、言うまでもない。方針を定め、一貫してこれを行えば、必ず目的を達成できる時が来る。そうなれば、アジア自治の基礎は打ち立てられるであろうし、世界平和の全局もまた定まるのである。

（杉山文彦訳）

［資料21］最近の日清の談判について

胡漢民

［解題］この文章は、一九〇五年十一月に東京で発行された革命派の機関紙『民報』第一期に掲載されたもの。著者の胡漢民（一八七九～一九三六）は広東省出身、日本に留学し法政大学等で学ぶとともに革命運動に参加した。『民報』誌上に日本が登場することは、それが東京で発行されていたことを考えると意外なほどに少ないが、そのような中で胡漢民は日本への言及が多いほうである。ここで言う「日清の談判」とは、ポーツマス条約の後を受けて日清間で結ばれた「日清満州に関する条約」に向けて北京で行われた交渉をさす。しかし、本文の内容は、その交渉そのものよりも、その交渉に関連して大隈重信が東邦協会で行った演説「再び東亜の平和を論ず」への反論が中心であり、当時の革命派の日本に対する屈折した感情を表している。なお、本文中に「原文に云う」として大隈の演説が引用された形になっている部分があるが、これは引用というよりは、摘録・内容紹介といったもので、大隈の演説原稿そのものとはかなり異なる。

文中に出てくる「支那」の語は、現在では日本人による中国に対する蔑称であるとして使用が避けられているが、この文の中では重要な意味を持つので敢えて原文通り「支那」のまま使った。文中に明らかなとおり、革命派は清朝と漢民族を区別するために、この時期「支那」の語を積極的に使っていた。それが蔑称となったのは、その後の日中の不幸な関係のなせるわざである。また中国語ではロシアは「俄」であって「露」ではないが、胡漢民のこの文では「露」と表記されている。

国際法の学者が条約の要素を論ずる時いつも、条約によって第三国に義務を負わせることはできない、といっている。第三国とは締約外の国である。条約の拘束力は、締約国の間にだけにあるのであって、第三国には関係ない。ただし、第三国にも、積極的義務はなくても、消極的義務はある。消極的義務とは、両国間で締結した所の盟約を、第三国は承認し、その条約を妨害しないという義務があるということである。これは普通一般の原則である。しかし、もし両国が結んだ条約が、第三国の権利を侵害している場合、第三国はこれを承認せずともよいという例外がある。これらは学者共通の理論であり、疑義を挟むものはいない。いま日露が講和し条約を締結したが、支那はもとより第三国の立場にある。日露条約の拘束力は、本来支那には及ぼせない。支那には条約を妨害しないという義務はあるけれども、しかし、その権利を侵害している点についてては、当然承認せずに反対することができる。遂にはそれを承認するとしても、それは承認する権利があるということであって、承認の義務があるのではない。しかしながら、この点から日露の条約と日清の談判とを論ずると、道理の通らない所が出てくる。清政府がこれを承認すべきか否かの問題を研究するには、まず日露条約がその権利を侵害しているか否かを研究すべきである。

そもそも日露条約でロシアが譲与し日本が受領する所のものは、支那に関係しないわけにはいかないことは明々白々である。しかし、支那の権利がロシアの手によって日本に譲与されるということは、この支那の権利は既に全く支那の所有ではなくなっているということで、その侵害は日露戦争の講和以前にあるということで、今になって支那が反対を主張できることではない。支那には不幸にして政府がなく、清政府にその代表の資格を簒奪されて、外交上の種々の失敗により坐して莫大な権利を人に授けることとなった。昔清政府から授けられたものが、今また軍事の失敗により転贈されたのである。今それを受け取る日本人は、清政府から奪うのではなくロシアから継承するにすぎず、日本人は昂然として、これは支那の現在の権利には少しも影響を与えないと言い得るのである。支那国民が直ちにこの劣悪な清政府を駆除しない限り、間接的に異国に反対するという道はないのである（清政府がもし支那国民によって滅ぼされたとしても、各国との条約にはなお継続性があり、これはまた別の一問題である）。支那は第三国ではありながら、国際法の助けを借りて大いに日露条約に反対することはできぬのである。ましてや、清政府の禍が自ら作ったものであればなおさらである。しかし、清政府はなおこれを了解せず、今回の談判に対し要求する所あるようで、その注目点は撤兵期限と東清鉄道の守備兵の二事である。日露条約以来の伝聞によっては、清政府が要請したことがこの二事のみなのか、あるいは他にも要求したことがあったのかは知ることはできない。ただし、撤兵期限と東清鉄道守備兵の二事について言えば、これは日露間の利害に関係し二国の合意によって決まるもので、清政府が口舌をもって争えることではない。天津・上海の風聞によれば、福建一省を交換に出すという説があり、日本の各新聞は交々それが虚偽であると弁じ、今回の談判は南清問題とは無関係であると言っている。今しばらくこの説の真偽は論じないとしても、満漢を比較考量する場合、清政府の意としては、もし漢土を満州のために犠牲にできるのであれば、惜しまず犠牲にするであろう。談判に対する日本の意向がここにはなく、東清の権利と交換する気はなく、したがって清政府にその気があっても日本が全く従わなかったのだとすれば、これは刑法をもってこれを律すれば、清政府は外から阻害されてその目的を遂げられなかったため未遂犯となったのであり、自らその行為を断って犯行を中止したのではないことになる。我が支那には政府がなく、清政府に久しく簒奪されている。このため、外交条約締結の事があれば、みな首を長くして少しでも漢人の権利を顧慮してくれることを望むが叶えられず、いつも我が漢人の権利が簡単に擲たれて彼らのために犠牲にされると憂うのである。幸いにして事勢が清政府の陰謀に適さず失敗に終わると、互いに喜び合い、不幸にして外人が清政府の求めに応じたために漢人の権利がいくらか剥ぎ取られると、ただ嘆き悲しみ涙を流すばかりである。故に、私はすべての漢人がこれらの問題をその本源にまで溯って考えることを願う。さもなければ枝葉末節にかかずらわることになって無益なばかりか自ら亡びへの道を歩むことになる。

日清談判に関する日本政府の意向は憶測できないが、在野党の領袖大隈伯の言論は影響が頗る大きい。大隈はもともと平和主義者であるが、今回の東邦協会の演説では以前とやや主旨を変えている。ここにその大旨を訳録して論評を加えてみたい。原文に云う、

（前略）支那の現状はすでに衰亡の時代にある。その政治は姑息に陥り、老人が僅かにその余喘を保つを計る如く国家は安を偸みただ革命の起らぬことを願い、地を割いて人につかえ、もって社稷を保とうとする。外交はといえば柔よく剛を制すで、もっぱら列国の衝突及びその嫉妬心を利用して、信義はない。故に日英同盟が支那の保全・開放・機会均等主義を実行するといえども、戦国派の外交は内部よりの変動を惹起する。（中略）けだし支那内部の変動は、経済上・精神上の圧迫をもってして、一知半解の国内国権論者の増加より起る。（中略）今日の国権論者、彼らは特権を人に与えないこと、すでに与えたものはこれを回収することを求めている。しかし支那は貧乏国である。国民には愛国心がなく、政府を

国民の政府、租税を政府の使用に供するものとは思わず、納税を肯んじない。然らば、外資の注入を防ぎすでに与えた特権を回収するに及べば、勢いどこかの国の力を借りざるを得ず、野心ある国が機に乗じて篭絡し、遂には内部の禍を惹起するに至る。ここにおいて支那に対し非常なる威圧を用いる必要が生じる。もし支那が、不信不実の外交をなし友誼的なる日本に背けば、たちまちのうちに滅亡する。人が亡ぼすのではなく自ら亡ぶのである。威圧というのは暴力ではなく、怨をもって徳に報いる国へ懲罰を加えることにほかならない。（中略）支那の今後の運命は、支那自身にかかっている。支那を保全し東洋の平和を維持するには、支那に日本開国の歴史を学ばせ、日本の威力に信頼させる必要がある。支那の動乱は常に列国の野心を東方に向けさせる。これを予防するには日本の威力をもって支那を服従させるよりほかない。この目的を達する最後の手段は空言ではない。いやしくも東洋の平和を維持するにおいては、武力に訴えるに躊躇することはない。

右の大隈演説の主義は、我が国民がこれを眼にすれば、愕然として色をなさぬ者はいない。しかしながら、これは怪しむに足りない。大隈の言は清政府に対してなされたものであって、我が国民に対しての発言ではないのである。この故にその批判の対象が我が国民であればあたらないが、清政府に対するのであればあたっている。衰亡の時代に入り復興の希望がないというのは清政府の姿である。その安を旦夕に偸み、地を割いて存続を図り、ただ革命の起らぬことを願うのが清政府の唯一の政策であるというのは、けだし庚子以来改まっていない。しかも無恥無識な者が朝令暮改を繰り返し、内からの叛乱を厳しく防ごうという彼らの思いは、ことごとく外人にさとられていることは、他山の石と言うべきである。列国は支那問題に対して、時に均勢主義をもって互いの野心を規制している。けだし勢が不均衡であれば、衝突がたちまち起こることは、日露の事ですでに明らかである。しかし、均勢問題に関しては、極東地域の主人公に責任があるのであって、もしその主人公が自立することができず日々賄賂とへつらいへと傾く国であったならば、均勢問題はこのために破綻し、各国の衝突は止めようがない。この故に支那の革命独立は、世界の平和と極めて大きな関係がある。清政府が自立できずに姑息な手段で存続を図るだけでなく、人もまた姑息な手段でこれを存続させようとする。甲午の日清講和の遼東半島の返還は、日本の退却にして列強の侵入であったが、清政府は自分では列国の衝突と嫉妬心を利用したつもりであった。日露の抗争に対しても、清政府がどうしてこの主義を採らぬことがあろうか。無信無義でただただ強い者に従う。智者といえども清政府のために弁護することはできない。東三省問題からロシアをみれば、ただ暴力のみであるのに、清政府は首を俯せ耳をたれるばかりで、抵抗したとは聞かない。そうであれば大隈の言のように圧力を用いることをおいては、外交の勝利を得ることはできない。そもそも、武力によって得た所を外交のためにそのひとつでも失えば、大変なことである。ましてや、信義なき清政府が虚しくロシアに従っている状況ではなおさらである。故に大隈が清政府のためにその言を発したのはあたっているというのである。

しかし、私が大隈に対し遺憾とせざるを得ないのは、大隈がまだ我が国民の性質を深く理解せず、その我が国民に対する方針も明らかにされていないことである。もし、それが清政府に対するものと択ぶ所なく、支那国民には愛国心がなく、政府を国民のための政府と思わず、租税を納めることを肯んじない、と考えているのであれば、大隈は現今の清政府が誰の政府であるのか果たして知っているのであろうか。少数の蛮族が圧力をかけて、強いて多数を服従させているのであれば、租税を納めることを喜ばぬのは当然である。ましてや、清政府が租税を得るのはもとよりその欲を満たすためであり、我が国民にはこれに関与する権利がないのであれば、我が国民が政府を愛さないことをもって、そのまま国を愛さないとするのは、大隈の失言といわざるを得ない。大隈が支那に対して日本の威力に信頼させる必要があるというのは、結局武力に訴えることに落ち着く。武威の圧力をもって清政府に対することは、私は敢えて失策とは言わない。しかし、ただこれをもって支那に対するとだけ言って、この外に我が国民に対してどのような目的を持ち、どのような方針を採り、どのような手段を用いるのか未だ言及されていない。大隈に何か言い難い事情があるとは思えぬが、その点はわからない。しかし結局、大隈の主張は今回の交渉に止まらず、また、劣悪な清政府に対するに止まらないのではと疑う。そうであれば、私は大隈の策は、武威の圧力をもって清政府の信頼を得ても、それによって直ちに我が国民の信頼を失うことになると恐れる。清政府が反覆無常の政府であることは、大隈の知る所である。そのすでに死亡の運に入っていることも大隈の知る所である。然らばすなわち、その信頼を博しても結局長くは続かない、どのようにして乗り移ろうというのであろうか。国民輿論の価値は、政治学を知る者のよく言うことである。私もそれに同感である。支那国民がどの国を信頼するかといえば、それは隣国がいかなる政策をもってその信頼を得るかに係っている。ところで、最近支那に対して武力を用いて圧制を加える者といえば、まずロシアである。ロシアが清政府の信頼を当てにできるかどうかは論じないとして、我が国民の隣国に対する信頼心が最も薄弱なのは、まさにそのロシアである。けだし輿論が許容しないためである。故に武威の圧力をもってすれば、必ず我が国民の信頼を失うのであり、これは私一人の空言ではなく、きちんとした証拠がある。日本政府は、必ずしもロシアの強暴に倣うことを望んではいない。大隈もまた、東方の平和の維持をもって武力に訴えるのは、平和維持がその目的であって武力圧制は手段であると言っている。もし、この手段を用いることなしに目的を達成できれば、それは必ず大隈の喜ぶ所であろう。しかも、清政府の信頼は、それが将来への脅威によるものであれ、すでに見た武力によるものであれ、要するにどちらも長続きしないし頼みにもならない。国民の信頼に勝るものはない。したがって、私は敢えて断言するのであるが、大隈のこの言は、必ずしも国民の一方面をちょっと見ただけのものではない。ただ私は、大隈がまだ言わずに隠していることが何であるかは知らぬので、それを言うことを忌まないでほしいと深く願う。

要するに、支那が革命を行い独立できてこそ、列国均勢主義は実行可能であり、東亜の平和も強固にできるのである。国内の国権論者も支那民族の一部である。彼らがその論をなすのは、外資の注入を防ぎすでに失った利権を回収しようとしても、どこか一国の勢力を借りることはできないことをすでに知ってのうえである。野心を持った国があったとしても、どうしてこれを籠絡することができようか。大隈の言うような、内部の変動を引き起こし、外国の東方に対する野心を招くことは、劣悪なる清政府でのみ起るのである。試みに問う、今日の支那の国権論者は上から出てきた者であろうか、それとも下からであろうか。権利を犠牲にして外力を借りることを惜しまないものは、国民であろうかそれとも政府であろうか。このことを判別すれば、我が国民が志を遂げることは東亜の平和に全く無害であることが分かる。大隈は頗る清政府の状態を知っているが、未だ我が国民の性質を熟知しない。故に有害な説をなした。支那問題の解決が実に難しいという私の嘆きは、ここにある。

（杉山文彦訳）

〔資料22〕国民新聞に与えて支那革命党を論ずる書

胡漢民

〔解題〕胡漢民のこの文は、明治四十年（一九〇七）一月二十五日発行の『民報』第十一号の末尾に「附録」として載っている。一九〇六年十月、湖南・江西両省で革命派のかなり大きな軍事蜂起（萍瀏醴の役）が起る。この蜂起の情況は日本の新聞でも日を追って報道され、それは当時日本にいた宋教仁の日記にも出てくる。その中で『国民新聞』が一九〇七年一月に、この蜂起に対して否定的評価を加える記事を掲載した。本文はこれに対する正面からの反論である。この文章は後に宮崎滔天らの『革命評論』九号にも「支那革命党の弁駁書」と題して転載された。『国民新聞』は明治二十三年（一八九〇）に徳富蘇峰らが創刊した日刊紙、政府寄りの論調を掲げることで知られていた。『民報』に載った胡漢民の原文は、片仮名を用いた日文がまず出され、その後に漢文が続く形になっている。採録にあたっては片仮名を平仮名に改め、句読点を加えた以外は、ほぼ日文原文の表記通りとしたが、文意の通り難い所が何か所かあり、その部分は漢文原文を参考に改めて訳した。

　『民報』は一九〇五年創刊、同年結成された革命派組織「中国同盟会」の機関誌として東京で発行された。一九一〇年まで年数回の不定期刊として刊行された。編集には当初は張継があたったが、その後はほとんど章炳麟が当っている。

　江西湖南の事起こりてより、日本の上下始めて大いに意を我が国の民党の事に注ぐ。しかも各紙の革命軍の行動を称誉する事、一にして足らず。ただ国民新聞独り刺譏の論有り。故に書を寄せて之を弁じ此に附載す。

　国民新聞記者足下。余は一月九日の貴紙に於ける「支那の革命党」と題する論文を閲し、其の議論の謬れるの甚だしきを見る。想ふに足下の論ずる所に就て之を察すれば、足下は未だ嘗て支那近代の歴史を読まず未だ嘗て支那民族の関係を知らず且つ未だ嘗て支那民党の真相を知らずして、然かも貿々然として之が批評を試み放言して択ぶ無きの人に非ざる無きを得ん耶。余は支那人にして革命党員也。故に支那革命党の問題に関して足下の蒙を啓き足下の謬を正すは、余の義務たると同時にまた予の権利なりと信ず。即ち乞ふ、為に之を弁ぜん。

　夫れ人民は国家の要素なり。然るに茲に両乍ら感情の相和する能はざる所の民族ありて同じく一国の内に居り、然かも少数悪劣の民族が多数文明の民族上に蹲踞し肆《ほしいまま》に階級専制の政治を施いて之を圧制するが如きことあらば如何。是の如き国に於ては政治の改良は到底行ふべきに非ず。これ則ち支那革命党が苦心焦慮して満州朝廷を傾覆するを以て改革の妙案と為す所以なり。蓋し支那民族と満州民族の真相を知らんと欲せば、須らく支那三百年来の歴史を披覧するを要す。支那民族は素より甘んじて満州の圧制を受くる者に非ず。故に屢々強大の反抗力を起し、而して多数臣民は敢て満州の為に忠を尽すの念ある事無し。而して之に同時に満州民族も亦支那民族を同化し或は吸収する事能はず。乃ち専ら威圧箝制を以て政策と為し以て支那民族に臨む。是の如く支那民族と満州民族とは其利害常に相反し、之が為に一日も革新の善政を挙ぐる事能はず。蓋しこの両民族衝突の点は或は隠に顕に瀰漫して其迹を掩ふべからざるものあり。故に支那革命党の満州を排する所以のものは僅に単に復仇主義に基くに非らず。実に政治の思想より来る也。抑も満州人の支那に入る也其屠戮の数百万を以て計ふ。かの嘉定屠城之篇、楊州十日之記を見ず耶。其野蛮残忍なる支那人民今に到りて猶ほ余痛あり。三尺童子と雖も亦満人の仇讐たるを知る也。是故に前時支那民党の激烈なる者は満州民族を撲滅殲尽して以て復仇の挙と為すの主義有り。今日の革命党は稍や之と異なるものあり。ただ彼の異族専制の政府を倒して我が漢族の政権を回復するを以て主となし、満州人と雖も之に抵抗せざるものは必しも之を目して敵となさず。満州政府を倒し政権回復したる以上は満州民族を見ること支那民族と同一にして必しも更に殺戮を以て仇を報ゆるが如き事あることなし。これ即ち近代の革命党の真相にして苟も支那の内事を論ぜんと欲する者は須らく先ず之が大概を知らざる可らず。然るに今貴紙の

革命党を論ずるやただ曰く

頻りに満州政府及び満州人を敵視し……まず北京朝廷を倒して満州人を逐ひ払はんとする云々

貴紙は殆ど支那民族の関係及び支那民党の真相を知らず。而して知る所のものは斯の如きに過ぎざるのみ。

貴紙曰く

今日に於て満人と漢人とは均しく支那人にして世界の眼中に於ては何等の区別なし。要するに満人は漢人に比して其分量に於ては或は十分之一も足らざるべし。されど満州分子は支那に於ては有力なる分子なり。之を排斥して如何なる利益を博す可き乎。唯だ自から貫目を損するに過ぎざる可し云々。

何ぞ紕繆笑ふ可きの到りなるや。夫れ漢人と満人との今は同じく支那人たりと雖も其界別の彰明なる、ただに漢人三尺童子の能く之を知れるのみに非ず。満人三尺童子も亦能く之を知る。然り其之を知つて而して之を懐ふて忘る能はざるは漢人も満人も皆然るなり。惟其れ是の如し。故に支那に於ては民族の関係は直接に政治の関係たり。若し貴紙論ずる所の如く漢満人は世界の眼中に於ては何等の区別なしと為さば、支那民族は其の自家直接の痛痒を捨て丶局外一般の観察

に従ふて進退せざるべからず。則ち譬ふれば、盗賊の人家に忍び入りて其主人を殺し其子弟を畜ふて之を奴隷と為し幾多の歳月を経たる後、其の隣人の之を見てこれ一家族にして其間何等の区別無しと為すに際し、其の子弟亦其隣人の観察に従ひ盗賊と自家と一家の裏に在つて何等の区別なきを以て我は戢々として馴伏し仇敵の気息を仰ぐも妨げ無しとなすが如し。天下寧ろ是理有らん耶。方今欧米各国に在て誠に支那の内事に注意する人士は恒に支那民族の関係及び満漢人の区別を知れり。而して余は今之を縷引して徴とすに暇あらず。然るに貴紙は未だ嘗て支那近代の史を読まずして、然も輒《たやす》く筆を放つて之を論ず。則ち貴紙が世界の観察を語るに足らざるや明なり矣。

　更に問はん。記者足下は日本の今日に生れ今日日本の国是亦定まれるものあるも、然れども尊王覆幕の諸義士あるに非ずんば、則ち日本安んぞ今日あらん。尊王覆幕の義挙を実行する者あるに非ずんば、日本亦安んぞ今日あらん。然るに前日に在つては世界の日本を見るもの何ぞ嘗て其目中に王室幕府の区別あらんや。若し貴紙の論をして曩日に倡行せしめば、則ち幕府は覆す可らず。而して日本の国是は今日に至るも猶ほ未だ定む可らざる也。若し貴紙の言ふ所の如くんば、凡そ一国の政治改革は一に外人の観察を見て標準と為し自国はたゞ之に随つて転移するあるのみ。世の外に騖《はせ》る者貴紙の如きは予の未だ嘗て見ざる所也。

　貴紙満州人を以て支那有力の分子となし之を排斥するは利無くして却て自から損する所以なりと為すも、貴紙の所謂有力とは何を指して謂ふ乎。其能力あるを謂ふ耶。則ち満州民族は其文明遠く漢人に遜れり。倘《も》し満州人をして必ず治者たるの地に居らしめ而して其の能力を発展し以て支那民族を臨制せしむべしと為さば、これ則ち真に支那四億人の同声反対して決して首肯せざる所なり。然らば則ち其勢力あるを謂ふ耶。蓋し其の勢力なるものは満州人の為に其羽翼を為すものにして、正に我が漢人の翦して之を去らんと欲する所のものたるに外ならず。彼や其権力を弄して専ら専制を逞ふす。然かも有力分子たるが為に敢て排斥せずといふは、これ真に奴隷の言なり。且つ是の言を為す者は未だ嘗て政治の学を知らざるものなり。何となれば大凡一国中に在て権力の支配を受くるに当り、其不平を削りて之を平ならしむる時は毫も国力を損せずし寧ろ却て之を加ふるに至る。即ち貴族政体の国に於ては貴族は有力の分子にして君主専制政体の国に於て君主は有力の分子なり。故に倘し有力の分子は排す可らずと謂はゞ、則ち古より以来貴族政体と君主専制政体とは永久に世界各国に存して、政治の改革は到底行はる可きに非ず。日本の事を以て例せば、曩日に在ては幕府は貴紙の所謂有力分子なりき、然も幕府を覆したる後其日本に損益する所如何ぞや。余を以て之を論ぜしめば幕府の日本に於けるは満州人の支那に於けるに較して猶ほ政治能力を有たりき。然も一国の大本を立てんが為には尚ほ之を排斥せざるを得ず。然も況や政治能力の支那民族に劣る事なる満州分子をや。貴紙の意を推すに貴紙は支那革命党は惟だ満州人を殲殺するを主張し、満州人悉く死して漢人独り存するを冀《ねが》ふ者なりと猜疑し、之が為に自から其貫目を損す云云の議論を生じたるならん。然りと雖もこれ支那革命党の真相を知らざるの過ちに座するのみ。支那革命党の目的は満州政府を覆するにありて満州人を仇殺するにあらず。則ち所謂排斥するものはたゞ、満州人の上に蹲踞して政治を為すの階級たらしめ以て不平等の政治を造成することを許容せざるの謂のみ。満州政府既に倒れ、支那の革新既に成り、共和立憲国を創立するに至らば、即ち満州人の能力ある者も同じく発展すべきの道あり。支那の貫目に於て何ぞ毫末だにも損する所あらん。貴紙の言ふ如く満州分子を支那より尽し去つて然る後革命始めて成功すと為すは則ち大に惑へり矣。

貴紙又た曰く

> 単にそれ迄なれば尚ほ可也。満とても排斥せられておめおめと引き込む者にあらざる可し。彼等も必ず多少の抵抗を試みるなるべし。仮令彼らは少数なるも勢力ある少数者也。則ち治者の側に立つ少数者也。若し彼等が生死を賭して戦うに於ては勝敗之数未だ知る可らざる也云云

此言支那革命は必ず満州人を排斥し尽すと為すを以て其前提と為す。然も其前提の誤れること既に上述せる所の如し。故に此には之を弁駁するの価値無し。今や我が革命党志士仁人は義を扶けて起り、既に其目的の正に出づるを信じ而して疑ふ所無し。されば成敗利鈍の見は以て之を撓《ママ》むるに足らざる也。露西亜の如きは其専制政治の組織の完密強固なる蓋し満州政府の比にあらず、然も其国の革命志士は身命を犠牲と為て血を流し難を犯して之と争ひ今に至つて屈せず。これ支那革命党の賛嘆して呼んで同調者と為す所也。今日支那の革命は、其情勢尽く露国に同じからずと雖も然も苟も支那革命党にしてこの艱苦卓絶百折不撓の志気無からしめば則ち安んぞ能く屡蹶屡起久ふして而して益振ひ、かの異族残賊の政府の殲滅する所とならざるを得ん耶。貴紙は既に審に支那に於ける種々の内相を知らず、故に之を論じて其実に中らず。漫りに危詞を為して革命党の意気を消沮せんと欲す。何等の浅見短慮ぞや。

貴紙は又更らに其論歩を進めて曰く

> 故に彼の革命者の運動は内乱を意味す。激惨なる内乱を意味す。万一成功するも自から其勢力を削減するを意味す。而して勝つも負くるも到底此が為めに外国の干渉を惹起するを意味す。扨て愈外国の干渉出で来りたりとせば、其結果は如何にあるごとき。一国対一国ならば支那とても満更ら引けを取ることのみにあらざるべし。されど一国対各国に於ては到底何等の成算ある無し、あるべき筈なし。而して其極は支那の独立も領土保全も全く

一時の夢物語となるに過ぎず、豈憐れむ可らずや云々

此れ支那が将に革命運動に由て内乱を生じ、内乱に由て干渉を招き干渉に由て瓜分に至るを論ずる也。然れども革命の内乱を生ずると否とは、乃ち吾人の夙に研究し至熟せる所のもの、余の同志某君曽て『民報』雑誌第六号並に第九号に於て之を論じ、既に此問題を解決してまた剰義あるを見ず。今其研究の結果を約言して貴紙に告げん。大抵革命の事業は建設を以て目的と為し、破壊を以て手段と為す。破壊の時に当つて生ずる所の悪現象は即ち内乱にして、其良現象は即ち撥乱反正也。而して或は良或は悪なる所以は、一に建設の目的に由り、二に破壊の手段に由る。破壊せんと欲する所の目的物にして誠に社会に適せず、而して建設せんと欲する所のものは之に反せば、則ち其現象は良有し悪無し。今の革命を言う者、其破壊せんと欲する所のものは即ち異族鈐制の勢力也。専制の淫威也。社会経済不完全の組織也。大凡是皆社会に適せざるもの也。而して其建設せんと欲する所のものは民族的国家也、民主立憲政体也、国家社会主義也。この建設の目的に基づき以て破壊を行はば其革命也。決して悪果を生ずるべきに非ず。支那の前代に当て革命累りに起るや、其政府を傾覆するに際し力を用ふる少なく歳月を要するまた久しからざりしも、野心家の相争ふて帝と為る也、力を用ゆる多く歳月亦久しきを要しなりき。故に革命の内乱を生ずるは、其手段之をして然らしむるにあらず。其目的之をして然らしむる也。今支那の革命党は其目的自ら帝制を起すにあらず、即ち政府を顛覆せる後は革命者は共和立憲主義を奉じ相争はざるが故に争奪生ぜず、何ぞ内乱作るの虞有らん。破壊の手段に至つては則ち満州政府は其死党と共に極めて少数にして、而して漢人は大多数を占む故に之に勝つは易々たるのみ。外界の刺激の如きも又仏国十八世紀当時の如く激烈なるに非ず。則ち民党相與するの間、利害共に同じく互に調和して一致の活動を為し其軋轢を避くるを以てかの恐怖時代の如きは復に見る可きに非ず。これ革命は内乱を生ずべしと言ふの説を以て妄なりと為す所以なり。

次に国際に就て之を言はんに、倘し革命をして義和団の如く高く扶清滅洋の幟を掲げしめば、則ち自ら干渉を招くに至るやも知るべからずと雖も、若夫れ革命の目的にして単に内政の改革に在らしめば、即ち各国の政策に妨げ無く各国自ら藉口する所無し。倘し革命軍起り転戦年を経るが為に商業上に影響を受け各国或は商業を保護するが為に兵を発して乱を平ぐるに至るべしと謂ふ乎、これ国際の法に反せり。蓋し国際法によれば一国は他国に於て急迫直接の危害を被る場合に非ざれば、即ち干渉の手段を用ふるを得ず。且つ商業上暫時間接の影響を蒙ると、兵を動かして他国の内事に干渉し之が為に直接に自国民の生命財産を耗損すると、二者を比較せば其利害の間必ず択ぶ所あり。故に列国は軽軽しく干渉を為すべきに非ず。これ革命は瓜分を招くと言ふの論を以て妄なりと為す所以なり。以上極めて簡単の語を以て此重大の問題に

解答せり。若し其詳を見んと欲せば則ち『民報』第九号に就て之を閲せよ。

終りに臨んで更に一言すべきものあり。即ち支那革命と日本との関係これなり。今日世界各国の視線東亜に凝注し、而して支那の存亡は尤も日本をして直接に其利害を感ぜしむ。之を斉東野人の揣測に聞くに曰く、

日本は支那にして強ければ、則ち自国独り覇たる能はざるを慮り寧ろ満州政府を利用して傀儡と為さんとするの意あり、故に支那の革命は日本の忌む所ありと。余は窃かに此言を以て謬れりと為す也。若し日本の政府並に国民をして遠識あらしめば、思ふに必ずこの謬見を懐かざらん。蓋し操縦捭闔は所謂戦国流の外交にして近世に於ては只だ露西亜のみ好んで之を用ふるも、然も其の得失の如何は当世と共に見る所なり。姑らく他国の闇弱を以て利を為すの人道の主義に悖れるを論ずることを休めて、満州政府は果して傀儡として用ひ易き政府となすも、然も之を用ふるものは必しも日本一国に非ず。日露戦争は露国が満州を以て傀儡と為し、日本をして戦に出づるの已むを得ざるに至らしめたる者に外らず。故に世界各国は今日支那に対しては、凡て領土保全の唯一政策に出ざるを得ず。若し之に反せば則ち均勢問題之が為に決裂せん。然れば則ちこの傀儡と為し易き満州政府あるが為に時々均勢決裂に虞あるものにして、世界の平和の為に計らば固より支那をして革新独立せしむるを利と為す。而して日本の為め之を計るも、日本は既に支那侵略政策の非を知り之が為め日英同盟を締結して専ら之が保証と為しつゝあり。而して日露大戦争は半ば露西亜の侵掠を防ぐが為に起りたりとせば、満州政府にして長く存し時に外国の傀儡となるあらば、則ち各国の衝突必ず起り、日露両国の国交の如き尤も大決裂を生じ易し。これ利と為す耶、抑不利となす耶。且つ日本は英国の同盟を得て乃ち能く露と戦いて之に勝てり。然らば則ち支那をして振興せしめ能く東亜に於て日本と聯絡せしめば、其日本に益するものは豈更に大ならずや。日本は支那と同種同文の誼ありとは日本の人士の熟道する所、支那民族にして復興せば必ず能く親睦せん。然りと雖も満州民族に至つては本来日本と種文共に同じからず。其外交政策又夙に日を擯して露に親む。一千八百五十八年英仏聯合軍北京に入り、一千八百九十五年日本の遼東を還付せる、皆露国が間に居て満州朝廷の為に功有りとせらる。故に日本は露国に勝て以来自から支那に大造ありと謂ふも、満州政府は終に露を捨て、日に親まず。然らば則ち至愚者にあらざる限りは、誰が敢へてこの異族親み難きの政府の為に之を助けて、同文同種の民族を貶抑せん耶。大隈重信氏前年日清談判之際、東邦協会に於て演説し曰く、「支那政府専ら苟且姑息を以て治を為し、ただ革命の起らざるを企望し、地を割きて他国に与へ以て社稷を保つ。常に列国の衝突及び其嫉妬心を利用して毫も信義為し。故に日英同盟ありて支那の保全開放と列国の機会相等主義を実行すと雖も、然かも戦国流の外交は内部の変動を惹起すべし」と。この言は実に肯綮に中ると謂ふべし。故に余

は日本に於て甚だ無識の人に非ずんば必しも支那の革命を沮まざるを信ずる也。

或は又謂はん、支那革命の事起れば則ち留学界必ず其影響を受けん、故に日本の輿論反対を微示せざる能はずと。これ尤も笑ふ可き不通の論也。夫れ支那革命党は支那日本両国の国民的聯合を主張する者也。即ち他日革命功成るに至らば其交通の利益実に計算の外にあり。日本中至愚之人と雖も亦必ず此時の学界の変動の為に憂慮を生ぜず。且つ学界の変動に関しては正に支那人の心理を知らざる可らず。則ち前年文部省令の頒布せらるゝ、時に留学生界群議紛紛、遂に退学帰国するものあるに至れる所以のものは、此令を以て満州政府が意を日本に授けて而して学生を束縛するが為なりと誤認したるが為にして、其後深く其事の専ら学界の問題に関し満州政府と相渉る無きを知れるもの、乃ち維持留学界同志会を作り意見書を発表し徐々解釈を為し、余も亦與つて労する所あり、一ヶ月にして衆志初めて釈然たるを得たり。之を以て見るも、かの曲筆を以て革命党を貶抑し或は危詞を以て輿論を乱る者、上は之に藉て以て交好を満州政府に適すべく、而して下は以て留学界の変動を免る可しと為すも、是誠に與言するに足らざる也。予は反覆此問題を思し、其実際は以上種々の如きを覚ふ。夫れ新聞紙は一国輿論の母にして則ち未だ深く其の是非利害に准りて直言する能はざるも、亦当に斟酌慎重して敢へて軽く筆を下すべきに非らず。貴紙の如きは恐くは将に支那国民の感情を害して而して文明国新聞界の羞を貽さん。故に敢へて進言して隠さず。惟だ足下之を裁せよ。伝に曰く、惟だ善人能く尽言を受く、と。予乞うに貴紙の後日を観るを以てす。

第4節　日露戦争をめぐって

［資料23］日露戦争の将来

主父

［解題］この論説は『新民叢報』四十四―四十五号合本に載ったもの、著者名の主父が誰を指すのかは不明。『新民叢報』は、梁啓超が一九〇二年二月に横浜で創刊した立憲派の機関誌、半月刊、一九〇七年まで刊行された。日露戦争当時、『新民叢報』はこの戦争に関する論説を数多く載せている。この文は、まだ勝敗の帰趨がはっきりしない段階で、戦争の背景、戦後の見通しなどを論じている。日露戦争を黄色人種と白色人種の戦いと位置づける点、満州問題は本来中国の問題であり中国が戦うべき所を日本が戦っているとしている点は、この当時よく見られた議論である。この論説はさらに、日露戦争を日本の国益という観点から論じている。また、日露両国の国情の比較を行っているが、そこには立憲派が用いるようになる、立憲の日本と専制のロシアという図式に通じるものが見られる。

平和破れ風雲急を告げ、鉄騎馳せ北虜来たりて、満韓の野は日露の戦場となり、東亜の陸は黄白の舞台となった。ああ、十九世紀の大西洋における風雲流血の結果は、太平洋に飛来し、黄白の衝突はいよいよ迫りいよいよ激しくなった。将来の戦史において、一大特色をもって大書特筆されるものは、我が国の庚子義和団の義民が世界に宣戦したこと、及び今日日本が野蛮強暴なロシアに宣戦したことである。今後、東亜の主客の勢力如何、日露の勝敗如何、わが国の存亡如何は、皆これによって左右され決定される。この問題は世界の視線の中心であり、我が国の全てがかかる関鍵である。かの野蛮なロシアはピョートル大帝の軍事膨張主義の遺言を受けて久しく世界の賊となってきた。初め勢力を欧州に伸ばそうとしてスウェーデンを破り帝都をバルチック海に建設し、さらに南方へ向かいもう少しでコンスタンチノープルを占領しようとしたが、齟齬すること多く中途で失敗した。すると一転して東に向かい、シベリアの地を開き鉄道を敷設し東亜大陸へ貫入し、その陰険な侵略、土地への欲望を逞しゅうした。軍港を租借し、土地を奪取し、偽太守を立て、陸海軍を派遣して跳梁跋扈し、厳然として満州の主人をもって自ら任じている。ああ、満州無ければ中国無きなり、満無くば韓無く東亜無きなり。ロシアが文明の公敵たるやすでに久し、東亜男子でおよそ国家に責任ある者、東亜の平和維持を天職とする者は、まさに精神を振るい手足を犠牲にし十万斗の熱血を傾けて、野蛮のロシアと戦場に相見えるべきであるに、いかんせん地主の権を有する者は頑迷にして固陋、惰弱にして愚昧、始めは籠絡され継いで武力に脅され、優柔不断その場しのぎで今日に至った。そして第三国による戦いがここから起こったのである。

そもそも、日本が戦う所以は何であろうか。曰く、中国の主権を尊重し、韓国の独立を保護するためなり。しかし、はたしてそうであろうか。私は以下のように断言する。日本がなぜ戦い得るのか、それは万止むを得ずして戦うのみ、なのである。なぜそう言えるのか。日本は国は小さく民は貧しく、財政は困窮している。このような日本が強大な虎狼のようなロシアに当たれば、敵わぬことは明白である。そうでないとして、日本がもし戦って勝っても、ロシアの数十年の経営、数十年の欲望、数千万の経済、大を喜び功を好む数千万人の野心をもってすれば、勢い戦争は長引く。一戦に存亡を賭ける日本は必ず苦しむ。敗れて逃げればどうか。満韓の領土を委ねて去るだけであれば問題ない。本国の独立に関しては何ら係ることはないのであるから。しかし、この場合も日本の軍事的損失は必ず大きく、日本は苦しむことになる。日本の主戦派は、戦争経費がまかなえなくとも、勝利の後直ちに戦費をロシアに賠償させればよい、と言う。これは、日清戦争〔原文は中東戦争〕の前例に基づく言であるが、地勢・主客の違いを知ればとても同一には語れぬことを知るべきである。戦費賠償をロシアから取るということは、ロシア政府が我が国の満州政府のように愚劣であってこそ可能である。そうでなければ、勝ちに乗じて直ちにロシアの都を突かねばならない。しかし日本の兵力ではそこまでは絶対に無理である。そしてロシアとの折衝がまた容易ではない。しかも、勝敗の帰趨は未だ予想しかねる所である。もし、不幸にして一旦敗れれば、中国も日本も相次いで亡ぶのみである。故に私は断言するが、ロシアは勝っても負けても良いが、日本は負けられない立場にある。今日の日本の戦いは、全国の存亡を賭けたものである。全国の存亡を賭けるとは、莫大の利、莫大の害、莫大の憤懣が眼前に行き交い胸中に去来して、戦わざるべからず戦わざるあたわざる状態になっていることである。それはなぜか。満韓は東亜の藩屏である。満韓が亡べば我が国は必ず亡ぶ。我が国が亡べば日本も断じて独存し難い。であるからこの戦いは、東亜の平和維持の公戦であると共に、日本の独立自衛の私戦ということになる。果してそうであるならば、我々は香を焚いて祈り、仰ぎおし戴くべきであろう。しかし、その戦いの本当の理由を考察してみると大いに異なるものがある。この事をどうして言わずにおれようか。

内々に隠されているものを掬い取って我が国民にお話し申

しあげる。日露戦争とは、その初めから終わりまで満韓が目的である。ロシアがいなければ日本がロシアに替わる。ロシアがいなければ、今日満韓の野に電気や蒸気を次々と持ち込み兵馬で蹂躪するものは日本になっていたであろう。ところが遼東が割譲された時の露仏同盟の干渉のために、日本は満州の主人になる資格を失った。甲午の戦争〔日清戦争〕の時、韓国はすでに日本の勢力範囲になっていたのであるが、これまたロシアの為に南北対抗となり朝鮮での勢力は完全に蹴散らされ、韓国の主人になる資格を失ったのである。そもそも、日本の人口は毎年五十万あまりも増えており、島国の将来は悲観的であって、勢い植民地を求めざるを得ない。しかし欧米に行くには力が及ばぬし彼らのモンロー主義により排斥される。地理的に近い満韓に注目せざるを得ないのも、これまた勢いである。そこで、国中の希望、国中の投資が、韓国の利権享有、満州への植民事業の展開に勃々として一斉に向かいはじめた。以前、日本人で北清に来る者は甚だ少なかったが、今では一躍五千人余りになっている。ただ、各国の圧力があるので、奪取しようという気持ちを敢えて表に出さないだけである。もし老大帝国の満州管轄の虚権が、億万年にわたって道義上保たれるのであれば、一切の自由経営、特殊権益は皆自分で取れる。しかし、一旦ロシアの手に落ちれば、彼らの商業は甚だ幼稚であり、保護関税、輸入排斥などの利害衝突は浅からざるものとなる。それだけではない。満州と韓国は表裏の関係にあって、満州あれば韓国あり、満州亡べば韓国も亡ぶ。今ロシアの勢力はすでに韓国の半ばを被う。満州すでにロシアの嚢中の物となれば、韓国はどうして俎板の鯉とならずにおれよう。しかも、満州を根拠地に韓国を取るのであれば、日本が海を越えて防ぐことはとてもできない。日本はここに至って、この情勢をどうするのか、ほとんど戦いに出るのみであろうか。そうではない。なお、ロシアと平均分割の望みがある。ここで満韓交換の論が起る。

ロシアは昔から外交がうまいことで有名である。信じられないと言うならば、我が国政府を手なずけて傀儡とし、日本を小児のように弄んだことをみてみればよい。日露の交渉史を遡ってみると、日本の失敗がたびたびであると言える。例えば、甲午の戦争が終わると、韓国は名は独立でも実は日本の属領に異ならなかった。財政・兵権・行政・用人みな日本の指図の下に決められた。しかし、その手腕があまりにも激しく威圧的すぎたので、ロシアに付入る隙を与えてしまい朝鮮を独り占めできなかった。これがその一つめである。我が国の庚子義和団の変では、日本はヨーロッパ人にそそのかされて大軍を派遣し、外族を助けて同種を攻撃し、ロシア兵に東下の口実を与えた。これがその二つめである。満州撤兵問題が起ったのは、昨日今日のことではない。我が国政府が腐敗していて、強硬なロシアを屈服させられない以上、自ら立って第三国として直接交渉し、交渉が成らなければ戦争というのならよい。ところが、またロシアに欺かれて日時を延ばし、軍隊増強の時間を与えてしまい、今日の情勢となった。今ではロシアが主勢となり、日本はかえって客勢になってしまっている。これが三つ目である。解説する者は、日本は初め戦争を望まなかった、故に、ロシア懲罰を論じた七博士の意見書(1)や、民党の主戦派はみな排斥された、もし一旦満韓交換の議が成立していれば、それでみな終わっていた、と言う。しかし、虎狼のロシアは隴を得れば蜀を望む(2)のであって、交換なぞ願わぬばかりか、ついでに韓国も一挙に併呑しようとする。人にとって堪え難きことこれに勝るものが果たしてあろうか。事ここに至って日本は戦わざるを得なくなり、ロシアも戦わざるを得なくなったのである。ああ、今日の戦争の原動力は、どうして日本が造り出したりできようか。かの大を喜び功を好むロシアの君臣たちは、以前からアジアに一大帝国を建てようとしており、今では大胆にも自ら露清帝国の徽号を用いている。その志の大きさが知れよう。その勢いは東亜を席巻し、ことごとく己が領土とするまで止まらない。日本の挑戦の決心を前に膨張の夢想はますます堅固になっている。

今私は、日露戦争をどう議論するか考えると、まず両者の比較をしてみないわけにはいかない。両国の内情について論ずれば、ロシアは専制であり日本は立憲である。ロシアの民党は皆非戦論であるが、日本の民党は主戦論である。ロシアの平民社会はことごとく革命勃発を期待して君主に対しているが、日本の平民社会は皆国家への犠牲的精神をもって外敵に向かっている。ロシアの土地・人種は甚だ複雑で時に反抗・衝突がある。日本は土地は狭いが、人心は団結し、忠を尊び、国家への犠牲を自分の命としている。故に、戦争が一度始まれば従軍・献金の徒が引きも切らずになる。両者を比較すれば、日本が優れているようである。しかし、日本の戦いは短期戦に有利で、長期戦には不利である。今は戦いが一段落した所であるが、戦術上の優劣から両者の力関係まで、両国の陸海軍の優劣及びその作戦・地勢を推測し比較することによって、将来を予測してみよう。

「勝利は皆共に、戦死もまた皆共に、勝利は是栄誉、戦死は是運命」。この四語は、馬納口〔原音不明、ロシアの地名か〕の丘の砦の廃墟に高々と掲げられたロシアの碑文である。今でもこれを読めば、殺気の迫り来るのを感じる。日本人の軍事上の性質については、私が批評するまでもなく、その勇死敢戦の風は当世に傑出していると言うべきである。今後、誰が満韓の野に鹿を追うことになるか、今の所まだ分からない。これからこの舞台にいかなる英雄が登場しまた去ってゆくか、その波乱万丈は人の耳目をひきつけて離さない。われわれは傍らから見る限り、いかに喝采を送りいかに声援を送ろうとも思いのままである。よきかなこの戦い、強敵を倒せ。しかし、さらに傍らから解説をしてみると、戦争を行う力は、陸海軍の力の総計より大なるはなく、軍事拠点の如何、海面制御の如何は戦術家が最も重視する点である。今、地勢について言えば、日本は守りにくく攻めやすい国である。沿岸の防衛線は甚だ長く、疎漏無きを保つよう慮っても、もしロシアが一旅の艦隊をもって沿岸に出没し野蛮な砲撃を加えれば、日本の損害は必ず巨大である。これらの重大問題は、イギリスの歴代の研究に照らしてみても如何ともし難い。大陸での作戦となれば、軍隊を本国より輸送せねばならない。朝鮮の南岸より上陸するとして、もしロシアの遼東艦隊が遊弋牽制すれば、日本の障害は甚だ多く行動の自由は難しい。しかも後方との連絡線も危険が多い。この故に、日本の陸戦は、必ず海戦に勝って制海権を手に入れて後に可能となる。喜ぶべきことに、ロシアの黒龍艦隊は形勢不利で、日本の西岸からは制御しやすい。聞けば、日本は仁川・旅順の戦いで、どちらも勝利を収めた。したがって、海上での勢力は強まり、陸戦の障害も減少するはずである。ただ、旅順攻撃の最終的勝敗如何が陸戦全体に関係していることは、言わざるを得ない。さらに、両国の軍港を比較してみよう。日本の西岸は良港が甚だ多く、大兵を輸送するのに便利である。これに対しロシアの軍港は皆凍結してしまう。凍結しない大連湾の如きも、一たび防堤を築造すると凍結がそれについてくる。その他、ウラジオストックは日本海の東北端を控制しうるが、これまた六か月間結氷する。しかも、黒龍艦隊と遼東艦隊との連携は、たやすく日本に断たれてしまう。一旦、対馬海峡、津軽海峡を抑えられれば、往来は断絶しウラジオストックはたちまち孤立して、旅順への支援も絶たれる。両者を比較すれば、この点では日本が優勢と思われる。

両国の艦隊と兵士を比較すれば、日本は約百五十艘、ロシアは約九十艘、日本は士官千人、水兵二万二千人、ロシアは士官三千人、水兵五万人。ロシア人の堅忍熱誠はつとに世人によく知られている。日本国民の自負心もまた有名であり、戦死を誉れとする心もこれによっている。今、数度の戦いの後、ロシア艦隊の戦闘力はすでに減少しており、今後は全勝の局面も、私は日本に期待できると思う。

陸戦について言えば、日本が最も不安を感ずるのは、退却線が狭隘なことである。ロシア軍の作戦地域は甚だ広く、不幸にして一旦敗れても、なお満州を根拠にし得るし、退いて本国に入ることもできる。ただし、満州馬賊が各地に出没し、種族上の敵愾心も頗る強い。ロシアの軍事作戦は、あるいは軍隊の秩序が破壊されてしまうような内患の憂いが無いように努めても、それは机上のことにすぎない。先に各誌の報じる所によれば、ロシアがシベリアから満州に輸送した兵はすでに十八万とあるが、それは虚勢という話もある。前回の旅順港の陸軍演習は十万といわれたが、実は僅かに二万一千、満州の鉄道守備兵及び国境守備隊に二万二千五百人、東シベリアの施条隊が全部で二十八、各租借地の守備兵が合計で三万二千人、総じて六七万人不足という。しかし、近日軍隊は陸続と増強され、兵力は少ないとはいえない。ただ馬賊に苦しめられ鉄道・電線は切断されて、兵力を割いてこれを守らざるを得なくなっている。今、ロシアの鉄道守備兵は一中里毎に三十人余り。これから軍事的牽制の強さを知ることができる。また、最近の調査によれば、ロシアの作戦の兵は、およそ歩兵七万五千、騎兵六千、工兵七千。野戦砲二百門はみな遼東半島及びウラジオストックのために備えたもの。この外は国境警備兵及び鉄道配備の兵が山砲を皆備えており、それが一万五千ほど。今、ウラジオストック周辺に集合の兵は、すでに朝鮮の平壌一帯に侵入した。旅順第一軍団も陸続と増援を得ている。ただ、前進の路線についてみれば、日本が有利と思われる。釜山の鉄道は大部分竣工し、西南の地は非常に豊かである。将来両国の兵が朝鮮の西岸に長々と展開して戦闘を繰り広げることが予想される。今後ロシアが欧州から増援する兵については、いかに編成し、いかに輸送するのかは自ずと知れる。聞く所によれば、近々二軍団から一旅団ずつを割いて旅順・ウラジオストックの両要塞に充てるということだが、大軍ではある。ただし、ロシアの陸軍は腐敗がひどく、上官は部下を酷使し、俸給は薄く毎月わずか銀二銭五厘、多くの場合自分で稼ぐに任せている。そのため兵士は至る所で略奪暴行、ほとんど乱賊の如きありさまである。そのほか、満期の兵には商業資本金を与えて満州に居留させ、ある者は馬丁、ある者は小商いをしている。一見するとその兵士の多さに驚くが、実は烏合の衆で士気は頽廃しており、戦える状態ではない。日本の兵士は皆学校で訓練されており、命令系統は整い、統制は行き渡っており、とてもロシア兵の敵う所ではない。まして、ロシアの将校の腐敗は我が国の将校と同等であれば、なおのことである。

日露戦争に対する列国の態度如何は、我々が研究せぬわけにはゆかぬことである。満州がロシアに侵略されてより、我が国の主権及び列国の勢力均衡に影響し皆大いに恐れている。ただ、我が国政府は優柔不断、一時の安寧をむさぼって恬として恥じず、自ら状況を打開しようとせず、必ず人が打開するのを待つ。かくして、トルコ処分の二番煎じが提起され、各国の最終決断が行われたが、結果として開放派と奪取派に分かれ、両者の対立・齟齬はなかなか解消しない。両者を主導するものは、イギリス・アメリカ・フランスの三国である。この三国は日露戦争には中立を宣言しているが、その実皆大きな関係を持ち、深く肩入れをしている。日英同盟は無論のこと、アメリカもまた日本の利害に同情を表明している。アメリカは米西戦争以後、俄然その頭角をあらわしハワイを併合しフィリピンを侵略し、さらに太平洋の南にまでその猿臂を伸ばし東亜の商務の覇権を握ろうとしている。今や我が国への輸出品の三分の一以上を占め、北清はまさに合衆国の天然市場とさえいえる。今、満州が一旦ロシアの支配する所となると、その不利益はこの上なく大きい。そこで決起一番敢然と対抗して、満州の開放をロシアに迫った。次いで、ロシアが牛荘を占領し、我が国の全権委員の奉天・大東溝開放の命を拒むに及んで、憤然として軍艦を極東に派遣し示威行動に出た。ここから反ロシアの心情が見て取れる。今、日露戦争がまさに始まるにあたって第三国の援助はもとよりないが、もしロシアを助ける国がひとたび現れれば、イギリスがその盟約を実践することをためらわぬのみならず、アメリカも断じてそれを黙認しない。日英同盟が成立した時のことを思い出してみよう。ロシア・フランスも宣言を発して、露仏両国はもし第三国の迫害を受ければ、相互に協力してこれに抵抗するであろう、と言った。このようにロシアとフランスは、東亜に対して常に思いを共にし共に行動している。ロシアの満州経営の資本をみるに、その供給をみなフランスに仰いでいる。両国の関係は此処によく現れている。しかし、フランス本国の負債は実に三百億フラン、毎年の金利が十二三億フランになり、国民一人当たり元金七百フラン余り、利金三十フランになっており、すでに限界に達している。今、戦端が開かれれば、日に百万はかかるが、果して国力を尽くしてそこまでできようか。この事態を傍らから冷眼をもって観察すれば、舞台上には両雄が相対峙し戦雲が激しく渦巻いているが、そこにも幾つかの異なった動きが見分けられる。例えば、ロシア人民はフランスがこれを保護し、日本人民はアメリカが保護する。ロシアの軍事物資はフランスがその斡旋をし、日本の戦時物資はイギリスが陰からこれを助けている。今はただ互いに対峙するだけで、当事者宣言はしていないが、もし一旦冷静を失うか、あるいは自分の利害にあまりにも密接な事態となったりすれば、中立の範囲を踏み越える行動、例えばイギリスの場合でいえば威海衛を日本の海軍根拠地として貸し出すという話があるが、もしこのような事になれば数か国の混戦となり黄海は沸騰し阿鼻叫喚の世界となることも避けられなくなる。もし不幸にして日本が敗れれば、英米二国は必ず連合してロシアの強暴を抑える方法を考え、勢力均衡の局面を回復しようとするであろう。イギリスの軍事思想はすでに老大の域に入っているが、それでも大勢には逆らえない。このほか、ドイツの日本・ロシアに対する感情はどうであろうか。果して最後まで局外に立ちつづけるかどうかは知りようもないが、その性質から論ずれば、力を好み破壊を喜ぶ点で頗るロシアと近い。ことによると最後の手段に出て秩序を破壊し、ついには分割の惨禍の演出者になるとしても、過言ではない。ああ、我が政府はこのことを知っているのだろうか。

そもそも、自分の土地が人に奪われ、財産が掠め取られ、自己の身命が強権の下に這いずり回り、自己の人民が野蛮暴虐に酷使・虐殺され、それのみか自国の領内で宣戦が発せられ、城下に軍隊が入ってきても、なお恥じることなく皆に向かって「中立、中立」と言うような国が古今に存在した、などという道理が果たしてあり得ようか。あり得なかった。それは我が国と韓国とから始まったのである。韓国は領土小さく民は貧しいから、理由がなくはない。我が国の如きは、世界で最多数の人民を有し、天然の肥沃な大地を有し、更には辺地を闢き夷狄を攘うという偉大な思想をもって、世界を席巻し八荒を嚢括し、列国の上に覇権を握らんとした国でありながら、いつしか気息奄々まさに死せんばかり、外敵に料理されるままになっている。ああ、我が祖国はどうであったか、我が秦漢唐明の武功はどうであったか、然るに衰えるままにここまで来てしまった。あの奴隷の大宰相と能天気な老皇帝〔李鴻章と西太后〕とは親露派を称しているが、黄金と甘言で一時の悦楽を図る者にすぎず、彼らは禍いが全局にまで及び、更にかの列祖列宗発祥の地が今や弊履の如く捨て去られ人の手に委ねられることなぞ、知ろうともしない。ああ、あの婦孺が、あの病夫がどうして知り得よう、いままさに衰退して死に赴きながら、逸楽のうちにその日その日を過ごしていることを。悲しきかな、国祚を守り独立自尊に責任ある我が国民よ、事ここに至るを如何せん、事ここに至るを如何せん。私は更に、我が国民に向け大声で叫びたい。我が国は今日、生死の関頭、存亡の岐途にある。その生死存亡は満州の最終的処断にかかっている。そして、満州の最終的処断は日露戦争の勝敗にかかっている、と。今ここで我が国民のために、将来の形勢について考えられる限りのことを挙げてみれば、左記のようになる。

(甲)ロシアが戦勝し、満州のみならず北清も併呑し東亜帝国の夢を実現する。そして終に各国が中国分割の惨劇を演出するに至る。

(乙)日本が戦勝し、満州を占拠し戦費を我が国から取り立て、開放主義を実行する。

(丙)各国が立ち上がって、ベルギーのように満州を緩衝地帯とする。

(丁)我が国がロシアの敗北に乗じて、自ら出兵し満州を回復して日本と交渉する。

以上四者のうち、第一と第二は形勢次第でありうる。第三は可能性は相半ば、第四に至っては全く夢想に属する。そもそも、我が国の政府は庚子の一役以後、ほとんど心気沮喪し雌伏蟄居して、ただただ強国の怒りを買うことを恐れているのであって、満人の衣鉢は粉々になってインドの土王にも劣り、官場の羽飾り〔身分を示す〕はうち棄てられて小朝廷の大臣にも劣るありさまで、破廉恥なることこのうえない。ああ、我が四億の漢族が石を投ずれば山を成し汗を揮えば雨を成すのである。どうして百万の剣を研いでロシア人の首にかけることができぬことがあろう。この人民、この財力をもってすれば、どのような強国でも打ち破れぬことはない。不可能と言うのならば、我が同胞の半ばをもって黄海に浮かべ泰西まで展ばしてみよ、アメリカを縦断し欧州大陸に押し渉り、世界を蹴って平原とすることも可能である。ましてや、このちっぽけな子鬼の跳梁跋扈するが如き、徒手の組討でも十分である。それを何故この情けない状態を忍ぶのか。ある者はいう、我が国の袁世凱や馬玉崑の軍が何故一度も戦わないのかというと、それは南方の革命の徒が勢いに乗じて蜂起するのを恐れているからだと。私は言う、そうではない、昔から君主の中には民衆に不満がたまると外敵をそのはけ口に利用する者がいたように、各国の党派は平時は互いに攻撃しあっても一度戦時となれば意志を統一して、ただ外敵との対抗を考える。我が国の人士だけが、独りそうでないと言えようか。ただ、満人はあまりにも頑愚で、君主はこの手も知らず、自ら満漢の区分にばかりこだわり、そのため広西の土匪の方がロシア人より重大となり、東京の留学生が外寇よりも危険ということになる。尊王を主張すること〔変法派〕は謀逆とみなし、ロシア反対を言えば革命だと決め付ける。これは自ら活力を奪い、漢人の反発を助長するものである。

私は更に満人に御忠言申し上げよう。今日の情勢は戦うのみである。戦えば亡ぶ、しかし戦わなければ亡ばぬという保証がどこにあろう。まして、戦って亡べば名誉の亡国である。しかも、漢人から同情を得て、心を一つにして奉戴されるならば、あるいは亡ばずにすむかもしれない。もし一戦して敗れ再戦して挫かれても、漢家の山河は万里であり、拠るべき地は随所にある。都を移し領域を狭めることになっても、北宋の徽宗・欽宗が北へ遷されたのよりはましである。これは迷いから抜け出せず、ずっと今のままでいようとすれば、そ自ら天子に滅亡の災いを踏ませることになる。このままでは、いつの日か青衣を着て酒を勧め〔晋の懐帝が匈奴の劉聡のために酒を給仕した故事〕たり、白髪頭が歎きの詩を歌うこと蜀や南宋の故事のようにはなっても、南宋の高宗の擁立の如きことはありようもない。甚だしい場合は、至る所でこの災いをもっけの幸いに外寇と内乱が同時に起り、ヨーロッパ人は外から槍を振りかざし漢人は内で矛を逆しまにすることもありうる。このときの光景は想像を絶するものがあろう。故に私は満人のためを思って、今は一戦した方が良いというのだ。

傍から見る者がいう、日露戦争の東亜に対する影響は二つある、一つは黄人に白人に対する見方を変えさせるきっかけを作ったこと、いま一つは、中日人民の同情を喚起したこと、であると。世間ではロシアを最大の軍事国家、我が国を最大の労働力国家としているが、私は敢えてそうではないという。そもそも世界中で、軍事の素質において誰が黄人より勝っていよう。我が国民の自尊自大統一壮大の思想、活発強健、生まれながらの軍人の素質をもってし、加うるに絶好の山河、絶大なる財産をもってすれば、将来の黄白強弱の勢は自ずと明白である。今はまだ幼稚の段階で頭角を現わしてはいないが、それでも庚子の戦いにおいて婦女童子の無規律無訓練の烏合の衆が、莚旗を押し立て世界の連軍と血戦したことにより、初めて各国は、弱いとみられた我が国の兵が実は強いことを知った。ただ、機械が粗悪で訓練も行き届かないので、世界で唯一無二の覇者の資格が生かされていないだけである。今は民族主義が起り、中日人民の利害・同情・団結の勢はますます固くなっている。日露戦争の如きは実に東亜民族主義発展の一里塚である。まして、我が国の留学の士は多く日本に来ており、日本の学者も多く我が国を漫遊している。将来も心を一にして発展してやまず、共に欧州大陸に轡を並べるとすれば、日露戦争はその嚆矢である。私は剣を抜き放って祈る、我が国の武運長久なれ。私はまた剣を抜き放って祈る、東亜の武運長久なれ。

（杉山文彦訳）

［注］

（1）一九〇三年六月十日、東京帝国大学教授の小野塚喜平次、金井延、高橋作衛、寺尾享、戸水寛人、富井政章、学習院教授の中村進午の七人が、対露強硬論を主張して政府に提出した建議書。

（2）貪って厭くことを知らぬ喩え。『後漢書』その他古書に用例が見える。隴は甘粛省の、蜀は四川省のそれぞれ古称。

［資料24］日露戦争の感

観雲

［解題］この論説は『新民叢報』四十六―四十八号合本に掲載されたものである。日露戦争での日本の勝利が見えてきた段階で、立憲君主制の日本の勝利と皇帝専制のロシアの敗北という図式の下に、多方面からの解説を行っている。日露戦争における日本の勝利は、立憲君主制を主張する『新民叢報』にとってまさに格好の材料であった。

この論説のいまひとつの主題は日中の国民性比較であるが、そこでは、中国には尚武の精神がない、中国人には国家意識がないとする当時日本で盛んに行われた中国人論が、ほぼそのまま判断基準として用いられている。

著者の観雲が誰をさすのかは不明であるが、この時期の『新民叢報』には、ほぼ毎号、観雲署名の文が見える。

その国の人心風俗を観ようとすれば、平時から見るより戦時から見るほうがよい。

二十世紀の開幕にあたり、日露の大戦争が起った。全国面積僅かに十六万一千百九十八平方マイル（含千島・台湾）、人口僅か四千七百万、陸軍平時十六万六千人戦時六十五万人、海軍は将卒合せて三万人の日本を、全国の土地が地球の陸地のほとんど七分の一を占め、面積八百六十六万三百九十五平方マイル、人口一億二千九百万、陸軍平時百十万人戦時三百六十万人、海軍は将卒合せて四万人のロシアと比較すれば、その領土はほとんど五十分の一、人口はほぼ三分の一強である。もし、小は大に敵すべからず寡は衆に敵すべからずの例に拠って判断すれば、日露の戦いはロシアの必勝、日本の必敗といえる。このことは物質計数上の比較からいえば、全くそのとおりと言わざるを得ない。

しかしながら事実はこれに反し、両軍相見えて以来、海上陸上で砲火を交えるにロシアの敗報がしきりに伝えられ、日本の勝報にしばしば接する。これはなぜか。戦争というものは両国の外見上の物質的力を比較するだけでなく、両国に具わっている精神を比較する方がより重要だからである。では精神とは何か。それは、その人民に基づき、その国家と密接な関係を有し、その国数千年の歴史によって養成された人心風俗である。

故に今日の世界では、両交戦国の間でその武器の優劣が等しく、兵卒数が等しく地理的条件が同じで、財政的にも同等であったとすれば、その勝敗に恃みとする所は一つである。その国民の精神に恃むのみである。

今日のロシアの戦いは、東方の太平洋に覇権を打ち立て東亜諸国を配下に置いて駆使しようという征服欲に駆られた面があり、ベゾブラゾフが朝鮮の鉱産森林会社を建てロシア皇帝や諸大公がそれに投資したように物欲に駆られた面があり、アレクセエフが両国の開戦を醸成したように功名心に駆られた面もある。要するに、上にあるごく少数の者の私欲から始まっているだけであって、その民が戦いを欲したのでも、兵士が戦いを欲したわけでもない。士卒にしてみれば上命に迫られて戦わざるを得ないだけのことである。日本の場合は、その戦争の原因はこれと全く異なる。曰く、国家の生存を保つために戦う。なぜならば、ロシアの勢力がひたひたと日々東洋に寄せ来れば、日本と両立し難くなり、あと数年もすればロシアがあれば日本はありえないという状態になる。日本は、戦っても滅ぶであろうし戦わなければ必ず滅ぶ、しかしもし戦って一勝を博せば亡国を免れうる、と考えた。故に曰く、国家の生存を保つために戦う。曰く、圧迫を除くために戦う。日本はいくつかの島によって海中に孤立している。朝鮮、樺太、満州は日本にとり羽翼手足のようなものである。この数か所がロシアの所有となって日本を凌駕すれば、日本は手足を伸ばし羽を広げることができなくなり、医学でいう所の圧迫痛を感じることになる。故に曰く、圧迫を除くために戦う。曰く、復仇のために戦う。百年前の日露の葛藤、例えば千島樺太交換の如きはまだ小さいほうである。十年前、遼東半島は日本が血を流し命を懸けて闘い取ったものであるが、ロシアは強権と詐力をもってこれを掠め取った。旅順に鷲旗が立ちロシア万歳が唱えられたその日その下を通りすぎた日本人は、今でもこの事を話すときは血が逆流する。これはまさに国の上下を挙げての臥薪嘗胆で、必ず雪がねばならぬ恥である。故に曰く、復仇のために戦う（中国人よ、中国の地が人に奪い去られたのを復仇するのはいつの日なるや）。いわゆる、人道のために、東亜の平和のためにというのは、それはその通りではあるが、しかし切実な原因ではないので、ここでは触れない。要するにその戦争は、上にあるごく少数の者の心から始まったものではなく、その人民が自ら戦いを欲し兵士が自ら戦いを望んだのである。戦争の原動力は、上にあるというよりむしろ下にあり、上は被動者と言った方が事実により近い。この故に、同一の戦争ではあるが、その原因は同じではなく、したがってその性質も大いに異なる。

ロシアは多くの異民族を集めて国を成している。ポーランド人の如きはロシアに故国を亡ぼされている。日夜、ロシアが速やかに亡び故国が復活することを祈りはしても、ロシアを助けようなどとは少しも思わない。これがポーランド人の理の当然である。けだし、ポーランド人の愛国とはポーランドを愛するのであって、ポーランドを亡ぼした仇のロシアではないからである。ユダヤ人はロシアから虐殺された。ロシアは自らユダヤ人に怨みを結んだのであるから、どうしてユダヤ人がロシアに忠を尽くすことがあろうか。これまたユダヤ人の理の当然である。自分を虐待したもののために死力を尽くすなどという人情があり得ようか。ただこれだけではない。ロシア数百年来の状況を見てみよう。国の大部分を占めるスラブ人の多くは志を得ず、ドイツ系の貴族が上に盤踞している（ロシアの地主大官僚の多くはドイツ人、堤蘭摩斯度夫〔未詳〕もまた皆ドイツ系に属す）。このため、スラブ人種は大いに不満の声を上げている。トルストイ伯も深く憤懣を抱く者の一人である。中央アジアやシベリアの各人種に至っては、ロシアが兵力をもってその地を占拠しただけで、ロシアとは何らの感情的つながりもない。しかも多くは野蛮の種族であり無知蒙昧である。また農民の間では生活困窮の故に無教育な者が多く、彼らは蠢くばかりで国事を語ることなどできない。これがロシアの国体の大略である。これで人民が国家に対し密接な一体感を持つことがあり得ようか。結局、精神面から見れば、ロシアは全体的に腐敗していると言うべきである。

この故に、日本がロシアに勝った所以は、日頃からの陸海軍の訓練、戦術研究、地理の習熟、緻密な偵察や、学者たちの科学に基づく新発明の武器、例えば村田銃、有阪砲、下瀬火薬、山内の砲架、宮原の水管式機関、伊集院の雷管、小田・種子田の機械水雷等が、戦争において特別な効果を上げたことは疑い得ない事実であるが、単にそれだけでなく、その根本の原因はこれ以上のものにある。精神をもって主となし物質をもって助となせば、精神は物質をよく運用し、事は成功に至る。このことを理解しなければならない。

かのロシアのコサック兵は世界に名を轟かす強兵である。その騎馬術・射撃の巧を極めること、世界の騎兵の中でその右に出る者はないと称されている。その馬匹の逞しさ速さも日本の馬に勝る。その大砲の口径は九センチ半、着弾距離は七千五百メートルに達する。また、その速射砲はフランス陸軍の用いる物に劣らず、一分間に二十発の発射力がある。九連城の戦いにおいてロシア軍は速射砲二十八門を委棄し、それは日本軍の手に入ったが、フランス陸軍はこれを大変憂慮した。フランスのいわゆるフランス式野戦砲は、その構造は極秘とされており、平時の演習であっても運搬時には布で覆い人目を遮っている。ただ、ロシアの野戦砲はフランス式とやや似ており、今一旦日本軍の所有となればその秘密が破れるのではと恐れ、陸軍にとって一大事と思ったわけである。ロシアの物質面における数え挙げるべき優点は、こんなものである。しかし、遂には敗北しコサックの名声は地を掃った。かのコサック兵は昨日勇敢で今日怯惰になったわけではない。その敗北の原因は、そもそもコサック兵とは本来一種の蛮族であって無知無識、普通教育を受けておらず、今日ロシアが何故に日本と戦い、何の目的で自分たちを砲煙弾雨の間に委ねるのかについては、彼らは何も知らない。彼らが嘗て勇猛をもって一世を風靡した所以は、多くの討伐が蛮族と無規律・無訓練の人との対抗であって、ロシアは殺戮によって威力を示そうとし、コサック兵は略奪の欲を満たすのであり、この用には実に適していたからである。今、日本兵と遭遇すれば、単にその規律の厳、訓練の精に対しコサック兵の猪突猛進の技が通用しないだけではない。かの日本兵は自ら戦地に臨むに当たって、これを千載一遇の機会と考え、戦うにあたってはその羽毛の如く軽い生命を国のためにすすんで捧げるのであり、コサック兵が対峙できる相手ではない。なぜならばコサック兵にはその精神がないからである。

故についには崩壊し算を乱して鳥獣のように潰走したのである。このことから、文明の強兵とは士卒の体力だけではない、士卒の品性こそが最も重要である。故に、強兵の基は家庭にあり学校にある。兵営はその最後の訓練場にすぎない。これは誠に本質を知る言である。

今、我が国の人士を観るに、日本の強盛を見て皆その手柄を変法数十年の功績に帰す。これは一を知って二を知らざるの言である。日本の強盛はもとより変法によっている。変法がなければ今日の成功を収めることは絶対に不可能である。しかしながら、その人心風俗は決してこの数十年の短歳月で養成できるものではない。数千年の歴史が薫陶し醸成した所をもとに、今日の物質の助力を得てますますその本来の力を伸ばすのでなければだめである。イギリス人ウイリアム・ニコルソンが日本陸海軍を評してうまいことを言っている。「日本の陸海軍が欧州列強の最善最良の制度を取り入れ、それを消化し活用したことは当然であるが、もし日本人に先祖伝来の勇敢の精神と名誉の観念、及び忠義愛国より発する自らを犠牲とすることを懼れずに国家を救うという美徳がなかったならば、いかに西洋文明を模倣し消化しても、求める効果は得られなかったであろう」。これは事の深相を観ている言である。日本強盛の所以は、その人身風俗に恃む所大なるものがあるのである。

今は戦争の時であって、この事はよりはっきりと見える。試みにその概要を挙げてみよう。そもそも日本は徴兵制である。人々は年齢に達すれば兵役の義務がある。戦争にあたれば軍装を整えて出立する。人々は、それを国難・国仇に立ち向かう者として、父子兄弟親戚朋友は走り出て見送り、皆慷慨してその戦死を願う。女子供でも泣く者はいない。甚だしきに至っては、未婚の妻が書を遺して誡めて言うには、「今回のこと、君必ず戦死するも生還するなかれ。もし戦死すれば我すなわち君のために節を守りて父母を養わん。もし敗れて生還せば我君と婚を絶ち、終身相見えず」。また、ある父は子に誡めて「我が一家に児女多きも、国のために難に死す者なお有る無し。今、児幸いに軍人たりて出征し国のために死に、もって我が一家祖宗子孫の光栄を遺すを得る」といった。もし、将校で戦死するものがあれば神社に祭り、生前に関係した所にその肖像を掲げ、一国の新聞がみなその履歴を載せその行跡を記念する。葬礼が行われる場合には国の人の多くがこれを送る。戦死の最も激烈勇敢な者は、あるいは銅像に鋳造して軍神となし（近くは広瀬を称して軍神とした）、さらにはその姓を借りて地名とし永く記念に留める（今日、広瀬町と改名希望があった等がこれである）。また、出征軍人を援護する会があって、出征軍人のある家には毎月金銭を支給し、もし戦死すればその遺族を助ける。またある郷立会などは、その郷の出征軍人のために農作業を代わって行なう。またある医師は出征軍人の家に病人があれば自ら行って治療し診察代も薬代も取らない。市中の各商店は、もし出征軍人が行って物を買えば多くは値段を割り引く。また若干の仕事では出征軍人からは金銭を取らないこともある。それは人々が、出征軍人は我々のために命をかけて国を救うのであるから、軍人を可能な限り優待するのは理の当然である、と考えているからである。また軍資金を献納する者も、ただ巨室富家がその巨資に任せ、家の金銀の器物を出して惜しまない、というだけではない。小学校の児童で八九歳にすぎぬ者でも、父母が与えた小遣銭を節約して軍資への献納にあてる。商店の丁稚で月の収入が数十銭から数円にすぎぬ者でも、持ち物を節約して軍資に献納する者がいる。また貧しく資産を持たぬ者でも、手工の作物を売りその稼ぎを全て献納した者がいる。これらはその大略を述べたにすぎず、詳細はとても取り上げ切れない。しかし、一国の人心風俗は、ここに見ることができよう。国の人々の軍人への見方がこうであれば、軍人自身は自らをふり返って、戦って死ぬことは大丈夫・英雄として最も名誉あることであって、後世に名を残し、一族は郷土で栄光に包まれる、何で避けることがあろう、もし敗れて生還すれば一族・親戚からも相手にされず、更に何の面目あって故郷の長老達に顔を合せられようか、と思うようになる。これが、人々が戦いに臨んで命を棄てる覚悟をする所以である。これはもとより日本人の人心風俗の優れた点である。その戦勝の故は、これにあらずしてどこにあろう。

数十年の変法による物質的助力だけで、いったい何になろう。

では、顧みてわが中国の人心風俗は如何と思うに、これとは大いに異なる。そもそも中国では徴兵がなくなって久しい。兵は兵、民は民と別れていて、兵は民を見ては、この夥しい者は皆自分たちの食料にすべき物と思い、民は兵を見ては、無頼の生活者で火や毒のように危険なもの、殺戮の元凶ではあっても保護の善神ではないと思っている。だから、諺に「好鉄は釘に打たず、好男は兵に当たらず」と言う。兵と民がこのように別れてしまっている。喜怒哀楽を共にせぬばかりか、相互に憎悪の情が甚だしい。これで国を強くしようとしても、どうしてできようか。国が強くなければ、生存競争の世界に立とうとしても、どうしてできようか。また、戦争と文芸は互いに表裏の関係にある。たとえ偉大な功業が有ったり勇敢な英傑がいたとしても、史書が称賛したり、口碑が語り伝えたり、詩歌が詠ったりしなければ、やがて煙のように消えてしまい、少しも社会に影響を及ぼさない。そもそも国家隆盛の所以は、若干の功業、若干の英傑が人々に印象を留め、それによって一国の元気を鼓舞することにある。したがって、これを奨励するか嫌悪するかによって、一国の人々の気質が大きく変わってしまう。私の見る所、中国の文学のいわゆる詩文の、美を極め風雨に感ぜしめ鬼神をも泣かすに足るものは、皆その中に厭武非戦の気味を含んでいる。今それをいちいち挙げるわけにはいかぬが、一二の名章麗句について述べれば、例えば「古戦場を弔うの文」や香山樂府〔唐の白居易の詩集の一つ。香山は白居易の号。樂府は詩の形式の一つ〕の「折臂翁」等、またいわゆる「一将功成って万骨枯る」「憐れむ可し無定河の辺の骨、猶是深閨夢裏の人」〔五代十国の一つ、南唐の人陳陶の詩「隴西行」の一節〕等は、これを読めば何とも感慨痛ましく悲哀に身も絶えるばかりで、人の耳目を戦争から避けさせ、勇敢の気質も知らず識らずのうちに消滅してしまう。書かれた当時の意図は、これによって君主がやたらに無益な戦いをするのを防ぎ、民衆が生を全うできる幸せを実現しようとしたのであろうが、結果はあに図らんや、国人の志気を萎えさせて亡国弱種の一大原因となってしまった。日本が桜花に武士を譬えるのを見れば〔例えば、今年の広瀬武夫の葬儀の時はちょうど桜の花の頃で、国中に「万花雪の如き中、英雄の骨を埋む、花と英雄と、千古に共に香る云々」の文字があふれた〕、桜花と武士が日本の国粋となっていることが分かる。そして、桜狂〔日本では桜の花の咲く頃は皆酒に酔う。警察もこの数日間はおおめに見て取り締まらない〕武士狂がいる。更に、荒御霊を人の霊魂の第一位におく者がいる〔古代日本でも霊魂不滅の説を信じていた。そしてその霊魂には二種あって、一つを和御霊といい、いま一つを荒御霊という。和御霊は仁恕の精神であり、荒御霊は武勇の精神である〕、武勇尊重の何と甚だしいことよ。そもそも国が強いのは、強い時だから強いというのではなく、その強さには理由がある。また国が弱いのは、弱い時だから弱いというのではなく、その弱さには原因がある。我が中国が弱いのは、今はその結果を見ているのにすぎず、その原因のよって来たる所は遠くにあるのである。

今日の日本の武勇の精神は、多くは昔の武士道に喚起されている。武士道とは、然諾を重んじ信義を貴び死生を軽んじ、強きを抑え弱きを助け、勇んで難に赴き、自己犠牲をもって主義とするものである。中国にあってこれを言えば、墨子の教派が変化して游侠となったものがこれにあたる。しかし日本の武士道は社会の気風となったが、中国の墨教は盛んにならず、游侠の風も漢の後になるとほとんど絶えた（司馬遷の見識だけが游侠を後世に伝えた。その後は義侠の人がいても、史家でこれに着眼するものはなかった）。これはなぜであろうか。中国社会に適さず生存できなかったからである。生存できなかったのは、中国人は武勇の性質が薄いからである。そもそも、武士道を振興した山鹿素行（またの名を甚五郎という）のような人は、中国にも決して少なくない。しかし、山鹿素行は日本で一世を風靡した（その徒に赤穂四十七士等がいる）のに対し、中国でもし誰かが彼のような事をしたら、人の歯牙にも掛からぬばかりか、後世の歴史に芳しからざる名を残すであろう。これは甚だ小さな事のようであるが、社会を感化する力という点では甚大なものがあることを知らねばならない。

そもそも今日の戦いは、名は日露であるが、ことの始まりはもとより中国にある。中国が暴虐なロシアに圧迫されて、戦わざるを得ぬ状況にありながら戦えずにいる所に、日本が勢い止むを得ずに起って戦ったのである。そうでなければ今日の戦いは、日露ではなく中露の戦いとなっていたことは、明らかであるのだが、この点には今は深入りすまい。とりあえず日露の戦いと言うとして、この一戦は当然、黄白の関係、亜欧の関係が絡むのであり、さらにその結末は必ず中国に返ってくるのであるから、我が国人は当然、これを自分達の幸不幸に与らぬ対岸の火事と見なすわけにはいかない。しかしながら、日本人の中にあっては下女や乳臭い子供まで、ロシアの存在を知らぬ者なく、今日日本とロシアが戦争していることを知らぬ者なく、日本がロシアに大勝したことを知らぬ者ない（子供の中に日露戦争ごっこをしている者がたくさんいる）のに対し、我が中国では下等社会はもちろん、搢紳読書之士でさえも日露戦争の事を知らぬ者がいる。戦いは知っていても、何のために戦いになったのか、戦いの勝敗が我が中国とどう関わるのかを知らぬ者がいる。夢の中で暮らしている者はものの兆しを見ない。そこで、これは他国と他国の争いであると言う。朝廷はすでに局外中立を決め、上諭で告示し、さらに謡言で大衆を惑わし混乱させることを禁じた（日本はロシアとの交渉の往復文書を議院に公開したが、中国は国事を人民に開示せず、ただ謡言を禁ずるをもって重大事とし、人民を五里霧中に落とした。しかもその愚民政策の罪の大なることに気づいていない。最近、日露戦争は日本と中国との戦いだという者がいた。ある者が説明して「今は日本とロシアが戦っているので中国と戦っているのではない、あなたは誤りも甚だしい」と言った。しかしその人は「いや私は間違っていない、以前北京に行ってある先生に会ったが、その先生は私に、今東三省には皆中国の官吏である将軍や道台がいる。時々ロシアが管理しているということも聞くが皆謡言である、と言った。だから、今日本兵が東三省地方を攻撃しているのは、中国との戦いでなければ説明がつかない」と言った〕。そして、甲午中日〔日清〕戦争、庚子義和団の戦の様に領土割譲、戦費賠償、敗北の屈辱が極まっても、我が国人は未だこれを知らない。私は日本人が著した『北清観戦記』〔坪谷善四郎著、文武堂、一九〇一年〕を見たが、その中で次のように言っている。「私は北京から煙台へ行った。不思議なことに、山東と順天はわずかな距離だが、その間は全く太平無事のようで、人民の間ではほとんど戦争は知られていない。私に北京の最近の出来事を聞くので、各国の連合軍が大勝して北京は陥落し、両宮は蒙塵出奔した、と私は告げた。ところがあに図らんや、これほどの凶報にも彼らは平然として少しも意に介さない様子である。愛国者の心情は支那人には望むべくもない云々」。これを読めば恥かしさに身も絶えるばかりである。ああ、かの駕籠舁や下女、乳臭い子供さえ我が事のように注目することを、我が国の大人先生すら知らぬのである。然らば、我が国の大人先生の知識と教養は、かの駕籠舁や下女、乳臭い子供よりも下ということになるではないか。これが国家の強弱存亡にさほど関わらないなどと、どうして言えようか。

そもそもロシアは甚だしく中国を辱めたのである。詐欺や乱暴狼藉、非人道の行いばかり。南山の竹を尽くしてその罪を書き記し東海の水を渇らして憤りを洗い流しても、とても尽せるものではない。然るに、中国はロシアに対して唯々諾々とするばかりで非難をしない、承認ばかりで拒否をしない。天帝のように仕え、鬼神のように恐れる。甚だしきは親戚のように頼り身も心も託す盲目的な親露派まで現れた。ロシアの中国への対応が非理なのに中国はロシアを仇とせずにかえって友としている。これは奇怪な現象としか言いようがない。日本はといえば、ロシアが少しでも威嚇すればすぐ剣を抜いて起ち、共にあろうとはしない。このことを示す事例は甚だ多いが、ここで一つの出来事を取り上げて説明しよう。現ロシア皇帝ニコライが皇太子だった頃、日本を旅行し一日本人から銃撃された〔正しくは刀で切られた〕ことは、人々の記憶する所である。その銃撃が何によって起ったかを尋ねてみるに、次のようなことを聞いた。皇太子は日本を旅行して琵琶湖に行き、その風景を眺め美しさに我を忘れその侍従を振り返って、いつかここに離宮を設けられるだろうか、と言った。左右は皆皇太子に迎合して笑いながら、殿下の聖慮は数年もせずに実現するでしょう、と言った。警吏の田三蔵〔正しくは津田三蔵〕は平素からロシア語を習っていたので、これを聞いて憤激に耐えず、遂に隙を窺ってロシア皇太子を銃撃した。弾は頭部にあたり、傷は治癒したが脳に傷を与えた。今年の日露開戦にあたり、ロシア兵の記章として、ロシア皇帝が日本で弾傷の治療を受けて頭に包帯を巻いている肖像を頒布した。前仇を忘れまいと言うことである。日本人民はロシアが国を辱めると見れば、たとえ一言一語の侮辱であっても身を挺して戦い死を惜しまない。然るに、我が中国人にあっては、牛馬呼ばわりされ鶏犬の如く駆られても、対抗しようともしない。民気の強弱は天地ほども甚だしい開きがあるのである。

日本の某君が清華学校で演説して中国の学生に言うには、「私は『揚州十日記』『嘉定屠城記』を読んで支那人種が自然淘汰の対象となっていることを深く歎いた。当時、揚州城内には八十万の人民がいたのに対し、やって来た清兵は数千にすぎない。だから二人で一人に当たっても四十万を殺せるし、十人で一人に当たれば八万人を殺せる。しかし、人心がばらばらで、逃げて生き延びることばかりを考えた。これが満人に殺戮された原因である云々」。誠にそのとおりである。かつもし日本人がこれにあたれば、必ず抵抗したであろう。かつて刀伊が日本に侵入して敗れ、蒙古が侵入しても敗れたのであるから。

蒙古の日本侵入は史書に多く載っているが、刀伊の事はあまり知られていないので、ここに述べておこう。

刀伊は満州人である。日本の一条天皇の寛仁三年三月二十七日、兵船五十余隻をもって日本に侵入し、対馬を撃ってこれを破り、壱岐を撃って島守藤原理忠を殺し、また全島の住民をことごとく殺した。ただ、僧常覚一人が遁れて大宰府に報告した。四月七日、筑前国怡土郡に侵攻し、志摩早良二郡を劫略し、至る所で家を焼き牛馬鶏犬を屠り米穀財物を略奪し、老幼を斬殺し男女四五百人を生捕りにした。時の太宰権帥藤原隆家は目を患っており、しかも事は不意に起った。あわてて諸将に命じて防御させたが、文室忠光や多治久明らは苦戦した。八日、刀伊は博多湾に侵入し能古島を奪った。九日、大宰府の警護所に火をかけようとして果たさず、船で能古島に帰り転じて箱崎宮を焼いた。日本は弓隊をもってこれに備えた。十日十一日は風が強く、刀伊の船は進めず能古島に拠った。隆家は兵船三十八隻を揃えて敵に向かわせた。十二日、財部弘延等は能古島を回復し、刀伊は外洋に退避した。十三日、再び肥前国松浦郡を侵したが、肥前前守源知がこれを撃退した。刀伊は志を遂げずに逃げ帰った。当時の刀伊が用いた船は、長さ八九尋から十二尋、船毎に三四十の櫂を具えていた。乗兵は約五六十人、皆盾を持ち前の者は鋒、次は大刀、後ろの者は弓箭を持つ。箭の長さは一尺余り、射力は極めて強く盾を通して人を貫く。皆勇猛果敢で山河を跋渉し敢えて殺戮をなし、その鋭鋒は敵すべからざるものがある。日本は力戦撃退したと言っても、軍人の殺される者三百八十二人、生捕りとなった者千二百八十人、生還した者僅かに三百人、牛馬百九十九頭が奪われた。この刀伊は中国史で言う所の女真であり、始め黒水靺鞨と称した。今の清朝はすなわちこの人種である。この日本入寇より約八十年後、国を金と号し中国に侵入し宋を攻めて、遂に中国の土地の半ばを有した。後に元が興ると、中国の南宋と共に蒙古に滅ぼされた。

然るに我が中国は、一度満州の金に攻められると対抗できずに国の半ばを失い、二度目に蒙古の元に攻められると対抗できずにまた滅亡した。三度目に満州の清に攻められると対抗できずにまた滅亡した。明末の満州人の強さは、決して元の時代の蒙古人の比ではない。実に、日本の某君が二人でもって一人にあたり十人で一人にあたると言ったように、皆が、逃げようとせずに、抵抗のために団結したならば、かの満州人が中国の土地を盗む事などどうしてできただろう。今日の満州人を見るに、彼らの故郷である東三省はロシア人のため蹂躙されているが、彼らはただ首をたれて何もできずにいる。ロシア人を恐れているからである。単に犬・羊と虎・狼との違いというだけでなく、あたかもロシア兵の強さには誰も適わないかのように。しかし、日本が起ってロシア人を掃蕩してみれば、こんなにも簡単であった。こうして見ると、明末の満州人も中国の弱さを幸いに、この大地を押さえることができたのである。もし中国人種に日本人種のような強さがあったならば、満州は中国でその志を逞しくし得なかったに違いない。当時、半日本人種の鄭成功（彼の父は中国人で母は日本人）は、満人と亡国の山水の中で争い亡国英雄の血を灑いで、神州の輝きを見せた。これは我が中国の全ての者にとって恥ずべき事ではなかろうか。

民族の武勇の精神の消長は、民族盛衰の大きな原因である。私には少しも分からぬのだが、かの勇猛偉大な民族が、転じて疲れ衰え蕭然となってしまう事の何と簡単な事か。試に蒙古を見てみよう。チンギスハンが起ち上がった当時は、欧州を凌ぎアジアを踏みしだいて、その威は雷霆の如く勢は風雨の如くいかにも盛んであった。然るに、百年もたたずにその卓越した気性はいずこともなく消え去ってしまい、彼らが打ち立てた四大帝国も多くは瓦解し、子孫は故郷のカラホリンに退いて余喘を保つのみである。何と衰えたことか。また、満州人は長白山から興起した初めには蒙古の強さには及ばなかったが、遼瀋の一隅によって明室に抵抗し遂に乱に乗じて夏華の地を奪い取り蒙古・チベットを支配し、その威光は四囲に溢れた。天運に恵まれた面が多かったとはいえ、弓矢を取って龍を従えた八旗の子弟は、一時はまさに巴図魯〔満州語で勇者を意味する〕の名に羞じなかった。然るに、百年もたたずに洪〔秀全〕・楊〔秀清〕が事を起こすともう中国を保つ事ができず、漢人の曽〔国藩〕・左〔宗棠〕の力に頼ってこれを克服し、どうにか皇帝の位を保つ事ができた。最近では、祖宗発祥の地で神聖視される東三省が長くコサック兵の馬蹄の下に打ち棄てられ、帽児山の四禁の地も自ら管理できなくなり、その上将来のために保留しておいた根株の地も他人の手に渡ってしまった（愛親覚羅氏は帽児山付近を四禁の地とし、移住・鉱山開発・森林伐採・漁労を禁止して富源を皆封鎖した。それは、将来中国で北京を占拠できなくなった時には、この地に退いて国の延命を図ろうと考えたからである。最近では、ロシア人がその埋蔵資源に目をつけ開発に努めており、以前の禁令は全てロシア人によって破られた）。また何と衰えたことか。我が民族について言えば、秦漢以前は実に地球第一等の国であった。ギリシアの文学とローマの事業とを兼有し、北は匈奴を退け南は苗蛮を斥け西は羌戎を抑えて、その我が国の歴史上の栄光は今に至るもなお赫々然としている。秦漢より後になると、退縮はあっても長進はなく、遂には五胡や契丹や女真や蒙古のために、また今では満人や欧州の列強のために山河を奪われ人民を支配された。子孫衰弱の世に際して遥かに祖先の隆昌の日を思えば、嘆きの詩を詠い血も涙も涸れるまで泣かずに居れようか。これまた何と衰えたことか。要するにこうなった原因は、その多くは武勇の精神が消滅したことによっている。故に、一国が武力を持つのは、ちょうど万物がエネルギーによっているようなものである。日本はエネルギーに富んでいることで少壮の時代を実現したのであり、我が中国はエネルギーに乏しいために老弱の時代となってしまったのである。

一盛一衰の要は多くはここにある。

我が国の歴史は固より栄光に乏しくない、しかしその欠落している点は武功比類なき英雄がいないことである。ギリシアにはマケドニアのアレキサンダーがおり、ローマにはカエサルがおり、アラブにはムハンマドがおり、蒙古にはチンギスがいる。しかし、我が国の統一王朝は秦と漢・唐とをもって最とするが、秦の始皇帝は手ずから六国を平定はしても、その兵は匈奴を討つことはせず長城を築いて守るばかりで、それによって子孫万世を守ろうとした。可笑しさも甚だしい。漢の高祖は自ら戦陣をくぐり秦を亡ぼし楚を滅ぼした。しかし、ひとたび冒頓に遭遇し白登山で包囲されると謀臣猛将もなす所を知らず、単于の后に賄賂を贈ってやっと遁れ、毎年絹・酒・米・食物を贈り、昆弟となって宗室の皇女を嫁にやる約束をした。創業の主にしてこのような事をするとは、誠に万世の羞じである。武帝は雄心を懐いて、匈奴を撃ち払って復興できなくさせて後患を絶とうとした。その結果、西域と開通し漢の威光は外に揚がった。その功績は大きく不滅である。しかし、その用兵は、衛青・霍去病の戦いでも勝敗は五分五分であったにすぎない。唐の太宗は天才俊発、戦謀武略には卓越したものがあった。しかし、高麗〔高句麗〕を制圧できず、その生涯の業績には遺憾とする所が多かった。宋の太祖に至っては、ついに燕雲を回復できず、明の太祖も元の末裔に止めを刺せなかった。その規模は漢・唐に遠く及ばない。また、近時の曽国藩の如きも、洪〔秀全〕・楊〔秀清〕を平らげて爵賞を賜ればもう望むものなし。器が小さいと言うべきである。その上、我が国のいわゆる武功には、まるで自然の境界があるかのようで、龍虎相打つ闘争もみな中国の域内を出ない。天地の涯まで窮めつくそうとし、馬に鞭打って頂まで上り天下に更にどのような向かうべき国があるのかに思い巡らした者は、未だかつていない。だから、文化では遠く我々に及ばなくとも、蒙古人や満州人の元や清の方が、その領土の広大さでは我が種族の建てた諸王朝の上を行っている。これは武功が他者より劣っていることの恥であるとせざるを得ない。我が種族の弱点はここにその証左がある。

近頃日本の『国民新聞』(1)に、日本人と支那人と題する一文が載ったが、その内容は我が国人を鞭策するに足るものが少なくない。よって以下にそれを摘訳する。

支那人は武勇の国民ではない。彼らの歴史は遁走の歴史であり、賄賂の歴史であり敗北の歴史であり、降服の歴史である。周より清に至るまでおよそ三千年、ずっと中土の文弱の支那人が北辺の獰猛な蛮族に頭をたれてきた歴史である。周の平王はなぜ遷都したのか、西方の戎を避けるためではなかったか。秦の始皇帝はなぜ万里の長城を築いたか、北辺の胡を避けるためではなかったか。支那の詩人は、漢廷が宮女を贈って戎狄と和したことを「漢家の天子寰瀛を鎮むも、塞北の羌胡未だ兵を罷めず。猛将謀臣徒に自らを貴しとするに、蛾眉一笑して塞塵清し」と詠んだ。私はこれを読んで、支那の歴史を理解する管鍵をえた。(中略)支那人の武功は往々にして外人の力を借りている。例えば、石敬塘は契丹の兵を借りて帝位に登り、契丹に幽燕十六州を贈った。後世の史家は、多くがこれを非難している(遼・金・元は皆、幽燕より入ってきた。幽燕は禍水の門である)。唐の郭子儀は、回紇の兵を借りて安禄山の乱を平定した。そして、回紇の驕暴は制御できなくなった。杜工部〔杜甫。工部は晩年に就いた官職が工部員外郎であったことによる〕の詩に「韓公本意築三城、擬絶天驕抜漢旌、豈謂重煩回紇馬、翻然遠救朔方兵、胡来不覚潼関隘、龍起猶聞晋水清、独使至尊憂社稷、諸君何以答昇平」とある。この詩は、回紇が功を恃みに中国を侵略するようになったのは、諸将が無能で君主の憂いに答えられなかったからだと責めている、と解釈できる。近頃、李鴻章がゴルドン将軍の力に頼って、長髪軍を平定したのも、同じ例ではあるまいか。(日本は維新の時、藩と幕府が抗争したがどちらも欧州の兵力を借りることはしなかった。もし当時欧州の兵力を借りていたら、いま日本はなかった、と日本人はいう)。(中略)支那では家族が本位であり、いわゆる国家は一種の幻想にすぎない。したがって、支那人の国家観念の厚薄を論ずることは、迂闊のそしりを免れない。なぜなら、これは厚薄の問題ではなく、有無の問題だからである。私は支那人に国家観念があるとは認めないが、これは酷評ではない。支那の歴史を詳しく読んでみると、彼らはただ強者の権力を認識し実際の権力に服従するだけで、主権者が誰であるかは固より問わない。彼らが最も重んずるものは、生命と財産のみである。もし、生命を安全にし財産を保護してくれる者であるならば、何人であろうとかまわず服従して択ぶ所がない〔庚子の北方の乱〔義和団事件をさす〕に遭った地方では、洋兵に上書して村落の保護を要請し、洋官を称して王とか大人とか言った〕。さもなくば、安全も保護も与えずに暴力をもって圧迫すれば、如何ともできずにまた服従するのである。（中略）伯夷叔斉から文天祥に至るまで幾多の殉節の士がいて、支那の歴史に光を添えている。しかし、彼らの節義は国家に対する献身の精神からであろうか、それとも他の理由からであろうか。その中の全てが国家観念のない人であったとは言えぬが、その大部分についてみれば、むしろ人の禄を食んで人のために死んだにすぎない。真に国家の観念を持ち身を国家の存亡と共にした者はほとんど見出せない（二三千年の歴史を通観してみるに、難に死んだ臣というのは、奴僕が主人のために殉じたにすぎない。国家の存在を知ってそれのために死んだ者は少ないといっても過言ではない）。（中略）支那には、社会的秩序はあるが国家的秩序はない、家族的団結はあるが国家的団結はない、郷土への愛着心はあるが国家への愛着心はない。彼らの目から視れば、支那人共通の文明、風俗、習慣、文字、言語を有する一団の人種が見えるに過ぎない。故に彼らにはただ愛郷心があるだけで、いわゆる愛国心はない。もともと国家の観念がないのであるから、愛国心は生まれようがないのである。（中略）支那人に愛国心がないことを証明しようとすれば、その文章を見ればよい。あれだけ文字豊富の国にあって、愛国の文字はめったに出てこない。あるいは忠を社稷に尽くすと言い、あるいは力を邦家に致すと言うも、その社稷とは現存する主権の伝統であり、邦家とは政府統治の範囲である。主権と政府とはいつでも変更可能なものであって、国家のように変更不可能なものではない。支那人にとっては国家の変更でさえ、行くものを送り来るものを迎えるのと同じであって、少しも疚しい所はない。支那の公徳では、それを妨げるものはない（中国人にとって主権・政府と国家との境界は分けられないし、主権・政府の変更と国家の変更とは同一視される）。すなわち、真正の愛国の士とは、支那人から見れば、奇人伝中の一人物であるにすぎないのである。（中略）支那人には孝の観念はあるが、忠の観念は少ない。彼らは家族をもって本位としているからである。（中国が衰亡した原因はほかでもない。まさにその愛国心の乏しさにある。そして愛国心に乏しい所以は、中国人がもっぱら愛家を知るのみということにある。その愛家を知るのみで愛国を知らぬ所以は、中国が数千年来いつも家族主義を以って教化し、国家主義の教化をしなかったからである。全ての行いはみな孝に基づき、孝から忠に移るのであって、忠は孝の余りにすぎない。あらゆる活動はみな家に始まり、治国には必ず斉家が先んじており、国は家の余りにすぎない。その結果、個人と家族の関係は利害が密接に関係するのに対し、個人と国家の関係は漠然として浮き草が寄合うようなもので、喜びを共にする誼もなければ痛みを分かち合う情もない、国家はその人民を軽視して保護の責任を負わず、人民の方も国家に冷淡で愛国の情もない、ということになってしまう。近日の文明各国の人々が、国の教育を受けたり国に関係する職業に与ったり（国から手当て受け取る）国の公共機関（鉄道・郵便や図書館・公園等）を利用できたりといった幸福を享受できるということは、中国人にとっては未だ夢にも及ばぬことである。故に文明国人が国家を愛するのは当然である。国家がなければ生活できぬのであるから。中国人が国家を愛さぬのは、彼らが家族を恃みに生活していて、国家を恃みに生活しているのではないからである。しかも、家族を重んずるがために家族と国家の利害が、往々にして相容れなくなる。例えば戦死の如きは、愛国者は義務と思い栄誉と思うが、家族主義に従って言えば一不幸事にしかならない。大官となって高禄を食むことは、家族の幸福である。しかし、国家の公義を顧みれば、官禄を貪って国を誤るわけには行かぬ時もあるし、さらにはその官禄を棄てざるを得ない時もある。これは愛国者の国家に対する道徳からすれば当然のことである。しかし、家族主義に従えばむしろ国家に背いても、決して官禄を棄ててはならない。官禄を棄てることは家族にとって不幸事だからである。故に家族の念重ければ国家の念おのずから軽く、国家の念重ければ家族の念おのずから軽い。このことを知れば、中国数千年来のいわゆる徳行・宗教が今日に至るもなお利を収めずにいたずらに害を受けているわけは、結局ここに原因があることが分かる。この事は、余は著書で詳しく論じたが、中国社会がかねてより崇拝する所の宗教家の言と必ず大衝突を起こすので、しばらく世に問うことはしない）そのいわゆる忠もまた、我々の言う忠のように国家のために献身する精神ではない。（後略）

この故に、変法をもって言えば、西欧の文物制度・機器技芸は、日本は数十年模倣しただけでその効用を収得した。我が中国に欠けているのはこの点だけだとするならば、数十年の歳月が与えられれば必ず成功するであろうことは断言できる。ただ、国家が興起する所以は、その本源はみな物質にあらずして精神にある。精神があっても物質がなければ、それは人に脳があって耳目手足がないのと同じで動くこともできないのはもとよりではある。しかし、耳目手足が同じでも霊鈍智愚に大きな差があるのは、結局その原因を精神の違いに帰さざるを得ない。故に一国の人心風俗の間では、精神がより重要な位置を占めているとすべきではあるまいか。我々が外界との接触を文物制度・機器技芸に限定し、それを吸収し消化して己の用とすることは簡単である。しかし、人心風俗が腐敗した空気で覆われていたら、文明的なことに遭遇しても拒んで受け付けないか、あるいは無理にそれを学ぼうとしても外形だけ学んで精神は学ばず、ついにはグズグズしているうちに無効に帰してしまう（最近の中国の学堂運営等のように）。もし、人心風俗の改革が文物制度・機器技芸のそれのように簡単であるならば、天下に改新できない国はないといってもよい。しかし、染み込んだ習慣は、長い歳月のうちに少しずつ積み重なったもので、これをきれいさっぱり取り払わねば何もできないが、取り払おうと知恵を絞ってみても、どこから手をつけるべきかが分からない。天下にできぬ事は無いといっても、私にはその困難が分かっている。私はここまで考えると、中国の前途に深い憂いを懐かずにはおれない。

日露戦争が始まると、日本はしばしば勝利を収めた。勝報が届くたびに号外（新聞社は日報以外にニュースを得れば臨時に号外を印刷して発売し衆覧に供す）売りの声と鈴の音が戸外に響き渡るのが聞こえる。勝報を得るたびに日本人は、栄誉心と愛国心が共に湧きあがって喜びを抑えられない。しかし、私は異邦人である。種族や地理の関係で言えば、白人が勝つより黄人が勝った方がよいし、欧州が勝つよりアジアが勝った方がよい。私とて、日本の勝利を聞くことは、心中愉快でないわけではない。しかしながら、戦いに勝ったのは我が隣国ではあっても我が本国ではなく、我々と同種の者ではあっても我々自身ではない。これは苦さの中に甘さがあり甘さの中に苦さがあるようなものであって、喜怒哀楽の情が鬱屈して何とも例えようも形容のしようもない。これを譬えれば、閨房の灯りも壁を隔てれば万分の一も届きゃせぬ、と言ったところ。ああ、日本が勝つ、黄種が勝つ、アジアが勝つ。それなのになぜ哀楽の情が胸中を行きつ戻りつするのであろうか。

中国の利害から言えば、もしロシアが日本に勝てば、東亜に国無く黄種に人無しで中国が滅ぶだけでなく日本もまた自立できなくなることは言うまでも無い。もし日本がロシアに勝てばその事態が変わるであろうことはほぼ言いうる。その一つには、列国が権利を等しくして中国を公開通商の地とし、その朝廷の秩序を支え民党の活動を抑圧して東亜の平和保持を名目に、各国が自国の利益を図り、そして我が中国の本種人には永遠に自立の日は来ないという状態。漢人の上を満人が抑え満人の上を列強が抑えて、漢人は二重の隷属の下に生活しなければならない。これが今日の事態から起こり得る結末の一つである。いま一つは、ロシアは日本に敗れたとは言っても、漢人が匍匐跪拝して天帝にでも仕えるように満州政府に従うのを見れば、ロシアはこれを虫けらのように軽んずるだけであり、満州でうまく行かなければ、必ず蒙古・新疆で志を逞しくし、中国の北方を奪い取って旧恥を雪ぎ、先の損失を償おうとする。もしこうなれば、フランスは広西から、ドイツは山東から、イギリス・アメリカ・日本もそれぞれの勢力範囲から乗り出し、華土神州は分割されて列強の欲望を満たすことになる。これもまた今日の事態から起こり得る結末の一つである。

しかし、これは予測しやすい変化を言ったのであって、不測の事態が起きた場合は、今日から予測することはできない。要するに自ら生きることのできぬものが他者の力を借りて生きた例はないし、自立できぬ国が他国の力を借りて自立した例はない、と言うことである。これが日本がロシアに勝った後の事態である。東海の波頭を隔てて互いに相望みあう中国と日本、日本が笑い声に包まれている時、中国は泣き声の中にあるのだ。

分割は心の痛む言葉であるが、保護もまた心の痛む言葉である。それは表向き保護をなし裏で併呑を行うものであることは無論である。ただ、もしその保護が慈父の赤子に対するそれのように誠実であれば、これ以上の保護はない。しかしその場合、父と子の間では専ら父が権力を握ってはいないだろうか、そしてそのことは何ら責められないのはなぜか。

そうでなければ保護の実が上がらないからである。それに、子は父に従い父を敬うものである。そもそも、このような事は父子の関係だから言えるのであって、もし国と国の間で子が父に仕えるような関係を作ろうとしたら、果してどうであろうか。もしこれが通るならば、世に通らぬ事はなくなってしまう。哀しきかな。日露戦争が始まると、朝鮮という保護国が出現した。私は、日露戦争が終わると、一国による保護か多国による保護かその保護のあり方は異なるにしても、また保護国の出現が起るのではないかと恐れる。人々は分割の恥ずべきことはよく語るが、保護もまた恥ずべきであることは知らない。分割の悲しみはよく知っているが、保護もまた悲しむべきことは知らない。今、我が国の士大夫が涙ながらに語ることは「分割、分割」であるが、私は悲惨の極みは分割であると共に保護でもあることを恐れる。

保護の語に修飾を加えて保全という。保全といっても保護と主旨は同じである。日露戦争が終われば、満韓の問題は決着する。満韓の問題が決着すれば、中国の問題が起る。列強が果してどのようにこの問題を処置するかは、刀が殺人者の手にある以上、殺される者の知り得る所ではないし問いうる所でもない。しかしながら、今その共同の一派が声を上げて、中国はその門戸を開放すべきであり領土を保全すべきである、と言っている。そもそも中国の土地を中国が自ら保全できないから列強の保全に待つというのが、その謂いである。誠心からの保全であっても、その状態がどのようなものであり、その境地がどのような境地であるかは（以前は兄弟の約束をしたり互いに叔姪と称していた者が、今はただ主僕の関係を名乗る。しかし、主僕の関係を名乗るだけならまだよい。恐れるべきは、彼が主僕の名を求めず、主僕の実を取ろうとすることである）、ちかい例では朝鮮がこれでありエジプトがこれである。かのポーランドは分割であるが、朝鮮もエジプトもどちらも保護である。中国の前途は果してポーランドと同じであろうか、それともポーランドとは異なって朝鮮やエジプトと同じであろうか。ポーランドと朝鮮・エジプトと、そのいずれが優れいずれが劣るか。要するに、国が自立せねば万事休す、何をか言わんや。
ああ、天風雲を起こす時、私は戦場の外にいる。しかし、人木石にあらねば、他郷にあっても涙が止まらない。我が国の友人達も、密かに喪乱に思いを致し慨嘆を同じうする者は、この文を見て涙を流すことであろう。

（杉山文彦訳）

［注］
（1）『国民新聞』については四三五ページ、資料22の解題を参照。ここに引用された文を日露戦争当時の『国民新聞』から探したが、確認できなかった。しかし、これと同趣旨の論は、この時期の徳富蘇峰ほか多くの論客に見られるものである。

［資料25］我が同胞に警告する

秋瑾

［解題］この文章の著者秋瑾女士は魯迅と同じ紹興出身の革命烈士。日本に留学し実践女学校に学んだが、「清国留学生取締規則」に抗議して帰国。一九〇七年、革命蜂起に失敗し紹興で処刑された。享年三十二歳。「秋瑾女士は密告によって死んだ。革命後しばらくは〝女侠〟としてたたえられたが、今では思い出す人も少なくなってしまった」（魯迅「フェアプレイははやすぎる」より）。
本文は、はじめ雑誌『白話』の第三、四号（一九〇四年十、十一月）に発表されたが、後半部はテキストが失われている。『秋瑾集』（一九六〇年、上海）より訳出。

私はいま、大いに感じる所があるので、みなさんにお聞かせします。私は昨日横浜に友人に会いに行きました。その途中、大変にぎやかな軍楽が聞こえ、老若男女がみな小旗を手にもって気狂いのように万歳を叫んでいるのが見えました。幾千の声、幾万の声が一つに合せてワァワァと大騒ぎでした。私はなんでこんなににぎやかなのかわかりませんでした。あとで聞いてみると、これは出征する軍人を送るものだったのです。つまり、我々の東北三省の地域をロシアと争うために、そこに戦をしにいくものだったのです。

ロシアを、我々は俄羅斯とかきますが、日本では露西亜とかきますから、彼らは征露軍人と呼ばれています。そして日本人はみな、それを名誉として考え、隊をなして彼らを送りにきたのです。とてもふしぎなのは、我が中国の商人は、恥知らずにも彼らのあとについて爆竹をならし万歳を叫んでいることです。私は見ていて、うらやましくもあり、腹立たしくもあり、くやしくもあり、また恥かしかった。心中まことにつらく、どうしていいかわかりませんでした。ただ、中国のさまざまなこと、いろいろな人はこれらの人々に及ばないとさとるばかりでした。

ちょうど私もこの汽車にのりあわせて一緒でしたが、この軍人を見送る人々はますます多くなるばかりで、万歳、万歳、帝国万歳、陸海軍万歳、とさわがしくごたごたしていました。駅につくとものすごくこみあっていました。その軍人は見送りの人があまりにも多いので、ベンチの上にのぼって人々に辞退していました。送る人は周りをとりかこみ、それが大きな輪になり、人の声と爆竹の音とがいりまじって区別できません。たくさんの人々が小さな国旗をもって、手の舞足の踏む所を知らず、大変によろこんでいます。汽車が出ると、人々はやっと解散しました。一つの駅につくたびに、老若男女が軍楽を奏し、国旗をかかげて、歓迎します。

一番うらやましかったのは、子供たちが、大きい子も小さい子も、道ばたにたって手を振ったり万歳を叫んだりしていたことです。とても愛すべきではないでしょうか。本当にうらやましいかぎりでした。我が中国にはいつこんな日がおとずれるのでしょうか。

ああ、みなさん、ごらんのように日本の人はかように心をあわせ、軍人をこんなに貴んでいます。だから彼は戦に生命を投げうたずにいられましょうか。だから、みな死を恐れぬ心をもつようになり、自分達がもし勝てなかったら、国にかえって人々にあわせる顔がないと思っています。人々がみなこのような考えをもっているので、戦のたびに命を投げうち、砲火をさけず、前が死ねば後がさらにすすんでいくのです。今日ロシアという大国が小さな三つの島の日本にこのように敗れたのも、大部分はこのためです。

さらにまた軍人の家族はすべて扶助金をうけます。この家の人達は、夫や子、兄弟が出征することを名誉と考えています。もし商売をやっている家ならば、門に出征軍人とかいた札をかかげます。宿屋、居酒屋、写真館、商店などはみな「陸海軍御用品」、「軍人は優待、半額」などと特筆大書していきます。百銭することがハッキリしている品物でも、軍人が買いにいくと、半額しかかかりません。

我々中国の兵隊は、あわれにも毎月ピンハネされた給料を家に入れなければならないし、自分の用にもつかわなければなりません。これで一体足りるのでしょうか。営官、統領にあえば、ネズミがネコにあったようになり、仕事が少しでも気に入られないと、罵られたりなぐられたりします。少しばかり名声のある人は、兵隊を何かいやしい奴隷のようにみなして、坐るにも一緒に坐ろうとはしません。金持や地位の高い人は、えらぶって、いいものを着、うまいものを食べ、まるで自分を天の神のように思いこみ、兵卒を何かいやしい人も及ばないもののように軽蔑しています。戦争がおこると、戦にいかせ、行軍の苦労、餓えや寒さの苦しみにはかまわず、ただ命をすててたたかえといいます。これでよくやれるのでしょうか。もし勝っても、いいものを着、うまいものを食べている営官や統領に功績が帰せられ、兵隊の身には何のいい所もありません。またこれらの官は戦場にいったこともなく、毫も力を費やしたこともないのに、功労を独占し、推奨されます。これでどうして人を心服させることができましょう。これらの兵士が生を貪り死をおそれ、敵にあえば、スーッと逃げてしまうのも道理です。

中国では現在、これらの兵士たちには何の教育もうけていないからこうなるのです。我々中国人が教育をうけていないことによる損害は、千言万語を尽くして語りきれず、二日三日かかっても言い尽くせません。同胞のみなさん、いそがずに、次回私が詳しくおきかせするのを待っていてください。

（板垣望訳）

［資料26］各国の現在の旅順に対する意見について論ず

可権

［解題］この文は、『東方雑誌』（光緒三十年第五期）に載った論説。著者の可権については不明。日露戦争開戦の直後、旅順をめぐって激しい攻防戦が行われている情勢を背景に、国際情勢を概観すると共に、日本の勝利とその後の日中提携とを期待する内容となっている。

『東方雑誌』は一九〇四年三月に上海で創刊され、一九四八年十二月まで続いた近代中国を代表する総合雑誌。編集出版は商務印書館、当初は月刊であったが一九二〇年以後は半月刊となった。独自に論説を発表するほか、各種刊行物から論説を選んで転載することを盛んに行った。初期の論説の中には日本の刊行物から訳載されたものもかなり見られる。

甲午〔一八九四年〕以後の旅順は英露対峙の時代にある。ロシアが北方で意のままに行動すれば、山東を制馭することになり、イギリスは長江の確保に苦労し雷池〔長江の一支流〕を一歩も越えられなくなる。そこでただちに威海を租借して対抗しようと迫ってきた。この時にあたり中国政府はロシアに満州の利益を与える方が得策としてさっさと旅順を与えてしまい、それがアヘンによる逸楽と同じで後の禍が大きいことは考えなかった。一方、イギリスの勢力均衡の謀も拒めず、ついに威海は割譲された。そこでドイツ・フランスがこれに続き、膠州湾・広州湾には共に軍隊が駐留することになった。これは皆、ロシアが旅順を租借したことによって引き起こされた。これは皆、ロシアが旅順を租借したことによって引き起こされた。癸卯〔一九〇三年〕以後の旅順は日露対峙の時代にある。ロシアが奉天を占拠しなければ、日本に満州を伺う意志があっても手を出す口実がない。ロシアが奉天を占拠しても北韓の政策に干渉しなければ、日本には他にも埋め合わせの方法があって、開戦の口実はあっても必ずしも戦端を開かねばならぬわけではない。ただ、豺狼の性というものは厭くことを知らぬもので、隴を得て蜀を望む〔四五一ページ、注（2）参照〕で着々と歩を進め、旅順に大防衛線を張って、日本にその勢力範囲を縮小させて永久に北方で活躍できぬようにしようとしたのである。屈辱に甘んずる者でない限り、およそ恥を知る者なら、これに対し鉄血を揮い砲火を衝き財力を傾け生命を賭して勝負を決しようとしない者はいない。この故に開戦以来、ロシアが固守するは旅順であり、日本が必死に攻めるのも旅順である。包囲攻撃に始まり、継いで港を封鎖し、ついには決戦にいたる。両国の運命は旅順を見れば分るとされ、世界各国の関心もこの一点に集中している。これもまた日本が旅順を攻めたことによって引き起こされた。然らば、現時点の旅順について各国はどのような意見をもっているであろうか。私が思うにそれを推測する方は二つある。一つはすでに表れた意見を観ること、いま一つはまだ表れない意見を観ることである。

すでに表れた意見はどのようなものであろうか。ロシアが東方の平和を掻き乱せばその影響は欧米まで及ぶことは、銅山西に崩れて洛鐘東に応ず(1)の勢いであり、ただ日本だけが災難というわけではない。しかし日本が最も禍に近いのであり、他の国はあるいはロシアと同盟してこの機会を利用し、あるいは日本と同盟してこれに抵抗する。どちらとも同盟しない国も皆あらかじめ対策を立てて時運に遅れずに駆けようとしていることは、歴然としている。もしイギリスに日本を助ける気がないのであれば、威海衛で守りを固めさえすればよいのであって、どうしてことさらチベットで騒ぎを起こしてロシアに掣肘を加えようと図ることがあろうか。もしフランスにロシアを助ける気がなければ、広州湾で対峙すればよいのであって、どうしてことさら龍州〔広西省（現在は広西チワン族自治区）の西方、ベトナムと国境を接する地〕に迫って日本の戦略への対抗を図ることがあろうか。また、イギリスの日本援助はゆっくりとしたものだが、フランスのロシア援助は急である。故に、旅順包囲のときフランスは秦皇島〔直隷省（現在は河北省）東北部の渤海湾沿いの地。万里の長城が海に落ちる山海関と接している要衝にして良港〕に無線電信のアンテナを立て、遥かにロシア海軍と気脈を通じた。中立の立場を捨てるのはそう先のことではあるまい。イギリスがロシアのバルチック艦隊に注意を怠らず、しばしばトルコに命じてこれを地中海に出させなくさせたのは、鷲旗が東を目指せばまた熊の威が振るい、旅順が陥落しにくくなるのを恐れるからである。この他は皆、非同盟の国である。ドイツはロシアを恐れてロシアに肩入れし、アメリカはロシアを憎んで日本に肩入れする。故に、日本がロシアと戦って小勝すればドイツは喜んで受け入れるが、日本が大勝することは願わない。もしロシアがついに旅順を失い日本が占領することになれば、ドイツは益々恐れる。最近のドイツの計略を見るに、膠州湾を根拠地とするだけでは安心せず、次々と中国政府に強硬手段をもって迫り、鄱陽湖・洞庭湖を借りて海軍の練習場としようとしているが、この行動は恐れなくしてはありえまい。アメリカはフィリピンで勝って以後、モンロー主義から帝国主義へと一変し極東に食指を伸ばす気配を見せていたが、強敵ロシアに阻まれて付け入る隙がなく時を待たざるを得なかった。今、日本がロシアに挑戦したので国中が日本に同情している。もっとも驚くべきことは、砲弾の飛び交う中で急に領事を任命して満州の商務を整えようとしたことである。これは実行はされなかったが、ロシアに背を向け日本に向く気持ちを表すに十分である。これらは現時点の旅順に対し各国がすでに表明している意見である。

まだ現れていない意見とはどのようなものであろうか。それは旅順陥落の問題である。もし、旅順陥落の後、ロシアが武器を捨てて敗走し日本が隊を整えてさらに進んでも、各国が中立を守って干渉に出なければ、日本は破竹の勢いで陸軍は直ちに奉天を撃ち長躯してハルピンに至り、さらに海軍はウラジオストックを脅かして、まさに樺太回復会の思い描くとおりになり、これぞ快哉である。しかし、事変の動向は人が期待するようにはならぬものである。私が思うに、その時はフランスが必ず最初に事を起こす。フランスがひとたび動けば、他の国々も動きたくなくとも動かざるをえない。黄海・渤海のあたりに無数の国の兵船・砲艦が、まるで疾風驟雨が共に至るかのように集まり、あるものは日本を助けて進め、またあるものは日本を叩いて退けようとする。日本海軍はその中でまさに渦にまき込まれたようになり、進むに進めず退くに退けずで、極東の戦事はかくして必ずひどい膠着状態に陥るであろう。なぜならば、今欧米各国の艦隊が次々と観戦を口実に内海に入ってきているが、何か別の魂胆がなければ、あんなにたくさん集まる必要はないし、あんなに隠密行動を採ることもない。しかも、英、米、仏、独のほかにも、オーストリア・ハンガリーやイタリア、ベルギー等の国も加わっており、いつとはなしにやって来て予告もなしに去ってゆく。これが寒心せずにおれようか。この事からもこれらの艦隊の使い道は、戦争が終わった後ではなく戦争の真っ最中にあることが知れる。私が思うに、旅順陥落の日とは、まさに驚くべき現象、世人の耳目を聳動させるものとなる。これが現時点での旅順に対する、各国のまだ表に出ていない意見である。

そもそも各国の意見が、変幻百出、かくの如しであれば、旅順の落ち着く先を予測するとして、結局誰の手に落ちるだろうか。ロシアが持ち続けるとしても、それでは極めて危うく先の見通しが立たない。きっと日本が持つことになると言っても、周りから虎視眈々と狙っている者がいて恐らく日本独りでは確保できまい。商港として開き各国の共有とする意見もあるが、それでは日本が苦労したわりに得るものが少ない。満州を開放して公地とする説もあるが、それで門戸を開くことは不可能である。外国人が囲い込みに走るだけのことである。では、これを中国に返すというのはどうであろうか。これには三つの善がある。ロシアが借りたまま返さなかったものを、日本が奪い取って返せば、これは義である。日本は宣戦布告で中国の領土は目的ではないと言っている。今その言を旅順で実行すれば、信である。日本が旅順を中国へ返せば、全力をもってロシアと戦える上に各国の嫉妬心をも免れる。これは智である。それでもなお一つ問題がある。それは中国が旅順を守れるか否かという点である。しかし、これは心配するにはあたらない。中国の力が自ら守るに十分であれば、当然返還するが宜しい。自ら守るに十分でなくとも、日本が中国を助けて守れば、返還して宜しい。こうすれば各国が容喙することもなく、東方の両帝国の信頼関係がますます深まることになる。中国が日本の厚徳に対しどう応えるかについては、まさに情誼にかなった行いをすべきで、後に詳論するので今ここでは触れない。

総じて言えば、甲午以後の旅順は白人がアジアを拓殖する局面であり、癸卯〔一九〇三年〕以後の旅順は黄人が制海権を回復する第一歩である。それは中国のことであるが、また日本のことでもある。中国が旅順を得れば、威海をも得て旅順・威海の勢力をあわせて膠州湾を制圧し、ドイツに好き勝手はさせなくできる。ドイツがおとなしくなればフランスも孤立する。このからくりは甚だ緊密微妙である。もし旅順を日本に留めれば、イギリスが威海を返すことは望み難い。そしてドイツも膠州湾によって互いに勢力を争う。中国にあって拠るべき険要の地がなければ、振興は望むべくもない。しかも黄白人種の勢力争いは日に日に激しくなる。日本が東亜の平和を保全しようとするのであれば、どうしてこれを良策としようか。

（杉山文彦訳）

［注］

（1）相互に関連することの喩え。漢代に都の宮殿の鐘がひとりでに鳴ったのを聞いて、ある者が、これは鐘を造った銅を産した山が崩れたからだと言ったが、その後、確かに山が崩れたという報告が都に入った、という故事が、『世説新語』に見える。

［資料27］日露開戦と中国の関係　V、G、T、生

［解題］この文が掲載された『江蘇』は、江蘇省出身の留学生が一九〇三年に東京で創刊した雑誌。この「日露開戦と中国の関係」は日露戦争を、ロシアの南下政策とそれに対する日本の抵抗、世界的な黄白両人種の戦いと位置づける点で、さらに、ロシアが勝つ場合は言うに及ばず、日本が勝った場合でも中国の主権は損なわれるとする点で、この時機に見られる多くの日露戦争論と同一であるが、主権を守るため日本と共にロシアと戦えと明確に主張していることが際立っている。

我が砲に点火せよ我が銃を整えよ、ロシア人を駆逐せよ、ロシア人を追って戦え、戦え、戦え。日本人は十年来国中でこう唱えてきた。今日、日露はついに開戦した。

ふり返れば、遼東還付の条約成立から、満州撤兵の延期、そして協商、衝突、戦争まで、その間長い時を経て、種々の原因によって今日の結果に至った。一つの国民の感情とは、国際上絶大な影響力を持つものである。故に往々にして小さな事が巨大な問題になり、大惨劇を演出することもある。いわんや国勢・権利と直接関係のあることにおいておや。日露が今日の情況にあるのは何ら異とするに足りない。ただ、戦争国の実情、戦後の影響及び戦時における関係国の方針は、今日重要な問題であり皆が知りたがることである。そこで、事の遠因に溯りつつ最近の事実について述べてみたい。

そもそも、遠交近攻策で隣地を侵略するというのが、ピョートル大帝以来ロシアの歴代不変の国是である。しかし、西欧列強が相互に勢力均衡策を行なっているので、ほとんど乗ずべき隙がない。バルカン半島の風雲に乗じて勢力を東欧に伸ばそうとしたが、列強の干渉に遭って失敗、さらに中央アジア方面に向け南下策をとったが、イギリスの抵抗によって阻まれた。かくして周囲を見渡すに、東亜の天府のみがその野心を逞しくすべき所として残っていた。そこで、全力を傾注して西はサマルカンドからイリに入り、東は蒙古から満州に出てまず東北一帯の広野に足場を築き、それから進んで支那本部に至るという計画によって、無限の欲望を満たそうとした。いわゆる極東経営とは、その淵源の深遠なることかくの如しである。しかし、シベリア鉄道の進行は、予定しているストレティンスクからハバロフスクまでの路線が、山路が曲折し地勢険悪、巌峰が並び立って開鑿に容易でない。そこで、路を他国に取らざるをえない。他国に取るとなれば満州より便なるは無しで、巧みに遼東還付の恩を売って旅順・大連の租借を実現し、鉄道経営に名を借りて領土強奪の実を取った。これがロシア近日の陰謀であり、世界の共に知る所である。そもそも、国威が外に揚がれば内治はこれにし

たがって治まり、国権が外で収縮すれば内治は不安となる、これが専制国の常である。いわんや財政の困窮、民力の窮乏、人種の複雑、信教の繁多、奸吏の横暴、冤民の怨嗟がロシアの様な国に於いておやである。もし一朝その対外の方針において失墜すれば、国内の動乱は止めようがない。今ロシアの対外政策は極東政策の前途にあり、極東政策の前途は満州問題の得失にかかっている。もし、列強の抗議、日本の争論によって一旦その占領地を放棄すれば、国威の失墜、国権の屈辱これより大なるはない。故にロシアが戦わざるを得ないのは、時の勢いである。

そもそも、列強で東洋に食指を伸ばしている者は、一国ではない。しかし、そのやり方は、概ね鉄道の敷設でなければ鉱山の開発と言ったことで、独りロシアだけが侵略強奪政策を専らとしている。そのためロシアは、旅順を租借すれば遼東を属地と見なし、鉄道の利権を得れば満州を植民地と考える。一旦その経営が成功すれば朝鮮半島のみならず、北方には一坪も安全な地はなくなる。かの大海の小舟のような島々より成る国も、どうして蚕食の禍を免れよう。故に、今日の問題に於いて、日本はどうしても有利な立場を占めねばならない。しかし、ロシアは満州において、内治の困難・財政の逼迫をも顧みずに財を傾け力を尽くして経営してきたのであれば、今その一切を放棄して平和を維持するなど、もとより不可能事である。たとえ度重なる抗議や警告によって少し譲歩したとしても、事の根は深いのであり時が来ればまた頭をもたげる。現在、体制はすでに出来上がっていて、もう抑えられない。ロシアにすれば、優劣の形勢は戦う前から分かっている。故に、今日日本が東亜での地位及び朝鮮における権利を保とうとすれば、ロシアを黒龍江の外に追払わねばだめである。しかし満州経営はロシアが全力を注いでいる所である。故に、日本が戦わざるをえないのも、時の勢いである。

しかし、これは日露二国の関係だけから言ったことである。広く世界の大勢を見れば、この一戦は実に普通の国際衝突ではない。黄白両人種の大競争なのである。近来、白人がその民族的帝国政策をもって電撃的に東亜にやって来て、我が国の脆弱に乗じて我が領土を削り利権を奪った。今日では我が十八省に完璧な土地は無いまでになった。今日列強の満州に対する態度は、門戸開放さえ認めればロシアの活動を容認している。列強のアジアにおける利益には、なお互いに調整しあう余裕があることは、旅順大連の租借の時のことを観れば分る。さらに、ロシア・ドイツの新聞が日々黄禍の説を唱え各国の耳目をそばだたせ、ロシアの新聞は日英同盟が黄禍のエネルギーを助長したとしているくらいである。故に今日、東亜の三島は孤立に陥り、我が国へ同情を表明せざるをえなくなったのも、時勢のなせる業である。人種の競争は二十世紀において最も激しい。他種が迫り来ることは、同種の結合を促すことでもある。日本が今日、同種の説を中国に対し唱えているのは、ロシアのスラブ統一やドイツのゲルマン連合政策とはやや異なるが、その世界の大勢に迫られてのやむを得ざるの苦心であることは、偽らざる事実である。したがって、今日の戦争においては、我が中国は日本に同情を表明し、黄種勢力の拡張を図りアーリア人の東漸を阻まねばならない。そうでなければ、日本は独力でこの重任にあたることになる。そうなれば勝敗は分からぬが、いずれにしても我が中国人は民族として面目丸つぶれである。まして、戦争の地は満州であり満州は中国の土地なのであるから。

私は軍人ではないから、両国の軍事力や地勢を比較してその勝敗を一決することはできない。しかし、この驚天動地の活劇については、海外の軍人や政客で予想や観測をする者にこと欠かない。その一二を取り上げて研究の助けとすれば、日露戦争の一端を知ることができぬわけではない。日露の艦隊のトン数を比べれば大きな違いはない。しかし、日本艦は新式の欧州製が多く速力は十八ノット余りである。また、日本は石炭の産地であり軍用に供するくらいでは欠乏は来たさない。さらに、海軍士官たちは黄海・日本海の地勢・航路を熟知している。ロシア艦は旧式が多くその速力は十六ノットにすぎない。石炭は不足し地勢にも習熟しない。実に劣勢の立場にある。さらに最近の報告によれば、仁川で三隻撃沈、旅順で三隻撃沈、日本海軍はすでに優勢を占めており、勝敗優劣の形勢はすでに見えている。陸軍については、ロシアが比較的便利であるのに対し、日本は船舶の輸送に頼らざるを得ない。ちょうど攻守の勢いが逆の主客の形勢が出来上がっている。勝算を立てようとしても頗る難しい。要するに今日この二国の戦争の結果は、その司令官の指揮次第でどちらにでも転ぶのであり、局外者が深く知り得るものではない。

そもそも、戦争には必ず戦利品があり、目的物があるのであれば、戦後の中国の地位はどうなるのであろうか。ロシアが勝てば、その後中国は必ず分割される。日本が勝てば、中国は必ずその主権の一部を失う。それはなぜか。ロシアの野心は東三省のみでなく、中国北方一帯の沃土をも対象としており平素から隙あらばと狙っている。一旦勝ちに乗じて長駆南下すれば、北部は我が有であり得ようか。こうなった時には、ドイツは山東に拠って勢力均衡を図らざるを得ず、イギリスは揚子江に拠って中原に争わざるを得ず、フランスは南部に拠ってイギリスの後ろを窺わざるを得ない。分割の局面は言われてすでに久しく今日なお実現していないが、それは機会が未だ来ていないにすぎぬのであって、もし一旦、ロシアが大挙して侵略し先陣を切れば、列国は分割をしたくなくともせざるを得ない。イギリスは日露の開戦以来、香港において軍備の整備に力を入れていると聞く。その目的は完全には知れぬが、各国がみな戦後問題の動向に注目していることから、イギリスの考えている事も大体見当がつく。もし日本が一戦してロシアを満州から駆逐すれば、遼東一帯は皆その占領地となるが、これをもとのように中国に返そうとしても不可能であり、また戦勝の利の独占を列国が座視することもあり得ない。いずれに転ぶにせよ、中国を食い物にして勢力範囲の拡張に尽力するのである。こうなった時、我々が口を挟む余地があろうか。要するにロシアが勝とうと日本が勝とうと、中国の前途に絶大な影響があるのであって、ロシアが勝てば分割の禍が早まり、日本が勝てばやや遅くなるにすぎない。しかし、その時列強が干渉するか否か、同盟の効力がどうかについては、憶測によって予見できるものではない。こうしてみれば、中国が満州に対し現在いかにすべきかの基本方針は、自ずと知れる。天下に、代価なしに利益を得るという事はないし、代価を払って全く利益がないという事もない。これは不変の公理である。故に、中国が失った利権の回収を望めば、利権回収の代価を払わねばならない。代価とは何か、鉄と血のみである。一分の鉄血を出せば一分の権利を回収でき、十分の鉄血を出せば十分の権利を回収できるのである。日本が勝てば勢いに乗じて満州を回復できる。ロシアが勝っても我々には名誉の敗北となる。庚子の役（義和団の乱）では、聶某が数千人を率いて連軍と接戦し、今なお各国で語り種となっている。これに対し、今のように事を恐れていては、たとえ生き残ったとしても結局は難を免れない。一体どちらが賢明であろう。

もし戦って敗れれば、分割がいよいよ早まるではないか、という批判がある。しかし、中国が分割されるかどうかは、戦うか戦わないかには関係ない。戦っても亡ぶし戦わずとも亡ぶのであれば、坐して亡ぶを待つより戦うに如かず。まして、在満のロシア軍は十万にすぎず、しかも大敵を前にして全力で戦わざるを得ないのである。我々はただ軍を山海関に出してその後路を断つだけで、ロシアの死命を制して余りある。もし東清鉄道の路線を占拠できれば、ロシア兵の輸送は断たれる。それから南方の財力を尽くして北部の精鋭部隊を動かせば、ロシアは腹背に敵を受けて動きが取れなくなる。そうなれば東三省は我が嚢中の物である。日本が前を塞ぎ我々が後を抑えれば、かのコサック兵も戦いようがない。これによって東亜の大地に一大異変が起るのである。ああ、今日の時局は危急存亡の秋なり。戦わざるを得ず。もしずるずると日を延ばし坐して機を失えば、全国の鉄を集めるも鋳造するあたわず。これは大いなる過ちなり。日ごろ練兵を任務とする者、何ぞ自ら天下に説かざるや。ああ、我が同胞よ起て、起て、起て。我が七十万里四方の土地をもって東海を填め平地となし、我が四百兆人民の血を流して黄海を染め赤海となせば、区々たるロシアの狗、我が民族に何ほどのことかあらん、起て、起て、起て、起て。日露開戦す……まさに大国民成就の時期……。

（杉山文彦訳）

［資料28］日本は東亜全部の覇権を掌握せり

『福建日日新聞』論説

［解題］この文は『福建日日新聞』の一九〇五年六月六日に掲載されたもの、『福建日日新聞』については当時福建省福州で発行されていたものであること以外分からないが、訳出に当たっては『東方雑誌』（光緒三十一年第九期）に転載されたものによった。日露戦争での日本の勝利に鼓舞されて、中国も日本同様に立ち上がれと論じている。

風雲は逆巻き、大陸は蒼惶、陣鼓は鳴り響き、神州は振動す。ああ、これはいずれの時なるか。弱肉強食にして優者勝ち劣者敗れるの時にあらざるか。欧米諸州を巡り見れば、ナポレオンもウィルヘルム二世もヴィクトリア女王もその興るや勃焉たり。トルコの破滅もペルシアの領土を削らるるもインドの奴隷となるもまた忽焉たり。この過渡の時代にあたり、自己発展の力を恃みに海上に雄飛し、一方面に覇を唱える者次々に現る。我が東亜は全て地球の東面の偏遇に縮在し、しばらくの間トルコにもペルシアにもインドにもならずにありしが、ここにおいて日本の起ちて東亜全部の覇権をめざすに至る。

東亜三国の中、中国は大なり、日本これに次ぎ、韓国またこれに次ぐ。これはその国土の広狭、人民の多寡によって言うなり。もし強弱を論ずれば、境域の広狭にあらずして政体の如何なり、人口の多寡にあらずして民情の如何なり。日本は維新以来、欧化の歩み進めて文明の境域と貿易し、尚武の精神を刷新し、自由の鐘を撞き、平等の鼓を撃ち、独立の旗を掲げ、三韓の土地を収めて我が物とし、東亜全体を包括せんとして、その侵略の政策と計画の範囲とは一切を俯瞰する視角をもつ。これのみにても十分に、三十年来の事業はすでに煌々として天下に明白なり。ああ、覇なるかな。

彼の東方の事起るや、戦雲まさに急にして時局は多難、風雲巻き起こり全地球震撼す。論者は言う、これ東亜の危急存亡の大関鍵なり、列強の勢力均衡はこれによって変動せんと。ロシアの欧亜に跨り、東西洋を兼ねるを志すは、ピョートル大帝の遺命のなお未だ忘れられざればなり。シベリア鉄道完成を告ぐれば、着々として独り覇権を全地面に押し立て、誰もこれを制御する能わざるに、何ぞ知らん、一戦して旅順の険要を失い、再戦してバルチック艦隊亡ばんとは。ああ、ロシアは覇権を恃まんとするも、覇権ついに恃むべからず。而して日本は、独りその轟々烈々の手段を顕し、前途に向かいて進み向かう所敵なく、ただロシア人の肝を冷やすのみならず、列国をも心服せしめたり。これ日本も予め料り及ばざる所ならんか。然り而して日本すでに主導権を握る。

今、両国講和会議を開かんとす。軍事上の勝敗すでに明白にして、これ絶大なる問題なり。五州の評論家、政治家、兵学家は日本を見て如何となすや。共に亜州に居るの評論家、政治家、兵学家は日本を見てまた如何とするや。かの東海の三島はアジアの一分子にあらずや。然るにその地を拓くや此の如し。その局面を打開するや此の如し。その鞭撻して席捲するやまた此の如し。その長駆遠征するや更にまた此の如し。日本人の東亜に雄視して、自ら命じて唯一無二にして抗衡するもの無しとなすもまた宜なるかな、また宜なるかな。

然りといえども、日本のよく覇権を握るは何によるや。その財政の優れたるか、兵力の厚きか、これ皆然らず。日本は独り教育において優点に達するあり、故に父は子に訓え、兄は弟を励まし、妻は夫に勧めて、長上のために死ぬをもって美名となし、愛国保種をもって義務となすを得るなり。その宗教は仏教を奉じて拠り所となし、故にその陣に臨むや恐怖なく妨げなし。これその勇なる所以なり。その兵器の精利なるに至りては、専心欧米に学んで考究を重ねたるなり。ああ、日本の覇権のよって来たる所は一朝一夕の効果にあらざるなり。

今、中国は依然として東亜半分の大国なり。ただ、急ぎ起ち時勢を追うこと能ざるを恐るのみ。もし権を人に譲るに甘んぜずして自ら権を握らんとせば、我もとより主権をこれに有すべし。いわんや、同じ黄種にして共に亜州に居るの日本人、これを賛助し匡救するに忙しきにおいておや。白種と対峙し対抗して、欧米の勢の我が東亜に迫り来るを許さざらんと期するは、これその素志なり。日本すでにその権を握れば、我には共にその権を握るを許さずと言うが如きは、あにそれ然らんや。

痛ましきかな、痛ましきかな。我が同胞は、今日の世界は動を主とし静を主とせざることをはたして知るや否や。我が中国、もし故見を一洗し旧時の態度を改革したらば、何ぞすでに自ら一方に覇たらずや、何ぞすでに日本と共に一方に覇たらずや。時は失うべからず。今図らざれば遅きに失するなり。我が民よ、我が民よ、なんぞ東亜の地域において首を伸ばし臂を攘わざるや。人の蹂躪に任せ牛馬となって奔走するなかれ。何故に唯々諾々として人の肘腋に依り人の籬下に寄り附して、自ら低きに甘んじ退くや。痛ましきかな、痛ましきかな。我が東亜の同胞に謹んで告げ、謹んで望む。こいねがわくは速やかに覇を図るをもって目標となし、我が欲する所の拡張の権を失うなかれ。

（杉山文彦訳）

第5節　高まる日本への警戒

［資料29］中国の衰弱は日本の幸福にあらず

『大公報』論説

［解題］『大公報』は近代中国の代表的日刊紙の一つで、一九〇二年に天津のフランス租界で発刊。当初は立憲派の影響が強かったが、それに加えて出資者にはキリスト教関係者が多く、フランス公使も加わっている。抗日戦争中も不偏不党の立場を崩さず報道を続けた。一九四九年以後は人民政府に接収され、一九六六年にプロレタリア文化大革命の影響で停刊。現在、香港で刊行されている『大公報』は一九四八年から刊行されたもので、無関係ではないが別組織。

この論説は光緒三十年（一九〇四）八月初二日に掲載されたものであるが、翻訳にあたっては『東方雑誌』（光緒三十年第十期）に採録されたものを底本とした。この論説は日露戦争後の国際情勢を予見するなかで、日中韓の協調が東アジアにとっても日本にとっても利益であることを主張している。

現在天下は弱肉強食の時代であり、ヨーロッパ諸強国は、内に蓄えた膨脹力を頼みにもっぱらアジア大陸東部に関心を注ぎ、飽くなき欲を逞しくしている。しかし東亜の主人は中日韓三国のみであり、その三国中の主要な一国はわが中国にほかならない。なぜそうなのかといえば、中国は広大な領土と豊富な資源をもち、西洋人が垂涎してやまず、船を連ね馬首を並べて東を目指す主要な目的はもともと中国にある。だから中国の勢力が強大で、西洋人が恐れて東亜を軽視する心をもたなくなれば、日本も韓国も中国の障壁によって衰亡を免れ、いつまでも国を保つことができ、中日韓三国はすべて安泰で、東亜の大勢もまたこれによって安泰である。だが惜しいことに中国は内政が腐敗し、国力が衰えているので、列強が群がって手を出そうとしており、あるものは土地を占拠し、またあるものは利権を奪い、東亜の主要な大国はほとんど自立できなくなっている。その影響は東亜全般にまで及び、そのために平和を失っている。韓国は論ずるまでもなく、日本に関していっても、もしも中国の国力が強大であれば、どうして満州全域がロシア人の手に落ちてしまうことがあろうか。もしも満州がロシア人の手に落ちなければどうして日本の危険にまで波及することがあろうか。もしも日本の危険にまで波及しなければ、どうして日本がロシアと戦争することになったろうか。日本がもしもロシアと戦争しなければ、国力はますます涵養されてますます繁栄し、国民の気力はいよいよ蓄えられていよいよ勇ましくなり、君民ともに安泰で、世界でも有数の極楽国となろう。どうして今日のように資材を消耗し、人命を擲ち、それによって国力を損ない、国民の気力を傷つけることがあろうか。たとえ連戦連勝だとはいっても、結局獲得は損失を償えない。このことから日本を見れば、日本がこの損失を被った根源はまさしく中国が衰弱していることにあるのだ。

ある人が、日本は大損失を被りはしたが、それでもなお中国に対して利益を要求し、将来のための補いとすることができる、といっている。ああ、この見解は根本が分かっていないのだ。中国と日本とは唇歯のようにたがいに依存しあう関係にある。中国は唇で、日本は歯だ。歯が脱落したのを唇を削って補ったとしても、何の意味があろうか。中日両国を比較して論ずると、たとえば中国が強大で日本が衰弱していれば、日本の利害が中国に及ぼす影響は小さいが、中国が衰弱していて日本が強大な場合には、中国の利害が日本に及ぼす影響は大きい。たとえば、中国の衰弱が極度になって滅亡に瀕すれば、西洋人は群がって肉片の分け前に与かろうとするだろう。お尋ねするが、日本はこの時富強になっているとしても、果たして泰然として東海に堂々と立ち、黄色人種の孤立を憂えずにいられるだろうか。

今や日露戦争はまもなく終局を迎えようとしており、中日交渉も目前に迫っている。日本はもし東亜の大勢と自国の安危のためを考えるのなら、他国が中国に要求している手段を模倣して、ますます中国の衰弱を深め、滅亡を早めるようなことを決してしてはならない。日露戦争は中国の衰弱によって起こったのだから、かりにもし中国がますます衰弱すれば、今後日本に波及する危険もますます多くなることを知っておくべきである。日本の外国人との戦争もきっと合間がなくなり、戦乱がさらに災いを呼び、大勢は危機に瀕することになる。これが日本にとって幸福だろうか。だから日露戦争後は、日本のために考えれば、満州を中国に返し、中国に対して過度の要求をしてはならない。緊急に中国と同盟を結び、協力して東亜の大勢を保持すべきである。中国に大々的に改革を行うことを勧め、新政策の実行を勧め、協力して東亜の大勢を保持する実力を身に付けさせるのだ。中国を救うのは自国を救うためであり、中国が今後強大になれば、西洋人も侵略をほしいままにしなくなり、日本もまた間接にその被害を受けることがなくなる。その後中日両国は助け合って敵への警戒を怠らず、わずかな恨みを捨てて長く盟約を大切にすれば、東亜の大勢を安泰に保つことができ、わが黄色人種の威厳と名声もまた世界に輝きを増すことができる。そうでなければ、日本がもし戦勝の余勢に乗じ、得意げに闊歩し、中国に向かって多大な要求をして憚らず、中国の衰弱を意にもとめないようであれば、これはただ目前の勝利に慣れて永遠の安危を顧みないのだ。唇がなくなれば歯が寒くなるという譬えのとおりで、中国の不幸は単に中国の不幸だけではないのだ。

（伊東昭雄訳）

［資料30］我が国と日露両国の交渉とを論ず

『時報』論説

［解題］この文章は日露戦争後の一九〇五年十月十五日の『時報』に載ったものである。論の中心は、日露戦争後に行われることになる日本と清国との交渉に関するもので、本来自国の問題である満州問題を放置し、日露戦争を拱手傍観した清朝の誤りを指摘すると共に、日本はポーツマスの講和会議でロシアから獲り損ねたものを中国から獲るために来るのだとして、警戒を呼びかけている。この交渉によって「日清満州に関する条約」等が締結され日本はロシアが南満州で持っていた利権を継承することになる。

『時報』は、一九〇四年上海で創刊された日刊紙、立憲派の重要な言論機関として君主立憲の立場から、議会制度、実業振興、利権回収、教育普及などを提唱したが、辛亥革命以後は民主共和の立場に転じた。なお、訳出にあたっては『東方雑誌』（光緒三十一年第十二期）に転載されたものを底本として用いた。

日露の和議はすでに終わり、日本は小村寿太郎を専使として特派し、満州善後策を提議してきた。ロシア大使もキャフタ条約（1）の改定を提議し四項目の要求をしてきた。日露の戦争で両国は計りしれぬ損失を蒙ったが、ロシアはその賠償を日本から取ることはできず、日本もまた賠償をロシアに要求するわけにいかない。そこで急にその償いを間に立つ中立国に迫ってきたのである。

日本は戦勝国である。ロシアの東来の艦隊を沈め、数度の会戦で大いにロシア軍を破った。ロシアは一敗して地に塗れ首をたれて降伏した。日本は戦勝の威をかさに何ごとも要求できるのに、ついには隠忍自重し戦勝者の権利をことごとく放棄して、この屈辱的条約を締結した。なぜであろう。日本はしばしば勝ちはしたが、それはロシアの東方進出を挫いたのみでロシアの死命を制するには足らなかったからである。それに、日露の戦いは実に黄白両人種の戦争であり、白人の人種感情を刺激し嫉妬心を引き起こして、ロシア軍が一度敗れると、たちまち黄禍の声が欧州人の口に喧しくなった。日本は新造の国であり、これに恐れを抱いた。また、ウィッテは電光石火の早業で雄敏な外交手腕を発揮した。講和会議が始まると日本は要求を通すのが困難だと知り、後退した。そこで日本は国中大騒ぎとなり、天下に恥をさらしたと思うに至った。ポーツマス条約はロシアにとって敗北を勝利に転じた以上のものであった。しかし、日本にしてみれば十年間の積憤の末に、のるかそるかの勝負に出て長い苦戦を戦ったのであるから、どうして手柄なしに帰れよう。そこで日本人は、自分たちが争うのは東方の権利だけだ、と考えた。ロシアは敗れたりといえどもなお強い。賠償をなお強いロシアに要求するより、衰弱した中国から利権を取る方がずっと楽である。しかも、日露戦争は満州撤兵問題から起った。満州撤兵はもとより中国のことである。我々は中国に代わってその戦争を担った、中国は当然、我々に報いるに相当の利権をもってすべきである。正義を口実に戦勝の余勢をかさに、衰弱した中国に要求すれば、どうして得られないことがあろう。先にロシアに失った物を、いま中国から取って補填する。これは、日本人が講和会議の頃にすでに決めていた筋書きである。小村がやって来るのは、大きな要求を突き付けて先の屈辱の責めを償い自国民の憤懣を解消しようとしてのことである。「司馬昭の心、路人皆知る」(2)で、その魂胆は我々には見え透いており、少しも隠すことはできない。

そもそも、事変がやってくるのは、ある日突然に急に目前に迫ってくるといったものではない。事の端緒は数年、数十年前に兆しており、それから紆余曲折を経て事変を形成するのである。外交を能くする者は、遠くを見通し事に先んじて対策を立てておく。事の端緒において周到な備えをしておき、事の至るを待つのである。事が目前に迫ってから慌てて立ち上がったのでは、力を尽くして抗争してもあまり効果はない。日露が満州をうかがうや既に久しい。甲午以後、我が政府は親露主義の誤りを犯して、虎を引き入れて守りとし、満州をロシア人の盤踞するに任せてこれを不見不聞に付した。ここに一大錯誤がすでに表われている。日本はこれではロシアと並び立つことができぬ、憤りと妬みから我が国に対露防衛について警告した。この時日本は忠告をしたのであって、まだ必ずしも野心はなかった。日本は、我が国にロシアを拒絶するよう勧めたが、我が国は従わなかった。ロシアと戦うよう勧めたが、我が国は動こうとしなかった。そこで日本は急いで自ら行動に出た。しかし、我が国はなお安座して動かず、日本が領分を踏み越えるままにさせた。これが二つ目の誤り。節目節目で誤りを重ねた。もし、日露が戦おうとするその時に急いで満州善後策を立てたとしても、すでに必ずしもうまくいくとは言えないくらいなのに、なおも袖手安待して日々満州が帰ってくることを夢想していた。旅順の陥落以来、かの国の人士は日々満州処分の策を練っているが、それを堂々と公言して少しも憚らない。その満州に対する見方は、ただ嚢中の物というだけではなくなっている。我々はといえば、日本の使節が来るのを座して待ち、始めて対応策を考えているありさま。肉がすでに虎口に入ってからそれを取りかえそうとしても、その万分の一でも取れようか。しかしながら、過ぎたことは過ぎたこと。日本の使節は来るのである。この上さらに座して彼らに要求されるままになっておれようか。彼らは我々と名分上の交渉をしようというのである。我々はこれに対し予め対応策を練っておくべきである。対応策とは何ぞや。日本は以前、領土が目的ではないと宣言している。したがって、今回我々と正式に談判するにあたっての日本の政策は、表で還し裏で取るというものである。彼らが我が満州を奪うやり方は、名を棄てて実を取るのである。そこで我々が彼らと抗争するには、必ず名を後にして実を先にしなければならない。そもそも日本は億兆の金を費やし千万の生命をなげうって、この実権を得ようとしているのであり、どうして我々に還すことを肯んじようか。それに外交の術とは、重きを避け軽きに就き、退くをもって進むをなすものである。彼らの提議することは一事ではないし要求も一つではない。我々はその中から比較的軽い権益、失っても損害の少ないものをいくつか選んで、さっさと与えて手懐けておき、然る後に全力を集中して重大な主権をめぐって必死の抵抗を行うべきである。日露講和においてウィッテは、このやり方を用いて有利な条約を締結したのである。ロシアは一敗地にまみれほとんど城下の盟をする状態であったが、それでもなお機敏な外交力によって権利を守ったのである。中立国の我が国にそれができぬ道理があろうか。外交上の駆け引きは、あの手この手嘘も方便その運用の妙は一心にありで、当局者の臨機応変にかかっていて、局外者が横から口を挟むことではないので、ここでは論じない。

ロシアが我が満州をうかがうことすでに十数年。遼東返還の恩に着せて我が旅順・大連を租借し、義和団の乱に乗じて満州全土に居座り軍隊を置き官署を設けて、自分の領土のように全力を挙げて経営した。万里の沃土を悉く勢力下に置き数万の精鋭を駐屯させ数千里の鉄道を敷設して、ロシア人の目にはここは金城千里、子々孫々まで続く土地と見えたであろう。然るに一戦して敗れ、数十年間扶植した勢力は日本によって根こそぎ掃蕩され、ロシア南下の勢いは一度挫折した。しかし、スラブ民族はしぶとい性質の持ち主で一度の挫折ぐらいで潰れたりはしない。彼らは祖先の遺訓を奉じて侵略を以って唯一の国是としている。ヨーロッパではイギリスに抑えられ、転じてアジアに出口を求めたが、満州の路は、今日本によって断たれた。東が思いのままにならねば、その西を狙って突然キャフタの旧約の改訂を提案して、四つの要求をだしてきた。彼らの要求とは、国境の再画定、鉄道敷設・鉱山開発権の譲渡、軍隊駐屯の承認、商隊通行の許可である。昔、無能な崇厚(3)が使節となり、ロシア人に騙され朝廷を軽視して、数千里の地をロシアに与えたことがあった。今またロシアは国境画定の要求をしている。もとより、これに借りて強奪を肆《ほしいまま》にしようというのである。しかし、我が国の西北の境界は久しく曖昧模糊としたものになっている。事実上他国が侵犯していても、ずるずるとそれを追求できぬままでいるのと、今ここではっきりと境界を定めて自国の国境の守りを固めるのと、どちらがよいであろうか。もし国境問題に習熟した者を選んで慎重に事にあたるのであれば、国境画定は必ずしも避けるべきことではない。鉄道敷設・鉱山開発独占権、軍隊駐屯、商隊通行等は、先にロシアが満州を侵略した政策である。一度満州で用いたが満州はもう終わりになった。今度またその手に倣って、もう一度蒙古でやろうというのである。これはすなわち蒙古を第二の満州にすることである。ロシアは十余年の経営努力を一度に日本に奪われてしまった。その分を我々から取らねば一体どこから埋め合わせができよう。我々は、以前はロシアの術中にはまり、隠忍自重してロシアの要求に従い、遂に十年来の剣呑な関係を醸成し東三省はとうとう我が物ではなくなった。今またロシアはこのやり方で進んでくる。我々がその要求を厳しく拒絶しないとすれば、それは単に蒙古全土をコサック兵の牧場とするだけの事ではなくなる。極東の大陸は久しく列強競争の劇場であった。日々に平等の権利が叫ばれ、日ごとに勢力均衡が言われ、一人が指を染めれば万人が手を出す。かくして、琉球が日本の県になれば、ベトナム、朝鮮、ビルマは相継いで失われ、ドイツが膠州に拠れば、旅順・大連・威海・広州は相継いで租借された。イギリスがチベットをうかがえばロシアの軍隊が動き、ロシアが満州に入れば日本とのいざこざが始まった。前事を忘れずに後事の師とすべきである。もし今回のロシアの要求を通せば、列強が競って押しかけてきて、我が政府は彼らの要求を満たせなくなることを、我々は恐れる。そもそも、ロシアは突然この不当な要求をしてきたのであり、我々はこれを拒む理由には事欠かない。ロシアは敗戦直後で内乱の火が燃え上がっている。また必ずしも、先に満州に盤踞したような事を、今回も強要しているわけではない。ロシアの外交は、まず強硬な手段に出ておいて、それから柔和な政策でまとめる。彼らが不当な強要をした時に、もし頑として拒否し続ければ、彼らは実現不可能を知って鉾を収めて退く。そして別の活動によって利をもって誘い、方法を変えて先の要求を通そうとする。相手が進めば彼は退き、相手が退けば彼は進むで、しぶとく数年ないし数十年かけてもその目的を達しようとする。これらは満州のことですでに大よそ分かっている。今我々が要求を拒絶し得たとしても、もし急いで国の振興を図り後に備えることをしなかったら、強奪に失敗したロシアが今度は巧みな方法で手を伸ばし、五年もせぬうちに鷲の国旗が蒙古に翻るのではないかと、我々は恐れる。我々は今諸公がロシアの脅しを受けるとは思わない、むしろ他日ロシアに欺かれることが心配である。

ああ、日本の要求はロシアに失ったものを償おうとするものである。ロシアの要求も日本に失ったものを償うためである。日本は失えば我々から取り、ロシアも失えば我々から取る。我が国がいくら大国でも、他国の無窮の損失を全て補っておれようか。しかしながら、腐った所からウジがわくのと同じで、我々が自分の土地を確保しておかねば、他人がそこを狙う。我々が自分の利権を確保しておかねば、他人がそれを侵す。我々が自らそれを放棄すれば、それは無主の物となり、誰もが手を出す。こちらの許諾なぞ待ちはしない。我々がこの期に及んでなお、新規まき直しの内政改革をしなければ、月日は矢の如く過ぎ、我々が論争している間に彼らが自分の懐に入れてしまう。「一つ摘めば瓜に好く、二つ摘めば瓜は稀、三つまでは摘めるけど、四つ摘んだら蔓ばかり」。黄台種瓜之辞を誦すに、満州のことはすでに一摘二摘の段階、我が政府よ三摘四摘をするなかれ。

（杉山文彦訳）

[注]

（1）一七二七年（雍正五年）、清国とロシアのあいだに締結された条約。逃亡者・国境問題の解決，貿易と外交交渉などについて取り決めを交わした。

（2）『三国志』巻四魏書四「高貴郷公髦紀」の注に『漢晋春秋』からとして引かれた中にある言葉。曹髦が司馬昭の謀反の心は明白であるとして言った言葉。司馬昭は三国時代の魏の将軍、司馬懿の次男。魏の政治をもっぱらにし長子の炎を帝位（晋の武帝）につけた。

（3）崇厚（一八二六～一八九三）　完顔氏、満州鑲黄旗人、清末の官僚、外交官。一八七八年イリ地方の紛争解決のためロシアに派遣され、清朝にとって不利な条約を結んだ。帰国後、朝廷より斬監候（執行猶予付き死刑）の処罰を受けたが、列強の圧力により釈放される。

［資料31］

民報の六大主義（抄）

胡漢民

［解題］「民報の六大主義」は『民報』第三号（一九〇六年四月）に掲載された。訳出した（五）以外に、「真の世界平和を維持する」「世界列国が中国革新の事業に賛成することを要求する」などがある。これらは改良派の『新民叢報』に対置してかかげられたものである。

胡漢民は当時『民報』の編集責任者。『辛亥革命前十年間時論全集』（一九六二年、北京）より抄訳した。

（五）中国日本両国の国民の連合を主張する

これは前項と同じ意味のようだが、とくにかかげたのは、中日両国間の国際問題がいまだになお解決していないからである。日本の対中国策の全体的意図はよくわからないが、我々の知る所では二つの流れがある。その一が侵略主義であり、一は吸収主義である。前者を主張するものはいくらもない。その政策もあまりにも武断的にすぎて、外交上で憎まれ嫌われるため、影響力がない。しかし、吸収というのは、平等に交わる道でないことはあきらかなので、中国四億の大民族の中にそのことに気がつく者がないはずはない。この主義がごまかしであることがわかれば、自ら卑下することを望まない者は必ず深く疑問を持つだろう。これでは両国国民は連合できなくなる。思うに国交は、智謀や術策をつかうのにたけているようであってはならない。

日本に対して、中国人もこれまで排日・親日の二派があった。排日は大勢のよろしきをえていないから、我々はこれをとることはできない。それは日本が我々を排することができないのと同じである。親日派はたんに他人に我々を保証させようとするだけで、背後を守る実力がないから、これもとらない。我々のいう両国国民の結合とは、双方の友好である。中国のためには、実力を培養し、対等の資格を保証して、国交に自ら屈辱的なことのないようにさせ、日本もまたその雄略心をなくして、誠をもって交わるのである。我が国の親日派の説は正しくないし、また日本の吸収派の論も無用である。

ここで注意すべきは、中国の国民とは満州族のことではないということである。大隈〔重信〕のいうように、満州政府は信用できず、日本も狐が媚をうって人をだますような外交は好んでいない。それ故、政府をすてて国民と結ぶのは、日本にとって有利なだけではないのである。

日本の文明は、むかしはことごとく中国からとった、だから、今は欧米の文明をとりいれて中国にむくいているという説については、客観的な問題なので、我々の研究を待つまでもない。

（板垣望訳）

〔資料32〕日本と英・露・仏諸国との協約およびその中国との関係について

『神州日報』論説

〔解題〕この論説は『神州日報』光緒三十三年（一九〇七）七月初九日付に掲載されたもので、日英、日露、日仏の各協約が中国に向かって「門戸開放」・「機会均等」を要求しているのは中国の亡国を早めるものだとして、警鐘を鳴らしている。翻訳にあたっては『東方雑誌』（光緒三十三年第十一期）に再録されたものを底本とした。無署名で、筆者は不明。

『神州日報』は一九〇七年に上海で創刊された日刊紙、当初は革命派の機関紙としての性格が強く、創刊にあたっては留日学生界からも多くの資金を集めたといわれる。辛亥革命後は急速に保守化し、一九一三年には袁世凱の帝制派によって買い取られその性格を完全に変えた。一九四六年まで刊行。

義和団事件の戦敗以前から中国分割の風聞がヨーロッパでくすぶり始めたが、日露修好以後は中国分割が日本によってまさに実行されようとしている。日・英・露・仏の同盟こそは中国存亡の重大な分かれ目なのだ。

日英が攻守同盟条約を締結してから一年もたたないうちに日仏協約ができ、それから一月もしないうちに日露協約が結ばれた。日英同盟、日仏・日露の協約は直接には二国間の関係にすぎないが、間接には日・英・露・仏四国の関係なのである。この四国の東洋における勢力は、神聖同盟（1）やラテン同盟（2）などがヨーロッパに大勢力をもっていたのと同じではない。ヨーロッパと東洋の国が同盟を結ぶなどというのは空前のことであり、日英同盟が最初で、露・仏がこれに継ぐ。何ゆえにこのような同盟が結ばれるかといえば、目指す標的が中国にあるからだ。中国は衆矢の向かう標的であり、群犬の争う獲物なのだ。今から日・英・露・仏の各協約と中国の関係をそれぞれに分けて検討しよう。

一、日英攻守同盟と中国の関係

日英が同盟関係を継続し、これに攻守を加えたのは（日露戦争後、日英の締結した条約は攻守同盟となった。これは以前の条約と性格を異にし、効力はますます強大となった。以前は通商および政治上の条約だったが、今回は軍事上の条約の性格をも帯びるようになった）もともと専らロシアを防ぐためではあったが、中国侵略という主義をも含んでいる。ロシアを防ぐというのは、一つには日本の韓国における勢力を強固にしてロシアの復讐を防ぎたいのだ。今一つには英国のインドにおける主権を護持し、ロシア人に略奪されるのを防ぎたいのだ。これはもともと事実として当然あるべきことではあるが、日本は韓国からさらに満州に足を伸ばそうとし、イギリスはインドからさらにチベットを蚕食しようと企んでいるのだ。ロシアはすでに敗退の趨勢にあるから、日英が韓国とインドで勢力を保持しようという企みは全く徹底している。ロシアを恐れるというのは、それを口実に中国を侵略しようということにほかならない。中国侵略論というのはあわてて武力を行使してわが領土を領有し、わが人民を奴隷にしようというのではない。おそらくは経済を先鋒とし、軍事を後衛としてわが国を蚕食し、わが脳髄を吸い取って外形のみを残し、わが中国が滅亡しまいとし、人民が奴隷になるまいとして死地に赴こうにも、もはや叶わぬことになろう。これは胸中に深く蔵せられた侵略について述べたものであるが、大勢から見れば、日本の勢力は満州から黄河の南部・北部に侵入し、さらに福建から南部に達している。イギリスの勢力はチベット・四川から揚子江をまっすぐに貫き、さらに香港から珠江流域に達している。日英の勢力範囲が定まれば、各国も黙って休息していられようか。分割あるのみである。

二、日仏協約と中国の関係

日仏協約の明文に「中国の独立主義を尊重する」とある。そもそも中国の独立が日仏両国の尊重を必要とするのであれば、それは中国がもはや独立を維持できなくなっていることは火を見るより明らかである。およそ二国間で締結された条約の効力は第三国に及ばないことを原則とするが、ただ二強国が第三者の弱国に相対する場合は、その条約の効力がしばしば第三国に及ぶことがある。二強国が一弱国を保護した過去の例についていえば、フランスとスペインにはさまれたアンドラがこれである。この例に倣って論ずれば、日仏協約が中国の独立を尊重しその主義を充足するということは中国をアンドラにすることだといえるし、中国をポーランドにすることだといってもよい。しかしことばの意義について解釈すれば、無内容で当たっていないと疑う人もあるだろう。協約の明文には「中国において商業を経営する際の機会均等主義を尊重する」とあり、また「両締約国が主権・保護権および占領権を有する領域に隣接する大清帝国の諸地方において秩序および平和な情勢を確保することに配慮するが故に、両締約国がアジア大陸において然るべき地位と領土を維持するために、前記の各地域において平和および安寧を保護する目的を確実に達成することを希望し、両国がたがいにこれを維持することを約定する」とある。この約定から見れば、日仏が勢力均衡主義を守って経済力を発揮し、領土を拡張しようとする野心は見え見えである。商業を経営し領土を維持するというのは両国としては当然のことでもあろうが、協約中にある「両締約国が主権・保護権および占領権を有する領域に隣接する大清帝国の諸地方」という語句は、中国の領土が垂涎の的であることをはっきりと示している。諸領域に隣接する地方というのは、たとえば韓国に対する満州は日本が主権と保護権を有する領域に隣接する地方である。ベトナムに対する広西・雲南はフランスが主権と保護権を有する領域に隣接する地方である。日本にとっての旅順、フランスにとっての広州湾は、われわれとしては租借権を彼らにあたえた所なのだが、彼らとしては旅順・広州湾一帯は彼等が占領権を有する領域に隣接する地方ということになる。やがては開港場に隣接する地方も彼らの協約の範囲に入ることになろう。日本は東北から南に向かって侵略し、フランスは西南から東に向かって浸透している。日仏の勢力範囲が定まれば、他の各国は黙視してはいられまい。分割あるのみである。

三、日露協約と中国の関係

日露協約の明文に「両締約国はそれぞれ中国の自主権および領土の保全ならびに各国の中国における商工業経営の機会均等主義を承認する」とある。これはおそらく日仏協定と同じ意図があるのだろう。国際的慣例から見れば、世界中の成立して久しい国家はかならずしも自ら独立を宣言する必要はなく、また他人に承認してもらうまでもない。ただ新国家が成立したときは自ら独立を宣言し、他国もまたそれによって新国家を承認する。たとえば、北米合衆国やベルギーはかって独立を宣言したことがあるが、中国は世界に独立してからすでに数千年も経ており、今日になって改めて各国の承認してもらう道理はない。且つ国際的に対等な国同士の待遇は、この種の条約によって他人の国家を蔑視すべきものではない。二国が条約を締結して他国の独立維持を承認するという点については、たとえば日中条約や日米条約がいずれも韓国の独立維持を承認している。現在韓国はすでに日本の手中に落ちているのに、日中条約や日米条約はいまなお効力があるといえるだろうか。「中国における商工業経営の機会均等主義」ということばは、列強が勢力均衡を維持しつつ経済によって中国を滅亡させるという主張であるが、この点については前段にその利害について詳論したので、ここではくどくど述べない。

中国や西洋諸国の新聞が喧伝している、日本はロシアが蒙古で優位を占めるのを承認しているという一件は、日本人はそのような取決めがあるということを極力否定しているが、しかし極東の情勢と日露両国の国情からいえば、私はもとから秘密協議があったと信じている。何となれば、日本の韓国における特権はロシアがすでにこれを承認しているから、ロシアの蒙古における優位は日本も当然これを承認せざるをえない。日本の勢力は事実上ただちに蒙古には及ばず、しかもロシアの将来の復讐行動をやめさせたいので、何よりもロシアの歓心を買おうとしないわけにはいかない。これが私のいう秘密協議なのである。しかし日本の韓国における特権は各国がこれを認め、中国ももともとこれを認めている。ところがロシアの蒙古における特権にいたっては、中国は頭を垂れて命令に従い、蒙古を人様にくれてやるわけにはいかないのだ。蒙古は中国の主権の及ぶ領土であり、日本人の一方的な意思でロシアに与えてやることはできないのである。蒙古が外国人に自由に分割されたら、やがて満州・青海・チベット・新疆は失われ、十八省もまたこれとともに滅びることはすでに決まったも同然である。昔はイギリスとロシアはたがいに利害が衝突し、日本とロシアもまた東方問題でたがいに譲らず、中国はなおその間に座して一時の安心を貪ることができた。今は武装を解いて戦争をやめ、協議によってわが中国の奥地に臨み、他人の分割に任せるのみである。しかもロシアは蒙古を手に入れれば、さらに華北の背後を突いてその喉元を扼し、首都の地位は危険に陥り、山西から京漢路をまっすぐに下り、鉄道の利権が彼らの掌中に落ちるのみならず（京漢鉄道のベルギー公司の資本は露・仏両国人の手中に属し、ベルギー人は傀儡にすぎない）、コサックの鉄騎はシベリアにも満州にもおらず、雑踏して黄河の南北を蹂躙するだろう。日本はロシアと提携しているので、ロシアが背後を踏み荒らして三韓を奪い取るのをおそれる必要がないから、ますます黄金・黒鉄(3)を車に積んでわが中原に群がることに血道を上げる。こうなれば、日露の勢力範囲が定まり、各国も黙って休んでいられようか。分割あるのみである。

日英露仏の協約が成立すれば、中国分割戦争の火蓋が切って落とされるであろうことについては、すでに述べた。ドイツ・アメリカ・オーストリア・イタリアの諸国はこの戦争に対してどういう態度を取るだろうか。門戸開放・機会均等などの宣言は、列強の中国に対する新政策である。門戸開放というのは表面上は中国との通商を保護することだが、実際上は列強の勢力を拡張することである。機会均等というのは表面上は列国の勢力均等主義であるが、実際上は中国分割の手段である。然らば日英露仏の四国の勢力が均等になって以後は、他国に対しても門戸開放・機会均等を行うしかない。他国が門戸開放・機会均等の目的を達成すれば、日露のように戦争を起こすようには決してならず、権利によって競争するようになる。そこでドイツは山東を占拠し、アメリカ・オーストリアの各国も然るべき権利を獲得して自由貿易の競争をする。こうして中国分割の勢力分野が定まる。ああ、われわれは試みに将来のわが国の亡国の惨状、厳しい試練を予想すると、痛ましさに天に向かって叫ぶ。水と緑の豊かな郷里は至る所異国の輩が跋扈している。これを見たら、筆をなげうって涙せずにはいられない。ベトナムの歴史(4)を繙き、韓国の近事を思うとき、もはやいうに忍びない。

しかしながら、中国は我ら中国人の中国である。我らは国家を構成する一分子なのだから、国の滅亡を救う責任はだれもがもっている。分割の情勢はすでにでき上がっているから、国家の滅亡はもはや救済の手段がないというものがあるが、決してそんなことはないのだ。

（伊東昭雄訳）

[注]

（1）ナポレオン戦争後の一八一五年、ロシア・プロシア・オーストリアの君主の間で結ばれた同盟条約。

（2）原文は「拉丁同盟」となっていて訳せば「ラテン同盟」となるが、これが何を指すのかは不明。ナポレオン戦争当時、ナポレオンに指導下に作られた「ライン連邦」があり、あるいはこれをさすかとも思われるが、それでも文脈にはあまりそぐわない。
(3) 一九〇七年一月から五月にかけて、当時の立憲派の政客楊度が自ら編集する『中国新報』第一号から第五号まで連載した「金鉄主義説」で用いたことばで、経済と軍事を意味する。この論説は当時の立憲派に大きな影響を与えた。筆者楊度については本章資料16の「支那教育問題」とその解題参照。
(4) 一八八四年から八五年にかけて戦われた清仏戦争で清国・ベトナム側が敗れ、ベトナムは二十世紀半ばまでフランスの植民地として支配された。

[資料33] 日本が仏教を布教することについて論ず

『中外日報』論説

[解題] この文は一九〇七年五月五日の『中外日報』に掲載されたもの、筆者の署名はない。訳出にあたっては底本として『東方雑誌』(光緒三十三年九期)に転載されたものを用いた。日本の仏教布教権の要求に対して、西欧列強のキリスト教布教と同様に、それは侵略の尖兵として使われるから拒否せよという主張を展開している。日本の仏教関係者による中国での布教活動は十九世紀末から行われ始めており、一九〇〇年八月には福建省厦門で東本願寺の布教所が不審火で焼失し、一時日本海軍が上陸するといった事件(厦門事件)も起きている。

『中外日報』は、一八九八年閏三月、汪康年の手により上海で創刊された新聞、はじめは『時務日報』と称したが、すぐに『中外日報』と改称した。立憲派の立場から義和団の討伐を主張し、その後の清朝政府の新政を擁護し革命に反対の立場をとった。一九一一年まで刊行された。

日本人が宗教政策を中国内地に施行したいと言っている。その隠された意図は二つある。一つは布教にことよせて人心を掴もうというもの。いま一つはそれによって外交力を伸ばし、権利の伸長を図ること。日本は甲午に我々と一戦してより我々の復讐をひどく恐れていた。そこで日本の外交官・教育者・実業家達は、みな異口同音に同種同文の誼をもって我が国を篭絡して我々の宿怨を解こうとした。そして、徐々にヨーロッパ勢と対等に渡り合うようにする。これが甲午・乙未〔日清戦争〕以後の彼らの外交政策であった。この政策は日露戦争において効果を現し、我が国人士の多くは日本への同情を表明した。日本がロシアに勝ち、満韓殖民の基礎が確立するに及んで、その対華政策は大いに変化する。大陸を同化することを専らとし、その帝国主義の拡張が唯一の方針となる。東三省の実業問題然り、南部の布教問題然り、みなこの方針を堅持して少しも譲らない。その交渉手段の強硬さは泰西列強と比べても勝るとも劣らない。最近の日本の我々に対する政策は、あたかも欧州古代のマケドニア王フィリッポスのギリシアに対する、あるいは欧州近世のフランス・オーストリア・スペインのイタリア半島に対するやり方のようで、彼らが意図する所を推し量るに、ほとんど我が中国を全て呑み込まねば満足しないかのようである。なんということか。しかし、試にその仏教布教の政策を見てみても、その魂胆は見えてくるのである。

今試みに、まずその第一策が中国に関係することについて言おう。そもそも、国家とは社会を総束するものというけれど、実際には社会がその後盾となっている。そして、社会の原動力は社会成員の経済をもってその根本としている。故におよそその社会の現象を研究しようとすれば、必ずその社会の物品の流れ方を知らねばならない。すなわち、その習慣のありようを知るべきなのである。また、日常の大衆の挙動を知らねばならない。すなわち、信仰のありようを知るべきなのである。中国下層社会の習慣と信仰は、多神教に依拠している。故におよそ宗教上の教義・説話は、みなその信心を動かす十分な力がある。中国の社会で勢力を占めている仏教は、インドに始まる。インド人種は炎方に暮らしており、そこは物産は豊かで一年に米は四度実る。衣食については欠乏の心配はない。故に、コーカサス族のバラモンが土族を征服して以後、その貴族階層はみな出家修道を尊んだ。さまざまな教義・説話が創造され多くの派に分かれた。仏陀が出家して後、バラモンの旧教を改良し諸外道の教義・説話を集大成して、精奥の義諦を独自に闡いた。故に、今日にいたるまで宗教の教義・説話において、インド人の上に出るものは未だかつてない。後漢の時、金人が夢に現れ(1)、仏教の教えは東流して中国に辿りついた。しかし、この時伝わったのは小乗教のみであり、五胡が中国を支配するようになって、始めて大乗教が中華に伝わった。隋唐に至って盛りを極め、高才・碩徳は多く仏門から出て、当時の帝王も時の流れに押されて仏教を提唱せざるを得なかった。かくして、仏教の勢力は上下両社会の人心に貫通し深く根をおろした。そもそも、上流社会が仏教に惹かれるのは、中国の儒教が専ら人治を言って未来の希望については全く語らない、そのため一度喪乱を経た後は人心は拠り所を失い、元虚の説〔仏教の空の説〕がそこに入り込んだのである。これが中国の上流社会が仏を信仰した由来である。下流社会の信仏に至っては、仏教の因果応報の説と施舎祈禳の儀とが彼らの日頃の鬼神への信仰と深く合致している。そして、僧尼の生計はその多くを経典・仏像への布施によって営まれている。これが中国の下流社会が仏を信仰した由来である。要するに、経典・教義の伝布には上流社会が大きな役割を果たし、寺院の創建、写経造仏、僧侶の供養などには下流社会が多大な貢献をした。こうして見ると、仏教は社会の信仰と経済に関係すること頗る大である。今、日本はここに目をつけて、中国国内での仏教布教を急いでいる。もし我が政府が深く考えもせずに一度許しでもしようものなら、十年もせずに中国の人心・財産は挙げて日本仏教徒の手に入ってしまうのではないかと、私は恐れる。そうなれば、全国の人心はみな外に向かい、国中の財源はみな外に流れ、国事は忘れられてしまう。これが、日本の仏教布教政策を、我が国が厳しく拒まねばならぬ第一の理由である。

次に、その第二策と中国との関係について述べよう。日本の仏教布教の第二策は、西洋のキリスト教布教に倣おうとしたものである。かの国の外交官は、中国政府と条約を結び布教の自由権を得た。そもそも、信教の自由は法律で規定するものであって、条約に載せるべきものではない。条約が能くするものは、双方の国家の交際の契約であり、専ら権力・政策を事とするのであって、人心の信仰には関わらないものである。中国は道光・咸豊年間に初めて泰西諸国と通商したが、未だ彼らの政策及びその国の歴史を知らず、そのため布教のことを条約の中に入れてしまい、保護の責任を受け入れてしまった。これより以来、宗教騒動が起るたびに、外交官が干渉し、騒動参加者の処刑、官僚懲罰、領土割譲、賠償など、国権損失のことは一度や二度ではない。しかし、その宗教騒動の原因を調べてみると、それらは国権に関わる問題とは全く関係ない。数畝の建物や数頃の農地のこと、果ては鶏一羽・犬一匹のやりとりで損害を受けた侮辱されたということが、積もり積もって騒動になったというのが大部分を占める。大体、宗教騒動の発端は、入信した無頼の徒が教会勢力を笠に着て一般の愚民を欺き抑えつけるため、憤懣が鬱積するようになる。そこをちょっとどこかの無頼の徒が機に乗じて煽動すれば、小さな火も燎原の火の如く燃え上がる。ここ二三十年来の宗教騒動の発生は大小さまざまあるが、その原因はみなこれによっている。ああ、往事の失敗は殷鑑とすべきである。もし我が政府が、今また日本外交官の要求を認め、仏教布教のことを条約の中に入れれば、将来また宗教禍が起りますます対応に苦しむことになる。今、私が思い及ぶ範囲で将来必ず交渉の争点と成りそうなことを挙げ、後日の参考としてみたい。第一は、日本仏教と中国の社会信用の習慣が合わず、争いを引き起こしやすいという点である。中国社会での仏教信仰は、上流社会では僧侶とはその志は出家にあり、専ら来世の修行をする者である。故に高明の士や志を失った大夫が、楽しみ遊ぶ境地であり、ここで心理の惑溺を解き、世事競争の苦しみを脱するのである。下流社会での仏教信仰では、僧侶とは、修道の成果が精深で法力が大きく、懺悔の効によって患難災害を免れさせてくれる者である。要するに、僧侶が信用されるのは、厳しい戒律、苦しい修行によるのであり、かくして始めて社会から重んぜられるのである。今、日本の仏教で最も勢力のあるのは、本願寺の宗派である。その創始者は日本の僧侶親鸞である。親鸞の教えでは、僧侶に肉食妻帯を許しており、これによって日本では広く行われるようになった。しかし、このような習慣は、まさに中国社会が仏教を信用する根拠と相反する。もしその中国への布教を容認すれば、民間の習俗とうまくいくかどうか分からない。これが争端を啓きかねない点の第一である。第二は、かつてのキリスト教布教の禍はすでに誰の目にも明らかであるが、もし日本に仏教の布教を許せばどうなるか。今、各省ではみな学堂を建てようとしている。学界に身を置く者はみな、興学を名目に寺院の財産を徴発して学費に充てようとしている。これに際し寺僧たちは日本の仏教布教の徒と投合して自己保存を図るにちがいない。中国の下層社会では迷信が最も深く、一郷一鎮には寺廟が林立し場合によっては数十、百といった数になる。もしそれらの寺の僧侶がみな日本の仏教布教者の保護下に入ったら、至る所で宗教騒動、のべつ幕なしに外交交渉ということになる。しかも今、中国はまさに教育行政の統一を図っているときなのである。キリスト教の中国布教が勢力を持ち得たのは、教義が深く人心に入ったからではない。実際には、病院や小中学校をその勢力拡張の機関としているのである。中国の教育の風紀が純一ではないのも、みなここに原因がある。今、日本は中国に仏教を布教しようとしているが、そのやり方は必ず西洋のキリスト教の例に倣うであろう。そして、その勢力拡張を予測するにキリスト教に比べてきっとさらに速いであろう。なぜならば、欧米人の生活費は比較的高い、派遣の宣教師は一月百金はかかる。そのためキリスト教の布教は、中国全土にわたることはできない。これが一つ。また、欧米人の言語・性格・習慣は中国人とあまりにも遠く、たとえ無理に合わせようとしても結局は折り合いがつかない。さらに、その学校・病院のやり方も必ず西方の学術を宗とし、中国社会について十分な知識を持つ者は稀である。そのため人々から十分な信頼を得られない。日本の仏教の徒が中国へ来れば、その生計の程度は中国人の人情とちょうど合う程度であり、中国人の性情・習俗を推測することでは西洋人比べより的確である。さらに、その華人を利用する政策も西洋人に比べより単刀直入である。したがって、彼らが民間に入り込めば、必ず争いはますます激しくなる。これが争端を啓きかねない点の第二である。互いに対立しながら張り合っている。そこへ外交官の強権が加われば、天下は安らぐ日がなくなるのでは、と私は恐れる。これが、日本の仏教布教の要求を、我が国が厳しく拒まねばならぬ第二の理由である。

要するに、教えをどうするかの責任は中国にあるのであって日本にあるのではない。布教の事はその国の自由であって国際問題とすべきではないのである。近頃、泰西各国では政教分離に心を砕いている。したがって、中国は法律の完備、行政の改良に力を注ぎ、中外の人がみな我が国の統治の規範を受けるようにすべきである。こうすれば布教保護の約束は改正可能であり、日本もつけこむ口実がなくなる。そうしなければ、日本はその同化力を恃みに日々権力拡張を事とし、内は国政・民心、外は交渉・事変みな日本の侵略を受けるであろう。我が国政府よ、我が言を思いすごしとすることなかれ。


（杉山文彦訳）

［注］
（1）これは仏教伝来説話。後漢の明帝が金人が空から宮殿に飛来する夢を見て、使者を西方へ遣わしたところ、二人の僧に出会った。明帝は洛陽に白馬寺を建てて二人を迎えたというもの。

［資料34］亜州現勢論（抄）

劉師培

［解題］この「亜州現勢論」は、中国人女性アナーキスト何震や劉師培が東京で刊行していた『天義』十一・十二合冊号（一九〇七年）に掲載されたもので、ここではその一部を、日露戦争後の日本のアジアにおける位置を、帝国主義の共通の憲兵、したがってアジア民族の共通の敵として批判した部分をのせた。

筆者劉師培は一八八四年、江蘇省の名門儒者の家に生まれ、十九歳で挙人に合格するという異才を示した。一九〇三年章炳麟と会ってから、その国学と排満革命説に傾倒した。一九〇六年章のあとを追って渡日、『民報』の総編集人となり、『民報』に多くの論文を発表する一方で、北一輝を介して幸徳秋水、大杉栄らと交わった張継をつうじて、急速にアナキズムに傾倒した。またアジア諸民族の連帯と反帝国主義を目的に、アジア人留学生、革命家を主な会員として設立された亜州和親会のメンバーと交わった。本書はこの中での在日アジア人との交流の所産という一面をもっている。

なお劉は一九〇七年秋、日本を退去したころから清朝のスパイに転落したといわれ、のち北京大学教授となって袁世凱の帝制復活の片棒をかつぎ、また『国政』を発行して、陳独秀らの文学革命、新文化活動に対抗した。こうした変節にもかかわらず、この「亜州現勢論」に示された図抜けて鋭敏な分析は否定できない。

強権支配下のアジアの現状と日本の役割

今日の世界は強権の横行する世界であり、アジアは白人の強権が加えられている地域だ。白人の強権を排除しようと欲するならば、白人がアジアに加えている強権を排除する必要がある。試みに白人がアジアに加えている強権について略述すれば、次のごとくである。

イギリスのインド支配

インド人が自由に法律を学ぶことは禁じられ、すべての高級官吏はイギリス人に限られている。下級官吏には時にインド人を任命し、イギリス人の指揮下に駆使している。集会、結社には制限があり、インドの志士が新聞や文章で、イギリスの政治を批判することがあると、ただちにこれを逮捕、投獄する。古代インドの偉人の事蹟をインド人に知らせないようにし、インド人が懐旧の念をおこさないように努めている。

たとえばインド古代の英傑で、蒙古を駆使した鉢羅陀巴特耶について、イギリス人が建てた諸学校で教えているインド史では、彼の偉業は抹殺している。その上謀叛人扱いをしている。これはロシア人がポーランド文字を廃止したことと同じだ。以上は私が直接にインド人某君に聞いたことだ。

ボーア戦争にさいして、イギリスは自治の権利を餌に、インド人をして、イギリスを助けて、ボーア人と戦わせた。ボーア人が敗北するや否や、インド人に自治権を与えることをおしみ、インド人が憤激すると、軍隊を動員してその反乱に備えた。以上が最近のインドの苦しみである。

フランスの安南支配

安南における虐政は、ベトナム某君〔ファン・ボイチャウのこと〕の『ベトナム亡国史』につぶさに述べられている。この某君はさらに私にこう言った。

「あの書に述べたフランス人の虐政は、その大略をかいつまんであげたにすぎず、今日ではフランスの苛政はさらに日ましにひどく、ベトナム人の苦悩も日ましに甚だしい。沃野を血に染めて倒れたベトナム人は、全国で数え切れないほどだ。フランス人はベトナム人を徴募して軍隊をつくっているが、ベトナム人兵士には、兵器、弾薬を多くは供給せず、兵営、陣地ではベトナム人とフランス人を分離している。またベトナム人の各種の商工業は荒廃するがままに放置され、ベトナム人が生きる道を絶っている。また昔の科挙の弊害を利用して人民を愚弄し、学校教育はフランス人に服従させることを旨としている。創立された新聞社はすべてフランス人に監督させ、フランス人に媚びへつらうのに長けたベトナム人にだけ記事を書かせている。一切の集会、出版はフランス人の命のままに行うことを要求される。刑法はとりわけ惨酷で、無実で死ぬものが数限りもない」と。

かれは『強権の下にあって、わが国の人民はみな惨死に瀕している』とも言った。かれの言はかくの如くである。その人民のかなしみと苦痛はいかばかりであろうか。これが最近のベトナムの苦しみである。

日本人の朝鮮支配

日本は朝鮮国王を退位させ、その軍隊を解散し、すべての官吏に日本人を混用して、それによって自国の権益を拡張しようしている。義軍将兵に対する殺戮の惨虐さが毎日のように伝えられてくる。その上自強会〔朝鮮人の革新的知識分子を主に組織された愛国団体〕を暴徒として解散した。全国に日本の警官を配置し、結社を禁止し、信書の自由すら侵している。東京に留学している朝鮮人学生にたいする待遇の薄いことと、監視のきびしいことはさながら囚人を遇するが如くである。朝鮮人某君の言によれば、朝鮮は有史以来、モンゴル諸族の虐待を経験してきたが、今の日本よりひどいものは未だかつてなかったと。これが最近の朝鮮の苦しみである。

アメリカ人のフィリピン支配

アメリカ人はフィリピンを支配するにあたり、議員を選挙する権利を与え、フィリピンには自治の虚名はある。しかしフィリピン人自身の言によれば、実は一切の統治権はすべてアメリカ総督の手に操られている。またフィリピン人の生計はアメリカ人よりもはるか下であるのに、アメリカ人と同じように納税させせられている。他国に移住したフィリピン人が結社を作り、出版をしようとすると、ここでもアメリカ人がきびしく監督する。

以上のほか、ビルマはイギリスに滅ぼされ、シャム〔タイ〕はフランスに領土を削られた。ペルシアは英露二国にねらわれ、イギリスはその南部を、ロシアは北部を侵している。鉄道、銀行の権益はことごとく、この二国に握られている。中国もまた列国競争の舞台となっている。ロシアが北満を占領し、イギリスはチベットを侵し、ドイツは山東をフランスは雲南、広東をうかがっている。このごろでは鉄道、鉱山、航運のなかばは白人のものとなってしまった。日本もこの機会を利用して、南満を占領し、ひそかに福建をねらって、勢力範囲を拡張しようとしており、分割の禍いが目前に迫っている。さらに北アジアの地はことごとくロシアのものとなり、西南アジアの各港は、なかばイギリスのものだ。

さすればアジアのすべての地域に、白人の強権が加えられている、と断定することになんの疑いがあろうか。

しかしながら最近のアジア情勢について考えるに、弱種〔弱小民族〕の滅亡はいずれも深くあわれむべきであるが、ただ日本政府だけはアジア共通の敵である。

現在白人諸国はアジア属国の反乱を恐れている。また日本がかれらの属領を併呑することを恐れている。そこで日本の軍事力を利用して、自国のアジア属領を制圧しようと謀った。例えば日英同盟はイギリス人が日本と連合して、インドの死命を制しようとするものだ。日仏協約はすなわちフランス人が日本と連合して、安南の死命を制しようとするものだ。さらにまた日仏、日露の二つの協約は、フランス、ロシアが日本と連合して中国を分割する前ぶれである。それは英露協約がペルシア分割の伏線であることと同じだ。つまり列強は日本の援助を利用して、アジアにおける勢力を固めることを望んでいる。他方日本も進んで列強と連合し、これによってインドおよびコーチシナに商業〔貿易〕を拡張し、また朝鮮・南満州における支配権を保ち固めようとしている。近くはアメリカと不和になり、フィリピンを併呑しようと望んでいる（昨年アメリカがフィリピンを売与するという噂があった。しかし、最近アメリカはフィリピンにおける陸軍を増強しようとしている）。つまり日本はアジアにおいて、朝鮮の敵であるだけではない。同時にインド、安南、中国、フィリピンの共通の敵である。朝鮮〔国王〕が密使を派遣するや、各国の新聞は痛くこれを攻撃した。そして最近日本の大隈伯は、イギリスに服従せよと、インド人に演説した。強権をほしいままにして公理を昧くすること、これより甚だしいことはない。だからアジアの平和を守り、アジア諸弱種の独立を謀るには、白人の強権はもとより排除すべきだが、同時に日本が強権をもってわがアジア人を侮ることもまた排除しなければならない。つまり帝国主義は現在の害虫なのである。

アジアのめざめ

現在のアジアの情勢をもって、他日のアジア弱種の盛衰を推測するに、私の見る所では、諸弱種が連合すれば、必ず強権を排除する能力をもつことができる。しかも弱種が強権を排除する時は、同時に「強国政府のくつがえる時」でもある。この時にこそ世界平和が実現する。私のこの言葉が信じられないというなら、以下に、アジアの弱種がまさに勃興しようとしていることの証拠をあげてみせよう。

人民が独立の思想を抱いている

現在のアジアの諸弱種の中では、フィリピン人が最強で、古くからの独立の精神をもっていることについては、贅言を要しないだろう。試みにフィリピンを除く弱種について述べる。

インド〔略〕

安南〔略〕

朝鮮

朝鮮は人口二千万で、文字を読めるものが多い。人民は農業を主としている。朝鮮人某君の言によると、自強会は解散させられたが、会員は各地に分散して運動を進めている。義旗は八道に遍ねく打ち樹てられ、いずれも排日を目的とし、儒者と軍人が多数を占めている。東京にいる約七百人の朝鮮人留学生も大部分は排日を主張している〔このことばは多分誇張されており、確実でない。これが確実なら、どうして媚外亡国のうき目におちこんだりするだろうか〕。国内で信仰されている宗教に天道教なるものがあり、その教旨は頗る平等に近く、ひそかに独立自強の趣旨を寓している。秘密出版の書籍や新聞も増大しつつある。これらのほか、アメリカに留学しているものたちが大同保国会を組織し、上海にその分会を設立した。かれらもまた独立をめざしている。このほか暗殺を企てているものや、ひそかにその説を宣伝しているものがあるが、惜しむらくは日本人に偵知され、多くは中途で阻まれてしまった。けれども団体を結合して勢力を拡張するならば、日本人を恐れるに足りないと。また近時の各新聞の報道をみると、韓人の暴動が毎日のように起こっている。

これらからして、朝鮮人が日本人に屈服することに甘んじていないことを、はっきりと知ることができる。これが朝鮮が独立を目指している証拠だ。このほか、ペルシアでは議会が開設されたが、首都の騒乱は日ましに甚だしく、首相はすでに暗殺され、国王もまた殺害された。この間にあって、中国人民にも民族主義を唱えるもの、共産主義を唱えるものがあって、暗殺や暴動が次々に起こっている。思うに、現在強族の圧制下にあるアジアの諸弱種はすでにそのくびきを脱せんことを思い、君主官僚の支配下にあるものも、虐政から離脱して、民気を伸ばそうと考えている。これはいずれもアジアの弱種が抑圧に甘んじていない証拠だ。

しだいに社会主義が理解されつつある〔略〕

大同主義が理解されつつある

朝鮮、安南の地はもと中国の版図であって、文字・礼俗はほぼ同じだ。故にその民は常に中国と親しんできた。シャム、日本の文化も中国に発源する。この故に東アジアは結合しやすいのである。インドは仏教発祥の地で、仏教はそこから東アジアに拡がり、すでに数千年をへた。その後イスラム教がアラビアからペルシア・インドに伝わった。またペルシアアーリア人〔イラン人〕はアラブに侵略されて以来、遺民が各地に分散し、いまなおインドに分散して住んでいる。その上イスラム教及びヒンズー教は、インドから東漸して南洋〔インド洋〕諸島に及んだ。現在インド人及びフィリピン人の間では、ともに英語が通用している。この故に西アジア、南アジアは容易に結合できる。結合しやすいからこそ、その民はしだいに大同主義を理解しつつあるのだ。現にアメリカに住むインド人、日本人、中国人はアメリカの工党〔労働組合〕に排斥されて、ようやく団体を結成することを知った。また南アフリカでは、イギリス人が中国人労働者に注冊〔指紋登録〕を強制していることに対し、インド人の某弁護士〔ガンジー〕が白人の横暴を憤慨して、「彼らは中国人を囚人・捕虜のように扱っている。もし中国人が望むならば法律によって弁護し、謝礼はうけとらない」と述べた。一方留日インドの中には、中印連合を理解する者の数がとくに多い。これはインド人が大同主義を理解している証拠だ。在来朝鮮人が創立した大同保国会は、ほぼ国家主義に近い。しかしその規約第一条には「本会は種族を保ち、領土を保ち、権利を保つことをもっともさし迫った義務となす。故に大同保国会と名づく」と言い、その第六条に外国人民の参加も認める、と述べている。つまり大同はたんなる空言ではない。また朝鮮の某君が私に言うのに「今のいわゆる平和とは、ヨーロッパ諸国間の平和のことだ。だからすべての帝国主義はみな深く罪に落ちているもので、我々はどの帝国主義であれ、力を尽くして排除しなければならない」と。安南の某君もまた言う。「アジアの同種の国が連合するなら、互いに白人を排除する助けとなるだろう」と。これは朝鮮人、安南人が大同主義を理解している証拠だ。中国人民はつねに民族主義、国家主義の二つの主義を抱えているが、世界主義を持する者も少なくない。さすればアジアの各弱種が国家主義から進んで、大同の団結を実現する日は遠くはなかろう。これまた私の予測できることだ（日本の各政党がつくった日清・日韓・日印の各協会・各公司は自国の勢力を拡張することを目的とするものだ、つまりそれらは我々の共通の敵でこそあれ、大同主義と同じものではない）。

以上挙げてきたことは、いずれもアジアの各弱種の進歩を証するに足るものだ。もしアジアの各弱種が強種に服従することに甘んじない精神をもって、社会主義・無政府主義を実行し、大同の団結をするならば、必ずや強権に抵抗する日がくる、ということこそ私が力をこめて論じてきたことである。〔以下略〕

（小島晋治訳）

［資料35］日本の対外政策

茶園

［解題］『国風報』第一年三十四号掲載。同誌は一九一〇年二月に上海で創刊された立憲派の旬刊雑誌。筆者茶園については不明。この文は韓国併合後の日本の対外政策を論じたもので、満鉄、東亜同文会などの動きを取り上げ、さらには当時の日本ではやっていた、中国には国民意識がなく国家の実態をもたないとする中国論を紹介し、人々の警戒と自覚を喚起しようとしている。

一、近世のいわゆる帝国主義

近世には一つの至って恐るべき名詞で日々各国の政治家の口に上る語がある。すなわちそれは帝国主義である。帝国主義の解釈は人によって異なるが、その概要を言えば、「国家がその政治的、経済（生計）的領域の拡張に努める」ということである。近世、各国の内政がすでに整うと人口が日々に増加し資本も日々に充実してきて、しかも本国の市場が拡大できなければ、労働者の失業問題が発生し騒乱の種が醸成されるようになる。そこで勢いその圧力を外に向けて吐き出さざるを得なくなる。近数十年来の欧米列強の帝国主義は皆ここから起ったものである。その実情を探ってみるに、皆止むを得ざるものがあってのことである。事がやむを得ないのであれば、その勢いは止めようがない。日本近日の挙動も同じ軌跡によって行われている。

二、平和と侵略

近世、帝国主義を昌言する政治家は、同時に平和を昌言する政治家でもある。「英雄の人を欺く、これより甚だしきはなし」である。かのロシアはピョートル大帝以来、その侵略政策は一日も休んだことはない。しかし今、ニコライ二世は万国平和を唱えている。かのドイツは猛虎が牙を磨くごとく日々高登遠望して沃土を奪おうとしていることは、天下の皆知る所である。しかしその朝野上下は皆、海軍拡張は専ら世界の平和を保つためと言っている。アメリカはここ数年、日に日に積極的モンロー主義をもって国中を鼓舞している。しかし、他者と語る場合は平和の天使を自称している。想うに日本もまた然りである。十年に三度戦争し日に千里を闢《ひら》きながら、その政府も政党もまた新聞の言論も皆、日本は侵略的国民ではないと言っている。そもそも、謀をする者は人がそれを知ることを望まないというのは人類の通性であれば、美味いことは隠しておくとしても何ら不思議はない。しかしながら、理勢と事実とはもとより巧詞の隠しおおせるものではない。そもそも帝国主義と言うが、平和的と侵略的の境界線はどこに見出せるのか。要するに、経済的領域の拡張を平和的となし政治的領域の拡張を侵略的となすにすぎない。しかし、経済と政治とは果たして互いに離れて独自に発展し得るものであろうか。このことをまずはっきりさせねばならない。ドイツの経済学の大家須摩拉〔未詳〕は言っている。

歴史上偉大な政治的経済的功業とは、必ず経済組織と政治組織とを同一の基礎の上に築いてこそ始めて成功しうるものである。

日本の経済学の大家津村秀松も言う。

今日、経済上に一つの新たな主張が勃興している。それは、もし一国が経済上未来に永続する大発展をしようとすれば、必ず広大な国土を得て至る所に植民地を獲得せねばならない、というものである。

大西猪之介も言っている。

国民の経済を万世不抜の覇権として立てるのであれば、必ずその経済力を常に自国主権の範囲内で行使し、毫も他国主権の掣肘を受けぬようにしなければならない。

これらは学者の理論ではあるが、政治家が対外方針の拠り所とするものと同じである。「要するに今日の帝国主義とは、その動機は経済的略奪に始まるが結果は必ず政治的侵略に帰結する」のである。これは他でもない、政治上の実権を得ずには、経済の発展は達成できないからである（説明）。故に、今世の帝国主義は古代の帝国主義とその手段を異にするというのは正しいが、その結果を異にするというとすればそれは誤りである。なぜ結果は同じなのか。侵略である点は同じである。

（説明）今日、各国の経済競争はみな保護貿易政策を以って一大武器となしている。故に、他国の主権の地に於いて経済上十分なる成功を欲することは、不可能な業である。試みに一つ二つ最近の例を挙げてみよう。以前イギリスはチュニジアで最高の商権を握っていたが、チュニジアがフランス領となり保護政策を公布するに及んでイギリス商人は一気に奈落の底に突き落とされた。また、アメリカは以前マダガスカルに毎年五〇万ドルの商品を送り込んでいたが、フランスが保護政策を公布するに及び僅か三年で一、一三四ドルまで減少してしまった。これはそのよい例である。また、近世の経済の命脈はその大半は鉄道によって左右されている。輸送に特別の権利を持つ者が常に有利な地位を占めるのである。アメリカの各鉄道会社がよく諸業の死命を制すのは皆これによっている。この二点を理解し、翻って列強の中国経営の政策を勘案すれば、思い半ばに過ぐ。

三、日本の対外政策は対中国政策に他ならない

中国は今、列強の競争の対象物である。今日、世界最大の問題は中国問題に他ならない。しかしながら、他の国にあってはなお他種の対外問題と中国問題とが共に重んじられている。欧州諸国のごときはバルカン半島問題、モロッコ問題、ペルシャ問題、小アジア問題等を有しており、アメリカは中米・南米問題を有している。日本はといえば、数年前にはまだ対韓問題がこの他にある。さらに、列強相互のやりとりが切実な利害としてあり、また泰西諸国との関係も和やかではなかったから、とても全力を中国に傾注することはできなかった。しかし今は諸協約が締結され韓国は日本の県となった。日本人のいわゆる対外とは他でもない、ただ対中国のみである。「故に、日本の全ての外交、全ての軍政はその九割は中国経営の保障のためである。これは我が国の人々の常に注目すべきことである」。

四、南満州鉄道会社の性質及びその事業

ポーツマス条約成立より、ロシア人の南満州における既得権益は日本人の手に移った。日本人はそこで二億円の資本を官民半々で出し、南満州鉄道会社を設立した。「南満州鉄道会社の性質は、昔のイギリスの東インド会社を完全に模倣したものである」。このため、守備兵設置、徴税、市政建設の権利を有し、その他各種の行政権も備わらぬものはない。要するに、この会社は私法人の性格ではなく、純然たる公法人性格のものである。試みにその事業の一端を挙げてみよう。

（一）鉄道、

全部で七路線、第一は大連・長春間の本線、第二は旅順支線、第三は柳樹屯支線、第四に営口支線、第五に煙台支線、第六に撫順支線、第七が安奉支線である。以前ロシアから受け取った時には、皆単線狭軌であったが、今は全て広軌に改め、また半ばは複線に改めた。その鉄道工場は、大連、遼陽、公主嶺、安東県、北沙河口の五か所に設けられている。その経営の進歩は日に千里を行くほどで去年一年間を見ても、上半期の収入が五、八五八、一五八円、下半期は九、一五八、〇四〇円まで増加している。他は推して知るべしである。

（二）海運及び港湾建設、

一昨年、海運部門を併設、開業し、いまだ草創期であるにもかかわらず日々発展を見せ、一昨年下半期の収入が六一、七五〇円、昨年下半期には一〇一、〇七五円に増加した。また、大連で行っている港湾建設も、漸次完成に向かい、往来船舶の総トン数も日々に増加している。

（三）鉱業、

満鉄が経営する鉱業は、撫順炭鉱を主とする。その権利もロシア人より受けたものである。ロシア人が管理していた当時は僅かに二坑を開くのみで、毎日の出炭量も三百六十トンに過ぎなかった。満鉄がこれを引き継ぐ

と次第に拡充を加え、今では千金寨に三坑、楊柏堡に二坑、老虎台に二坑の計七坑があり、毎日の出炭量が三千トン以上となった。その販路は始めは満州であったが、今では各地に広がっている。一昨々年末、一千二百トンを上海に試売した。去年下半期には上海・香港等各地に十万三千トン余り売っている。

（四）市政、

満鉄は市区を設立し公費を徴収する権利を持っている。現在既設の市区には瓦房店、大石橋、遼陽、奉天、鉄嶺、開原、四平街、公主嶺、長春の九か所があり、熊岳城、海城、昌圖、蓋平、范家屯の五か所は現在整備中である。その日本人居留民数は一昨々年末、全部で二九、五二四人、昨年末には四二、四三八人に増加した。

（五）試験場、

満鉄は中央試験場、地質試験所、製糸試験所を設けており、専ら実地調査に努め、各種の経営計画の資料としている。

以上はその事業の一端を挙げたのみであり、その他凡百の施設については述べていない。

「要するに、この会社は厳然として一つの小政府のようなものである」。その勢力の膨張は月毎に年毎に進み、日本人は満州奪取の鍵としてこれを頼みとしている。「近頃かの地の地理学大家野口保興が著した『日本地誌』では南満州をその一部に入れている」。ああ、我が国人よ、これを識れ。

五、東亜同文会の事業

その潜在的勢力のもっとも驚くべきものは、東亜同文会である。東亜同文会は十年前に創立、毎年政府より十万円の補助金を受けている。「専ら中国各方面の情実の探索を事としている」。上海に同文書院を設立し、毎年卒業生が数百人、皆中国の言語に習熟し、中国の服装をして各省に散らばり、分野別に調査をしている。すでに『支那経済全書』十二冊数百万言の大著をだし、我が国の社会情形については各方面の細部に渉るまで、およそ我が国人が知らぬことまで彼らは皆知っている。また、雑誌『支那調査報告書』を月に二冊出し、政治・経済・社会・言論各方面において一つとして詳しく調査せぬものはない。また『支那地誌』三十二冊数千万言の大著を編纂し次々出版しようとしており、その事業の偉大なことは人を一驚せしむ。要するに、日本の対外政策は、常に朝野上下が力を出し合って協力し、手段は千差万別であっても目的は一つである。かつて、韓国に対してもロシアに対してもそうであったし、今中国に対してもそうである。各省に散らばった東亜同文会会員勢力の恐るべきこと、十万の軍隊にも過ぎるものがある。

六、いわゆる満韓集中論と北守南進論

今日、日本の言論界で植民政策を論じるものには二つの主

義があって対立している。「一つは満韓集中論といい、二つ目は北守南進論という」。満韓集中論とはその名の如く、全力を満韓の経営に集中するものである。韓国については論ずるまでもないが、その満州経営の策は、現在の既得権の他にさらに「日本人に満州各地における移住の自由を持たせることを、最大の目標としており」、その次に関東州の租借権を永続化することを狙っている。いわゆる北守南進論とは、一方で現在の満韓に於ける勢力を維持しつつ、他方で南に向かい中国南部及び南洋群島に勢力を扶植しようとするものである。この両説のうち、後説は最近現れた少数の人士が提唱するもので前説ほど有力ではないが、しかしその勢いには侮れぬものがある。

七、籠絡政策と蹴踏政策

「日本の対中国政策は、日露戦争より後大いに変わった。すなわち、籠絡政策から次第に蹴踏政策へと向かうのがそれである」。以前、日本人は欧州諸国を恐れる思いが甚だ深く、さらに自らの力では敵対するに足らぬことをよく知っていた。また中国において経済的力を発揮する拠り所もなかった。故に、常に我が中国と連帯して自らの地歩を固めようとしていた。その一部の人士には誠心誠意我らと親しむ者も有って、やはり唇歯輔車の感は否定できぬものがあった。しかし、日英同盟の成立、さらにはたび重なる勝利により西洋諸国は次第に日本を敢えて侮らなくなった。一方我が国はといえば疲労衰退日々にひどく、彼らは我が国と親しむことはさして重要ではないと見て取り、次第にこれを遠ざけるようになった。ただ遠ざけるのみならず、日に日に牙を磨いて向って来るようになった。在野の大政治家である某伯爵の如きは、以前は東亜の平和の保全を標榜して天下に号令していた者であるが、最近は盛んに中国必亡論を唱導して、日本がこれを袖手座視する理はない、力をもってこれを支配しなければいけない、と言っている。その立論点は二つで、一つは政治上の観察から、中国は実は国家とはいえない、なお国家になろうとして未だ国家になっていない状態にある、中国の皇室は大商人であり、官吏は小商人、四億の蒼生は営利の目的物にすぎず、さらに人民は天命を迷信して少しも国家思想を持たない、といっている。いま一つは財政上の観察から、中国政府の破産はあるかないかの問題ではなく早いか晩いかの問題である、といっている。そして、その政治及び人民の状態が彼の如く、財政の実情が此くの如くであれば、中国の滅亡は、他人が亡ぼすのではなく中国自身が亡ぼすのであるとして、最後に天が与えるものを取らなければ、却って禍を受けるとし、日本が中国を取るのは、実に人道及び平和のために計れば、この挙に出ざるを得ないからであると言っている。「ああ、この言はまさに我が国人の薬石とするに足るものではあるが、その傍若無人ぶりたるや驚くべきものである」。これは実に、かの国中の人々の心理を代表したものであって、一人二人の私言ではないのである。

八、我が国は何をもってこれに対すべきか

我が国は何をもってこれに対すべきか、これは実に目前最大の問題である。「私が想うにこれへの対策は一つではない。しかし、現在の政治組織、現在の為政者の下では、何を言っても無駄である」。なぜか、例えば軍備を拡張して国防を固めるのも一策である。しかし、今のままでは軍拡は自国を亡ぼすだけ。外債を借り、それをもって経済的侵略を防ぐのもまた一策である。しかし、今のままでは外債を借りても自国を亡ぼすだけである。その他の諸策も皆この類。そもそも滅亡を防ぐための政策で逆に滅亡を速めたのでは、敵に喜ばれるだけである。「ああ、政府を改造しなければ、我が子孫が存続できないことは必定である。今一縷の望みは、我が国民に果たして政府を改造する能力があるか否かにかかっているのである」。

（杉山文彦訳）

［資料36］日英同盟条約の改定について　宋教仁

［解題］宋教仁（一八八二〜一九一三）は湖南省桃源県出身で、一九〇四年長沙に反清結社華興会を設立して革命運動に従事し、官憲に追われて日本に亡命し、翌年秋東京で孫文らとともに中国革命同盟会の設立に参加した。同盟会では広東系の孫文らとそりが合わず、一九一一年七月譚人鳳らと同盟会中部総会を組織して活動した。その前年の十月、上海で于右任らと『民立報』を創刊し、論陣を張った。宋は辛亥革命後、国民党を率いて民国の政治に重きをなしたが、軍閥袁世凱の刺客に暗殺された。

なお、宋の在日中の行動と生活については、日記『我之歴史』が残されており、『宋教仁の日記』（松本英紀訳注、同朋社刊）に全訳と詳細な訳注がある。

この文は、一九一一年七月十七日に『民立報』に掲載された論説であるが、一九一一年の日英同盟の改定を取り上げて、東アジアの利権をめぐって英米の接近と日英の疎遠化、日露の接近という外交の動きを論じ、全体として日本の外交的孤立を論じている。訳出にあたっては『宋教仁集』（中華書局、一九八一年刊）を底本とした。

昨日の本館特約のロイター電報によると、イギリス・日本の二国間同盟協約は、両国政府の改定作業を経て陽暦七月十三日に調印し(1)、今回の改定では第三、四、六条を削除し、新たに一条を加え、有効期間を一九二一年まで延長した。削除された条項のうち、第三条は、イギリスは日本が朝鮮で必要な措置を取ることを承認するという規定であり、第四条は、日本はイギリスがインド付近で必要な措置を取ることを承認するという規定であり、第六条は日露戦争のときイギリスがどういう態度をとるか、という規定である。この三か条は今日ではみな不必要なものであり、削除してもなんら関係ないから論じる必要はない。それに対し、新たに付加された一条は、外電の報道によれば、二国間でもし甲国が第三国と仲裁裁判条約を締結し、他日乙国が第三国と開戦した場合には、甲国は〔乙国に〕かならずしも協力する必要はない、云々とあり、この条項は国際政局に頗る影響が及び、わが中国の政局とも無関係ではない。そのことを詳しく述べてみよう。

日英同盟は一九〇二年に創設され、一九〇五年に継続の手続きがなされた(2)。この条約の主旨は、当初は共同防衛に重きを置いていたが、後には攻守共に重んずるようになった。そして中国に関しては終始一貫領土保全と機会均等の主義を支持していた。イギリスがロ・独・仏に対抗して極東に経済的地位を維持するために、何としても東洋に援助がほしかったのに対し、日本もロシアが満州・韓国を伺っているのを嫌ったので、その頃保全派の仮面をかぶってロシアを阻止しようとしていたから、同盟国を求めざるを得なかったのであろう。これこそが日英同盟成立の一大原因である。数年東洋の天地が平穏だったのも、大半はこの条約あればこそだった。

近年になって国際情勢はいささか変化し、日本は〔日露戦争での〕戦勝の余勢を駆って朝鮮を奪い取り、南満州を勢力範囲とし、陽に門戸開放主義をふりかざしながら、陰に独占政策を実行し、しかももともと侵略派として著名なロシア人との恨みを水に流して握手をし、一致行動の姿勢をとった。その点は各国が久しく不快に思っていることであり、アメリカの不快感はとりわけ強烈である。それはアメリカは近い将来極東に経済的勢力を拡張したがっており、日本がその障害となるからである。イギリスは日本と同盟条約を結んではいるが、最近では世論の大半は日本人の行動をよしとせず、親米的傾向が強まっている。先年英米資本家は新法〔新義州―法庫間〕鉄道敷設の提案をしており、昨年アメリカ人が満州鉄道の中立を提議したときには、イギリスは不干渉の態度をとったが、錦愛〔錦州―愛琿間〕鉄道敷設を検討した際には、イギリスも謀議に参画している(3)。今年になって四国借款団の交渉が始まり、その一部で満州の実業を経営し、且つ満州の諸税を抵当とするとしているので、このことは日本に致命的な傷を負わせることになるが、これもアメリカが提唱しイギリスが賛同しているのであるから、英米両国が日に日に接近していることが分かる。最近両国政府はまた仲裁裁判条約締結を協議しており、その草案はすでにほぼ決まったということだ。その条約の主旨は、英米両国はいかなる紛争が発生しようとも、すべて特別委員会の裁定により平和的解決を図るということであり、同盟国の一国の利害に関係することはもう一方の国を参与させることができるというものであり、これにより英米二国は永久に平和を維持し、提携して共に東アジアの舞台に登場する道を確保する、というものである。しかし英米の接近と「日英同盟条約」は衝突する点がないわけではない。日米が並び立たぬ情勢にある以上、将来戦争が起こらないとは保証し難い。そうなった時の英国の立場は、もし日英同盟条約に従えば、出兵して日本を助けるためにアメリカと戦わねばならない。イギリスが出兵して日本を助けてアメリカと戦えば、英米が接近して東アジアの平和を維持するという目的は実現できなくなり、日本はイギリスの援助を得てかならずアメリカに勝つ。これによって満州はついに日本の所有となり、極東の大勢はついに日本によって支配され、イギリスの極東における地位もまたかならずや危殆に瀕する。これはイギリスが望んでいることと全く相反する。だからイギリスはもしもアメリカと同盟して日本を抑制したいのならば、どうしても日本のために出兵して戦争を助ける義務を放棄しなくてはならない。しかし、義務を放棄しようにも、今日「日英同盟条約」はまだ満期になっておらず、破棄できないから、別に他の方策を講じて同盟の効力を弱めなければならない。そこで一方ではアメリカと仲裁裁判条約を結び、一方では日本との同盟条約を改定することになる。また、日本にしてみれば、イギリスが日本の満州経営を妨害するので、日英同盟はいつまでもあてにはならず、別に同盟の相手を見つけて弥縫策を講じなければならないことは分かっているから、日本もまた日英の同盟条約をあまり重視せず、条約の改定に応じたのである。その改定後の条文は、第一回協約の第三、四、六条を削除したほかに、一条を新たに付け加えているのは、「英米仲裁裁判条約」を対象としてのことである(4)。その文章の意義に基づいて推論すれば、将来もし日本がアメリカに対して戦端を開くことがあれば、イギリスはアメリカと仲裁裁判条約を結んでいるから、イギリスが日本を援助するとは限らなくなる。同盟条約では甲国が第三国と戦端を開いたとき、乙国は出兵して援助すべしという条文があるけれども、仲裁裁判条約によってそれは無効となるから、必ずしも同盟条約の拘束を受けなくなる。これが「日英同盟条約」改定の由来であり、改定条文の意義である。

今後の情勢は果たしてどうなるであろうか。私はかつて四国借款について論じたことがある「今後経済的侵略派と武力的侵略派はかならずや相い対峙するだろう。そのような情勢のなかでの分野は、アメリカが前者の領袖となり、イギリスがその補佐を務め、日本が後者の領袖となり、ロシアがその補佐に任ずることになる。そして五年以内に日英同盟およびその他の各種協約（たとえば「日仏協約」・「英ロ協約」・「日米協約」）はことごとく解消され、十年以内に日本とアメリカは干戈を交えることとなろう。両国がしのぎを削る目標は極東問題における支那となるのは間違いなく、その導火線となるのは満州問題もしくは支那財政の監督問題であることも疑問の余地がない」（五月十五日付社論参照）。私がこういった時には未だ憶測を免れなかったが、今になって考えれば、「日英同盟条約」改定から生ずる影響と今後の情勢の推移はこれ以外ではありえないだろう。以前日英両国が同盟を結んだ目的の大半はロシアに備えるためだった。日本とロシアが、アメリカの提議する満州鉄道中立化(5)に抵抗するために、「第二回日ロ協約」(6)を締結し、攻守同盟の精神に基づいて満州における独占的勢力を保持しようと謀るようになってからは、日本はもはやロシアに対して備えをする必要がなくなり、ロシアへの備えが不要となったばかりでなく、実の所アメリカに対して備えをせざるをえなくなり、しかもイギリス人がアメリカに接近したがために、さらにイギリスに備えざるをえなくなった。イギリスはアメリカと言語・民族を同じくする国である。両国とも日本に警戒されており、二国の利害は一致しているから、当然提携して日ロに対抗しないわけにはいかない。これによって両派（経済的侵略派と武力的侵略派）の暗闘がますます激化することは間違いない。今回の「満州借款協定」(7)に関して、日・ロが連合して英・米・独・仏四国に抗議したのも、その現れではないか。世間の噂では、アメリカは日・ロの借款についての抗議を断固承認しないということで、このような抗議はいわずもがなということだろう。そして前後二十日と経ぬ間に、イギリスはまたもやあたふたと同盟条約を改定したが、これは将来日本が（対米戦で）出兵した場合に（イギリスが）援助をする義務を、事実上なくすものであることは、この間の消息から誰の目にも明らかである。だから今後天下の形勢はきっと一変するだろう。以前保全派といわれていた英米はかならず経済的侵略派となり、偽保全派の日本と真分割派のロシアはかならず武力的侵略派となり、日米両国は利害対立がいっそう激しくなるから、敵愾心はかならずやいよいよ深まり、抗争もますます激化するだろうことは断言できる。

「日英同盟条約」は天下の形勢に逆らう遺物となり、両国にとって妨げとなり、両国の政策を実行するのに不都合なことこの上ないから、当然いつまでも保持する必要がなく、今回一部を改訂したのはまさしく将来全部を廃棄する伏線である。厳密にいえば、日英同盟のうち、アメリカに関係する一部分は完全に解消しているといっても過言ではない。これもまた、少し時事を観察している人なら分かることである。今回改定されたなかに、条約の期限を一九二一年まで延長するという一文があるが、十年という時間は長く、その間に国際政局がどう変わるか、だれが予測できよう。お節介のアメリカとみだりに策略を弄する中国がその間に介在すれば、思うに、二三年の後には、かならずまた現状を動揺させる事件がいくつか起こって、日米関係をますます悪化させ、日ロ関係をますます緊密化させ、日英関係をますます疎遠にすることにかならずやなるだろう。その時になったら、「日英同盟条約」が廃棄またはその他の変更がないとどうして保障できよう。日英同盟にはたして廃棄または変更があるとしたならば、以前日英同盟に付随して発生した各種の協約（日仏協約・英ロ協約・日米協約）もまた存在の必要がなくなる。しかもイギリスは同盟条約を改定して日本のために出兵して援助する義務を排除しているから、すべての関係各国は、このたびのことを日米開戦の前兆と考え、かならず将来の開戦に対処する方法を講ずるだろう。そしてそれぞれが利害を同じくする一国と同盟を結び、同盟条約改定の主体たる日本と、仲裁裁判条約締結の主体たるアメリカはいっそう戦争の不可避を自覚し、汲々として開戦の準備に従事し、ますます日英の反目を促進し、ついにはそれぞれの国がいつまでも現状を維持できなくしてしまうことが、日英同盟と各種の協約を解消させる大原因ではなかろうか。そこですべてを総括すれば、今回の同盟条約改定の原因はイギリスが日本を疎遠にしてアメリカと親密になったことに始まり、また日米がかならず衝突する事を予知したので、先に日本を援助する関係から離脱することを求め、その結果いやおうなしに英米と日ロそれぞれの求心力をますます大きくし、日本とアメリカ、日ロと英米の間の遠心力をますます急速にし、その他の各国もそれぞれに離合向背が行われ、その結果は日米の大戦禍をもたらすこととなろう。これは動かし難い予言である。

以上の問題と中国との関係を論ずれば、日米両国の衝突の原因は、以前は満州問題だったが、今回はアメリカが四国借款の主動力となり、借款債権および継続投資優先権ならびに満州諸税抵当権を奪取した。だからもしも将来債務を償還できなければ、アメリカ人はいたる所で間隙に乗じて満州や中央政府のことに干渉するだろう。その時日本人は到底これに耐えられないだろう。しかも旅順租借の期限は十二年にすぎないから、この時になれば、アメリカ人は、満州鉄道中立化を提議した故知に倣って、日本人に返還を迫ることは間違いない。このことが衝突の主因となり、たとえ他の原因がなくても、おそらくは戦禍を免れないだろう。しかもこの十年間の政局の変化はとりわけ予測し難いものがあるのだから。故にもし日米が開戦しなければそれでよいが、果たしてもし開戦するとすれば、かならず満州問題もしくは支那財政監督問題から起こることは間違いない。そして、情勢がしからしめる所、かならずや満州問題がとりわけ差し迫った問題となるだろう。耐え難いのは、その時どの国が勝利し、わが国がどの国の戦利品となるかというその運命が両国の停戦と講和の十日間にかかっていることだ。ああ、私がこのことをいう時、なぜか涙がしきりと流れて止まらない。

（伊東昭雄訳）

［注］
（1）第三回日英同盟協約のことで、七月十三日ロンドンで調印され、即日施行された。
（2）第一回日英同盟協約（一九〇二年一月三十日ロンドンで調印）と第二回日英同盟協約（一九〇五年八月十二日ロンドンで調印）で、第二回協約は日露戦争がほぼ終わろうとする時期、ポーツマス日露講和会議開催中に締結された。
（3）一九〇九年十月二日、英米と清国との間で敷設契約調印。
（4）第三回協約第四条に「両締結国ノ一方カ第三国ト総括的仲裁裁判条約ヲ締結シタル場合ニハ本協約ハ該仲裁裁判条約ノ有効ニ存続スル限右第三国ト交戦スルノ義務ヲ前記締盟国ニ負ハシムルコトナカルヘシ」とある。
（5）一九〇九年十二月十八日、米国大使より小村外相に提案。
（6）一九一〇年七月四日、サンクト・ペテルブルクで調印。
（7）一九一一年四月十五日、四国借款団と清国との間で締結。

［資料37］日本の内閣更迭についての感想　宋教仁

［解題］この文は一九一一年九月五日の『民立報』に載せられたもので、一九一一年八月の桂内閣から西園寺内閣への交代を題材に日本の立憲体制の実態を論じたもの。同じ革命派の指導者の中でも、総統に権力を集中する総統制を主張し、清朝打倒後にかなり永い革命独裁の期間（「軍政」から「訓政」を経て「憲政」に至る）を想定する孫文に対し、宋教仁はより民主的な「議院内閣制」を構想していた。このような問題意識が彼にこの文章を書かせたものと思われる。宋教仁の「議院内閣制」の構想は一九一二年から一三年にかけて行われた中国初の選挙で彼の結成した国民党が第一党となったことで実現しそうに見えたが、彼が暗殺されたことにより挫折を余儀なくされた。なお、ここに収録した論説の底本は『宋教仁集』（中華書局、一九八一年刊）を用いている。

陽暦八月二十五日、日本の内閣総理大臣桂太郎ら全閣僚が総辞職した。日本の天皇は使者を派遣して山県有朋に意見を求め、ついに政友会総裁西園寺公望を後継者とし、総理大臣に任命した。旧内閣閣僚で留任したのは斉藤実海相だけで、それ以外はたいてい官僚派が替って就任し、九月一日に執務を始めた。これも世界政局の小変ではあった。

近年日本の内閣を引き受けるのはほぼ二人に限られており、桂でなければ西園寺、西園寺でなければ桂だ。今回は桂が退いて西園寺が進んだが、これも当然然るべきことで、本来何ら重大な意義はない。ただしわれわれが日本の政治の内情を探ってみると、立憲以来ほぼ三十年になると吹聴しているが、なお少数人の独裁専制の習慣から脱することができずにおり、国政を左右するのはどのみち藩閥の軍人かこれに近い者に決まっている。私は以前からあるそういう感想を持っていたが、今回の政変を見て、いよいよ日本の政治が非立憲的だと悟ったので、私の感想の大要を述べてみよう。

日本の革命が成功し、明治政府が成立すると、薩摩・長州・土佐の三藩は功績が最も多かったので、政治を牛耳り、兵権を独占し、天皇といえども従わざるをえなかった。天皇の政治を補佐する者は歴代薩長から出るのでなければ、その後援をえて始めて職務を全うできた。立憲以後も、国民が大勢立ち上がって反対しても、どうにもならなかった。内閣が交代する時にも、いつも元老会議を開かねばならず、元老会議というのは薩長人の会議のことだった。今回山県派（長州派）の桂太郎が退き、跡を継いだ西園寺は薩長人ではないけれども、すでに桂太郎と意気投合し、甘んじて桂の傀儡となっているのだから、これも準藩閥といってよい。任命以前に、前例どおり元老会議を開くことはなかったが、しかし山県に意見を求めた上で決定しているのだから、これこそ長州派だけが繁栄する前兆なのだ。その他の閣僚は薩長人でなければ、薩長派にくっついている連中である。しかも桂太郎は退いたとはいえ、枢密院に入ろうとしているという噂があり、今後も隠然と日本政界の重鎮に収まろうとしているらしい。要するに、薩長派の政治上の勢力は今後も少しも衰えることはなく、もし他の勢力が発生することがなければ、日本の政治はいつまでも藩閥政治であるほかないことは、もとより断言できる。これが第一の感想である。

日本にはもともと文治派と武断派の二派があり、文治派は伊藤博文を頭とし、武断派は山県有朋を頭とする。以前両派はたがいに消長があり、かわるがわる政権を執り、伊藤が死んでからは、文治派はもはや重心を失った。そこで武断派だけがひとり盛んになり、国に一朝大事があれば、だれもが山県の鼻息を伺っている。近年桂太郎は野心満々、軍人の身でありながら第二の伊藤たらんとし、久しきにわたって勢力を扶植してきた。現在日本の政界の勢力分布は、ごく少数の例外を除いて、山県の一族でなければ、桂の召使だ。今回西園寺は政党の首領として桂と交代したが、しかし政友会はすでに桂に操縦され、国民の総意の代表という性質を失っている。西園寺も甘んじて彼らに利用され、彼らの衣鉢を継ぐことを同意し、陸海軍大臣さえ桂派の人物をあてて、政府の権勢（陸軍大臣石本新六は前内閣の陸軍次官から昇任した）を掌握させており、新内閣は名目上更迭されたが、実質は更迭がなかったのと同じだ。今後武断派の勢力がいささかも衰えることは決してありえない。もし他の勢力の発生がないならば、日本の政治はいつまでも複雑な武人政治が続くこともまた断言できる。これが第二の感想である。

立憲政治は国民の総意を代表することを準則とする。そしてこの制度を運用するものは政党政治に勝るものはない。日本は立憲以来、この運動に関心を持つものは確かに少なくなかったが、しかしこれまで何の効果もなかった。今日の大政党としては、政友会・国民党があるけれども、しかし政友会は西園寺に統率されて政府の利用に任ぜられ、国民党は議会で優勢を占めることができず、政権への距離が遥かに遠くて、いずれも国民の総意による政治を行うのに適していない。今回の内閣更迭では、西園寺や原敬・松田正久〔一八四五～一九一四、政治家・ジャーナリスト〕らが入閣してはいるが、政党の領袖が入閣したというよりは、官僚党の領袖が入閣したといった方がましだ。イギリスの自由・統一両党の領袖が入閣した例にはあてはまらないであろうことは多言を要しない。今後日本の国民的政治運動が大発展することは決してあり得ない。そしてかの国民党が夢想する政党政治は決して実現できないこともまた断言できる。これが第三の感想である。

桂太郎は政権を握って以来、大陸帝国主義を国是としている。はじめは、増税せず国債を募集せずという政策を標榜してはいたが、近頃は軍備拡張と軍用鉄道の改良に力を入れており、世論が心服しなくても、すでに多数党の政友会を降伏させているので、強硬にこの政策を決定し実行するだろう。今政友会の西園寺が政権を執り、しかも桂と意気投合しているので、今後はよりいっそう政友会の後援によって武断的政策を継続し、いわゆる大陸帝国主義はいっそう実現に近づくことは間違いない。そこでこの政策と密接に関係がある中国は、これからはますます平穏ではいられなくなることもまた予想されることである。これが第四の感想である。

総合すれば、日本のこのたびの内閣更迭は、両党の主義や政権の対立によるのでもなければ、前内閣の失政が議会の不信任を受けたのでもなく、官僚党の密かな政権授受にすぎず、全く何の価値もない。だからその他の重大な影響が将来の政治に及ぶことはない。これが今回の政変を観察する際の標準である。このような事態をもたらした主たる原因を考察すると、それはもっぱら歴史的に形成された政治勢力によるのだろう。明治維新の功績を成し遂げたその主動力は少数の藩閥と軍人にあり、今日までにその勢力の基礎は揺るがせぬほど強固になり、国会が傍らで監督していても、弊害を防止できない。そこで独裁専制の弊害はこのようになってしまった。今後日本の国民が根本的改革をする決心を持たなければ、事態を変える希望はないだろう。世間の政体を論ずる人々がしばしば日本を半立憲国だというのは、理由のあることなのだ。

（伊東昭雄訳）

第6節　民衆にとっての日本

［資料38］天津街頭に張り出された義和団のビラ

［解題］義和団は、山東省にあった義和拳という拳法の結社を核とした団体。十九世紀末、近代化による社会変動で生活基盤を失い流民化した民衆を吸収し、山東、直隷（今の河北省、北京市、天津市）一帯に急速に広がる。反近代的性格が強く「扶清滅洋」をスローガンに一八九九年に蜂起、一時は北京を占領したが、八か国連合軍と清朝政府の裏切りによって鎮圧された。義和団の歌謡や彼らが張り出したビラの中には、義和団鎮圧の先頭に立つ日本に対する反感を示しているものが、いくつかある。ここでは、その中から二点を取り上げてみた。

原文はいずれも程英編『中国近代反帝反封建歌謡選』（中華書局、一九六二年）に収録されているもの。

〔一〕

わが天子は即日大権を回復しており、われわれ義和団は忠臣なのだ。ただ四十年余り以前からして、中国では洋人が到るところを歩き廻っているが、三か月のうちには殺しつくして、中原には外国人の滞在を許さないことにする。その他のものは、国に追い返して、もはやあっちこっちで怪しげな技を逞しくさせないようにする。『国聞報』には間違いが多く、でたらめ放題を勝手に記事にしている。この新聞は、日本からの後援があるために、大胆に嘘いつわりを述べて、われわれをけなしている。では『国聞報』に対して、はっきりと告げよう。今後執筆については十分注意する必要がある。もし再び誹謗の言葉を発するならば、社屋を焼き払って容赦しないであろう。われわれ中国人仲間は、決してびくびくするには及ばない。北京にはなお十万の兵がある。洋人を殺しつくしてから、旧領土を回復しよう。

〔二〕

男は義和団として、女は紅灯照(1)として働き、電柱を切り倒し、鉄道路線をひっぺ返し、洋人の屋敷を焼き払い、ヤソ教を滅ぼし、日本人を殺し、その後で清朝と取っ組み合いをやろう。

（野原四郎訳）

［注］

（1）紅灯照は、義和団の女性組織。若い未婚の女性から成り、救護、情報収集、宣伝、さらには戦闘にも参加した。紅い服を着、紅灯を持っていたので紅灯照と言われた。

［資料39］蕪湖で配布された檄文

［解題］この文は安徽省の蕪湖で出されたビラで、日露戦争後の一九〇五年の十一月六日に蕪湖の『商務日報』に添付されて配布されたといわれる。内容の多くは事実ではなくいわば流言蜚語に近いが、同様の話が当時中国南方のあちこちに広まっていたことが、各地の領事の報告などによって知られる。また、東京で発行されていた革命派機関紙『民報』でも胡漢民が文中で言及している。日露戦争直後の中国の民衆社会における日本像の一端を示すものといえよう。なお、この文は『日本外交文書』第三十七・三十八巻別冊日露戦争Ⅴに「文書番号１７９」の附属書１として収録されている。

今、皆に告げねばならぬ緊急事があるので、聴いてほしい。それはどんなことかというと、福建省が日本に割譲されるという事である。福建省がなぜ日本に割譲されるのかというと、それはつまり日本がロシアと奉天で戦って丸々二年、日本が勝利を収め、現在すでに講和がなり、日本は奉天を取ってしまって中国に返そうとはしない、しかし、中国政府としては奉天省を失うわけにはいかないし、欧米各国も奉天省を開放して通商の埠頭としようと思っている、そこで中国政府はやむを得ず日本との間で福建と奉天を交換しようというわけだ。同胞諸君、これを福建人だけの事だと思ってはいけない。福建省の北側は浙江であり、西南は広東、西北は江西である。もし日本人が福建を得れば、北へ向かえば浙江に侵入でき、西南に向かえば広東に侵入でき、西北に向かえば江西に侵入できることになる。ここ数年の日本の動きをみると、浙江省で鉄道建設をしようとし、広東省では本国から僧侶を派遣して仏教を布教し、また資本を出して潮汕鉄道、浙江鉄道を築いた。ただ浙江を占領するだけでなく、さらに浙江から江西に入り、さらに江西から湖南に入ろうとしている。そういうわけでここ数か月、日本から湖南遊歴に来る者が日を追って増えている。日本人の野心は非常に大きく、東南の数省を一挙に自国に入れようとしていることを、よく知らねばならない。ただ、彼らには以前は根拠とする地がなかったから占領を実行できなかった。今、福建を得たならば、彼らは中国に根拠地をもつ事になる。諸君、日本がひとたび中国に根拠地をもったならば、中国の東南の数省は一体どうなる。乙未の年〔一八九五年〕に、中国は台湾を日本に譲った。台湾は福建から近い。この時、見識のある者には、日本が福建を取ろうとしていることは、すぐ分かった。果して六七年の間に、日本の福建での力は日に日に大きくなり、今にも福建が割譲されようとしている。もしまた福建が日本人に割譲されでもしたら、福建から浙江・広東・江西へ行くのは台湾から福建に行くのに比べはるかに近い。以前、日本人は台湾を得、そして今福建を取ろうとしている。今、福建を取ったなら、後日必ず浙江・広東・江西を取ろうとする。まさにこれは現在最も緊急の事態ではなかろうか。その上、今や各国はみな中国の分割を考えているのであり、もし福建が日本に帰すれば、各国人は日本の中国での勢力が日に日に大きくなるのを恐れて、彼らも地域争奪に出てくる。ドイツ人は山東・河南を取ろうとし、イギリス人は揚子江付近を取ろうとし、フランス人は広西・雲南を取ろうとし、ロシア人は新疆・蒙古を取ろうとする。もし中国がそれに答えなければ、彼らは日本の福建の例を持ち出して中国に圧力を加える。中国政府は平素より外国人を恐れるから、彼らの要求に応えるかもしれない。そうなれば、中国の各地はみな外国の所有に帰し、中国の民衆はそれぞれ諸外国の順民となってしまうではないか。同胞諸君、君たちはみな中国人である。祖先の墳墓も中国にあるのだ。もし外人の支配となったら、どうやって自分に申し訳を立てる、どうやって己の祖先に申し開きする。その上外国が中国の各地を取れば、さまざまな虐待が民衆に加わる。我が中国の西南にインドがあるが、イギリスに取られてしまってから、この地方の民衆の苦しみは大変なものだ。おそらく天下で何が苦しいと言って、亡国ほど苦しいことはあるまい。外人が中国の各地を取れば、租税はことのほか重くなり、刑罰もことのほか酷になって、民衆の財産は奪いたいほうだい。何事も自分で決めることはできず、真にその苦しみは言うに尽くせない。その上、各国が中国の各地を占領するばあい、必ず勢力の不均衡がうまれる。もし日本が浙江を欲しがれば、イギリス・フランスも浙江を欲しがる、イギリスが揚子江流域を求めれば、ドイツも長江一帯の地方を求めるといった具合で、勢い必ず両国は互いに戦うことになるが、彼らの戦う地方は中国の国境内で、戦う兵も中国人から募集された者だ。想像してみよう、もしこんなことになったら一体どれだけ中国人の命が失われるか、一体どれだけの財産が失われるか。このたびロシアと日本が東三省で戦ったが、それでこの地方の民衆がなめた苦しみは、今や各省にとって前車の轍である。ああ、天下に死を恐れない者があろうか。死を免れる法を考えぬ者がいようか。では、何が死を免れる法なのか。それは外国人の中国分割に抵抗することである。外国人の中国分割に抵抗しようとすれば、まず日本への福建割譲に抵抗しなくてはいけない。ただし、日本人に抵抗することは、空言を用いることではない。皆心を一にし力を合わせて、第一、日本商品を用いず大阪商船に乗らない、第二、工場・学校で雇っている日本人をみな辞めさせる。日本人は中国の民気が大変強いのを見、彼らに大いに不利なのを恐れて、再び福建を要求することはしないであろう。一方、中国政府も民衆が大事を引き起こすのを恐れて、再び福建を日本に送ろうとはしないであろう。もしこれでもなおうまくいかなかったら、それは日本が心の底から我が国を亡ぼし我が民衆を殺し尽くすことを望んでおり、我が国政府が本当に民衆の生命・財産を贈物として自分達の当面の安楽を買おうとしている、という事なのであるから、そうなれば我々民衆にはもう死中に活を求める方法しか残っていない。日本人を見たら直ちに殺す、日本企業を見つけたら直ちに焼く、全国心を一にして命をかけて起ち上がる日がくれば、福建を日本にわたさせないだけでなく、かの欧米各国にも分割の口実がなくなる。だから中国の存亡はみなこの挙にかかっている。同胞諸君、速やかに覚悟を決めよ。

（杉山文彦訳）

第7節　日本の韓国併合をめぐって

〔資料40〕日本の朝鮮併合顛末記

長輿

〔解題〕本論説は『国風報』第一年第二十一号に掲載された。筆者長輿については不明。『国風報』は君主立憲派の雑誌で、一九一〇年二月、上海で創刊された。編集・発行人は何国禎、主要な執筆者は梁啓超だった。旬刊で、発行部数は最高三千部に達したといわれる。第一巻第一～三十五期、第二巻第一～十七期が現存する。

文中で「未来の朝鮮」といっているのは中国のことをさしており、この時期の朝鮮を論じた文の中では、朝鮮の現状は未来の中国として、日本に動きに警戒すると共に朝鮮の轍を踏むなとする論調が多くみられる。

ああ、朝鮮の亡国の有様を見ると、今日他人の国を滅ぼす新方法は計略が何と狡猾で、やり口が何と巧妙になっていることだろう。彼らの心根は禽獣そのものなのに、その手段はこれまた平和そのものなのだ。さきに日本が韓国併合を行った際には、そのことがすでに公布され、韓国の称号は失われ、韓国皇帝は退位し、韓人の国は滅亡した。然るにこれについての詔書や条約はもとから、東洋の平和を確保し韓人の安寧を増進するためのやむを得ない措置なのだといっており、隣国〔日本〕の新聞もこれに同調して、東洋の平和を確保し韓人の幸福を増進するためにやむをえない措置であり、禅譲をもって武力による懲罰に代え、軍事費を費やさず、攻撃・占領の労を省いたのだといっている。かくして二千余年の箕子〔古朝鮮の創始者といわれる人物〕の遺業は滅びて琉球の後を追った〔一八七九年の「琉球処分」〕。

ああ、日本が朝鮮経営を始めてから二十余年にもなる。明治初年には征韓論が起こり、野心が勃然と萌し始めた。日清戦争ではわが国を破って始めて勢力を張り、日露戦争ではロシアを破って、大勢は定まった。然るにその当時各国に公布された条約ではなお、韓国の独立を扶助し、韓国の領土を保全するといっていた。この数年来時を移さず獲物に飛びつき、今日韓国を支配する主権を手にしているものは、以前には独立を扶助する人だった。今日韓国の土地全部を兼併しているのは、さきには領土を保全する国だった。狡猾に立ち回ろうとする国はどこにもあるから、だれもこのことで日本を責めることはできない。私は他人に頼って国を維持し保全しようとする者を痛ましく思う。宗廟が移され、国が滅亡するときになって始めて覚醒してももはや手遅れで、後悔の臍を噛むほかはない。古書にあるように、「前車が覆るのは後車の鑑」なのである。ここにその亡国の歴史について述べ、未来の朝鮮の鑑としよう。

　日本が朝鮮に手を染めることができるようになったのは江華条約から始まるといってよかろう。同治〔清朝穆宗の時代、一八六二～一八七四年〕末年に朝鮮では大院君が摂政となっており、鎖国政策を堅持していた。日本はたびたび使節を派遣して誼みを通じようとしたが、すべて拒否された。そこで日本人は大いに憤慨し、かくして征韓論が起こった。しかしその時日本は国力が軟弱で、武力を誇示して国威を現わすことができなかった。朝廷の論議は紛糾し、論議が一時止んでまもなく、江華湾で雲揚号〔日本の軍艦で、近海を測量すると称して湾内に侵入した〕を砲撃する事件が起こった。日本は黒田清隆を全権大使として派遣し、朝鮮に行って談判させ、修好条約を締結しようとした。光緒二年〔一八七六年〕ついに朝鮮全権申憲と江華条約を締結した。わが国は国際法上の宗主国の属国に対する権利について暗く、朝鮮が外国人と条約を締結するに任せて座視し、問題にもしなかった。そこで外国人はついに朝鮮を独立自主の国と考えるようになり、わが国はしだいに朝鮮を保護する資格を失ったが、わが国はぼんやりしてこのことに気付かなかった。条約が締結されると、日本人花房義質《よしもと》〔外交官、一八四二～一九一七〕を駐韓公使として派遣した。朝鮮でにわかに兵乱〔明治十五年〔一八八二年〕の壬午軍乱〕が起こると、首都漢城〔ソウル〕は大混乱に陥り、乱兵は宮廷を犯し、日本公使館も焼き討ちされ、花房は長崎へ逃げ帰った。日本はただちに軍艦三隻を派遣し、兵隊八百名を載せて討伐に行かせた。わが国は乱を聞いて呉長慶〔一八三四～八四、将軍〕を派遣し、兵四千を率いて朝鮮の軍乱を平定し、丁汝昌〔一八三六～九五、日清戦争の時の提督〕もまた命を奉じて北洋艦隊を率いて救援に赴いた。日本軍艦はわが軍がさきに到着しており、しかも勢い盛んなりと見るや、恐れて進もうとしなかった。馬建忠〔一八四五～一九〇〇、李鴻章幕下の官僚〕は反乱首謀者を退治し、大院君を捕らえて天津に送った。袁世凱〔一八五九～一九一六〕は軍隊五営を率いて朝鮮に駐在し、通商や交渉の事務を処理した。この時にはまだ属国を保護する実績を上げることができたので、日本人は勢力を逞しくすることができなかった。軍乱はすでに平定され、朝鮮は全権を派遣して花房と済物浦《チェムルポ》で条約を改定し、日本人が漢城に歩兵一個大隊を駐屯させることを許し、その上二人の政府顧問を招くことを認めた。日本人の韓国における計画はしだいに手助けをえられるようになり、甲申政変が起こると、日本は伊藤博文を天津に派遣して李鴻章と条約を締結した。これがいわゆる天津条約である。条約文には「今後朝鮮有事の場合には、中国は出兵する前に日本に照会する。日本が出兵する際には、やはりかならず中国に照会する」とある。これはもともと明らかに日本が共同して朝鮮保護権を持つことを認めたものである。日本人はこの条約を根拠として在韓勢力を拡張していった。

しかし朝鮮はもともとわが国の属国である。日本人は朝鮮に非望を抱いているから、まず初めに朝鮮をわが国から引き離して独立させる必要があった。以前は国力が充実していないので、まだ隠忍してにわかに行動を起こすことはなかった。甲午の東学の乱が起こると、わが国は派兵して救援に赴き、総理衙門は日本公使に、藩属安堵の条規によって出兵する旨照会した。然るに日本はすでに天津条約があることを口実に、理不尽にも中国の出兵を承認せず、日本公使小村〔寿太郎、一八五五～一九一一〕は総理衙門に照会し、日本側はこれまで朝鮮を貴国の藩属とは認めておらず、今回の派兵はもっぱら日朝両国の済物浦で締結した条約と、日中両国が天津で締結した条約に従って妥当且つ慎重に処理すべきことであり、藩属・非藩属の争いは本来口舌によって解決できることではない、日本が当初の協議で要求したのは両国が共同して朝鮮の内政に干渉しようということにすぎない、といってきた。日本の外務省はわが国の公使に照会していっている。

> 朝鮮国内の騒乱はすでに平定されたので、すべての内政はすみやかに代わって修復をすべきである。両国はそれぞれ数名の大臣を選んで朝鮮に赴任させ、両者心を合わせて弊害を考察し、それぞれ分に応じて整理を行い、朝鮮で、たとえば国庫の出納項目や、大小官吏の選任、内乱鎮圧のための陸兵の募集・訓練などを効果あらしめる。

わが国はこれを断固拒否して認めなかったので、日本人は理不尽にも計略を変え、武力に訴え、さらに朝鮮を我がものとし、これを独力の保護の下に置こうとした。日本の外務省のわが国の公使に対する第三次照会にいう。

> 思うに、朝鮮国王はつねに陰謀を蓄え、擾乱を醸し出し、大にしてはわが国に害をもたらした。然るに彼らは自主の力が極めて薄弱で、重任にあたることができない。（中略）わが国は到底これを座視しえない。（中略）しかもわが国の名誉を損なっている。そこで太平の情勢を維持するために、別に方策を決定した。

これらのことばから見ると、日本は始め中日共同で朝鮮を保護したいと考えていたが、その後は独力で朝鮮を保護したいと考えるようになったのである。その長年の計画ははっきりと見てとれる。戦端が開かれようとするとき、日本公使は朝鮮を脅してわが国の牙山に駐留する軍隊を追いだし、日本と攻守同盟条約を結ばせた。中日和平交渉が行なわれ、わが国は朝鮮が完全無欠な独立自主の国であることを承認した。韓国王もまた宗廟に誓い、独立を宣布した。そこでわが国は朝鮮を保護する資格を完全に失い、朝鮮はついにわが国を離脱して、日本の手中にはいった。これが日本の朝鮮経営の第一期である。

　しかしながらわが国の勢力がなくなったとはいえ、ロシアの勢力が新たに増大した。前門の虎を防いで、後門の狼を引き入れたのである。日本人はもともと安閑と朝鮮をわがものとしているわけにはいかなかった。一八八四年六月、ロシアはウェーバー外相を派遣して駐韓公使として始めて通商条約を締結し、ウェーバーはしだいに朝鮮宮廷の信任を得て、勢力を強めた。中日和議が成立すると、ウェーバーは、朝鮮問題は日本一国の任意の処置に任せておけないと言明し、両国の軋轢が強まり、朝鮮の朝廷内でも日露両党の間の抗争が激化した。日本党は大院君を擁して君側の姦を粛正し、閔妃を討ったのに対し、ロシア党は朝鮮国王およびその皇太子をかかえこんでロシア公使館に幽閉した。この当時ロシアの在韓勢力はにわかに増大し、およそ財政監督・軍隊の訓練・森林伐採・電線敷設権などを次々と手に入れた。明治二十九年五月に、日本公使小村はロシア公使ウェーバーと協商条約(1)を締結し、翌月には山県有朋が戴冠式祝賀のためロシアに赴き、ロシア外務省と協約(2)を結んだ。しかしこの二つの協約の成立はロシア人の在韓勢力を承認し、朝鮮を共同管理の下に置いたにすぎず、日本人にとってはもともとあまり利益がなかった。しかもロシア人はひそかに韓国の朝廷と結託してありとあらゆる詭計を案じたので、すべての権利はことごとくロシア人の手に入り、日本人の韓国を己のものにしようという謀略は阻まれてさらに進めることができなくなり、黄河の奔流も千里を行けば滞る情勢となった。明治三十一年、日本政府はロシア公使ローゼンと第二次協約を結んだ。

第一条　日露両国政府は韓国の主権及び完全なる独立を確認し、且つ互いに同国の内政上には総て直接の干渉を為さざることを約定す。

第二条　(将来において誤解を来すの虞を避けんがため) 韓国が日露両国に対し (勧言及び) 助力を求むるときは (練兵教官もしくは財務顧問官の任命については) まず相互にその協商を遂げたる上にあらざれば、何らの処置をなさざることを約定す。

　協定が成立すると、ロシア人の勢力はいくらか制限を受けたが、しかし日本人は朝鮮経営のためにすべての力を尽くし、終いには国力を賭けて朝鮮を中国の懐から奪い取り、どんな事があってもロシア人の思うがままにはさせない決意を示した。明治三十五年春にはついに英国と同盟条約を締結し、英国は日本が韓国において政治上および工業・商業上特別の利益を持つことを承認し、干渉せざるを得ない時には必要不可欠な処置を取る、とした。日本はこの有力な後援を得たので、日本の朝鮮経営政策は何の恐れもなしに推進することができ、日本は日増しに勢力を回復した。ロシア人が朝鮮北部を圧迫し、いささかも譲ろうとしなかったが、日本人は全力を集中して朝鮮を争い、決裂しても恐れなかった。日露戦争開戦以前に、日本外務省はロシア公使に照会している。

韓国はもともとわが国の防衛線のもっとも重要な最前線である。だから韓国の独立はわが国の平和と安全のためにもっとも必要である。しかもわが国が韓国において有する政治上および商工業上の利益と勢力は他国と比べて卓絶している。そしてこの利益と勢力は、わが国自身の安定のためには、絶対に他国に譲渡したり分与したりするわけにはいかないのである。

日本が韓国に対して抱く野心はここに至って臆面もなくあらわとなり、何の遠慮もなくなったのである。利害が衝突してにわかにロシアと戦端を開き、宣戦布告後十日ばかりで日本は韓国外交部と「日韓議定書」に調印した。なお独立保障と領土保全の主義を標榜して人の目をごまかそうとしてはいるが、しかし第一条の政治上の改革では、韓国政府は日本を確信し、すべてその忠告に従う、とあり、第四条では、韓国にもし事変があれば、日本政府は必要の処置をとり、韓国政府は日本の行動を容易ならしめるため十分便宜を与える、としている。ここに至って朝鮮はついに日本の朝鮮となり、他国は口を挟む余地がなくなった。これが日本の朝鮮経営の第二期である。

中国とロシアがあいついで敗北したので、障害はことごとく取り払われ、日本人は何でもしたいことができるようになった。当時は戦争が激しかったので、日本人は対韓政略を十分に実施できなかったが、やがて長森荒地開墾事件の紛争が起こった。長森事件とは日本人長森藤吉が全韓国の荒地を独占して開墾しようと図り、日本政府がその代表となって韓国政府に要求することを提案し、韓国人は激昂し、全国が騒然となった。排日運動が頻々と起こり、日本人が軍事警察を組織して排日を提唱した人を逮捕し、さらに集会を禁止し、言論に干渉し、厳重な圧制によって騒乱を平定した。結束が強固でなかった韓国人は当時の情勢ではもともと抵抗できなかった。しかし日本人もまた、もぎたての果実が口に合わず、骨節図〔未詳、人体解剖図のことか?〕がいたずらに韓国人の感情を刺激し、国家の大計に裨益する所がないことが分かった。そこで長森事件を撤回して、まず対韓政策の要綱をまとめた。明治三十七年八月十二日、日本公使林権助は韓国皇帝に謁見し、内政改革案二十五条を提出した。その重要な条文は次の通りである。

第一条　財政監督を設け、日本人をこれにあてる。
第八条　外部（外務部）顧問を設け、つねに日本政府がこれを推薦する。

第九条　韓国朝廷はあらゆる外交事務および海外韓国人保護などの仕事をすべて日本政府に委託する。この協約の実施後、以前に派遣し各国に駐在する公使および領事はことごとく召喚する。

第十条　韓国政府が公使を召喚するとき、各国が派遣し韓国に駐在する公使も同時に召喚される。

第十一条　以前二万名であった全国の兵員数は一千名程度に減少すべきである。

財政行政、外交行政、軍事行政、これらはみな国家の最も枢要な機関である。三者ことごとくその権限を奪い、それを日本人の手に握れば、朝鮮はついに保護国の地位に立ち、日本の二十年間求めてきた大望は満たされたことになる。この案が提出されると、韓国朝廷では異議を唱える者がなかった。二十二日に、ついにまず財政顧問・外交顧問設立の協約を発布し、その後学政参与・警務顧問・通信機関の日本への委託・韓国沿岸自由航行などの協約が次々に成立した。明治三十八年九月、日露講和条約が成立し、十一月にはついに伊藤博文を韓国派遣大使に任命し、彼は十七日に韓国皇帝に謁見した。皇帝はそのために大臣を招集して御前会議を開いた。日本公使林権助はついに韓国外部大臣朴斎純と新日韓協約を結び、日本はついに韓国の外交権をことごとく手中に収めて、韓国を保護国の地位に置いた。韓国人はここに至って始めて亡国の痛みに耐えられず、人心は騒然となり、恐怖に大きく動揺した。

かくして日本人の大計は既に定まり、ついに統監府および理事庁制を公布し、伊藤博文を韓国統監に任命した。日本の朝鮮経営は二十年間の労力を尽くしてようやくこれを達成し、ようやくこの国を保護下に置いたが、日本の地位にはまだ動揺があり、朝鮮が死灰から蘇る日があるかもしれないと心配した。いくばくもなく、たまたまハーグ密使事件が起こった。日本人は驚きうろたえてお互いの顔を見つめ合い、保護の地位が揺らいで、本当に朝鮮が死灰から蘇る日があるのではないかと心配だった。そこでこの機に乗じてきびしく保護政策を推進した。統監府設立以来、韓国人はますます強まる日本の圧力に脅かされ、窮状はもはや救いがたいと深く心を痛めており、積もる恨みはついに爆発した。七月一日ハーグで開かれた万国平和会議に、韓国人李相卨・李韋鐘・李俊は韓国皇帝代表の名義で会議への参加を求めて日本の横暴を訴え、各国に正義に基づいて公平に判断し、韓国の窮状を助けてほしい、と訴えた。これがいわゆるハーグ密使事件である。日本人はこれを聞くと、且つは驚き且つは憤り、十七日に日本政府は善後策を決定した。外務大臣林董は命を奉じて韓国に赴き、韓国皇帝に迫って譲位の詔勅を下させた。二十四日、日韓新協約がついに成り、かくして各部顧問を廃止し、韓国軍隊を解散し、朝鮮の政権はついに直接完全に日本に隷属した。保護国の地位に立ちたいと望んでも、それはかなわなくなった。大いなる任務は完成し、伊藤は過日凱旋の礼をもって祖国に迎えられた。ここに至って朝鮮は完全に滅亡し、わずかに残るのは国号と皇位のみとなった。これが日本の朝鮮経営の第三期である。

日本はすでに韓国滅亡をなし終えたが、なお天下の人目を引くことを嫌い、亡韓の名を直接口にすることを欲せず、二年間事をおくらせていたが、伊藤が暗殺されると、韓国の一進会(3)は上奏して合邦の創建を請願した。合邦というのは滅国の最新の代名詞である。日本の朝廷はこれを黙許していたが、日韓の人々は口々に討論し合い、合邦の特質を議論した。日本朝廷は見解をおもてに出さず、曽禰〔荒助、一八四九〜一九一〇〕統監を解任し、陸軍大臣寺内正毅〔一八五二〜一九一九〕をもってこれに代えた。ああ、韓国が滅びてすでに時がたっている。今日では合邦運営は一挙手の間に進んだ。寺内が就任してから一月とたたぬうちに、事業はほとんど完成し、日韓併合協約はついに八月二十二日に成立し、二十四日に各国に通牒が送られ、正式に禅譲式が挙行された。これ以後、世界には韓国の名称がついに消え、二千余年の古国はついに滅びたのである。今その禅譲の公文を左に全文訳出する。

韓国皇帝譲国詔勅

朕徳薄く能浅く、大業を受け継ぎ、ここに重き付託を担い、即位以来昼夜を問わず、努めて改革を図るも、老朽すでに深く、疲弊甚だ極まり、あるゆる方略を尽くすも、一も裨益するなし。朝夕憂慮して成す術を知らず。自ら国家の危機ここに極まるを念じ、手を拱きて民生の塗炭を無策のまま座視せんよりは、強大なる隣国に委任してよく維新の偉業を奏するに如かざらむとぞ惟う。故に朕は自ら深く悟り、朕の大権により独断し、韓国の統治権を日頃より親しく頼みとなす大日本帝国皇帝陛下に譲与して、外は東洋の平和を強固にし、内は八道の庶民を保全せんとす。爾大小臣民深く時機を察し、内国勢を守りて紛擾せしめず、各々その業に安んじ、日本帝国の新政に服従して共に文明の幸福を享くべし。今日のこの挙は朕が爾有衆を忘れたるに非ずして、誠に爾有衆と共に席に座し、共に太平を享けむと欲するなり。爾臣民宜しく朕が意を体せよ。

日本帝国の韓国併合詔書

朕永く東洋の平和を保ち、帝国の安固を保障せんがため、早くより韓国の禍患の源なるを思うが故に、特に朕の政府に命じて、韓国と協定し、韓国を帝国の保護の下に置きて、禍源を杜絶し、和局を確保せしむ。惟うに、受託以来ここに四年、朕の政府は鋭意改革して韓国と共に更新し、成績の表るるものなきに非ざるも、然れども韓国の制度は紛乱麻の如く、且つ名正しからざれば言従わず、人民常に疑懼の念を懐き、もって混乱を来たし、民安堵せず、ことに公共の安寧を維持し人民の福利を増進する所以に非ず。朕は韓国皇帝陛下とこのことに鑑み、韓国を挙げて日本帝国に併合するに非ざれば不可なるを知るが故に、専らこのことのために特に条約を締結し、今後は韓国を永遠に我が帝国に併合す。韓国皇帝陛下およびその皇室の各員は併合後といえどもしかるべき待遇を受け、その国民は直接朕が撫育を受けて福利を増進せしむ。朕は特に朝鮮総督を置きて朕が命を受けしめ、もって陸海軍を統率し、一切の政務を総轄せしむ。百官有司はそれ皆朕が意を体し、謹みて任務に従事し、東洋平和を冀いて基礎ますます固く、海内の臣民共に昇平を慶ばむ。朕が厚き望ここにあり。

韓国併合に関する条約

(一) 韓国皇帝陛下は韓国全部に関する一切の統治権を完全且つ永久に日本国皇帝陛下に譲与す。

(二) 日本国皇帝陛下は前条に掲げたる統治権の譲与を受諾し且つ全然韓国を日本帝国に併合することを承諾す。

(三) 日本国皇帝陛下は韓国皇帝陛下、太皇帝陛下、皇太子殿下ならびにその后妃および後裔をして各その地位に応じ相当なる尊称・威厳および名誉を享有せしめ、且つこれを保持するに十分なる歳費を供給すべきことを約す。

(四) 日本国皇帝陛下は前条以外の韓国皇族およびその後裔に対し各相当の名誉および待遇を享有せしめ、且つこれを維持するに必要なる資金を供与することを約す。

(五) 日本国皇帝陛下は勲功ある韓人にして特に表彰をなすを適当なりと認めたる者に対し栄爵を授け且恩金を与うべし。

(六) 合邦を実行して以後は、韓国の一切の政務はすべて日本政府の管理に帰し、施行する法律を順守する韓人の生命財産は日本政府が保護を担任し且つその福利の増進を図るべし。

(七) 日本政府は韓国の一切の政務に関し、人材を必要とするときは、誠心誠意新制度を尊重する韓人にして相当の資格ある者を登用すべし。

(八) 本条約は日本国皇帝陛下および韓国皇帝陛下の裁可を経たるものにして、公布の日よりこれを施行す。

協約が公布されると、韓国の国号を撤去し、韓国皇帝を封じて李王とした。ああ、勧進表(4)や禅譲の詔勅、山陽公(5)、帰命侯(6)の封爵はわが国の魏晋・六朝間の禅譲の旧儀式が図らずも今日日韓交渉に再現したのである。朝鮮の臣民については、すでに新しい君主に変わったのであるから、一切の制度はみな変革されなければならず、王族・大臣は別に制度を編成し、朝鮮華族に列せしめた。亡国の士族は宗主国の勲功では重視されず、旧勢力はもとより同様である。韓民については、大赦・減税が行われるほかは、ただ地方に参事を置いて地方の有力者を網羅し、諮問機関とした。参政権については、総督府の調査を俟って、他日おもむろに法令が定められるということである。今日戸籍法はいまだ行われておらず、市町村制度も定められていないので、日本臣民と同等の権利を享受できない。たとえ日本に移住しても、日本にもともと戸籍を有するのでなければ、法令が制定されていないので、日本人としての権利を享受することはできない。ああ、亡国の民が戦勝者の権利を獲得したいと思うのは、墓地の供え物を漁って歩く浮浪者が王公と会食したいと思うのと同じだ。世の中にこんなことがありうるはずがない。遠くはインドを観察し、近くは台湾を調べて見れば、朝鮮人の参政権などということが可能かどうかはいわずと知れるだろう。

ああ、私は今他人の国を滅ぼす巧妙な新方法を知った。日本は都市攻撃や野戦の苦労なしに、朝鮮は戦死や捕虜の悲惨なしに、優雅に礼儀をもって譲り、少しも驚き騒ぐことはなかった。世界の世論はとりわけ意気投合し、もはや異議を唱えなかった。欧米近年の共通した世論は、野蛮未開の国を開発・発展させ、人類の幸福を増進することこそまさしく強国の義務だと考えているようだ。もっとひどいのになると、大国は小国に対して監督権を完全に握るべきであり、関係のもっとも密接な一強国が権力を占有して支配できれば、それが何より最善の策なのだ、と考えている。そうだとすれば、日本が今日朝鮮を併合したのはもともと人道の正義であり、強者の尽くすべき義務だ、ということになる。外国人はさらに、幸福が増進するということで、韓国人のために慶賀している。ただ一人このことのために亡国の悲しみを催し、悲傷してやまないのはただ亡国の旧主のみであろう。しかしあくなき追求に対して、河上歌［歌曲の名で、亡国の悲哀を歌ったもの］を口ずさんで同病相哀れむのはおそらく亡国の旧主のみだが、その旧主ももともと自らの身を哀れむのが精一杯で、さらに朝鮮のために悲しむことなどできないだろう。ああ、悲しいことだ。

（伊東昭雄訳）

［注］

（1）「朝鮮問題に関する日露代表者間覚書」、一八九六年五月十四日京城で調印。

（2）「朝鮮問題に関する日露間議定書」、一八九六年六月九日モスクワで調印。

（3）東学の流れを汲む組織で、「日韓合邦」を目指して活動し、日本の韓国併合に大きな役割を果たした。会長は李容九。

（4）帝位につくことを勧める上奏文のこと。魏晋・六朝時代には帝位を簒奪する者がしばしば禅譲の形式を採ったので、臣下がその意を迎えて勧進表を奉った。

（5）後漢末の献帝（劉協）のこと。曹操によって事実上権力を奪われ、曹丕の時帝位を簒奪され、山陽公におとされた。

（6）三国時代の呉の孫権の孫の孫晧のこと。帝位に即いたが、晋により廃されて帰命侯となり、呉は滅んだ。

〔資料41〕日韓合邦と中国の関係

戴季陶

〔解題〕戴季陶（一八九一～一九四九）は中国国民党右派の代表的政治家、理論家。著書に有名な『日本論』がある。一九〇五年から〇九年まで日本に留学。この文章は一九一〇年八月五日の『中外日報』の散紅の筆名で載せられたもので、彼が『中外日報』の記者をしていたときのものと思われる。「日韓合邦」を中国侵略の一過程としての面から論ずる議論のしかたは、この時期よく見られた。訳出に当たっては、章開遠主編『戴季陶集（一九〇九―一九二〇）』（華中師範大学出版社、一九九〇年）を底本として用いた。

ああ、我が国人はどうしてこうも鈍感なのか。大敵を目の前にしながらこれを知らず、大きな災いが後ろに横たわっているのに気がつかない。まことにこの巨大な国にはこの世界の中にあって恐れるに足るものは何もないかのようだ。政府の人間はもちろん、世論機関もまた同じだ。ああ、我が国は真の麻痺の病いで滅びるのであろうか？

日韓合邦論はかなり前から唱えられてきた。韓国は三千年間我が国の属国だった。その地はわが国の領域で、その人はすなわちわが国と同族だった。その文字はわが国の国風で、その政治風俗はわが国の遺風であり、つまりは韓国の存亡問題はわが国の国権の消長問題であり、またすなわちわが国実力の増減問題である。韓国が存在することはわが国全部に絶大な関係はないが、それが滅亡すればわが国の政治、軍事、実業等が災いを受けることは一々数え上げる事ができない。

甲午戦争後、日本人は韓国の独立を保全するのだといった。日露戦争後、日本人はまたこうもいった、韓国の独立を維持し、韓国の内政を整理するのだと。今は猛虎が人を食う手段をほしいままにするように、にわかにこれを併呑しようと欲し、そこで日韓合邦の論が出てきた。しかもその説を変えてこういった。日韓合邦は友誼の合邦で、オーストリアとハンガリーの連合のようなものだと。その言葉の狡猾さと謀の深さ、手段の高さは実に恐るべきものがある。また、外人がこれに干渉することを恐れて、彼らを慰めようと、臨机応変の離間策を行って、ロシアと連盟した。ロシアはもともと極東に野心を思いのままにしようと望んでいるもので、日本との連盟も、干渉を防ごうとする理由も互いにその野心を実現しようとしているからだ。ここから考えると、以前の中日戦争も、今の日露同盟も、同じく韓国併合政策の手段であることは疑い得ない。前者は朝鮮を我が手から奪おうとしたもので、だから戦争をもってし、今はこれを自国の版図に収めるものなので、平和をもってした。ああ、外交手段の強引で、しかも狡猾であること、これにすぎるものはない。人はイギリスは外に対して常に二重の外交手段をほしいままにしていると言う。日本はその上をいっている。それ韓国はすでに滅び、その国境に隣接するものは我が中国にほかならない。かの日本人の満州における実業の勢力は、すでに十分これを呑み込むに足りる。今、更にこれに接する土地を加え、交通運輸は益々容易となった。満州はそれでもなおわが国のものとして留まっていられるだろうか。ところが朝の上下を問わず、同じく少しも関わりなしといったありさまで、新聞もその内容をのせず、世論もまたその利害を研究しようとはしない。私はその見識がなぜかくも低く、しかも眼光がかくも小さいのか分からない。試みに日韓合邦論の内容、及び我が国との関係を詳しく論じてみよう。

今の世の日韓合邦を論ずる者で少しでもその内容を知る者は皆一進会会長李完用を攻撃する。韓国国民の中の志あるものも皆韓国の滅亡は李が災いのもとだとして、その肉を食らい、その一族を滅ぼそうと望んでいる。ああ、韓国民が愛国、愛種に熱誠をもって一進会に反対し、李完用を仇視するのは、もともと感情につき動かされてそうならざるを得なかったのである。客観的な目で政治上から見れば、李はもとより日本の走狗にすぎず、この人がいなくとも韓国は必ず日本に滅ぼされたに違いない。大韓国は小国で先には存亡の権を我が国にあやつられてきたのではなかったか。甲午の一役でこの権を日本に取られ、併呑される大勢はすでに成った。そしてその後の『日韓協約』、『日韓新協約』はわかり難いものからはっきりしたものへと、併呑の事実をすでにはっきり示した。李完用の日韓合邦の説が無ければ日本は韓国を併呑しなかったであろうか？　彼は豊臣秀吉以来三百二十年間蓄えてきた滅韓政策を実行しないままでいるだろうか？　中日、日露の二度の戦争は数十万、数百万の熱血を注ぎ、億万の国費を消費したが、その目的はどこにあったのだろうか？　けだし韓国を併呑し、その後更にその勢いを挙げて満州を図る事にほかならない。日露戦争以来、いわゆる南満経営政策とは、けだしひとつには韓国併合の準備をする事で、ひとつには満州侵略の根拠を定める事にほかならない。近年わが国におけ る日本人の勢力は日ましに拡張し、満州はもちろん、揚子江で握っている運輸交通の利権も、イギリスを除いて、実は最も優勢な地位を占めている。このほか浙江、福建などの省での勢力も次第に増加している。韓国併合後、満州はもちろんその第一の侵略範囲だが、内地各省における実力も、その国力の進歩に比例して拡がっている。ここから見ると、韓国の滅亡はただに韓国一国に関係するだけでなく、直接最大多数の損害を蒙むる者は実に我が中国である。

日本人の合邦政策を計画した者はこう言う。合邦後の韓国皇室のうち皇帝に最も近い者は准皇族とし、遠い者は貴族とし、待遇は皆日本人と同じにした、と。天皇は韓に遷都し、全部の中心となる、韓国国内に主があり、旧皇族もまた尊貴の列にならび、しかも更に日本を治める者が韓国を治めるのである。それが発達して日一日と文明に進むのは言うまでもない。つまり合邦とは、日本の文明をもって、韓国を開化する責務に任じて計画をなすだけのことだ。韓民族の幸福、これに過ぎるものがあろうか、と。ああ、日本は子供だましの言葉で天下の人を欺こうとしているのだ。皇族というものを定めるのは、本来、尊君をもって愛をその民族に及ぼすためにすぎない。その君が廃されてしまえば、その国は滅びてしまったのであり、そこでその皇族を名づけて「准皇族」と呼ぼうが、さらにこれを「尊貴」と言おうが、至愚なる者でも、その狡猾で悪がしこいたくらみを見破らぬ者はいない。遷都の説とは、近くで治めるという意図だが、且つは他日満州を併合する根拠地としようとするものだ。つまり合邦が成る日は、すなわち満州が命を失なう日であり、またすなわち全中国の大敵が近づいてくる日なのである。如何せん、全国の人はこれを少しも意に介せず、いつに他人の事であって自分には全く関係ない事のようにみなしている。どうして、ここまで麻痺してしまったのであろうか。

日本の林董伯爵は日韓合邦政策についてこう論じている。「文明の地を治める者は必ず自治政治を採用し、野蛮の地を治める者は必ず専制政治を採用する。反抗なき地を治めるには必ず自治政治を取り、反抗ある地を治めるには必ず専制政治を取る。イギリスのインド統治はその鉄証である。我れに対する韓国人民の反抗の態度は、イギリスに対するインドに過ぎるものがある。だから我が国がこれを治めるにあたって、イギリスがインドに対すると同様にしているのは、そうならざるを得ないからであって、ことさら圧制手段を逞しくしているわけではない」と。ああ、まさしくこれは韓人種族を滅ぼそうとする政策にほかならない。このほか長谷川芳之助、及びかの有名な三叉居士竹越与三郎らが主張している主旨もすべてここにある。

要するにかつての韓国保護が今日の合邦に変わったように、今日の合邦論は、すなわち国を滅ぼし、さらにはその種族を滅ぼす第一歩の手段なのである。

韓が亡べばすなわち満州が亡ぶ。満州が亡べばすなわち内地の日本の勢力がますます盛んになり、この素晴らしき神州は恐らくは島夷〔日本〕の植民地に変わってしまうだろう。わが国民は、それ深くこれを心に留めよ。いやしくも日本が韓国併呑を実現したのち、政府がなお満州政策に意を加えなければ、数年ならずして、地図の色が変ってしまうだろうことを。

（小島晋治訳）

第8節　孫文と日本

［資料42］在日中国人留学生団の歓迎会における演説

孫文

［解題］この演説は一九一三年に孫文の日本訪問に際し、二月二十二日、東京で行った留学生に対する講演である。ここにはその後半のみを収録しているが、前半では孫文が清末に東京を訪れたときの留学生たちの状況や課題の違いについて論じている。清末の留学生たちの課題は腐敗した清朝政府を打倒して、革命事業を達成し、理想的な民国政府を樹立することだったが、新しい国家の建設事業では、革命時代の自己犠牲の精神ばかりでなく、優れた学問が必要である、と説き、そこに留学生の役割を期待している。

〔前略〕

わが中華民国は世界でもっとも偉大な国であります。国土の広さ、人民の多さでは諸国に冠たるものがあります。しかしこの二百年ほどは異民族の支配を受け、文明は退化し、国勢は衰退しています。外国では中国は野蛮だとまでいっていますが、これはまったく誤りであります。今日では革命が成功し、祖国の前途は大いに期待すべきものがあります。各国の中国に対する態度も従年とは違ってきました。そもそもわが中国が極めて短時間に極めて偉大な〔革命の〕事業を成し遂げたことは、地球上に古来なかったことです。ところがわが中国の国民は、これまでもともと国家思想というものがなかったのですが、突然このような事業を起こし、共和国家を建設しました。外国人の目から見れば、とても不思議で、いったい真の共和なのか、それとも偽の共和なのかわかりませんでした。〔外国人の〕このような心理はまったく中国数千年の文明を忘れているのです。中国の今回の革命は数千年の歴史上の文明を回復したものに他なりません。以前中国文化の広がりは東亜細亜の一小部分のみに限られ、それ以上に拡張することができませんでした。今日では立派で完全な政体をつくることができ、政体が改善されると、人民の道徳もこれに従って改善され、共和政体の本来の姿がはじめて示されるようになりました。

日本は中国に対して、この点に関して疑問を持っていましたが、今では見方・考え方がすべて変わりました。彼らはわが国の今回の改革がたいへん道徳的、文明的で立派な行動だったと認め、人民の心理ではだれもが共和に賛成していまず。ですから日本人の持っていた疑いの気持ちは日に日に晴れていき、今では中華民国に対して心から尊敬と感服の気持ちを表明しています。

今日五大州の大勢としては、大洋州〔オセアニア〕とアフリカがいずれも白人の抑圧を受けています。亜細亜の大勢を維持する責任はわれわれ黄色人種にあります。日本と中国は密接な関係を持つ国であり、同種同文の間柄なので、東亜細亜の大勢を維持する計画については、きっと助け合って進めることができます。たとえ小さな意見の対立はあっても、大勢全体に目を配るべきで、そうすれば小さな対立など問題になりません。日本はこれまで中国に対して侵略対策を行なってきましたが、それはこの情勢の中で中国は何もできないだろうと考え、かりにもし東亜細亜がヨーロッパに制圧されれば、日本は三島だけの海洋国で、〔自国だけで〕勢力を強固にすることは困難だと考えたので、やむを得ずこの行動に出たのでした。今日では中華民国がすでに成立しているので、東亜細亜の大勢については、わが中国もこれを維持する責任を負うことができるので、日本は心配する必要がなくなりました。

日本の陸海軍は勢力が強大で、勇名を世界に轟かせており、わが中国が数十年を経なければ達成できないほどのものです。もしも以前日本がなければ、東亜細亜の前途などまるで話にもなりませんでした。東亜細亜地域がわれらの革命事業を成し遂げるまで生き残ることができたのは、すべて日本の力のおかげでした。中国が今回の革命に成功したことについては、日本に感謝しないわけにはいきません。日本は中国と利害が密接に関連しており、日本の利益を保全したければ、東亜細亜の利益を保全しなければなりません。およそ国を建てるときは、利害の関連する国と手を取りあって進んでこそ、始めて進歩することができます。利害の関連のない国とは、よしんば相手がわが国と親密にしたいと望んでも、親交を結ぶことはできません。以前清朝政府は、日本とロシアの二大国の間に挟まれ、日本とは距離がやや近いので、とりわけ恐れていました。そのときは〔清朝政府が〕利害関連の道理を知らず、もっぱら遠交近攻の政策を採り、ロシアに親しんで日本を防ぎ、その結果今日の大被害をもたらしたのです。ひとたびロシアに親しむと、天山以西パミール高原一帯はわが領土ではなくなりました。さらに今日になると、さらに蒙古まで消えてなくなろうとしています。これこそが利害関連のない国と親しんだことの弊害に他なりません。

わが国の今回の革命は本来人に賛成してもらう必要もなければ、また人の干渉も受けないはずのことです。日本はわが中華民国に対しては、ぜひ真っ先に承認したい所ですが、各国が一致した行動をとる必要から、まだ承認を発表していません。ロシアはわが国のことは承認しようとしませんが、クーロン〔ウランバートル、つまり外モンゴル〕の独立については真っ先に承認することを惜しみません。自国が承認するばかりか、各国に紹介までしています。ロシアはわが国とは利害関連がまったくないので、侵略主義をとるのみです。今日ロシアと親しんで蒙古を失っているのに、さらに親ロを続ければ、内地〔辺境に対していう〕十八省もおそらくは安全ではなくなるでしょう。日本は違います、わが国とは利害関係があるので、東亜細亜侵略の野心はまったくありません。歴史的に見れば、日本は島国で、わが国は大陸国なので、侵害しあうことは決してありません。たとえ〔日本が〕侵略行動をとらざるを得ないとしても、それは本心ではないので、われわれはこれを大目に見ることがぜひとも必要です。われわれ中日両国はぜひとも団結し、一致してすすむべきであります。将来両国が団結し、親交を結ぶことができるか否か、その責任は学生諸君の双肩にあります。

諸君は日本に留学して、毎日日本人の講師や学生を相手にしているので、きっと〔双方の〕感情を結合し、たがいに親密になることができます。以前日本人は中国人を軽蔑し、当然身分が違うのだと思っていました。今日では中華民国が成立し、日本人はわが国をうらやむばかりで、とても軽蔑などしてはいられません。ですからわれわれの日本人に対する心理もまた怨みを親しみに変えなければなりません。今日中華民国を強固にしようと思えば、外交を重視する必要があります。親日対策は外交的に最もうまい方法で、これを実行する責任は学生諸君が負うべきであります。日本人の中国に対するさまざまな誤解は、これを詳細に明らかにすることが可能です。日本の政策や方針も注意深く研究すべきですし、風土や人情も調査すべきです。衝突をなくし、誤解を解消し、共同して東亜細亜大陸の至福を求め、ともに東亜細亜の主人公となるのです。

亜細亜州の人口は全地球の三分の二を占めていますが、今日その一部分はヨーロッパ人の勢力範囲の下に屈服しています。もしも中日両国が協力して〔それらの諸民族の解放を〕行えば、勢力は膨張し、ひとつの大亜細亜州を形成し、以前の栄誉ある歴史を回復することも困難ではありません。世界を平和にし、人類を大同の世(1)に至らしめ、各人が平等で自由な権利を持ちます。〔そうなれば〕世界の至福はすべて五億人の黄色人種が作り出したものとなります。しかも学生諸君が出発点となるのです。今日の学生諸君は東亜細亜を平和にする責任を負担しなければならないばかりでなく、世界を大同の世とする責任をも負担しなければなりません。以上が私の諸君に期待することなのであります。

（伊東昭雄訳）

〔注〕

（1）太古に大道が行われたという公正で平和な世をいう。『礼記』・「礼運」篇に見える。

〔資料43〕 東亜に於ける日支両国の関係を論ず

孫文

〔解題〕この文は一九一三年に孫文が東亜同文会の歓迎会の席上で行った演説を、記者が整理したもの。歓迎会の席ということによる外交辞令もあろうし、演説を聞いた記者の主観が含まれている可能性もある（文末には「文責在記者」とある）。したがって、孫文の日本論として取り上げるには少々問題がある。しかし、この演説の前後に孫文が日本に言及した他の発言と比較してみても、ほぼ同主旨の内容である。この当時の日中交流の一面を知る上では参考になると思い収録した。掲載されたのは東亜同文会発行の雑誌『支那』第四巻第五号、署名は孫逸仙。

本篇は二月十五日於華族会館東亜同文会歓迎会席上孫氏が一時間半に渡りてその胸襟を吐露し、熱誠溢るゝが如き語調を以て演説せられたる筆記の大要なり。

編者識す。

（一）日支人区別ありや

諸君、今夕此の盛大なる歓迎会に臨みまして卑見を述ぶるの機会を得ましたのは私の最も光栄とする次第で御座います、それと同時に私は感に耐えないことが一つム《ござ》います、それは外でもありません、我々は此処に斯うして大勢集まつて居りまするが、若し欧州人なり、米国人なりが此席に見えたとして、その欧米人は我々を見て果して何れが日本人で、何れが支那人であるか、判然と区別が付くでありましや《ママ》うか。

私は屡々欧米を旅行致しましたが、その旅行中に日本人と間違へられたことは幾度あるか分かりません、貴国の人が私を見て日本人では無いかと尋ねるのみならず、支那人迄も私のことを日本人と間違へます、曽て布哇《ハワイ》に参りました時に其地の日本人は私を日本人と思ひ、日本語で私に話を仕掛けました、又米国に参りました時の如きは支那人の商店へ買い物に行きました所が、やはり日本人と間違へられてその商店の支那人は英語でもつて私に問ひかけました、私は支那語でそれに答へました処が初めて私が支那人であるといふことを発見して驚いて居りました。我々は斯様に深い人種的関係があるのみならず、私は此二十年来放浪の生活を送って参りましたが、その間支那に在住したことは甚だ稀で、之を日本に居りました時間に比べますると、却て日本に在住して居た時間の方が遥かに長いのであります、従て私から見ますると日本は真に第二の故郷でムいます、今晩も此席に諸君と相会して暢談するのは決して形式的応酬的に言辞を弄せんとするものではありません、又深遠なる理論、或いは政治上の政策を提案するのでもありません、謂はゞ私は自分の家庭から暫く離れて居りましたが、今度再び其家へ帰つて来て、家族や親戚知己と一家団欒的に打ち解けて歓談するやうな気が致します、何卒その御積りで一家の内話として御聴取りを願ふ次第でムいます。

(二) 列強の圧力

東亜の形勢を見まするのに、文明若しくは文明に近き国で、世界的に其地位を認められて居るのはたゞ日支両国が存在して居る計りです、二国は現に東亜に存在はして居りまするが、この東亜の平和を維持し得る力を有してるのは唯だ日本のみであります、幸に日本は四十年以前に維新の大改革を行ひ、世界の大勢に鑑みて欧米各国の憲法と言はず、法律と言はず、政治、経済、実業、科学等所有《あらゆる》方面に彼が長を取り、我の短を補ひ、大に其文明を輸入して其進歩を計りましたる結果、遂に今日の強国と成る迄発達して、日本の力で能く東洋の平和を維持することが出来るやうになりました。

四十年前に溯りまして世界の大勢を顧みまするると、欧米各国の東洋に及ぼす勢力と云ふものは今日の如く急迫して居りませんでした、故に日本は其時機を利用し、遂に彼の様な維新の大業を完ふすることが出来たのであります、若し日本があの当時覚醒せず、支那と同じやうに今頃になつて夢から醒め、国民が革新運動を起こすやうであつたならば、思ふに東洋の天地は早く既に東洋人の有では無かつたのではないでしやうか。今日東洋に於ける列国の勢力と云ふものは頗る強烈なるものがあります、支那は其建国極めて古く、支那人は頑冥保守の風あり、其国勢は近時に至つて漸く覚醒して、何千年来の古く且つ腐敗したる空気を一掃せんことを企て、文物制度百般の改革を行ひ初めたので御座います、併し乍ら東洋に於ける列強の圧迫を思ふ時は、支那の昨今に於ける状態は決して満足な状態にあると云ふことは出来ませんのみならず、私は却つて甚だ危険な状態に在ると思ひます。

私は度々欧米を旅行し、各国の人々とも相往来しました其人々の中には或いは人道主義を唱へ、又世界的思想に富むものが中に多くありましたが、屡々私に向て支那は革命を要する、けれども其革命は成功が六づかしい、何となれば欧米列強は支那革命の紛乱に乗じて或いは支那に干渉し、或いは領土の占有を企て、或いは特種の利権を奪取せんとするに相違ない、若し列国が斯の如き態度に出たならば、支那は非常なる危険の地位に陥ることゝなる、支那はその改善を行はんとならば革命以外に他の方法を案出せねば駄目であると忠告を辱ふしました。

(三) 土耳古《トルコ》と異る

右のやうな西洋人の諸説は至極尤もで、無論一応の傾聴を与ふる理由と根拠とはムいますが、不幸にして私はこれに対して耳を傾けることが出来ません、私は自ら信ずる通りに飽く迄も革命を遂行しなければならぬと一層其考を深く致しました。然らば何故革命主義の精神を固くしたか、それは私の心に一の大なる確信が横はつて居るからであります、亜細亜には支那が革命をなす場合に之を援助する所の大なる力がある、私の革命は必ずこの大なる力があつて援助して呉れるに相違ないと私は心から信じて居りましただから私は革命の為めに身命を惜しまないで努力したのであります、而して其東亜に於ける大なる力と云ふのは即ち日本帝国の存在してると云ふ事であります、日本なる大帝国、大強国は実に我々と同人種である、其文字は共通である、そうして二国は深い歴史的関係を有してる国でムいます、私は此大帝国の存在してる以上、此大帝国の力に依りて必ず革命を遂行し、以て東洋の平和を維持することが出来ると深く固い信念がありました、故に私は毫も躊躇することなく、一意専心革命の為めに働いた次第で御座います。

亜細亜の西方には土耳古と云ふ国が御座います、此国も二三年前に革命を行ひましたが、其革命が成功致しましたに拘らず、今日は実に悲境の極に達して居ります。然るに支那は最近土耳古と同じく革命を行ひましたが、まさか土耳古の徹は履まないだろうと自分は想像します、其故如何と云ふに亜細亜の東、支那の近隣には日本と云ふ強国がある、同文同種の親密なる与国があるけれども土耳古には日本に対比すべき強隣が存在して居ない、強隣は有りても土耳古の後援となるべき強国は無いのであります、是が支那の革命と土耳古の革命と相異る唯一の点で、此の如く亜細亜人が日本に信頼すると云ふ観念を持つてることは一大事実で、私の如きは二十年来此思想を有して居りましたが、遂機会を得ません為めに今日迄之を発表することが出来なかつたのは大に遺憾とする次第で御座います。

(四) 同文会の設立趣旨

日本は四十年の昔に於て維新の大改革を行ひ、欧米の文明を輸入して国勢日に発達を来しましたが、東亜の形勢に顧るときは御隣りに支那と云ふ国が在て眠つて居る、此支那が起たない以上日本一国では将来東洋の平和を保つに甚だ心細い、どうしても支那をして五千年の夢迷より眠を醒まさせて、世界的文明、世界的思想を注入し、四百余洲大陸を保たしめ、日支両国は唇歯輔車の関係を以て互に親善提携を図らねばならぬと云ふやうな御考が一部の識者間に伝へらる、やうになりました、私が以前日本に参りました時は丁度故近衛公が同文会を設立せられんとする当時でムいましたが、同文会は全く此主旨に依つて成立し、支那をして日本と同じやうな文明国として、四億の民をして平和と幸福とに浴せしめんと八方に御遊説なされ、御尽力なされた結果遂に同文会なるものが設立されて、今日に至る迄終始その御考で支那の為に御尽力なされて下すつたのは、私は初めから其主旨に賛成であるのみならず、深く感謝致す次第でムいます。

(五) 兄弟の誤解

支那と日本とは丁度二人の兄弟のやうなものでムいます、処が此二人の兄弟は一方は非常に進取の気象に富み、進歩的思想を有して盛んに文明的事業を計画して居られます、然るに他の一方は極めて保守主義で、其思想も腐敗してる、凡ての事をなすのに稍々もすれば横道へ計りそれやうとする、進歩の兄から見ると保守の弟が気の毒でたまらない、どうぞして弟の腐敗した状態を改善し、出来るなら両者提携を計り、益々富強を致そうと考へて色々工夫を凝らしまするが、偖て弟の方は一向に旧夢から醒めやうとしない、相変らず腐敗的思想に捕はれて兄の行動に毫も鑑みない。斯様な訳で一方は進ませやうとする、他方は進まないと云ふ状態が持続されて居る間に兄弟は何となく面白くない感情を起す、そこで誤解を生ずる、誤解は又誤解を生むと云ふことになつて兄弟は段々と離隔し来つて、最近の情勢は甚だ憂慮に耐えないやうな場合に立ち至りました。処が此懶惰なる支那も一昨年当りから漸くに其非を語り初めました、自分等が世界の大勢からどれ程遠ざかつてるかと云ふ事もやつと分りました、そこで初めて兄に倣つて維新的大革命を行ひ、政治に経済に所有《あらゆる》改革を行はなければ駄目だと悟るに至つたのでムいます、けれどもまだ夢から醒めた計りで、革新の曇光は認めたもの、手や足は中々頭のやうに動かうとしない、身体は床の中でまだ愚図々々致して居るのでムいます、そう云ふ状態に在るのでムいまするが、我々は今では等しく日本と云ふ国を何よりも頼もしい与国であると考へて居ります。脆弱なる支那の脚力は日本の援助によつて初めて起つことが出来る、日本は何故早く手を取つて助けて呉れないのだらう、日本若し支那に対して明白に好意態度を取らんか、欧米列国は之を見て憂慮の結果不平不満を云ふに至ると日本が心配してるのではあるまいか、又日本は是迄何処となく支那に忠告をした、然るに支那は毫も日本の忠告に耳を傾けなかつた、今度初めて支那は覚醒したと云ふもの、それは真実に醒めたのかどうか疑はしいと云ふやうな観念があるのでは無からうか、支那人は皆斯様に考へて居ります。

処で支那は今度初めて夢から醒めた、けれども前申す通り其脚力は甚だ弱い、中々起つたり歩いたりすることが自由でない、然るにも拘らず、頭の中ではもう馳駆しやうと考へて居ります、是は人情止むを得ないと致しまして、支那は実際身体が衰弱して居るのでありまするが、身体の衰弱してるものは得て神経過敏に陥り易いもので、支那もその例に漏れません、それが為に若し或者が中傷離間の策を講ずる場合には一も二もなくそれを真に受ける、殊に新聞記事の如きは其著しき例で、色々な臆説や又は誤報等が遠慮なく支那新聞に掲載される、日本の方のやうに事実の識別や、論拠の如何を判断する力は甚だ乏しい、それが為に漢字新聞なぞには或は他の中傷的のもの、又は自ら憶測を逞しくした議論なぞが発表される、日本人はそれを見て支那人は斯かる思想を有するかと思ひ、それを又日本へ伝える、即ち誤解的支那人の考は又々日本人が誤解して仕舞ふと云ふことになるのであります。

(六) 同心協力の時代

畢竟するに亜細亜は亜細亜人の亜細亜である、日支両国の人は相交る上に猜疑があつてはならぬ、のみならず妄りに他邦人の説を軽信して他を誣ゆるが如きは断じて避けなければならぬのであります、亜細亜の平和は亜細亜人が保たなければならぬ義務があります、殊に日支両国は相提携して行かなければなりません、支那は目下の処平和を保つ丈けの実力が備わつて居りません、従つて日本の責任は非常に重くなりまするが、出来る丈け支那の保育を計り、支那と提携することを特に希望する次第でムいます、是は独り私の希望では無く、恐らくは全支那人の熱心に希望する所であろうと存じます。

亜細亜は我々の一家でムいます、一家の中で日本と支那は兄弟であります、若し此二人の兄弟が互に仲が悪いやうなことがあるとしますれば、亜細亜なる一家は到底其平和を保つことが出来ないのでムいます、日本は亜細亜に於ける最強の国、支那は又東方最大の国であります、此二国が相提携するやうになりますれば、東洋の平和、従て亦世界の平和は容易に保たれることゝ信じて疑ひません。

然らば両国は何如にして親善を計り、提携の機運を進むべきかと申しまするのに、此二人の兄弟は互いに其心を知り合ふと云ふことが最も必要なことゝ存じます。兄の方が弟の方の心を解し弟の方が兄の心を察する、そして御互に心底を明了にすると云ふ時代が来りますれば、期せずして親密となり、又相提携するやうになるだろうと存じます、今日では日支両国は御互に意思の疎通が充分で無い、従て両方とも如何なる政策を以て進むべきかさつぱり分からない、そこでもつて或は他の第三者に耳を傾けると云ふやうになる、誠に遺憾千万の状態と云はなければなりません、私は今度貴国に来遊しました処が、沿道に於て私の目に見、耳に聞いた処、凡ての日本人は東洋の平和を切念し、我支那を愛して居らるゝと云ふことが明了になりました、私は帰国の後は必ず此の日本人士の好意を国民に伝へたいと思ふて居ります。

今晩は此盛大なる歓迎会に御招待を蒙り、私が平素から抱懐して居る所の一端を御話することが出来たのは私の最も愉快とする処で御座います、願くば今後共両国人は可成《なるべく》心で思つてることを披瀝して、互に意思の疎通を計り、亜細亜を以て自分の家であると思ひ、日支両兄弟は第一に親情を加へ、互に同心協力を旨とし、依て以て東洋の平和を保ちたいものと切に希望致す次第で御座います。(文責在記者)

［資料44］大隈重信への書簡

孫文

［解題］この書簡は、大正三年（一九一四）五月十一日に、時の首相大隈重信に当てて出されたもの。当時、孫文は、袁世凱の独裁に対して蜂起した一九一三年の第二革命の失敗により、日本に亡命中であった。一方、大隈重信（一八三八〜一九二二）は一九一四年から一九一五年にかけて第二次大隈内閣を組織し、首相兼内務大臣に就任していた。書簡では、袁世凱政権打倒への日本の協力が強く求められると共に、日中間での自由貿易協定のようなことが言及されており、必ずしも国民国家的ではなかった孫文の国家観の片鱗が見える。訳にあたっては『孫中山全集』第三巻のテキストによった。

伯爵大隈首相閣下――

私が考えますには、今日の日本は支那の革新を援助して東亜の危機を救うべきであり、それに対する支那からの報酬は全国の市場を開放して日本の商工業に利益をもたらすことでありります。このようにたがいに求め合うことで、たがいに大きな勢力を形成する事ができます。このことがもし実行されれば、日本はもちろん一躍イギリスが現在占めている地位に昇って世界最高の英雄となることができますし、支那もまたこれによって領土を保全し、広く資源を開発して、大陸の富裕国となることができます。今後はたがいに助け合って世界の平和を維持し、ますます人道を深化させることができます。これはまさしく千古未曾有の大功績であり、世界最高の偉業であります。時機はまさに熟しており、時を逃してはなりません。今とくに閣下のためにその理由を述べますので、詳察を賜れば、両国のために幸甚に存じます。

支那は以前清朝の虐政に苦しみ、国民は共に立ちあがって専制を共和に改めました。そして民衆の党は人道主義を固く信じ、戦争による流血の被害を減らしたいと思い、南北和議によって清朝皇帝を退位せしめ、その後袁世凱を総統に推挙し、袁も約法(1)を守って民国に忠誠を誓いました。然るに彼は就任以来誓約を踏みにじり、道義に違反して、共和と民国の名目を利用しながら、実際には専制と帝制を実施しています。国民の恨みと怒りは晴らすすべがありません。彼の暴虐さは清朝よりひどいのですが、国を統率する力は遠く及びません。そこでこの二年間、全国で騒乱が頻々と起き、民党が起こり、革命軍が再起するのは必然で、疑いの余地がありません。

ただし革命軍が自力で立ち上がり、他の助力が得られなければ、それが成功を収める際の遅速や難易は予測の限りではないかもしれません。破壊を行う際には、世界の一強国の援助が得られれば、戦禍は長引かずにすみ、国内では大きな犠牲を免れ、対外的にも種々の困難を避けられます。日本は支那と地勢的に近く、利害も密接なので、革命への助力を求めるのに日本を第一に考えるのは、自然の成り行きです。建設を行う際には、内政の改良・軍隊の訓練・教育の振興・実業の啓蒙には、いずれも先進国の人材の支援がなければなりません。その上日本は同種同文の国であり、さらにまた革命の時期からの関係もあるので、助力を頼りにするのも、また自然の成り行きであります。日本はすでに支那を助けて政教を改良し、天然資源を開発したのですから、両国は上は政府から下は人民にいたるまで、相互に親善の関係にあり、他の国とははっきり違っています。支那は全国の市場を開放して日本の商工業に利益をもたらすことができ、日本が獲得するものはただたんに貿易独占の利益だけではありません。今日支那はこれまでの国際的束縛から脱して不平等条約を改正しようとしていますので、なおさら日本の外交的援助に頼らなければなりません。たとえば、法律・裁判・監獄などは、すでに日本の指導によって改良されていますから、領事裁判権の撤廃についても、日本は率先して承認するでありましょうし、それによって中国人が内地に雑居して日本人となることは、支那にとってもいっそう便利でありましょう。もしも支那が関税自主権を持てば、日本と関税同盟を結ぶべきで、そうすれば支那に輸出される日本の製造品は免税され、日本に輸出される支那の原料もまた免税されることになります。支那の物産は日増しに増産され、日本の商工業は日増しに拡張されます。たとえばイギリスはわずかに三島のみで、面積もたいして広いわけではありませんが、その国力が日に日に膨張しているのは誰でも知っており、インド大陸を母国の大市場として獲得したことによって、世界の列強も競争相手にならなくなりました。日本の土地利用の発展はすでに限界に達しており、ほとんど身動きの余地もないほどなのに対し、支那に国土は広く物産も豊かで、しかもいまだ開発されていません。今日本はイギリスがインドを領土として守備隊を派遣するようなことをしなくても、その代わり支那に大市場を獲得すれば、利益は何倍にもなり、それこそ一躍世界第一の強国となるでしょう。

然るに日本は依然として目前の利益にとらわれた対支政策を採っているので、とうていこのような大政策を実施できないのです。それはなぜでしょうか。現在支那は袁世凱が政権をとっており、袁は東亜細亜の大勢をよく見きわめておらず、うわべは日本とうまくつきあっているように装いながら、かげではひそかに排斥を行っており、均等な機会があっても、日本は他国と競い合うことができません。近くは漢冶萍事件(2)や招商局事件(3)、石油採掘延長事件〔未詳〕のように、政府がその主張を曖昧にして、民間をそそのかして反対させ、もしくは日本に認めていた権利を他国に供与しています。袁はその支配を固めるには力が不足しており、また民党がさきに日本と親善関係を結んだ事を嫌っているので、表面では日本の歓心を買うように見えながら、うまく利用しようとしておるだけのようです。戦国時代のいわゆる合縦・連衡(4)の手段で日本を適当にあしらっているのです。よしんば袁世凱の地位が今日より強固になろうとも、その日本に対するあしらいが今よりもっとひどくなることは断言できます。ですから、日本が革命軍を援助するのでなければ、袁世凱政府は存在し続け、日本を排斥するのはいうまでもありません。よしんば袁世凱が自ら倒れても、日本はなおも大きな信用を支那国民に示すことができず、日本が真に支那を援助する地位に立つことができなければ、両国の関係はなお円満ではなく、共に利益を分かち合うことはできません。

支那側についていえば、支那の革命党は革命を起こすのに前もって一強国の援助が得られなければ、革命の成功には当然遅速の違いが生じますし、成功後の内政の改良や外交の進歩は、もしも強国の援助がなければ、その希望を達成することもまた困難です。そこで現在革命党は援助を切に望んでおり、日本がもし革命党を援助できれば〔双方に〕大きな利益があり、これこそ双方の要求が一致して繁栄をもたらし、ともに大きくなるということです。

ある人は、外交上日本はイギリスの同意を得ることなしには、独力で支那問題を解決できない、といっています。しかしこのことは心配するに及びません。支那問題は近年ようやく真相が明らかになり始めています。袁世凱は大総統に就任した当初は、しきりに金をばら撒いてヨーロッパの一部の新聞記者や通信員を買収していましたので、それらの新聞の報告や評論はみな袁を持ち上げており、イギリスに政府もまたそれを信用していました。近頃はイギリスの世論も変化し『タイムス』紙は、袁は内乱を収拾し政治を立て直す能力がないと批評しています。イギリスとフランスは外交が大変たくみですが、最近フランス政府と国民はいずれも袁氏を信頼せず、フランス・シナ銀行借款の保証を取りやめています。イギリスの対支政策は、真の治安を確立することを目的としており、かつては誤って袁氏が支那を維持する能力ありと信じ込んでいましたが、今ではそうではないことをすでに知っており、しだいにフランスと同じ歩調をとろうとしています。もし日本が真に支那問題を解決する方策によって指導し、支那をしていつまでも安定させることができれば、イギリスはかならずや日本の行動に同意するだろうことは疑いありません。支那問題に関しては、日本はイギリスの同情を得ようとすべきで、そうすればイギリスも日本の意向通りに政策を変えるでしょう。ただ民党が政権を掌握してこそ、支那の政情は始めて安定するのです。

支那人は大別すると三種類にわけられます。第一に旧官僚派、第二に民党、そして第三は普通の人民です。政治上の争いでは、普通の人民は関係ありません。旧官僚が勢力を持つと、自分の俸禄と地位を維持するために、全力を尽くして他人と勝敗を競いますが、一旦権勢を失ってしまうと、反抗してことを起こす余地がなくなってしまいます。たとえば袁世凱は清朝の摂政王に追われた〔一九〇九年、清朝の摂政王載灃は軍機大臣・外務部尚書袁世凱を罷免した〕とき、ただ死を免れることのみを願い、なんら行動を起こしませんでした。しかし民党は違います、支持している主義は生死をかけてそれを達成することを求めます。先駆する者が倒れても、後続の者がこれを継承します。ですから先の清朝が惨殺をもって臨んでも、ついに革命党に打ち勝つことはできませんでした。そこで民党の志の達成が一日遅れると、支那は一日安定を欠きます。このことは支那の情勢を深く洞察している人ならだれでもわかります。しかし東亜の真の平和を維持したいと思うなら、その道はもとよりここにあり、他にはありません。

要するに、一国民党を助けて現政府を顛覆するということは国際上の通例ではありません。しかし古今を問わず、非常の人であってこそ、非常な仕事をし、非常な成功を収めることができます。私が思うに、閣下は非常な人物であり、今非常な機会に遭遇しておられるので、まさしく閣下がその結論を大いに明らかにされるときであります。私は支那国民党の代表でありますので、わが党の日本に対する希望の概要は閣下のために前もって申し述べました。

ところで歴史をひもときますと、フランスはかつてアメリカを助け、イギリスはかつてスペインを助け、アメリカはかつてパナマを助けました。フランスがアメリカの独立を助けたのは人道の正義のためです。イギリスがスペインを助けてナポレオンを倒したのは、被害を避けるためでした。アメリカがパナマを助けたのは、運河の利益を手に入れるためでした。今支那革命を助けて暴虐な政府を打倒するのは、一挙三得なのですから、何も憚かることはありません。些細な事を秘密にするのは、外交上の猜疑を避けて政策を効果有らしめるためであるのは、いうまでもありません。

取るに足らぬ所見ではありますが、まことに東亜細亜の大局と前途を思うためでありますので、ひたすら閣下の詳察と御教示をわずらわせたく存じます。

孫文（印）

大正三年五月十一日

（伊東昭雄訳）

［注］

（1）一九一二年三月十一日、参議院の議決を経て、臨時大総統・孫文によって公布された「中華民国臨時約法」のこと。全文五十六条から成る比較的簡単なものだったが、新国家のあり方を明確に示していた。しかしその後、袁世凱が独裁を強化するために改定を行ない、参議院の権限などが縮小された。

（2）清末に上海領事小田切万寿之助と漢陽鉄政局督弁盛宣懐の間で始まった漢冶萍借款交渉は辛亥革命の直前まで続けられたが、革命によって盛宣懐は一旦失脚した。革命政府は漢冶萍公司に対し、軍資金の提供を求めたが、その間小田切万寿之助と日本亡命中の盛宣懐との間で、公司を日中合弁とする協議が進められた。それに対し、一九一二年二月二十六日、公司株主は連名で、盛に対し、公司の日中合併反対を打電している。漢冶萍事件というのはこのことを指していると思われ、革命党への日本の援助を期待していた孫文が当時合併を容認していたことは、本文から明らかである。
（3）招商局は清末に大官僚李鴻章が民間の資本を集めて創建した海運会社で、一八八五年に盛宣懐によって改組された。この企業は民国にはいってからも営業を続け、一九三〇年に国営企業に改組された。ここにいう事件については未詳。
（4）合縦は戦国時代に韓・魏・趙・燕・楚・斉の六国が南北に同盟を結んで西の大国秦に対抗しようとする外交政策。連衡は秦が中心となって六国を支配しようとする外交政策。

第9節　日本文化、日本人について

［資料45］日本は唐人の文化に沿うことを論ず

『外交報』論説

［解題］この論説は『外交報』の一九〇四年の第十号に載ったもの、訳出にあたっては『東方雑誌』（光緒三十年第四期）に転載されたものを底本として用いた。この時期、日中の文化を正面から比較した論はあまり多くはないが、これは日本文化を中国の唐以前の文化を受け継いだものとし、中国の現状は宋文化の影響下にあるとする一種の比較文化論となっている。中国の伝統の中で中国自身が忘れたものを日本が受け継いでおり、それが日本の近代化に役立ったとする見方は、唐才常などにも見られる。

『外交報』は、一九〇二年上海で創刊された旬刊誌、商務印書館から出版された。立憲派的色彩が強かったが、多数の外国刊行物から時事論文を翻訳転載し識者の注目を集めた。一九一一年まで刊行。

今天下で強国と号しているものは、その種族・地形・宗教・習俗どれ一つとして我が国と同じではない。それをみて我が国の士大夫は、強弱は天の定めで人力では如何ともしがたいと言う。この自暴自棄の言は因循な習俗と合致し、自虐的な者は次々とこの考えにはしる。自らこうなるだけでなく、外人もまたこれを利用して恫喝欺瞞の辞を弄んでこの説を実体化する。心の死んだ者がすることは必ず失敗する。失敗すればますますこの説を正しいと信じる。先入観と境遇が相乗効果を成し、一体どこまで落ちてゆくか分からない。今日、日露が開戦し、日本が勝ちロシアが敗れる形勢がすでに現れている（ことによると他日日本が他の理由で敗れるかもしれない、しかし日本が勝つだけの理由があることはすでに世に表れている）。天然人種差の説は自然に崩壊した。今後は白優黄劣の一語をもって身を隠す拠り所としようとしても、それは不可能である。しかしながら駄目であることを口実に何もしないでいる訳にもいかなくなった者が、別に新説を立てて、日本は我が国と外見はおなじであるが、その風俗の根本は我々と大いに異なる、と言う。こうしてまた天然人種差の説が現れ、無為に過ごすために逃げ込む余地をこしらえた。しかし、最近はやりの論では日本の風俗の根本の半分以上は、我が国より出ている事を証明している。同一の原因であれば二つの結果はありえない。今、日本があのようであるのに対し我が国がこのようである所以は、我々が自らその国粋を失って次第に衰微したからである。そして、日本が保存しているものはまさに我が古人の道である。ここでその理を実証してみよう。

考えてみるに我が国の歴史の最大の分かれ目は、唐から宋にかけてにあって、我が国が今日行っているのは宋人の道であり、宋人の成果を引き継いでいるのである。これに対し日本が伝習しているものは、皆中国の唐人から出たものであり、日本が唐人と似ている点を挙げれば十指を超える。いま最も基本的な三つを上げてみる。その他はここから類推できよう。その一つは文と武の関係に見える。二つ目は男と女の関係に、三つ目は穢と潔の関係に見える。日本人は武を重んじるが唐人もまた武を重んじる。文章の芸は唐より美しいものはない。しかし唐人は実はこれを重んじない。国家の大征伐・大政治を司るのは皆武人であった。近人は唐人が詩文の中で事ごとに従軍の苦を言っていることをもって中国には元来尚武の精神がないことの証としているが、これは筋の通る論ではない。唐詩の例えば杜甫の三別の類は、皆戦いに敗れた後に官吏が人を捉えて兵の頭数を揃えようとすることを言っているのであり、これらの情景には自ずと見るに堪えぬものがある。ヨーロッパ人の小説にもこのことを言ったものはあるのであって、これをもって古人不尚武の証とはできない。唐人の士官はその気が甚だ盛んであり、およそ唐人の詩中の少年行・公子行等の詩篇は皆その時代の青年の詠である。その詞は皆、馬を走らせ鏑を鳴らし敵を討ち国に報ずるをもって人生の楽事、少年の責任としている。これらの詩は到る所にあり数え切れない。これを武士道と言わずして何と言おうか。ただ、日本の武士道はその教育が国民に普及しているのに対し、唐人の武士道はほとんど士族に限られている。これがまさに唐人の欠陥であり、その後武士道が衰えた原因である。また中国古来の政教はながらく下流社会には及ばず、この習慣も関係している。しかし唐人に尚武の精神がないということはできない。

日本婦人は以前から卑屈なことで有名であった。しかし、男女間の隔ては大変緩やかであり、今日の我が国と極めて異なる。この気風もまた実は唐人から始まっている。唐人の詩文及び小説を観れば、当時は男女が避けあうことなく、共に食事し共に語ることも当然視されていたことが分かる。自由恋愛もそれほど避けられるものではなかった。女子のたしなみは音楽を第一とし、琴を弾くことは貴族のたしなみであって、卑しい門付け芸人の専業ではなかった。纏足の悪習はまだ萌していなかった。唐人の詩・詞・小説の婦人の姿を称える描写が、どこにも纏足について言及していないことは、このことを証明している。

日本は清潔をもって天下に聞こえている。そして我が国の不潔は、しばしば外人から顰蹙を買う所であって、華人労働者排斥も半ばはこれが原因となっている。しかし唐人は実は清潔を尚んだのである。不潔か清潔かの分かれ目は、公共の場所に最もよく現れるものである。その地の風俗が清潔であれば、公地は必ずきちんと整頓されており、風俗不潔であれば公地は狼藉の限りであることは、今日中外の街道宿駅を見れば確認できる。唐の時代、中央から地方に流された官僚が駅亭を詠じて言が庭園や館に及ぶと、目に触れるものをみな自分の故郷のそれと比較して懐かしむよすがとしてしまっているが、それでも彼らは宿の苦情を一言も言っていないから、当時の旅行が辛いものではなかったことが分かる。また、道路を語れば必ず街路樹に言及し、部屋については必ず幃帳を語り、飲食については必ずその芳潔をかたっている（唐の小説では、いつも誰と誰とが同じ鉢で食事をしたと書いているが、同じ鉢で食事をすれば必ずそれを書くということから、その時代は同じ鉢では食事をしないのが普通であったことが分かる）。これらはみな今日では外国の習慣であり、中国では見られないものである。そもそも尚武にせよ、男女の自由な交際にせよ（今日、中国のいわゆる女権論者は、有識者から何かと批判されている。しかし、これは実のところ、昔から続いた嫉妬心による抑圧の反動であって、女権論だけの責任ではない。そもそも以前からの抑圧がなければ、今日の混乱もないのである）、清潔好きにせよ、この三者は必ずしも富強の基というわけではないし、文明の証というものでもない。しかし、そこに暮らす人々は他より生気があって、腐鼓湿木とは異なり容易に進取の気風を奮い立たせる。これが日本が他の泰東諸国と異なる点であり、これによって天下に雄視したのである。しかし、これらはみな唐人より発したものであれば、どうして日本だけに具わったものと見なせようか。ああ、私には、かの宋人が己の民族にどんな深い恨みがあって、何が何でも自民族を隷従と滅亡の地に置こうと沈思黙考したのか理解できない。そして、今の人は宋人の説は根拠のないものであることを知らずに、却って国粋などと称して大事に守っている。彼らは一度でも古今の風俗について考えたことがあるのだろうか。私は以上の事をもって当世の人々に質したい。願わくば風俗を変革しようとする者よ、外国に学ぶ必要はない。唐人に学ぶのみ。

（杉山文彦訳）

［資料46］インド人の日本観

章炳麟

［解題］この文は清末革命派の機関紙『民報』二十号に載ったもの、同号は明治四十一年（一九〇八）四月二十五日発行。著者の章炳麟は、清朝考証学の最後を飾る碩学であると共に、清末革命運動の大立者の一人。一九〇六年の『民報』第六号以来、民報主筆としてほぼ毎号にわたり健筆を揮った。章炳麟の革命論は、仏教の哲理に基づき、それに華夷思想が加わった独特のもので、無政府主義的傾向が強かったが、辛亥革命後は孫文と対立、革命運動から離脱し保守化した。

この文にも、章炳麟の華夷思想がかなり色濃く出ているが、同時に、当時の革命派にも多く見られた、近代化の度合いによって国あるいは民族を序列化する見方から、まったく自由であることに注目すべきであろう。

日本の、足のない大隈重信が、かつてアジアのことについて演説し、中国・インド人がみな聞きに行った。足なしの言うには、「アジアの文明国は現在、日本が第一であり、次が中国である。バビロニア・インドなどは、昔は見るべき文化もあったが、今は比べものにならない」と。中国人はみなよろこび、インド人はみな怒った。

休みの日にインド人タイ氏が私を訪れて、このことについて語った。タイ氏は笑って「日露戦争以来、日本人の傲慢は甚だしくなった。東方の大国はすなわち我らなりと思っている。足なしはもともと中国を蔑視しているのだが、留学生の数がほとんど一万人にも及び、しかも早稲田がとりわけ功名を求める登竜門となっているので、彼は中国の学生と結んで、その勢力を中国本土に拡げようとしているのである。だからすこしもはばかる所なく意を屈してうまいことをいったのだ。それに、間島の争いがまだ解決もしないのに、二辰丸事件も起こって、両国の友好感情がややおとろえたので、言葉の上で媚をうって感情を動かし、友好関係を回復しようと願ったのであって、中国人への愚弄も甚だしい。

インドは日本と関係がうすいが、日英同盟が最も恐れているのは、インドの光復である。みにくい言葉で人を誇るのは人の常で、何も足なし一人だけがそうなのではない。思うにこの国の風俗がそうなのだ。日本文化といっても、どこからこれをうけいれたかというと、儒書・文芸は近い中国から、仏教はインドからはるばる入ったのである。両国がなければ、日本などいつまでたってもミズチやハマグリの類で終わっていただろう。朝鮮の文化はインドや中国の仲間ではないが、日本が文字を知ったのも、王仁が『論語』『千字文』をこの国にもたらしたからである。

現在インドはすでに亡び、中国もまた戦争で日本に敗れ、朝鮮は戦わないうちに属国に陥ってしまった。そこで自ら貴しとなし、おごりたかぶるようになって、古くから日本人に徳をほどこしてきた者を、力ずくでおさえつけようとしている。しかし、日本の文明には、一つでも自分から生み出したものがあるだろうか。学術はいうに及ばず、生活必需品についていうならば、日本人は『文化の高いものは、必ず砂糖の摂取量が多く、また必ず椅子に座る』といっているが、考えてみると、砂糖及びその製法はもともとインドから中国に伝わり、のち日本に渡ったものなのである。机や椅子の使用に至っては、中国はすでに一千余年にわたってこれを行ない、どんな田舎にいっても使っている。日本の家屋は畳にすわるだけけで、やすむにもベッドがなく、これは貧富にかかわらずそうである。人力車もアメリカの宣教師が伝授したもので、日本には古くから、粗末な車があるだけであった。

このように工芸・道具をとってみても、もとからのものは一つもない。今また、ヨーロッパの大都会にならっているが、形をまねしているだけである。これらによって人に驕るとは、何と厚かましすぎる顔つきではないか。文化の高下というものは、もとより国の盛衰興廃によってきまるものではない。ポーランドはすでに亡びたが、コペルニクスの地動説は今に至るも人に尊ばれているのが、その例である。今、ヨーロッパ人には日本人に巧言をいうものが多いが、少し知識のあるものなら、中国を貴しとなすべきことを知っている。考えてみれば、印刷・羅針盤・鉄砲の技術はことごとく中国の知から ヨーロッパに伝えられたものであって、日本にはなかった。インドは亡びたりとはいっても、サンスクリット語はドイツ人が読むことを好み、あるいは直接それを用いて書物を著わしたりしている。日本のカナは、世界の人に貴ばれているだろうか。そもそも、金と力の野望を抱いて文化を理解しようとしても、ちぐはぐになるばかりである。仮に、インドが独立を達成し、イギリス人を破ったとしても、文化の高下は必ずしもすぐ昔にまさるということはない。私の思うに、足しがこのことを聞けば、その議論も今とかわるだろう。人にはもともとおごる者も多いし、またいやしい者も多い。おごりといやしさを共にもっている者は、たとえ良医がその神経をみてもどうなっているのか見当もつかないだろう」。

私が見るにインド人は重々しく篤実で、たびたび人をわるくいったりはしないものだが、いま日本のことを論じるや、以上のようにきつい。しかし、彼の自ら誇るのは甚だしきに過ぎて、とがめをうけるほどであろうか。そうではなく、先輩格の彼らでも、温厚な言葉をいうことができないほどなのだ。

タイ氏は続けて「日本がまだ盛んにならない頃、アジアの諸国には常に小さな争いはあったが、なお平和というべきだった。しかし、今やそうではない。あのトルコはアジアにおいて暴虐で徳がなかったが、しかし、アジアの大勢をかきみだすようなことはできなかった。白人を引きいれ同類を侮った者は誰であったか」ともいった。

あるアイルランドの独立党員で、アメリカに滞在してケルト語の新聞を出している人が、かつて私に手紙をくれて、「極東のある国が、北方と戦ってはからずも多くの人を殺し、ついに自ら驕るようになった。そして、戦場となった中国東北地方の人に惨酷きわまりないことをした。その驕りを平らげるには武力によるしかない」といっていたが、本当に全くその通りだ。私は去年シーヴァージ王の大祭を見、足なしの言葉を聞いて、文章を書きそれを糾弾したことがあったが、ひそかにインドの諸君はなぜあのように愚弄されてなおだまっているのかと思っていたところ、いまタイ氏の言う所を聞いて、はじめて梵土の人も人を見る目のあることを知った次第だ。

（板垣望訳）

［資料47］日本人の気質

戴季陶

［解題］戴季陶（一八九一〜一九四九）は中国国民党右派の代表的政治家、理論家。著書に有名な『日本論』がある。一九〇五年から〇九年まで日本に留学。この文章は一九一〇年十月に上海の『天鐸報』に掲載されたもので、署名は天仇。日本人、日本文化をさまざまなものが集まった雑種とする見方は、古く洋務派や変法派の中にも見られ、その場合には、その雑種性と日本の発展とを結びつけて肯定的に評価することが一般的であったが、ここでは日本の侵略性と結び付けられている。

『天鐸報』は一九一〇年月に上海で創刊された日刊紙。当初は商業紙としての性格が強かったが、やがて革命派の立場を鮮明にし、清朝の預備立憲や親貴内閣を攻撃する論陣を張った。辛亥革命後も南北議和に反対し袁世凱を批判したが、一九一三年に停刊となる。訳出にあたっては、章開遠主編『戴季陶集（一九〇九—一九二〇）』（華中師範大学出版社、一九九〇年）を底本として用いた。

日本は小さな三つの島でありながら東洋に勃興し、四十年でついに世界の一等国にのし上がった。その政府の野心、人民の盛気は、まことに当たるべからざる勢いである。ならば日本が今日に至ったのは、その民族が勇敢鋭敏、聡明であるからだろうか。それとも別の理由があるのだろうか。天仇〔戴季陶〕曰く、日本が一等国となった所以は、その乗じた勢いと遭遇した機会が甚だ優れていたからにすぎない。世界におけるその民族の程度について論ずれば、マレー、朝鮮の種族と等しいだけだ。しかしながら、私がこう論ずるのは日本を軽蔑する心からではなく、歴史、地理、風俗、習慣、人民の性質等の方面から見て、まことに心に満たないものがあるからである。近年来、その国力はますます強く、猛々しくなり、つねに東洋の将来の主人公、未来の世界の先導者と自任している。もとより国民の進取の精神はなくてはならぬものであるが、しかしただ侵略をその心とするならば、将来この国を敵視するものがますます多くなり、国難日に迫り、亡国の禍もまた免れないだろう。且つは韓国併合以来、その国中の政客は中国併呑の挙は必ず実行すべきものだと盛んに称え、しかも新たに作られた地図はついに我が国の遼東半島を日本の版図に入れてえがいている。ああ、かくの如きことは日本人の器が小さいことを形容するに足るものだ。我が国の士は多く日本人を恨んで仇敵とみなしている。しかし私の考えでは、我が国民を警め、呼び醒ますという面から見ると、我々はまさに感激すべきものなのであり、さげすむ面からこれを見れば、腹を抱えて大笑いするに足るものにすぎない。私がこれを論ずるのは、排外思想からではない。今日、我が国の人々は外国に対する研究心が極めて薄く、一つの事件がおこると、一般の当局者はあわてふためいてなす所を知らない。私は日本に遊び、六年そこに暮らした。この国の内容について、敢て詳細に知っているとは言わぬが、おおよそのことは心得ている。わずかばかり私が見た所を挙げて我が同胞のために一言のべ、将来の東洋の主人公がいったい誰であるのか、見てみよう。

日本人はつねにその種族が天から降ってきたのだ、と誇っている。しかしこの種の議論は神話時代についてのどこでも同じような話で、必ずしもこれをもって日本人を責めるにはあたらない。近代の人種学上の研究の結果では、日本人は確かにマレー種族の分枝である。その言語の組織や発音を細かく調べると、朝鮮と非常に似ており、朝鮮民族が移住してきたもののようだ。さらに日本と我が国の歴史上の関係について研究してみると、徐福の渡海の時期は日本の神武建国のときと同じで、今の長崎にはなお徐福の墓がある。また唐、宋以来歴代日本人が中国に侵入し、沿海各省の多くの住民男女がこれに捕らえられて日本につれてこられた。我が種族で歴代日本に流入した者も少なくなかった。その氏族の中の蕃族の一部は、我が国及び韓国の支派だと日本人は自ら認めている。しかし各方面について研究すると、我が国の種族の子孫に属するものは、蕃族にとどまらない。要するに日本の種族は確かにマレー種、韓国種及び我が国の人種が合成されたものであることに疑いはない。今日朝鮮は日本に併合され、一般の日本人は意気大いに揚って、ついには朝鮮は本来日本種族であると言う者がいる。ああ、これではまことに「数典忘祖」〔本を忘れること。『左伝』にある言葉〕というべきものだ。

日本は島国であり、その人民の種族は数種の人類が混合して成った。島国の民は毎日海潮の衝撃を受ける。こういう土地の民は必ず狡猾で気持ちが変わりやすくなる。且つ日本人は数種の民族の歴史性を身につけているため、人民の闘争性及び融合性はともに極端にまでいく。けだしその歴史上独立の価値がなく、侵略して勝てば凶淫の野望を逞しくし、闘って敗れれば、媚びへつらいの態度を尽くす。日本の強さはここから生まれ、日本に永く大国民の気風がないのもここから生まれた。昔のことはおいて、その英米艦隊を歓迎する態度と我が国に対する態度をみると、一方には下僕や妾が主人に侍るが如くであり、他方には富者が貧者におごりたかぶるが如くである。日本人の考えでは、けだし、英米の力はその死命を制するに足るが、我が国の今日は則ちまさしくその俎の上の肉である。しかしながら日本人のはかりごともまちがっている。今日の我が国はまことに弱い。しかし日本人が一国だけの力で我が国を亡ぼそうと望んでも、その目的を達することはできないだろう。且つ日本が一の黄色種族として世界の白色人種の勢力圏の中に立脚したとき、その一国だけの力で果して自存をかちとることができるか、果して世界に雄飛することができようか、欧州各国はむしろみな十分日本人に同情するだろうか。日本人が今日、野心勃々として一挙に韓国を併せ満州を併せようとしているのを見ているだけでも、実に一場の夢想にすぎないのである。前途は実にはかりしれないものがある。

（小島晋治訳）

［資料48］ 南洋公学沈叔逵君への書簡

鄭観応

［解題］ 鄭観応（一八四二～一九二二）は広東省香山県出身の買弁・実業家で、早くから官僚たちの推進する洋務運動に批判を持ち、後に立憲制採用などの改革を主張した。著作には、『救時掲要』『易言』『盛世危言』などがある。民国成立後も財界・政界に重きを成した。ここに収録する文章は一九一四年頃に書かれたものと推定され、夏東元『鄭観応集』（上海人民出版社、一九八八年）所収のものを底本としているが、最初何に発表されたかは不明である。

日本とドイツの学生は最も忍耐強いとかつて聞いたことがあったが、昨日『時事新聞』に載った日本の学生の粗食で苦難に耐える様子を見ると、わが国の学生が宿舎の食事がまずいといって騒動を起こし同盟休校をするのとは天地の差があり、強弱の違いが生ずる契機がここにあることが分かる。ここに日本の学生たちの様子を記録し、あなたがこのことを大学生・小学生に講演し、ともに努力することを期待したい。

ある日本に留学した学生がいうには、私は日本に留学して何年にもなるが、日本には何も恐れるものはないけれども、ただ一つカバンを抱えて通学する学生だけは恐ろしい、と常々嘆息している。思うに、いったい何で恐ろしいのか。

ああ、諸君、日本の学生というのはまさしくこの国の中堅である。その学生たちは朝八時から十二時まで授業を受け、昼になると腰から冷や飯を詰めた小箱を取り出す。その飯の上には酢漬けの大根数切れか塩魚二、三切れがのっている。もしもそれに焼き肉数切れでもついていれば、それこそ無上の珍味だ。そして教室もしくは休息所で食事をする。食事がすめば、午後一時からまた授業を受ける。この小箱に詰まった冷や飯を、日本人は弁当と呼ぶ。弁当という名称の起こりはまさしく「便当」（便利なこと）だったので、春夏はおろか、秋冬でもこれですましている。小学生・中学生のみならず、高校生や大学生もみな同じだ。貧乏な学生だけがそうなのではなく、裕福な家庭の子弟もみな同様である。思うに日本人は困苦に耐えることで有名だが、その困苦に耐える力は学生時代から養成されているようだ。考えてもみたまえ、我らの留学生が日本に来て始めてこの冷たくて貧相な食べ物を食べさせられたら、難なく飲み下だせる者は少ないだろう。しかし彼らはもとより事もなげに、毎日これを食べているのだ。東京の学生はみな各地方から勉強にきているものが多いが、彼らのうち学校に寄宿しているものはきわめて少なく、学生たちはたいてい下宿屋（原文は「客桟」、粗末な宿屋）に泊まっている。しかしまた下宿屋が騒がしいので、静寂を求めて勉学に専念しようとする者はたいがい貸間に宿泊している。貸間というのは住宅の空き部屋に人を住まわせることである。我ら留学生も貸間に住んでいる者が多く、毎月の部屋代と食費はおおむね十三、四円が普通だが、それでも出される食事はとても食べられたものではない。日本の学生はといえば、せいぜい月に七、八円にすぎない。両者を比べて見れば、食事の粗末さを推し量ることができる。留学生の場合は外国人なのでこの国の暮らしに慣れていないということもあるが、彼ら日本の学生が困苦に耐える習慣は大したものだ。さらにまた、これまで述べたような、彼らの受けている弁当教育は、一度旅行や見物にでかけるとなると、彼らは弁当を一つ腰に下げて、ただちに行動する。さらに一歩進んでは行軍・交戦や異国探検などもすべて腰便で、どこへ行くにも便利である。

日本の学校制度では、学生はみな一定の制服を着ており制服の値段も一定に決められている。春と夏は灰色の綿布で、値段は三四円、秋が近づくと、黒のラシャに変わり、値段は八円である。この値段以上のものは決して許可されない。実際に日本では貴族から平民に至るまでいつも綿布で、倹約ぶりがうかがわれ、学生はなおさらである。そして学生は校の内外を問わず、みな同様にこの制服を着る。このようにすれば、学生はどこに行こうと人々に尊重される。だからこれらの制服は粗末ではあるが、人々の目から見れば金襴緞子よりもはるかに優るのだ。また学生の被る帽子も制帽で、その形式は陸軍兵士の被るものと同じく、素材は黒いラシャで、夏冬を通じて一つだが、ただ夏には白い布を被せ、冬にはこれをはずす。

日本人はもともと背が低いことで有名だが、その体格は強健で、はがねのようだ。このような体格は、学生の間も活発に動きまわり、運動を重んじて武勇を尊ぶので、萎縮することはない。彼らの体躯の各部分の発育は頗る著しい。私はいつも日本の学生を見ると、身の丈こそおおむね低いが、背中も腰も厚みがあり、肩や肘もがっしりしており、それに比べたらわれわれは実に貧弱なものだ。彼らの運動好きときたら、全く飲食や衣服以上で、正課の体育はもちろんのこと、一時間の授業の間の十分の休み時間も無駄にはすごさない。キャッチ・ボールをする者があり、二人で小さなゴム・ボールを一つ持ち、一人が投げて一人が受ける。相撲をやる者もあり、チョークで地面に円を書き、二人がたがいに相手の腰を抱え、精一杯力を出し、円の外に出されたものが負けである。しかも彼らはこのゲームをするのにきわめて礼儀正しく、負けた者が倒れた場合、勝った者が相手を助け起こし、衣類の埃を払ってやる。また両者は不正な手を使って勝とうとはしない。腕比べをする者もいる。これは二人が足を揃えて立ち、たがいに手を突き出して相手の体や手を叩きあい、後退した者が負けになる。これをやると、寒中でも汗をかく。腹筋力競争、これは二人が背中合わせに座り、たがいに手を回して相手を背負い、動いた方が負けとなる。これらのほかにも、鉄棒・跳び箱・遊動円木・肋木など、各人の好きなものをどれか一つを選んでやっている。

中学・高校の学生はみな十余歳から二十二、三歳にすぎず、まだ童心を失っていないので、とくに活発に跳ね回る。しかし授業開始のベルを聞き、教室に入るか、一室に籠って自習に専念する時には、これまで騒いでいた学生たちはしんと静まりかえる。だから彼らは静粛な時には物音一つたてず、運動する時には波瀾万丈の勢いである。このような性質は学ぶべきものだ。

これまでにあげた各種の運動は遊戯として行うもので、正統なものではない。正統な体育は、柔軟体操・軍隊式体操などを除いたほか、全学校学生のためにかならず相撲・柔術・剣術の各部を設け、水曜・土曜の午後授業のない者は暇を見てこれらを練習する。

さきに述べた相撲というのは、一人二人で適当に行う場合のことだが、正式のものは地面に土を盛り、隆起した円形をつくって中央に軽く砂を敷き、相撲を取る者ははだかで、下半身だけ白布の帯でいくらか覆っている。以前ある中学で相撲を取るのを見たが、厳寒の季節にはだかの学生が数十人もおり、寒さを苦にしていなかった。とりわけ土や砂で傷を受け、掌ほどの大きさで、血が滲んでいても、彼らは全く意に介さない様子だった。相撲が終わると、井戸で水を汲んで汚れを洗い落とす。この相撲道というのは日本人がもっとも好み、且つ世界でもっとも有名なものであろう。毎年春になると、決まって本職の相撲の場所が国技館で開かれ、その時になると国中が狂気のように興奮し、個人的に懸賞をかけて勝者を称える。相撲の力士はみな牛のように大きく、現在最高位の力士の体重は四百斤を越える。秋になると、これまた決まって学生相撲大会が靖国神社で開かれる。学生は本職ではないが、だれもが相撲を練習しているので、なかには見応えのある傑出した者もいる。

柔術というのはわが国の拳法から日本人が習得したもので、彼らが習得しているものはわが国ではただ粗野だとされているにすぎないが、彼らは意に介しない。全部で跌〔足をかけて倒す〕・蹼〔足払い〕・擒〔襟首をつかむ〕・拿〔相手の腕などを引っ張り込む〕など百数十種の技を用いるにすぎないが、彼らはだれもがその百数十種の技を習得している。これを練習する時は短いズボンを穿き、粗製の下着を着て、二人がたがいに技を掛け合う。高尚なことは求めないが、技に精通することを求め、特技を習得することはせず、ただ共通の訓練だけをする。これが柔術の特色である。

剣術は割った竹を束ねて剣をつくる。しっかりと束ね、柄はたいへん長い。長さは三尺ほどで、二人がこれを持って相対する。鉄製の面具を被り、腕は厚い鉄甲で覆い、胸は竹を組み合わせた胴着で保護する。これでたがいに打ちあい、もっぱら頭・腕・胸の三か所で得点を取る。力を入れて打ち込むときは落ち着いてやらねばならないが、相手を挑発する時は敏速を要する。日本人はこの技を頗る自慢しており、強国ロシアに勝ったのも、この術の効力が極めて大きいといっている。私は毎朝学校へ通っていたとき、途中で中・小学生が黄色い竹刀の袋を肩にかついでいるのを見て、この子たちは今日剣術をやるのだなと分かった。このような剣術の稽古はすべて自分たちで実施しており、学生は費用を納めなければならず、その費用は教師を招くのに使われている。こうして武士道尊重の風習が国民性を形成するのだ。

試しにあちこちの公園に入ってみたまえ、そこにはかならず球技場があり、鉄棒・木馬・ブランコ・雲梯などがあり、そのあたりにかならず数十人の子供たちががやがや群がっている。私はつねづね「わが国の学校の鉄棒はたいてい錆びており、この国の公園にあるのがすべすべ、ぴかぴかしているのにはとても敵わない」といって笑っている。

社会人の間では、旧式の弓術が行われている。弓術というものはわが国ではすでに根絶してしまっており、これからの人は世の中にまだそんなものがあるとはつゆ知らぬだろうが、日本人はこれを堅く守って厭きることがない。この弓術というのは、最近の学理でいえば、胸郭を広くし肺を鍛えるだろうし、昔の学理でいえば、弓術で徳を備えることができる。ところがわが国は数千年来大切にしてきたこの術をわざわざ捨てようとしている。わが国民はいつもすること成すことこのように度が過ぎて中庸をずれてしまうのだ。

〔ほかに社会人のスポーツとしては〕新式のスケートがあり、これは鉄製の四輪の履物を足に履いて床の上を滑る。弓術と新式スケートとはいつも気が滅入る時気晴らしになるので、体を動かして気分を爽快にする役割がある。

運動会に至っては、どの学校にもかならず行われ、どの年にもかならず開かれる。それも年に二回、春秋の二季に開催する。とりわけ野球とフットボールの試合は現在もっとも盛んに行われ、毎年二つの大学が二軍に分かれて闘い、激戦は熾烈を極め、あたかも国の存亡のように勝敗を競い合う。

かの国民はこのように武士道を尊び運動を好むのだから、各人の身体が鋼のように鍛えられぬ道理がない。しかもかの国は全国皆兵制度を採っているから、これらの学生たちは一度校門を出るとただちに軍服を着る。このように教育され鍛練された兵は、戦場に臨んだ場合、進んでは他者を凌駕するし、退いては己を守るに十分である。私が日本の学生は恐ろしいというのは、実は恐るべき理由がもっぱらこのことだけにあるのではない。彼らはたとえ兵にならなくても、その恐るべき理由はもしかすると兵としてよりもさらに勝るかもしれない。電車の中で、しばしば鞄を小脇に抱えた学生に会うことがあるが、この十数分の間も彼らは決して無駄にはせず、本を一冊手からはなさない。このことはもとより学生だけがそうなのではないが、学生がとりわけ熱心である。ある日私と肩を並べて立っている一人の中学生がおり、まだ年齢がとても若かったが、一冊の本を手にしてたゆまず読んでいた。見ると、それは自分で筆写した英文だった。その字は細かくきちんと書かれており、私はとても敵わぬわいと恥じたほどだった。

日本の官立の高等学校は第一から第八まで全部で八校あ

り、そこで高等普通教育を受けるのはこの国の帝国大学に入る準備のためで、この準備をしないと帝国大学に入れない。また帝国大学に入るのでないと、高校で学んだことも役に立たない。これらの高等学校の学風はたいへん謹厳だが、この謹厳な学風は学生自身が作っているのであり、もともと外力によってつくられたものではない。

私は今試みに東京の第一高等学校について述べよう。この高校の学生は自分たちで中堅会という団体をつくっており、その名称は国家の中堅となるということから取っている。学生はすべて会員となり、自分たちで会長を選挙し、各種の役員を選ぶ。毎回新たに募集した学生が入学してくると、かならず歓迎会を開き、且つ会の中で守らなくてはならない規則について戒告する。その規則には、頭髪の長さは三分〔約三ミリ〕以下でなければならない、制服の襟は高すぎてはならない、とくに華美な外套を着用してはならない、とある。このほかに、もし不名誉な事件が発生した場合には、学友でその事を知った者がたがいに忠告しあい、たびたび忠告しても聞いてもらえない時は、会長に報告して相応の処罰をする。この会が成立して十余年がたったが、会長となった者は断固きまりを実行し、私情によって規則を曲げたことは皆無である。しばらく前のことだが、ある学生が花柳の巷に遊び、その事を学友に摘発され、会長は全員を運動場に集め、その罪状を大衆の前で列挙し、さらにどのような罰を加えるべきかを大衆に尋ねた。ついでその学生の顔を一度ずつ殴ることが衆議で決まり、学生たちの前で厳粛な様子で立ち、各学生が殴り終わるまで一言も声を発しようとしなかった。そのきまりはもとより厳格だが、学生たちの決まりを守る習慣もまたなかなかまねができないものだ。

ある日の午後授業が終わって帰る途中、角帽を被った学生が電車の駅で、袋にはいった「今日の新聞」を若干手に持って呼び売りをしていた。始めて見た時は頗る奇異に思ったが、滞在が長くなると、このような学生がたいへん多いことが分かった。寒天に北風が刺すように吹きすさぶのに、彼らは放課後身に袷の着物をまとい、道端で寒さに震えながら大声で呼び売りをやっている。われわれが飽食暖衣、明るい窓とさっぱりした机に書物を並べているのとは、苦楽の差はいかほどか、おわかりだろう。角帽というのは大学生が被る制帽で、上部が平らで四角いので、小中学生とは区別される。これらの学生は新聞を売って得られるわずかな儲けによって、学校へ学費を納めているのだろう。また私はある英語専門学校の夜間授業を受けたことがあり、そこに同級の学生が一人来て私と話をするようになった。私はその人に見覚えがあり、これは昼間に私の所へ洗濯物を集めにくる人だと、ふと気づいた。このほかに種々の肉体労働で学資を稼いでいる者は枚挙の暇もない。苦学生といわれる人々は東京中どこへ行っても満ち溢れているようだ。

日本の学生もまた騒動を起こすことがあるが、騒動を起こすにしてもゆったりとしていて、十分な教育を受けていることを遺憾なく示しており、騒々しくわめき立てて、相手につけいる口実をあたえるようなことはしない。水産学校というのがあり、以前は独立の学校だったが、先月突然これを国立に改めることを論議した。学生は承服せず、代表を推挙して、校長に働きかけた。校長は取り合わないので、他の有力者に請願したが、その人も承諾しないので、学生は万策尽きて、ついに全校解散を決議した。解散の日、学生たちは誘い合って全員講堂に集まり、初めに代表が解散決議文を朗読し、次いで学校を去る告別の辞を読んだ。そのことばはわずか数語にすぎなかったが、恨みは篭っても怒りを露わにせず、心中をすべて明らかにしていないようだ。その告別の辞には「ああ、悲しいかな、わが水産学校の運命はついにこれまでとなった。天道果たして是か非か。憤慨は胸に塞がり、いうべきことばもない。ここにわが最愛の母校を去らんとし、別れに臨み悲痛いや増すを禁じ得ず」とあった。読み終わるとみな声を合わせ「君が代」の歌（日本の国歌である）を歌った。それから中庭に出て、前校長の銅像の前で別れを告げ、校門の前で記念撮影をした。撮影が終わると、全員で別れの杯を酌み交わし、校歌を歌って皇居の二重橋前に行き、敬礼をして散会した。そこで当時の日本の新聞は彼らの挙動の激昂ぶりといさぎよさ、それに進退にあたっても君国を忘れぬますらおぶりを称賛した。

正則予備学校というのはもっぱら中学・高校受験の際、学力の足りない学科を補修するための学校で、留学生もみなここで補修を受ける。私がこの学校に通った時の同級の日本人学生が実に滑稽で、その年齢と服装がもともと釣り合わない上に、衣服がぼろぼろで、襟を引っ張ると肘まで見えてしまい、ズボンの裾を膝まで巻き上げ、裸足で教室に入ってくる。そしてびりびりに破れた鞄を背負っている。一時間の授業中、彼だけがしきりに質問をする。その質問たるや、教員もつい笑ってしまうこともあり、級友達はしばしばあざ笑って彼を制止した。しかし彼は平然として侮蔑されたとは思わず、毎日同様の姿で授業を受けていた。級友たちの多くは彼をあまり重視していなかったが、私個人の見る所では、この人は愚直ではあるが、愚直は国家の宝であり、また日本の学生の特色でもあるのだ。

私は以上日本の学生について語ってきたが、いつのまにか三四千語にもなってしまった。しかし私は筆を取っている間は、まだまだ語り尽くせないように思っていた。私がこのように心を込めて日本の学生を推賞するのを聞くと、わが国の学生はこれを読んで承服できないと思うかもしれない。果たしてもし諸君が承服しないのならば、私はこのことを引いてわが国の大きな喜びとしよう。

お尋ねするが、今日の世界でどこの国でも学生を国の中堅と見なしているではないか。今回のヨーロッパの大動乱〔第一次世界大戦〕は、数か国の列強がたがいに対峙して、空前の大戦争を起こした。わが国の留学生でかの地にある者から手紙がきていうには、ベルギーの大学生たちはあしたに礼服

索引

を着て卒業式に臨めば、夕べには戦場に臨んで弾を受けて殉国者となる者が引きも切らないということだ。

一昨年早稲田大学は開学三十周年記念大会を開いたが、その時総長大隈〔重信、一八三八〜一九二二〕氏は七十五、六歳、白髪を靡かせ、老いてますます盛んで、登壇して立て板に水を流すがごとく、「わが早稲田大学は三十年間の卒業生は十数万を越え、現在の在学生も一万以上である。こんなに大きな純粋の団体が節操を守って怠らなければ、世界も踏破できよう」云々と述べた。

私はまたこういうことも聞いている。ロシアの大学生は顔色が悪いが、休暇になると労働団体や集会に出かけ、政治や社会について演説をしている、と。

わが国の学生諸君もまたわが国の中堅ではないか。日本の学生の下風に立つことに甘んじないのならば、速やかに向上するだろうから、私としても国のために慶祝せずにはいられない。

私は当地でつねに日本の学生の思考力や知識をつぶさに研究していると、わが国の学生に優っているものは何一つなく、やや劣っていることさえある。ただ一つわが国の学生が日本人に及ばないのは体格の堅固さに欠けることだ。年若く血気盛んな学生諸君よ、私の言葉に耳を傾けていっしょに研究しよう。

（伊東昭雄訳）

中国人の日本観　第1巻　古代から二十一か条要求まで

2016年2月25日　初版第1刷発行

編　者＊『中国人の日本観』編集委員会
発行人＊松田健二
装　幀＊後藤トシノブ
発行所＊株式会社社会評論社
東京都文京区本郷 2-3-10　tel.03-3814-3861/fax.03-3818-2808
http://www.shahyo.com/

印刷・製本＊倉敷印刷

Printed in Japan

中国人の日本観　第2巻

二十一か条要求から日本敗戦まで

●『中国人の日本観』編集委員会編

A5判★6800円

本格化する日本の中国侵略、占領地の拡大のなかで抗日民族統一戦線が結成。戦争の見通しに悲観的な知識人の中から、対日協力の動きも登場。その中で多様な日本認識・日本研究がすすむ。

アジアと近代日本

反侵略の思想と行動

●伊東昭雄編

A5判★2524円

連帯と侵略のはざまで。近代日本はアジアをどのように認識してきたか。西郷隆盛から竹内好にいたる文章から、その現在的な思想的意味を探るアンソロジー。

人鬼雑居 日本軍占領下の北京

●伊東昭雄・林敏編

四六判★2700円

日中戦争下、北京は日本の占領下にあった。その時代を生きた二人の知識人の当時の著作を通じて、日本軍や傀儡政権に対する抵抗・不服従がどのように行われたかを読み解く。

「北支」占領 その実相の断片

日中戦争従軍将兵の遺品と人生から

●田宮昌子

A5判★3200円

一見「平穏な日常」とさえ見える「占領」の様相。日本軍の将兵として「時代の趨勢」を構成した「大多数」の側の人々が遺した写真を、戦地とされた現地の視点から見つめ返す。

中国革命論のパラダイム転換

K・A・ウィットフォーゲルの「アジア的復古」をめぐり

●石井知章

四六判★2800円

「労農同盟論」から「アジア的復古」を導いた「農民革命」へ。ウィットフォーゲルの中国革命論の観点から、中国革命史における「大転換」の意味と、現代中国像の枠組みを問い直す。

K・A・ウィットフォーゲルの東洋的社会論

●石井知章

四六判★2800円

帝国主義支配の「正当化」論、あるいはオリエンタリズムとして今なお厳しい批判のまなざしにさらされているウィットフォーゲルのテキストに内在しつつ、その思想的・現在的な意義を再審する。

一九三〇年代のアジア社会論

「東亜協同体」論を中心とする言説空間の諸相

●石井知章・小林英夫・米谷匡史編

A5判★2800円

一九三〇年代のアジア社会論。それは帝国の総力戦が近代の知に衝撃を与え、戦時変革を試みる「集団的知性」がトランスナショナルな思想的、社会政策的な運動を展開した一大エポックであった。

アジア的生産様式論争史

日本・中国・西欧における展開

●福本勝清

A5判★3400円

西欧起源のマルクス主義にとって、より東方の社会をどう理解するのか。マルクス主義の教義とその歴史学におけるアポリアであり続けた「アジア的なるもの」をめぐる論争史。

表示価格は税抜きです。